Wissenschaftliche Untersuchungen
zum Neuen Testament · 2. Reihe

Herausgeber / Editor
Jörg Frey (München)

Mitherausgeber / Associate Editors
Friedrich Avemarie (Marburg)
Judith Gundry-Volf (New Haven, CT)
Hans-Josef Klauck (Chicago, IL)

227

Karl Friedrich Ulrichs

Christusglaube

Studien zum Syntagma πίστις Χριστοῦ
und zum paulinischen Verständnis
von Glaube und Rechtfertigung

Mohr Siebeck

KARL FRIEDRICH ULRICHS, geboren 1966; Studium der evangelischen Theologie (daneben etwas Klassische Philologie und Philosophie) in Mainz, Bonn, Basel, Zürich, Tübingen; 2006 Promotion (Dr. phil.); Pfarrer der Evangelischen Kirchengemeinden Angerstein und Reyershausen.

ISBN 978-3-16-149216-7
ISSN 0340-9570 (Wissenschaftliche Untersuchungen zum Neuen Testament, 2. Reihe)

Die Deutsche Nationalbibliothek verzeichnet diese Publikation in der Deutschen National-bibliographie; detaillierte bibliographische Daten sind im Internet über *http://dnb.d-nb.de* abrufbar.

© 2007 Mohr Siebeck Tübingen.

Das Buch wurde von Laupp & Göbel in Nehren auf alterungsbeständiges Werkdruck-papier gedruckt und von der Buchbinderei Nädele in Nehren gebunden.

Vorwort

Ich „kann Dir, lieber Leser, in den nächsten Kapiteln nicht viel Unterhaltung versprechen. Wenn Du Dich bei dem ennuyanten Zeug, das darin vorkommen wird, langweilst, so tröste Dich mit mir, der all dieses Zeug sogar schreiben musste." – Doch legen wir Heinrich Heines Esprit aus einem Reisebericht zur Seite und werden – akademisch: Die vorliegende Arbeit unternimmt es, das Problem des paulinischen Syntagmas πίστις Χριστοῦ (Röm 3,22.26; Gal 2,16.21; 3,22; Phil 3,9; 1Thess 1,3) und die langjährige Forschungsdiskussion in ihren philologischen Details, theologischen Prämissen, Implikationen und Konsequenzen aufzuarbeiten und einen Beitrag zur πίστις-Χριστοῦ-Debatte zu leisten – und dies gerade durch die weitgehende Bescheidung auf philologische Fragen. Das Thema ist nämlich sehr komplex: Das in der Auslegungsgeschichte paulinischer Texte bekanntlich zentrale Motiv der „Rechtfertigung" steht im Zusammenhang mit anderen strittigen Themen sowie durchweg in schwierigen Textpassagen. Die Forschungsliteratur ist unübersehbar und ist zudem von einem bisweilen verständnislosen Nebeneinander amerikanischer und europäischer, insbesondere deutscher Forschung bestimmt. Wichtig ist mir darum das Gespräch mit der angelsächsischen Forschung, die hier in zahlreichen Zitaten selbst zu Worte kommt. Unmöglich ist es, im Rahmen der Aufgabenstellung und des gewählten Vorgehens eine vollständige paulinische Soteriologie zu bieten; diese Studien haben das bescheidene Ziel, einen unklaren und umstrittenen Mosaikstein möglichst plausibel darzustellen. Ich bin bemüht, vorsichtig und ohne Polemik zu argumentieren; dabei werden auch neue Argumente für die Gegenseite geboten. Es mag dem Leser (und Rezensenten) dieser unbequem zu lesenden philologischen Arbeit hilfreich sein, wenn ich meine eigene Position hier schlicht benenne: Ich halte auch nach jahrelanger exegetischer Arbeit im Zusammenhang mit der *new perspective on Paul* Martin Luther für einen Mann großer biblisch-theologischer Intuition und die reformatorische Rechtfertigungslehre für einen grundlegenden Gedanken des christlichen Glaubens, der seine wesentliche biblische Grundlage bei Paulus findet. Paulus denkt erstaunlich oft rechtfertigungstheologisch. Dabei verteidige ich das traditionelle Verständnis von πίστις Χριστοῦ nicht einfach, sondern versuche, es im forschungsgeschichtlichen Zusammenhang der neuen Paulus-Perspektive zu reformulieren. Insbesondere vier Beiträge zur Diskussion möchte ich leisten:

1. Die πίστις-Χριστοῦ-Debatte muss aus der Dichotomie von *genitivus subiectivus* und *obiectivus* befreit werden; diese ist philologisch allzu simpel, sie schuldet sich wohl auch mancher dogmatischer Aufgeregtheit.
2. Der etwas verborgene Beleg 1Thess 1,3 wird erstmals in die Diskussion um πίστις Χριστοῦ einbezogen.
3. Der von Paulus in Auseinandersetzungen und theologischer Arbeit errungene Glaubensbegriff kann an Hand von πίστις Χριστοῦ als der Schnittstelle von Soteriologie und Christologie nachgezeichnet werden.
4. Durch das Syntagma πίστις Χριστοῦ leistet Paulus eine Integration verschiedener soteriologischer Modelle, die er frühesten christlichen Traditionen entnimmt.

Gern statte ich akademischen Dank ab: Auf das Thema machte mich Prof. Dr. Otfried Hofius vor vierzehn Jahren im Rahmen meines Ersten Theologischen Examens aufmerksam. Er hat die Arbeit für die Veröffentlichung in der zweiten Reihe der „Wissenschaftlichen Untersuchungen zum Neuen Testament" empfohlen. Die von Professor Hofius konsequent vertretene Kombination reformatorischer Theologie und unbestechlicher Philologie hat mich sehr geprägt; dankbar erinnere ich mich seiner Seminare und Vorlesungen. Ihm und dem Herausgeber der „Wissenschaftlichen Untersuchungen zum Neuen Testament", Herrn Prof. Dr. Jörg Frey, danke ich für hilfreiche Verbesserungsvorschläge. Nach meinem Vikariat habe ich in den Jahren 1996 bis 2000 eine überaus anregende Zeit als Assistent von Prof. Dr. Michael Bachmann an der Universität Siegen gehabt. Dass ich mich in den vier Jahren Hochschultätigkeit mit der Lehre, weiteren neutestamentlichen Themen, der Religionspädagogik, der Kirchengeschichte und allerlei (anderen) Allotria verzettelt habe, geht gewiss nicht zu Lasten von Professor Bachmann, der selbst kunstgeschichtlich ambitioniert ist und schlagend Lichtenbergs Sudelbuch-Notiz bestätigt, „dass unter Gelehrten diejenigen fast allezeit die verständigsten sind, die nebenher sich mit einer Kunst beschäftigen oder wie man im Plattdeutschen sagt klütern" (Sudelbücher D 229). Mit akademisch-liberaler Noblesse hat Professor Bachmann seinen Assistenten und dessen skeptische Anfragen erduldet und ihm in vielen Diskussionen etwa in der Siegener Mensa die Anliegen der *new perspective on Paul* nahe gebracht – und sich fünf Jahre später herzlich gefreut, dass der unterdes ins Pfarramt gewechselte Mitarbeiter seine Arbeit doch noch abschließen konnte. Meinen Dank an Professor Bachmann kann ich hier nur in diesen unangemessen dürren Worten sagen. Neben Professor Bachmann waren die Professoren Bernd Kollmann, Wolfgang Perschel und Georg Plasger an meiner Promotion durch den Fachbereich 1 der Universität Siegen im Wintersemester 2005/06 beteiligt. Ich danke ihnen herzlich.
    Während der jahrelangen Beschäftigung mit Paulus und der Paulus-Forschung bin ich vielen Autoren in ihren Veröffentlichungen begegnet. Mein

Respekt vor ihnen ist im Laufe der Jahre gewachsen; das gilt insbesondere für James D. G. Dunn, der mir, obwohl persönlich nicht bekannt, durch die unzähligen Seiten Lektüre eigentümlich vertraut geworden ist, wie auch für Autoren, aus deren Feder ich nur wenig Text kenne, etwa für Paul Achtemeier, auf dessen ungewöhnlich faire und luzide Stellungnahme zu Hays und Dunn (nach deren legendärem Streitgespräch von Kansas City im November 1991) ich gern besonders hinweise.

Diese Arbeit wurde fertig gestellt neben den Anforderungen des Pfarramts. Ich danke meinen Kirchengemeinden Angerstein und Reyershausen, insbesondere den Vorsitzenden der Presbyterien, Dr. Herbert Asselmeyer und Ulrike Gregor, für geschwisterliche Ermutigung und Nachsicht. Dass ich mit den beiden Genannten zusammen arbeiten kann, rechne ich meinem Glück zu.

Durch die nun zwanzig Jahre Theologie begleitete mich mein Zwillingsbruder, lieber Freund und Kollege Pfarrer Hans-Georg Ulrichs, Karlsruhe-Durlach. Ihm ist diese Arbeit gewidmet; ich grüße ihn zu unserem vierzigsten Geburtstag mit dem Wort eines biblischen Zwillings (Gen 33,10): „Dein Angesicht darf ich sehen, wie man das Angesicht Gottes sieht."

Angerstein, 29. November 2006   Karl Friedrich Ulrichs

Inhalt

Vorwort V

Inhaltsverzeichnis IX

1. Einleitung und Grundlagen 1

   1.1. Problemhorizont: Die Lehre von der Rechtfertigung in
      traditioneller Fassung und neuerer Kritik 1
   1.2. Ein Brennpunkt: Das paulinische Syntagma πίστις Χριστοῦ . 6
   1.3. Zwischenruf: *Cave partes!* 10
   1.4. Probleme des Genitivs 11
      1.4.1. εἰς beim Verb – *genitivus obiectivus* beim Nomen? . . . 13
      1.4.2. Der *genitivus subiectivus* 18
      1.4.3. Jenseits falscher Alternativen 19
   1.5. Das *nomen regens* πίστις 23
      1.5.1. Der semantische Hintergrund 23
      1.5.2. Artikellosigkeit 25
      1.5.3. Die Präpositionen 29
   1.6. Das Attribut: Christologische Titel 34
   1.7. Redundanz und das synchrone Verhältnis von Verb und
      Substantiv 37
   1.8. Theologisches 41
      1.8.1. Der Zusammenhang: Rechtfertigung und Sünde 42
      1.8.2. Glaube(n) 45
         1.8.2.1. Glaube(n) und Gott 46
         1.8.2.2. Glaube(n) und Christus 47
         1.8.2.3. Glaube(n) und Menschen 48
         1.8.2.4. Paulinisches Glaubensverständnis und die
             πίστις-Χριστοῦ-Debatte 49
      1.8.3. Christologie: Das Gottesverhältnis Christi 53
      1.8.4. Soteriologie: Unser Glaube und Christus 60
   1.9. Wirkungsgeschichte von πίστις Χριστοῦ 65
   1.10. Methodisches 68

2. „Eine unübersetzbare Genitivverbindung": 1Thess 1,3 71

   2.1. Glaube(n) im 1.Thessalonicherbrief 72
   2.2. Die Trias Glaube – Liebe – Hoffnung 76

2.2.1. Form, Inhalt und Herkunft   77
2.2.2. Glaube und Liebe   80
2.2.3. Glaube und Hoffnung   82
2.3. Philologische Analyse   84
2.3.1. Die Genitive der Doppeltrias   84
2.3.2. Das voranstehende Pronomen   87
2.3.3. Das nachstehende Attribut   88
2.4. Glaube als Grund der Danksagung: Das *exordium*   91
2.5. Exkurs: 2Thess 1,11 f.; 2,13   92
2.6. Ertrag für die πίστις-Χριστοῦ-Debatte   92

3. Umstrittene „identity markers": πίστις Χριστοῦ im Galaterbrief .   94

3.1. Glaube(n) im Galaterbrief   95
3.2. Kulminationspunkt der philologischen und theologischen
     Probleme: Gal 2,16 104
3.2.1. Der Hauptsatz Gal 2,16b 110
3.2.2. Der Finalsatz Gal 2,16c 118
3.2.3. Die Begründung Gal 2,16a 120
3.2.4. Gesetzeswerke und Christusglaube 124
3.2.5. Der Kausalsatz Gal 2,16d 129
3.2.6. Ertrag für die πίστις-Χριστοῦ-Debatte 131
3.3. Im Glauben leben: Gal 2,20 132
3.3.1. Der Sohn-Gottes-Titel 135
3.3.2. Liebe und Dahingabe 137
3.3.3. Partizipation oder Mystik? 139
3.3.4. Ertrag für die πίστις-Χριστοῦ-Debatte 139
3.4. Verheißung und Glaube: Gal 3,22 140
3.4.1. Redundanz? 142
3.4.2. Das Verhältnis zu den nichtattribuierten πίστις-Belegen 143
3.4.3. Abraham und der Glaube 145
3.4.4. Ertrag für die πίστις-Χριστοῦ-Debatte 148

4. Rechtfertigung und Gottesgerechtigkeit: πίστις Χριστοῦ im
   Römerbrief   149

4.1. Glaube(n) im Römerbrief 150
4.2. Gerechtigkeit Gottes durch Glauben: Röm 3,22 157
4.2.1. „Erratisches Textmassiv": Der Zusammenhang
       Röm 3,21–26 158
4.2.2. Philologische Analyse von Röm 3,22 167
4.2.3. Redundanz? 175
4.2.4. Der vorangehende Kontext 177

4.2.4.1. Das Verhältnis zu Röm 3,3: Die Treue Gottes 178
4.2.4.2. Der Bezug auf das Prooemium (1,16 f.) . . 180
4.2.4.3. Exkurs: Habakuk 2,4 bei Paulus 183
4.2.5. Sühne, Rechtfertigung, Glaube 190
4.2.6. Ertrag für die πίστις-Χριστοῦ-Debatte 192
4.3. „Der aus Glauben": Röm 3,26 194
4.3.1. Philologisches 195
4.3.2. Zusammenhänge 196
4.3.2.1. Der Zusammenhang mit Röm 3,21–26 . . . 196
4.3.2.2. Die Fortsetzung Röm 3,27–31 198
4.3.3. Inhaltliches 199
4.3.4. Das Attribut: bloßes *nomen proprium* 200
4.3.5. Der nachfolgende Kontext I: Abrahams Glaube
nach Röm 4 203
4.3.6. Der nachfolgende Kontext II: Der Gehorsam
Christi Röm 5,19 210
4.3.7. Dogmengeschichtlicher Exkurs: *oboedientia activa et
passiva Christi* als Grund der Rechtfertigung –
Johannes Piscator und der Heidelberger Katechismus 218
4.3.8. Die Gnade Gottes als Realgrund des Glaubens . . . 220
4.3.9. Ertrag für die πίστις-Χριστοῦ-Debatte 221

5. Gerechtigkeit durch Glauben an Christus: Philipper 3,9 222

5.1. Glaube(n) im Philipperbrief 223
5.2. Philologische Analyse von Phil 3,9 229
5.3. Redundanz? 240
5.4. „Christus" als Metonymie für Kreuz und Auferstehung . . 242
5.5. πίστις und δικαιοσύνη 244
5.6. Ertrag für die πίστις-Χριστοῦ-Debatte 245

6. Theologische Auswertung und Perspektiven: πίστις Χριστοῦ und
partizipatorische Soteriologie 248

6.1. Zur paulinischen Soteriologie 248
6.2. Perspektiven 252

Summary 253

Literaturverzeichnis 255

Bibelstellenregister 289
Autorenregister 301
Sachregister 309

1. Kapitel
Einleitung und Grundlagen

1.1. Problemhorizont: Die Lehre von der Rechtfertigung in traditioneller Fassung und neuerer Kritik

Die Lehre von der Rechtfertigung gilt als reformatorisches Grunddogma. Die innerprotestantische Kontroverse um die schließlich am 31. Oktober 1999 in Augsburg kirchenamtlich römisch-katholisch und evangelisch-lutherisch paraphierte „Gemeinsame Erklärung" zeigte akademisch wie auch kirchenöffentlich den theoretischen (und nicht weniger den emotionalen) Rang dieses Lehrstücks, insbesondere was die ekklesiologischen Implikationen dieses *articulus stantis et cadentis ecclesiae* betrifft. Die in diesem (auch kirchenpolitischen) Zusammenhang erforderliche Selbstvergewisserung evangelischer Theologie *in rebus iustificationis* ist erfreulich und hat zu Dar- und Auslegungen aus prominenter Feder geführt.[1] Die rechtfertigungstheologischen Grundlagen für christliches Gottes- und Menschenverständnis[2] sind neu in das Bewusstsein evangelischer Kirchen und Theologie getreten.

Die reformatorische Rechtfertigungslehre lässt sich anhand des klassischen Formulierung des Artikel IV der *Confessio Augustana* kurz darstellen: Der Mensch wird *gratis* gerechtfertigt (*iustificari*). In dieser positiven Aussage klingt deutlich eine Absage mit: *gratis* wendet die zuvor abgewiesene Unmöglichkeit der Rechtfertigung *propriis viribus, meritis aut operibus* ins Positive und auf Gott. Damit ist die Funktion des Menschen bei der Rechtfertigung definiert, nämlich bestritten. Die Rechtfertigung geschieht *propter Christum*: „Christus" ist der Grund dieses Geschehens, wobei im Folgenden „Christus" durch das Ereignis seines Todes präzisiert wird (*sua morte*), nachdem *propter Christum* auch bei der (sogleich zu nennenden) Weiterführung des *iustificari* wiederholt wurde. Erfahren wird der Vorgang der Recht-

---

[1] Z. B. Jüngel, Evangelium; Beintker, Rechtfertigung; Ringleben, Heilsgewissheit.

[2] Für Luther lag die anthropologische Relevanz der Rechtfertigungslehre auf der Hand, Rechtfertigung ist ihm geradezu eine theologische Bestimmung des Menschen: *„Paulus ... breviter hominis definitionem colligit, dicens Hominem iustificari fide."* (Luther, Disputation *de homine*, These 32, WA 39/I, 176, 33–35); dazu Ebeling, Disputatio.

fertigung *per fidem*, womit der Glaube als Mittel o. Ä. angesprochen wird (vgl. noch *cum credunt*). Die Rechtfertigung selbst ist als Versetzung in einen Zustand der Gnade (*in gratiam recipi*) und als Sündenvergebung (*peccata remitti*) verstanden. Gott fungiert als Subjekt der *gratia* und als Instanz (*coram deo* bzw. *ipso*); er rechnet die *fides* als Gerechtigkeit zu (*imputat*).

Der überaus gedrängt formulierte Artikel IV erhebt ausdrücklich den Anspruch, mit ihrer imputativen Rechtfertigungslehre Röm 3 und 4 zu paraphrasieren. Damit sind wir an Paulus verwiesen. In Röm 3 wie auch in Gal 2 und 3 sowie in Phil 3 legt Paulus sein Rechtfertigungsverständnis dar. Eine elaborierte Lehre im Sinne reformatorischer oder gar altprotestantisch-orthodoxer Theologie liegt nicht vor; darum wird in dieser Arbeit in der Regel nicht von Rechtfertigung als einem lehrhaft durchdrungenen Vorgang gesprochen, sondern oft schlicht das *verbum passivum* genannt. Wie CA IV nennt Paulus im Zusammenhang des δικαιοῦσθαι die πίστις, und zwar mit den instrumental-medialen Präpositionen διά, ἐκ und ἐν. Die πίστις wird hier – und nur hier! – mit einem auf Christus bezüglichen Genitivattribut versehen (Röm 3,22.26; Gal 2,16*bis*.20; 3,22; Phil 3,9). Nachdenken über „Rechtfertigung" erfordert eine (wie auch immer näher zu verstehende) christologische Präzisierung von „Glaube"; das Syntagma πίστις Χριστοῦ gilt indes selbst einem *insider* wie Richard B. Hays als „notoriously enigmatic expression"[3].

Reformatorische Theologie denkt Christus und an ihm insbesondere seinen Kreuzestod als zentralen *Inhalt* des Glaubens.[4] Luthers Theologie, näherhin seine Rechtfertigungslehre, wird dabei als korrekter und konsequenter Paulinismus verstanden.[5] Der Genitiv des paulinischen Attributs bei πίστις wird dementsprechend als *genitivus obiectivus* verstanden: Glaubende werden/sind durch ihren Glauben *an* Christus gerechtfertigt.[6]

---

[3] Hays, ΠΙΣΤΙΣ 714.

[4] Um nur einen (streitbaren) Vertreter dieser Tradition mit einem beispielhaften Text zu nennen: Baur, Frei (darin insbesondere die Predigt über Röm 3,21–28). Repräsentativ für die Weise, wie diese theologische Tradition für die kirchliche Verkündigung aufbereitet wird, seien genannt: Klein, Römer 3,21–28 und Slenczka, Galater 2,16–21.

[5] Betz nennt Luthers Galaterkommentar von 1535 „eine Nachschöpfung des Galaterbriefes im 16. Jahrhundert" und pointiert: „Luther spricht, wie Paulus gesprochen hätte, wenn er zu der Zeit gelebt hätte, als Luther seine Vorlesung hielt" (Betz, Gal 8). Zu Luthers Arbeit an Paulus, insbesondere am Galater- und Römerbrief s. Bluhm, Luther; aktuell George, Modernizing. Die Übereinstimmung des Reformators mit dem Apostel wird bisweilen stark betont, so z. B. bei Lohse, Evangelium 175: Das Römerbriefprooemium „weist mit aller Klarheit auf, dass das gemeinchristliche Evangelium in der Theologie der Rechtfertigung seine angemessene, ja allein angemessene Auslegung findet" (s. jüngst Lohse, Luther). Vgl. das Fazit von Silva, Faith 248, wonach „the Protestant doctrine of justification by faith alone … reflects a fundamentally important and exegetically valid understanding of Paul's teaching" (vgl. Roloff, Rechtfertigungslehre).

[6] Neuere gut reformatorisch argumentierende Darlegungen sind etwa: Hahn, Gerechtig-

Die konkurrierende These eines *genitivus subiectivus*, wonach Jesu eigener Glaube Menschen rechtfertige, steht im Zusammenhang mit dem
Urteil – führt zu dem Urteil oder schuldet sich dem Vorurteil –, dass
„the classical Lutheran understanding of Paul is a misunderstanding".[7]
„Rechtfertigung" sei paulinisch kein individuelles Geschehen.[8] Es gehe
nicht um Befreiung von Schuld, sondern um Freiheit zur Liebe (die sich
für Paulus gerade auch in der Gemeinschaft von Juden- und Heidenchristen bewährt).[9] Nachdem die evangelische Theologie in großer Übereinstimmung diesem Irrtum annähernd fünf Jahrhunderte (Luther-Bult-
mann-Betz[10]) aufgesessen ist, wird dieser im forschungsgeschichtlichen
Kontext der Grundsatzdebatte der *new perspective on Paul*[11] vehement
korrigiert.

Stellungnahmen für die traditionelle Sicht werden seltener – v. a. James
D. G. Dunn und Moisès Silva kämpfen einen einsamen Kampf – oder
werden mit erheblich weniger Verve vorgetragen, als die Gegenseite es
zu tun versteht.[12] Mag in der angelsächsischen Forschung ein weitgehender
Konsens bestehen über den *genitivus subiectivus*, so kann doch keinesfalls
– weder prinzipiell noch aktuell – geurteilt werden, die *genitivus-subiectivus*-These sei „too well established ... to need any further support"[13].

---

keit; Karrer, Rechtfertigung (zu πίστις Χριστοῦ 145 mit Anm. 108–110); Klaiber, Gerecht;
Lohse, Evangelium; Lohse, Röm; Lohse, Luther; Stuhlmacher, Thema (auch in Auseinandersetzung mit der *new perspective on Paul*).

[7] Räisänen, Break 114 (im Gefolge von Krister Stendahl und im Konsens mit Ed Parish
Sanders und James D. G. Dunn).

[8] Hays, Postscript 279: Paulus als „the major canonical witness for a privatized religion
of soul-salvation" heranzuziehen, sei „a catastrophic misreading".

[9] Hays, Jesus' Faith 268: „According to the Reformers, faith in Jesus Christ sets us free
from guilt; according to Paul, the faithfulness of Jesus Christ sets us free to serve one
another in love." Diese verkürzte Wiedergabe reformatorischer Rechtfertigungslehre und
besonders die unnötige Gegenüberstellung von Sündenvergebung und Liebe schulden sich
dem, dass Hays auf dem Hintergrund des Quietismus nordamerikanischen evangelikalen
Milieus schreibt (dazu Hays, Postscript 278 f.; vgl. Hays, Jesus' Faith 258: „inward-turned
religion dealing primarily with individual guilt"). Silva, Faith 234 weist auf die Gefahr
theologischer Trugschlüsse hin, die in derlei Auseinandersetzungen unterlaufen können.

[10] Dieses Triumvirat nennt Hays, Jesus' Faith 259.

[11] Auf diesen Zusammenhang verweist auch Hays, Faith 162 (ein weiterer Fragenkomplex
ist die von Ernst Käsemann inaugurierte Diskussion um die δικαιοσύνη θεοῦ [darauf weist
auch Hays, Jesus' Faith 258 Anm. 3 hin; vgl. schon Schenk, Gerechtigkeit 161–163]). Zum
(nun auch schon gar nicht mehr so) neuen Paulus-Verständnis s. das luzide Referat von
Strecker, Paulus, Westerholm, „New Perspective", Westerholm, Perspectives und Wolter,
Perspektive, zur kritischen Auseinandersetzung neben Stuhlmacher, Thema s. Byrne, Post-
„New Perspective"-Perspective und Kim, New Perspective, zum Bemühen um einen Konsens
in der Paulus-Interpretation s. Dunn, Search.

[12] Douglas A. Campbell, ein entschiedener Vertreter der *genitivus-subiectivus*-These, ver-
merkt das mit Genugtuung (Campbell, Rhetoric 214 Anm. 1).

[13] Gaston, Paul 12; vgl. Hooker, ΠΙΣΤΙΣ 321; Campbell, Rhetoric 60 mit Anm. 4. Un-

International gibt es „a definite trend towards the subjective interpretation".[14] In deutschsprachiger Paulus-Forschung wird sie nur vereinzelt vertreten; in einem neuen Kommentar zum Galaterbrief findet sich freilich die eine gewisse Verlegenheit anzeigende Übersetzung „Glaube an/von Christus"[15], während in einem Philipper-Kommentar das ebenfalls subjektiv aufgefasste πίστις Χριστοῦ auf *Gottes* in Christus sich erweisende Treue bezogen werden kann.[16] Allerdings scheint sich auch hierzulande eine Tendenz zum subjektivem Verständnis von πίστις Χριστοῦ abzuzeichnen.[17] Die Forschungslage ist dadurch gekennzeichnet, dass deutsche und angelsächsische Exegese einander nur in bescheidenen Maßen wahrnehmen. Die Syntax und Semantik der jeweiligen Muttersprache sind – was wenig(en) bewusst ist – offensichtlich von Belang für die exegetische Arbeit: Für das Englische ist ein *genitivus obiectivus* schwierig,[18] die Behauptung eines *genitivus subiectivus* fußt – so lautet etwa ein Vorwurf – unreflektiert auf „semantic features of the English gloss ‚faithfulness'"[19].

Die theologische Kritik an der traditionellen Sicht der paulinischen Theologie im Allgemeinen und der Wendung πίστις Χριστοῦ im Besonderen betrifft keine Quisquilie, sondern zentrale theologische Probleme. Mit einem gewissen Recht wird darauf hingewiesen, dass „[t]he gospel story is not just the story of a super-hero who once upon a time defeated the cosmic villains of Law, Sin, and Death"[20]. Was aber genau ist der Punkt, der Christus und unseren Glauben verbindet? Ist Christus als „Objekt" unseres Glaubens von dessen Vollzug getrennt?[21] Was ist paulinisch unter πίστις zu verstehen? Degeneriert sie in reformatorischer Lehre (nicht zuletzt wegen des hier vertretenen *genitivus obiectivus* bei πίστις Χριστοῦ) tatsächlich zu „a kind of subjective, cognitive activity that is a prerequisite

---

parteiisch meint Kok, Truth 132, dass die Diskussion „far from over" sei; vgl. Silva, Faith 227: „the force of the expression πίστις Ἰησοῦ Χριστοῦ ... requires discussion".

[14] Taylor, Faith 338.

[15] Vouga, Gal 51; der Kommentar bietet keine weitere Begründung oder Entscheidung (59).

[16] Walter, Phil 80. So hatte schon Karl Barth Röm 3,22.26 interpretiert (Barth, Römerbrief 70–72)

[17] S. z. B. Wengst, Gerechtigkeit 145 (mit Anm. 17) und 151.

[18] Matlock, Detheologizing 1 („the prejudice of English usage" gegen *genitivus obiectivus*) mit Moulton, Grammar 72.

[19] Matlock, Detheologizing 11.

[20] Hays, Faith 250.

[21] Hays, Faith 165; Hays, Jesus' Faith 260; vgl. Keck, Jesus 454 (Rechtfertigung durch den Glauben an Christus „separates Christ from justification which now depends solely on human believing".). Kecks Formulierung „depends" ist freilich eine Denunziation des reformatorischen *per fidem.* Hier findet sich wohl die altprotestantisch-orthodoxe Distinktion von *fides quae* und *fides qua* repristiniert.

for justification", zu „a new kind of work"?[22] Das Genitivattribut ist daher von großem Belang; theologisch verbindet es die Soteriologie und die Christologie. Deren Konnex ist für beide Lehrbereiche wichtig: Das dem Menschen von Gott gegebene Heil und der Glaube liegen in Christus begründet. Christus ist nur angemessen verstanden, wenn seine Bedeutung für den Glauben benannt wird. Anders gesagt: Worin genau besteht Christi Bedeutung für (an ihn) Glaubende? Wie ist also Christus zu verstehen (Christologie) und wie dies, dass – wie Christen glauben – Gott in Christus Heil schafft (Soteriologie)? Und sind in der theologischen Tradition beide Gedankenkreise überhaupt befriedigend miteinander verbunden worden?[23]

Eine mangelnde Integration von Christologie und Soteriologie hatte – in lutherischer Tradition stehend – schon Gerhard Ebeling moniert und Jesu eigenen Glauben gleichsam als Brücke zwischen seinem Kreuzestod und dem Glauben der Christen behauptet.[24] Darin folgen ihm die Vertreter der *genitivus-subiectivus*-These, so ausdrücklich Richard B. Hays.[25] Mit der These eines Glaubens Jesu sei die gedankliche Lücke zwischen Christologie und Soteriologie geschlossen, die Schlüsselfrage nach Jesu Rolle im Rechtfertigungsdrama geklärt.[26] Die paulinische Theologie habe dieses Manko auch gar nicht aufgewiesen, da ja mit πίστις Χριστοῦ eben Jesu eigener Glaube gemeint sei.

In der Tat liegt hier ein ganz erhebliches theologisches Problem vor: Die Lehren von Christi Person und Werk einerseits und seiner Bedeutung für und seiner Wirkung auf die Menschen andererseits müssen gedanklich verbunden werden – dies umso mehr, als die Rechtfertigung im Rahmen der paulinischen Theologie nicht bloß einen „Nebenkrater"[27] darstellt, der sich einer aktuellen Auseinandersetzung schuldet (die Rechtfertigungslehre als eine antijudaistische „Kampfeslehre"[28]), sondern vielmehr „die Konsequenz und Explikation seiner Christologie"[29] ist. Es ist allerdings zu fragen, ob die Theologie des Paulus ohne die auf Jesus selbst bezogene Interpretation von πίστις Χριστοῦ (und damit die reformatorische Theologie) tat-

---

[22] Hays, Jesus' Faith 260; vgl. Keck, Jesus 454. Vgl. Stendahl, Vermächtnis 49: „Christlicher Glaube ist für Paulus keine Haltung. Er ist kein heiliger Zaubertrick. Er ist die Gelegenheit, die der Menschheit gegeben ist, seit es die Möglichkeit gibt, Jesus als den Messias zu erfassen." So pfiffig Stendahl die Negation formuliert, so unklar bleibt die Position.

[23] Zum engen systematisch-theologischen Konnex von Christologie und Rechtfertigungslehre s. Jüngel, Evangelium 24; vgl. Pritzke, Rechtfertigungslehre.

[24] Ebeling, Frage; Ebeling, Jesus und Glaube.

[25] Hays, Faith 139 f., 165, 231; Hays, Jesus' Faith 260.

[26] Keck, Jesus 454.

[27] Schweitzer, Mystik 220.

[28] Wrede, Paulus 72.

[29] Söding, Christologie 244.

sächlich die genannte Schwäche aufweist. Und auch umgekehrt wäre erst noch zu prüfen, ob die Vorstellung von Jesu eigenem Glauben, an dem die Glaubenden (irgendwie) Anteil haben,[30] dem selbstgestellten Anspruch gerecht wird, eine Integration von Christologie und Soteriologie zu leisten. Jedenfalls liegt die Tragweite der πίστις-Χριστοῦ-Debatte auf der Hand: Der reformatorischen Rechtfertigungslehre wird die Dignität paulinischer Begründbarkeit und damit die biblische Legitimation bestritten. Menschen werden demzufolge nicht durch ihren Glauben gerechtfertigt, sondern durch Jesu *faithfulness*.[31] Christologisch ist weniger das Kreuz selbst als das sich daran manifestierende Gottesverhältnis Jesu wichtig. Der traditionellen Sicht mit der Bestreitung eines Glaubens Jesu wird (von Richard B. Hays und Luke T. Johnson) eine gewisse doketische Tendenz unterstellt (dazu mehr unter 1.8.3.).

1.2. Ein Brennpunkt: Das paulinische Syntagma πίστις Χριστοῦ

In den Protopaulinen begegnet siebenmal[32] das Syntagma πίστις mit einem Christus bezeichnenden Genitivattribut. Allen Belegen - sie finden sich in Röm 3,22.26; Gal 2,16a.c.20; 3,22; Phil 3,9 - ist gemeinsam, dass das artikellose *nomen regens* einer Präposition folgt.

Schon quantitativ ist dies ein bemerkenswerter Befund, insofern πίστις bei Paulus 91 Belege aufweist, von denen jedoch nur 13 bzw. 14 durch ein Nomen attributiv bestimmt sind. Neben den schon aufgeführten Belegen liegt nur noch in Röm 3,3 (Gott); 4,12 (Abraham); 4,16 (Abraham); Phil 1,27 (Evangelium) ein Genitivattribut vor. Dazu bieten 1Thess 1,8; Phlm 5 ein mit πρός konstruiertes präpositionales Attribut, wobei sich allerdings nur die zweitgenannte Stelle (chiastisch) auf Christus bezieht, während die erste Gott nennt. Darüber hinaus gibt es zahlreiche Attribuierungen mit Pronomen. Dass diese wie die vorgenannten Belege mit Ausnahme von Phil 1,27 (vgl. deuteropaulinisch Kol 2,12; 2Thess 2,13) subjektiv sind,

---

[30] Williams, Again 444; Hays, ΠΙΣΤΙΣ 727 f.; Hays, Jesus' Faith 263 u. ö.; vgl. Johnson, Rom 3:21-26 87-90: Glaube Jesu ermöglicht Glaube der Glaubenden.

[31] S. nur Hays, Jesus' Faith 261.

[32] Acht Christus-Attribute sind zu zählen, wenn in 1Thess 1,3 das der Doppeltrias folgende τοῦ κυρίου ἡμῶν Ἰησοῦ Χριστοῦ auch auf (τοῦ ἔργου) τῆς πίστεως zu beziehen ist. Dieser in der πίστις-Χριστοῦ-Debatte bisher nicht berücksichtigte Beleg wird in Kapitel 2 einer genaueren Untersuchung unterzogen. Bei statistischen Angaben wird dieser Beleg vorsichtshalber nicht berücksichtigt, zumal da er keine Präposition aufweist und nicht im Rechtfertigungszusammenhang steht. Zum textkritischen Problemfall Gal 3,26 s. u. 3.1.

erlaubt keineswegs, weitreichende Schlussfolgerungen für unsere Fragestellung zu ziehen (wie es Howard tut[33]).[34]

Die siebenmalige attributive Nennung Christi ist an der Gesamtzahl der Attribute zu πίστις signifikant häufig.[35] Das gilt unbeschadet dessen, dass Χριστός mit 266 Belegen das nach θεός zweithäufigste paulinische Nomen ist. Auch die Variation der Attribute schränkt diese Bewertung nicht ein: Die auch sonst geläufigste Formulierung ist „Jesus Christus" (Röm 3,22; Gal 2,16a; 3,22); daneben begegnet das bloße Χριστός in Gal 2,16c und Phil 3,9, das *nomen proprium* „Jesus" in Röm 3,26 sowie der Titel „Sohn Gottes" in Gal 2,20.[36]

Von den 266 paulinischen Belegen von Χριστός bilden annähernd ein Drittel ein Genitivattribut – hinzu kommen noch die hier nicht mit berücksichtigten auf Christus bezüglichen Pronomina und Substantive wie „Sohn Gottes" usw. –, und zwar beispielsweise zu folgenden *nomina regentia* mit verbalem Hintergrund:

ἡ ἀγάπη τοῦ Χριστοῦ:
Röm 8,35; 2Kor 5,14

τὸ εὐαγγέλιον τοῦ Χριστοῦ:
Röm 15,19; 1Kor 9,12; 2Kor 2,12; 9,13; 10,14; Gal 1,7; Phil 1,27; 1Thess 3,2; s. ferner Röm 1,9 (Sohn Gottes) und 2Kor 4,4 (ὁ φωτισμὸς τοῦ εὐαγγελίου τῆς δόξης τοῦ Χριστοῦ); vgl. ῥῆμα Χριστοῦ Röm 10,17, τὸ κήρυγμα Ἰησοῦ Χριστοῦ *Röm 16,25, τὸ μαρτύριον τοῦ Χριστοῦ 1Kor 1,6.

(ἡ) χάρις (τοῦ) Χριστοῦ:
Röm 5,15; 16,20b.*24; 2Kor 8,9; 13,13; Gal 1,6; 6,18; Phil 4,23; 1Thess 5,28; Phlm 25; vgl. dazu in den *salutationes* und den abschließenden Segenswünschen χάρις ἀπὸ ... Χριστοῦ.

Die πίστις-Χριστοῦ-Belege gleichen sich nicht nur formal; auch der sachliche Zusammenhang ist recht einheitlich:[37] Fast durchweg steht das Syntagma in Aussagen zur *Rechtfertigung*. Der Stamm δικαι- begegnet in Röm 3,22 (δικαιοσύνη) und 3,26 (δικαιοῦν); Gal 2,16a.c (δικαιοῦσθαι); Phil 3,9

---

[33] Howard, Faith 459f.; vgl. Hays, Faith 163. Das Argument wird oft aufgenommen, s. nur O'Brien, Phil 398.

[34] Das den πίστις-Belegen Röm 4,5.9 folgende εἰς δικαιοσύνην ist nicht attributiv auf πίστις zu beziehen, sondern fungiert adverbial. 1Kor 2,5 kann ebenfalls unberücksichtigt bleiben, da das präpositionale Attribut ἐν δυνάμει θεοῦ prädikativ verwendet ist (was Williams, Again 434 Anm. 14 geflissentlich übersieht).

[35] So auch Torrance, Aspect 112; dagegen Hooker, ΠΙΣΤΙΣ 324: „few in number".

[36] Wird im Folgenden von πίστις-Χριστοῦ-Belegen, -Debatte usw. gesprochen, sind damit – einer stillschweigenden Konvention folgend – unter Vernachlässigung der genannten Variabilität des Attributs stets sämtliche Belege gemeint.

[37] Ähnlich Hooker, ΠΙΣΤΙΣ 336f.

(δικαιοσύνη). Das Substantiv δικαιοσύνη ist dabei in beiden Fällen mit θεός attribuiert, in Röm 3,22 näherhin im Genitiv, während Phil 3,9 das prä-positionale ἐκ θεοῦ bietet. Beim Verb ist in Röm 3,26 das auf ὁ θεός V. 25 bezügliche αὐτός Subjekt; die passivischen Belege bieten dementsprechend ein *passivum divinum*. Ist vom Menschen die Rede, werden die Sünde (Röm 3,20.23.25; Gal 2,15.17[*bis*]; 3,22; vgl. Phil 3,6b [ἄμεμπτος]) und das Gesetz (Röm 3, 19[*bis*].20[*bis*]. 21[*bis*].27[*bis*].28.31[*bis*]; Gal 2,16a.c.d.19 [*bis*].21; 3,19.21[*ter*].23.24; Phil 3,5.6.9) erwähnt. Gerade auch in der neuesten Paulus-Forschung umstritten ist näherhin das Syntagma ἔργα νόμου, das im Zusammenhang mit πίστις Χριστοῦ in Röm 3,20.28; Gal 2,16a.c.d; 3,2.4.10 vorliegt. Dieser Zusammenhang zeigt den theologischen Rang der Auseinandersetzung: Es geht um die Grundlagen der Soteriolo-gie.[38]

Mit diesem Begründungszusammenhang von πίστις Χριστοῦ hängt wohl eine weitere Gemeinsamkeit der Mehrzahl der Belege zusammen. In Röm 3,22; Gal 2,16; 3,22 begegnet neben dem Substantiv πίστις auch das Verb πιστεύειν, in Gal 2,16 als finites Verb, in Röm 3,22; Gal 3,22 als Partizip mit Artikel. Die hiermit möglicherweise gegebene Redundanz[39] ist in der πίστις-Χριστοῦ-Debatte ein wichtiges Argument, das zu Röm 3,22 schon 1891 vom Inaugurator der πίστις-Χριστοῦ-Debatte, Johannes Haußleiter, vorgebracht wurde[40] und von den Vertretern eines *genitivus subiectivus* bis heute vertreten wird: Wird πίστις Χριστοῦ als subjekter Genitiv verstanden und damit auf Christus bezogen, liegt keine Redundanz zu den auf die Gläubigen bezüglichen πιστ-Belege vor.

Auf den soeben angeführten einzelnen Merkmalen basieren annähernd ausschließlich die in der πίστις-Χριστοῦ-Debatte vorgetragenen Argumente. Vor der eingehenden Untersuchung der Belege wird hier eine philologische und theologische Darstellung dieser Hauptargumente gegeben. Damit er-scheint ein (abermals wiederholter) forschungsgeschichtlicher Abriss entbehr-lich.[41] Der Akzent auf der Grammatik soll verhindern, dass nach einem allzu

---

[38] Vgl. z. B. Longenecker, Gal 87: Bei Paulus diene πίστις Χριστοῦ dazu „to signal the basis for the Christian gospel". Die Relevanz der Soteriologie kann in der *new perspective on Paul* geschmälert, wenn nicht gar vollends bestritten werden (s. z. B. Stendahl, Vermächt-nis 47).

[39] In Phil 3,9 wird das Substantiv allein redundant verwendet.

[40] Haußleiter, Glaube 141.

[41] Dergleichen findet sich bei Neugebauer, In Christus 150–156; Kertelge, Rechtfertigung 162–166; Robinson, Faith 71–74; Hultgren, Formulation 248–253 (von Haußleiter [1891] bis Taylor [1966]); Hays, Faith 158–162; Campbell, Rhetoric 58–62; Howard, AncB Dic-tionary 2 758–760; Koperski, *Pistis Christou* 199–209; Pollard, Faith. Die Auseinandersetz-ung zwischen Hays und Dunn ist kundig und fair dargestellt bei Achtemeier, Faith. – Ältere Vertreter des *genitivus obiectivus* werden bei Kertelge, Rechtfertigung 163 Anm. 4 aufgeführt, neuere bei Hays, ΠΙΣΤΙΣ 715 Anm. 4; Kok, Truth 127 Anm. 5. Den *genitivus subiectivus* vertreten (vgl. Aufzählungen bei Hays, ΠΙΣΤΙΣ 714 f. Anm. 3; Kok, Truth 128 Anm. 11;

raschen *non liquet* in philologischen Fragen[42] die eigene Rekonstruktion der paulinischen Theologie als Grundlage für die Lösung des πίστις-Χριστοῦ-Problems herangezogen wird. Das ist beispielsweise von Adolf Deißmann mit einer mystischen Interpretation des Paulus durchgeführt worden; entsprechend sei der Genitiv in πίστις Χριστοῦ ein *genitivus mysticus.*[43] In der neueren Diskussion begegnet ein solches Lösungsmodell vom eigenen Paulus-Verständnis her beispielsweise bei Morna D. Hooker: Die spezielle Vorstellung von Jesu eigenem Glauben sei abzuleiten aus der allgemeineren vom *interchange* der Christen mit Christus; wie Christen an Christi Tod und Auferweckung teilhaben, so sei auch ihr Glaube Teilhabe am glaubenden Christus.[44] Subtiler geht Hays vor, dessen zentrale These, die Theologie des Paulus sei „the explication and defense of a gospel whose fundamental character is *narrative*",[45] den subjektiven Genitiv bei πίστις Χριστοῦ erfordert.

Vom Allgemeinen zum Einzelnen fortschreitend, legt sich für dieses einleitende, die Fragestellungen und Lösungsvorschläge sichtende Kapitel folgender Aufbau nahe: Zunächst ist die syntaktische Funktion des griechischen Genitivs sowie dessen semantische Relevanz für das *nomen regens* zu beschreiben (1.4.); in der πίστις-Χριστοῦ-Debatte hat man sich bisher diese grammatikalische Grundlegung versagt. Dann sind die das *nomen regens* πίστις betreffenden Fragen zu behandeln: die auffällige Artikellosigkeit in der πίστις-Χριστοῦ-Wendung (1.5.2.), die verwendeten Präpositionen (1.5.3.) sowie (vermeintlich) analoge Attribuierungen (1.5.4.). Inwiefern die Formulierung(en) des Attributs Aufschluss über die Bedeutung des Syntagmas geben, ist zu fragen (1.6.). Das wichtigste (formale) Kontextargument ist das der Redundanz (1.7.). Und schließlich ist schon einleitend nach den theologischen Zusammenhängen zu fragen (1.8.).

Bruce, Gal 138 f.; Longenecker, Gal 87): Howard, Crisis 57–65; Howard, Faith 459–465; Howard, Inclusion 228–231; Howard, Faith of Christ 212–214; Howard, AncB Dictionary 2 758–760; Hays, Faith 157–176 (1983, ź2002) und Hays' spätere Arbeiten; Williams, Again 431–447; Williams, Righteousness 272–277; Stowers, Romans 3:30 665–674; Stowers, Rereading 194–202; Davies, Faith 106–112; Campbell, Rhetoric 58–69, 214–218 und Campbells nachfolgende Arbeiten; Hooker, ΠΙΣΤΙΣ 165–186 (von Neubrand, Abraham 118 Anm. 89 als „Mittelweg" bewertet); Neubrand, Abraham 118 f.; Longenecker, Gal 87; Cousar, Gal 53; Cousar, Theology 39 f.; Matera, Röm 174 f.; Keck, Jesus 452–457; Wright, Romans 189.

[42] So z.B. die Kontrahenten Richard B. Hays und James D.G. Dunn: Hays, Faith 164; Hays, ΠΙΣΤΙΣ 716; Dunn, Once More 732; Dunn, Gal 138; Dunn, Theology 380. Insbesondere beim bedeutendsten Vertreter der *genitivus-subiectivus*-These, Richard B. Hays, fällt auf, in welcher Kürze – zwei maschinenschriftliche Seiten! – er sich des „grammatical issue" zu entledigen weiß (Faith 162–164). Vgl. ferner Neubrand, Abraham 118.

[43] Deißmann, Paulus 125–129 (und ihm folgend Schmitz, Christus-Gemeinschaft 96); dazu Hays, Faith 159.

[44] Hooker, ΠΙΣΤΙΣ 323 f.

[45] Hays, ΠΙΣΤΙΣ 715 als Zusammenfassung von Hays, Faith 139–191; dazu Dunn, Theology 383 Anm. 202.

1.3. Zwischenruf: Cave partes!

Die meisten Kombattanten der πίστις-Χριστοῦ-Debatte teilen sich in Be-
wahrer eines *genitivus obiectivus* einerseits und in Streiter für den *genitivus
subiectivus* andererseits. Wir werden sehen, dass diese Selbstwahrnehmung
schon philologisch ein wenig naiv ist. Vor allem aber ist mit der grammatikalischen Entscheidung noch nicht über die theologische Interpretation
entschieden. Wird ein *genitivus subiectivus* angenommen, ist es nämlich
gleichwohl schwer, diese philologische Präferenz in theologische Positionen zu überführen.[46] Entsprechend divergente Modelle finden sich bei
deren verschiedenen Vertretern, dies in einem solchen Maße, dass die
πίστις-Χριστοῦ-Wendung Gefahr läuft, beliebig inhaltlich gefüllt zu werden.[47] Die unterschiedlichen Verständnisse eines Glaubens Christi werden
in 1.8.2.2. referiert.

Implizite (von der Sorge um die reformatorischen Exklusiv[p]artikel
motivierte) Vorbehalte gegen die *genitivus-subiectivus*-These,[48] wonach diese theologisch unzulässig das *imitatio-Christi*-Motiv in die Soteriologie
eintrage, sollten aufgegeben werden, da sie dem theologischen Ernst und
Rang der Mehrzahl der *genitivus-subiectivus*-Vertreter nicht gerecht werden. Das *sola gratia* wird nicht beschädigt; die *genitivus-subiectivus*-These
kann sogar dafür reklamiert werden, die Gnade durch das *extra nos* von
Jesu Glauben zu akzentuieren.[49] Auch das *solus Christus* wird dezidiert
vertreten,[50] indem mit Jesu Glauben dessen aktive Rolle im Heilsgeschehen
und damit zugleich der Glaube (*sola fide*) betont werden. Die Behauptung
eines Jesus eigenen Glaubens geht nicht notwendig damit einher, dass die
Bedeutung des Glaubens der Glaubenden im Zusammenhang mit der
„Rechtfertigung" gemindert oder bestritten wird.[51] Auf der anderen Seite

---

[46] Karrer, Rechtfertigung 145; vgl. schon Barr, Semantics 161–205. Liddell/Scott/Jones,
Lexicon 1408 verstehen πίστις mit subjektiven Genitivattribut als „trustworthiness", als Vertrauen, das jemand genießt: also ein *genitivus subiectivus*, der das *Objekt* von Vertrauen
benennt. Das ist auch das gewisse Recht für Wallace, Grammar 116, der den Glauben an
Christus mit dessen eigenem Glauben legitimieren zu müssen meint: Christus als „the object
of faith is a worthy object, for he himself is faithful". Diese Facette von πίστις macht
Vanhoye, Fede 16–21 stark.

[47] So der mündliche Kommentar John Reumanns schon aus dem Jahr 1991 (mitgeteilt von
Koperski, *Pistis Christou* 201 Anm. 22).

[48] Diese werden mit Recht mit Recht diagnostiziert von Hooker, ΠΙΣΤΙΣ 323 f. Gegenüber
Haußleiters liberaler Soteriologie bemerkt Hilgenfeld scharf: „Den Gedanken des gläubigen
Jesus Christus und aller nach seinem Vorbilde Glaubenden sollte man Rationalisten über-
lassen und nimmermehr dem Paulus aufdrängen" (Hilgenfeld, Brief 391).

[49] O'Brien, Phil 400.

[50] Taylor, Function 75.

[51] So ausdrücklich beispielsweise bei Hays, Faith 141, der zu Gal 2,16 feststellt, dass

sollte die Unterstellung, Luthers elaborierte Theologie sei eine Degeneration paulinischer Gedanken, an Texten belegt werden. James D. G. Dunn berichtet denn auch, dass Vertreter der beiden konkurrierenden Positionen der jeweiligen Gegenseite in Wichtigem zustimmen: Die *objectivists* akzeptieren „a reading of Paul's theology in terms of Christ's obedience on the cross as an expression of God's faithfulness to his people and promises", die *subjectivists* verneinen nicht, dass „belief in Christ was a fundamental part of Paul's gospel".[52] Die ganze Auseinandersetzung sei „more a grammatical dispute than a theological dispute"[53]. Unparteiisch kann man beiden Positionen wichtige Einsichten abgewinnen.[54]

Interessant ist jedenfalls, welch unterschiedlichen theologischen Richtungen Vertreter der *genitivus-subiectivus*-These zugehören: Hier treffen sich liberale Leben-Jesu-Theologie (Haußleiter) und Barthianismus (Torrance, Markus Barth), nordamerikanische *evangelicals* (Hays, Williams) und Katholiken (Kertelge, Thüsing, Baumert, Vanhoye, Ramaroson, die sich etwa schon auf Thomas von Aquin[55] hätten berufen können) und feministische Theologinnen[56]. Ihnen ist gemeinsam, dass sie mit der klassischen reformatorischen Rechtfertigungslehre wenig im Sinn haben.

1.4. Probleme des Genitivs

Die Dinge scheinen einfach zu liegen: Abgesehen von den strittigen sieben πίστις-Χριστοῦ-Belegen begegnet bei Paulus zwanzig Mal πίστις mit einem Eigennamen oder einem Pronomen im Genitiv; da diese hier ausnahmslos als *genitivus subiectivus* zu verstehen sind, sei das auch für πίστις Χριστοῦ wahrscheinlich.[57] Dass der Genitiv eines Attributs zu πίστις weit überwiegend ein *genitivus subiectivus* sei, gilt auch für die außerbiblische Gräzität.[58]

Paulus „speaks clearly and unambiguous of faith *in* Christ, of an act of believing, trusting directly towards Christ as ‚object'"; Hays, Jesus' Faith; Hays, ΠΙΣΤΙΣ 716 f.; Hooker, ΠΙΣΤΙΣ 322, 341 f.; Davies, Faith 107–110; Witherington, Grace 179; Hooker, Paul 105, wo ausdrücklich auf den Rechtfertigungszusammenhang der πίστις-Χριστοῦ-Belege hingewiesen wird.

[52] Dunn, Quest 100.

[53] Dunn, Quest 101.

[54] Vorbildlich Achtemeier, Faith 91.

[55] Dessen *duplex interpretatio* (*genitivus subiectivus* und *obiectivus*) wird bei Berlage, *Formulae* 8 genannt.

[56] Tamez, Sünde 149 (nach Tamez, Verurteilung).

[57] Howard, Faith 459 f.; vgl. nur Hays, Faith 163.

[58] Howard fasst seine Arbeiten zusammen in Howard, Paul 95; vgl. noch Howard, AncB Dictionary 2, 758–760. Belege für πίστις mit *genitivus obiectivus* verzeichnet etwa Matlock,

Eine (hier zu versuchende) differenzierte Sicht des griechischen Genitivs bestreitet diesem in der πίστις-Χριστοῦ-Debatte wichtigen Howardschen Argument seine Berechtigung.[59] Schon angesichts der Zahlenverhältnisse überzeugt das Argument nicht, um davon zu schweigen, dass hier formale und inhaltliche Besonderheiten der πίστις-Χριστοῦ-Belege nicht beachtet sind. Vor allem ist methodologisch einzuwenden, dass keineswegs die anderen attribuierten πίστις-Belege die engsten und daher zuerst – oder gar wie bei diesem Argument: ausschließlich – heranzuziehenden Parallelen sind; vielmehr sind dieses die Belege *ohne* Attribut. Howards aus dem genannten statistischen Befund weiter gesponnenes gleichsam frömmig-keitsgeschichtliches Argument, es läge antiker jüdisch-hellenistischer Mentalität fern, den Inhalt des Glaubens mittels eines *genitivus obiectivus* zu bezeichnen,[60] kann als bloße Behauptung übergangen werden.[61]

Der Genitiv mit seinen zahlreichen (sogleich zu besprechenden) Valenzen kann komprimiert komplexe Bedeutungen haben; daher finden sich derlei schwierige Genitive in „compressed situations which need to be unpacked"[62]; die hier zu besprechenden paulinischen Passagen werden das bestätigen. Vor semantischen Ableitungen und syntaktischen Parallelen hat der (inhaltliche) Kontext Vorrang zur Bestimmung eines Genitivs, denn Genitivbildungen sind kontextuell bestimmt, die Verwendung des Genitivs erfolgt intuitiv[63], ebenso seine Rezeption.[64]

„[One] of the most crucial elements of Greek syntax"[65] ist insbesondere der adnominale Genitiv, insofern dieser ein breites Spektrum an Verstehens- und Übersetzungsmöglichkeiten zeigt.[66] Einige davon können als Klasse des *genitivus pertinentiae* zusammengefasst werden.[67] Zusätzlich

---

Detheologizing 19 Anm. 59; zum Howardschen Argument s. noch Matlock, Demons 303–305.

[59] S. der etwas bissige Vergleich mit der Verwendung von „sale" bei Silva, Faith 229 Anm. 32.

[60] Howard, Faith 213; Howard, AncB Dictionary 2 758; vgl. Hays, Faith 163; Williams, Righteousness 273.

[61] Vgl. Matlock, Detheologizing 17 f.

[62] Wallace, Grammar 74.

[63] Matlock, Detheologizing 17 („more or less automatic").

[64] Matlock, Detheologizing 17; Silva, Faith 229 („linguistic intuitions").

[65] Wallace, Grammar 73.

[66] Die modernen indogermanischen Sprachen müssen sich mit Präpositionen helfen; das Englische verwendet neben dem morphematischen „'s" die Präposition „of" (vgl. französisches „de" und deutsches umgangssprachliches „von"). Silva vermutet mit Recht hierin einen Grund für die (Schwierigkeiten der) πίστις-Χριστοῦ-Debatte (Silva, God 105–107; vgl. Silva, Faith 220). In welchem Maße die eigene *mother tongue* zur Verwirrung in gräzistischen Fragen führen kann, zeigt die berechtigte Kritik Matlocks an Gleichsetzungen von πίστις ἐν Χριστῷ und *faith in Christ* (Matlock, ΠΙΣΤΙΣ 436).

[67] Hoffmann/von Siebenthal, Grammatik § 158.

kompliziert wird es, vermutet man einen Einfluss hebräischer Syntax.[68] So kann auch vom uns interessierenden Genitiv (Ἰησοῦ) Χριστοῦ vorderhand nur gesagt werden, dass er „die nicht genauer bestimmte Gemeinschaft" mit dem *nomen regens* bezeichnet, die anders mit einem Adjektiv oder dem ersten Teil eines Kompositum wiedergegeben werden kann.[69] Beide Möglichkeiten werden in der πίστις-Χριστοῦ-Debatte vertreten.[70] Unstrittig ist, dass das Genitivattribut „seine spezifische Funktion in diesem Sytagma darin [hat], πίστις eindeutig und unverwechselbar zu bestimmen"[71] – die Frage ist nur eben, in welchem Sinne dies geschieht.

Man kann die philologische Diskussion für „unfortunate and generally unhelpful"[72] halten – *wie* diese bisher geführt wurde oder *generell* wegen der Unbestimmtheit des Genitivs. Doch sollte letztere nicht dazu verleiten, die Kasusfrage ganz zu suspendieren und die Semantik (Lexikalität und Kontextualität) zum einzig zu lösenden Problem zu erklären.[73]

1.4.1. εἰς *beim Verb* – genitivus obiectivus *beim Nomen?*

Wegen des offensichtlichen (synchronen) Konnexes von πίστις Χριστοῦ mit der verbalen Wendung εἰς Χριστὸν πιστεύειν (Gal 2,16b) – häufig herangezogen – und wegen der (diachronen) Verbindung zu πιστεύειν ὅτι Χριστός (1 Thess 4,14a u. ö.; Röm 10,9 bietet eine πιστεύειν-ὅτι-Konstruktion, die im nächsten Vers durch das passivische πιστεύεται aufgenommen wird; der ὅτι-Satz ist logisches Subjekt) – häufig, ja durchweg unbeachtet – wird das Problem des Genitivattributs in der Regel auf die Alternative *genitivus subiectivus* oder *genitivus obiectivus*, d. h. auf zwei Möglichkeiten eines von einem Verbalsubstantiv regierten *genitivus pertinentiae*, reduziert.[74] Doch sind diese von den Grammatiken gebotenen Rubrizierungen keineswegs eindeutig;[75] ein Genitiv kann durchaus mehrere Valenzen aufweisen, ja *genitivus subiectivus* und *genitivus obiectivus* können gar – obwohl scheinbar

---

[68] Dazu schon Luther, *De servo arbitrio* (WA 18, 768 f.) im Vergleich mit *gloria Dei* und *iustitia Dei*: *Fides Christi latine sonat, quam Christus habet, sed Ebraeis fides Christi intelligitur, quae in Christum habetur.*

[69] Blass/Debrunner/Rehkopf, Grammatik § 163 Anm. 1 nach Schmitz, Christus-Gemeinschaft 134; vgl. Silva, Faith 220, 229.

[70] „Christic faith" (Hultgren, Formulation 257 mit dem Akzent auf dem Glauben der Christen) und „Christ-faith" (Williams, Again 437 mit Betonung von Christi eigenem Glauben; vgl. Cosgrove, Justification 666 Anm. 22: „Jesus-Christ-faith").

[71] Schenk, Phil 310.

[72] Silva, Faith 219.

[73] Silva, Faith 219 f.

[74] Campbell, Presuppositions 715 f. kritisiert solcherart Ableitung des Substantivs (mit seinen syntaktischen Möglichkeiten) vom Verb als „etymologistic".

[75] Kühner/Gerth, Grammatik 2,1 § 414,3.

gegensätzlich – zusammen vorliegen, wie etwa ἡ ἀγάπη τοῦ Χριστοῦ in 2Kor 5,14 zeigt (s. u. 1.4.3.).[76] So ist insbesondere der *genitivus obiectivus* ein weites Feld, was seine Ableitung aus verbalen Wendungen betrifft.[77] Dabei kann es sich um Verben handeln, die den Dativ[78], den Akkusativ (bei beiden Kasus ohne oder mit Präpositionen)[79] sowie Nebensätze regieren.[80] Instruktive Beispiele für eine eindeutige verbale Parallele zu einem Substantiv mit einem Christus nennenden Attribut sind das Nebeneinander von ἀποκάλυψις Ἰησοῦ Χριστοῦ und ἀποκαλύψαι τὸν υἱὸν αὐτοῦ Gal 1,12.16 und von ἡ γνῶσις Χριστοῦ und γνῶναι αὐτόν Phil 3,8a.10 (vgl. auch ἐλπίς mit folgendem *genitivus obiectivus* in 1Thess 1,3 [dazu 2.3.3.] und das Verb ἐλπίζειν, das in 2Kor 1,10 gleichzeitig mit einem durch εἰς gebildeten Objekt und [textkritisch heikel] mit einem ὅτι-Nebensatz konstruiert ist). (Insofern Adjektiven gewisse verbale Qualitäten eignen [πιστός kann für das aktivische Partizip Präsens πιστεύων, für das passivische πιστευθεῖς oder für das Verbaladjektiv πιστευτός oder πιστευτέος stehen; vgl. noch die Adjektive πιστικος, πιστευτής, πιστευτικός], könnte ein nominales Syntagma wie eben ein Genitivattribut davon abgeleitet oder darüber vermittelt sein.)[81]

Gerade πιστεύειν zeigt diese Problematik, insofern das Verb im theologischen Sinn neben dem absoluten finiten Gebrauch (Röm 4,18; 10,10; 13,11; 15,13; 1Kor 3,5; 15,2.11; 2Kor 4,13b [zit. Ps 115,10LXX]; 4,13c sowie die Partizipien Röm 1,16; 3,22; 4,11; 10,4; 1Kor 1,21; 14,22 [*bis*];

---

[76] Hoffmann/von Siebenthal, Grammatik § 160d und Wallace, Grammar 120. S. auch Röm 5,5; 1Thess 1,3; 2Thess 3,5; Joh 5,42. Anders – nämlich eindeutig ausschließlich *genitivus subiectivus* – Röm 8,35.39; 2Kor 13,13; Röm 11,33b bietet ein nominales Attribut, das sich in *genitivus subiectivus* und *obiectivus* auf zwei verschiedene *nomina regentia* bezieht.

[77] Winer, Grammatik § 30,1b.10d.

[78] Silva, Faith 229 weist hin auf ἐν τῇ προσευχῇ τοῦ θεοῦ Lk 6,12 (προσεύχομαί τινι); weitere Belege Smyth, Grammar § 1331–1333.

[79] Präpositionale Objekte bei Verben können bei den entsprechenden Substantiven ebenfalls als präpositionale Attribute wiedergegeben werden, wie es etwa deuteropaulinisch auch für πίστις der Fall ist (z. B. Kol 2,5); vorpaulinisch ist dies bei βαπτίζεσθαι/βάπτισμα so, wie Röm 6,3a.b.4 zeigt.

[80] Martyn, Gal 270 Anm. 171 meint (mit Haußleiter, Glaube 177 f.), dass ein *genitivus obiectivus* ein transitives Verb voraussetze, das πιστεύειν aber nur im Sinne von „to entrust" mit doppeltem Akkusativ sei; daher sei der Genitiv zu πίστις (höchstens) ein *genitivus originis*. Der Schluss ist so falsch wie die Voraussetzung („prädeuteropaulinisch" ist etwa Χριστὸς ἐπιστεύθη in 1Tim 3,16 belegt). Der zunehmende Gebrauch von Präpositionen nach Verben in der Koine (Moulton, Grammar 61 f.) ist sowenig beachtet wie die (syntaktische und semantische) Emanzipation eines Nomens vom Verb. Silva, Faith 229 (mit) Anm. 33 bezeichnet das genannte Argument als „particularly silly". Vgl. zum Verhältnis von transitivem Verb und Attribut im *genitivus obiectivus* noch Matlock, Detheologizing 18 Anm. 56.

[81] Zum Adjektiv πιστός in der πίστις-Χριστοῦ-Debatte Mercadante/Hays, Report 269. Das (seltene, allerdings in 2Kön 16,2 LXX und 1Klem 35,5; Diog 7,2 belegte, bei Paulus wie im gesamten Neuen Testament fehlende) Adverb πιστῶς wird in der πίστις-Χριστοῦ-Debatte nicht bedacht.

Gal 3,22; 1Thess 1,7; 2,10.13)[82] paulinisch mit εἴς τινα (Röm 10,14a
[V. 14b Attraktion in den Genitiv zum folgenden Verb ἀκούειν]; Gal 2,16b;
Phil 1,29),[83] in Zitaten aus LXX mit dem direkten Dativ (Röm 4,3 und
Gal 3,6 zit. Gen 15,6; Röm 10,16c zit. Jes 53,1)[84] sowie mit ἐπί τινι (Röm
9,33; 10,11 zit. Jes 28,16[85]), in paulinischer Formulierung mit ἐπί τινα
(Röm 4,5.24)[86] und in Aufnahme vorpaulinischer Bekenntnistradition mit
folgendem ὅτι-Satz (Röm 6,8; 10,9; 1Thess 4,14) konstruiert wird. Das
Substantiv πίστις wird dagegen begleitet vom Genitivattribut und selten
von πρός τινα (1Thess 1,8; Phlm 5), nicht jedoch von εἰς oder ἐπί τινι/τι-
να.[87] Nicht zu vernachlässigen ist der schlichte Befund, dass sowohl Verb
als auch Substantiv von πιστ- weit überwiegend absolut gebraucht werden.
Kann aber bei Ableitungen nominaler Konstruktionen von verbalen Formen
und Ergänzungen quantitativ argumentiert werden?

Zweimal bietet Paulus – im frühesten und in einem späten Brief –
πίστις mit einem präpositionalen Attribut: πρὸς τὸν θεόν 1Thess 1,8 und
πρὸς τὸν κύριον Ἰησοῦν Phlm 5. In beiden Fällen formuliert Paulus wohl
deswegen präpositional statt mit einem Genitivattribut, um neben den
possessiven Pronomina ὑμῶν bzw. σου einen weiteren Genitiv zu vermeiden (anders als 1Thess 1,3); so macht er es bei ἀγάπη in Röm 5,8. Der
Artikel in 1Thess 1,3 schuldet sich dem vorangehenden Pronomen, in
Phlm 5 dem Relativsatz, sodass von der beim Genitivattribut beobach-
teten Artikellosigkeit keine Abstriche gemacht werden müssen. Die Setzung des Artikels ist beredt, zeigt sie doch, dass im anderen Falle – bei
Artikellosigkeit des Bezugsworts – präpositionale Attribute vermieden
werden. Hätte Paulus also präpositional formulieren wollen, hätte er die
Artikellosigkeit von πίστις aufgeben müssen; dazu war er aber offensichtlich nicht bereit.

---

[82] Das direkte Akkusativobjekt 1Kor 13,7 kann hier wegen des nichttheologischen πιστεύειν übergangen werden.

[83] Finales/konsekutives εἰς liegt vor Röm 4,18 (mit AcI; vgl. V. 11); 10,10a (Substantiv);
15,13 (Infinitiv).

[84] Schon einen gräzistischen Elementarschüler hinterlässt die Frage des *genitivus-subiectivus*-Vertreters Wallis ratlos, warum denn entsprechend dem Dativ beim Verb Paulus nicht
auch den Dativ beim Substantiv gesetzt habe (Wallis, Faith 70; dazu Matlock, Detheologizing 18 Anm. 56).

[85] *Codex Vaticanus* lässt in Jes 28,16LXX ἐπ᾽ αὐτῷ aus; auch der masoretische Text bietet
diese präpositionale Bestimmung nicht.

[86] Röm 4,17 bietet ein *participium coniunctum* in Attraktion an den von κατέναντι gefor-
derten Genitiv; hat Paulus hier einen direkten Dativ (wie in V. 3 im Zitat aus Gen 15,6; so
Blass/Debrunner/Rehkopf, Grammatik § 294 Anm. 5) oder eine Konstruktion mit ἐπί τινα
(wie in seinen eigenen Formulierungen V. 5.24) gedacht?

[87] Dass der Genitiv Χριστοῦ den präpositionalen Attributen εἰς Χριστόν, ἐν Χριστῷ, ἐπὶ
Χριστῷ und πρὸς Χριστόν inhaltlich entspricht, wird von den Vertretern der traditionellen
Sicht als „commonly asserted" ausgegeben (Hultgren, Formulation 253 mit Anm. 27; s. dazu
klassisch Bultmann, ThWNT 6 211).

Der Beleg Phlm 5 ist darüber hinaus auch deshalb interessant, weil πίστιν ἔχειν Paraphrase von πιστεύειν ist (vgl. Mk 11,22[88]; Jak 2,14.18); hier zeigt sich deutlich die paulinische Tendenz, das (offensichtlich präzisere und eindeutige) Substantiv πίστις anstelle des auch alltagssprachlichen und daher unscharfen Verbs zu verwenden, wie es in Röm 4,3.5 mit der Weiterführung des mit Gen 15,6 zitierten πιστεύειν zu πίστις und in Gal 3 in der Verdrängung des Partizips οἱ πιστεύοντες (V. 22) durch die präpositionale Paraphrase οἱ ἐκ πίστεως (V. 7.9) geschieht.

Auffällig ist jedenfalls, dass Paulus nicht – wie doch eigentlich nahe liegend – bei der Substantivierung die Präposition εἰς (Gal 2,16b) beibehält; so verhält es sich in der Apostelgeschichte, die das Verb mit dem εἰς-Objekt kennt (10,43; 14,23; 19,4) und mit dem Substantiv reformuliert, dem ganz entsprechend das präpositionale Attribut εἰς Χριστόν folgt (20,21; 24,24; 26,18) – und dass er damit eine genuin christliche Formulierung aufgibt (s. Näheres in 3.2.).[89] Eine andere Möglichkeit, πίστις εἴς τινα zu vermeiden, findet sich in Phil 1,29 mit dem schwerfälligen τὸ εἰς αὐτὸν [*sc.* Χριστὸν] πιστεύειν. Das substantivische πίστις εἴς τινα findet sich erst in der Paulus-Schule, und zwar ebenfalls mit der Nachstellung von πιστsowie mit dem bloßen Χριστός (Kol 2,5[90]; vgl. noch die *varia lectio* Phlm 5 A C D* u. a.).[91] Das spricht doch wohl gegen eine direkte Ableitung des Syntagmas πίστις Χριστοῦ von der verbalen Wendung εἰς Χριστὸν πιστεύειν; wahrscheinlicher gibt das Genitivattribut den ὅτι-Satz der Pistisformel wieder, wie sie in 1Thess 4,14 u. ö. begegnet, wofür auch die ausführlichen einschlägigen *participia coniuncta* in Gal 2,20 sprechen, die ursprünglich wohl in einem ὅτι-Satz standen.[92]

Paulus konstruiert also πίστις nicht mit εἰς, und zwar bewusst, sofern er ja auf die ihm in Verbindung mit θεός überkommene (1Thess 1,8) Präposition πρός (vgl. für πίστις πρός 1Makk 10,27; 3Makk 3,3; 4Makk 15,24; 16,22 [die letzten beiden Belege mit θεόν]) ausweicht. Auf πρός fällt seine Wahl doch wohl kaum nur aus dem stilistischen Grund der Alliteration. Das Verb bietet bemerkenswerter Weise just diese Präposition gar nicht. Diese πρός-Stellen bewertet auf der anderen Seite auch Arland Hultgren mit dem Argument unter, dass bei πίστις Χριστοῦ dann ein

---

[88] Dazu Silva, Faith 231.

[89] 1Kor 1,12 zeigt, wie differenziert Paulus Genitiv- und Präpositionalattribute bildet: τὸ πνεῦμα τοῦ κόσμου – τὸ πνεῦμα τὸ ἐκ τοῦ θεοῦ.

[90] Der Artikel steht hier wegen der Präposition vor dem Attribut, das zudem ein Pronomen aufweist (Blass/Debrunner/Rehkopf, Grammatik § 272 Anm. 2, § 259, 2).

[91] Chrysostomos' Paraphrase des πίστις Χριστοῦ in Gal 2,16 durch πίστις ἡ εἰς Χριστόν (dazu Silva, Faith 228 mit Anm. 29) zeigt, dass (auch später noch) die beiden Attributbildungen als synonym verstanden wurden. Und die Frage, warum Paulus das (vom Verb her) näher liegende präpositionale Attribut nicht gebildet hat, wird noch interessanter.

[92] Vgl. Wengst, Formeln 58 (Hauptsatz ohne πιστεύομεν ὅτι).

genitivus subiectivus diskutabel wäre, attribuierte Paulus πίστις präpositional mit εἰς oder ἐν; dies sei indessen eben kein paulinischer Sprachgebrauch,
demnach stehe πίστις Χριστοῦ anstelle dieser präpositionalen Wendung.[93]

Ein weiterer Grund für die Vermeidung von πίστις εἰς Χριστόν bei Paulus
kann darin vermutet werden, dass dieses Syntagma undeutlich oder gar
missverständlich ist,[94] insofern εἰς in der Koine an der Stelle einen *accusa-
tivus respectus* stehen kann (so wohl in 2Kor 11,3; Phil 1,5) oder einen
dativus commodi ersetzt (Phlm 6*fin.*). Eine solche Vagheit vertrüge sich
kaum mit dem profilierten paulinischen Begriff der πίστις. Die εἰς-Formulierung beim Verb kann dagegen als adverbielle Bestimmung klassifiziert
werden,[95] ohne dass dadurch πιστεύειν weniger profiliert wäre – es läge
eben nur kein (grammatikalisches) „Objekt" vor (s. dazu 3.2.1.).

Zur Vermeidung einer Präposition unmittelbar nach πίστις veranlasste
den Apostel wohl auch die Artikellosigkeit (s. dazu 1.5.2. *fine*), eventuell
die notorisch vor diesem Substantiv stehende Präposition (s. dazu 1.5.3.)
sowie die Parallelität mit ἔργα νόμου (dazu eingehend 3.2.4.).[96]

Der Verzicht auf πίστις εἰς kann nicht ernsthaft so gedeutet werden,
dass Paulus bei πίστις Χριστοῦ Christus nicht als Objekt des Glaubens
verstehen könne, da er dies mit dem präpositionalen Attribut hätte (besser)
formulieren können, ja müssen.[97] Umgekehrt kann gesagt werden: Gerade
weil die beim Verb vertraute präpositionale Bildung beim Substantiv fehlt,
ist es umso wahrscheinlicher, dass πίστις Χριστοῦ ein dementsprechender
genitivus obiectivus sein wird.[98] Paulus bietet unzweifelhaft den Sachverhalt
eines Glaubens an Christus substantivisch mit ἡ πίστις ἣν ἔχεις πρὸς τὸν
κύριον Ἰησοῦν Phlm 5 sowie beim Verb mit dem präpositionalen Objekt
εἰς Χριστόν (Gal 2,16b; vgl. Röm 10,14; Phil 1,29)[99] – hier muss man
schon gewalt(tät)ig interpretieren, um das anders sehen zu können![100] –
und mit ὅτι-Sätzen (z. B. 1Thess 4,14); zu vergleichen ist auch ἡ ὑπακοή

---

[93] Hultgren, Formulation 254.

[94] Und eben nicht klar; gegen Williams, Righteousness 274: Hätte Paulus „meant ‚faith
in Christ' he would have used a preposition to say that clearly".

[95] Williams, Again 435 f., 442–444.

[96] Matlock, Detheologizing 15 Anm. 45.

[97] Keck, Jesus 454 Anm. 36; Howard, Faith 460; Williams, Again 434 mit Johnson, Faith
84; Hays, Jesus' Faith 262, der für eine nominale πιστ-Bildung mit präpositionalem Attribut
auf Röm 4,24 hinweist; hier liegt jedoch das Partizip mit ἐπί vor.

[98] Dunn, Once More 734 f.

[99] Hinzuzunehmen ist hier noch das Zitat aus Jes 28,16 in Röm 9,33; 10,11, das Paulus
auf den κύριος Jesus (s. V. 9a) bezieht (πιστεύειν ἐπί τινι).

[100] Neben Kittel, Πίστις s. z. B. Williams, Again 442 f., der ohne Angabe eines Grundes
behauptet, εἰς bedeute hier (wie bei βαπτίζεσθαι [diese Parallele schon bei Haußleiter, Glaube
162.173]) „hinein" und bezeichne daher mit Christus nicht das Objekt des Glaubens. Die
Behauptung einer hier vorliegenden „transfer terminology" wird von Hays, ΠΙΣΤΙΣ 724 f.
dankbar aufgegriffen.

τοῦ Χριστοῦ 2Kor 10,5. Das „Fehlen" von πίστις ἐν Χριστῷ bei Paulus[101] (vgl. deuteropaulinisch Eph 1,15; Kol 1,4; 1Tim 3,13; 2Tim 1,13; 3,15) darf schwerlich als Argument gegen Christus als Objekt der πίστις bemüht werden.[102] Denn auch den Begriff des Glaubens an Gott konstruiert der Apostel nicht mit ἐν – ohne dass man darum genötigt wäre, ihn flugs zum Atheisten zu erklären.[103]

Gelegentlich lässt Paulus nach πίστις eine nicht darauf bezügliche prä-positionale adverbielle Bestimmung folgen. Er hat hier (wie beim fina-len/konsekutiven εἰς nach dem Verb) sichtlich keine Sorge, missverstanden zu werden. Offensichtlich liegt es (für den Autor wie für seine Leser) fern, πίστις mit einer nachfolgenden εἰς-Ergänzung zusammen zu bringen. Diese hier nicht weiter zu berücksichtigenden Belege finden sich in Röm 3,22 (!); 4,5.9 mit εἰς sowie mit ἐν in Röm 1,12; 3,25; 1Kor 2,5; Gal 3,26.

1.4.2. Der genitivus subiectivus

Auch der *genitivus subiectivus* ist so eindeutig nicht, da das mit ihm be-zeichnete Zugehörigkeitsverhältnis verschiedene Nuancen aufweisen kann;[104] insbesondere der *genitivus auctoris* steht jenem Genitiv bisweilen bis zur Ununterscheidbarkeit nahe.[105] Gleichwohl dürfen diese beiden Ge-nitive nicht einfach nivelliert werden; beim *genitivus auctoris* nämlich stellt sich ja erst noch die Frage, wie Christus denn den Glauben der Glaubenden bewirkt – durch seinen eigenen Glauben als Vorbild oder durch seinen Tod, auf den sich der Glaube der Glaubenden bezieht. πίστις Χριστοῦ kann so verstanden werden, dass das Attribut den Urheber bezeichnet, ohne dass damit Christus als „Objekt" des Glaubens ausgeschlossen wä-re.[106] Haußleiters Paraphrase des Genitivs beispielsweise changiert zwischen

---

[101] 1Kor 2,5 ist ἐν δυνάμει θεοῦ auf εἶναι zu beziehen; diese Stelle ist daher nicht zu berücksichtigen, ebensowenig wie Röm 3,25; Gal 3,26.

[102] So indes Williams, Again 434, ferner Hultgren, Formulation 253 f.

[103] S. Koperski, *Pistis Christou* 202 f. Anm. 28.

[104] Das kann man sich an (dem griechischen Genitivattribut entsprechenden [Blass/De-brunner/Rehkopf, Grammatik § 163 Anm. 1]) Komposita im Deutschen gut verdeutlichen: Das beschauliche Tübingen nennt sich „Universitätsstadt"; mit dem Kompositum werden zwei Sachverhalte wiedergegeben, nämlich dass es in dieser Stadt eine Universität gibt und dass diese die Stadt prägt (vgl. *genitivus possessoris* und *qualitatis*). Das im Übrigen erheblich bedeutendere Hannover etwa würde man mit dem Kompositum „Universitätsstadt" eher nicht belegen, obwohl der erste Sachverhalt gegeben ist. Deutsche Komposita können (wie griechische Genitive) also komplexe Aussagen (hier: nicht quantifizierbare Bewertungen) leisten; entsprechende Beispiele für das Englische bietet Silva, Faith 220.

[105] Für Gal 2,20 erwägt Hays, Faith 168 beides.

[106] Berlage, *Formulae* 62–64, (referiert bei Schmitz, Christusgemeinschaft 94); Seeberg, Tod 191; Schlatter, Gerechtigkeit 139; vgl. auch Johnson, Rom 3:21–26 83; Hays, Faith

vielen Genitivvalenzen: „der von Christus gewirkte, in ihm ruhende Glaube"[107]; Christus wird hier als Urheber, Urbild, Garant und wohl auch als Inhalt des Glaubens verstanden.[108] Mit diesem Facettenreichtum des Genitivs müht sich Ernst Lohmeyer: „πίστις Ἰησοῦ Χριστοῦ … ist Genetivus [*sic*] subjectivus, denn durch Christus kommt der Glaube";[109] die Nähe zum *genitivus auctoris* ist evident.[110] Zugleich erkennt Lohmeyer hier einen *genitivus obiectivus* und *qualitatis*, „denn Christus ist dieser Glaube";[111] letzteres meint doch wohl wiederum einen epexegetischen Genitiv,[112] den seinerseits Wilhelm Mundle als *genitivus obiectivus* oder *materiae* versteht.[113] Und noch einer der aktuellen Autoren – Krister Stendahl zu Röm 3,22 – kann sein Verständnis nur mit einem unentschiedenen Ausdruck umschreiben: „Die Gerechtigkeit kommt durch den Glauben an Jesus, oder durch den Glauben, den Jesus hat, oder durch den Glauben, der irgendwie Jesus ist."[114]

1.4.3. Jenseits falscher Alternativen

Zweierlei ist zu diesen beiden Genitivvalenzen jedenfalls schon hier festhalten: Lässt man das strittige Syntagma πίστις Χριστοῦ unberücksichtigt, ist Christus als „Objekt" des Glaubens in verschiedenen Formen belegt (πιστεύειν mit Präpositionen und Nebensatz, πίστις mit πρός), während sich Christus als Subjekt beim Verb πιστεύειν nicht findet.[115] Auch findet sich bei Paulus nicht das Adjektiv πιστός zur Qualifizierung Jesu,[116] um vom Adverb zu schweigen. Innerhalb paulinischer Texte liegt damit keine Möglichkeit vor, anderweitig die mit einem subjektiven Verständnis von πίστις Χριστοῦ verbundenen Vorstellung(en) direkt zu belegen. Verbale und ad-

---

175; Hays, Jesus' Faith 263 f.; Williams, Again *passim*; Williams, Gal 69 f. und Wallace, Grammar 116; Rusam, Paulus.

[107] Haußleiter, Paulus 178; ähnlich wieder Martyn, Gal 270 Anm. 171 (*genitivus originis* oder *auctoris*).

[108] Ähnlich Hultgren, Formulation 256 f.

[109] Lohmeyer, Gesetzeswerke 74; in diesem Sinne auch Ebeling, Frage 316 f.

[110] Berlage, *Formulae* 62–64 (vgl. Berlage, Rezension Haußleiter 95).

[111] Lohmeyer, Gesetzeswerke 74; vgl. Binder, Glaube 61: *genitivus identificationis* (?) und mit „der Gottes-Sohn-Glaube" zu übersetzen; „der Glaube, der identisch ist mit dem Gottessohn bzw. mit dem *onoma*, dem Wirkungsbereich des Gottessohnes".

[112] Vgl. Lohmeyer, Grundlagen 121; weitergeführt von Schenk, Gerechtigkeit 170: πίστις Χριστοῦ entspricht dem Evangelium..

[113] Mundle, Glaubensbegriff 76 Anm. 2.

[114] Stendahl, Vermächtnis 49, der für die letztgenannte epexegetische Bedeutung auf Gal 3,23 hinweist.

[115] S. z. B. Dunn, Once More 732 Anm. 12; Dunn, Gal 139; Fitzmyer, Röm 345.

[116] S. aber die deuteropaulinischen Belege 2Thess 3,3; 2Tim 2,13.

jektivische Entsprechungen können in der Forschung geradezu als notwendige Bedingung für eine πίστις Χριστοῦ im Sinne der *genitivus-subiectivus-*These eingefordert werden.[117] Auch wenn man so weit nicht gehen will, muss festgehalten werden, dass die *Möglichkeit* der These von einem in πίστις Χριστοῦ vermuteten soteriologisch relevanten Glauben Jesu nur mit dem strittigen Syntagma selbst behauptet werden kann. Das erscheint zwar (prinzipiell wie auch insbesondere angesichts der begrenzten Textmenge) nicht ausgeschlossen, schwächt die These aber insofern, als sie den paulinischen Texten sprachliche und gedankliche Inkongruenzen unterstellt.

Dass die Forderung nach verbalen und adjektivischen Parallelen berechtigt ist, zeigen die paulinischen πιστ-Formulierungen zu Abraham, die als Vergleich über Möglichkeiten und Grenzen der Arbeit zu πίστις Χριστοῦ dienen können: Aus der LXX (Gen 15,6) zitiert Paulus das Verb (Röm 4,3 [vgl. V. 17.18]; Gal 3,6) – Abraham ist Subjekt –, benutzt dann das Partizip (Röm 4,5 [vgl. V. 24]), bevor er das Substantiv verwendet (V. 5.9 [Paraphrase des Verbs aus dem Zitat!].11.12.13.14.16a.d.19.20). In Gal 3,9 nimmt Paulus das Verb aus dem LXX-Zitat V. 6 als Adjektiv πιστός zur Qualifikation Abrahams auf. Am Genitiv von πίστις Ἀβραάμ kann so kein Zweifel bestehen: *genitivus subiectivus.* So klar sind die Evidenzen bei πίστις Χριστοῦ nicht, gleich, welcher Interpretation man zuneigt.

Aus der soeben skizzierten philologisch bedingten interpretatorischen Not kann man eine grammatikalische Tugend machen, indem als ein weiterer Genitivtyp ein *genitivus subiectivus* und *obiectivus* integrierender „plenary genitive" bestimmt wird.[118] Die integrierende Leistung besteht darin, dass beide Valenzen einander ergänzen, und zwar so, dass der subjektive Genitiv den objektiven hervorbringt, wie an ἡ ἀγάπη τοῦ Χριστοῦ 2 Kor 5,14 illustriert wird: Christi Liebe zu den Menschen (*genitivus subiectivus*) weckt deren Liebe zu ihm (*genitivus obiectivus*).[119] Ähnlich ist κοινωνία ... Ἰησοῦ Χριστοῦ in 1Kor 1,9 wohl als *genitivus subiectivus* oder *auctoris* und *obiectivus* (im Sinne von „Gemeinschaft mit Jesus Christus") zu verstehen. Hier wäre nach dem soteriologischen Modell einiger Verfechter des subjektiven Genitivs in der πίστις-Χριστοῦ-Debatte auch πίστις Χριστοῦ einzuordnen: Jesu eigener Glaube motiviert zum Glauben wie er und (in gewissem Sinn) an ihn.[120]

---

[117] Vgl. Silva, God 107 f. Diesem Argument kann kaum mit der Vermutung begegnet werden, Paulus habe das Motiv des Gehorsams bevorzugt (O'Brien, Phil 399); dann hätte Paulus doch wohl an unseren Stellen eben dieses ausdrücklich genannt.

[118] Wallace, Grammar 119–121 nach Zerwick, Greek § 39.

[119] Wallace, Grammar 120.

[120] So Ebeling, Frage 316 f., nach dem „der Christusglaube von Jesus herkommender, in ihm entspringender und gründender und darum an ihm haftender, von ihm her sein Leben, sein Glaubesein empfangender Glaube" ist; das ist denn doch reichlich verschwiemelt. Mit Varianten vertreten auch von Hays, Williams (Wiedergabe der Inzidenz von subjektivem

Einige Begriffe können die ganze Bandbreite des Genitivs aufweisen; es sind dies gerade theologisch zentrale Begriffe wie etwa εὐαγγέλιον:

τὸ εὐαγγέλιον τοῦ Χριστοῦ:
genitivus obiectivus und *materiae* zur Bezeichnung des Akkusativobjekts beim Verb: Röm 1,9; 15,19; 1Kor 9,12; 2Kor 2,12; 4,4 (τῆς δόξης τοῦ Χριστοῦ); 9,13; 10,14; Phil 1,27; 1Thess 3,2. Bemerkenswert ist hier auch der präpositionale Beleg mit περί Röm 1,3. Insofern Christus mit dem εὐαγγελίζεσθαι beauftragt (1Kor 1,17), trägt die nominale Wendung auch auktorial-kausative Konnotationen.[121]

(τὸ) εὐαγγέλιον (τοῦ) θεοῦ:
genitivus auctoris und *possessoris*: Röm 1,1; 15,16; 2Kor 11,7; Gal 1,7; 1Thess 2,2.8.9.

τὸ εὐαγγέλιόν μου u. ä.:
genitivus subiectivus: Röm 2,16; (16,25 neben dem *genitivus obiectivus* τὸ κήρυγμα Ἰησοῦ Χριστοῦ); 2Kor 4,3 (ἡμῶν); 1Thess 1,5 (ἡμῶν).

τὸ εὐαγγέλιον τῆς ἀκροβυστίας/περιτομῆς:
genitivus zur Wiedergabe des Dativs oder einer Präposition (ἐν Gal 1,16) beim Verb Gal 2,7.

Mag der Genitiv in πίστις Χριστοῦ „in itself ... indecisive either way" sein,[122] so folgt für die Kontroverse um πίστις Χριστοῦ aus diesen Einsichten in das Problemfeld des griechischen Genitivs, dass eine *genitivus-subiectivus/obiectivus*-Dichotomie eine philologisch etwas naive Alternative ist.[123] Sie wäre im Übrigen schon ein gewisses, allerdings schwaches[124], Präjudiz, da die Genitivattribute bei *nomina actionis* meistens objektiv zu verstehen sind.[125] Solche Attribute im *genitivus obiectivus* stehen oft bei „substantives denoting a frame of mind or an emotion"[126], was sich zur paulinischen πίστις gut fügt, zumal diese mit ἐλπίς und ἀγάπη in einem engen Verhältnis steht.[127] Die von Robinson vorgetragene und von anderen oft wiederholte

---

und objektivem Genitiv mit dem vagen „Christ faith" [Again 447]) und Hooker. Dieses Modell versuchte schon Kittel, πίστις 428 f. mit dem gewaltsamen Argument zu stützen, das εἰς Χριστὸν πιστεύειν Gal 2,16b meine πιστεύειν κατὰ Χριστόν. Auch Ljungmann, Pistis plädiert bei πίστις Χριστοῦ für eine Kombination des subjektiven und des objektiven Genitivs (s. dagegen Ota, Use 80).

[121] Vgl. dazu Kramer, Christos 46–51.
[122] Dunn, Gal 138; vgl. Hays, ΠΙΣΤΙΣ 714; Silva, Faith 219 f.
[123] Schon Schmitz, Christusgemeinschaft 21 stellt v. a. diese Alternative unter Verdikt. Annähernd sechzig Jahre später fällt Hays, Faith 163 hinter diese Einsicht zurück. An diesem Rückschritt krankt die gesamte Debatte.
[124] Silva, Faith 229 Anm. 32.
[125] Hoffmann/von Siebenthal, Grammatik 160b.
[126] Smyth, Grammar § 1331.
[127] S. Burton, Gal 121: „The evidence that πίστις like ἐλπίς and ἀγάπη may take an objective genitive is too clear to be questioned."

Beobachtung,[128] dass das Standardlexikon Liddell/Scott/Jones keinen einzigen Beleg für einen Objektgenitiv als Attribut zu πίστις biete (Ausnahmen
sind wohl Thuk. Hist. 5,30,3[129] und Jos. Ant. 19,16: der λόγος [Erzählung]
hat/bietet [ἔχειν wie Mk 11,22] πολλὴν πίστιν τοῦ θεοῦ τῆς δυνάμεως[130]),
spricht nicht gegen eine solche Möglichkeit und verringert nicht die Wahrscheinlichkeit eines *genitivus obiectivus* beim paulinischen πίστις Χριστοῦ,
sondern indiziert – wenn überhaupt – umgekehrt eine einschneidende Neu-
fassung des Begriffs πίστις beim Apostel.[131]

Nicht zuletzt ist nach diesen Überlegungen ausgeschlossen, von den Apo-
rien der einen Möglichkeit auf die andere zu schließen.[132] Probleme des
objektiven Verständnisses sind kein (zumindestens: hinreichendes) Argument
für den *genitivus subiectivus* und *vice versa*.[133] Ebenso ist eine Rubrizierung
von πίστις Χριστοῦ, die ein einziges Genitivverständnis favorisiert und damit
andere ausschließt, ein unphilologisches Bemühen[134] – und ein unpaulini-
sches: Paulus denkt womöglich gar nicht in den Rubriken der Grammatiker,
sondern verwendet bewusst „a general (‚vague‘) expression".[135]

Das Genitivattribut stellt nicht einen bloßen, semantisch belanglosen
Appendix des Bezugswortes dar. Vielmehr ist dieses für dessen Bedeutung
eminent wichtig, bezeichnet der Genitiv doch dessen „Wesen … nach-

---

[128] Robinson, Faith 71 f.; Keck, Jesus 453; Howard, Faith of Christ 212 (LXX und
hellenistisches Judentum); Howard, Paul 93 Anm. 191; Hays, Faith 164. Vor Robinson
übrigens argumentierte schon Haußleiter so: „Der griechischen Profangräzität ist der Gebrauch von πίστις mit Gen.[itivus] objectivus der Person durchaus fremd" (Haußleiter,
Disput 519).

[129] Hier meinen θεῶν πίστεις etwa „Versicherungen/Versprechen gegenüber Göttern"; vgl.
das Verb mit Dativobjekt in Hist. 4,92,7.

[130] Dazu (ablehnend) Howard, Faith 213.

[131] Vgl. Silva, Faith 230. Lindsay meldet zwar Fehlanzeige für πίστις mit objektivem Genitiv
bei Josephus, stellt indes sogleich fest, dass dieser Befund kein Argument für einen *genitivus
subiectivus* bei πίστις Χριστοῦ darstelle, da Josephus unter πίστις etwas völlig anderes als
Paulus verstehe, nämlich nicht einen Glauben *an*, sondern *über* Gott („belief about") sowie
Gottes Verlässlichkeit („faithfulness of God") (Lindsay, Josephus 107). – Luther gibt für
diesen semantischen Prozess einen plausiblen (wenn auch theologischen) Grund an: „*Omnia
vocabula in Christo novam significationem accipere in eadem re significata.*" (Disputation *de
divinitate et humanitate Christi* These 20, WA 39 II, 94, 17). Cremer, Wörterbuch 846
fordert die Beachtung der „eigentümlichen neutest.[amentlichen] Fixierung des Glaubensbegriffs, welche ihn zu einem so selbstverständlichen *term.[inus] tech.[nicus]* macht, daß die
Bedeutung des hinzugefügten Gen.[itivs] sich von selbst ergibt [*sic*]." Vgl. zum Verb Räisänen: „[S]ome central words tend to take on new shades of meaning. The linguistic novelty
points to a novelty in the realm of religion" (Break 117 f.).

[132] Vgl. Schenk, Gerechtigkeit 170.

[133] Johnson, Rom 3:21–26 78 wägt die Probleme der konkurrierenden Thesen gegeneinan-
der ab und befindet, dass diejenigen bei Annahme eines subjektiven Genitivs leichter wögen.

[134] Vgl. Matlock, Detheologizing 16 mit Silva, Explorations 65 Anm. 2.

[135] Silva, God 109 (zu Gal 1,12.16 [ἀποκάλυψις, ἀποκαλύψαι] s. 110 f.); vgl. Vanhoye,
Fede 17.

drücklich".[136] In gesteigertem Maße gilt dies für die neutestamentliche Koine, insofern hier semitische Syntax aufgenommen wird. Eine wichtige methodologische Konsequenz besteht darin, dass zu einem attribuierten Nomen nicht weitere Attributbildungen als engste Parallelen herangezogen werden sollten, sondern zunächst attributlose Belege.[137] *Nomen regens* und Attribut bilden eine semantische Einheit, wobei letzteres im *genitivus qualitatis* adjektivische Funktion haben kann,[138] wozu auf ἐκ πίστεως Ἀβραάμ Röm 4,16 verwiesen werden kann (vgl. dazu Gal 3,6–9: der πίστις der Glaubenden/Abrahamsnachkommen ist ein Abrahamsglaube). Christus als Objekt von πιστεύειν bzw. Attribut von πίστις spezifiziert diese(s) als christlich-konfessionell.[139] Aber gerade auch Vertreter des *genitivus subiectivus* können einem adjektivisch-qualitativen Verständnis im Sinne eines vorgelebten und vorbildlichen Glaubens Jesu einiges abgewinnen.[140] Die Genitive der Qualität und des Gegenstands sind zu unterscheiden – wie beispielsweise Lk 4,22 (οἱ λόγοι τῆς χάριτος) zeigt –, ohne dass sie einander durchweg ausschließen.

1.5. Das nomen regens *πίστις*

Das *nomen regens* betreffend (zum Verhältnis des Nomens zum Verb s. o. 1.4.1.) werden Argumente zu drei Aspekten vorgetragen, nämlich zur Semantik, zur Frage des Artikels und der voranstehenden Präposition.

1.5.1. Der semantische Hintergrund

Schon D. W. B. Robinson stellte eine große Verwendungs- und Bedeutungsbreite bei πίστις fest zwischen „belief" und „fidelity", allgemeiner zwischen „fixity" und „firmness", was „suitable for use in a variety of contexts" sei.[141] Semantische Pragmatik ist Darlegung des Kontextes und Wortbestimmung vom Kontext her.[142] Daher ist auch erklärlich, dass πίστις Χριστοῦ im

---

[136] Kühner/Gerth, Grammatik 2,1 § 402c.

[137] Bailey, Rez. Campbell 232.

[138] Blass/Debrunner/Rehkopf, Grammatik § 165,1; Hultgren, Formulation 256 f.

[139] Johnson, Rom 3:21–26 81–83.

[140] S. etwa Hays, ΠΙΣΤΙΣ 461–476; Williams, Again 437, 447; Williams, Gal 69 f. (Williams führt als Parallele eine „Mother Teresa-love" an); Hooker, ΠΙΣΤΙΣ 340 f.

[141] Robinson, Faith 76.

[142] Matlock, Detheologizing 4 f.: „classifying meanings is … classifying contexts"; zum „Kontext" s. Silva, Words 138–159.

Zusammenhang mit dem Paradigmenwechsel in der Paulus-Forschung neu
bestimmt wurde – die πίστις-Χριστοῦ-Debatte ist Teil der Auseinandersetzungen um das Verständnis der Rechtfertigungsaussagen, die größtenteils
den Kontext darstellen. Semasiologisch problematisch ist es, eine allen konkreten Verwendungen von πίστις zu Grunde liegende „basic meaning" anzunehmen, als die dann bevorzugt „faithfulness" bestimmt wird, was die
πίστις-Χριστοῦ-Frage zugunsten eines *genitivus subiectivus* präjudiziert.[143]
Vielmehr ist von einer Polysemie auszugehen: Wie jedes Wort verfügt πίστις
prinzipiell über ein Ensemble gleichrangiger Bedeutungen.[144] Aus diesem
semantischen Ensemble kann „faith, trust" als „unmarked meaning" bestimmt werden,wobei „unmarked" jene semantische Valenz ist, die die ge-
ringste kontextuelle Bedeutungsgebung erfordert, was nicht eine „Grund-
bedeutung" ist und auch nicht die häufigste Verwendung sein muss.[145] Diese
„unmarked meaning" „faith, trust" wird kontextuell zu „Christian faith"
und „the faith".[146] Es ist jeweils die aktuelle Verwendung von πίστις zu
erheben, wobei man sich keinesfalls von allgemeinen Vorstellungen („glosses") zumal in der eigenen Muttersprache lenken lassen darf.[147]

Der neutestamentliche Begriff der πίστις kann auf dem semantischen
Hintergrund der hebräischen אֱמוּנָה verstanden werden.[148] Das sei v. a. in
Röm 3,3, einem den beiden wichtigen πίστις-Χριστοῦ-Stellen V. 22.26 vor-
ausgehenden Vers, mit Händen zu greifen, wo mit πίστις θεοῦ Gottes
Bundestreue gemeint ist.[149] James Barr kritisiert die Rückführung des grie-
chischen Lexems πίστις auf ein hebräisches Vor-Wort durch Torrance und
Hebert.[150] In der LXX finde sich kein Beleg für πίστις im präzisen pauli-
nischen Sinne von „Glaube"; erst im hellenistischen Judentum (4Makk,
Philo, Josephus) gibt es dazu erste Entwicklungen.[151] Trotz zahlreicher
hellenistischer Belege[152] kann man indes gegenüber nichtjüdischem Einfluss

---

[143] Matlock, Detheologizing 5 gegen Robinson und Howard.

[144] Matlock, Detheologizing 6, der dabei D. A. Cruses Begriff der „ambiguity" aufgreift.

[145] Matlock, Detheologizing 9 f. mit Anm. 24 nach Nida/Louw, Semantics 12, 38, 50.

[146] Matlock, Detheologizing 9 f.

[147] Matlock, Detheologizing 11.

[148] Nach der frühen Arbeit von Hatch, Idea zunächst Hebert, Faithfulness; vgl. Torrance,
Aspect 111; ferner Hays, Faith 160–162 (vorsichtig mit Barr); Longenecker, Gal 87. Nach
einem Dezennium übt Hays Selbstkritik darin, dass er „the cultural/semantic background
of Paul's πίστις language" nicht erhoben habe (Hays, ΠΙΣΤΙΣ 716). Für die deutsche Forschung s. v. a. Lührmann, Pistis; Lührmann, RAC 11 53 f., 62–64 und Lohse, Emuna. Zur
Septuaginta s. Silva, Words 53–97.

[149] Darauf hatte schon Haußleiter hingewiesen (Haußleiter, Glaube 137; vgl. Hays, Faith
171 (mit Kittel, πίστις 424); Hays, ΠΙΣΤΙΣ 718).

[150] Barr, Semantics 161–205; vgl. das Referat bei Hays, Faith 161 f.

[151] Barr, Semantics 201–203. Zu den Belegen s. Campbell, Presuppositions 717 mit Anm. 10.

[152] Die hat v. a. Gerhard Barth beigebracht (Pistis); s. noch von Dobbeler, Glaube und
Schunack, Glaube.

auf die neutestamentliche Rede vom „Glauben" skeptisch bleiben.[153] Strecker resümiert, es zeichne sich „heute ein zumindest vager Konsens darin ab, gänzlich einseitige Kontextualisierungen zu vermeiden und dementsprechend die ... jüdischen wie auch nichtjüdisch-griechischen Sprachtraditionen als Hintergrund der frühchristlich-paulinischen Akzentuierung der πίστις zu berücksichtigen."[154] Semantische Verortung sollte stets auch die Möglichkeit, ja die Wahrscheinlichkeit sprachlicher Entwicklung bedenken.[155] So kann nicht ausgeschlossen werden, dass das Verständnis von πίστις im Sinne religiösen Glaubens und die Konstruktion mit einem *genitivus obiectivus* zur Bezeichnung des Inhalts eine genuin christliche Bildung ist.[156]

1.5.2. Artikellosigkeit

Im neutestamentlichen Griechisch macht sich hebräischer Einfluss auch darin geltend, dass der Artikel beim *nomen regens* „[n]icht selten" fehlt.[157] Über die Tendenz präpositionaler Wendungen zur Artikellosigkeit[158] hinaus fällt bei ἐκ/διὰ πίστεως Χριστοῦ und bei ἐν πίστει Gal 2,20, wo der Artikel erst in der Apposition folgt, auf, dass stets ohne *Artikel* formuliert wird, was insbesondere in Röm 3,26 beim bloßen *nomen proprium* und in Gal 2,20 beim Gottessohn-Titel – beides legt den Artikel nahe – erklärungsbedürftig ist. Arland Hultgren hat aus der Beobachtung, dass der Artikel beim *genitivus subiectivus* regelmäßig begegnet,[159] gefolgert, dass beim artikellosen πίστις Χριστοῦ ein *genitivus obiectivus* vorliegen müsse.[160] Nach

---

[153] So Lührmann, AncB Dictionary 2 750–752, auch Hooker, RGG⁴ 3 947.

[154] Strecker, Fides 228. Strecker selbst ergänzt den semantischen Hintergrund mit Darlegungen zur lateinischen *fides* (229–240) und fordert, dass „die nichtjüdische römische Welt nachdrücklicher als Verstehenshorizont des paulinischen Denkens ... bedacht werden sollte" (240; vgl. Stowers, Rereading 328), und entwirft schließlich auf dieser semantischen Basis ein paulinisches Glaubensverständnis, das sich gut zur neuen Paulus-Perspektive fügt (240–249).

[155] So zur Entwicklung von πίστις in der Septuaginta Silva, Words 53–97.

[156] Matlock, Detheologizing 19 f.

[157] Blass/Debrunner/Rehkopf, Grammatik § 259.

[158] Blass/Debrunner/Rehkopf, Grammatik § 254, 5 mit Anm. 9; Hoffmann/von Siebenthal, Grammatik § 133,1. Im *Corpus Paulinum* finden sich annähernd doppel soviele artikellose Substantive nach einer Präposition wie artikelversehene (1107:599); bei πίστις ist dieses Verhältnis noch krasser (40:17) (Wallace, Grammar 11 Anm. 117). Zu Setzung und Weglassung von Artikeln s. noch Kühner/Gerth 1 598–610.

[159] Röm 3,3 (ἡ πίστις τοῦ θεοῦ); 4,12 (ἡ ... πίστις τοῦ πατρὸς ἡμῶν Ἀβραάμ); ferner mit Pronomina: Röm 1,8.12; 4,5; 1Kor 2,5; 15,14.17; 2Kor 1,24; 10,15; Phil 2,17; 1Thess 1,8; 3,2.5.6.7.10; Phlm 6. Diese Beobachtung war übrigens (vorsichtiger) schon von Burton, Gal 482 vorgetragen worden.

[160] Hultgren, Formulation 253; die jüngste Arbeit mit diesem Argument ist Foster, Contribution.

dem in 1.4. Dargelegten – eine Beschränkung auf die beiden (und also alternativen) genannten Genitive ist eine Verkürzung des philologischen Problems – ist allerdings dieser Schluss nicht zwingend.

Der grammatikalische Zusammenhang von Artikelsetzung beim *nomen regens* und Genitivvalenz des Attributs selbst ist indes keineswegs plausibel.[161] Vielmehr ist die Setzung des Artikels in der Regel kontextuell bedingt, näherhin zumeist durch die Formulierung des Attributs nahegelegt, wie sich an je einem *genitivus subiectivus* und *obiectivus* zeigen lässt: χάρις (*genitivus subiectivus*) mit Artikel Röm 16,20b.*24; 2Kor 8,9; 13,13; Gal 6,18; Phil 4,23; 1Thess 5,28; Phlm 25 und ohne Artikel Röm 5,15 (ἐν χάριτι τῇ, d. h. nachträglich bestimmt[162]); Gal 1,6; ἀποκάλυψις (*genitivus obiectivus* [s. Gal 1,16]) mit Artikel 1Kor 1,7[163], ohne Artikel Gal 1,12. In beiden Fällen schuldet sich die Setzung des Artikels der Formulierung des Attributs mit einem possessiven Pronomen (s. u.);[164] die Auslassung des Artikels ist jeweils durch den neutestamentlich gern artikellos verwendeten Titel Χριστός motiviert. Belegt sind eindeutige subjektive Genitive von Χριστός *ohne* Artikel wie etwa εὐλογία Χριστοῦ Röm 15,29 einerseits und andererseits objektive Genitive *mit* Artikel wie τὸ εὐαγγέλιον τοῦ Χριστοῦ (Belege s. o.), τὸ μαρτύριον τοῦ Χριστοῦ 1Kor 1,6 oder ἡ ὑπακοὴ τοῦ Χριστοῦ 2Kor 10,5[165].

Das Hultgrensche Argument ist auch insofern nicht stichhaltig, als mit Phil 1,27 ein eindeutig objektives Genitivattribut zu πίστις mit Artikel vorliegt[166] und zumal da Paulus – wie soeben gesehen – ohne Bedeutungsunterschied in der Artikelsetzung variieren kann bzw. muss, wenn der Kontext den Artikel vor πίστις erfordert. Vor allem aber ist die Regel, dass der Artikel vor πίστις einen subjektiven Genitiv signalisiere, den Belegen nicht zu entnehmen: Bei den subjektiven Genitivattributen in Gestalt von Prono-

---

[161] So mit Recht kritisiert von Campbell, Rhetoric 214; vgl. Wallace, Grammar 115 f.; Lindsay, Faith 104 mit Anm. 184. Das Artikelargument weist völlig zurück Silva, Faith 227 Anm. 27. Gleichwohl ist – im umgekehrten Fall: bei der Bestimmung von Genitiven – die Artikelsetzung als wichtiger Bestandteil der „semantic situation" zu berücksichtigen (Wallace, Grammar 75 mit Anm. 9).

[162] Blass/Debrunner/Rehkopf, Grammatik § 270,2.

[163] Dass hier ein *genitivus obiectivus* vorliegt, zeigt neben der soeben genannten verbalen Entsprechung Gal 1,16 die Parallele Röm 8,19, auf die Schrage, 1Kor 120 Anm. 141 hinweist.

[164] Das Pronomen fehlt in 2Kor 13,13; Phil 4,23; Phlm 25; aber auch der bloße κύριος-Titel trägt – außer in der Akklamation Röm 10,9; 1Kor 12,3; Phil 2,11; vgl. 2Kor 4,5 – den Artikel und erfordert entsprechend den Artikel beim *nomen regens.*

[165] Beim *genitivus subiectivus* διὰ τῆς ὑπακοῆς τοῦ ἑνός Röm 5,19 steht der Artikel wegen des anaphorischen Artikels vor dem Attribut.

[166] Gegen Wallace, Grammar 116 Anm. 121 („likewise ambiguous"), mit Hofius, Wort 154, gegen Gnilka, Phil 99 („Glauben, den das Evangelium gewährt", in Anm. 22 indes als *genitivus commodi* bestimmt); Goppelt, Theologie 457 Anm. 7 („Glaube, den das Evangelium gewährt", *genitivus auctoris*).

mina verdankt sich der Artikel vor dem Bezugswort eben dem Pronomen.[167]
Daher sind diese Belege ohne große Beweiskraft.[168] Röm 4,16b (ἐκ πίστεως
Ἀβραάμ) bietet keinen Beleg für einen von Hultgrens Regel abweichenden
artikellosen *genitivus subiectivus*, sondern stellt als *genitivus qualitatis* eine
Ausnahme dar;[169] allerdings schuldet sich das Fehlen des Artikels wohl der
Aufnahme der eben artikellosen Formel ἐκ πίστεως.[170] In Röm 4,12 wird
der Artikel vor dem *nomen regens* durch den Artikel vor dem Attribut
erfordert;[171] dieser seinerseits muss wegen des ὑμῶν (nach πατρός) stehen.[172]

Mag das Hultgrensche Argument auch als nicht stichhaltig mit Recht
kritisiert worden sein, so ist der Hinweis auf die Artikellosigkeit doch in
zweierlei Hinsicht bemerkenswert:[173]

Traditionsgeschichtlich ist das Fehlen des Artikels aufschlussreich: Wie in
fünf der sieben πίστις-Χριστοῦ-Belege (Ausnahmen sind Röm 3,26; Gal
2,20) ist auch wohl ursprünglich in der formelhaften Wendung – Formeln
tendieren ohnehin zur Artikellosigkeit – der Christus-Titel verwendet worden, der in den Paulinen (und der in ihnen aufgenommenen Tradition)
meistens ohne Artikel steht[174] und damit den Artikel vor πίστις in der Regel
ausschließt.[175] Die Abweichungen von dieser ursprünglichen Form (Röm
3,26; Gal 2,20) verdienen daher besondere Aufmerksamkeit.

Und auch *pragmatisch* ist das Fehlen des Artikels aufschlussreich: Artikel können *anaphorisch* fungieren und auf Autor und Lesern gemeinsam
Vertrautes oder auf schon Erwähntes (so etwa Röm 3,30: ἐκ πίστεως,
διὰ τῆς πίστεως [der Artikel betont die Gleichheit der πίστις]) rekurrie-
ren.[176] Bei den subjektiven Genitiven des Eigennamens Abraham oder
der auf die Christen bezüglichen Pronomina ist die Vertrautheit evident.

---

[167] Blass/Debrunner/Rehkopf, Grammatik § 259,2; Wallace, Grammar 115 mit Anm. 116.

[168] Mit Recht so Williams, Again 432 (vgl. Wallace, Grammar 115 mit Anm. 116).

[169] Dazu schon Hultgren, Formulation 256 f. (mit Anm. 32) selbst (kein *genitivus subiectivus*, sondern *genitivus qualitatis*, adjektivisch zu übersetzen mit „Abrahamic faith") und die
Kritik durch Williams, Again 436 f.; vgl. Campbell, Rhetoric 215 Anm. 2.

[170] Dunn, Once More 733 f.: „a genuine exception (for understandable reasons) to what
was an almost invariable rule" (734); Dunn, Theology 381. Wie im Fall von Röm 3,26; Gal
2,20 (s. o.) hält sich Artikellosigkeit durch.

[171] Blass/Debrunner/Rehkopf, Grammatik § 259,1.

[172] Blass/Debrunner/Rehkopf, Grammatik § 259,2. Hierauf weist Williams, Again 432 f.
mit Recht hin.

[173] Auch Dunn meint, dass „the consistent absence of the article in the *pistis Christou*
phrases should perhaps be given more weight" (Theology 381).

[174] Blass/Debrunner/Rehkopf, Grammatik § 260,1. Der Artikel steht freilich beim Genitivattribut nach einem *nomen regens* mit Artikel (Blass/Debrunner/Rehkopf, Grammatik
§ 260 Anm. 8).

[175] Eine Parallele dazu findet sich in Röm 10: τὸ ῥῆμα τῆς πίστεως V. 8, διὰ ῥήματος
Χριστοῦ V. 17 (nach Präposition, Christus-Titel, ohne Artikel).

[176] Blass/Debrunner/Rehkopf, Grammatik § 252. Dies ist etwa bei ἡ ἀγάπη der Fall: die
christlich verstandene Liebe (ebd. Anm. 3).

Und für den Rekurs auf eben Genanntes gibt es ein schönes Beispiel in
Gal 3: Dem (artikellosen) πίστις-Χριστοῦ-Beleg V. 22 folgt in V. 23 πίστις
mit Artikel. Nach dem bloßen πίστις in V. 24 findet sich unmittelbar
darauf wieder πίστις mit anaphorischem Artikel (V. 25). Der Artikel bei
πίστις Χριστοῦ (V. 22) hätte angezeigt, was die Vertreter der subjektiven
Deutung hier herauslesen möchten: Jesu eigenen als besonderen und
vorbildlich bekannten Glauben.[177]

So zeigt wohl (eher umgekehrt) das Fehlen des Artikels, dass Autor und
Leser sich über den Begriff des Glaubens nicht zu verständigen brauchen.[178]
Das ist insbesondere für Gal 2,16 zu bedenken,[179] da die *propositio* oder
narratio (V. 15–21; dazu s. u. den Anfang von 3.2.) das Thema formuliert
und der Autor sich dabei größter Eindeutigkeit befleißigen sowie die ihm
und den Adressaten gemeinsamen Grundlagen herausstellen sollte.[180] Paulus
versteht πίστις nicht als *Appellativum*, als gäbe es einen allgemeinen Begriff
der πίστις, von deren vielen beliebigen Gestalten der Glaube Jesu oder der
christliche Glaube nur eine bestimmte wäre.[181] Durch das Attribut ist über
Wesen, Inhalt (Christus) und Träger (die Christen) der πίστις alles gesagt.
Könnte die Artikellosigkeit ein Hinweis darauf sein, dass diese Formulierung traditionell ist? Klingt πίστις Χριστοῦ ohne Artikel solenn?[182]

In der theologischen Sprache des Paulus kann zudem πίστις gleichsam als
Abstraktum verwendet werden, das – insbesondere nach einer Präposition –
artikellos ist, wie etwa auch ἁμαρτία und νόμος.[183] Diese Artikellosigkeit hält
sich dann auch in Verbindungen durch, so etwa bei ἀκοὴ πίστεως Gal 3,2.5,
ὑπακοὴ πίστεως Röm 1,5; *16,26 und δικαιοσύνη πίστεως Röm 4,13.[184]

---

[177] Zahn, Röm 177 Anm. 42. Etwas zu scharfsinnig ist Dunns Version des Arguments:
Wegen der anaphorischen Funktion des Artikels wäre vor πίστις der Artikel zu erwarten
gewesen, wäre die Vorstellung von Jesu eigenem Glauben ein etabliertes Motiv; dies ist –
angesichts der Artikellosigkeit – folglich nicht der Fall (Theology 383). Sollte denn die
Artikellosigkeit darauf hinweisen, dass der mit πίστις Χριστοῦ bezeichnet Sachverhalt den
Adressaten des Paulus kaum bekannt war?

[178] S. Hoffmann/von Siebenthal, Grammatik § 133,2; vgl. Zahn, Röm 177 Anm. 42: „Un-
erträglich wäre die Artikellosigkeit von πίστις v. 22.25.26, wenn darunter nicht das allen
Hörern des Ev.[angeliums] zugemutete Glauben im allgemeinen, sondern das bestimmte u.
besondere Verhalten Jesu … verstanden werden sollte, von welchem hier als bekannt vorausgesetzt würde, daß es im Glauben bestanden habe."

[179] Robinson, Faith 79 („an already-formulated doctrine"); Dahl, Doctrine 100,109; Hays,
Faith 141.

[180] Vgl. Betz, Gal 213–215.

[181] Vgl. Conzelmann, Grundriß 189.

[182] Das Fehlen des Artikels vor ἀγάπη in 1Kor 13,1–3.13 zeigt eine gewisse Hypostasierung
von Liebe an (vgl. Blass/Debrunner/Rehkopf, Grammatik § 258,2; Hoffmann/von Siebenthal, Grammatik § 133,3).

[183] Blass/Debrunner/Rehkopf, Grammatik § 258,2 mit Anm. 3; Hoffmann/von Siebenthal, Grammatik § 133,3.

[184] περιτομῆς σφραγίδα τῆς δικαιοσύνης τῆς πίστεως τῆς ἐν τῇ ἀκροβυστίᾳ Röm 4,11 steht

Und nicht zuletzt ist die Artikellosigkeit von πίστις der Grund dafür, dass Paulus weithin (mit Ausnahme von 1Thess 1,8; Phlm 5) auf das präpositionale Attribut verzichtet, denn dieses wird bei artikellosen Substantiven „[d]er Deutlichkeit wegen ... vermieden"[185].

1.5.3. Die Präpositionen

Die parallele Verwendung von διά und ἐκ in Gal 3,14.22 (Geistgabe), in Röm 3,22.26 (größere Abweichungen in Form und Inhalt) und in Röm 3,30 (Rechtfertigung) – hier geht noch der ebenfalls gleichsinnige, das διά aus Gal 2,16a reformulierende *dativus instrumentalis* in V. 28 voraus (vgl. Röm 5,2; 11,20) – zeigt die Synonymität beider Präpositionen – jedenfalls im Zusammenhang mit Glaube und Rechtfertigung, der auch die weitgespannte Parallele Röm 1,17 (ἐκ) und in 3,21 f. (διά) auszeichnet.[186] Schon die hohe Frequenz von ἐκ und διά lässt eine große semantische Schnittmenge erwarten.

Auch die *Präpositionen* vor πίστις Χριστοῦ wechseln: Neben ἐκ (Röm 3,26; Gal 2,16c; 3,22) findet sich διά (Röm 3,22; Gal 2,16a; Phil 3,9) sowie ἐν in Gal 2,20. In Röm 3,22.26; Gal 2,16a.c stehen beide Präpositionen vor πίστις Χριστοῦ eng beieinander, ihr Wechsel ist bedeutungslos, inhaltliche Nuancierungen[187] geben die Texte kaum her. In Röm 3,22.26; Gal 2,16; 3,14.22 steht das διά dem ἐκ voran (in Röm 3,30 verhält es sich umgekehrt). Ein sachlicher Unterschied ist schon des durch δικαιοῦσθαι/δικαιοσύνη und πιστεύειν/πίστις markierten festen inhaltlichen Zusammenhangs wegen unwahrscheinlich. So scheinen einzig stilistische Gründe für den Präpositionenwechsel vorzuliegen[188] – „*quod non ad aliquam differentiam dictum est, tamquam aliud sit ,ex fide' et aliud ,per fidem', sed ad varietatem locutionis*" (Augustinus, *De spiritu et littera* 29,50). Der Wechsel der Präpositionen erklärt sich am besten, da am einfachsten, aus der „Vorliebe des Paulus für die rhetorische Variation

---

mit Artikel wegen des präpositionalen Attributs zu πίστις, das durch die Wiederholung des Artikels eindeutig auf πίστις bezogen wird.

[185] Blass/Debrunner/Rehkopf, Grammatik § 272 Anm. 2.

[186] Auch bei anderen Substantiven gibt es diesen Wechsel zwischen ἐκ und διά: οὐ διά νόμου/οἱ ἐκ νόμου Röm 4,13 f., ἐξ ἐπαγγελίας/δι' ἐπαγγελίας Gal 3,18, mit Ausnahme des attributiven οἱ ἐκ νόμου adverbiell.

[187] So z. B. Schlier, Gal 92: διά bezeichnet den Glauben als Mittel, mit ἐκ werde das „Woher des Gerechtwerdens" benannt (vgl. Kertelge, Rechtfertigung 184; Hasler, Glaube 244 f.: bei διά werde Christus als „Heilsmittel" verstanden, bei ἐκ als „Heilsmittel".

[188] So z. B. Moule, Idiom 195; Lightfoot, Gal 115; Lambrecht/Thompson, Justification 40; Ziesler, Röm 119; Wilckens, Röm 1 248; Morris, Röm 188 f.; Dunn, Röm 1 189; Hays, ΠΙΣΤΙΣ 722 Anm. 31; Moo, Röm 1 255.

von Präpositionen",[189] wie sie sich beispielsweise findet in Gal 3,18a.b (ἐξ ἐπαγγελίας/δί᾽ ἐπαγγελίας). Eine Bedeutung für die (synchronen) Probleme der πίστις-Χριστοῦ-Wendung kommt dieser Variation nicht zu.

Grammatikalische Kontextgründe für den Wechsel liegen nicht vor. So sind ἐκ und διά nicht auf die adverbiellen Belege von πίστις Χριστοῦ einerseits (Röm 3,22 [zu φανεροῦν in V. 21 bzw. zum verbalen Gehalt von δικαιοσύνη θεοῦ]; Gal 2,16a [zu δικαιοῦσθαι]. 16c [zu δικαιοῦσθαι]. 20 [zu ζῆν; vgl. 3,11 zit. Hab 2,4: ἐκ πίστεως ζῆν]; 3,22 zu διδόναι) und auf die attributiven Stellen andererseits (ἐκ Röm 3,26 [zu τόν]; διά Phil 3,9 [zur wie in Röm 3,22 verbal konnotierten δικαιοσύνη; vgl. Röm 9,30]) verteilt.[190]

Über die bloße Feststellung einer „Vorliebe des Paulus für die rhetorische Variation von Präpositionen"[191] ist dabei freilich hinauszukommen. Von den sieben πίστις-Χριστοῦ-Belegen – je drei mit ἐκ und διά, einmal mit ἐν – bietet neben dem Beleg mit ἐν eine ἐκ-Konstruktion (Gal 3,22) πίστις nicht in unmittelbaren Zusammenhang mit δικαι-. Das ergibt ein leichtes numerisches Übergewicht von 3:2 für διὰ πίστεως in Rechtfertigungsformulierungen. Das ist insofern auffällig, als bei attributlosem Gebrauch von πίστις im Zusammenhang mit δικαι- die Präposition ἐκ deutlich überwiegt (ἐκ: Röm 1,17a.b[zit. Hab 2,4]; 3,30; 5,1; 9,30.32; 10,6; Gal 3,7.8.9.11[zit. Hab 2,4].12.24; 5,5; διά: Röm 3,25.30; Gal 3,14.26). Nimmt man noch die Belege, die nicht im Zusammenhang mit δικαι- stehen (ἐκ: 4,16; 14,23b.c; διά: Röm 1,12; 30,31; 2Kor 5,7; 1Thess 3,7), hinzu (vgl. noch διὰ δικαιοσύνης πίστεως Röm 4,13), zeigt das quantitative Verhältnis von 17:8 eine klare Präferenz des Paulus für ἐκ. Die Wendung mit ἐκ wird (überwiegend, nämlich elfmal: Röm 1,17 *bis*; 3,30; 4,16; 5,1; 9,32; 14,23; Gal 3,8.11.24; 5,5) adverbiell verwendet (davon viermal mit δικαιοῦν/δικαιοῦσθαι; Röm 3,30; 5,1; Gal 3,8.24), fünfmal dagegen attributiv (Röm 9,30; 10,6; 14,23; Gal 3,7.9) (davon zweimal zu δικαιοσύνη: Röm 9,30; 10,6), schließlich einmal prädikativ (verneint zu νόμος Gal 3,12). Der Artikel wird in keinem einzigen (!) Fall gesetzt. Die sieben Belege der διά-Formulierung (Röm 3,25.30.31; 2Kor 5,7; Gal 3,14.26; 1Thess 3,7) sind ausnahmslos adverbiell (davon nur Röm 3,30 zu δικαιοῦν [vgl. V. 22: Subjekt δικαιοσύνη θεοῦ]). Außer in 2Kor 5,7 wird der Artikel gesetzt (s. noch das textkritisch unsichere διὰ [τῆς] πίστεως Röm 3,25).

Die christologisch attribuierten Belege von ἐκ πίστεως entsprechen diesem Befund bei den absoluten Belegen: Adverbielle Funktion überwiegt

---

[189] Eckstein, Verheißung 19.

[190] Auch das einfache ἐκ πίστεως kann sowohl adverbiell als auch attributiv stehen: οἱ ἐκ πίστεως/ἐκ πίστεως δικαιοῦν/οἱ ἐκ πίστεως Gal 3,7.8.9.

[191] S. Anm. 189.

(Gal 2,16c zu δικαιοῦσθαι; 3,22); der attributive Beleg Röm 3,26 steht mittelbar im Zusammenhang mit δικαιοῦν, wozu das Bezugswort, der Artikel (vgl. dazu die wohl ursprüngliche Pluralbildung als Selbstbezeichnung der Christen in Gal 3,7.8.9), das Objekt bildet. Der Artikel vor πίστις begegnet auch hier nicht. Demgegenüber weisen die διὰ-πίστεως-Belege mit Attribut gegenüber den absoluten signifikante Verschiebungen auf. Neben adverbiellen Formulierungen (Röm 3,22; Gal 2,16a) findet sich ein attributiver Beleg (Phil 3,9). Während bei den absoluten Belegen nur einer (und ein weiterer mittelbar) von sieben mit δικαι- verbunden war, sind es bei den drei attribuierten sämtliche (Röm 3,22; Gal 2,16a; Phil 3,9). Und ebenfalls ausnahmslos fehlt der Artikel, der bei den absoluten Belegen regelmäßig gesetzt wird.

An der διά-Wendung hat Paulus also gearbeitet: Obwohl sonst – nämlich absolut – ihm nicht so geläufig und von Haus aus nicht schon mit dem δικαι-Motiv verbunden wie die ἐκ-Wendung, stellt er zugleich mit der christologischen Attribuierung den Rechtfertigungszusammenhang her, wie er in Röm 4,13 – wegen des Abrahamthemas natürlich ohne Nennung Christi – pointiert διὰ δικαιοσύνης πίστεως formuliert. Zugleich könnte Paulus den Artikel gestrichen haben, da dieser bei πίστις Χριστοῦ und zumal im Zusammenhang mit δικαι- unnötig, wenn nicht gar missverständlich wäre. Die Formulierung διὰ πίστεως Χριστοῦ geht damit wohl auf das Konto des Apostels. Wie der Glaubenswissen formulierende εἰδότες-Satz in Gal 2,16a zeigt, hat Paulus die (nicht attribuierte) Wendung διὰ πίστεως im Rechtfertigungszusammenhang freilich schon in antiochenischer Theologie vorgefunden.

Neben der Beobachtung, dass die διά-Wendung in freier paulinischer Formulierung begegnet (wie insbesondere Phil 3,9), weist Douglas A. Campbell (beharrlich) darauf hin, dass Paulus ἐκ πίστεως ausschließlich in Galater- und Römerbrief verwendet; auch nur in diesen beiden Briefen wird Hab 2,4 zitiert. Diesem nach Campbell und anderen auf Christus als den δίκαιος zu beziehenden alttestamentlichen Zitat[192] verdanke sich die paulinische Verwendung von ἐκ πίστεως.[193] Die Christus-Attribute seien entsprechend als subjektive Genitive aufzufassen. Die einfache Beobachtung (ἐκ πίστεως nur in Texten, die Hab 2,4 zitieren) ist zutreffend, aber die Ableitung des einen vom anderen? War das zu verstehen den Lesern möglich? Näher liegend ist doch, dass die paulinische Formulierung mit ἐκ in Gal 2,16c sich ganz dem Antonym ἐξ ἔργων νόμου schuldet.[194] Sicher

---

[192] Campbell, Rhetoric 204–213; Campbell, Romans 1:17 277–285; Hays, ΠΙΣΤΙΣ 718–720.

[193] Kieffer, Foi 52; Campbell, Meaning 101; Campbell, Presuppositions 713; Hays, ΠΙΣΤΙΣ 718.

[194] So z. B. Kieffer, Foi 52; Kok, Truth 136. Näheres unter 3.2.4.

scheint, dass schon vorpaulinisch (in Antiochien) vom δικαιοῦσθαι διὰ πίστεως gesprochen worden ist (Gal 2,16a). Hab 2,4 (ἐκ πίστεως) sollte daher wohl nicht zum Schibboleth in der πίστις-Χριστοῦ-Auseinandersetzung gemacht werden.

Stanley Stowers hat trotz des gemeinsamen (jedenfalls bei den christologischen Attributen nicht übersehbaren) Rechtfertigungszusammenhangs versucht, aufgrund von Röm 3,30 (ὁ θεὸς δικαιώσει περιτομὴν ἐκ πίστεως καὶ ἀκροβυστίαν διὰ τῆς πίστεως) zwischen διὰ πίστεως und ἐκ πίστεως (traditionsgeschichtlich und) sachlich zu unterscheiden:[195] Die διά-Wendung sei eine heidenchristliche Formulierung und beziehe sich speziell auf die Rettung der ἔθνη durch das Kreuz Christi, während mit ἐκ πίστεως Juden wie Heiden angesprochen würden und zwar in einem weiteren Sinn von πίστις als (Jesu!) Vertrauen („faithfulness").[196] Das ist dem Text indes schwerlich zu entnehmen: Röm 3,30 sagt eben die Gleichheit von Juden und Heiden hinsichtlich des Glaubens und des Heils aus – entsprechend der beiden Gruppen gemeinsamen Verworfenheit unter der Sünde (Röm 3,9; vgl. ferner Röm 2,25 f.; 1Kor 1,23 f.; 7,19; Gal 5,6; 6,15) und ihrer „Rechtfertigung" (δικαιοῦσθαι V. 28; vgl. 3,22.26; 5,1; 10,6; Gal 2,16; 3,8.24; Phil 3,9). Aus dem monotheistischen Bekenntnis (εἷς ὁ θεός) wird das unterschiedslose δικαιοῦσθαι von Juden und Heiden gefolgert.[197] Auf den anaphorischen Artikel bei der zweiten πίστις-Nennung wurde schon hingewiesen. Auch die Strategie von Gal 2,15–21 wäre durch eine Differenzierung von διὰ (τῆς) πίστεως und ἐκ πίστεως unterminiert (vgl. noch 3,28). Im Übrigen findet sich διὰ τῆς πίστεως gerade auch in thematisch judenchristlichen Passagen wie Röm 3,25.31; Gal 2,16a; Phil 3,9. Stowers scheint im Gefolge von John Gager und Lloyd Gaston Paulus als „something of a soteriological dualist" zu verstehen,[198] wenn er gegen die Evidenz der soeben aufgeführten Stellen ausführt, dass „there is no text where Paul could unambiguously be said

---

[195] Stowers, Ἐκ πίστεως 669, 671 f.; s. dazu die ausführliche Kritik durch Campbell, Meaning 93 f. Anm. 9, ferner Hays, ΠΙΣΤΙΣ 722 mit Anm. 31 und Kok, Truth 133–136.

[196] Die Formulierung ἐκ πίστεως sei „broader and ... describes Abraham's behaviour" (Stowers, Ἐκ πίστεως 671).

[197] Neubrand, Abraham 141. Diffizil differenziert Zahn, Röm 205 f.: ἐκ πίστεως beantworte die jüdische Frage nach dem Ausgangspunkt des δικαιοῦσθαι, διὰ τῆς πίστεως erkläre Heiden das Mittel jenes Geschehens. Noch nuancierter Boers, Problem 7 f.: „The circumcised were justified ek pisteos ... i. e., by participation in the faith of the as-yet-uncircumcised Abraham (cf. 4:12) ... in a way similar to the justification of the uncircumcised dia pisteos ..., by believing in him raised Jesus from the dead (4:24). The faith of the circumcised is an active participation, ‚heilsgeschichtlich', in the faith of Abraham, whereas the faith of the uncircumcised, who does not participate in this ‚heilsgeschichtliche' privilege, is existentially parallel to that of Abraham." Gegen eine solche Aufteilung führt schon Augustinus Spir. Lit. 29,50 die Belege an.

[198] Campbell, Meaning 94 Anm. 9; Gager, Origins; Gaston, Paul.

to indicate that Israel needs or has received the same kind of atonement through Christ as the Gentile nations"[199].

Ebenfalls ohne sichtliche inhaltliche Akzentuierung wechseln auch beim Antonym die Präpositionen: ἐξ ἔργων νόμου (Röm 3,20; Gal 2,16a.c.d; 3,2.5.10), ἐκ (τοῦ) νόμου (Röm 4,14.16; Gal 3,18), ἐξ ἔργων (Röm 11,6) stehen διὰ νόμου (Röm 3,20.27 [διὰ νόμου πίστεως]; 4,13; Gal 2,19.21) gegenüber. Statt der Negation begegnet χωρὶς (ἔργων) νόμου (Röm 3,21.28).

Die Formulierung mit beiden Präpositionen bezeichnen die πίστις nicht (kausal) als vorausliegenden Grund für das δικαιοῦσθαι („aufgrund von", „auf der Basis von", „wegen" u. ä.), sondern (modal) als „Weg, Mittel oder dabei ... wirksame Ursache"[200] oder – pointierter noch – als die Gestalt, in der Rechtfertigung geschieht und erfahrbar ist, wie Paulus es mit der (wiederum schwierigen) Genitivverbindung δικαιοσύνη πίστεως Röm 4,13 auf den Begriff bringt. Glaube ist nicht Voraussetzung für die Rechtfertigung, sondern „Korrelat der Rechtfertigung"[201]; er ist „Modus des Heilsempfangs und der Heilsteilhabe"[202].

Als Zwischenergebnis nach den im engeren Sinne grammatikalischen Themen ist zu festzuhalten, dass Beobachtungen zum griechischen Genitiv, zum paulinischen Sprachgebrauch und das paulinische Wortfeld πιστ- nach meiner Einschätzung eher einen *genitivus obiectivus* nahe legen; die Gründe sind jedenfalls keineswegs „very weak"[203]. Gleichwohl ist richtig, dass das πίστις-Χριστοῦ-Problem „can be settled only by exegesis"[204], womit insbesondere die Erhebung des „linguistic and historical context" gefordert ist.[205] Zu dieser Einsicht führt allerdings nicht der offensichtlich kaum auszuräumende Dissens,[206] sondern das Wesen sprachlicher Äußerungen und ihre nur approximative Beschreibung in grammatikalischen Regeln.

---

[199] Stowers, Ἐκ πίστεως 670.

[200] Bachmann, Sünder 61 mit Anm. 173 nach Cosgrove, Justification 656–662. Mit der *genitivus-subiectivus*-These muss natürlich ἐκ πίστεως (Χριστοῦ), da Christi Glauben bezeichnend, als „on the basis of (Christ's) faith" verstanden werden (Hays, Faith 201).

[201] Goppelt, Theologie 455.

[202] Hofius, Glaube 172.

[203] Hays, Faith 164.

[204] Hooker, ΠΙΣΤΙΣ 321; vgl. Wallace, Grammar 116: „not to be solved via grammar" – was freilich nicht heißt: *ohne* Philologie! Schon Moulton, Grammar 72 hielt dafür, dass das Problem eines im Englischen (im Deutschen etwas weniger) fremden *genitivus obiectivus* eine Frage „entirely ... of exegesis, not of grammar" sei.

[205] Silva, Faith 229.

[206] Hooker, ΠΙΣΤΙΣ 321. Die Schwierigkeit einer Übereinkunft zeigt sich in der (noch präphilologischen) Einschätzung/Empfindung der πίστις-Χριστοῦ-Formulierung: Während der bedeutendste Kritiker der traditionellen Sicht dafür hält, dass „,Faith in Jesus Christ' is not the most natural translation" (Hays, Faith 162), meint einer von deren rührigsten Verfechtern, dass der *genitivus obiectivus* „the most natural sense to expect a reader to take" sei (Dunn, Gal 138 f.).

Von zweierlei sind wir damit weit entfernt: von der notorischen Selbstverständlichkeit („konservativer" Paulus-Forschung) einerseits, mit der die traditionelle Sicht mit einem kurzen Verweis auf das Nebeneinander von πίστις Χριστοῦ und εἰς Χριστὸν πιστεύειν in Gal 2,16 vorgetragen wird,[207] und andererseits ebenso von der (wohl nur im nordamerikanischen Forschungskontext[208] evidenten) Einschätzung, „how firmly the lexical and syntactical arguments weigh in favor of the subjective genitive"[209].[210]

Angesichts der nach der (bisweilen allzu raschen) Verabschiedung der Grammatik willkürlich an das πίστις-Χριστοῦ-Problem herangetragenen theologischen Prämissen (Präjudizien) fordert Barry Matlock eine „Detheologizing of the πίστις-Χριστοῦ-Debate".

1.6. Das Attribut: Christologische Titel

In 1.5. wurde die auch semantische Relevanz eines Attributs für das regierende Substantiv dargelegt. Das Attribut in den πίστις-Χριστοῦ-Belegen nennt verschiedene Bezeichnungen Christi[211]. Können diese zur Lösung der πίστις-Χριστοῦ-Frage beitragen?[212]

Da auch sonst weitaus überwiegend, findet sich „Jesus Christus" dreimal (Röm 3,22; Gal 2,16a[213]; 3,22), Χριστός nur zweimal (Gal 2,16c; Phil 3,9)

---

[207] S. z. B. Stuhlmacher, Theologie 1 344; Hofius, Israel 21 Anm. 20; Hofius, Wort 154 f. mit Anm. 51; Hofius, Auslegung 157 f.; Klaiber, Gerecht 123 Anm. 147 und Söding, Werken 168 Anm. 66, beide mit Hinweis auf Dunn, Theology 379–385); vgl. Kok, Truth 133 Anm. 40. Weitere Autoren mit diesem Argument unter 3.2.

[208] Vgl. Kok, Truth 128.

[209] Hays, ΠΙΣΤΙΣ 716 Anm. 8. Hays, Faith 164 und Wallace, Grammar 116 konstatieren eine „ballance" *in grammaticis*; aufgrund vermeintlicher Parallelen und des Kontextes favorisieren beide dann den *genitivus subiectivus*.

[210] Dies ist damit ein interessanter Fall unterschiedlicher *background assumptions*, die nach Thomas S. Kuhn Paradigmen organisieren.

[211] Zu den christologischen Titeln s. nur die neuere Arbeit von Schnelle, Heilsgegenwart.

[212] Theodor Zahn wendet gegen die Deutung des bloßen Eigennamens in Röm 3,26 auf einen *genitivus subiectivus* ein, die Formulierung des Attributs sei „für die grammatische Fassung des Gen.[itivus] obj.[ectivus] bei πίστις gleichgiltig [*sic*]" (Röm 177 Anm. 42).

[213] Die 27. Auflage des Nestle-Aland liest hier (wegen der besseren Bezeugung und der textkritischen Regel der *lectio difficilior* [andere Reihenfolge als im Hauptsatz V. 16b, die p[46] angleicht] „Jesus Christus". Aus der von A B 33 und einigen Vulgata-Zeugen gebotenen Inversion „Christus Jesus" schloss Johannes Haußleiter, dass hier wie auch beim bloßen Χριστός ein *genitivus obiectivus* vorliege, also „natürlich der heilsaneignende Glaube des Christen" gemeint sei (Haußleiter, Glaube 119, 127). Hays, Faith 158 mit Anm. 82 bewertet diese allzu feine und durch die heute anders ausfallende textkritische Entscheidung desavouierte Differenzierung mit Recht als „overschematizing" (im Anschluss an Schmitz, Chris-

sowie je einmal der Sohn-Gottes-Titel (Gal 2,20) und das *nomen proprium* Jesus (Röm 3,26). Auffällig ist das Fehlen des wichtigen Titels κύριος[214], der beispielsweise als Attribut zu χάρις bevorzugt wird.[215]

Diese christologischen Bezeichnungen setzen unterschiedliche Akzente: „Jesus Christus" „benennt bevorzugt den Erhöhten und den zur Parusie Erscheinenden"[216]; eine sachliche Differenz zur Inversion „Christus Jesus" ist nicht auszumachen,[217] wie der *promiscue*-Gebrauch (und die Textkritik) in Gal 2,16 zeigt. Χριστός bezeichnet Jesus als den „Täter des Heilswerks", was die Voranstellung vor den Eigennamen etwas hervorheben mag (s. z. B. Röm 3,24; 6,3). Die traditionsgeschichtliche Frage, ob dem neutestamentlichen Χριστός-Titel das jüdische Gesalbtenmotiv im Rahmen gemeinantiker Salbungsvorstellungen[218] oder der speziellere alttestamentlich-frühjüdische königliche Salbungsgedanke[219] zu Grunde liegt, ist hier ohne Belang. Christi παθήματα (2Kor 1,5) und der σταυρός als Inbegriff seines Sühnetodes (1Kor 1,17; Gal 6,12.14 [auch κύριος]; Phil 3,18) werden mit „Christus" verbunden; dieser wird als ἐσταυρωμένος völlig mit seinem Geschick und dessen Bedeutung für die Glaubenden identifiziert (1Kor 1,23; 2,2 [„Jesus Christus"]; Gal 3,1 [„Jesus Christus"]). Dem „Christus" schulden Christen „Gehorsam" (2Kor 10,5). Auch der eschatologische Richter kann als „Christus" bezeichnet werden (2Kor 5,10; vgl. 1Kor 15,23). So ist „Christus" „sprechender Beiname"[220], der auf den Begriff bringt, was Inhalt der Verkündigung (τὸ εὐαγγέλιον τοῦ Χριστοῦ Röm 15,19; 1Kor 9,12; 2Kor 2,12; 9,13; 10,14; Gal 1,7; Phil 1,27; 1Thess 3,2; τὸ μαρτύριον τοῦ Χριστοῦ 1Kor 1,6; ῥῆμα Χριστοῦ Röm 10,17) und des Glaubens ist. Der Sohn-Gottes-Titel bezeichnet Christus in seiner „Zugehörigkeit zu Gott"[221] und insbesondere in seiner Präexistenz (s. v. a. Röm 8,3; Gal 4,4). Sein Tod und sein Leben, d. h. seine Auferstehung (Röm 5,10), werden im „Evangelium" (Röm 1,9) verkündet (doch s. die traditionelle Formulierung in Röm 1,4: Gottessohnschaft durch *Auferstehung*).

---

tusgemeinschaft 117). Auch Eckstein, Verheißung 18 rät, dieses Detail, die Reihenfolge von „Jesus" und „Christus", „theologisch nicht überzubewerten".

[214] Dieser Titel und der des „Sohnes Gottes" werden in der neutestamentlichen Theologiegeschichte „die entscheidenden Träger christologischer Aussagen" (Goppelt, Theologie 392). Erst spät- (Phlm 5) und deuteropaulinisch werden πίστις und κύριος verbunden (Eph 1,15); vgl. Apg 20,21.

[215] Röm 16,20.*24; 2Kor 8,9; 13,13; Gal 6,18; Phil 4,23; 1Thess 5,28; Phlm 25.

[216] Goppelt, Theologie 394.

[217] Kramer, Christos 206.

[218] Karrer, Gesalbte 377–405.

[219] Schreiber, Gesalbter 405–420.

[220] Goppelt, Theologie 393; zur metonymen Qualität von „Christus" s. Lührmann, Pistis 37.

[221] Kramer, Christos 185; vgl. Goppelt, Theologie 394.398; Conzelmann, Grundriß 223; Vielhauer, Geschichte 17 f.

Christsein ist „Gemeinschaft mit dem Sohne Gottes" (1Kor 1,9). – Die Konnotationen sämtlicher Titel lassen an Jesu eigenen und soteriologisch relevanten Glauben nicht nur nicht denken, sie widerraten dieser Vorstellung.

Auch die bloße Nennung des Namens „Jesus" kann kaum im Sinne eines „historischen Jesus" oder gar, bei Röm 3,26 (s. dazu ausführlich 4.3.4.), als Bezug auf Jesu eigenen Glauben verstanden werden.[222] (Und: Von diesem Ausnahmebeleg kann nicht gegen den Befund der anderen sechs Belege eine Regel erhoben werden.) In Röm 8,11; 2Kor 4,5 ist „Jesus" Abbreviatur von „Jesus Christus" im selben Vers.[223] In 2Kor 4,10.11.14b wird so (gerade auch) der Auferstandene genannt, in 1Thess 1,10 gar der zum eschatologischen Heil Wiederkommende. Nach 2Kor 11,4 ist er Inhalt des κηρύσσειν und nach 1Thess 4,14 Subjekt der Heilstat als Inhalt des πιστεύειν, der nach dem alten Christus-Hymnus in Phil 2 anzubeten ist (V. 10). Entsprechend wird Jesus als κύριος akklamiert (Röm 10,9a; 1Kor 7,10.12.25; 9,5.14; 11,23; 12,3; 14,37; Phil 2,11; 1Thess 4,15).[224] „Jesus" ist in den Ohren frühchristlicher Gemeindemitglieder kein beliebiger und indifferenter Eigenname![225]

Unbeschadet der verschiedenen Akzente kommt es schon früh zu einer Nivellierung aller Titel: In der solennen Formulierung 1Kor 1,9 z. B. stehen Χριστός, υἱὸς θεοῦ und κύριος nebeneinander.

Der paulinische Begriff des *Glaubens* ist vor allem an Kreuz und Auferstehung Christi orientiert, weniger an Christi *status exaltationis* – um es einmal dogmengeschichtlich zu formulieren –; letzteres ist eher Sache des *Bekenntnisses* (Röm 10,9a). Mit „Christus" konnotiert Paulus stets Kreuz und Auferstehung, „Christus" ist begriffliches Extrakt seiner Botschaft.[226] Diese Komplexität von Χριστός ist evident in Röm 6,3b.c: Die Taufe auf *Christus* wird präzisiert als Taufe auf seinen *Tod.* Paulus konzentriert seine Vorstellung von Jesus so sehr auf diesen Aspekt, dass der aus dem palästinischen Judenchristentum stammende Titel Χριστός bei ihm zum Namen wird (und daher meistens artikellos ist).[227]

Für unsere Frage nach der Wendung πίστις Χριστοῦ ist festzuhalten: Die Variabilität in der Formulierung des Attributs spricht nicht dagegen, mit Hilfe dieser Formulierungen die Frage des Genitivs zu klären; die

---

[222] Haußleiter, Glaube 113.118; Williams, Again 445 f., 447 Anm. 48. Gegen diesen Kurzschluss weist schon Zahn, Röm 177 Anm. 42 auf den Variantenreichtum in den anderen Belegen hin; s. auch Pryor, Use und Keck, Jesus.

[223] Nach Kramer, Christos 200 ist zwischen dem Jesus-Namen mit oder ohne Christus-Titel „ein Bedeutungsunterschied ... nicht zu konstatieren".

[224] S. dazu Kramer, Christos 199–202.

[225] Keck, Jesus 449–452 rekonstruiert, welches Glaubenswissen Paulus bei den römischen ChristInnen voraussetzt.

[226] Lührmann, Glaube 49: „Christus" ist „Abbreviatur für einen ganzen großen Komplex".

[227] Goppelt, Theologie 392.

Variation einschließlich des *nomen proprium* in Röm 3,26 veranlasst weder noch ermöglicht sie oder macht wahrscheinlich, im Attribut das Subjekt der πίστις zu sehen. Der paulinische Gebrauch christologischer Titel (wie auch seine Akzentuierung von πίστις) kennt nicht den Gedanken eines Glaubens Jesu. Die traditionelle Sicht von πίστις Χριστοῦ als eines Glaubens an Christus dagegen fügt sich hier gut ein. Mit dem bedeutungsvollen Attribut wird die πίστις inhaltlich ausgeführt: πίστις Χριστοῦ ist „nicht einfach Glaube an Jesus, sondern an den, der gestorben ist und auferweckt worden zu unserem Heil"[228].

1.7. Redundanz und das synchrone Verhältnis von Verb und Substantiv

In Röm 3,22; Gal 2,16; 3,22 wird neben dem Substantiv πίστις das Verb πιστεύειν verwendet. Dieses bezeichnet das Glauben der *Christen*: Die finite Form Gal 2,16b steht in 1.pl., was sich auf die im vorhergehenden Vers genannten (in Antiochien angesprochenen) Judenchristen *inclusive* Paulus bezieht.[229] Die artikelversehenen Partizipien οἱ πιστεύοντες Röm 3,22; Gal 3,22 stellen gar einen (vorpaulinischen) *terminus technicus* der Christen für sich selbst dar. Die Selbstdefinition durch πιστ- treibt Paulus, der anders als im 1.Thessalonicherbrief nicht mehr das Personalpronomen ὑμῶν dazu setzt, im Galaterbrief mit der Bezeichnung οἱ ἐκ πίστεως auf die Spitze, indem kein Verhalten – nämlich das πιστεύειν – als die Signatur des Christlichen genannt wird, sondern die von außen kommende πίστις (Gal 3,23.25) als Macht (Hypostasierung angezeigt durch Artikellosigkeit, s. o. 1.5.2.), „aus" der heraus Christen leben. Die Bezeichnung οἱ ἐκ πίστεως findet sich in Gal 3,7.9; vgl. Röm 3,26 (sg., Attribut Jesus); 4,16 (sg., Attribut Abraham), während das Partizip, das im 1.Thessalonicherbrief noch drei der vier theologischen πιστεύειν-Belege boten, kaum noch verwendet wird (im Galaterbrief nur 3,22; ferner Röm 3,22; 4,11 [πάντες].24; 1Kor 1,21; 14,22 *bis* [im Gegensatz zu οἱ ἄπιστοι]; vgl. ferner Röm 1,16 [sg., πᾶς]; 4,5 [sg.]; 9,33 [sg., zit. Jes 28,16]; 10,4 [sg., πᾶς].11 [sg., πᾶς pln., zit. Jes 28,16]). Um so mehr fällt das Partizip an den πίστις-Χριστοῦ-Stellen Röm 3,22; Gal 3,22 auf.

Oft wird behauptet, das Substantiv πίστις sei synchron-pragmatisch durch das Verb πιστεύειν definiert.[230] Zum Beispiel in Röm 10: Hier sei das

---

[228] Lührmann, Glaube 49.
[229] S. Bachmann, Sünder 136–138.
[230] So schon Moule, Conception 157 (vgl. 222); Lohmeyer, Grundlagen 115 f., 121 f.; Neugebauer, Christus 163 f.; Schenk, Gerechtigkeit 171.

Substantiv vom Verb, näherhin vom Partizip πιστεύων in V. 4 her zu lesen und zwar „in terms of the exercise of faith on our part"[231]. Wegen dieser auf das Glauben der Christen bezüglichen πιστεύειν-Belege wird in der πίστις-Χριστοῦ-Debatte gewissermaßen umgekehrt argumentiert, Paulus meine mit πίστις Χριστοῦ nicht den Glauben der Christen, da er anderenfalls *redundant* formuliere.[232] Meine in Gal 2,16b εἰς Χριστὸν Ἰησοῦν πιστεῦσαι den Glauben bzw. das Gläubigwerden an Christus (die Bekehrung), müsse eben πίστις Χριστοῦ in V. 16a.c anderes bezeichnen.[233] – Ein vergleichbarer Fall liegt in Phil 3 vor: Die γνῶσις Ἰησοῦ Χριστοῦ V. 8 wird in V. 10 durch γνῶναι αὐτόν wieder aufgegriffen. Bei der Verhältnisbestimmung von Substantiv und Verb (und Adjektiv) müssen die diachrone Etymologie und die synchrone Wortfeldanalyse unterschieden werden. Dass das Substantiv πίστις sprachgeschichtlich ein Derivat des Verbs πιστεύειν ist, trägt wenig aus. Interessanter sind die unterschiedlichen Akzente, die Verb und Substantiv setzen. Während das Verb Aspekte (Aktionsarten) notieren kann und darum im ingressiven Aorist für die Bezeichnung der Bekehrung verwendet wird (Gal 2,16; 1Kor 15,2.11 u. ö.), abstrahiert umgekehrt das Substantiv vom Subjekt des Glaubens und seinen Emotionen bis hin zu einer Hypostasierung (Gal 3,23.25).[234] Unzutreffend ist die Behauptung, dass solche emphatischen Redundanzen von πιστ- außerhalb der πίστις-Χριστοῦ-Belege nicht vorkommen,[235] wie Röm 1,16 f.; 4,5 zeigen.

Das Redundanzargument kann man als „surprising" beurteilen.[236] Jedenfalls ist der Schluss des Redundanzarguments doppelt problematisch: Erstens setzt er einen *negativen* Begriff von Redundanz voraus, indem diese als unschön und zu vermeiden gilt.[237] Ein solches negative Verständnis von Redundanz ist paulinischen wie überhaupt antiken Texten schwerlich angemessen.[238] Redundanz spielt in der paulinischen Kommunikation(sstra-

---

[231] Murray, Röm 367.

[232] So z. B. Howard, Faith 460; Keck, Jesus 454 („un-Pauline, wooden redundancy"); Williams, Righteousness 273 f.; Campbell, Rhetoric 62 f.; Howard, AncB Dictionary 2 758. Wallis nimmt dem Apostel die Bürde des Stilempfindens ab: „three references in as many lines to the same human disposition is at least strained" (Wallis, Faith 70 f.); besonnener Hooker, ΠΙΣΤΙΣ 329.

[233] S. nur Barth, Faith 368; Hays, Faith 175; Hays, Jesus' Faith 263; Hays, ΠΙΣΤΙΣ 716 f. und Hooker, ΠΙΣΤΙΣ 337; Williams, Again 443; Williams, Gal 68; Longenecker, Gal 87 f.; Davies, Faith 107.

[234] S. dazu Lohmeyer, Grundlagen 115 f., 121 f.; Neugebauer, In Christus 163 f.; Schenk, Gerechtigkeit 171; Binder, Glaube 53–82.

[235] Williams, Gal 68.

[236] Silva, Faith 232 Anm. 41.

[237] Die die πίστις-Χριστοῦ-Wendung aufweisenden Rechtfertigungspassagen sind eben keine „places where Paul's writing would benefit from the judicious application of a red pencil" (Hays, Faith 184 Anm. 80).

[238] Anderson, Theory 135; s. in der πίστις-Χριστοῦ-Debatte Silva, Phil 187 mit Anm. 31; Silva, Words 153 f.; Koperski, *Pistis Christou* 209; Silva, Faith 233 Anm. 42.

tegie) eine wichtige Rolle, dient sie doch z. B. der Emphase,[239] was an Gal 2,16 selbst oder an 5,1 wie auch an Röm 5,18 f.; 2Kor 5,18 f. deutlich wird. Wie die Mehrfacherwähnung des Antonyms ἔργα νόμου und von Χριστός hier zeigt, ist die Redundanz auch von πίστις und πιστεύειν gewollt; gleiches gilt für Röm 3,22, insofern Paulus hier auf die Themaangabe des Römerbriefs in 1,16 f. rekurriert, wo eine offensichtliche Redundanz von πίστις vorliegt.[240] Röm 1,17 (ἐκ πίστεως εἰς πίστιν) und 4,18 (παρ᾽ ἐλπίδα ἐπ᾽ ἐλπίδι) zeigen, wie Redundanz rhetorisch zu einem Paradoxon/Oxymoron gesteigert werden kann. Reserviert man allerdings die negative Redundanzeinschätzung für eindeutige (nicht rhetorische) Fälle – diese liegen in unseren Texten indes nicht vor –, legt die rhetorische Häufung von πιστ- nicht eine *Differenz*, sondern umgekehrt eine *Konkordanz* dieser Begriffe nahe.[241] Die Bedeutung der nichtattribuierten πίστις-Belege für πίστις Χριστοῦ ist umso mehr zu beachten.

Redundanz im negativen Sinne läge nur vor, wenn beide πιστ-Belege an den genannten Stellen keine eigenen Akzente setzten. Das ist aber nicht der Fall – was ausführlicher in den Exegesen darzutun ist –: In Röm 3,22 zeigt dies schon das betonte Epitheton πάντες zum Partizip an;[242] die finite Form in Gal 2,16b (ingressiver Aorist) nuanciert den Beginn des Glaubens (Bekehrung; vgl. Röm 10,14; 13,11; 1Kor 3,5; 15,2; ferner Apg 19,2); und Gal 3,22 betont durch Redundanz die Empfänger der Verheißung (die πιστεύοντες, wodurch das οἱ ἐκ πίστεως aus V. 7.9 aufgenommen wird). Eine positive Redundanz liegt auch in Phil 3,9 vor,[243] wo das Substantiv πίστις ohne Attribut, mit einer anderen Präposition und mit anaphorischem Artikel wiederholt wird. Die damit signalisierten Schwerpunkte auf der mehr objektiven (διὰ πίστεως Χριστοῦ) und auf der subjektiven (ἐπὶ τῇ πίστει) Seite des Glaubens liegen damit zu Tage.[244]

Sodann wirkt das Redundanzargument der *genitivus-obiectivus*-Gegner zirkulär. Wegen einer zu vermeidenden und von Paulus vermeintlich vermiedenen Redundanz im negativen Sinne wird eine Differenz zwischen den benachbarten πιστ-Belegen gesucht – und auf der Ebene der *Subjekte* denn auch gefunden: der Glaube der Christen hier, Jesu Glaube dort. Nun könnten solche Differenzen aber auch noch anderswo angesiedelt sein, etwa in einer Spezifizierung oder Profilierung der πίστις hinsichtlich ihres Inhalts, Wesens oder Zustands und damit der angesprochenen Glaubenden als Christen.[245]

---

[239] Vgl. z. B. Dunn, Once More 739; Dunn, Gal 139; Koperski, *Pistis Christou* 207 Anm. 53.

[240] Dunn, Theology 384 mit Anm. 206.

[241] So auch Hultgren, Formulation 262.

[242] Dunn, Once More 740 f.; vgl. Dunn, Theology 384.

[243] So z. B. Hooker, Interchange, 47; Keck, Jesus 455 f.; Martin, Phil 133; O'Brien, Phil 400; s. Weiteres in 5.3.

[244] S. Lohmeyer, Phil 137 Anm. 2; vgl. Schenk, Phil 312.

[245] Koperski, *Pistis Christou* 207 f. Haußleiter, Paulus 173 macht einen „Fortschritt von

Eine instruktive Parallele zu Röm 3,22; Gal 3,22 (πίστις und Partizip von πιστεύειν) liegt in Röm 4,5 vor: τῷ ... πιστεύοντι ... λογίζεται ἡ πίστις αὐτοῦ εἰς δικαιοσύνην (vgl. V. 9). Paulus führt das in V. 3 zitierte Wortinventar von Gen 15,6 mit seinem zentralen Begriff der πίστις weiter aus, ohne doch die beiden πιστ-Belege auf zwei Subjekte zu verteilen.

Vor allem aber ist dieses Argument nach dem unter 1.4. zum Genitiv Dargelegten nicht schlüssig: mit einer negativen Redundanzvorstellung könnte zwar ein *genitivus obiectivus* ausgeschlossen werden. Ein *genitivus subiectivus* wäre damit allerdings nur dann zu erheben, gäbe es nur diese beiden Genitivspielarten; dem ist aber nicht so. So führt das Redundanzargument zu Röm 3,22 Wolfgang Schenk (im Gefolge von Ernst Lohmeyer) zum *genitivus epexegeticus*: der Glaube, der Christus ist, d. h. die Christusbotschaft (wie bloßes πίστις in Röm 1,5.17a; 3,22); das Partizip wäre dann nicht mehr redundant, sondern „beschriebe eine sinnvolle Folge: Aus der πίστις folgt das πιστεύειν"[246].

Redundanz kann als linguistisches Kriterium auf das πίστις-Χριστοῦ-Problem angewendet werden, nicht jedoch – wie zumeist – als negatives, sondern als positives Moment, wie Moisès Silva überzeugend gezeigt hat. Nach dem *principle of maximal redundancy* (nach Martin Joos) gilt, dass ein Lexem in möglichst großer semantischer (und – wie ich fragend hinzu füge – stilistischer?) Übereinstimmung mit dem Kontext steht. Demzufolge kann für eine strittige Formulierung nicht ein gleichsam devianter Inhalt reklamiert werden, der dem (übrigen) Text unverhältnismäßig viel Sinn beifügt.[247] Dieses Prinzip der Gleichsinnigkeit sollte bei einer semantisch fraglichen Formulierung insbesondere dann beachtet werden, wenn diese oder Teile von ihr im unmittelbaren Kontext belegt sind. (Um dieses Prinzip nicht zu verabsolutieren, muss andererseits der Sinngehalt eines Lexems als Maß seiner am Kontext gemessenen Überraschung definiert werden.[248]) Für die Frage nach πίστις Χριστοῦ bedeutet das, von einer Übereinstimmung dieser Formulierung mit kontextuellen Aussagen und insbesondere den nächsten πιστ-Belegen auszugehen.[249] Abweichungen davon werden sehr wahrscheinlich deutlich markiert sein. Das aber wird man bei den πίστις-Χριστοῦ-Stellen kaum sagen können.

πιστεῦσαι zu πίστις" aus. Dunn, Gal 139 differenziert so: Verbal werde die Erfahrung von Glaube und Rechtfertigung ausgedrückt, substantivisch das Prinzip.

[246] Schenk, Gerechtigkeit 170.

[247] Silva, Words 153–156; Silva, Phil 187 Anm. 31: bei Bedeutungsunsicherheit „that meaning should be preferred that adds least to the total meaning of the passage". S. zu Redundanz in linguistischer Sicht auch das Kapitel 5 von Campbell (*non ille, sed alter!*), Man.

[248] Es gilt: I = log$_2$ 1/p oder in Prosa: „The amount of information in any signal is the logarithm to the base two of the reciprocal of the probability of that signal." (Gleason, Introduction 337; vgl. Martinet, Grundzüge 174).

[249] Bedenkenswert ist die (gleichsam umgekehrte) Warnung von Barry Matlock, πίστις nicht völlig von πίστις Χριστοῦ her zu verstehen (Detheologizing 12 Anm. 34).

Diese linguistischen Einsichten haben Konsequenzen für Methode und Aufbau dieser Arbeit: In den Exegesen der Kapitel 2 bis 5 wird zunächst die Verwendung von πιστ- im aktuellen Text erarbeitet und der engere Kontext vorgestellt. Da hinein fügt sich der jeweilige πίστις-Χριστοῦ-Beleg.

Und: Dieses linguistische Redundanzverständnis lässt erwägen, dass Paulus wegen seines häufigen Gebrauch von πιστ- und des damit einhergehenden Bedeutungsverlustes die Explikation durch das Genitivattribut mit solennem Verzicht auf den Artikel einsetzt, um seinen (– es sei einmal unterstellt: – ihm wichtigen) Rechtfertigungsaussagen semantisches (und stilistisches) Gewicht zu geben. Er verwendet dafür nicht – was möglich und üblich wäre – Synonyme; die kann es für paulinisches πίστις, diesen vom Apostel in theologischer Schwerarbeit errungenen Begriff, auch wohl gar nicht geben. Ein Synonym finden dann die Epigonen (Pastoralbriefe) nicht ohne Substanzverlust in ἀσέβεια.

Die (rechtfertigungs)theologische Variante des Redundanzarguments bei Wallis besagt, dass Paulus bei ausschließlichem Bezug auf den Glauben der Christen – d. h. bei einem objektivem Verständnis von πίστις Χριστοῦ – im Schlüsselsatz seiner Soteriologie „rather awkwardly" den Glauben der Christen betone und weniger Christus.[250] Doch ist dies eine unsinnige Alternative, bezieht sich doch der Glaube der Christen wesentlich auf Christus,[251] wie die frühen Pistisformeln und zahlreiche paulinische Äußerungen (z. B. 1Kor 3,11) zeigen.[252]

1.8. Theologisches

Das Syntagma πίστις Χριστοῦ setzt die für die paulinische Theologie zentrale Gestalt und die die Glaubenden bestimmende Größe in Beziehung zueinander.[253] Wie sind Christus und Glaube einander zugeordnet? Es geht dabei um nicht weniger als um das rechte Verständnis Christi einerseits und um das des Glaubens andererseits: In welcher Hinsicht ist Christus für die Glaubenden bedeutsam: als wegen der Sünden Gekreuzigter, Auferstandener und im Bekenntnis als κύριος Angesprochener oder als (in besonderer Weise) Glaubender, also – um mit Schleiermacher zu sprechen

---

[250] Wallis, Faith 105 (vgl. 71).
[251] Vgl. dazu etwa Conzelmann, Grundriß 189.
[252] Kok, Truth 130 (vgl. 133) sieht bei einem *genitivus subiectivus* ein Äquilibrium von Subjekt und Objekt des Glaubens.
[253] Zu systematisch-theologischen Fragen des πίστις-Χριστοῦ-Problems s. Dunnhill, Faith.

– mittels der „Kräftigkeit des Gottesbewusstseins"[254]? *Worauf* bezieht sich der Glaube: auf Christi Tod und Auferstehung oder auf einen allgemeineren Glaubensgegenstand, für dessen Glaubwürdigkeit (Abraham und) Jesus namhaft gemacht werden? Und *wie* bezieht sich der Glaube darauf?

Die Thesen eines *genitivus obiectivus* und eines *genitivus subiectivus* sind unmittelbar mit einem unterschiedlichen Verständnis von Glauben verbunden (wobei gemutmaßt werden kann, dass das Zweite dem Ersten voran geht): Sieht man in πίστις Χριστοῦ Christus als Objekt des Glaubens angesprochen, wird man Glaube mehr konfessorisch verstehen; nimmt man πίστις Χριστοῦ als Subjektsgenitiv, wird der Glaube (nach dem Vorbild Jesus) vor allem als Gehorsam oder Vertrauen verstanden.[255]

1.8.1. Der Zusammenhang: Rechtfertigung und Sünde

Die Belege von πίστις Χριστοῦ stehen – grob gesagt – in Rechtfertigungaussagen (Röm 3,22.26; Gal 2,16a.c; Phil 3,9) oder in einschlägigem Kontext (Gal 2,20; 3,22). Freilich ist „Rechtfertigung" neben „Teilhabe an Christus" und „Geistbegabung" (nur) ein Modell paulinischer Soteriologie.[256] Da nimmt es nicht wunder, dass πίστις Χριστοῦ als soteriologischer Zentralbegriff in allen drei Gedankenkreisen belegt ist: Röm 3,22.26; Gal 2,16; Phil 3,9 stehen in direktem Rechtfertigungszusammenhang, Gal 2,20; Phil 3,9 thematisieren die „Teilhabe an Christus" und Gal 3,22 ist Teil einer pneumatologischen Soteriologie.

Gegen Dunns Insistieren auf den Themen Rechtfertigung und Glaube als für Paulus zentral wenden sich – um beispielhaft zwei Vertreter zu nennen, die in der πίστις-Χριστοῦ-Debatte weit auseinander liegen – Douglas A. Campbell und R. Barry Matlock.[257] Gleichwohl: δικαι- und Sünde bilden die inhaltlichen Zusammenhänge der πίστις-Χριστοῦ-Aussagen. Das zentrale paulinische Theologoumenon der ([ge]offenbar[t]

---

[254] Schleiermacher, Glaube § 93,2. Zum modernen Interesse an Jesu eigenen Glauben s. als Beispiel aus der angelsächsischen Tradition O'Collins, Christology 250–268. Dabei sollte Vertretern eines *genitivus subiectivus* kein (zu) simples Vorbild-Schema unterstellt werden.

[255] Vgl. Koperski, *Pistis Christou* 28.

[256] Dunn, Theology 334–389, 390–412, 413–441. Zusammenfassend 440: „Where justification has to do with the status before God and ‚in Christ' speaks more of the perspective from which Christians viewed their life, the gift of the spirit gives the whole dual relationship (with God through Christ) a dynamic quality, of which Paul's own life and work is a classic expression."

[257] Nach Campbell, Rhetoric 202 findet sich nicht einmal im klassischen Rechtfertigungstext Röm 3,21–26 etwas zur Rechtfertigung. Da staunt der Rezensent (Bailey, Rez. Campbell 279 f.)! S. weiter Campbell, Durham (hier kritisiert Campbell, dass Dunn eine paulinische Theologie basierend auf πίστις konstruiere); Matlock, Sins; s. dazu die Replik von Dunn, Exegesis.

werdenden) δικαιοσύνη θεοῦ begegnet in Röm 3,22; Gott wird entsprechend δίκαιος genannt und als δικαιῶν verstanden, der die δικαιοσύνη dem ὁ ἐκ πίστεως gibt (V. 26). Dieses Geschehen wird auch mit dem passivischen δικαιοῦσθαι bezeichnet, wobei Gott als Subjekt zu denken ist; so in Gal 2,16a.c.d.17. Dieses δικαιοῦσθαι ist als Gabe des Lebens qualifiziert (ζῳοποιῆσαι Gal 3,21; vgl. 2,20; 3,11.12) und damit die δικαιούνη (Gal 3,21) als das Leben der πιστεύοντες (V. 22).

Der Sünde[258] als *condition humaine* (Röm 1–3; 5) steht der Glaube an den auferstandenen Christus entgegen (1Kor 15,17), ja außerhalb der πίστις ist alles ἁμαρτία (Röm 14,23b). Die καταλλαγή als Befreiung aus dieser Verfallenheit und als Neuschöpfung hat sich dergestalt vollzogen, dass Christus „um unseretwillen zur Sünde gemacht" worden ist (2Kor 5,21).[259]

Außerhalb des Rechtfertigungszusammenhangs ist für Paulus die πιστ-Terminologie verzichtbar, wie der soteriologisch-eschatologische Abschnitt Röm 11,25–32 zeigt; hier ist von Ungehorsam und Barmherzigkeit die Rede.

Insbesondere die Soteriologie scheint bei den unterschiedlichen Positionen in der πίστις-Χριστοῦ-Debatte unterschiedlich gedacht zu werden. Darum müssen hier die paulinischen Ausführungen über das δικαιοῦσθαι des Menschen[260] wenigstens aufgelistet werden – dies unter Vernachlässigung der unübersehbaren Literatur. Nähere Einlassungen finden sich in den Exegesen der Kapitel 2 bis 5.

Paulus spricht von dem das Verhältnis des Menschen zu Gott bestimmenden Geschehen als vom δικαιοῦσθαι des Menschen. Dieses Geschehen hat den Rang von „Leben", wie Paulus mit dem Zitat von Hab 2,4 zeigt (Röm 1,17; Gal 3,11; vgl. noch Röm 4,17b). Welche Größen sind bei diesem Geschehen nötig und/oder charakteristisch? Was ist hierbei auszuschließen?

Die mit dem Glauben einhergehende Rechtfertigung des Menschen spricht Paulus mehrmals prinzipiell an. Daneben treten noch kontextuell bedingte Äußerungen mit allerlei Varianten und Zusätzen.

---

[258] Zum Thema s. ausführlich Merklein, Sünde; Lohse, Röm 121 f.; Dunn, Theology 111–124. Horn, Juden 30 f. insistiert gegen Stendahl darauf, dass „die anthropologische bzw. hamartologische Ausrichtung" einer der „unverzichtbare[n] Aspekte der paulinischen Rechtfertigungslehre in ihrer ausgeführten Gestalt des Galater- und Römerbriefs" ist; vgl. Frey, Judentum 42.

[259] Dazu Koperski, *Pistis Christou* 210.

[260] Auf den Begriff der „Rechtfertigungslehre" wird weitgehend verzichtet, um nicht von vornherein den Vorwurf einer sich der introvertierten Perspektive des Abendlandes schuldenden lehrhaften Verzeichnung paulinischer Gedanken zu provozieren.

1. Grundsätzliche Aussagen

Gal 2,16a	δικαιοῦσθαι ἄνθρωπος ... διὰ πίστεως Ἰησοῦ Χριστοῦ (οὐ ... ἐξ ἔργων νόμου)
Gal 2,16c	damit wir gerechtfertigt werden ἐκ πίστεως Χριστοῦ καὶ οὐκ ἐξ ἔργων νόμου
Gal 2,16d	ἐξ ἔργων νόμου wird kein Mensch gerechtfertigt
Gal 3,11	niemand wird ἐν νόμῳ παρὰ τῷ θεῷ gerechtfertigt
Gal 3,24	[Gesetz] damit wir ἐκ πίστεως gerechtfertigt werden
Röm 3,20	nicht gerechtfertigt wird πᾶσα σὰρξ ἐξ ἔργων νόμου ἐνώπιον αὐτοῦ [sc. θεοῦ]
Röm 3,24	alle sündigen, δικαιούμενοι δωρεὰν τῇ αὐτοῦ [sc. τοῦ θεοῦ] χάριτι διὰ τῆς ἀπολυτρώσεως τῆς ἐν Χριστῷ Ἰησοῦ
Röm 3,28	δικαιοῦσθαι ἄνθρωπος πίστει (χωρὶς ἔργων νόμου)
Röm 4,2	Ἀβραάμ ἐξ ἔργων gerechtfertigt
Röm 5,1	δικαιωθέντες ... ἐκ πίστεως: εἰρήνην ἔχειν πρὸς τὸν θεὸν διὰ τοῦ κυρίου ἡμῶν Ἰησοῦ Χριστοῦ, durch diesen auch „Zugang" zur χάρις
Röm 5,9	δικαιωθέντες ... ἐν τῷ αἵματι αὐτοῦ σωθησόμεθα δι' αὐτοῦ
1Kor 6,11	gewaschen, geheiligt, gerechtfertigt ἐν τῷ ὀνόματι τοῦ κυρίου Ἰησοῦ Χριστοῦ καὶ ἐν τῷ πνεύματι τοῦ θεοῦ ἡμῶν (Taufe)

Vgl. Röm 2,13 (Täter des Gesetzes); Röm 3,4 zit. Ps 51,6; Röm 6,7; 1Kor 4,4.

Aktivische Belege von δικαιοῦν finden sich in:

Gal 3,8	Gott wird die Völker ἐκ πίστεως rechtfertigen, wie die Schrift vorausgesehen hat
Röm 3,26	Gottes eigenes Gerechtsein zeigt sich in seinem Rechtfertigen dessen, der ἐκ πίστεως Ἰησοῦ ist
Röm 3,30	Beschnittenheit und Unbeschnittenheit
Röm 4,5	Gott als der den ἀσεβής Gerechtmachende
Röm 8,30	berufen – rechtfertigen – verherrlichen
Röm 8,33b	Gott ὁ δικαιῶν (Christus gestorben, auferstanden, zur Rechten Gottes, Interzession)

2. Variationen – „(zur) Gerechtigkeit (anrechnen)":

Röm 3,26	Aufweis der Gerechtigkeit Gottes
Röm 4,5	ἡ πίστις αὐτοῦ führt die grundsätzliche Aussage von 3,28 weiter; *Abrahams* Glaube wird ihm zur Gerechtigkeit angerechnet (λογίζεσθαι εἰς δικαιοσύνην)
Röm 4,6	Gott rechnet dem Menschen Gerechtigkeit zu χωρὶς νόμου
Röm 4,9	Wiederholung des Zitats Gen 15,6 (λογίζεσθαι)

Röm 4,11c allen Glaubenden wird Gerechtigkeit zugerechnet (λογίζεσ-
θαι)
Röm 4,22 dem Abraham wird sein Vertrauen zur Gerechtigkeit ange-
rechnet
Phil 3,9 Gerechtigkeit ἐκ θεοῦ (vgl. Röm 10,6) ἐπὶ τῇ πίστει
Röm 10,4 Christus zur Gerechtigkeit für jeden Glaubenden
Röm 3,21 f. Gerechtigkeit Gottes geoffenbart

An weiteren einschlägigen *Begriffen* seien wenigstens noch aufgeführt:
δικαίωμα, δικαίωσις, δίκαιος. Weitere *Motive* sind: „Söhne Gottes [sein]"
(Gal 3,26 διὰ τῆς πίστεως ἐν Χριστῷ Ἰησοῦ; Gal 4,5 f. [Geist]; Röm 8,14
[Geist]), „Verheißung" (Gal 3,14 διὰ τῆς πίστεως [Geist]; Röm 4,13
Abraham, οὐ ... διὰ νόμου ..., ἀλλὰ διὰ δικαιοσύνης πίστεως [Zusam-
menhang Verheißung und Glaube Röm 4,14b.20 <Unglaube>]). Wichtig ist das Gegenüber zu ἔργα νόμου in Gal 2,16a(διά).c.d; Gal 3,2.4;
Röm 3,20.28 (χωρὶς νόμου); 4,2 (ἐξ ἔργων).6 (χωρὶς ἔργων) (dazu ausführlich in 3.2.4.).

1.8.2. Glaube(n)

Der Topos „Glaube" (das πιστ-Wortfeld) muss hier untersucht werden,
da es dabei um die Erwartbarkeit eines bestimmten Verständnisses von
πίστις Χριστοῦ durch die Leser geht, die mit dem Wortfeld und dem
Gedankenkreis des Paulus vertraut sind.

Nicht der *Glaube* als solcher stand im Konflikt zwischen Paulus und
seinen Kontrahenten zur Disposition; denn negative adverbielle und attributive Formulierungen wie οὐκ ἐκ πίστεως oder χωρὶς πίστεως begegnen
bei Paulus außer in Gal 3,12 nicht. Strittig war der *Rang* der πίστις, weniger
– um die von Ed P. Sanders erhobenen religiösen Strukturen heran zu
ziehen – beim *getting in* als vielmehr beim *staying in*.

Ein wichtiges Wesensmerkmal von πιστ- wird schon durch das nume-
rische Verhältnis von Verb und Substantiv deutlich; es gibt weit mehr
als doppelt so viele nominale (91) Belege wie verbale (42). Offensichtlich
ist es Paulus weniger um ein Verhalten zu tun als um einen „gegenständ-
lichen Sachverhalt, auf den das gläubige Ich sich richtet"[261]. Instruktiv
ist Röm 4, wo sich synchron zeigt, wie sich paulinische πιστ-Terminologie entwickelt: Findet sich zunächst das Verb (V. 3 im Zitat von Gen
15,6 LXX), nimmt Paulus es als Partizip auf (statt mit folgendem Dativ
nun auch ἐπί τινα) und überführt es in das Substantiv mit Attribut im

---

[261] Lohmeyer, Grundlagen 115 f.

subjektiven Genitiv (V. 5). Das entspricht der Entwicklung der paulinischen Bezeichnungen für Christen: Er verwendet zunächst οἱ πιστεύοντες (1.Thessalonicherbrief), bevor er zum abstrakteren οἱ ἐκ πίστεως greift (Galaterbrief). Das Substantiv scheint ihm klarer und sachlich angemessener zu sein; es ist mehr als die Abstraktion des Verbs,[262] da Paulus dafür ja den Infinitiv mit Artikel verwendet (Phil 1,29; Röm 15,13). – Das Syntagma πίστις Ἀβραάμ Röm 4,16 verdankt sich sichtlich einer Paulus vorliegenden (und von ihm in V. 3 – aus der LXX – zitierten) verbalen Formulierung. Verhält es sich bei πίστις Χριστοῦ genauso? Bildet Paulus diesen Begriff aufgrund des entsprechenden (mit εἴς τινα oder ὅτι konstruierten) Verbs?

Aus dem Nebeneinander von Verb und Substantiv ergibt sich eine grundsätzliche Anfrage an die Vertreter des *genitivus subiectivus* bei πίστις Χριστοῦ: Nach deren Soteriologie bewährt sich Jesu πίστις am Kreuz. Die πίστις wird so (ausschließlich) *kreuzestheologisch* verstanden. Das ist indes eine Verkürzung des Glaubensbegriffes, insofern sich das πιστεύειν traditionsgeschichtlich wie sachlich zuerst auf Jesu *Auferstehung* bezieht (Röm 4,24; s. auch 1Thess 4,14: sterben und auferstehen).

1.8.2.1. Glaube(n) und Gott

Auf Gott als Subjekt bezogen begegnet das Verb πιστεύειν (selbstverständlich) nicht (s. aber den [nichttheologischen?] passivischen Beleg Röm 3,2 mit Gott als logischem Subjekt). Mit dem Adjektiv πιστός versehen wird Gott in 1Thess 5,24; 1Kor 1,9; 10,23; 2Kor 1,18. Das Substantiv πίστις (in der Bedeutung „Treue") wird Gott in Röm 3,3 beigelegt (*genitivus subiectivus*). Menschen vertrauen Gott (mit Dativ Röm 4,3 im Zitat Gen 15,6; auch V. 17: Dativ durch Attraktion undeutlich), sie glauben an Gott (mit ἐπί Röm 4,5.24) und daran, dass (ὅτι) er (in Kreuz und Auferstehung Christi) gehandelt hat (Röm 10,9 u. ö.). Menschen haben Glauben „zu" Gott (πρός 1Thess 1,8 wie zu dem „Herrn Jesus" Phlm 5). Übrigens: Weder beim Verb noch beim Substantiv wird Gott durch die (in unserem Zusammenhang wichtige) Präposition εἰς als Objekt oder Inhalt des Glaubens bezeichnet.

---

[262] So Schenk, Gerechtigkeit 171.

1.8.2.2. Glaube(n) und Christus

Dass Jesus glaubt, diese Aussage findet sich so – mit πιστεύειν – bei Paulus nicht.[263] Einige Vertreter des *genitivus subiectivus* ziehen dafür indes 2Kor 4,13 heran;[264] doch ist dieser Beleg nicht valide.

Paulus zitiert als Schriftbeleg für den Gedanken, dass „wir den selben Geist des Glaubens haben", Ps 115,1: ἐπίστευσα, διὸ ἐλάλησα und schlussfolgert: καὶ ἡμεῖς πιστεύομεν, διὸ καὶ λαλοῦμεν. Das Psalmzitat verstehe Paulus messianisch und beziehe es auf Christus.[265] Worauf hebt die Selbigkeit des Glaubensgeistes (V. 13a) ab? Darauf, dass dieses πνεῦμα Christus und den Christen gemeinsam ist? Die Beschreibung eines engen Verhältnisses zwischen Christus und Christen bzw. Paulus, der hier im apostolischen Plural von sich spricht, in den vorher gehenden Versen 10 f. scheint dieses nahe zu legen;[266] dazu könnte auf Röm 8,1–17; Gal 4,6 verwiesen werden, doch äußert sich danach das πνεῦμα τοῦ υἱοῦ bzw. υἱοθεσίας im Gebet an Gott als „Abba" (Gal 4,6 bzw. Röm 8,15). In V. 12 ist dann allerdings das durch das Apostolat hergestellte Verhältnis des Apostels zu den Adressaten angesprochen. Sollte zwischen dem Apostel und seiner Gemeinde „der selbe Geist des Glaubens" herrschen? V. 14 führt dann, eingeleitet mit εἰδότες (vgl. Gal 2,16), den Glauben inhaltlich aus; er bezieht sich auf die Auferweckung, die wiederum Christus und die Christen wie auch die Adressaten und den Apostel verbindet. Auf der Ebene des Glaubens freilich kommt hier nur die Gemeinsamkeit zwischen Paulus und den Korinthern in Frage (die zwischen Christus und Christen bzw. Apostel jedenfalls nicht). Die Selbigkeit des Geistes besteht dann darin, dass Glauben und Sprechen zusammen gehören (so das Psalmzitat), der Glauben der Gemeinde und die Verkündigung des Apostels. Als (zumal einziger) Beleg für ein πιστεύειν Jesu fehlt 2Kor 4,13 die Validität.

Als πιστός wird Jesus darum paulinisch auch nicht bezeichnet (im ohnehin strittigen Christus-Beliar-Abschnitt 2Kor 6,11–7,4 meint πιστός [im Gegenüber zu ἄπιστος] nicht Christus, sondern den an Christus Glaubenden). Die Qualifizierung Christi mit dem Adjektiv hätte bei einer vermuteten Akzentuierung von Glauben als Gehorsam nahe gelegen.[267] Deuteropaulinisch ist Christus dann als πιστός gedacht (2Thess 3,3;

---

[263] Dieses elementare und oft genannte Argument ist (neben der Kritik an der Nivellierung von Glaube und Gehorsam) der wichtigste Einwand gegen die *genitivus-subiectivus*-These. S. z. B. Zahn, Röm 177 Anm. 42; Hay, Pistis 474; Silva bei Hays, Postscript 276 f.; Silva, Faith 231; Koperski, *Pistis Christou* 213. *Subjectivists* müssten besonders das Partizip πιστεύων für Christus vermissen, das im Singular im Zusammenhang mit Abraham Röm 4,5 und im Plural als Bezeichnung für die Christen (1Thess 1,7; 2,10.13; Gal 3,22) begegnet.

[264] So z. B. Hanson, Jesus; Hays, Postscript 276 f.; Hooker, ΠΙΣΤΙΣ 335.

[265] Hanson, Understanding 11–13, dem Hays, Postscript 277 f. folgt.

[266] Hooker, Interchange 50 f.

[267] Darauf wies wohl als erster Moisès Silva hin (bei Hays, Postscript 276 f.); Mercadante/Hays, Report 269; vgl. Dunn, Theology 383 Anm. 199; Haacker, Röm 87.

2Tim 2,13).[268] Damit ist aber – was man keinesfalls übersehen sollte – keine menschliche Eigenschaft im Verhältnis zu Gott gemeint,[269] sondern ein Gottesprädikat (s. 1Kor 1,9) auf den erhöhten Christus übertragen (vgl. Apk 1,5). Dass die adjektivische Formulierung zu erwarten wäre, spräche Paulus von Jesu eigenem Glauben, zeigt sich daran, dass es sich so bei Gott verhält, von dessen πίστις Paulus spricht (Röm 3,3) und dem er das Adjektiv πιστός beilegt (1Kor 1,9; 10,13; 2Kor 1,18; 1Thess 5,24), und ebenso im Hebräerbrief, wo Jesus als „Anfänger und Vollender" der πίστις bezeichnet (12,2) und entsprechend als πιστός beurteilt wird (3,2). Auch Abraham, dessen Name der πίστις als subjektives Attribut zugeordnet ist (Röm 4,16), wird mit dem entsprechenden Adjektiv versehen (πιστός Gal 3,9).

Als wichtigstes Argument für die traditionelle Interpretation von πίστις Χριστοῦ als Glaube *an* Christus wird zumeist gewertet, dass für diese mit εἰς Χριστὸν πιστεύειν Röm 10,14a; Gal 2,16b; Phil 1,29 eine verbale Entsprechung mit Christus als „Objekt" vorliegt;[270] Paulus spricht also an prominenter Stelle vom Glauben an Christus, sodass der *genitivus obiectivus* erstens möglich und zweitens wahrscheinlich ist. Für das subjektive Attribut Abraham findet sich die entsprechende verbale Formulierung in Röm 4,3 (zit. Gen 15,6).(5.).17.18; Gal 3,6 (zit. Gen 15,6).

1.8.2.3. Glaube(n) und Menschen

Menschen glauben, was mit εἴς τινα (Röm 10,14; Gal 2,16; Phil 1,29)[271], mit ἐπί τινα (Röm 4,24) im Zitat aus Jes 28,16 LXX mit ἐπί τινι (Röm 9,33; 10,11) formuliert wird. Ihr πιστεύειν wird mit ὅτι-Sätzen inhaltlich bestimmt (1Thess 4,14 [„Jesus" Subjekt des Nebensatzes]; Röm 10,9 [„Herr Jesus" Objekt]) oder auch mit Partizipien (Röm 4,24 [„Jesus, der Herr" Objekt). Sodann gibt es die sieben (bzw. acht) πίστις-Χριστοῦ-Belege.

Menschen glauben. Als Exemplar und Repräsentant wird dafür Abraham genannt (Röm 4; Gal 3). In Bezug auf Abraham finden sich Verb, Adjektiv und Substantiv. Der inhaltliche Akzent bei Abrahams Glaube liegt auf seinem Vertrauen in die Verheißung (s. nur Röm 4,20), nicht etwa beim

---

[268] Vgl. ferner Hebr 2,17; 3,2; Apk 1,5; 3,14; 19,11.

[269] Vgl. Hays, Postscript 277.

[270] So z. B. Dunn, Gal 139. Zu beachten sind hier noch die πιστεύειν-Belege mit folgendem ὅτι-Satz (1Thess 4,14; Röm 10,9) sowie das in Röm 9,33; 10,11 aus Jes 28,16 LXX zitierte πιστεύειν ἐπί τινι.

[271] Diese klaren Belege werden dadurch etwas verunklart, dass das εἰς Χριστόν nicht als Objektangabe, sondern als konfessionelle Spezifizierung verstanden wird (so Johnson, Rom 3:21–26 82); dazu mehr unter 3.2.1.

Motiv des Gehorsams (dafür hätte Paulus [wie Jak 2,21–24] Gen 22 heranziehen können/müssen). Christen glauben wie Abraham (Röm 4,23 f.). Dass Christen glauben, wird in 1.pl. zur Einleitung formelhafter Inhalte gesagt (1Thess 4,14), darauf werden Christen (s. ἀδελφοί Röm 10,1) in 2.sg. angesprochen (Röm 10,9). Ein schöner Beleg für das Adjektiv πιστός ist 1Kor 4,17; hier ist der Bezug des dem Adjektiv folgenden ἐν κυρίῳ nicht ganz eindeutig: adverbiell zum Adjektiv oder doch als präpositionales Attribut zu τέκνον? Als Antonyme sind ἀπιστία Röm 3,3 (von Juden) und 4,20 (von Abraham verneint) sowie deuteropaulinisch ἀπιστεῖν (vgl. 2Tim 2,13) belegt.

Das Substantiv πίστις umfasst ein breites Spektrum an Nuancen: Auf der einen Seite kann es das Verb unmittelbar aufnehmen (und damit sehr nah am Infinitiv sein und also eher das [menschliche] Subjekt betonen)[272] (vgl. Röm 4,5.9c mit V. 3b); es steht oft in adverbieller Ergänzung zu δικαιοῦσθαι (s. nur Röm 3,28) und ist damit als Instrument/Gabe Gottes verstanden (s. V. 30); es nennt die Basis christlicher Existenz, wenn Christen als οἱ ἐκ πίστεως bezeichnet werden (Gal 3,7.9, vgl. Röm 3,26); es kann die Glaubensbotschaft umschreiben (Gal 1,23) und auf den Inhalt des Glaubens abheben (Schenk, Cosgrove) und schließlich geradezu hypostasiert so etwas wie eine (heilsgeschichtliche) Macht nennen (Gal 3,23.25).

1.8.2.4. Paulinisches Glaubensverständnis und die πίστις-Χριστοῦ-Debatte

In substantivischer Formulierung findet sich – so argumentiert James D. G. Dunn – bei Paulus der Gedanke eines Glaubens an Christus nur im Syntagma πίστις Χριστοῦ – die Formulierung mit einem Präpositionalattribut findet sich erst spätpaulinisch (πρός Phlm 5) und dann deuteropaulinisch (εἰς Kol 2,5; ἐν Eph 1,15; Kol 1,4); wäre πίστις Χριστοῦ als auf Jesu eigenen Glauben bezüglich zu verstehen, schriebe Paulus (substantivisch) nicht über den Glauben an Christus,[273] der ausweislich der verbalen Form εἰς Χριστὸν πιστεύειν und πιστεύειν ὅτι sowie der nichtattribuierten, auf den Glauben der Glaubenden (an Christus) zu beziehenden πίστις-Belege jedoch ein zentrales paulinisches Theologoumenon ist. Damit läge eine unerklärliche und unerträgliche Lücke vor. – Das ist augenscheinlich ein problematisches Argument, lässt es sich doch mit gleichem Recht *gegen* die traditionelle Sicht verkehren (was ja auch mit Verweis auf Gal 2,16

---

[272] Vgl. Schenk, Glaube 79 zu Apg 20,21: „Das Subst.[antiv] ist nomen actionis im Sinne eines Inf.[initiv] Aor.[rist].“

[273] Dunn, Once More 734 f., allerdings mit Vernachlässigung von Phlm 5.

geschieht): Paulus reformuliere eben die eindeutige verbale Wendung nicht, zwischen εἰς Χριστὸν πιστεύειν und πίστις Χριστοῦ sei also zu unterscheiden.

Kritiker der traditionellen Sicht machen bei einem (ausschließlichen) Verständnis von πίστις Χριστοῦ als „Glaube an Christus" eine Engführung des Glaubensverständnisses aus; Glaube werde hier nur im Sinn von „belief" verstanden, was dem breiten biblischen, neutestamentlichen, paulinischen Spektrum nicht gerecht werde.[274] Die Warnung vor begrifflichen Engführungen mag berechtigt sein, als Argument verfängt sie nicht, sind doch die πίστις-Χριστοῦ-Belege eben nur ein (wenn auch zentraler) Teil der paulinischen Soteriologie, die auch Dunn als vielgestaltig auffasst. Auch der objektiv verstandene „Christusglaube" führt zu differenziertem Glaubensverständnis; so kann gerade in diesem Zusammenhang anhand von Gal 2,16 einerseits und Vers 20 andererseits Glaube als Bekenntnis und als Existenzform interpretiert werden.[275] Im Übrigen scheint sich dieses Monitum der Einbindung in die Muttersprache Englisch mit deren Differenzierung in *faith, belief, trust* usw. für griechischen πιστ- zu schulden.

Vertreter der *genitivus-subiectivus*-These bestreiten für Paulus nicht (notwendig) den Glauben *an* Christus. Man kann versuchen, bei den paulinischen πιστ-Formulierungen genau dieses Motiv als die Christus und den Christen gemeinsame Größe zu erheben: Das Verb kann nach Louw/Nida „to believe something to be true" bedeuten;[276] gesetzt, diese Bedeutung gibt es auch bei personalen Objekten, könnte εἰς Χριστὸν πιστεύειν das Vertrauen darauf bezeichnen, dass Christus πιστός ist, Rechtfertigung geschähe denn durch „faith we have in Christ who has acted faithfully".[277] Eine ältere Spielart dieses Arguments ist Kittels (Um-)Deutung des εἰς Χριστὸν πιστεύειν zu einem πιστεύειν κατὰ Χριστόν.[278]

Doch werden verschiedene Argumente für die grundsätzliche Bestreitung eines Glaubens *an* Christus angeführt: Das Attribut bei πίστις Χριστοῦ nenne nicht das Objekt des Glaubens, sondern leiste (lediglich) eine konfessionelle Spezifizierung.[279] Glaube sei paulinisch radikal als eine der beiden Existenzweisen ἁμαρτία oder πίστις (s. Röm 14,23; vgl. 1Thess 1,8 f.) nur zu verstehen, wenn Gott selbst und allein das Gegenüber ist.[280] Röm

---

[274] Campbell, *Crux* 280 f. gegen Dunn.

[275] Betz, Gal 220, der für den bekenntnishaften Glauben noch auf Gal 1,1.4; 3,1.13; 4,4–6 hinweist, zum „Leben in Christus" neben Gal 2,19–21 noch 3,26–28; 5,5 f.24; 6,14 aufführt.

[276] Louw/Nida, Lexicon 31.35.

[277] Dodd, I 156 f. mit Anm. 97 (mit Hooker, ΠΙΣΤΙΣ) u. a.

[278] Kittel, πίστις.

[279] Johnson, Rom 3:21–26 82.

[280] Johnson, Rom 3:21–26 82, 84; vgl. Freed, Apostle 105: Glaube sei paulinisch „faithfulness toward God, not faith in the person of Christ". Wie aber, wenn Paulus Christus ganz auf Gottes Seite denkt (Röm 9,5)?

4,17.23–25 weise Abrahams und der Christen Glauben als auf Gott gerichtet aus, wie ja auch in 10,9b Gott Subjekt des den Glaubensinhalt
wiedergebenden ὅτι-Satzes ist.[281]

Was ist das entscheidende Moment bei der *Rechtfertigung?* Wird der
Mensch gerechtfertigt durch Christi Tod und Auferstehung, worauf sich
der Glaube der Glaubenden bezieht, oder durch Jesu eigenen Glauben,
der ihn mit Abraham verbindet und die Glaubenden mit ihm? In Gal 3
und Röm 4 wird Gen 15,6 als Schlüsseltext für die paulinische Rechtfertigungslehre herangezogen: Abraham wird gerechtfertigt durch/in seinen/-
m (selbstverständlich: eigenen) Glauben (Röm 4,5 Partizip Präsens Aktiv
von πιστεύειν; 4,11.13 [ἡ] δικαιοσύνη [τῆς] πίστεως [*genitivus epexegeticus?*]). So auch die Christen: Gott rechtfertigt sie ἐκ πίστεως (Gal 3,8); sie
sind οἱ ἐκ πίστεως (V. 9). Damit ist ihr eigener Glaube gemeint, nicht etwa
derjenige Abrahams (so auch in Röm 4,16 [*genitivus qualitatis*]). Entsprechend rechtfertigt nicht Jesu Glaube, der sich am Kreuz bewährt hätte;[282]
Rechtfertigung hat vielmehr die (innere und äußere) Gestalt der πίστις (der
Glaubenden), *deren* Inhalt Jesu Kreuz und Auferstehung ist. Nicht einzu-
sehen ist auch, warum der „narrative account of salvation as won ὑπὲρ
ἡμῶν through the faithfulness of Jesus" das *extra nos* des Glaubens und
seinen korporativen Charakter besser betont als die traditionelle Sicht.[283]
Die Frage ist vielmehr, worauf sich der Glaube als außer ihm liegenden
Bezugspunkt gründet (auf Jesu Glauben oder auf Kreuz und [bei manchen
subjectivists etwas außer Blick geratener] Auferstehung).

Als Antithese zur πίστις werden – was unter 3.2.4. ausführlich darzutun
ist – im Rechtfertigungszusammenhang die ἔργα νόμου genannt (Röm
3,20.28; Gal 2,16a.c.d; Phil 3,9 bloßes ἔργα wie auch sonst gelegentlich);[284]
Glaube und Gesetzeswerke sind möglicher Weise „alternative human re-
sponses to God's initiative of grace".[285] Dabei sind die ἔργα νόμου nicht
als Gesetzes*erfüllung* zu verstehen; das ist m. E. evident besonders in Gal
3,10, wo doch die Gesetzestreuen nicht als unter Fluch stehend bezeichnet
werden können, wenn im sodann folgenden Zitat aus Dtn 27,26 die Ge-
setzesbrecher verflucht werden.[286] Vielmehr dürften die ἔργα νόμου die
Vorschriften der Tora meinen, insbesondere die *identity markers* Beschneidung, Sabbat und die Kaschruth.[287] Daher argumentiert Morna D. Hooker

---

[281] Johnson, Rom 3:21–26 84.
[282] Gegen Hays, Faith 167 („Christ's soteriologically efficacious faith[fulness]").
[283] Hays, ΠΙΣΤΙΣ 728.
[284] S. dazu kritisch Matlock, Detheologizing (bes. 20–23) und Silva, Faith.
[285] Dunn, Gal 139 zu Gal 2,16 mit Hinweis auf Gal 3,2.5.14; 5,5 f.; vgl. Dunn, Once
More 738 f.
[286] Unbeschadet dessen stellt Paulus (ganz der Gewährsmann Luthers und Bultmanns) in
Röm 3,27 νόμος und πίστις, in 4,5 ἐργάζεσθαι und πιστεύειν einander gegenüber.
[287] Dazu s. Bachmann, Rechtfertigung; Bachmann, 4QMMT; s. ferner seine etwas andere

mit der Antonymie von πίστις Χριστοῦ und ἔργα νόμου, dass sich in den antithetischen Rechtfertigungsaussagen zwei nicht von den Glaubenden zu bewerkstelligende Verhaltensweisen, sondern zwei außerhalb ihrer liegende Größen gegenüber stehen.[288] Da aber bei den ἔργα νόμου die ([aus diesen eben nicht] lebenden) Glaubenden thematisch sind, dürfte es bei der oppositionellen πίστις kaum anders sein: πίστις Χριστοῦ meint den Glauben der Glaubenden, das Attribut kann nicht als *genitivus subiectivus* aufgefasst werden.[289]

Die *Kontexte* der πίστις-Χριστοῦ-Belege sind theologisch anspruchsvoll – und in der Forschung – besonders bei der Etablierung der „new perspective on Paul" – heftig umstritten.[290] Das entbehrt nicht einer gewissen Ironie, hat Paulus doch just diese Passagen überaus sorgfältig formuliert, „to make himself clear beyond doubt".[291] Insbesondere der den πίστις-Χριστοῦ-Belegen vorhergehende Kontext und allgemeiner der sonstige, für die Adressaten als aus der Missionsverkündigung des Paulus als bekannt vorauszusetzende sonstige Sprachgebrauch wird von beiden Seiten für die eigene These reklamiert. Zu Gal 2,16 kommentiert Dunn, dass der *genitivus obiectivus* „the most natural sense to expect a reader to take" sei; der *genitivus subiectivus* hätte demgegenüber erst durch „a good deal of unpacking" erklärt werden müssen.[292] Das kann ebenso zu Röm 3 behauptet werden. Genau dies freilich bestreiten die Verfechter des subjektiven Genitivs.[293]

Zum Themenkreis „Glaube(n)" können noch weitere Einzelaspekte (s. u. 1.8.3.) namhaft gemacht werden: Glaube als Gehorsam (dazu 4.3.6.), Glaube und Freiheit (Röm 6,18; Gal 5,1), Glaube und Bekenntnis (1Thess 4,14; Röm 10,9), Glaube und Gebet, Glaube als „Leben" (Röm 6) sowie Glaube und Heil (σωτηρία; Röm 1,16; 10,9; 13,11).

Sicht zusammenfassend Dunn, Theology 354–366, der resümiert, dass das Syntagma ἔργα νόμου „refer[s] to all or whatever the law requires, covenantal nomism as a whole" (358).

[288] Hooker, ΠΙΣΤΙΣ 336; Bachmann, 4QMMT 55 spricht von einer „den Bereich des *extra nos* betreffende[n] Alternative".

[289] Vgl. Dunn, Gal 139; vgl. Lindsay, Josephus 106 f.

[290] Dass πίστις Χριστοῦ diskutiert wird im forschungsgeschichtlichen Zusammenhang mit einer Neuorientierung in Grundsatzfragen der paulinischen Theologie (vgl. Hays, Faith 162), zeigt die Relevanz dieses Syntagmas für das Verständnis der Theologie des Apostels überhaupt. Vgl. ferner Dunn, Search.

[291] Dunn, Theology 381.

[292] Dunn, Gal 138 f.; Dunn, Theology 57 f.

[293] Hays, Faith 162.

1.8.3. Christologie: Das Gottesverhältnis Christi

Bezeichnet „Glaube(n)" das Verhältnis des Menschen zu Gott (und Gottes zum Menschen), ist für unseren Problemkreis zu fragen, wie Paulus das Gottesverhältnis Jesu formuliert und welchen christologischen und soteriologischen Rang dieses einnimmt.

Dabei ist die Frage nach dem „historischen" Jesus und seinem „Glauben" entbehrlich; hier wird ja die „Konstruktion" Christi in der paulinischen Soteriologie bedacht. Dass der „historische" Jesus für den Glauben bedeutsam ist, wird damit nicht bestritten. Im Zusammenhang mit dem den bloßen Eigennamen „Jesus" nennenden Attribut des πίστις-Χριστοῦ-Belegs Röm 3,26 werden wir kurz auf den „historischen" Jesus zu sprechen kommen (s. 4.3.4.).

Von einem πιστεύειν Jesu ist bei Paulus explizit nirgends die Rede (zu 2Kor 4,13 s. o. 1.8.2.); auch implizit kann ein Glauben Jesu kaum gedacht werden, geht πιστεύειν bei Paulus doch mit δικαιοῦσθαι einher – eine Rechtfertigung Jesu aber wird nicht angesprochen (es sei denn, man liest das Zitat aus Hab 2,4 „messianisch"; wobei auch hier nicht das Ereignis des δικαιοῦσθαι direkt angesprochen ist). Insbesondere das für das Nachdenken über den glaubenden Abraham so wichtige λογίζεσθαι εἰς δικαιοσύνην findet sich nirgends zu Christus. Diesen Gedanken bietet indes die *varia lectio* in Röm 3,26 (s. 4.3.), nach der Gott den als ἐκ πίστεως lebenden Jesus gerechtfertigt habe (vgl. deuteropaulinisch den Gedanken einer Rechtfertigung Christi durch seine Auferstehung 1Tim 3,16[294]). Wohl wird in Röm 5,18 Jesu Tat und Geschick als ein δικαίωμα bewertet, aber dieses gereicht nicht ihm selbst, sondern „allen Menschen" zur δικαίωσις ζωῆς. Die Idee, dass Jesus ja in dieser Gruppe mit eingeschlossen sei, liegt hier völlig fern, da er in Röm 5 im Gegenüber zum mythologischen Adam angeführt wird; daher versteht sich auch die Bezeichnung als εἷς ἄνθρωπος V. 15d. Doch reichlich gezwungen wirkt der Versuch im „von der Sünde [weg] gerechtfertigten" Gestorbenen in Röm 6,7 Christus zu sehen[295] – statt (generalisierend) den im vorhergehenden V. 6 genannten παλαιὸς ἡμῶν ἄνθρωπος. Bezeichnender Weise heißt es aber, dass Christus „für uns Gerechtigkeit wird" (ἡμῖν ... δικαιοσύνη 1Kor 1,30); mit einer „messianischen" Interpretation von Hab 2,4 (zit. Röm 1,17; Gal 3,11) und einem vermeintlichem Verständnis Jesu als ὁ δίκαιος hat das freilich wenig gemein. Ferner könnte – was, soweit ich sehe, bisher unterblieben ist – zu Röm 8,29 erwogen werden, ob die in V. 30b in Bezug auf die „vielen Brüder",

---

[294] Dazu Hays, Faith 191 Anm. 144; Hanson, Studies 13–51.

[295] Scroggs, Rom 6:7; Zustimmung zu dieser isolierten Position durch Campbell, Rhetoric 210 f. Anm. 6. Immerhin kann für die Bezeichnung Jesu als des ἀποθανών auf Röm 8,34 verwiesen werden.

deren „Erstling" der Gottessohn ist (V. 29c), genannte Rechtfertigung sich nicht auch auf den πρωτότοκος erstrecke. In der Soteriologie des Paulus müssten Ort und Funktion von Glaube und Rechtfertigung Christi jedenfalls erst noch aufgezeigt werden. Das könnte im Rahmen einer Vorbild-Christologie, eines *interchange*-Modells (Hooker) oder anhand der in Gal 3 gebotenen Linie Abraham-Christus-Christen versucht werden.

Zumal die sonst im Zusammenhang der πίστις thematische ἁμαρτία (s. nur Röm 5,8; 6,2.18; 14,23) hat bei Person und Werk Christi einen anderen Stellenwert: Schon die Sendung des „Sohnes Gottes" ist mit der „Verurteilung" der Sünde verbunden; diese findet ἐν ὁμοιώματι σαρκὸς ἁμαρτίας statt (Röm 8,3); nach Gal 4,4 steht der „Sohn Gottes" aber ὑπὸ νόμον, nicht ὑπὸ ἁμαρτίαν. Christus hat durch seinen „Gehorsam" das δικαίωμα τοῦ νόμου erfüllt (Röm 8,4) und aus ἁμαρτωλοί δίκαιοι gemacht (Röm 5,19). Er „kannte" nicht die Sünde[296] und ist deshalb „von Gott für uns zur Sünde *gemacht* worden" (2Kor 5,21), ja zum „Fluch" (Gal 3,13). Daher ist „nicht nur sein Glaube ... ganz anders motivirt [*sic*] und anders geartet als derjenige der Sünder ..., sondern vor allem sein persönliches Gerechtsein ist etwas ganz anderes als das Gerechtwerden der glaubenden Sünder"[297]. Damit ist ein bisher zu wenig beachtetes gewichtiges Argument gegen das *genitivus-subiectivus*-Verständnis von πίστις Χριστοῦ formuliert.

Bei Paulus ist πίστις *inhaltlich* präzise profiliert (wie schon in der vorpaulinischen Tradition); dies wird in den ὅτι-Sätzen (z. B. Röm 10,9b; 1Thess 4,14) ausgeführt oder in Partizipien (Gott [z. B. Röm 4,24] und Christus [z. B. Gal 2,20]) und in christologischen Titeln auf den Begriff gebracht: Jesu Kreuzestod und seine Auferweckung werden als die Inhalte des Glaubens genannt. Ein Glaube Jesu wird dagegen kaum Kreuz und Auferstehung zum Inhalt gehabt haben. Den Glauben Christi in Gestalt seiner ὑπακοή (Röm 5,19) entdecken zu wollen (dazu gleich mehr), hieße, bei πίστις völlig unpaulinisch von ihrem Inhalt zu abstrahieren.

Ebensowenig finden sich andere für Paulus unentbehrliche Begleitumstände (s. o. 1.8.2.3.), von denen auf ein(en) Glauben Jesu als soteriologisch belangvoll geschlossen werden könnte:

So wird der Geist durch das Hören der Glaubensbotschaft „empfangen" (Gal 3,2) und von Gott dann stetig „zugeteilt" (V. 5). Wohl ist in Röm 8,9–11; Gal 4,6 vom „Geist des Sohnes Gottes" die Rede, doch ist damit nicht etwa eine von Gott bewirkte Begabung Jesu gemeint; vielmehr wird der sonst von Gott her verstandene Geist (s. nur Röm 8,14) hier christologisch definiert (vgl. Röm 8,2.11).

---

[296] Insofern Sünde der Gegenbegriff zu Glaube ist und hier (2Kor 5,21) von Christus seine Sündenunkenntnis ausgesagt wird, könnte man versucht sein, einen Glauben Jesu *via negationis* zu erschließen.

[297] Zahn, Röm 177 Anm. 42; vgl. Amadi-Azuogu, Paul 82.

Die (nach Röm 15,30 übrigens pneumatologisch vermittelte) Liebe ist nach Gal 5,6 die Gestaltwerdung des Glaubens. Kann vom Motiv der Liebe Christi (ἀγάπη Röm 8,35[; 2Kor 5,14a], ἀγαπᾶν Röm 8,37; Gal 2,20) auf seinen Glauben zurückgeschlossen werden? Doch zeigt sich Christi Liebe in seiner „Dahingabe" (Röm 8,32; Gal 2,20), darin, dass er „für alle gestorben ist" (2Kor 5,14c). Die „Dahingabe" ist jedoch keine Konsequenz seines Glaubens, sondern Implikat seiner „Sendung" (Röm 8,3b; Gal 4,4).

Anders als beim christlichen Leben, das durch die Trias Glaube-Hoffnung-Liebe (1Kor 13,13; 1Thess 1,3) geprägt ist (dazu ausführlich 2.2.), und anders als bei dem Glaubenstypus Abraham (Röm 4,18) ist bei Christus nicht die Rede von seiner ἐλπίς.

Eine weitere (wiederum pneumatologisch verstandene) Signatur des Glaubens ist das Gebet: Im die Sohnschaft kennzeichnenden Geist „schreien" die Glaubenden „Abba, [der] Vater" (Röm 8,15), ja der Geist selbst „schreit" dies (Gal 4,6) und „tritt für uns ein" (Röm 8,26). Gebet ist (auch) ein ekstatisches Phänomen (1Kor 14,15). Allerdings wird Jesus nirgends im *Corpus Paulinum* als Vorbild des christlichen Beters gezeichnet – dazu müsste man schon in den Garten Gethsemane gehen (Mk 14,32–42). Der verkündigte, gehörte, geglaubte κύριος ist „angerufen" (Röm 10,13 f.). Alles dies widerrät, Jesu eigenen Glauben in paulinische Texte hinein zu legen.

Als Zwischenergebnis ist festzuhalten: Weder die Voraussetzungen und Rahmenbedingungen noch die charakteristischen Gestalt(ung)en noch auch die Implikationen und Folgen des paulinischen Glaubensbegriffes werden bei Paulus auf Christus angewandt.

Zur Bezeichnung von Jesu Gottesverhältnis ist also πιστ- gar nicht zu erwarten. Sehr auffällig und theologisch aufschlussreich ist es, dass Paulus auch keine anderen *Verben* (und auch kein Adjektiv) dafür verwendet.[298] Die Beziehung Jesus-Gott basiert also überhaupt nicht auf einem Verhalten (oder einer Eigenschaft) Jesu und manifestiert sich auch nicht darin. Dies erschwert, ja verunmöglicht Parallel(isierung)en zwischen Christus und den Christen. Paulus verbindet Christus dagegen mit zentralen Größen, die er auch Gott zuordnet: χάρις (vgl. Röm 5,15 mit Röm 16,20b.*24; 2Kor 8,9; 13,13; Gal 1,6; 6,18; Phil 4,23; 1Thess 5,28; Phlm 25) und ἀγάπη (vgl. Röm 5.5.8; 8,39; 2Kor 13,13 mit Röm 8,35; 2Kor 5,14), ja Gottes Gnade ist „in der Gnade ... Jesu Christi" (Röm 5,15) und seine Liebe ist „in Christus Jesus" (Röm 8,37).[299]

---

[298] S. aber für den Erhöhten ζῆν τῷ εῷ Röm 6,10.

[299] Vgl. ferner die Gleichordnung von „Gott, unser Vater" und „Jesus Christus, unser Herr" in der *salutatio* der Paulinen und daneben noch weitere Möglichkeiten, die Beziehung Gott-Christus zu beschreiben: z. B. Christus als „Diener der Beschnittenen" wahrt die ἀλήθεια θεοῦ (Röm 15,8), die Vermittlung des/der Segens(verheißung) (Gal 3), Gottes Gnade in Christi Gnade (Röm 5, 15c), Gottes Liebe in Christus (Röm 8,39).

Substantivisch spricht Paulus allerdings vom Gottesverhältnis Jesu: In Röm 5,19 findet sich der einzige einschlägige Beleg von ὑπακοή. Dieses Motiv des Gehorsams Jesu wird von den Vertretern der *genitivus-subiectivus*-These sehr stark gemacht: Jesu Glaube sei sein Gehorsam.[300] Mit der Präposition διά und mit der Aussage, dass „die vielen" (*sc.* die Menschen) als δίκαιοι „hingestellt" werden, entspricht dieser Beleg denn auch formal und inhaltlich durchaus den πίστις-Χριστοῦ-Stellen, zumal wenn πίστις Χριστοῦ subjektiv verstanden wird: Rechtfertigung durch die Aktion eines anderen. Diese Tat wird im vorhergehenden V. 18 als δικαίωμα qualifiziert; sie ist für die Glaubenden ein χάρισμα (V. 15) bzw. eine χάρις (V. 20 f.). Aber ganz unverkennbar formuliert Paulus hier von der Adam-Tradition her: So wie der eine Mensch Adam (einem Verbot Gottes gegenüber) Ungehorsam aufbringt und damit Sünde (initiiert) (V. 12.16a), so der eine Mensch Jesus Christus Gehorsam (V. 19), die zur δικαίωσις ζωῆς führt (V. 18), die Menschen zu δίκαιοι macht (V. 19) und ihnen eine δικαιοσύνη εἰς ζωὴν αἰώνιον verleiht (V. 21*fin.*). Der Gehorsam Christi besteht nicht in der Befolgung eines allgemein(einsichtigen und einzuhalten)en Ver- oder Gebotes Gottes, sondern in der Erfüllung seiner Sendung, die in seiner Gottessohnschaft begründet ist, wie es der Philipperhymnus zeigt, insbesondere Phil 2,8b. Hier wird Christus als ὑπήκοος bezeichnet, eine Eigenschaft, die sich in seinem ταπεινοῦν äußert (V. 8a) und in den Tod führt, und zwar – wie Paulus den ihm vorliegenden Hymnus präzisiert: – ans Kreuz (V. 8c). Christi aktiver Gehorsam ist damit auf seine Sendung bezogen. Vertreter des *genitivus subiectivus* interpretieren Jesu Gehorsam als Einverständnis mit dem bevorstehenden Tod als seinem von Gott be- stimmten Geschick.[301] Doch schuldet sich dies wohl eher der synoptischen Gethsemane-Szene Mk 14,32–42 parr. und Hebr 5,7–10. Es ist indes sehr beredt, dass Paulus im Zusammenhang mit Jesu Kreuzestod von dessen ὑπακοή spricht – und eben nicht von Jesu πίστις.[302]

Vom Gehorchen bzw. dem Gehorsam der Glaubenden spricht Paulus völlig anders. Überhaupt findet sich hier das Verb ὑπακούειν, das mit dem Subjekt Christus – wie gesagt – nicht belegt ist: Der ingressive Aorist bezeichnet die Bekehrung; Menschen werden dem Evangelium gehor- sam/beginnen, dem Evangelium zu gehorchen (Röm 10,16; vgl. 6,17 [mit einer vertrackten Attraktion]). Sie stehen in der Alternative zwischen (den

---

[300] Barth, Faith 366; Johnson, Rom 3:21–26 85–90 („the functional equivalence of faith and obedience is virtually complete" [86]); Hays, Faith 166 f.; Hays, ΠΙΣΤΙΣ 723 f.; Hays, Jesus' Faith 261, 263; Hooker, ΠΙΣΤΙΣ 337; Longenecker, Obedience 142–152.

[301] So z. B. Hays, Jesus' Faith 261 („obedience in fulfilling God's redemptive purposes"); für die lateinische *fides* als konsequentes Einhalten einer Verpflichtung bis hin zur Erduldung eines schmachvollen Todes liegt mit der Legende über den römischen Konsul A. Atilius Regulus eine wichtige Tradition vor (Strecker, Fides 238).

[302] Cosgrove, Justification 665 Anm. 32. Das muss auch Hooker, ΠΙΣΤΙΣ 337 konzedieren.

von ihnen als δοῦλοι Loyalität heischenden Mächten) Sünde oder Gehorsam (Röm 6,16; vgl. V. 12) und gehorchen in ihrem Leben als Christen
(dem Apostel, seinem Amt und seiner Botschaft) (Phil 2,12), was von Gott
gewirkt wird (V. 13). Hinsichtlich der Glaubenden ist die formale und
inhaltliche Nähe von ὑπακούειν zu πιστεύειν evident; Gehorchen ist ein
Aspekt des Glaubens. Außer bei εὐαγγέλιον (vgl. Röm 10,16 mit Phil 1,27)
unterscheiden sich ὑπακ- und πιστ- indes hinsichtlich ihrer Bezugsgrößen.

Wie auf Christus (s. o. zu Phil 2,8) wird das Adjektiv ὑπήκοος ebenfalls
einmal auf die Glaubenden bezogen (2Kor 2,9). Hier geht es um den
Gehorsam gegenüber einer dringenden Empfehlung des Apostels in einer
Gemeindeangelegenheit. Anders als Christus sind hier also die korinthi-
schen Christen gleichsam *heteronom* gehorsam; sie werden nicht unmittelbar auf ihr Wesen hin angesprochen.

Das Substantiv ὑπακοή bezeichnet in neun von zehn Belegen – zum auf
das Subjekt Christus bezogenen Gehorsam in Röm 5,19 s. o. – ein Verhalten der Glaubenden, näherhin einen Aspekt ihres Glaubens. Auffällig
und gemeinsam mit πίστις ist die weitgehende Artikellosigkeit (Röm 1,5;
6,16 *bis*; 15,18; *16,26), die wohl nur aus kontextuellen Gründen, v. a.
wegen eines possessiven Pronomens aufgegeben wird (Röm 16,19; 2Kor
7,15; 10,6; Phlm 21). In 2Kor 10,5b liegt mit dem Attribut τοῦ Χριστοῦ
ein *genitivus obiectivus* vor, wie die Parallele zu ἡ γνῶσις τοῦ θεοῦ V. 5a
nahe legt. Der Gehorsam wird also gegenüber dem, was von Christus
gesagt wird, (durch Wort und Tat) geleistet (Röm 15,18) – und damit
auch gegenüber dem Apostel(amt). Das Syntagma ὑπακοὴ πίστεως (Röm
1,5; *16,26) bezeichnet beides: Gehorsam ist ein Aspekt der (sie begründenden [*genitivus subiectivus*])[303] πίστις (*genitivus epexegeticus*);[304] und die
ὑπακοή hat die πίστις (metonym für Glaubensbotschaft) zur Bezugsgröße
(*genitivus obiectivus*).[305] Daher scheint ein adjektivisches Verständnis, nach
dem πίστις nur die Qualität oder den Hintergrund des Gehorsams nennt,[306]
als zu schwach. Dieser Gehorsam geschieht ὑπὲρ τοῦ ὀνόματος αὐτοῦ [*sc.*
Ἰησοῦ Χριστοῦ] (vgl. Röm 1,5 *fin.*; vgl. zu ὄνομα 10,13 [Gebet]; 1Kor 1,2
[Gebet].10; 5,4 [Gottesdienst]; 6,11 [Rechtfertigung]; Phil 2,9.10 [Anbe-
tung]; ferner ὀνομάζειν//εὐαγγελίζεσθαι Röm 15,20).

Das schon vorpaulinische Motiv des Gehorsams Christi (Phil 2,8b) hat
Paulus kreuzestheologisch pointiert (V. 8c) und mit der Adam-Tradition
verbunden (Röm 5,19). Diese Vorstellung dient aber nicht der Integration

---

[303] Koperski, *Pistis Christou* 205: „obedience which results from faith".

[304] Von der epexegetischen Funktion des Genitivs sollte nicht ohne weiteres auf die semantische Äquivalenz der beiden Substantive geschlossen werden, wie es Hays, ΠΙΣΤΙΣ 717
tut. Epexegese *repetiert nicht*, indem Synonymes genannt wird, sondern *akzentuiert*.

[305] Schenk, Gerechtigkeit 163–166.

[306] Hultgren, Formulation 256; Johnson, Rom 3:21–26 77 f.

von Christologie und Soteriologie; dazu ist sie wohl zu schwach, zu wenig elaboriert und zu marginal belegt.[307] Und hinsichtlich der Glaubenden werden zum Gehorsamsmotiv kaum pneumatologische Implikationen genannt und schwerlich ekklesiologische Konsequenzen gezogen.

Die von den Vertretern der *genitivus-subiectivus*-These gewünschte, ja von ihnen notwendig vorausgesetzte Nivellierung von Glaube(n) und Gehorsam/Gehorchen[308] findet sich – unbeschadet des *genitivus epexegeticus* bei ὑπακοὴ πίστεως Röm 1,5 (s. o.) – bei Paulus nicht.[309] Das gilt auch für die Negativa Ungehorsam und Unglaube;[310] denn die παρακοή Adams wird eben nicht als ἀπιστία, sondern als παράβασις (Röm 5,14) und παράπτωμα (V. 15a.c.17.18) bezeichnet. Auch Röm 6,12–19, wo Implikationen der in den Kapiteln 3 bis 5 besprochenen Rechtfertigung aufgezeigt werden, leistet das nicht.[311] Anzuführen wäre allenfalls Röm 6,16: „Gehorsam" und „Sünde" werden opponiert; „Sklaven des Gehorsams" zu sein führt εἰς δικαιοσύνην – wie πιστεύειν (Röm 10,10). Und eine Parallelisierung/Analogie von Christi Gehorsam und dem der Glaubenden, zu der eine entsprechende Parallele hinsichtlich des Glaubens behauptet werden könnte, ist erst recht nicht zu belegen (nochmals: das hinsichtlich der Glaubenden wichtige Verb findet sich nicht bei Christus [s. o.]). Man fragt sich auch, worin denn seitens der Glaubenden die Entsprechung zum als Einverständnis mit seinem Kreuzestod verstandenen Gehorsam bestehen sollte – in der vertrauensvollen Annahme eigenen Leidens? Treffen diese Aufstellungen auch nur ungefähr zu, ist damit allerdings nicht weniger als das theologische Desaster der These der subjektiv verstandenen πίστις Χριστοῦ formuliert.

Neben der inhaltlichen Bestimmung eines Glaubens Christi durch das Motiv des Gehorsams finden sich noch weitere Konkretisierungen.[312] Wie heikel die Bestimmung eines „Glaubens Christi" ist, zeigt Hays' frühe Bemerkung: „however that might be interpreted".[313] Vage und in Klammern wird die Bedeutung „faith(fulness)" vorgeschlagen.[314] Diese habe sich als

---

[307] Freilich vermag Morna D. Hooker ihre Rekonstruktion der paulinischen Soteriologie hierauf zu gründen (Hooker, ΠΙΣΤΙΣ), und O'Brien meint gar, dass Paulus das Gehorsam-Motiv gegenüber dem des Glaubens bevorzugt habe (Phil 399).

[308] Johnson, Rom 3:21–26 85: „theological faith is best understood within the framework of obedience toward God" (s. ebd. Anm. 28).

[309] Vgl. Koperski, *Pistis Christou* 205, 213.

[310] Johnson, Rom 3:21–26 83–85 meint, aus dem (vermeintlichen) Dual Ungehorsam-Unglaube die Analogie Gehorsam-Glaube ableiten zu können.

[311] Johnson, Rom 3:21–26 85–87.

[312] Unterschiedliche Interpretationen des *genitivus subiectivus* referiert Howard, Faith 461–463.

[313] Hays, Faith 164.

[314] Hays, Faith 166 f.; Hays, Postscript 276.

„obedience in fulfilling God's redemptive purposes" gezeigt.[315] Das kann
genauer auf die Kenosis des Präexistenten bezogen werden.[316] Allgemein
kann dies als Bestimmung von Jesu Leben verstanden werden, das durch
„the consonance between his and God's love and purpose for humanity",
durch „the Godward shape of his life" gekennzeichnet sei.[317] Zumeist ist
damit Jesu geduldiges (nach Phil 2,8 „gehorsames") Tragen seiner Leiden
gemeint,[318] selten auch Jesu Hoffnung darüber hinaus.[319]

Dabei ist zu beachten, dass der „Glaube Christi" hier nicht im Sinne
von „belief" verstanden wird, sodass nicht eingefordert werden kann, Paulus müsse Jesu „belief" auch noch anders, etwa durch das Verb πιστεύειν,
angesprochen haben.[320] Diese Differenzierung und dieses Argument werden
von der Gegenseite wenig wahrgenommen; allerdings fragt sich, ob Paulus
seinen Zentralbegriff der πίστις bezüglich der Christen inhaltlich bestimmt
als „belief", dagegen bezüglich Christus mehr funktional als „faithfulness"
(gegen „uns"), „obedience" (gegen Gott?), „perseverance" (hinsichtlich seiner „Mission") verwenden kann.[321] Die Bedeutung des „Glaubens Christi"
kann darüber hinaus in den größeren Zusammenhang der Ausweitung des
Bundes gestellt werden.[322]

Dann kann, begründet mit dem Hinweis auf Röm 3,3 bei πίστις Χριστοῦ
an Gottes Bundestreue gedacht werden.[323] Freilich ist der Begründungszusammenhang für die Adressaten etwa des Galaterbriefes schwerlich nachvollziehbar. Eine Variante dieses Arguments mit Röm 3,3 ist die These,
πίστις Χριστοῦ meine Jesu „Treue" gegenüber den Glaubenden (s. dazu
4.2.4.1.).[324] Ein weiterer Versuch, einen „Glauben" Jesu zu belegen: Nach
Röm 8,15–17 ist Glaube und Gotteskindschaft durch den Geist vermittelt;

---

[315] Hays, Faith 261; Hays, Response („obedience to death on the cross"); vgl. O'Brien,
Phil 399 („inflinching obedience to the Father's will and to the loving purposes of salvation
through suffering and death").

[316] Hooker, ΠΙΣΤΙΣ 335.

[317] Keck, Jesus 458; vgl. etwa auch Tamez, Sünde 149, die vom „glaubenden Leben Jesu
Christi" spricht, das dadurch gekennzeichnet sei, dass Jesus sich „vom Glauben unabhängig
vom Gesetz leiten" lasse.

[318] Neben Hays selbst s. Williams, Again 438 („trusting obedience") und 446 („absolute
trust and unwavering obedience"); Hooker, ΠΙΣΤΙΣ 337 („obedience and trust"); Campbell,
Crux 280 f. Anm. 45 („obedience an perseverance to the will of God, culminating in Calvary").

[319] Goodenough, Paul 45: Jesu „trusting that the cross would not be the end" (dazu Hays,
Faith 190 Anm. 135).

[320] Campbell, Crux 280 f. gegen Dunn.

[321] Jesu eigene Vertrauenswürdigkeit und sein Vertrauen in Gott hat schon Paulus in 2Kor
1,17–22 kombiniert (Hooker, Paul 106 Anm. 3).

[322] Howard, Paul 58 meint, „that Christ fulfills the divine pledge to bless the Gentiles by
bringing all nations into the kingdom of God".

[323] Barth, Römerbrief 70 f.; Barth (*filius*), Faith; Walter, Phil 80; Robinson, Faith 71;
Howard, Paul 56 f.; Williams, Righteousness 275 f..

[324] Ota, Use 79 f.

die Christen als „Glaubende" sind durch den Geist Ebenbilder Christi (vgl.
2Kor 3,17 f.), folglich wird auch Christus implizit Glaube zugeschrieben.[325]

Und schließlich ist die von Hays, Johnson und anderen vertretene
Sicht, der *genitivus subiectivus* bewahre die (Interpretation der) paulini-
sche(n) Theologie vor „an implicitly docetic Christology" nicht nachvollziehbar.[326] Sollte sich etwa Jesu Menschsein nur in seinem Glauben zeigen
können (oder absurder noch: Menschsein ohne Glaube in Frage stehen)?
Paulus jedenfalls verweist (unter Aufnahme von Tradition) auf Christi
Menschsein gerade auch im Zusammenhang mit dessen Präexistenz und
Sendung als Sohn Gottes (Röm 1,3; 8,3; Gal 4,4; Phil 2,7c.d); das muss
nicht erst durch die (als menschliche Tugend verstandene?) πίστις erwiesen werden.

1.8.4. Soteriologie: Unser Glaube und Christus

Christus ist in paulinischer Theologie dezidiert der Gekreuzigte (Gal 3,1;
1Kor 1,22; 2,2; vgl. Röm 6,3a mit V. 3b); wo und insofern von der
Versöhnung durch den ἐσταυρωμένος die Rede ist und der Begriff πίστις
Χριστοῦ damit verbunden wird – wie etwa in Röm 3,21–26 und Gal 2,20
–, ist es möglich, ja in gewissem Grade plausibel, πίστις Χριστοῦ als
Interpretament des Kreuzesgeschehens – also als *genitivus subiectivus* – zu
lesen.[327] Genau dies macht die Brisanz jener These aus: War traditionell
Jesu Kreuz als heilsstiftende Sühne verstanden worden, kann jetzt Jesu
Haltung zum entscheidenden soteriologischen Moment avancieren.[328] Das
δικαίωμα Röm 5,18 sei nicht sein erlittener Tod, sondern sein Glaube, der
als „faithful endurance and obedience ... has saving significance for all
humanity".[329]

Der von den Vertretern der *genitivus-subiectivus-*These behauptete Gedanke einer Rechtfertigung des Gottlosen durch Jesu Glauben findet sich
ausschließlich in der πίστις-Χριστοῦ-Wendung, wenn man sie entsprechend
deutet; daneben gibt es keinen einzigen Beleg für dieses soteriologische
Modell. Die Bedeutung des Glaubens der Glaubenden wird von der *geni-
tivus-subiectivus-*Seite bisweilen konzediert. Wie könnte in deren Soteriologie der Glaube Jesu im Rechtfertigungsgeschehen fungieren?

---

[325] Johnson, Rom 3:21–26 87.

[326] Hays, ΠΙΣΤΙΣ 728; Johnson, Rom 3:21–26 89 f. (beide argumentieren dazu mit der
Linie Abraham-Christus-Christen in Gal 3); vgl. schon Schmidt, Röm 72.

[327] Das konzediert Dunn, Theology 383; zu Röm 3, insbesondere V. 25 s. Longenecker,
Romans 3.25.

[328] S. dazu nur Williams, Death 47: Christus ist „crucified as a means of expiation by
virtue of faith", vgl. 51: das Kreuz sei „a means of expiation due to (his) faith".

[329] Hays, Faith 173.

Die Beziehung Jesu zu den Glaubenden bezeichnet Paulus nicht mit dem Modell eines Glaubens Jesu, der dem unseren parallel und initiierend-vorbildlich wäre, sondern als Christi Lieben (Röm 8,37; Gal 2,20) oder als seine Liebe (Röm 8,35; 2Kor 5,14a). Dieses Motiv steht in zwei aufschlussreichen gedanklichen Zusammenhängen: Es interpretiert Jesu Sühnetod für die Menschen (Röm 8,32; 2Kor 5,14c.15a; Gal 2,20*fin.*). Und es zeigt Jesu Beziehung zu Gott gerade (und ausschließlich) in diesem Geschehen: Gottes Liebe ist in Christus, sie wird in dessen Liebe erfahrbar (Röm 8,39), Gottes Liebe und die Christi entsprechen sich (vgl. Röm 8,35 mit V. 39). So kann Röm 5,5.8 Gottes Liebe mit dem Tod Christi konkretisieren.

Beide Merkmale teilt dieses Motiv mit einem anderen, auf das James D. G. Dunn einmal eher beiläufig hingewiesen hat, das der χάρις (dazu 4.3.8.). Die Gnade sei „divine source, medium, resource" der Heilsverwirklichung und so Pendant zum Glauben auf menschlicher Seite.[330] Das wird insbesondere in Röm 4,16 deutlich, wo ἐκ πίστεως als κατὰ χάριν interpretiert wird. Im Rechtfertigungszusammenhang erläutern sich beide Begriffe in Röm 3,28 (πίστει) und V. 24 (χάριτι). Entsprechend findet sich die Gegenüberstellung von χάρις und ἔργα (Röm 11,5 f.). Schon die Berufung in den Glauben im Allgemeinen (Gal 1,6) (vgl. den Zusammenhang von καλεῖν und δικαιοῦν in Röm 8,30b) und im Besonderen beim Apostel (1,15) wie auch der (gefährdete) Stand im Glauben (2,21; 5,4) werden mit dem Begriff der göttlichen χάρις verbunden.

Wie es bei ἀγαπ- der Fall ist, interpretiert die χάρις den Kreuzestod Christi (vgl. Gal 2,21 mit V. 20b). Und wiederum wird auch hier Christi Einheit mit Gott formuliert: Gottes Gnade ist (wirksam oder evident) „in der Gnade des einen Menschen Jesus Christus" (Röm 5,15c). Sie führt εἰς δικαίωμα (V. 16*fin.*) und εἰς δικαίωσιν ζωῆς (V. 18*fin.*), ja εἰς ζωὴν αἰώνιον (V. 21b); sie bestimmt als Gegenmacht zur ἁμαρτία (V. 21a) das menschliche Leben (βασιλεύειν) διὰ δικαιοσύνης und διὰ Ἰησοῦ Χριστοῦ τοῦ κυρίου ἡμῶν (V. 21b).

Mit ἀγαπ- wird die Intention oder Funktion des Todes Christi bestimmt, mit χάρις die Qualität dieses Geschehens; von einer gedanklichen Lücke zwischen paulinischer Christologie und Soteriologie, die mit der Vorstellung von Jesu eigenem Glauben geschlossen werden müsste, kann daher keine Rede sein.

Die Beziehung von Christus zu den (glaubenden) Menschen, d. h. die Bedeutung von Kreuz und Auferstehung Christi, wird vielfältig (durch Verben) ausgedrückt. Dass Christus uns/mich *liebt* (Röm 8,37; Gal 2,20 [s. o.]) manifestiert sich darin, dass er für uns *stirbt* (Röm 5,6.8; 14,15; 1Kor 8,11; 2Kor 5,15; Gal 2,21; 1Thess 5,10; vgl. 1Kor 15,3b: für unsere

---

[330] Dunn, Once More 740; ausführlicher Dunn, Theology 319–323; vgl. zu χάρις Hays, Faith 173 f.

Sünden), näherhin dass er *dahingegeben* worden ist bzw. sich selbst dahingegeben hat (Röm 4,25: wegen unserer Übertretungen; 8,32: für uns alle; Gal 1,4: für unsere Sünden; 2,20: für mich). Christus wird *auferweckt/auf-ersteht* für uns (2Kor 5,15; vgl. Röm 4,25 διὰ τὴν δικαίωσιν ἡμῶν). Wir werden durch Christus *gerechtgesprochen* (Röm 5,9 [durch sein *Blut* gerettet].18b.19b) und haben durch ihn *Frieden* mit Gott (Röm 5,1). Er *entreißt* uns dieser Welt, dem Zorn, dem Gericht (Röm 5,9; Gal 1,4; 3,13; 4,5; 1Thess 1,10). Wir erwerben das *Heil* durch Jesus Christus (1Thess 5,9). – Christus ist in diesen wichtigen Aussagen nicht als Subjekt irgendeines Verhaltens angesprochen. In διὰ-Χριστοῦ-Formulierungen wie Röm 5,21 steht „Christus" (metonym) für diese Sachverhalte.

In besonderer Weise, nämlich metonym, wird die Beziehung zwischen Christus und den Menschen im Zusammenhang mit Sünde und Rechtfertigung dargestellt: Gott hat Christus „für uns [zur] Sünde" gemacht (2Kor 5,21), er ist „für uns [zum] Fluch geworden" (Gal 3,13) und ist „uns von Gott her [zur] Gerechtigkeit geworden" (1Kor 1,30; vgl. dazu die Parallele zwischen διὰ δικαιοσύνης und διὰ Ἰησοῦ Χριστοῦ in Röm 5,21). Die Relevanz des Kreuzes (Sündenvergebung, Rechtfertigung) wird durch diese Metonymie in das Wesen des Gekreuzigten selbst verlegt. Zumal die erst-genannte Stelle eine reziproke und die zweite eine weiterführende Aussage bietet, kann in der Tat von einem *interchange* (Hooker) gesprochen werden.

Wie eng Christus und unser Glaube im Denken des Paulus verbunden sind, kann daran gesehen werden, dass der Apostel beides metonym für-einander einsetzt. Das Kommen des Abraham-Nachkommen Christus (Gal 3,19) kann als Kommen des Glaubens in V. 23.25 weitergeführt werden. Wohl kaum die Gefahr einer Verwechslung mit der Göttin Pistis wird den Apostel von einer direkt(er)en Personifizierung von πίστις zurückgehalten haben[331] als vielmehr der essenzielle personale Bezug christlicher πίστις auf Christus. πίστις und Christus stehen vielfältig parallel: τὸ ῥῆμα τῆς πίστεως wird verkündigt (κηρύσσειν) (Röm 10,8), διὰ ῥήματος Χριστοῦ kommt der Glaube (V. 17); der Sohn Gottes/der Glaube wird verkündigt (εὐαγ-γελίζεσθαι) (Gal 1,16.23);[332] Christen „stehen im Glauben/im Herrn" (1Kor 16,13; 1Thess 3,8). πίστις Χριστοῦ kann auf Χριστός verkürzt werden Gal 2,16.17 wie analog ἔργα νόμου auf νόμος 2,19a.21b, sodass Χρι-στός und νόμος antithetisch zu stehen kommen (2,17 ἐν Χριστῷ – 3,11 ἐν νόμῳ). Gotteskindschaft besteht nach 3,26 διὰ τῆς πίστεως ἐν Χριστῷ Ἰησοῦ. Hinzu kommt die essenziell christologische Füllung des (vor)pau-linischen Glaubensbegriffes, wie sie in den ὅτι-Sätzen nach πίστις oder in Aussagen wie in 1Kor 15,17 (Glaube ist essenziell Glaube an den Aufer-standenen) zum Tragen kommt.

---

[331] Vgl. von Dobbeler, Metaphernkonflikt 32.
[332] Dazu s. Friedrich, Glaube 106.

Christus und die Christen werden durch verschiedene Motive zusammen gebracht: Die Vorstellung einer Mimesis findet sich 1Thess 1,6; 1Kor 11,1; Phil 3,17 (Phil 2,5?).[333] In ethischen Fragen kann Christus Christen motivieren (Röm 15,1–3.7). Aber auch in soteriologischen und eschatologischen Zusammenhängen finden sich Analogien zwischen Christus und Christen (Soteriologie: Röm 8,29; Gal 3,26; 4,6 [zum „Geist seines Sohnes" vgl. Phil 1,19] Sohn/Söhne Gottes, Sohnschaft, Abba-Gebet; Eschatologie: 1Kor 6,14; 2Kor 4,14; Phil 3,21). Wer „dem Bilde des Sohnes Gottes nachgestaltet" (Röm 8,29) ist und wie dieser „Abba" betet (V. 14), „share[s] in his πίστις, being conformed to it", was auch der Sinn der Wendung ὁ ἐκ πίστεως Ἰησοῦ Röm 3,26 sei.[334]

Christen haben in der Taufe „Christus angezogen" (Gal 3,27; Röm 13,14), sie leben als „Glaubende" ἐν πίστει und ἐν Χριστῷ (s. nur Gal 2,17; 3,26). Anhaltspunkte für eine *participatory soteriology*[335] und für die Vorstellung eines *interchange*[336] sind nicht zu leugnen.[337] Verfängt dieses Modell aber auf der Ebene der πίστις?

Diese partizipatorischen Motive finden *genitivus-subiectivus*-Vertreter in πίστις Χριστοῦ bestätigt: Der „Glaube Jesu" wird als „Prinzip" und „Lebensgrund" des Glaubens an Christus ausgemacht,[338] Christus als „supreme exemplar [*sc.* of faith]"[339] verstanden, wobei allerdings – was ja auch kaum zutreffend wäre – keine Gleichheit des Glaubens behauptet wird. Vielmehr gibt es eine pneumatologische Vermittlung dergestalt, „that by virtue of the gift of the Spirit the faith of Christians might become like that of Jesus"[340], sodass nicht simpel Jesus Vorbild des Glaubens wäre.[341] Das Syntagma πίστις Χριστοῦ wird dann umfassender als *genitivus subiectivus* und *obiectivus* verstanden,[342] nämlich als „the pioneering faith of Christ, but his faith now marks the life of every person who lives in him"[343]. In Christus, in seinem sich am Kreuz beweisenden Vertrauen[344] fand die

---

[333] Dazu von Lips, Gedanke; Merk, Nachahmung; Merk, Handeln; Betz, Nachfolge.

[334] Hays, ΠΙΣΤΙΣ 723 f.

[335] S. z. B. Hays, Faith 235.

[336] Hooker, Interchange; Hooker, Paul 106.

[337] S. etwa auch Schnelle, Transformation.

[338] Schmidt, Röm 20, 71.

[339] Williams, Again 438, 446.

[340] Johnson, Rom 3:21–26 89.

[341] Gegen ein solches *imitatio*-Modell s. etwa Keck, Jesus 459 f.

[342] Vgl. etwa Witherington, World 268–272: Der Genitiv sei stets *genitivus subiectivus* und *obiectivus*, Glaube Jesu und Glaube an Jesus als Teilhabe an ihm; darüber hinaus geht die Behauptung, es liege vor „a sense different from either faith *in* or faith *of* Christ" (Williams, Gal 69); so (im Anschluss an Deissmann) auch Hooker, RGG⁴ 3 952.

[343] Williams, Again 447; vgl. Williams, Gal 70.

[344] Vgl. Williams, Gal 69 f.: „steadfastness grounded in absolute confidence in, and reliance upon, God".

„eschatological inauguration of faith" statt.[345] So ist die πίστις Χριστοῦ „that faith, we might say, which Christ created as a way of being in the world"[346]. Christen „make his way their own"[347], „our faith will recapitulate the faithfulness of Jesus Christ"[348]. Und zwar kann für diesen partizipatorischen Glaubensakt die verbale Formulierung von Gal 2,16b herangezogen werden.[349] Indem Christen „an" Christus glauben, wird „his covenant faithfulness … effective for believers"[350]. Dieses Modell mag nicht ohne Evidenz sein, man wird allerdings fragen müssen, wo dieser Vorgang des Rekapitulierens bei Paulus genannt ist oder auch nur gedacht werden kann. Genügt dazu der Hinweis auf Christus als σπέρμα, als Verheißungsträger, „whose apocalyptic destiny of death and resurrection reshapes the destiny of those who are now ‚in' him"[351]?

Theologisch erhebt sich die Frage, wie in diesem Modell das Problem der ἁμαρτία bearbeitet wird. Wird die Sünde hier paulinisch als Todesmacht gedacht oder doch nur als eine bedauerliche moralische Schwäche? Jesu Glaube sei „the ground of our emancipation from sin"[352]. Wie das?

Als kritisches Fazit ist festzuhalten, dass die eingeforderte Integration von Christologie und Soteriologie gerade auch nicht mit der *genitivus-subiectivus*-These geleistet wird. Denn in diesem Modell ist nicht bedacht, dass paulinisch der zentrale Gedanke der Rechtfertigung nicht auf Christus selbst bezogen wird. Zudem überzeugt die Zuordnung von Jesu und unserem Glauben nicht. Und die hamartiologischen Prämissen und Implikationen der paulinischen δικαι-Vorstellung bleiben unberücksichtigt. Wendet man schließlich die *genitivus-subiectivus*-These auf den antiochenischen und galatischen Konflikt (Gal 2,11–14.15–21) an, wird man die Erklärung einfordern müssen, „how this faithfulness of Christ would count as decisive in exempting Gentile Christians from showing an [zu jüdischem und judenchristlichem Leben mit den ἔργα νόμου] equivalent faithfulness".[353]

---

[345] Williams, Again 445.
[346] Williams, Again 445.
[347] Williams, Again 445.
[348] Hays, Jesus' Faith 268.
[349] Longenecker, Character 81 f.
[350] Longenecker, Character 82 (weiter: „By their faith others enter into the sphere of covenant relationship centered in the faithfulness of Jesus."). Übrigens findet sich deuteropaulinisch eine schöne (bisher nicht herangezogene) Parallele für solcherart Repräsentationschristologie: Die Christen sind „beschnitten" durch Jesu Beschneidung (Kol 2,11 f.).
[351] Hays, ΠΙΣΤΙΣ 725 mit Verweis auf Gal 2,19b–20a; 6,14 f.
[352] Keck, Jesus 458.
[353] Dunn, Search 288.

1.9. Wirkungsgeschichte von πίστις Χριστοῦ

Durch die πίστις-Χριστοῦ-Debatte geistert die (polemische) Mutmaßung, ein gewisser Martin Luther sei der erste gewesen, der die *genitivus-obiectivus*-These vertreten habe.[354] „Und dies ist nicht im Winkel geschehen" (Apg 26,26), vielmehr findet sich im neuen RGG-Artikel „Glaube" die nur ein wenig bessere Aussage, diese These „geht mindestens bis auf M. Luther zurück, ist aber wahrscheinlich noch älter"[355]. Ein kurzer Überblick straft diese Falschmeldung Lügen – man hätte etwa einen kurzen Blick in die alte Arbeit von Berlage werfen können; dort sind auf fünf Seiten nicht weniger als 72 Vertreter des *genitivus obiectivus* aufgeführt.[356] Sodann empfiehlt sich eine kurze Darstellung der Wirkungsgeschichte auch aus hermeneutischen Gründen. Denn diese „hilft uns nicht nur ‚faule Früchte' zu … vermeiden, sondern sie stellt uns auch vor die Frage nach der Wahrheit der Texte selbst"[357]. Das Verstehen, die Rezeption, die Interpretation eines Textes wie eines Begriffes sind nie „zufällig". Jedes Verständnis – auch das Missverständnis und das Unverständnis – liefern Hinweise auf dessen „Sinn". Aus „gelingendem" Verstehen sind richtige Fragestellungen zu gewinnen, aus „misslingendem" Verstehen vermeidbare Fehler zu ersehen.

Die Aufnahme des Syntagmas in den Deuteropaulinen kann als Beginn der πίστις-Χριστοῦ-Debatte verstanden werden, die dann neutestamentlich (Apostelgeschichte, Jakobus, Apokalyse) weitergeführt wird und etwa über Ignatius in die Alte Kirche (Übersetzungen und Lesarten) führt. Wie ist diese Rezeption aber zu werten? Gleichviel, welcher Genitiv in diesen späteren Belegen vorliegt – können diese einfach als Bestätigung der eigenen Sicht des paulinischen πίστις Χριστοῦ betrachtet werden?[358]

Mit Eph 3,12 (διὰ τῆς πίστεως αὐτοῦ [*sc.* τοῦ Χριστοῦ Ἰησοῦ τοῦ κυρίου ἡμῶν, vgl. V. 11]) liegt der erste Debattenbeitrag vor.[359] Wegen des definiten Artikels – das Hultgrensche Argument – und der kontextuellen Behandlung von „Christ's faithfulness on the cross" liege hier ein *genitivus subiectivus* vor,[360] ja „the epitomizer of Paul's letters has conveyed Paul's

---

[354] Howard, Paul 95; Howard, Notes 461. Ein kundiger Thebaner bekennt, dass sei „blaffing to read" (Silva, Faith 227 Anm. 29).

[355] Hooker, RGG 3 951.

[356] Berlage, *Formulae* 8 führt auf: Chrysostomos, Theodoret, Theophylakt, Augustinus, Pelagius, Ambrosiaster, Thomas von Aquin.

[357] Luz, Exegese 30; zu Wirkungs- und Rezeptionsgeschichte s. auch Räisänen, Wirkungsgeschichte 340 f.

[358] So beispielsweise bei Freed, Apostle 112 (*genitivus subiectivus*).

[359] Foster, Contribution.

[360] Foster, Contribution 94. Da Dunn selber mit dem Hultgren-Argument operiert, muss der wackere *objectivist* hier einen *genitivus subiectivus* konzedieren (Once More 733). Vgl. noch Barth, Ephesians 224 f., 347 mit Anm. 111.

idea of the faithfulness of Jesus precisely"[361]. Insofern im vorhergehenden Vers „Christus Jesus, unser Herr" das „Objekt" von Gottes Heilshandeln ist, käme hier ein Akzent auf Jesu eigenem Glauben unvorbereitet. Der Kontext spricht dafür, dass der Gedanke der ist, dass die Glaubenden „Zugang" haben durch ihren Glauben an diesen Herrn und seinem „unausforschlichem Reichtum" (V. 8 *fin.*).

In Apg 3,16 findet sich die Formulierung ἡ πίστις τοῦ ὀνόματος αὐτοῦ, die sogleich elliptisch weitergeführt wird als „der Glaube, der durch ihn [*sc.* ‹den› Jesus ‹namen›] [bewirkt ist o. Ä.]". Hier handelt es sich eindeutig um das Vertrauen, das der Gelähmte in den durch seinen „Namen" präsenten Christus setzt. Christus wird unmittelbar zuvor als „Knecht Gottes" (V. 13), als ὁ ἅγιος καὶ δίκαιος (V. 14a), als ἀρχηγὸς τῆς ζωῆς bezeichnet (V. 15a), seine Auferweckung durch Gott wird erwähnt (V. 15b).

In Auseinandersetzung mit dem Paulinismus - einem übersteigerten Paulinismus? - ist wohl Jak 2,14–26 formuliert.[362] In 2,1 begegnet die Mahnung, ἡ πίστις τοῦ κυρίου ἡμῶν Ἰησοῦ Χριστοῦ τῆς δόξης vom Ansehen der Person frei zu halten. Mit πίστις ist hier das gemeindliche Glaubensleben umschrieben. Wegen der Orientierung an den „Herrn der Herrlichkeit" kann es Bevorzugung und Vernachlässigung Einzelner nicht geben. Der Genitiv qualifiziert die πίστις und ist kaum mit dem Schema von *genitivus obiectivus* und *subiectivus* zu fassen. Das Hultgrensche Argument führt, da ein Artikel vorliegt, zur Bestimmung als subjektiver Genitiv.[363] Das gibt der Kontext kaum her.

(Die in der πίστις-Χριστοῦ-Debatte gelegentlich herangezogene christologische Titulatur ὁ τῆς πίστεως ἀρχηγός in Hebr 12,2 ist ganz vom spezifischen Glaubensbegriff des Hebräerbriefes geprägt; πίστις ist hier „standhafte Bewährung", die Christus ur- und vorbildlich zugeschrieben wird.[364])

In Apk 14,12 werden αἱ ἐντολαὶ τοῦ θεοῦ und ἡ πίστις Ἰησοῦ parallelisiert; die „Heiligen" in ihrer ὑπομονή „halten" (τηροῦν) beides. Hier bezeichnet πίστις das Bekenntnis. In 2,13 meint ἡ πίστις μου, die die Gemeinde in Pergamon nicht verleugnet, die Treue zu Christus, wie sie auch das getötete Gemeindeglied Antipas auszeichnete; dieser wird als ὁ μάρτυς μου ὁ πιστός μου bezeichnet, als „mein mir treuer Zeuge".

Der Pauluskenner (Ign Eph 12,2) Ignatius von Antiochien verwendet oft πιστ-Terminologie. Hier seien nur zwei Beispiele genannt: In Ign Eph

---

[361] Freed, Apostle 112, der ohnehin von einer allgemeinen Bestimmung des paulinischen Glaubensbegriffes ausgeht, wonach πίστις „faithfulness toward God, not faith in the person of Christ" sei (105).

[362] Dazu und insbesondere zum Gegenüber von πίστις (Χριστοῦ) und ἔργα (νόμου) s. Bachmann, Rechtfertigung 17 f.

[363] Dunn, Once More 732 f.

[364] Gräßer, Hebr 3 238.

20,1 wird „der neue Mensch Jesus Christus" vierfältig weitergeführt: Ignatius ist ein „neuer Mensch" geworden ἐν τῇ αὐτοῦ [*sc.* Ἰησοῦ Χριστοῦ] πίστει καὶ ἐν τῇ αὐτοῦ ἀγάπῃ (ἐν πάθει αὐτοῦ καὶ ἀναστάσει – im Glauben an Jesus Christus, in der Liebe zu ihm, in der Teilhabe an seinem Leiden und an seiner Auferstehung.[365] Das ist interpretationswürdig. Könnten hier nicht auch subjektive Genitive vorliegen? Doch zeigt der nächste Kontext (20,2), dass Ignatius unter πίστις den Glauben der Gemeinde versteht; Christen leben ἐν μιᾷ πίστει καὶ ἐν Ἰησοῦ Χριστῷ. – In Sm 6,1 ist das Verb πιστεύειν mit nachgestelltem und durch εἰς angezeigtem „Objekt" τὸ αἷμα Χριστοῦ belegt (vgl. Ign Eph 14,1 für εἰς vor πίστις und ἀγάπη).[366]

In der Alten Kirche ist der Genitiv von πίστις Χριστοῦ fast durchgehend als *genitivus obiectivus* verstanden worden.[367] Die (in 3.3. und 4.3. zu besprechenden) *variae lectiones* zu Gal 2,20; 3,26 und Röm 3,26 zeigen indes die Möglichkeit auch anderen Verständnisses; einerseits gibt es subjektive Genitive, andererseits wird der *genitivus obiectivus* hergestellt oder abgesichert. – Die griechischen patristischen Texte sind darum von großem Belang, weil sie den „native sense of the language" bieten und die sprachlichen Möglichkeiten aufzeigen.[368] Die alten Übersetzungen teilen die grammatikalischen Probleme des griechischen Textes; die lateinische Vulgata ist ebenfalls ambivalent.[369] Howard möchte die syrische Peschitta als Unterstützung für seinen *genitivus subiectivus* heranziehen.[370]

Die präpositionale Paraphrase des Johannes Chrysostomos zu Gal 2,16 (s. o. 1.4.1.) zeigt eindeutig, dass πίστις Χριστοῦ im Sinne eines *genitivus obiectivus* verstanden wurde, während später Thomas von Aquin eine *duplex interpretatio*: *fides Christi, quam ipse tradidit* und *quae de ipso habetur* bietet.[371]

In seinen Vorlesungen über den Galater- und über den Römerbrief (zur Notiz in *De servo arbitrio* s. o.) interpretiert Luther die strittige Wendung ganz selbstverständlich als „Glaube an Christus". Als Beispiel aus dem 18. Jahrhundert diene Johann Albrecht Bengel, der in seinem Gnomon zwar beide einschlägigen Genitive erwägt, zu Röm 3,22.26; Gal 2,16; 3,22; Phil

---

[365] Vgl. Berger/Nord, Testament 786.

[366] Die Rezeption des Basissatzes von der Rechtfertigung (Gal 2,16; Röm 3,28) in seiner Ausgestaltung von Phil 3,9 durch Polykarp (Pol 2Phil 1,3) legt Theobald, Paulus (besonders 369–388) dar. Da sich das Syntagma πίστις Χριστοῦ selbst oder nahe stehende Formulierungen bei Polykarp nicht finden, kann es bei diesem bloßen Hinweis bleiben.

[367] Harrisville, ΠΙΣΤΙΣ; Silva, Phil 107.

[368] Silva, Phil 29; Matlock, Detheologizing 18 Anm. 55; Silva, Faith 228 f.

[369] Hooker, ΠΙΣΤΙΣ 321 f.

[370] Howard, Notes 460; vgl. Howard, Faith of Christ 213: „The early versions of the Greek New Testament support the subjective genitive"; dagegen aber schon Hooker, ΠΙΣΤΙΣ 321 f., bes. 322 Anm. 1.

[371] Berlage, *Formulae* 8.

3,9 im Sinne eines *genitivus obiectivus* übersetzt, zu Gal 2,20 indes als *genitivus subiectivus*.[372] Über den Niederländer Henricus Petrus Berlage und den liberalen Johannes Haußleiter gelangen wir ins 20. Jahrhundert.

1.10. Methodisches

Der Aufbau der Arbeit mit der ausführlichen, die Argumente referierenden, ordnenden und gewichtenden Einleitung einerseits und den ausführlichen Exegesen andererseits legt sich einer doppelten Unübersichtlichkeit wegen nahe: Unübersichtlich ist einmal der Gegenstand der Auseinandersetzung, insofern insbesondere mit Röm 3 und Gal 2 und 3 drei heftig diskutierte Kapitel des *Corpus Paulinum* zur Debatte stehen; und entsprechend komplex verläuft die nun über einhundert Jahre geführte Diskussion. Diese wird – zweitens – mit unterschiedlichsten Argumenten geführt; im Vordergrund stehen dabei syntaktische Fragen, daneben spielt eine Vielzahl von semantischen, textkritischen und seit den achtziger Jahren auch rhetorischen Argumenten eine Rolle. Diese Argumente werden jeweils anders arrangiert und gewichtet. Ein Präjudiz ist mit dem jeweils gewählten Text gegeben. Ging Johannes Haußleiter von Röm 3 aus, so Richard B. Hays von Gal 3; Veronica Koperski beschränkt sich auf den Beleg Phil 3,9. In dieser Arbeit soll eine solche schwer durchschaubare Vorentscheidung vermieden werden; darum werden alle Belege gleichrangig behandelt.

Ordnungsprinzip ist dabei deren vermutliche chronologische Reihenfolge.[373] Diese ist schon deshalb zu beachten, weil Entwicklungen in der Verwendung der πιστ-Terminologie nicht *a priori* ausgeschlossen werden können. Ob „Entwicklungen" im theologischen Denken, die an seinen aus vermutlich acht Jahren stammenden Briefen auszuweisen wären, wahrscheinlich sind, sei dahin gestellt. Spezifika einzelner Briefe zwingen nicht zur Annahme theologischer Epochen des Paulus; vielmehr erklären sich derlei Akzente zunächst aus der Kommunikationssituation.[374]

Hier wird von folgender zeitlichen Abfolge der zu behandelnden Paulinen ausgegangen: 1.Thessalonicher, Galater, Römer, Philipper. Die beiden erstgenannten dürfen als nahezu unstrittig gelten. Der Römerbrief ist im Jahr 56 aus Korinth geschrieben,[375] während Paulus wohl nicht aus der ephesinischen Ge-

---

[372] Bengel, *Gnomon* jeweils z.St.

[373] Eine Alternative läge darin, Röm 3,21–26 als Ausgangspunkt zu wählen, da der Römerbrief „a relatively self-explanatory exposition of the gospel" ist (Hays, ΠΙΣΤΙΣ 717).

[374] Für den 1.Thessalonicherbrief hat Riesner das (mehr als) wahrscheinlich gemacht (Riesner, Frühzeit 249–258, zusammenfassend 268).

[375] Schnelle, Einleitung 135.

fangenschaft an die Philipper geschrieben hat,[376] sondern erst aus Rom, also um das Jahr 60.[377] Für eine Spätdatierung können auch ein vom Römerbrief unterschiedener, näherhin weiterentwickelter Sprachgebrauch geltend gemacht werden.[378]

Nach der in Kapitel 1 vorgelegten systematisierenden Übersicht über Problemstellung und Forschung werden in den nächsten drei Kapiteln die Belege eingehend untersucht. Diese Exegesen werden mit der Maßgabe durchgeführt, das πίστις-Χριστοῦ-Problem zu erhellen; diese (im Einzelfall schwierige durchzuführende) Grenzziehung ist notwendig, um zu den umstrittenen Passagen angesichts ihrer immensen Probleme und der unübersehbaren Sekundärliteratur überhaupt arbeiten zu können. Neben bedeutenden Monografien zu den drei wichtigsten Abschnitten[379] liegen zahllose Aufsätze und klassische wie aktuelle Kommentare vor.

Einleitend wird jeder Beleg in die πίστις-Χριστοῦ-Debatte eingeordnet. Sodann wird der Befund von πιστ- im jeweiligen Text erhoben – Entwicklungen im Denken des Apostels oder Unterschiede in der Fragestellung, Akzente in der schriftlichen Kommunikation sind ja nicht auszuschließen –, um den jeweiligen πίστις-Χριστοῦ-Beleg in seinem Kontext würdigen zu können. Dabei ist das Substantiv wegen seiner spezifischen sprachlichen Möglichkeiten und der deutlichen Präferenz des Apostels für das Substantiv besonders wichtig; hier sind jedoch alle πίστις-Belege heranzuziehen, nicht etwa nur solche, die aus formalen Gründen als besonders nahe Parallelen verstanden werden.[380] Die πιστ-Belege dürfen nicht über einen Kamm geschoren werden, da semantische Unterschiede belangreich sind für die syntaktische Frage nach dem Genitiv.[381] Ebensowenig dürfen die πίστις-Belege schon im Banne von πίστις Χριστοῦ gelesen werden.[382] Jeweilige Christologien – mit dem Ziel, die Formulierung des Attributs noch differenzierter zu verstehen – müssen nicht dargetan werden,[383] da diese Einleitung Einschlägiges bietet (1.8.3.), wenn auch nicht nach den Texten gegliedert. Die Darlegung des argumentativen Kontextes schuldet sich der Beachtung des *principle of maximal redundancy*. Oft sind dem nächsten Kontext Hinweise zu entnehmen (logisches Subjekt, Parallelen oder Ge-

---

[376] So etwa Müller, Phil 22–24; vorsichtiger Müller, Brief 162: Ephesus bleibt eine „überzeugende Möglichkeit".

[377] Schnelle, Einleitung 159–162.

[378] Schade, Christologie 181–190.

[379] Zu Gal 2,15–21 Bachmann, Sünder, ferner Eckstein, Verheißung und Kok, Truth; zu Röm 3,21–26 Campbell, Rhetoric; zu Phil 3 Koperski, Knowledge und daneben die beiden umfangreichen Aufsätze von Frau Koperski: *Pistis Christou* und Meaning.

[380] So etwa das Vorgehen von Murray, Röm 365.

[381] Matlock, Detheologizing *passim*.

[382] Matlock, Detheologizing 12 Anm. 34.

[383] So für den Philipperbrief indes durchgeführt von Koperski, *Pistis Christou* 214 f.

genüberstellungen [ἔϱγα νόμου]).[384] Nach Detailfragen, die den Spezifika des betreffenden Textes gelten, schließt jedes Kapitel, indem der Ertrag für die πίστις-Χϱιστοῦ-Frage zusammengefasst wird.

Bei der Besprechung eines Belegs sind zum Vergleich, zur Präzisierung, Weiterführung oder Kontrastierung vorrangig Stellen aus dem betreffenden Brief (oder Brieffragment) heranzuziehen, dann solche aus vorangehenden Briefen, danach Belege aus späteren Briefen.[385] Damit wird eine Entwicklung des paulinischen Glaubensbegriffes weder behauptet noch präjudiziert; sie kann sich indes erweisen. Umgekehrt würde eine Missachtung der zeitlichen Folge unter der Hand eine Entwicklung ausschließen. Angesichts diffiziler, aber signifikanter Differenzen in der Formulierung erscheint eine vorrangige Beachtung des (proto)paulinischen Textkorpus sinnvoll; danach erst sind mit gebotener Vorsicht deuteropaulinische Weiterführungen heranzuziehen.[386]

Zur Unübersichtlichkeit der Diskussion trägt auch die Tatsache bei, dass die Beiträger im Rahmen verschiedener theologischer Traditionen arbeiten. So ergeben sich unterschiedliche Evidenzen, denen gegenüber sich die jeweils andere Seite uneinsichtig zeigt. Diese im deutsch(sprachig)en und evangelischen Kontext geschriebene Arbeit unternimmt es deshalb, die angelsächsischen Beiträge ausführlich zu würdigen; sie kommen daher auch *in extenso* zu(m zitierten) Wort.

In dieser Arbeit wird auf methodische Einseitigkeiten, Engführungen, Vorfestlegungen, auf Novitäten und Extreme verzichtet. Syntaktische Fragen werden mit Methoden der klassischen Grammatik behandelt. Semantisches erfordert neben der schlichten Arbeit mit der Konkordanz noch ein wenig Linguistik.[387] Dadurch soll vermieden werden, dass fragwürdige oder doch nicht allgemein plausible und vertretene Prämissen und Präjudizien eingeführt werden – wie es etwa bei Richard B. Hays' Dissertation geschieht. Die hier zu besprechenden philologischen und theologischen Probleme taugen nicht für exegetische Aufgeregtheiten und modische Torheiten.

Grundsätzlich ist zu beachten, dass für Paulus nicht ein konsistentes theologisches System postuliert werden kann, das den Anforderungen der systematisch-theologischen Diskussion des 20. und 21. Jahrhunderts und der Findigkeit heutiger Exegeten zu entsprechen hätte.[388]

---

[384] S. auch Lindsay, Josephus 107.

[385] Mit Recht mahnt Marxsen (1Thess 76): „Zur Exegese des 1.Thess. sollte man die späteren Briefe nur mit großer Behutsamkeit heranziehen."

[386] Campbell, Rhetoric 215 mit Anm. 1 kritisiert mit dem Verweis auf Eph 3,12; 2Thess 1,4 und nichtpaulinische Belege für πίστις ἐν Χϱιστῷ eine Beschränkung auf paulinische Belege. Die außerpaulinischen πίστις-Belege mit Bezug auf Christus oder Gott finden sich in Mk 11,22; Apg 3,16; Jak 2,1; Apk 2,13; 14,12 (bloßes *nomen proprium*).

[387] Die Arbeiten von Moisès Silva und R. Barry Matlock sind hier vorbildlich.

[388] Vgl. Matlock, Detheologizing 22.

2. Kapitel
„Eine unübersetzbare Genitivverbindung"[1]: 1 Thess 1,3

Bisher unbeachtet geblieben ist in der πίστις-Χριστοῦ-Kontroverse der die
älteste paulinische Erwähnung von πίστις (und zugleich den frühesten
Christus-Genitiv) darstellende Beleg 1 Thess 1,3, wohl weil hier das *nomen
regens* und (s)ein Genitivattribut nicht unmittelbar nebeneinander stehen,
ja deren Zusammengehörigkeit überhaupt umstritten ist. 1 Thess 1,3 bietet
eine komplizierte Konstruktion von nicht weniger als acht Genitiven; diese
sind vom Partizip μνημονεύοντες abhängig und stellen die Kombination
zweier konventioneller bzw. traditioneller Triaden (ἔργον – κόπος – ὑπομονή[2] und πίστις – ἀγάπη – ἐλπίς) mit vorhergehendem ὑμῶν und nach-
stehendem Genitivattribut τοῦ κυρίου ἡμῶν Ἰησοῦ Χριστοῦ dar. Diese Stelle
gewährt einen Blick in die sprachliche und theologische Werkstatt des
Paulus. Zu klären sind philologisch 1. die Genitiv-Verbindung(en der einzelnen Elemente) der beiden Triaden, 2. der Bezug des ὑμῶν (und die
Bedeutung von μνημονεύειν) sowie 3. die Zuordnung des nachstehenden
Genitivattributs. Theologisch interessiert – neben der zu erhebenden Qualifizierung der zweiten Trias durch den Genitiv – das (vorpaulinische[3] und

---

[1] Oepke, 1 Thess 161.

[2] Vgl. noch Apk 2,2, wo das erste Element freilich im Plural steht. Zur Traditionsgeschichte s. Söding, Trias 70 f.; Weiß, Glaube 200 f. Inwiefern die erste Trias „nach dem
Prinzip der sich steigernden Konkretion aufgebaut" sei (von Dobbeler, Glaube 211, 212;
ähnlich schon Bicknell, 1 Thess 5: „ascending scale of excellence"), ist nicht einsichtig; es
handelt sich wohl eher um „eine zufällige parallele Diktion" (Wischmeyer, Weg 152), die
traditionsgeschichtlich angelegt, aber nicht fix vorgeprägt ist (vgl. auch Weiß, Glaube 202,
204). Die drei Begriffe und ihre Verwendung hier sind gut paulinisch (vgl. Weiß, Glaube
202–205), d. h. stehen im „paulinischen Sprachfeld und Denkrahmen" (Weiß, Glaube 202,
205) und dienen hier der Hervorhebung des „Tatcharakter[s]" von Glaube, Liebe und
Hoffnung (so mit vielen Weiß, Glaube 204).

[3] Als vorpaulinisch können nicht einfach diejenigen Motive und Gedanken gelten, deren
Bekanntschaft bei den Adressaten der Autor Paulus voraussetzt (so Söding, Trias 43
Anm. 22); diese kann ja – und wird wahrscheinlich auch – von Paulus selbst bei seinem erst
kurze Zeit zurückliegenden (s. 2,17) Aufenthalt vermittelt sein (eine Ausnahme stellt dies-
bezüglich nur der Brief an die „nebenpaulinische" Gemeinde in Rom dar). Kriterien für
vorpaulinischen Sprachgebrauch sind ein sonst bei Paulus nicht oder anders verwendetes
Vokabular – sofern die Textquantität Schlüsse überhaupt zulässt – und inhaltliche oder
stilistische Spannungen (v. a. „Überschüsse") zum Kontext.

paulinische) Verständnis von πίστις im Rahmen der Trias, des *exordium* 1,1–10 und des Gesamttextes des 1.Thessalonicherbriefes.[4]

2.1. Glaube(n) im 1. Thessalonicherbrief

Acht Belegen des Substantivs (1,3.8; 3,2.5.6.7.10; 5,8) stehen fünf des Verbs (1,7; 2,4.10.13; 4,14) gegenüber.[5] Dem Substantiv wird das Pronomen ὑμῶν beigelegt – mit Ausnahme von 5,8, wo die Adressaten in der 1.pl. inkludiert sind (zu 1,3 s. u. 2.3.). Dieses Attribut begegnet bei den übrigen 82 paulinischen πίστις-Belege nur sieben (!) Mal (Röm 1,8.12; 1Kor 2,5; 15,14.17; 2Kor 1,24; 10,15; vgl. ferner Kol 1,4; 2,5). Ist es Zufall, dass Paulus πίστις (anders bei ἐλπίς [2Kor 1,7; vgl. μου Phil 1,20]) nie mit ἡμῶν konstruiert (s. nur die *varia lectio* zu 1Kor 15,14)? Dies ist umso auffälliger, als beim Verb die 1.pl. oft belegt ist. Drückt sich in der Vermeidung von ἡμῶν bei πίστις deren strikte Objektbindung aus? Dieser signifikanten personal-subjektiven Akzentuierung von πίστις im 1. Thessalonicherbrief entspricht der Befund beim Verb: Lässt man 2,4 als nicht-theologisch (vgl. Röm 3,2; 1Kor 9,17; Gal 2,7; ferner 1Tim 1,11; Tit 1,3) sowie 4,14 als aus der Tradition übernommen unberücksichtigt, ist das Verb als Partizip im Plural konstruiert, dem der Artikel vorangestellt ist (sonst bei Paulus noch zwölf von 37 πιστεύειν-Belegen als Partizip: im Plural Röm 3,22; 4,11.24; 1Kor 1,21; 14,22 *bis*; Gal 3,22[6] und im Singular Röm 1,16; 4,5; 9,33; 10,4.11). In 2,10.13 ist das Partizip eine Apposition zu ὑμεῖς, in 1,7 werden die Glaubenden mit einer Ortsangabe näher bestimmt. Das Partizip macht den Eindruck einer Selbstbezeichnung,[7] deren Bildung streng genommen überrascht, denn ein Bezug auf die Taufe, das Getauftsein hätte doch auch nahe gelegen.[8] Der Verfasser des Briefs macht

---

[4] Zur rhetorischen Analyse s. Jewett, Correspondence 68–71 (konventionell; vgl. neben den dort besprochenen Publikationen noch Lee/Lee, Analysis) und 71–78 (rhetorisch); Johanson, Brethren (dreifache Ringkomposition: 1,2–2,16; 2,17–3,13; 4,1–5,24); Vanhoye, Composition; Hughes, Rhetoric; Wuellner, Structure (1,1–10 eine *insinuatio* [118]); Schoon-Janßen, Apologien 39–53; Donfried, Theology 3–7; Olbricht, Analysis; vgl. die „Problemskizze" von Hoppe, Thessalonicherbrief.

[5] Collins, Faith 209–212 (Statistisches), 212–228 (Besprechung aller Belege); Söding, Trias 78–86; Hengel/Schwemer, Paulus 455 f.; Kim, Paul 96 f.

[6] Vgl. zur Bezeichnung „die Glaubenden" äthHen 46,8 (in V. 7 ist „Glaube" an selbstgemachte Götter genannt).

[7] Collins, Faith 217. Vgl. die Fremdbezeichnung durch römische Behörden οἱ Χριστιανοί (Apg 11,26; dazu Riesner, Frühzeit 97–101). Als Antonym wird intern οἱ ἄπιστοι im Sinne von „Nichtchristen" gebildet (1Kor 6,6; 7,12 ff.; 10,27; 14,22.24; 2Kor 4,4; 6,14 f.).

[8] Das gibt mit Recht Dunn, Röm 1 167 zu bedenken. Für eine christliche Selbstidenti-

sich dies zunutze und spricht die Adressaten auf ihr(en) Glauben an.[9] Dass sie glauben, macht ihre Existenz *coram deo* aus.[10] Der Plural zeigt die „communitarian dimension of faith"[11]. Glaube stiftet Gemeinschaft. Die Adressaten sind durch ihren Glauben ἀδελφοί (1,4; 2,1.9.14.17; 3,7; 4,1.10.13; 5,1.4.12.14.25) des Paulus und untereinander (vgl. φιλαδελφία 4,9).

„Glaubende" sind die Adressaten seit ihrer „Annahme des Wortes" (1,5–8; 2,13); dieses ist göttlichen Ursprungs (2,13) und vom Geist vermittelt (1,5). Im Wort der ἀκοή – dabei sollte man wie auch in Röm 10,17; Gal 3,2.5 den Aspekt des Hörens nicht übersehen und nicht nur mit „Verkündigung"/„Predigt" übersetzen[12] – wie im Bekenntnis ist der *Inhalt* des Glaubens vernehmbar: Jesu Tod und Auferstehung (4,14) und seine Parusie (1,10). In der „Bekehrung" wird dem Glauben seine (Aus-)Richtung vorgegeben: dem ἐπιστρέφειν πρὸς τὸν θεόν (1,9) entspricht ἡ πίστις ὑμῶν ἡ πρὸς τὸν θεόν (V. 8; vgl. Phlm 5; ferner Röm 5,1: εἰρήνην ἔχειν πρὸς τὸν θεόν und 1Kor 12,2, wonach Anhänger heidnischer Kulte πρὸς τὰ εἴδωλα gezogen werden). Hinkehr zu Gott ist in eins Abkehr von den εἴδωλα (1,9b).[13] Glaube wird als eine Beziehung zum κύριος beschrieben (3,7.8), die in Christi Tod und Auferstehung gründet (4,14; vgl. 1Kor 15,12.14). Bleibend πρὸς τὸν θεόν ausgerichtet sind die Glaubenden ἔμπροσθεν τοῦ θεοῦ gestellt (1,3; 3,13). In der πίστις „stehen sie im Herrn" (3,7.8). Die inhaltliche Bestimmung des Bekenntnisses durch das Geschick Christi führt zu einer existenziellen Bindung an Christus.[14] Weit bekannt ist nach 1,8 der „Glaubensstand" der Thessalonicher, dessen Qualität in ihrer Aufnahme des Apostels und seiner Botschaft und in ihrer Abwendung von den „Götzen" zu Gott gesehen wird (V. 9) sowie in ihrer Hoffnung

---

fikation über Glaube statt über Taufe sei eine interessante dogmengeschichtliche Parallele notiert: Der Heidelberger Katechismus antwortet in Frage 32 auf die Frage nach dem Christsein: „Weil ich durch den Glauben ein Glied Christi bin" – lutherisch müsste hier die Taufe erwähnt werden.

[9] Diese Tendenz wird Paulus später mit der Bezeichnung οἱ ἐκ πίστεως noch verstärken (dazu s. unter 4.3. mehr).

[10] Holtz, 1Thess 89.

[11] Collins, Faith 212, der in Anm. 29 hinzu fügt, dass „to speak of πίστις only in terms of an active personal relationship ... is to minimize, if not to neglect, the communal dimension of faith in 1 Thes".

[12] So indes z. B. Friedrich, Glaube 101; zu ἀκοή s. u. zu Gal 3 3.4.2. Schon die ausgeprägten Parallelen von Verkündigung und Glaube (Friedrich, Glaube 102 ff.) legen nahe, dass bei der Verkündigung der glaubende Empfang als integraler Aspekt mit zu denken ist.

[13] Collins, Faith 216: Mit ἐπιστρέφειν verwendet Paulus „a Greek term which might easily render the faith concept known to him from his Jewish background" (vgl. etwa 4Makk 15,24; 16,22; Philo Abr 268, 271, 273. Zum traditionsgeschichtlichen Hintergrund aus dem hellenistischen Frühjudentum s. auch Bussmann, Themen 38–56; Holtz, 1Thess 58 f.

[14] Vgl. Best, 1Thess 143: Das Motiv des ἱστάναι ἐν κυρίῳ leistet „a personalizing of the description of the nature of Christian existence in terms of relationship to Christ".

auf die rettende Parusie des auferstandenen Gottessohnes (V. 10). Die Nachricht vom Glaubensstand der Thessalonicher ist geradezu ein λόγος τοῦ κυρίου (V. 8), indem sie durch diese Nachricht ein „Vorbild" für andere Glaubende werden (V. 7).

Das präsentische Partizip qualifiziert das Glauben als ein Geschehen, das über die Annahme des Wortes hinaus andauert (1,5 f.9; 2,13; vgl. ἔργον πίστεως 1,3). Entsprechend heißt es vom „Wort", dass es weiterhin „wirkt in euch Glaubenden" (2,13), und zwar als παράκλησις (2,3). Glaube ist so „capable of increase when the implications of its grounding are spelled out", was nicht zuletzt durch eschatologische Erwartungen geschieht.[15] Das zeigt insbesondere 4,14. Dieser gewichtige Satz ist grammatikalisch unkorrekt: Nach der Protasis im Realis – hier wird eine kombinierte Pistis-Formel zitiert[16] – fehlt streng genommen die Apodosis; sie hätte den Obersatz der Protasis weiterführen müssen: „... dann glauben (oder: hoffen) wir auch, dass ...". Stattdessen wird bezogen auf den Nebensatz der Protasis mit οὕτως καί eine Parallele gezogen.[17] Das ist wohl nicht *currente calamo* geschrieben, sondern spricht die Auferstehungshoffnung als Trost zu und informiert nicht nur über sie in einem weiteren ὅτι-Satz (vgl. Röm 6,8 f.). Paulus praktiziert παράκλησις.

Da der Glaube nicht nur eine kognitive Größe darstellt, sondern den Menschen ganz (und neu)[18] bestimmt, gewinnt der Begriff πίστις metonyme Qualität: Neben dem Akt des πιστεύειν (*nomen actionis*) kann πίστις (3,2.5.7.10) den Glaubens(zu)stand bezeichnen[19] und dann *pars pro toto* für das gesamte Leben im Glauben stehen.[20] Die Dyas πίστις-ἀγάπη 3,6 umrahmend bezeichnet in V. 5.7 einzig πίστις die Situation der Adressaten, die den Apostel „tröstet". Die „Mängel des Glaubens" (*genitivus partitivus*: einzelne Mängel am Glauben/im Glaubensleben?) sind dann nicht durch weitere Information zu beheben,[21] sondern durch „Stärkung der Herzen" (V. 13).[22] Paulus tut dies durch seinen Brief, indem er das Bekenntnis (4,13–18; 5,9 f.) und dessen ethischen Anspruch (5,1–11.12–22) darlegt.[23]

---

[15] Collins, Faith 224 f.; s. die Metapher des Wachstums im Glauben 2Kor 10,15; 2Thess 1,3 (vgl. 1Kor 3,5–9).

[16] Kramer, Christos 25; Wengst, Formeln 45 f.; Vielhauer, Geschichte 20; Holtz, 1Thess 190.

[17] Eine umgekehrte Verkürzung findet sich in Röm 6,8.

[18] Collins, Faith 228 f.: Glaube als „the mode of existence of the new man".

[19] Holtz, 1Thess 126, 129 (mit Anm. 632), 132, 134, 137 (nach Bultmann, ThWNT 6 220); vgl Haacker, TRE 13 297, der auch 1,3, nicht aber 3,5.6, hier einordnet und noch auf paulinische Belege verweist: Röm 1,12; 1Kor 2,5; 16,13; 1Kor 1,24; Phlm 5 f.; ferner 2Thess 1,3).

[20] Söding, Trias 83 („Grundhaltung und Praxis").

[21] So allerdings Marxsen, 1Thess 26 („Nachholbedarf an Information und Belehrung").

[22] Von Dobschütz, 1Thess 132.

[23] Söding, Trias 83.

Mehr oder weniger synonym[24] zu πιστεύειν kann Paulus formulieren: „(fest) im Herrn stehen" (3,8; vgl. Phil 4,1; ferner 1Kor 16,13 [Glaube ‹vgl. 2Kor 13,5›]; 1Kor 15,1 [Evangelium]; Röm 5,2 [Gnade]; Gal 5,1 [Freiheit]; Phil 1,27 [Geist] sowie ohne Präposition Röm 11,20; 2Kor 1,24 [Glaube]; Röm 14,4 [Herr] und nur das Verb 1Kor 10,12; 2Thess 2,15). Es sind dies – πιστεύειν und ἱστάναι – Versuche einer Zusammenfassung christlicher Existenz, die der ausführlicheren Trias entsprechen.[25] Der Glaube hat ethische Implikationen: Der „Wandel" der Brüder soll gottgefällig sein (4,1).

Glaube ist „the mode of being in the final times"[26] und als solcher durch die eschatologische Figur des „Versuchers" gefährdet (3,5). In der θλῖψις πολλή (1,6; schon bei der Annahme des Evangeliums wie vollends in der Verfolgung 2,14) ist πίστις als *Glaubenstreue* gefragt.[27] Diese lebt davon, dass Gott πιστός ist (5,24). Die martialischen Metaphern in 5,8 weisen auf bedrohliche Auseinandersetzungen hin. Hier wird mit Panzer und Helm Abwehrausrüstung (gegen die Angriffe des Versuchers)[28] genannt – was auffällig ist, bietet die zu Grunde liegende Stelle Jes 59 doch durchaus offensive Gerätschaften. Die Bezeichnung der Glaubenden als „Söhne des Lichts und des Tages" und ihre Ermahnung zu Wachsamkeit und Nüchternheit werfen ein apokalyptisches Licht auf den Glauben;[29] es ist dies *eine* Facette des Glaubensverständnisses des 1.Thessalonicherbriefes.[30]

Der nichttheologische (oder jedenfalls: anderssinnige) Beleg von πιστεύειν in 2,4 (vgl. Gal 2,7; 1Kor 9,17; Röm 3,2; vgl. 1Tim 1,11; Tit 1,3) ist beredt, insofern Paulus hier das Verb unbefangen verwendet – ungeachtet des Zusammenhangs mit dem theologischen Schwergewicht εὐαγγέλιον[31]. Dieses wird im 1.Thessalonicherbrief (1,5; 2,2.4.8.9; 3,2) nicht mit πιστεύειν oder πίστις verbunden (so Phil 1,27) (s. immerhin 1Thess 3,2). Es bezeichnet die apostolische Verkündigung, wobei Gott als Urheber (2,2.8.9), Christus als Inhalt (3,2)[32] namhaft gemacht werden – beides mittels Genitivattribut.

---

[24] Rigaux, 1Thess 480; Moore, 1Thess 57; Best, 1Thess 142 f.; Collins, Faith 223 (mit der Einschränkung: „not a strict synonymity" wie bei der Wendung „im Glauben stehen" 1Kor 16,13); Söding, Trias 82 mit Anm. 87.

[25] Weiß, Glaube 207.

[26] Collins, Faith 220.

[27] Söding, Trias 84 (mit Becker, Erwählung 9; vgl. Söding, Thessalonicherbrief 185).

[28] Holtz, 1Thess 227.

[29] Vgl. dazu z. B. 1QS 4,13–4,26 (Kinder des Tages/Kinder des Lichts; Prädestination; ethische Konsequenzen) (dazu Kuhn, Bedeutung).

[30] Söding, Trias 84 empfindet dies als den stärksten Akzent des Glaubens in diesem Paulusbrief.

[31] Das Evangelium ist eine „Abbreviatur für den Inhalt seiner [*sc.* des Paulus] Verkündigung" wie 2,2.4.8.9; 3,2 (Riesner, Frühzeit 354).

[32] Zu εὐαγγέλιον τοῦ Χριστοῦ vgl. Röm 15,19; 1Kor 9,12; 2Kor 2,12; 9,13; 10,14; Gal

Wenn auch im Vergleich zu den späteren Paulinen kreuzes- und rechtfertigungstheologische sowie pneumatologische Zusammenhänge fehlen –
genauer: nicht angesprochen sind –, kann kaum behauptet werden, dass
der „Glaubensbegriff im ... Ersten Thessalonicherbrief wesentlich einfacher"[33] sei; vielmehr liegt (schon) hier „a many-sided and complex conception"[34] von πίστις vor, deren vermeintliche Defizite wie auch deren
Profil aus der Briefsituation erklärlich sind. Gott wird als πιστός qualifiziert (5,24), Christus wir kein πιστ- zugeschrieben – obwohl er (nach dem
Modell mancher Vertreter der *genitivus-subiectivus*-These) doch ein gutes
Vorbild für Glaubenstreue und Leidensduldung (vgl. 2Thess 3,5) abgeben
würde.

2.2. Die Trias Glaube – Liebe – Hoffnung

Die Trias[35] findet sich *verbotenus* in 1Thess 1,3; 5,8; 1Kor 13,13 sowie
mehr oder weniger deutlich verarbeitet in 1Thess 3,6–13; 1Kor 13,7; Gal
5,5 f.; Phlm 5(f.). Sie ist eine „prägnante und umfassende Charakterisierung
authentischen Christseins"[36] und bezeichnet so das christliche Leben insgesamt.[37] Glaube, Liebe und Hoffnung bilden die „Grundform christlichen
Lebens".[38] Das ist nicht im Sinne eine Komplementarität der einzelnen
Elemente zu verstehen, so als würden diese erst und nur zusammen die
christliche Existenz umschreiben.[39] Dann würde in 3,6 – hier werden nur
πίστις und ἀγάπη genannt (so auch Phlm 5) – mit der ἐλπίς etwas We-
sentliches fehlen oder umgekehrt die ἐλπίς eben nicht essenziell sein, was
jedenfalls für den 1.Thessalonicherbrief eine absurde Behauptung wäre.
Glaube, Liebe und Hoffnung sind grundsätzlich und von Anfang an „zur
Einheit verbunden"[40] und bilden dergestalt die Summe christlichen Lebens,

---

1,7; Phil 1,27. Der Genitiv changiert: Christus mag nicht nur als Verkündigter, sondern
auch als Verkündiger gemeint sein (so Friedrich, Glaube 102).

[33] Söding, Trias 85.

[34] Best, 1Thess 137.

[35] Zur Traditionsgeschichte s. Söding, Trias 38–64; Weiß, Glaube 211–215.

[36] Söding, Trias 34.

[37] Dibelius, 1Thess 3; Marxsen, Bleiben 228; Söding, Trias *passim*; von Dobbeler, Glaube
213 (zu 5,8); schon Calvin, 1Thess 4 nennt die Trias eine „kurze Darstellung des wahren
Christentums" (*brevis Christianismi veri definitio*).

[38] Söding, Liebesgebot 92 f.; vgl. Weiß, Glaube 207: „Verwirklichung des Christseins".

[39] Söding, Trias 171: Zwischen den Elementen der Trias besteht kein „additives Verhältnis". Anders führt Collins, Faith 222 zur Dyas in 3,6 aus, dass „one is incomprehensible
without the other. Together they constitute a description of the Christian way of life."

[40] Söding, Trias 171.

dass „jeder Begriff ein Ganzes [umfasst] und deshalb ... das gleiche nur jeweils von einer besonderen Seite gesehen"[41] wird; dabei ist das Leben der Gemeinde dargestellt durch den Begriff des Glaubens hinsichtlich seiner „[Be-]Gründung in der Gottestat in Christus", durch den Begriff der Liebe, „insofern es um die Zuwendung zur Welt geht", und durch den Begriff der Hoffnung, weil es „auf die Zukunft hin und von ihr her" orientiert ist. Gerade wegen dieser umfassenden und prägnanten Umschreibung des Glaubens durch die Trias kann man skeptisch sein, sie ausschließlich einem „paränetischen Lebenszusammenhang" einzuordnen.[42]

In 1Thess 1,3 ist die Trias offensichtlich als den Adressaten bekannt vorausgesetzt; Paulus selbst wird bei seinem Gründungsaufenthalt diese als Zusammenfassung des „Evangeliums Gottes" (2,2.8.9) den Thessalonichern vermittelt haben. Die den Lesern zugemutete Einbettung der Trias in die kaum zu überschauende Konstruktion lässt seitens der Adressaten auf einen routinierten Umgang mit der Trias schließen – etwa im Gottesdienst, wo der Brief wohl (auch) verlesen wurde (5,27),[43] oder in der Lehre –, die Verwendung im *exordium* und näherhin in der Danksagung auf die Verwendung der Trias zur Selbstbeschreibung.

Bemerkenswert ist – gerade im Vergleich mit Gal 5,5 f. – der Verzicht auf eine explizite Verhältnisbestimmung zu den drei Elementen.[44]

2.2.1. Form, Inhalt und Herkunft

Die „sachliche Variabilität und Virtualität"[45] in der Verwendung der Trias und in ihrer Verarbeitung könnte nahe legen, Paulus selbst für die Prägung dieser Formel namhaft zu machen. Freilich gibt es traditionsgeschichtliche Ansätze im antiken Judentum. Paulus könnte etwa das Paar Glaube-Hoffnung durch das ihm wichtige Motiv der Liebe zur Trias ausgebaut haben[46] oder sich der beiden Dyaden πίστις-ἀγάπη und πίστις-ἐλπίς bedient haben.[47] In der frühen nebenpaulinischen Tradition fehlen die Dyaden und die Trias, nachpaulinisch sind sie von Paulus abhängig (Eph 1,15–18; Kol 1,4 f.).[48] Eine vorpaulinische Herkunft

---

[41] Holtz, 1Thess 133 (daraus auch die folgenden drei Zitate).
[42] So indes Weiß, Glaube 215.
[43] Taatz, Briefe 73 f.; Johannson, Brethren 175–187.
[44] Weiß, Glaube 215.
[45] Weiß, Glaube 213.
[46] Wischmeyer, Weg 151 f.; Söding, Trias 38–41.
[47] Nach Weiß, Glaube 213 zeigt Gal 5,5 f. die paulinische Fusion der genannten vorgegebenen Paare, da die Erwähnung der ἐλπίς überflüssig, als Objekt von ἀποδέχεσθαι (V. 5) störend sei und die Artikellosigkeit und Partizipkonstruktion (V. 5) auf traditionelle Prägung hinweist.
[48] Weiß, Glaube 214.

konnte bisher nicht belegt werden.[49] Das an einen Katalog wie Gal 5,22 gemahnende Asyndeton in 1Kor 13,13 – in 1Thess 1,3 strukturiert Paulus mit dreimaligem καί – zeigt die traditionsgeschichtliche wie inhaltliche Zusammengehörigkeit der drei Elemente. In 1Kor 13,13 werden diese ausweislich des Singulars des finiten Verbs μένει als ein einziger Begriff genommen.

1Thess 3,6 bietet eine Allusion an die eingangs gelesene Trias. Hier werden πίστις und ἀγάπη genannt; ἐλπίς mag situationsbedingt fehlen,[50] denn gerade die Hoffnung schwindet wegen der Sterbefälle in der Gemeinde. Das dürfte auch mit den ὑστερήματα τῆς πίστεως in V. 10 gemeint sein: Es geht nicht um einen Mangel an (eben von Liebe und Hoffnung zu unterscheidendem) Glauben, sondern um einen gewissen Defekt des Glaubens, der genau in der kraftlosen oder gar ganz fehlenden Hoffnung besteht.[51] Der Glaube der Thessalonicher setzt keine oder nur eine schwache und nun von den Sterbefällen angefochtene Hoffnung frei (vgl. 4,13b). Die in 3,6 indes genannte Liebe der Thessalonicher ist ihre Beziehung zum Apostel;[52] diese äußert sich im „guten Andenken" – wohl auch im Sinne des fürbittenden Gebets – und im Wunsch nach einem Wiedersehen. Die entsprechende Liebe des Apostels zu den Thessalonichern nennt V. 12b.

Wenige Zeilen weiter ist in 3,9–13 die Trias – *inclusive* der hier ungenannten Hoffnung – dergestalt verarbeitet, dass V. 10 auf die πίστις abhebt, V. 12 auf die Liebe untereinander und zu allen; V. 13 thematisiert mit der Heiligkeit bei der Parusie die Hoffnung; diese ist das Ziel der „Stärkung der Herzen".[53]

1Thess 5,8 bietet ein zweites Mal die vollständige Trias. Hier werden die drei Elemente in loser Anlehnung[54] an Jes 59,17 LXX zwei Metaphern zugeordnet, Glaube und Liebe dabei gemeinsam dem „Panzer", indem sie zusammen die in der alttestamentlichen Vorlage auf Gott bezogene δι-

---

[49] Vorpaulinischen Ursprung nehmen an z. B. Rigaux, Paul 188 f.; Rigaux, Vocabulaire 387 f.; Conzelmann, 1Kor 280; Lührmann, RAC 11 71; Marxsen, 1Thess 25; Collins, Reflections 347. Für antiochenischen Ursprungs hält die Doppeltrias Mell, Entstehungsgeschichte 215–223, 224.

[50] Weiß, Glaube 209.

[51] Vgl. Donfried, Cults 348; Donfried, Theology 20 f. Anders Riesner, Frühzeit 323, der unter den ὑστερήματα eine noch ausstehende Unterrichtung im christlichen Glauben versteht. Die Einleitungsformel in 4,13 annonciert einen für die Gemeinde neuen Gedanken (Lüdemann, Paulus 1 232); das kann aber kaum heißen, dass Paulus während seines Aufenthaltes die Auferstehungshoffnung verschwiegen habe, sie ist eventuell missverstanden (Riesner, Frühzeit 341 f.) oder nur von einem Teil der Gemeinde gehört worden (vgl. die Mahnung in 5,27; Riesner, Frühzeit 342, 349).

[52] Anders Ellingworth/Nida, Handbook 59: Liebe der Gemeindeglieder zueinander.

[53] Weiß, Glaube 209 f.

[54] Die Modifikationen sind beträchtlich: Wird in Jes 59 von Gott gesprochen, so in 1Thess 5 von den Glaubenden.

καιοσύνη ersetzen. Reflektiert die Trias in 1,3 die Erwählung, so steht sie hier in eschatologischem Zusammenhang mit der Erlangung des Heils (5,9). 1Kor 13,13 ist der bekannteste Beleg der Trias. Die Umkehrung des zweiten und dritten Elements hat kontextuelle Gründe. Die Reihenfolge in 1Thess 1,3 ist „the most natural order", insofern Glaube, Liebe und Hoffnung die Antwort der Glaubenden darauf ist, was Gott getan hat, was er tut und was er tun wird.[55] In 1Kor 13 liegt vom vorangehenden Kontext her ein Akzent auf der klimaktisch am Schluss stehenden ἀγάπη.

In allen Belegen der Trias selbst (1Thess 1,3; 5,8; 1Kor 13,13) und in Allusionen an diese (1Thess 3,6; Phlm 5; vgl. noch 1Kor 16,13 f.; Gal 5,5 f.) ist πίστις stets erstplaziert. Dies weist nun doch auf eine gewisse sachliche Präponderanz hin;[56] Glaube ist damit wohl als Grundlage für Liebe und Hoffnung anzusprechen,[57] was Gal 5,5 (ἐκ πίστεως ἐλπίδα ... ἀπεκδεχόμεθα) und V. 6 (πίστις δι' ἀγάπην ἐνεργουμένη) bestätigen. „Grundlage" ist dabei nicht als bloße Voraussetzung etwa der eigentlich bedeutsamen Liebe zu verstehen, so als sei erst diese die „Verwirklichung" des Glaubens.[58] Ist etwa die πίστις als solche unwirklich und unkonkret?[59] Um derlei Fehlschlüsse zu vermeiden, ist im Folgenden das Verhältnis von πίστις zu ἀγάπη und ἐλπίς so zu bestimmen, dass zunächst die paulinische Verwendung der Begriffe Liebe und Hoffnung allgemein und vorrangig aus dem 1.Thessalonicherbrief erhoben wird und dann des Näheren expli-

---

[55] Ellingworth/Nida, Handbook 7.

[56] Söding, Trias 171: „Elpis und Agape ergänzen nicht, was die Pistis an authentischer Christus- und Gottesbeziehung noch fehlen läßt, sondern realisieren, was der Glaube ... impliziert – einerseits hinsichtlich der Geschichtlichkeit der Glaubenden und der eschatologischen Begrenzung der Zeit, andererseits hinsichtlich der kommunikativen Beziehungen, die innerhalb und außerhalb der Ekklesia ... aufgebaut werden sollen."

[57] Collins, Faith 213 Anm. 31; vgl. Söding, Trias 35, der zu Recht auf die unterschiedliche Akzentsetzung in den einzelnen Briefen hinweist (1.Thessalonicherbrief Hoffnung; es könnte freilich zwischen Glaube [1,3] und Hoffnung [5,8] differenziert werden [Weiß, Glaube 216]; 1.Korintherbrief Liebe; Galaterbrief Glaube). 1Kor 13,7 – „eine verbale Umschreibung der Trias" (Conzelmann, 1Kor 274; vgl. Wischmeyer, Weg 111–113, 150–153; von Dobbeler, Glaube 208–211) – freilich führt πιστεύειν und ἐλπίζειν (sowie das Paensynonym ὑπομένειν [vgl 1Thess 1,3 ὑπομονὴ τῆς ἐλπίδος]) als nebengeordnete Tätigkeiten, ja als „Modi" (von Dobbeler, Glaube 209) der ἀγάπη an, wobei das nicht näher bestimmte πιστεύειν hier wohl einfach „vertrauen" meint [Wischmeyer, Weg 106]).

[58] So indes von Dobbeler, Glaube 212 samt Anm. 52 u. ö. Eine interessante ausführliche Verhältnisbestimmung bietet Ign Eph 14,1: Ὧν οὐδὲν λανθάνει ὑμᾶς, ἐὰν τελείως εἰς Ἰησοῦν Χριστὸν ἔχητε τὴν πίστιν καὶ τὴν ἀγάπην, ἥτις ἀρχὴ ζωῆς καὶ τέλος· ἀρχὴ μὲν πίστις τέλος δὲ ἀγάπη. τὰ δὲ δύο, ἐν ἑνότητι γενόμενα, θεός ἐστιν. – „An all diesem habt ihr Anteil, wenn euer Glaube und eure Liebe, Anfang und Ziel des Lebens, sich fest auf Jesus richten. Der Anfang ist der Glaube, das Ziel ist die Liebe. Beides zusammengenommen ist Gott." (Übersetzung Berger/Nord, Testament 784).

[59] Trotz der von Schlier, Gal 167 versuchten Formulierung eines Wechselverhältnisses zwischen Glaube und Liebe trifft diese Kritik auch seine Formulierung „in der Liebe hat der Glaube das, was ihn wirklich sein lässt" – *fides caritate formata*.

zite Bestimmungen von Glaube und Liebe bzw. Glaube und Hoffnung angeführt werden.[60]

2.2.2. Glaube und Liebe

Paulus zeichnet ein eminent enges Verhältnis von πίστις und ἀγάπη.[61] Schon im 1.Thessalonicherbrief deutet sich dieser besondere Zusammenhang als „Wirk- oder Manifestationsverhältnis"[62] an: In 3,6 fasst das Paar „Glaube und Liebe" das Leben der Gemeinde in Thessalonich (ὑμῶν) vollständig. Liebe ist hier vorrangig als „innergemeindliche Bruderliebe" verstanden (vgl. 4,9): Durch Verkündigung und Bekehrung werden die Thessalonicher dem Apostel „Geliebte" (2,8), er hegt ihnen gegenüber bleibend das Gefühl der ἀγάπη (3,12); geht die Liebe über die Gemeinde hinaus, verdankt sie sich der Universalität des göttlichen Heilswillens und bezeugt diese.[63] In 5,8 ist beides unter einer Metapher zusammengefasst. (In frühjüdischer Tradition stehend, können πιστεύειν und ἀγαπᾶν parallel auf Gott gerichtet sein [vgl. Joh 16,27; 1Petr 1,8 mit Christus als Objekt, substantivisch Ign Eph 14,1; Sm 6,1]. Abraham als πιστεύων und τὸν κύριον ἀγαπῶν wurde trotz Versuchung nicht „ungeduldig" [Jub 17,18].) Der *locus classicus* Gal 5,6 legt nahe, die Liebe als eine Kraft oder Wirkung (ἐνεργεῖσθαι[64] und instrumentales διά) des Glaubens zu verstehen – im Zusammenhang des Galaterbriefs näherhin als die Gemeinschaft zwischen Juden- und Heidenchristen stiftende Kraft.[65]

Eine Verhältnisbestimmung als Voraussetzung und Folge erscheint inadäquat.[66] Auch beim prominentesten Beleg der Trias, in 1Kor 13,13, wird keine Verhältnisbestimmung vorgenommen; allerdings hebt V. 13b die ἀγάπη als die „größte" hervor. In Phlm 5 werden Liebe und Glaube einander kunstvoll nebengeordnet, indem beides chiastisch[67] genauer bestimmt wird:

---

[60] Zur Bestimmung des paulinischen Liebesverständnisses geht Söding, Liebesgebot 92 f. analog vor.

[61] Zu Liebe in 1Thess Söding, Trias 86–95; Collins, Reflections.

[62] Weiß, Glaube 212; vgl. Collins, Faith 222: „love being an expression of faith" und Söding, Trias 159: Der Glaube „entfaltet seine Kraft, das Leben der Christen zu bestimmen, durch die Liebe".

[63] Söding, Trias 87. Insofern ist sie auch „Bejahung der Berufung" (94).

[64] Im Medium (vgl. 2Kor 1,6), nicht passivisch mit Gott als logischem Subjekt (so ausdrücklich 1Kor 12,6.11; Gal 2,8; 3,5 und Phil 2,13, wo freilich das von Gott gewirkte „Vollbringen" ebenfalls mit ἐνεργεῖν bezeichnet wird) (vgl. Söding, Trias 157 Anm. 47).

[65] Zu Recht weist Wischmeyer, Weg 74 darauf hin, dass in Gal 5,6 die Liebe nicht einfach den Glauben ersetzt; auch in 1Kor 13,2 stehe sie „nicht gegen das πίστις-Charisma, sondern neben und über ihm", da die „Logik des Satzes ... addierend, nicht alternativ" sei.

[66] Söding, Trias 158.

[67] Blass/Debrunner/Rehkopf, Grammatik § 477 Anm. 5; Thomson, Chiasmus 23; so auch

Der Glaube des Philemon richtet sich πρὸς τὸν κύριον Ἰησοῦν, seine Liebe εἰς πάντας τοὺς ἀγίους, wie die beiden folgenden Verse eindeutig zeigen (Glaube und Christus V. 6, Liebe und „die Heiligen" V. 7).[68]
Bei Paulus bezeichnet *absoluter* Gebrauch von ἀγάπη gewöhnlich das liebende Verhältnis zwischen Menschen.[69] Liebe hat also ein anderes Objekt als der Glaube. Die „Vollendung" (πλεονάζειν) dieser gemeindlichen Liebe leistet nach 1Thess 3,12 der κύριος – dieser dürfte so auch als deren Urheber verstanden sein. Die Thessalonicher gelten dem Paulus in 4,9 in ihrer φιλαδελφία (nur in 1Thess 4,9; Röm 12,10) als θεοδίδακτοι, die sich auf das ἀγαπᾶν ἀλλήλους verstehen.[70] Konkret wird diese gemeindliche Liebe in der Achtung vor der Gemeindeleitung (5,12 f.).[71] Gott und Christus[72] bewirken diese Liebe (nicht durch ein Gebot, sondern) durch den Erweis göttlicher Liebe darin, ὅτι … Χριστὸς ὑπὲρ ὑμῶν ἀπέθανεν (Röm 5,8). Wie Gott als ὁ θεὸς τῆς ἀγάπης apostrophiert werden kann (2Kor 13,11; vgl. die finite Formulierung 2Kor 9,7 [Röm 9,13.25 sind Zitate] und ferner 2Thess 2,16: Gott als ὁ ἀγαπήσας ἡμᾶς), so kann Christus mit dem Partizip ὁ ἀγαπήσας umschrieben werden (Röm 8,37; Gal 2,20), wobei Gal 2,20 durch die Kombination mit der Dahingabeformel diese(s)

Stuhlmacher, Phlm 32; Wolter, Phlm 253. Anders Söding, Trias 33 f.; Dunn, Phlm 317: „both love and faith as the sum of the Christian lifestyle and … therefore as related to both ,the Lord Jesus' and ,all the saints'"; so auch Gnilka, Phlm 35 f.; Hübner, Phlm 30; Arzt-Grabner, Phlm 135, 176 (übersetzt πίστις mit „Treue" und „Zuverlässigkeit"; Kommentar mit papyrologischen Parallelen 178–180). Doch hätte man bei diesem Verständnis das Relativpronomen ἅς erwartet.

[68] Vgl. Söding, Trias 33, ferner Wolter, Phlm 253: „Glaube und Liebe bilden ein Begriffspaar, das … die fundamentalen Dimensionen der christlichen Identität benennt. Der Glaube beschreibt die ,vertikale', soteriologische (das Verhältnis zum erhöhten Herrn) und die Liebe die ihn realisierende ,horizontale', ethische (das Verhältnis zum Mitchristen) Dimension". Das gemahnt denn doch an Luthers berühmter Verhältnisbestimmung von Glaube und Liebe am Ende seiner Freiheitsschrift von 1520: „… dass ein Christenmensch nicht in sich selbst lebt, sondern in Christus und in seinem Nächsten; in Christus durch den Glauben, im Nächsten durch die Liebe. Durch den Glauben fährt er über sich in Gott, aus Gott fährt er wieder unter sich durch die Liebe und bleibt doch immer in Gott und göttlicher Liebe" (Luther, Freiheit 263).

[69] Röm 12,9; 13,8 (*bis*).9 (zit. Lev 19,18 [vgl. Gal 5,14b]).10; 14,15; 1Kor 4,21; 8,1; 13,1.2.3.4 (*bis*).8.13 (*bis*); 14,1; 16,14; 2Kor 6,6; 11,11; Gal 5,6.13.22; Phil 1,16; 2,1.2; 1Thess 5,8.

[70] *Nota bene*: ἀγαπᾶν, nicht φιλεῖν! – Die Mutualität der Liebe wird verschiedentlich hervorgehoben: Neben 1Thess 3,12; 5,13 (die Wertschätzung ἐν ἀγάπῃ als Reaktion auf jemandes κοπιᾶν [s. V. 12; nach 1,3 ist ja der κόπος die Gestalt der Liebe]) s. v. a. Röm 13,8; 2Kor 12,15b; Gal 5,13c διὰ τῆς ἀγάπης δουλεύειν ἀλλήλους; 2Thess 1,3 und ferner im konkreten Zusammenhang der paulinischen Kollekte 2Kor 8,7 ἡ ἐξ ἡμῶν ἐν ὑμῖν ἀγάπη sowie Röm 12,10.

[71] Söding, Trias 93.

[72] Trinitätstheologisch sei ergänzt: Das πνεῦμα ist der Liebe Röm 15,30 im *genitivus auctoris* attribuiert (vgl. die *varia lectio* Gal 5,13).

Liebe(n) näherhin kreuzestheologisch interpretiert (vgl. 2Kor 5,14). Die
ἀγάπη τοῦ θεοῦ richtet sich εἰς ἡμᾶς (Röm 5,5.8; 8,35.39; 2Kor 13,13);
sie ereignet sich in der ἀγάπη Χριστοῦ (Röm 8,35; 2Kor 5,14). Das auf
den κύριος bezügliche Genitivattribut bei der ἀγάπη nennenden Trias in
1Thess 1,3 könnte dies widerspiegeln, insofern der Genitiv ein *ursächliches*
Verhältnis bezeichnet (ähnlich Röm 15,30 [πνεῦμα]). Wenn die Thessalonicher im der Trias nächstgelegenen Beleg für ἀγαπ- in V. 4 als „von Gott
geliebte Brüder" angesprochen werden, dürften sie diese inhaltliche Bestimmung der Liebe Gottes konnotieren. Paulus verbindet in Röm 1,7 das
Prädikat ἀγαπητός mit dem subjektiven Genitivattribut[73] θεοῦ, in Röm
16,8; 1Kor 4,17; 16,24 (ἐν Χριστῷ Ἰησοῦ entspricht dem Genitivattribut
bei χάρις in V. 23); Phlm 16 mit ἐν κυρίῳ. Dass Gott Geber der Liebe ist,
setzt voraus, dass er selbst liebt (Röm 8,39). Bei Paulus findet sich überraschend selten das Motiv der *Gottesliebe*: Röm 8,28 (Partizip Plural [wie
οἱ πιστεύοντες!]); 1Kor 2,9 (zit. ApkEliae); 8,3 (Auslassung des Objekts
in p[46] und bei Clemens Alexandrinus; vgl. PsSal 4,25 u. ö.).

Bestimmt das nachstehende Genitivattribut die Trias näher (dazu 2.3.),
so ist hinsichtlich des zweiten Elements, der Liebe, festzuhalten, dass es
bei deren attributiver Bestimmung nicht um die Alternative *genitivus ob-
iectivus/subiectivus* gehen kann. Die in 1,3 genannte „Liebe" der Thessalonicher ist weder auf ihren „Herrn" gerichtet, noch wird sie von diesem
ihnen gegenüber empfunden oder praktiziert. Diese „Liebe" empfängt
gleichwohl Gehalt und Wesen vom „Herrn Jesus Christus", insofern die
Thessalonicher „glauben", dass er für ihre Sünden gestorben ist, von den
Toten auferstanden ist (4,14) und wiederkommen wird, um die Glaubenden
zu retten (1,10).

2.2.3. Glaube und Hoffnung

Mit vier Belegen begegnet ἐλπίς im 1.Thessalonicherbrief (1,3; 2,19; 4,13;
5,8) vergleichsweise häufig;[74] ähnlich steht es noch im Römerbrief, der
zwölfmal ἐλπίς bietet, der 1. und 2.Korintherbrief dagegen nur jeweils
dreimal, der Galater- und Philipperbrief nur jeweils einmal.[75] In 2,19 f.
wird die als δόξα weitergeführte ἐλπίς metonym verwendet: die Adressaten
sind der Grund zur Hoffnung und die Gewähr für ein ehrenvolles Urteil
bei der Wiederkunft des den Apostel beauftragenden Herrn. Eschatologisch

---

[73] Vgl. Kühner/Gerth, Grammatik 334 Anm. 1.

[74] Zu Hoffnung im 1.Thessalonicherbrief s. Nebe, Hoffnung 94–109; Söding, Trias
95–100; Collins, Reflections 346–355.

[75] Ausführlich zur Verbindung Glaube-Hoffnung bei Paulus s. von Dobbeler, Glaube
202–216.

ist auch 5,8: Die ἐλπίς ist durch eine eigene Metapher von den beiden anderen Elementen abgesetzt. Sie steht auch nicht wie diese im *genitivus epexegeticus*, sondern prädikativ. Und ihr ist ein Genitiv attribuiert (vgl. Röm 5,2 ἐλπὶς τῆς δόξης τοῦ θεοῦ [s. Kol 1,27]; Gal 5,5 ἐλπὶς δικαιοσύνης; ferner Tit 1,2; 3,7): Die Hoffnung richtet sich auf die σωτηρία, die in V. 10 als Leben mit Christus entfaltet wird. Hoffnung und eschatologische Rettung sind auch in Röm 8,24 verknüpft.

Aus der Anordnung der drei Elemente der Trias kann nicht auf ein weniger enges Verhältnis von Glaube und Hoffnung als von Glaube und Liebe geschlossen werden. Die Reihenfolge ist offensichtlich kontextuell begründet. Wie in 1Kor 13,13 ist auch in 1Thess 1,3; 5,8 das aktuell wichtigere Element an den Schluss gesetzt.[76]

In 4,13 ist von οἱ μὴ ἔχοντες ἐλπίδα die Rede, im Gegensatz zu denen den Thessalonichern der Auferstehungsglaube (V. 14a) weiter gegeben wird. Der Begriff wird also zwar in der Einleitung des Abschnitts über die Totenauferstehung genannt, aber im Nebensatz und dort auch nur vergleichend am Ende und zwar als Akkusativobjekt eines Partizips verneint auf andere bezogen. Und im Folgenden wird er überhaupt nicht mehr aufgegriffen. Der ausdrücklich genannte und inhaltliche bestimmte Glaube steht für Hoffnung. Glaube ist nicht „Voraussetzung" für Hoffnung, sondern präziser: der *Inhalt* des πιστεύειν ist hoffnungsträchtig. Ist ἐλπίζειν hier bewusst vermieden? Anders ist es in 1Kor 15,19, wo ἐλπίζειν eine Äußerung der πίστις (V. 14.17) darstellt.

Gott ist – analog zur ἀγάπη (s. o.) – der θεός τῆς ἐλπίδος (Röm 15,13: Zusammenhang mit πιστεύειν; vgl. 15,5: ὁ θεός τῆς ὑπομονῆς), d. h. der Geber der Hoffnung (vgl. 2Thess 2,16). Die Rolle des πνεῦμα wird verschiedentlich hervorgehoben (Gal 5,5; Röm 15,13; vgl. 5,5). Der κύριος Jesus Christus allerdings wird in diesem Zusammenhang (außer in 1Kor 15,19) nicht genannt.

Paulus bestimmt die πίστις als Vermittlerin der ἐλπίς, wenn er in Gal 5,5 die Hoffnung ἐκ πίστεως erwartet. Hier steht die ἐλπίς an Stelle der δικαιοσύνη, die als deren Objekt genannt wird: Die δικαιοσύνη ist eine Hoffnungsgröße. Hoffnung kann auch als Motiv o. ä. des Glaubens verstanden werden (Röm 4,18: ἐπ' ἐλπίδι πιστεύειν). Im Hohenlied der Liebe freilich die die ἀγάπη Subjekt des Hoffens (1Kor 13,7); als deren „gleichgeordnete Modi"[77] werden Glauben und Hoffen aufgeführt. Hoffnung hat ihren Ort im Glaubensleben in der Krise (Röm 3,3–5); sie spielt Freude zu (Röm 12,12 [vgl. 15,13]; s. ferner 2Kor 3,12; Phil 1,20 [παρρησία]). Ihr Inhalt ist die Freiheit der ganzen Schöpfung (Röm 8,20 f.) bei der

---

[76] Conzelmann, 1Kor 280; Marxsen, Bleiben 227; Weiß, Glaube 197 f. (198 Anm. 12 nennt weitere Autoren).

[77] Von Dobbeler, Glaube 209.

Parusie des Kyrios und individuell die δικαιοσύνη (Gal 5,5). Weil dies aussteht, ist die Hoffnung gewissermaßen unanschaulich (Röm 8,24; vgl. 2Kor 4,18; 5,7). Neben der Gleichordnung von Glaube und Hoffnung findet sich so auch (schon?) ein Vorrang der πίστις, dergestalt, dass „Hoffnung ... nichts anderes ist als der auf Gottes Zukunft hin ausgerichtete Glaube"[78].

Der Hoffnungsbegriff aus frühjüdischer Leidenstheologie – s. dazu z. B. ἐλπὶς τῆς ὑπομονῆς 4Makk 17,4 – passt gut in 1Thess 1,6; 2,14 ff.; 3,3 ff. Aber Paulus formuliert hier mit dem Begriff der πίστις (vgl. Sir 49,10: ἐν πίστει ἐλπίδος). Den Begriff „Glauben" mag Paulus ad extra vermieden haben, weil er weniger als der der γνῶσις sei;[79] dies scheint in höherem Maße für ἐλπίς und ἐλπίζειν zu gelten.

Die „Hoffnung" wird in 1,3 durch das Genitivattribut, das der Trias folgt (dazu 2.3.), soteriologisch-eschatologisch qualifiziert: Vollendung und Ziel des (bedrängten) Lebens ist es, „mit dem Herrn Jesus Christus zu leben" (5,10). Mit Hinweis auf V. 10, wo „der Sohn Gottes" Objekt des (geduldig/duldsam[80] hoffenden) ἀναμένειν ist, kann das Genitivverhältnis zu ἐλπίς in V. 3 als genitivus obiectivus verstanden werden: Hoffnung auf den kommenden Herrn.[81] Bemerkenswert an dieser Stelle ist, dass Paulus hier bei der inhaltlichen Bestimmung der Hoffnung auf das Verb ἐλπίζειν verzichtet. Eine Bestimmung des Christus-Genitivs nach dem letzten Trias-element „Hoffnungsduldsamkeit" als genitivus subiectivus könnte auf 2Thess 3,5 verweisen.

2.3. Philologische Analyse

2.3.1. Die Genitive der Doppeltrias

In den Zusammenstellungen τὸ ἔργον τῆς πίστεως, ὁ κόπος τῆς ἀγάπης und ἡ ὑπομονὴ τῆς ἐλπίδος gibt das jeweilige Genitivattribut nicht bloß die Ursache des Werks, der Mühe und der Geduld/der Ausdauer wieder; damit läge ein genitivus subiectivus (oder auctoris bzw. im sächlichen Bezug causae) vor.[82] Vielmehr ist der Zusammenhang der beiden Substantive enger

---

[78] Hengel/Schwemer, Paulus 457; vgl. Strecker, Fides 248 f.
[79] Lührmann, Glaube 49: Der paulinische Glaubensbegriff könne „der griechischen Tra-dition gegenüber nicht aussagen, dass es hierbei um eine begriffliche Fassung dessen geht, was das frühe Christentum neu zu verkünden hat".
[80] p[46] scheint nicht von ungefähr ὑπομένειν zu bieten.
[81] So mit vielen etwa O'Brien, Thanksgivings 148 (mit Anm. 33) und 150; Marshall, 1Thess 51 f.; Collins, Faith 213; Söding, Trias 31, 73.
[82] So – mit unterschiedlicher Wiedergabe – z. B. Milligan, 1Thess 6 („remembering how

zu verstehen, insofern die *nomina regentia* nicht nur kontingente Begleitumstände, sondern *Erscheinungsweisen* von Glaube, Liebe und Hoffnung
wiedergeben.[83] Das Tun (ἔργον[84]) der Thessalonicher, dessen Paulus gedenkt, *ist* ihr Glaube und folgt nicht als etwas (unbestimmtes) zweites
daraus, so wie ihre Mühe in der Liebe und ihre Geduld in ihrer Hoffnung
bestehen; die Genitive sind also am ehesten epexegetisch zu verstehen.[85]
Die *nomina regentia* können als Adjektivparaphrasen[86] wiedergegeben werden als „der tätige Glaube", „die mühevolle/engagierte Liebe" und „die
ausdauernde Hoffnung".[87] Der Akzent liegt damit auf der zweiten Trias.
Dabei sind die einzelnen Genitive nicht (allzu) spezifisch auszudeuten;
vielmehr liegt einfach „eine auf das Ganze gerichtete Aussage über die
tätige Erscheinungsform"[88] vor.

---

your faith works, and your love toils, and your hope endures"); von Dobschütz, 1Thess
65.66; Frame, 1Thess 76; Bicknell, 1Thess 5 („your active work that is the fruit and evidence
of faith, your toil for others that only love could inspire, and your perseverance that nothing
could sustain but hope"); Ellingworth/Nida, Handbook, 6 („the first item is probably best
regarded as the result of the second"); Ellicott, 1Thess 3 („genitives of origin"); O'Brien,
Thanksgivings 147.148, dem die Elemente der ersten Trias (mit Bicknell, 1Thess 5) als
„practical results of faith, love and hope" gelten (vgl. noch Marshall, 1Thess 51) – als seien
jene drei als solche nicht schon eminent praktisch; Holtz, 1Thess 43; Söding, Trias 70.71;
Weiß, Glaube 199; Wanamaker, 1Thess 75; Bickmann, Kommunikation 157; Haufe, 1Thess
25.

[83] Von Dobbeler, Glaube 212 befindet, „daß jeweils das erste Glied ... als spezifische
Verwirklichungsform des zweiten Glieds ... verstanden ist" – soll damit gesagt sein, dass
es keine andere „Verwirklichung" gibt, dass sich also beispielsweise Glaube nur in der Tat
„verwirklicht"? Durch die Verknüpfung mit der ersten Trias leiste die zweite „eine Konkre-
tisierung des ... Christseins" (ebd.). Weiß, Glaube 199 versucht – unter Anspielung auf die
Unterscheidung von *vita comtemplativa* und *vita activa*? – eine genauere Zuordnung: „Auswirkungen des Glaubensstandes im aktiven Verhalten". Ferner Reinmuth, 1Thess 116: „Ist
mit den ersten drei Worten der tätige Glaubensalltag der Gemeinde erfaßt, so mit den letzten
seine tatsächliche Substanz."

[84] Für metonymen Gebrauch von ἔργον s. 1Thess 5,13; Röm 2,7.(Tun). 15 (Vorschrift?);
13,3 (Täter); vgl. Gal 6,4; 1Kor 15,58 („die tätige, auf der ... πίστις ... gründende ...
Auferbauung der Gemeinde" [Weiß, Glaube 203]).

[85] Vgl. Collins, Faith 213; Robertson, Word 8 („descriptive genitives"); so schon von
Hofmann, Schrift 158 (allerdings nur auf τῆς πίστεως bezogen, die beiden parallelen Genitive
werden tendenziell als subjektive Genitive bestimmt).

[86] „*Epithetorum vim haec habent*" (Bengel, *Gnomon* 518).

[87] Collins, Faith 213 samt Anm. 32 mit Bicknell, 1Thess 5 („active work"); vgl. Rigaux,
1Thess 363, Vanhoye, Composition 80 („la foi active de Thessaloniciens") und auffällig vage
Blass/Debrunner/Rehkopf, Grammatik § 163 Anm. 4: „die duldende Hoffnung neben dem
tätigen Glauben und der arbeitenden Liebe", die Genitive seien „eher [!] subjektiv". Dies
ist gleichsam die Inversion des nach Blass/Debrunner/Rehkopf, Grammatik § 165,1 heb-
raisierenden *genitivus qualitatis*, den Weir, I Thess. 1,3, 525 hier finden will: „your faithful
(or loyal) work, your loving labour, and your hopeful patience". Auch Moore, 1Thess 25
versteht als „descriptive genitive serving as a strong adjective" und paraphrasiert mit „work
prompted and characterized by faith".

[88] Weiß, Glaube 200 (vgl. 199).

Glaube wird als eine gegenwärtige Aktivität gekennzeichnet, nicht etwa
– wie 1,5f.9 und noch 2,13 nahelegen könnten – bloß als ein vergangenes
Annehmen des Evangeliums.[89] Vielmehr ist mit dem Syntagma „die gesamte
Lebensführung, soweit sie durch den Glauben bestimmt ist“[90], bezeichnet.[91]
Ausweislich 1 Thess 2,13; 1 Kor 12,6(.11); Gal 5,6; Phlm 6 ist die Verbin-
dung von πίστις mit ἔργον durchaus gut paulinisch.[92]

Die als κόπος[93] qualifizierte Liebe steht im Horizont der allgemeinen
Gemeindetätigkeit, verwendet Paulus für diesen Zusammenhang doch häufig κοπ-[94]. Die Charakterisierung von Hoffnung als ὑπομονή ist ein „He-
roismus“[95]. Hoffnung bewirkt in der Bedrängnis Duldsamkeit (vgl. Röm
8,25; ferner 2,7).

---

[89] Collins, Faith 213 mit Anm. 33; Söding, Trias 84, vgl. 71 f. Von Dobbeler dagegen
bestimmt πίστις als „initial-grundsätzlich“ (315), ja er spricht vom „mit der Voraussetzung
[!] πίστις begonnenen Christsein[...]“ (212) und davon, dass πίστις „im Sinne des Gläubig-
werdens Voraussetzung [!] für die Zurechnung von Gerechtigkeit“ sei (214). Zu πίστις +
[ἐν]εργ- s. Gal 5,6 πίστις δι’ ἀγάπης ἐνεργουμένη; 1 Thess 2,13 [das Wort Gottes] ἐνεργεῖται
ἐν ὑμῖν τοῖς πιστεύουσιν und Phlm 6 ἡ κοινωνία τῆς πίστεώς σου ἐνεργὴς γένηται. Nach
1 Kor 12,6 ist Gott der ἐνεργῶν aller ἐνεργήματα, zu denen auch die πίστις im speziellen
Sinne gehört (V. 9; vgl. noch V. 11, wonach πάντα ... ἐνεργεῖ τὸ ἓν καὶ τὸ αὐτὸ πνεῦμα).

[90] Von Dobschütz, 1 Thess 66; vgl. Wanamaker, 1 Thess 75 („totality of ... Christian
life-style“) und Söding, Trias 71 („allgemein das, was ein Christ zu wirken fähig und
herausgefordert ist“).

[91] In 5,13 bezeichnet ἔργον umfassend die Tätigkeit(en) gemeindeleitender Personen (s.
V. 12: κοπιᾶν, προιστάναι, νουθετεῖν).

[92] Weiß, Glaube 203. Als ähnliche, ein Hervorbringungsverhältnis bezeichnende Belege
für ἔργον mit Genitivattribut s. Röm 2,15 (νόμου, dazu Burchard, Werken 410 Anm. 32),
1 Kor 15,58; 16,10 (τοῦ κυρίου [vgl. dazu 1 Thess 5,13, insofern ἐν κυρίω V. 12 zu berücksichtigen ist wie in 1 Kor 9,1]); Phil 2,30 (τοῦ Χριστοῦ [„Mission“?]); Röm 14,20 (τοῦ θεοῦ
[vgl. Phil 1,6]), wo ἔργον im Zusammenhang mit missionarischer Tätigkeit steht wie auch
2 Kor 10,11; Phil 1,22. 2 Thess 1,11 nimmt das ἔργον πίστεως aus 1 Thess 1,3 auf. Die
Verbindung von πίστις und ἔργον findet sich auch bei Philo, der in rer. div. 95 die πίστις
als ἔργον δικαιοσύνης bestimmt.

[93] Die große semantische Nähe zu ἔργον geht aus einem Vergleich von 1 Kor 3,8 mit V. 14
hervor.

[94] Röm 16,6.12 (bis); 1 Kor 15,58; 16,16; 1 Thess 5,13. Speziell vom apostolischen Wirken
dagegen: 1 Thess 2,9; 3,5; 1 Kor 3,8; 4,12; 15,10; 2 Kor 6,5; 10,15; 11,23.27. Bei Paulus ist
dies „almost a technical term to describe his missionary activity in ist entirety“ (Collins,
Faith 221), wobei „missionarisch“ im weitesten Sinne gemeint ist; s. dazu von Harnack,
Κόπος.

[95] Dibelius, 1 Thess 3; vgl. Bicknell, 1 Thess 6, der mit Hinblick auf 4 Makk 1,11; Röm
5,3; 2 Kor 1,6; 6,4 von „heroic constancy“ spricht. S. die Parallelität von ἐλπίζειν und
ὑπομένειν in 1 Kor 13,7. 4 Makk 17,4 zeigt, dass diese beiden Begriffe gegenüber den anderen
eine eigene Traditionsgeschichte haben (Wischmeyer, Weg 152).

2.3.2. Das voranstehende Pronomen

Diese enge Verbindung jeweils der drei Doppelbegriffe erhellt schon die Zuordnung des vorhergehenden attributiven ὑμῶν. Dieses ist nicht als „unmittelbar von μνημονεύοντες abhängig" zu verstehen, d. h. als „zusammenfassende[s] Genitivobjekt" (vgl. Gal 2,10 τῶν πτωχῶν);[96] die näher liegende Parallele ist 1Thess 2,9, wo τὸν κόπον ἡμῶν das Objekt des μνημονεύειν ist[97] (vgl. noch die *varia lectio* in V. 2, die mit ὑμῶν redundant ein Objekt der „Erinnerung/Erwähnung [μνεία] in unseren Gebeten" einfügt). Das Attribut ὑμῶν steht hier aber keineswegs in emphatischer Prolepse[98], sondern ist im Gegenteil unbetont wie beispielsweise in 3,10.13 oder – ebenfalls mit μνημονεύειν – Phlm 5 (ἀγάπη und πίστις); Kol 4,18.[99] Da der vorangestellte Genitiv des Pronomens zum *dativus sympatheticus* tendieren kann,[100] changiert das ὑμῶν aber in der Tat zwischen Attribut und Objekt. Das ὑμῶν ist jedenfalls auf den Doppelbegriff als ganzen bezogen,[101] und zwar in ἀπὸ-κοινοῦ-Stellung auf alle drei (vgl. 3,6: πίστις und ἀγάπη mit nachgestelltem gemeinsamem ὑμῶν).[102] Des mit der Doppeltrias bezeichneten Tuns der Thessalonicher „gedenken" die Absender Paulus, Silvanus und Timotheus. Da die Berücksichtigung im Gebet in V. 2 schon ausdrücklich genannt ist, dürfte hier μνημονεύειν schlicht „in (guter) Erinnerung haben" bedeuten.[103] Das Verständnis als Gebet kann sich je-

---

[96] Holtz, 1Thess 43 (gleichwohl übersetzt und erklärt er ὑμῶν attributiv). Damit wäre die erste bzw. die Doppeltrias appositionell als „nähere Erläuterung" zu ὑμῶν zu verstehen und mit „und zwar" einzuleiten (von Dobschütz, 1Thess 65, dem es allerdings Unbehagen macht, „daß dabei dann die folg.[enden] Gen.[itive] in der Luft schweben").

[97] Die Kasusdifferenz ist semantisch ohne Belang (Leivestad, EWNT 2 1070).

[98] So Holtz, 1Thess 43.

[99] Blass/Debrunner/Rehkopf, Grammatik § 284,1b mit Anm. 2 und § 473,1.

[100] Blass/Debrunner/Rehkopf, Grammatik § 473 Anm. 2.

[101] Von Dobschütz, 1Thess 65; Holtz, 1Thess 43; Wanamaker, 1Thess 75. Dass der Akzent auf der zweiten Trias liegt – insbesondere dieser ist mithin ὑμῶν attributiv zuzuordnen (so z. B. Bengel, Gnomon 518; Milligan, 1Thess 6; Masson, 1Thess 18) –, wird bestätigt durch die paulinische Verwendung von Possessivpronomen und Genitivattributen bei Glaube (in 1Thess stets mit ὑμῶν [außer 5,8, wo ein Pronominalattribut sich wegen der die Adressaten inkludierende 1. pl. erübrigt]; [nach von Dobschütz, 1Thess 65 Anm. 2 stellen D F G ὑμῶν hinter und damit eindeutig zu πίστεως, dem ersten Element der zweiten Trias]), Liebe (1Thess 3,6; 1Kor 16,24; 2Kor 8,8.24; Phil 1,9; Phlm 5) und Hoffnung (1Thess 2,19; 2Kor 1,7; Phil 1,20; vgl. 1Tim 1,1). – Den Elementen der ersten Trias ordnen etwa Dibelius, 1Thess 3 und O'Brien, Thanksgivings 147.148 das ὑμῶν zu.

[102] Von Dobschütz, 1Thess 65; Rigaux, 1Thess 367; Best, 1Thess 67; Marxsen, 1Thess 36; Holtz, 1Thess 41.43; Hughes, Rhetoric 109.

[103] Von Dobschütz, 1Thess 64 f.; Dibelius, 1Thess 3; O'Brien, Thanksgivings 147 mit Anm. 30. Die bei Bauer-Aland s. n. μνημονεύω 1. genannten Stellen Ign Trall 13,1 und Ign Röm 9,1 mit dem Adverbiale „in unserem/unseren Gebet/-en" legen nahe, μνημονεύειν ohne eine derartige Ergänzung eben nicht vom Gebet zu verstehen. Über die genannten Belege hinaus nennt noch Ign Mag 14,1 *verbotenus* die Gebete; demgegenüber bezeichnet bloßes

denfalls nicht auf die Zuordnung des den V. 3 abschließenden ἔμπροσθεν τοῦ θεοῦ καὶ πατρὸς ὑμῶν stützen (dazu gleich mehr).

2.3.3. Das nachstehende Attribut

Welchem Element oder welchen Elementen der Trias ist das hier besonders interessierende Genitivattribut τοῦ κυρίου ἡμῶν Ἰησοῦ Χριστοῦ zuzuordnen – und in welchem Sinne? Ergänzt es ausschließlich das letzte Glied der Doppeltrias ἡ ὑπομονὴ τῆς ἐλπίδος[104] oder bezieht es sich auf alle Doppelbegriffe[105] bzw. auf die Elemente der zweiten Trias? Im letzten Fall würde eine πίστις-Χριστοῦ-Formulierung vorliegen. Für die erstgenannte Lösung spricht neben der dann überschaubareren Syntax vor allem, dass in 5,8 als der „recapitulation of the triad"[106] nur das letzte durch Metapher- und Kasuswechsel deutlich abgesetzte Element ἐλπίς durch das Genitivattribut σωτηρίας näher bestimmt wird. Und die σωτηρία wird im folgenden Satz als διὰ τοῦ κυρίου ἡμῶν Ἰησοῦ Χριστοῦ zu erwerben charakterisiert[107] – also mit exakt der gleichen Titulatur Christi verbunden wie in 1,3, wo allerdings die Titel aus der *salutatio* V. 1 aufgenommen (und mit ἡμῶν ergänzt) sind.[108]

Der Hinweis auf 5,8–10 wird allerdings dadurch etwas entkräftet, dass V. 9 den Inhalt einer Pistisformel bietet und dass in V. 10 *fin.* die Gemeinschaft mit Christus als Signatur des christlichen Lebens überhaupt verstan-

---

μνημονεύειν im NT und in Barn 9,7; Ign Eph 12,2; Ign Sm 5,3; Pol 2Phil 2,3 entsprechend nicht das Gebet. Nur Kol 4,18; Ign Eph 21,1 meinen wohl die Fürbitte, ohne ausdrücklich das Gebet zu erwähnen.

[104] So Milligan, 1Thess 7; Bicknell, 1Thess 5; Schlier, Apostel 17.19; Masson, 1Thess 19 mit Anm. 1; O'Brien, Thanksgivings 148 (mit Anm. 33) und 150; Collins, Faith 213; Wuellner, Rhetoric 109; Wanamaker, 1Thess 76 (gleichwohl heißt es auf S. 74 das erste Element und das Attribut zuordnend „faith in Christ"); Donfried/Marshall, Theology 43; Söding, Trias 31, 73; Bickmann, Kommunikation 157; Reinmuth, Thess 117; Haufe, 1Thess 25.

[105] So Wohlenberg, 1Thess 22 f.; von Dobschütz, 1Thess 65, 67; Dibelius, 1Thess 3 (mit [kritischem] Hinweis auf den Deißmann-Schmitzschen *genitivus mysticus*); Rigaux, 1Thess 367; Moore, 1Thess 25 f.; Holtz, 1Thess 43; Laub, 1Thess 16; Weiß, Glaube 200 („gleichsam adjektivisch"; mit Blass/Debrunner/Rehkopf, Grammatik § 163 Anm. 1).

[106] Hughes, Rhetoric 105. Koester, Eschatology 452 Anm. 56 sieht in 1,3; 5,8 geradezu eine *inclusio* im rhetorischen Aufbau des 1.Thessalonicherbriefs.

[107] Wohl auf das *verbum finitum* ist διὰ τοῦ κυρίου ἡμῶν Ἰησοῦ Χριστοῦ zu beziehen (Holtz, 1Thess 229), nicht auf die περιποίησις (so Best, 1Thess 217; Thüsing, Christum 204) oder gar nur auf deren Attribut σωτηρίας (für σώζεσθαι διὰ αὐτοῦ [sc. Χριστοῦ] vgl. aber immerhin Röm 5,9). Gleichwohl kann wie oben paraphrasiert werden.

[108] Zu den christologischen Titeln im 1.Thessalonicherbrief Merk, Christologie 104. Angeschlossen ist in 5,10 noch im *participium coniunctum* die formelhafte Erwähnung des Todes Jesu als Heilsereignis (sog. „Sterbensformel" wie Röm 5,6.8; 14,15; 1Kor 8,11; Gal 2,21 [dazu Wengst, Formeln 78–86 und die Zusammenfassung bei Vielhauer, Geschichte 16]).

den wird und nicht auf ein postmortales παντότε σὺν κυρίῳ εἶναι (4,17) beschränkt werden darf (vgl. Röm 14,8 f.). (Auch 1,3 könnte so gleichsam uneschatologisch oder doch nicht vorrangig eschatologisch gelesen werden; das Genitivattribut entspräche dann dem σὺν αὐτῷ [*sc.* τῷ κυρίῳ ἡμῶν Ἰησοῦ Χριστῷ], die Doppeltrias umschriebe das ζῆν.)[109] Für ἐλπίς mit objektivem Genitivattribut liegt in Röm 5,2 eine Parallele vor; und das Verb wird in 2Kor 1,10 mit einem präpositionalen Objekt gebildet. Weiter könnte der *Inhalt* der Hoffnung für eine Zuordnung des Attributs nur zu ἐλπίς sprechen, nämlich laut 1Thess 1,10 die als Kommen des Gottessohnes „aus den Himmeln" und als „Rettung" der Seinen aus dem Gericht („Zorn") dargestellte Parusie (vgl. 1Kor 1,7; 15,19; Phil 3,20). Wenn Glaube durch ἐπιστρέφειν (V. 9), Liebe durch δουλεύειν (V. 9) und die Hoffnung durch ἀναμένειν (V. 10) aufgegriffen wird,[110] wäre das ein weiteres Argument, insofern sich die ersten beiden Verben auf Gott beziehen, das letzte indes auf den Gottessohn. Gegen diese Zuordnung ausschließlich zum letzten Triadenglied ist jedoch zunächst zu fragen, warum Paulus das nicht durch den wiederholten Artikel τῆς unmissverständlich ausgedrückt hat. 1,8 zeigt, wie sorgfältig Paulus derlei handhabt: Durch die Artikelwiederholung schließt er hier das Missverständnis aus, dass der Glaube der Thessaloni-cher zu *Gott* „herauskommt", d. h. diesem bekannt wird.[111] Sodann ist anzuführen die (so gestörte) Symmetrie der Trias: Diese hätte mit der Ergänzung zum letzten Doppelbegriff ein auffallendes Achtergewicht. Dem ἀπὸ κοινοῦ konstruierten *attributum auctoris* ὑμῶν vor der Trias entspricht das auf den „Herrn" bezügliche dahinter.[112] Insofern ein gewisser Akzent auf der zweiten Trias festzustellen und das voranstehende Attribut auf deren Elemente zu beziehen ist, gilt dies auch für das nachstehende At-tribut.

Die dann folgende Ergänzung ἔμπροσθεν τοῦ θεοῦ καὶ πατρὸς ἡμῶν ist auf die Doppeltrias, insbesondere auf die zweite Reihe zu beziehen.[113] Da die Berücksichtigung im Gebet im vorhergehenden Vers schon ausdrücklich genannt ist, dürfte μνημονεύειν hier nicht (in der Bedeutung „vor Gott

---

[109] Ähnlich Weiß, Glaube 215 f.

[110] Johanson, Brethren 86.

[111] Zur Präzision im Artikelgebrauch bei Attributen s. noch Röm 7,5; 2Kor 9,3; Gal 2,20; Phil 1,11; vgl. Blass/Debrunner/Rehkopf, Grammatik § 269,2 mit Anm. 5.

[112] Marxsen, 1Thess 36; diesen Zusammenhang zeigt schön Dibelius, 1Thess 2, der das vorangestellte pronominale Attribut als Subjekt in den das nachgestellte Attribut wiederge-benden Relativsatz stellt und paraphrasiert: das christliche Leben, „das ihr (in der Gemein-schaft) unseres Herrn Jesu Christi (bewährt) vor Gottes unseres Vaters Angesicht".

[113] Von Dobschütz, 1Thess 65.67; Dibelius, 1Thess 2.3; Söding, Trias 35 Anm. 11. Nur auf den letzten Doppelbegriff beziehen (die Parallelität mit dem ebenso bezogenen Genitiv-attribut wahrend) Bicknell, 1Thess 5; Hughes, Rhetoric 109 und Wanamaker, 1Thess 76, der als Alternative den Bezug zu μνημονεύοντες (im Sinne von Gebet [s. V. 2]) erwägt.

jemandes gedenken") auf das Gebet bezogen sein,[114] sondern schlicht „in (guter) Erinnerung haben" bedeuten; in diesem Sinne sind sämtliche neutestamentlichen μνημονεύειν-Belege zu verstehen (s. ferner Barn 9,7; Ign Eph 12,2; Ign Sm 5,3; Pol Phil 2,3). Schon das beispiellos weite Hyperbaton spricht gegen eine solche Zuordnung von μνημονεύοντες und der dann doch arg nachklappenden ἔμπροσθεν-Ergänzung. Die in Gebeten gebräuchliche „Vater"-Titulation Gottes kann das *onus probandi* jedenfalls nicht tragen. In der wörtlichen Parallele 3,13 bestimmt diese ἔμπροσθεν-Wendung den eher formalen Begriff ἁγιωσύνη – besteht diese in Glaube, Liebe, Hoffnung? Die adverbielle Ergänzung mit ἔμπροσθεν bestimmt so die Trias: Das christliche Leben wird als „im Angesicht Gottes" zu führen verstanden; insbesondere 2,19; 3,13; 5,23 zeigen den Konnex mit der Parusie.[115]

Zu diesem abschließenden präpositionalen Attribut steht das vorhergehende genitivische parallel. Mit τοῦ κυρίου ἡμῶν Ἰησοῦ Χριστοῦ ist weder nur das letzte Triadenelement, noch sind damit sämtliche Elemente einzeln ergänzt; Paulus qualifiziert die *Trias insgesamt*[116] – doppelt durch den Bezug auf „Gott, unseren Vater" und den auf „unseren Herrn Jesus Christus".[117] So erklärt sich übrigens auch der Verzicht auf die Wiederholung des – nämlichen welchen? – Artikels.[118]

---

[114] So indes beispielsweise Collins, Faith 212, der gleichwohl wenige Zeilen später implizit auf πίστις bezieht (213); Holtz, 1 Thess 43 mit Anm. 56 und 60 (nach Wiles, Prayers 55, 175–177); Haufe, 1 Thess 25. Nicht zufällig vorsichtig Ellingworth/Nida, Handbook 7: „the phrase *before our God and Father* must refer in some way [!] to the event of praying". Zum Bezug auf das Gebet könnte auf 3,9 sowie Apg 10,4 verwiesen werden. Die bei Bauer/Aland, Wörterbuch s. v. μνημονεύω 1. genannten Stellen Ign Trall 13,1 und Ign Röm 9,1 mit dem Adverbiale „in unserem/-en Gebet/-en" legen nahe, μνημονεύειν ohne eine solche Ergänzung eben nicht auf das Gebet zu beziehen.

[115] Vgl. noch 2Kor 5,10 (ἔμπροσθεν τοῦ βήματος τοῦ Χριστοῦ); Röm 14,10.

[116] So bei Dibelius, 1Thess 2 und Marxsen, 1Thess 36 gemeint?

[117] Diese theologische Doppelung findet sich so auch in V.1 (ebenfalls mit Vater- bzw. Herr-Titel), in V.9.10 sowie 2,14; 3,2.11.13 (Trias verarbeitet); 5,9 (nach Trias); Röm 5,1; 6,11. Theologisch begründet ist diese Doppelung in der beispielsweise durch den Subjektswechsel in 4,14 illustrierten Handlungsgemeinschaft des gestorbenen und auferstandenen Jesus und Gottes; vgl. Röm 8,35a.39*fin.*

[118] In 1Kor 13,13 wird die Trias ausweislich des singularischen *verbum finitum* als neutrischer Plural verstanden und entsprechend mit τὰ τρία ταῦτα zusammengefasst (statt mit dem näher liegenden, da femininen αἱ τρεῖς αὐταί [vgl. Plut. Mor. 94, wo ebenfalls drei Feminina durch τρία aufgenommen werden]); hier wäre also ein τῶν als gen. pl. ntr. möglich – und unverständlich. Oder sollte das singularische *verbum finitum* in 1Kor 13,13 darauf deuten, dass die Trias (grammatikalisch wie inhaltlich) gar als *eine* Größe verstanden wird (so auch Marxsen, 1Thess 35; Weiß, Glaube 200)? Dem entspricht, dass der nicht weniger als neun Elemente umfassende Katalog Gal 5,22 singularisch mit ὁ καρπὸς τοῦ πνεύματος überschrieben werden kann. Und in beiden Belegen liegt ein auffallendes Asyndeton vor. Jedenfalls stützt das Verständnis der Trias als einer Größe die hier vertretene Zuordnung des nachstehenden Genitivattributs in 1Thess 1,3.

Hierbei „liegen dem Paulus ... Erwägungen über Gen.[itivus] subj.[ec-tivus] und obj.[ectivus] ... fern"[119], wie überhaupt dem Genitiv hier mit *syntaktischen* Kategorien kaum beizukommen ist.[120] Die Genitivverbindung kann daher nur approximativ umschrieben werden:[121] das christliche Leben ist „[orientiert an] unserem Herrn Jesus Christus"[122] oder „von unserem Herrn Jesus Christus [bestimmt ...]"[123].

2.4. *Glaube als Grund der Danksagung: Das* exordium

Das *exordium* ist vom Motiv der „Danksagung" (1,2; vgl. 2,13) an Gott für den Glauben(sstand) der Adressaten bestimmt; denn Gott wird als dessen Urheber verstanden (vgl. 2,12; 4,7; 5,9) (s. o. 2.1.). Die Erwählung der Thessalonicher zeigt sich in der Annahme der apostolischen Verkündigung; in 1,4 f. sind ἡ ἐκλογή und der ὅτι-Satz parallel von εἰδότες abhängig; Apostel und Gemeinde sind sich in diesem Wissen einig.

In den durch die Thessalonicher praktizierten „theologischen Kardinaltugenden" Glaube, Liebe, Hoffnung wird ihre ἐκλογή (V. 4) erfahrbar. Die Erwählung ist ein zentraler Gedanke des 1.Thessalonicherbriefes (2,12; 4,7; 5,24 [vgl. ferner Röm 9,11; 11,5.7.28]).[124] Die Erwählung dankt sich ganz der Gnade Gottes, sie ist eine ἐκλογὴ χάριτος (Röm 11,5), deren die Glaubenden durch Gottes „Rufen"/„Berufen" gewahr werden.[125] Die Trias prägt das gesamte *exordium*; die drei zentralen Begriffe werden durch die

---

[119] Dibelius, 1Thess 3. Söding, Trias 31 Anm. 1 erklärt τοῦ κυρίου als *genitivus obiectivus*; das ist freilich genauso wenig präzise und zureichend wie umgekehrt Dibelius' Argument, zu ἀγάπη passe „der Herr" nicht als Objekt, ein *genitivus obiectivus* sei somit für die gesamte Trias auszuschließen (Dibelius, 1Thess 3). Zu Attributen bei ἀγάπη und ἐλπίς sowie zu Subjekten und Objekten bei den entsprechenden Verben s. 2.2.2. und 2.2.3.

[120] Aus dieser (vermeintlichen) philologischen Not sollte keine theologischen Tugend gemacht werden, indem man kommentiert, dass der Genitiv „näher zu bestimmen gerade nicht beabsichtigt ist" (Holtz, 1Thess 43).

[121] Nach Blass/Debrunner/Rehkopf, Grammatik § 163, 1 Anm. 1 (unter Berufung auf Schmitz, Christus-Gemeinschaft) bezeichne der Genitiv Χριστοῦ bei Paulus „die nicht genauer bestimmte Gemeinschaft" mit Christus und könne mit einem Adjektiv (welchem?) oder einem Kompositum wiedergegeben werden. Rigaux spricht m. R. von einer „expression d'une unité intrinséque et polyvalente" (367).

[122] Marxsen, 1Thess 33.

[123] Marxsen, 1Thess 36. Die präpositionale Wiedergabe „durch unseren Herrn Jesus Christus" (Holtz, 1Thess 41) ist demgegenüber zu unscharf, da sie (mindestens tendenziell) das Attribut auf die erste Trias bezieht.

[124] Donfried, Theology 20, 28–30.

[125] Hengel/Schwemer, Paulus 456 mit Anm. 1874.

Verben in V. 9 f. wieder aufgenommen (s. o.). Die πίστις ist damit (initial [von Dobbeler]) auf die Bekehrung bezogen (vgl. πιστεύειν im ingressiven Aorist in Gal 2,16).

2.5. Exkurs: 2Thess 1,11 f.; 2,13

Zwischen dem Glaubensverständnis der beiden Thessalonicherbriefe besteht große Ähnlichkeit.[126] Von πίστις ist in 2Thess 1,3.4.11; 2,13; 3,2 die Rede, von πιστεύειν in 1,10 (bis); 2,11.12; ferner wird in 3,3 der „Herr" πιστός genannt (vgl. 1Thess 5,24).

Das Substantiv kann für den Infinitiv stehen und „das Glauben" meinen (3,2); Glaube und Liebe werden nebeneinander gestellt (1,3); πίστις kann „Glaubenstreue" bezeichnen (1,4 mit ὑπομονή); das ἔργον πίστεως aus 1Thess 1,3 wird in 2Thess 1,11 buchstäblich aufgenommen und in 2,13 bietet artikelloses πίστις ein Attribut, das doch wohl im genitivus obiectivus steht.

Die Verwendung des Verbs πιστεύειν im 2.Thessalonicherbrief zeigt eine hochinteressante Weiterführung gegenüber dem 1.Thessalonicherbrief. Wohl wird es im Partizip zur Bezeichnung der Christen gebraucht, allerdings im Aorist (1,10; 2,12; in 2,11 inf. aor.; vgl. Gal 2,16). Dabei findet sich im passivischen Beleg 1,10 als Subjekt das apostolische μαρτύριον, in 2,10 f. folgt jeweils ein Dativobjekt (hier könnte πιστεύειν schlicht „vertrauen", „sich verlassen auf" bedeuten).

2.6. Ertrag für die πίστις-Χριστοῦ-Debatte

In der Zeit der Abfassung des 1.Thessalonicherbriefes scheint Paulus (noch) einen vagen, jedenfalls noch nicht durch das δικαι-Motiv stabilisierten, πιστ-Begriff zu haben. Obwohl in der Tradition ein theologischer Gebrauch von πιστεύειν vorgegeben ist (4,14), kann Paulus das Verb noch unbefangen verwenden. Daneben benutzt er aber das Partizip – wie im Frühjudentum – zur Kennzeichnung der Christen. Ein Substantiv zur suffizienten Bezeichnung der christlichen Existenz fehlt noch – oder wird hier zufällig nicht verwendet. So nimmt Paulus die theologische Tradition des

---

[126] Collins, Faith 211. Zum Folgenden s. Holland, Tradition.

Verbs auf und ordnet der πίστις in der Trias weitere Implikationen der
Bekehrung bei: Glaube, Liebe und Hoffnung sind „verschiedene Aspekte,
die aus der Verkündigung abgeleitet sind"[127]. Zur genaueren Bestimmung
bedient Paulus sich in Ermangelung eines Adjektivs dabei eines Genitivattributs (oder konstruiert präpositional). Damit wird die definierende personale Bezugsgröße von πιστ- genannt. Noch vor, besser: auch neben den
Rechtfertigungsauseinandersetzungen (Apostelkonvent, antiochenischer
Konflikt, Galatien) findet Paulus in πίστις einen geeigneten Zentralbegriff,
den er durch eine Genitivkonstruktion an Christus bindet. Das dient der
inhaltlichen Bestimmung des Glaubens. Die Akklamation des „Herrn" ist
die glaubende Antwort auf die Erwählung und ein Vorwort zur Parusie.
Als dem Glauben und seinem mit „Christus" umrissenen Inhalt durch
thoraobservante Kräfte Anderes zur Seite gestellt werden soll, bringt Paulus
sein im 1.Thessalonicherbrief schon greifbares Denken auf den Begriff der
πίστις Χριστοῦ.

---

[127] Michel/Haacker, ThBLNT 1 793.

3. Kapitel
Umstrittene „identity markers":
πίστις Χριστοῦ im Galaterbrief

Der Galaterbrief gilt als „vehement manifesto" der lutherischen Rechtfertigungslehre;[1] und nicht zufällig hat sich Luther in den Jahren seiner theologischen Neuorientierung (kleiner Galaterbriefkommentar von 1519) und dann in den Jahren der Konsolidierung (großer Galaterbriefkommentar von 1535) mit diesem Text des Paulus befasst.[2] Unbeschadet seines Ansatzes eines *rhetorical criticism* liest – so wird moniert – Hans Dieter Betz, in dieser theologischen Tradition stehend, dieses doch so polemische Schreiben des Apostels als „a timeless tract addressed to individual believing subjects".[3] Paulus indes biete hier keine Abhandlung darüber, „how troubled souls can find salvation", sondern sei eher bemüht, den durch „eingeschlichene Falschbrüder" (Gal 2,4) verunsicherten Heidenchristen zu helfen, die Funktion und Bedeutung jüdischer Normen zu verstehen.[4] Dabei gehe es nicht um Glauben als „a mode of human activity that is somewhat inherently salvific"; Paulus beschreibe vielmehr Christi Handeln für uns und dieses sei „a loving, self-sacrificial obedience to God which is best descripted§ by the simple word *pistis*, ,faithfulness'".[5] – Ob der Vorwurf Betz' Arbeiten tatsächlich trifft, sei dahin gestellt. Es ist jedenfalls auch bei einem Text mit solch klarer Intention und Pragmatik nicht auszuschließen, dass sich hier grundlegende Gedanken über „troubled souls" finden oder doch eruieren lassen.

Im Galaterbrief finden sich vier der sieben Belege des πίστις-Χριστοῦ-Syntagmas: Gal 2,16a.c.20; 3,22. Sie stehen also just in den umstrittenen Passagen dieses ohnehin kontrovers diskutierten Textes, nämlich zum einen in 2,15–21, womit Paulus den autobiographischen, gleichwohl argumentativ auf die galatische Situation gerichteten[6] Abschnitt 1,11–2,21 abschließt,

---

[1] Hays, Jesus' Faith 257.
[2] WA 57 [II] 5–108; WA 40 I und II.
[3] Hays, Jesus' Faith 259.
[4] Hays, Jesus' Faith 267.
[5] Hays, Jesus' Faith 267.
[6] S. nur Becker, Paulus 38: Paulus „verschränkt ... die Erinnerung das Vergangene und die Zielsetzung des jetzigen Briefes".

und zum anderen im Abraham-Kapitel 3. Für die Untersuchung dieser syntaktisch, semantisch und theologisch komplizierten Stellen legt es sich nahe, hier zunächst einige Daten und Zusammenhänge zum πίστις-Begriff im Galaterbrief aufzuführen, um dann in dieses *framework* die strittigen Stellen einzupassen. So kann dem in diesem dezidiert rhetorischen Brief eminent wichtigen Kontext, dem Argumentationszusammenhang, Rechnung getragen werden; auf Details aus der schon ein Vierteljahrhundert geführten Debatte zum *rhetorical criticism* kann (und muss) hier allerdings nicht *in extenso* eingegangen werden.[7]

3.1. Glaube(n) im Galaterbrief

Standen im 1.Thessalonicherbrief fünf Belege des Verbs acht des Substantivs gegenüber, so haben sich im Galaterbrief mit einem Verhältnis von 4:22 die Gewichte deutlicher verteilt. Das Substantiv bietet den thematischen Schwerpunkt – wohl weil eben um die πίστις (nicht als solche, aber in ihrer Funktion) gestritten wird.[8] Mit dieser grammatikalischen Verschiebung kann noch keineswegs begründet werden, dass der Akt des Glaubens eine geringere oder gar keine Rolle (im Vorgang der Rechtfertigung und in der Auseinandersetzung des Paulus mit seinen Gegnern) spielt; denn sowenig das Substantiv nur eine Nominalisierung des Verbs im Sinne von „das Glauben" darstellt (dafür vgl. Röm 4,3b [zit. Gen 15,6 LXX] mit V. 5.9c) – dafür begegnet in Röm 15,13; Phil 1,29 der Infinitiv (Verbalsubstantiv) τὸ πιστεύειν (vgl. 2Thess 2,11 [aor.]) –, sowenig ist hier eine völlige Dichotomie von „glauben" und „Glaube" zu behaupten (dazu weiteres unter 3.2.). Gerade das Zurücktreten des Verbs zugunsten des *entsprechenden Substantivs* – und nicht etwa zugunsten eines beliebigen anderen (synonymen) *Verbs* – indiziert einen engeren Zusammenhang zwischen πιστεύειν und πίστις. Im übrigen bildet Paulus mit dem Substantiv verbale Wendungen: πίστιν ἔχειν (Röm 14,22), εἶναι ἐν τῇ πίστει (2Kor 13,5), ἱστάναι ἐν τῇ πίστει (1Kor 16,13). Vom Substantiv versprach sich der Autor

---

[7] Vgl. dazu z. B. Kok, Truth 52–63; Kremendahl, Botschaft.

[8] „Der Begriff [*sc.* des Glaubens] entstand erst, als die Sache Glauben zum Problem geworden war." (Haacker, Glaube 137 mit Claus Westermann) – das wird dahingehend präzisiert werden müssen, dass dem ja schon vorgegebenen Begriff (erst) im Konflikt sein *Rang* zukam. Während in der Forschung die *opinio plurium* herrscht, dass wegen der und durch die Auseinandersetzung der Begriff der Rechtfertigung aus Glauben zu seiner Bedeutung in der paulinischen Theologie kam, stellt Paulus das Umgekehrte dar: Wegen des Rangs der Rechtfertigung kommt es zur Auseinandersetzung.

offenbar eine größere Präzision, zumal das Verb alltagssprachlich unscharf war – was noch gut in Joh 9,18 zu sehen ist; auch bei Paulus finden wir noch untheologischen Gebrauch von πιστεύειν (1Kor 9,17; 13,7). Denkbar ist, dass Paulus das Partizip οἱ πιστεύοντες durch das substantivische οἱ ἐκ πίστεως ersetzt, weil Glaube(n) nicht eine menschlicherseits motivierte und verantwortete Aktion ist, sondern vielmehr „eine Gabe, die Gott in die Seele legt".[9]

Das Bild wird noch eindeutiger, werden die vier Belege des Verbs einzeln gewertet: In 2,7 ist πιστεύειν im Passiv mit εὐαγγέλιον konstruiert wie 1Thess 2,4[10] – offensichtlich eine geprägte Wendung, solenn formuliert wie sozusagen umgekehrt 1,23: εὐαγγελίζεσθαι τὴν πίστιν. 2,16 bietet das Verb in 1.pl. ind. aor. mit einem präpositionalen Objekt (dazu gleich ausführlich). 3,6 zitiert Gen 15,6; im folgenden Vers überführt Paulus das zitierte Verb in das Substantiv. Und 3,22 schließlich findet sich das Partizip οἱ πιστεύοντες, das in 1Thess 1,7; 2,10.13 geradezu als ein *terminus technicus* für Christen verwendet wurde. Das „wir" aus 1Thess 2,10.13 ist immerhin aus dem nachfolgenden Vers Gal 3,23 herauszulesen. Wie verhält sich diese Formulierung zu der bezeichnenderweise das Substantiv mit ἐκ verwendenden οἱ ἐκ πίστεως 3,7.9? Die drei aktivischen πιστεύειν-Belege folgen jeweils einem Beleg von πίστις; das Verb bezeichne daher – so folgert Wolfgang Schenk – doch wohl die „Annahme der pistis", wobei πίστις (1,23; 3,2.5.23.25) nicht als *nomen actionis*, sondern als Evangeliumsinhalt verstanden sei.[11]

Nicht weniger als 22 Mal ist das Substantiv πίστις belegt. 18 Stellen – davon 13 im Abraham-Kapitel[12] – nennen es absolut, d. h. ohne Attribut, viermal steht ein Attribut im Genitiv – es sind dies die hier zu diskutierenden πίστις-Χριστοῦ-Belege 2,16a.c.20; 3,22. Liegt ein Attribut vor, bezeichnet es im Galaterbrief also ausnahmslos Christus, freilich unterschiedlich formuliert. Gemessen am Sprachgebrauch des 1.Thessalonicherbriefs fällt auf, dass im Galaterbrief πίστις nie mit ὑμῶν oder einem anderen Pronomen verwendet wird. Ist die πίστις hier gleichsam objektiver verstanden?[13] – Der untheologische Gebrauch von πίστις als Tugend der „Treue"

---

[9] Schlatter, Glaube 262 f.; vgl. Stuhlmacher, Gerechtigkeit 83.

[10] Vgl. Röm 3,2: τὰ λόγια τοῦ θεοῦ und 1Kor 9,17: οἰκονομία; s. auch den Zusammenhang mit dem Substantiv V. 3. Vgl. desweiteren die Wendung in der Paulus-Schule: 1Tim 1,11; Tit 1,3 (κήρυγμα).

[11] Schenk, Phil 312 f.; s. schon Schenk, Gerechtigkeit 171.

[12] 3,2.5.7.8.9.11.12.14.23(*bis*).24.25.26. 3,9 bietet überdies noch das Adjektiv πιστός (vgl. 1Kor 4,2.17; 7,25; auf Gott bezogen 1Kor 1,9;10,13; 2Kor 1,18; 1Thess 5,24; strittig 2Kor 6,15). In Kapitel 4 dagegen ist πιστ- kein einziges Mal belegt.

[13] Diese Beobachtung hätten die Vertreter der *genitivus-subiectivus*-These als *argumentum pro* vorbringen können. Insbesondere zur Anrede in 2.pl. in 3,26 könnte man fragen, warum Paulus die πίστις nicht mit einem entsprechenden Attribut versieht.

in 5,22 im Katalog des καρπὸς τοῦ πνεύματος kann hier unberücksichtigt bleiben.[14]

Der erste πίστις-Beleg im Galaterbrief gibt sich als Zitat, das den judäischen Christen zu Ohren kam und ihnen hier in den Mund gelegt ist (1,23): Paulus verkündige (εὐαγγελίζεσθαι) „den Glauben, den er einst zerstörte". Neben der Verbindung mit dem Vorgang der Verkündigung ist für die sachliche Bestimmung dieses „Glaubens" interessant, dass in der parallelen Formulierung 1,16b der „Sohn Gottes" (V. 16a) Inhalt des εὐαγγελίζεσθαι ist; ähnlich stehen auch in 3,23–26 Christus und πίστις nebeneinander. Die beiden in 1,23 die πίστις regierenden Verben zeigen die metonyme Verwendung von „Glaube" als „Glaubensbotschaft" (εὐαγγελίζεσθαι) und als „Kirchenlehre" o. ä. (πορθεῖν; s. dazu die Parallele 1, 13b: die Gemeinde Gottes vernichten [vgl. Apg 9,21]; πίστις mit ekklesiologischer Bedeutung). Dieser πίστις-Beleg ist von besonderem Belang, folgen ihm doch die πίστις-Χριστοῦ-Belege, die demnach kerygmatische und ekklesiologische Konnotationen haben könnten.[15]

Nach den nächsten drei (attribuierten und daher erst im nächsten Abschnitt zu besprechenden) πίστις-Belegen wird der Glaubensbegriff am Beispiel Abrahams ausgeführt. Zunächst wird den „unverständigen Galatern" der (wegen ingressivem Aorist παρελάβετε einmalige? [Taufe?]) Geistempfang (3,2) bzw. die (durch Partizip Praesens als andauernde gedachte?) Geistzuteilung und Kräftebewirkung durch Gott (3,5) als ἐξ ἀκοῆς πίστεως geschehen(d) in Erinnerung gerufen.[16] Ausgehend vom in 3,6 zitierten *locus classicus* Gen 15,6 werden als „Söhne Abrahams" die οἱ ἐκ πίστεως benannt;[17] das Verb aus dem Zitat hätte eine verbale Wendung wie etwa οἱ πιστεύοντες erwarten lassen (s. 3,22), doch nimmt Paulus das πιστεύειν durch das nominale ἐκ πίστεως (εἶναι)[18] auf[19] – Paulus stellt also selbst einen engen Zusammenhang von Verb und Substantiv her. Die οἱ ἐκ πίστεως (V. 7.9) dürften ausweislich 3,29 die Christen in Galatien (im besonderen und darüber hinaus natürlich Christen im Allgemeinen) bezeichnen; πίστις ist hier (wieder) ein Begriff mit ekklesiologischem Belang. Ihm gegenüber steht der Begriff der οἱ ὑπὸ

---

[14] Gleichwohl ist dieser – wie beim Verb – bemerkenswert, ist doch ein unbefangener Gebrauch von πίστις möglich; hier ist das allerdings durch die Tradition erleichtert. Aber trotz des Zusammenhangs mit der Gesetzesproblematik, den Paulus selbst in 5,23b herstellt, sieht er sich nicht genötigt, die πίστις hier zu streichen.

[15] Boers, Antwort 52 will πίστις Χριστοῦ in Gal 2,16 im durch 1,23 nahegelegten Sinne von „Glaubensbotschaft" verstehen.

[16] Zu ἐξ ἀκοῆς πίστεως s. jüngst Silva, Faith 234–236.

[17] S. dazu nur Oeming, Glaube 30 f.

[18] Hier liegt eine Ellipse von ὄντες vor (Blass/Debrunner/Rehkopf, Grammatik § 414). Oder ist (gemäß V. 8) δικαιωθέντες zu ergänzen?

[19] In LXX gibt es keinen auf Abraham bezüglichen πίστις-Beleg!

νόμον 4,5.21 (vgl. 3,23; 5,18[20]; ferner 4,4). Eine vergleichbare Gegen-
überstellungen ist ἔργα νόμου *versus* ἀκοὴ πίστεως in 3,1–5.[21] Dem οἱ ἐκ
πίστεως dürfte das οἱ τοῦ Χριστοῦ 5,24 entsprechen; Christen werden
sowohl über die πίστις als auch über Christus definiert – es fragt sich,
wie sich beide Größen zueinander verhalten. Da mit dem Christus-Titel
Tod und Auferstehung und nicht ein Verhalten Jesu konnotiert wird,
legt diese Parallele für die πίστις ein Verständnis als Glaube an Christus
nahe.[22]

Der nächste Satz (3,8) führt die Abrahamskindschaft auf das δικαιοῦν
Gottes ἐκ πίστεως zurück. Die ἐκ πίστεως Gerechtfertigten werden „mit
dem gläubigen Abraham" gesegnet (3,9). Hier wird das Verb aus Gen 15,6
durch das Adjektiv πιστός aufgenommen. Wessen πίστις mag mit den nicht
näher bestimmten Belegen οἱ ἐκ πίστεως in V. 7.9 gemeint sein? Kann dies
auf Jesu „faithfulness" bezogen werden?[23]

Durch die Wiederaufnahme von ἐξ ἔργων νόμου (3,10; vgl. 3,2.5) und
durch die Verbindung von νόμος mit δικαιοῦσθαι kommt die Gesetzesproblematik ab 3,10 in den Blick.[24] Mit dem Zitat von Hab 2,4 in V. 11b (vgl.
Röm 1,17) – durch das Motiv des δικαι- an V. 11a anknüpfend – wird die
Rechtfertigung als eschatologisches „Leben" interpretiert (für die Verbindung von δικαιοῦσθαι und ζῆν s. auch V. 21c.d). Dem ἐν νόμῳ wird das
zitierte ἐκ πίστεως kontrastiert (s. aber auch schon das adverbielle ἐκ πίστεως
zu δικαιοῦν in V. 8); im nachfolgenden Satz wird dann *expressis verbis*
festgestellt, dass der νόμος nicht ἐκ πίστεως sei. „Gesetz" gibt hier
(3,11a.12a) verkürzt den Gesetzes*gehorsam* wieder (vgl. Röm 4,13); eine
Metonymie legt neben der Parallele mit ἐξ ἔργων νόμου auch das Zitat aus
Lev 18,5 LXX in V. 12b nahe, insofern ausdrücklich vom ποιήσας die Rede
ist. Meint also V. 12a, dass ὁ ἐκ νόμου nicht ἐκ πίστεως ist? Mit ἐκ πίστεως
in V. 12 sei Jesu Glaube gemeint, wie denn auch das vorher gehende Zitat
aus Hab 2,4 messianisch zu verstehen sei, meinen Verfechter der *genitivus-
subiectivus*-These (zu Hab 2,4 bei Paulus s. den Exkurs 4.2.4.3.).[25]

---

[20] Dem Gesetz wird hier kontradiktorisch (nicht der Glaube oder Christus, sondern) der
Geist gegenübergestellt.

[21] S. dazu Lindsay, Works.

[22] Für die Kapitel 2 und 3 behauptet Dunn entsprechend, dass „it is difficult to see
anything other than faith in Christ in view" (Theology 381).

[23] Hays, Faith 154; vgl. Matera, Death 290 mit dem in diesem Zusammenhang nicht eben
schlagenden Argument, dass Glaube bei Paulus nie „unser" Glaube sei, d. h. nie mit ὑμῶν
bestimmt wird, sondern Gabe Gottes.

[24] Der Gedankengang von 3,10–14 ist heftig umstritten; neben Hays, Faith 202–212 und
Dunn, Works 225–232 s. etwa Bachmann, Sünder 140–143; Donaldson, Curse; Thielman,
Plight 65–72; Hansen, Abraham 116–127; Stanley, Curse; Hamerton-Kelly, Curse; Wright,
Climax 137–156; Scott, Curse; Young, Cursed.

[25] So z. B. Howard, Faith 459–465; Howard, End; Howard, Paul 46–65; Hays, Faith
139–224.

Im Argumentationszusammenhang von Gal 3 ist das ζῆν vorgängig mit dem δικαιοῦσθαι (V. 11a) verbunden;[26] und im Folgenden illustriert doch wohl das „Herausreißen aus dem Fluch" durch Christus (V. 13a) die Gabe dieses Lebens. Jedenfalls ist vom Leben *Christi* hier nicht die Rede, wohl aber vom seinem Fluchtod am Kreuz (V. 13). Warum rekurriert eine auf Christus bezügliche Interpretation des paulinischen Zitats von Hab 2,4 nicht – wie doch Röm 6,4.8-10 nahelegen könnte – auf Christi Auferstehung? Im übrigen wäre es paulinisch singulär, dass Christus als Einzelfall einer allgemeinen Regel (δῆλον V. 11a) angesprochen wäre.[27]

Wie die nicht weniger als fünf Belege von ζῆν in 2,19 f. zeigen, versteht Paulus ζῆν als das vom Glauben bestimmte Leben der Christen (bes. ἐν πίστει ζῶ V. 20d).[28]

Von Belang für unsere Frage ist die Modifikation des Habakuk-Textes durch Paulus in V. 11. Hinter πίστεως lässt er hier wie auch in Röm 1,17 μου aus – statt es etwa durch θεοῦ zu ersetzen; Röm 3,3 bietet ja genau die dann entstehende Wendung „Treue Gottes". Dass Paulus hier auf diese Präzisierung verzichtet, spricht nicht eben für Howards Vorschlag, ἐκ πίστεως in Gal 3,7-12 auf Gottes „faithact" oder „faithfulness" zu beziehen.[29] Hebt die Auslassung von μου „den unlöslichen und exklusiven Zusammenhang von δικαιοσύνη und πίστις Ἰησοῦ Χριστοῦ"[30] hervor? Sie leistet zwar eine gewisse Zuordnung der πίστις zum δίκαιος, ohne doch dazu zu nötigen, ἐκ πίστεως als Attribut zu δίκαιος zu lesen – wie in der LXX-Vorlage ist ἐκ πίστεως wohl als adverbiale Bestimmung zu ζῆν zu verstehen.[31]

Wer ist aber mit dem δίκαιος gemeint? Von Christus (oder dem Messias) war im Vorhergehenden nicht die Rede (wohl allerdings im Nachfolgenden [V. 13]). Sollte mit δίκαιος überhaupt eine konkrete Person gemeint sein, wäre – was, soweit ich sehe, noch nicht vorgeschlagen worden ist – schon wegen des Zusammenhangs mit πιστ- und δικ- an *Abraham* als Prototyp des Glaubenden zu denken![32] Der wurde zumal eben (V. 9) als πιστός bezeichnet (vgl. ähnlich vor dem Zitat in Röm 1,17 das generische πᾶς ὁ πιστεύων V. 16 [s. u. 4.2.4.3.]). Ein Bezug auf

---

[26] Vgl. Hays, Faith 150.

[27] Hays, Jesus' Faith 265 hält in der Tat den Messias für ein den Menschen vorgeführtes Beispiel, dass man nicht durch ἔργα νόμου gerechtfertigt werden könne.

[28] Eckstein, Verheißung 28 mit Ebeling, Wahrheit 172.

[29] Howard, Paul 57, 63 f.

[30] Koch, Text 83; vgl. Koch, Schrift 127 f.

[31] So z. B. Oepke, Gal 105 f.; Mußner, Gal 211.230 f.; Betz, Gal 266 f.; Borse, Gal 128; Rohde, Gal 143.

[32] Dem Abraham wird im Zusammenhang mit der Aqedah πίστις zugesprochen (s. etwa Hebr 11,17-19; Jak 2,21-23; dazu Kundert, Opferung 127-129 [zu Philo Abr.]).

Christus kann schwerlich mit dem Verweis auf V. 16, wo τὸ σπέρμα (auch) die konkrete Person Jesus meint,[33] begründet werden.

Im Sinne seiner „participatory soteriology" möchte Hays mit dem Haba-kuk-Zitat drei Valenzen von πίστις zusammengehalten sehen: Der Messias (= Gerechte) wird aufgrund seines Glaubens leben (1.), der Gerechte (= Christ) wird aufgrund des Glaubens des Messias (2.) und aufgrund seines Glauben an den Messias leben (3.). Das und insbesondere die zweite Aussage kann dem Text nicht wirklich entnommen werden.[34] Da ὁ δίκαιος dem οὐδείς (V. 11a) korrespondiert, wird es generalisierend zu verstehen sein.[35]

Der Gedankengang ab V. 10 wird abgeschlossen durch die V. 2 rekapi-tulierende Feststellung, dass „wir den verheißenen Geist [*genitivus epexe-geticus*] empfangen haben durch den Glauben" (V. 14b). Dies ist das Ziel der Segensausbreitung (V. 14a), die durch Christi Fluchtod am Kreuz be-wirkt wurde (V. 13). Die Segnung geschieht ἐν Χριστῷ Ἰησοῦ; diese un-scheinbare präpositionale Formel ist eine Paraphrase christlicher Existenz (s. nur V. 26; vgl. Röm 8,1.2). Die 2,16a wieder aufnehmende Präposition διά bezeichnet die πίστις als Modus des Geistempfangs (vgl. das „Söhne"-Sein in V. 26). In den beiden parallel von V. 13a abhängenden ἵνα-Sätzen[36] korrelieren das ἐν Χριστῷ Ἰησοῦ V. 14a (vgl. ἐν σοί V. 8) und διὰ τῆς πίστεως V. 14b;[37] das entspricht genau der Nebenordnung beider Wendun-gen in V. 26. Wie verhalten sich nun die πίστις und „Christus Jesus", präziser: sein Tod ὑπὲρ ἡμῶν (V. 13a), zueinander? Die genannte Entspre-chung leistet eine wichtige Präzisierung, insofern das ἐν Χριστῷ Ἰησοῦ als διὰ τῆς πίστεως erklärt wird: Die Beziehung zu Christus geschieht durch den Glauben. Dabei hätte Jesu eigener Glaube durch das Pronomen αὐτοῦ angezeigt werden müssen. Oder gehört beides dergestalt zusammen, dass sich der Glaube – nämlich Christi – am Kreuz ereignete oder erwies? Warum aber „wir" den Geist empfangen durch Christi Glauben, ist jeden-falls in diesem Zusammenhang wenig einsichtig oder bedarf doch der hier eben nicht explizierten Zwischengedanken des am Kreuz manifesten Glau-bens Jesu einerseits und eines gewissen Verhältnisses unseres Glaubens mit dem Christi andererseits.[38] Paulus schreibt indes: Christi Kreuzestod er-

---

[33] So Hays, Faith 152 f.; Hays, Jesus' Faith 265.

[34] Hays, Faith 156.

[35] Williams, Hearing 88 Anm. 2 („*any* righteous person").

[36] Anders (nicht parallel) Mußner, Gal 234–236. Vgl. die zwei aufeinander folgenden Finalsätze 4,5; s. Bachmann, Sünder 137 Anm. 196.

[37] S. z. B. Bachmann, Sünder 140; Williams, Hearing 88 f.

[38] Hays, Jesus' Faith 262 versteht Jesu Glauben als „source out of which or through which the promise is given to those who believe". Dieser zweite Zwischengedanke könnte allenfalls in 4,6 gefunden werden, wo Gottessohnschaft mit der Begabung durch den „Geist seines [*sc.* Gottes] Sohnes" ausgeführt wird. Ein ähnlicher Gedanke findet sich 2,19c (vgl. Röm

weist ihn als „für uns" zur κατάρα, d. h. zum ἐπικατάρατος Gewordenen; genau darin gibt es keine Analogie zwischen Christus und den Glaubenden, vielmehr wird durch das Kreuz der „Fluch" von ihnen genommen (V. 13a). Dass hier Jesu Glaube, sein Vertrauen, seine Standhaftigkeit angesprochen sei als Vorbild oder Ermöglichung für unseren Glauben, ist wenig wahrscheinlich. Ein für die Deutung auf den Glauben der Christen ebenfalls zu supponierender Gedanke – ihr Glaube beziehe sich auf Jesu Kreuzestod – kann eher vorausgesetzt werden, da das Kreuz (wie auch die Auferstehung) Inhalt von Pistisformeln ist. Der Artikel bei διὰ τῆς πίστεως zeigt eine gewisse Objektivierung der πίστις im Sinne von Evangelium als der „Glaubensbotschaft". Ausweislich der 1.pl. λάβωμεν scheint überhaupt (mindestens in erster Linie) von „unserem" Glauben gesprochen zu werden. Schlagend ist schließlich der Zusammenhang mit V. 2: Hieß es dort, dass die Glaubenden den Geist aus ihrer Begegnung mit der Glaubensbotschaft (ἐξ ἀκοῆς πίστεως) empfangen, so wird dies in V. 14 fortgeschrieben mit διὰ τῆς πίστεως.

Die drei πίστις-Belege in 3,23a.b.25 bieten eine Hypostasierung[39] der πίστις. Sie wird als kommend bzw. gekommen dargestellt und damit dem in V. 24a genannten Christus parallelisiert (vgl. desweiteren 4,4 f.). Der „Glaube" wird „geoffenbart" (V. 23*fin.*), was sonst vom „Sohn Gottes" gesagt wird (1,16) – wie überhaupt die „Offenbarung Jesu Christi" (dem Apostel) das Evangelium eröffnet (1,12b). Gesetz und Glaube sind Signaturen (welt- wie lebensgeschichtlich?) aufeinander folgender Epochen. V. 24b nennt den objektiven, d. h. von Gott gesetzten Zweck: ἵνα ἐκ πίστεως δικαιωθῶμεν. Wegen des wörtlichen Rekurses auf 2,16c – ἐκ πίστεως ist hier offensichtlich eine Verkürzung von ἐκ πίστεως Χριστοῦ – dürfte dort ebenso „objektiv" verstanden werden (dazu mehr im nächsten Abschnitt zu 2,16). Wieder sind durch die genannten Analogien sowie durch V. 24 (a: Christus, b: Rechtfertigung ἐκ πίστεως) Christus und Glaube in Beziehung gesetzt. Tritt in Christus der (mit der Rechtfertigung einher gehende) Glaube auf den Plan, indem an ihn geglaubt wird oder indem dieser selbst glaubt und unser Glaube daran (irgendwie) partizipiert[40]?

6,6.8) – aber eben explizit. – Im Übrigen muss hier wieder das Motiv der Partizipation hinzu gefügt werden, so Hays, Jesus' Faith 266, nach dem wir die Verheißung empfangen „because we participate in the fate of the Messiah, Jesus Christ, who was vindicated by God and received life/justification not because of ‚works of the law' but because he was faithful even in undergoing a death that made him an accursed outcast in the eyes of the law. As consequence of his faithfulness, he receives the blessing promised to Abraham, and we share in that blessing because we are ‚in' him."

[39] Ob man deshalb gleich eine „transsubjektive göttliche Geschehenswirklichkeit" (Binder, Glaube 77–82) heraufbeschwören muss?

[40] Hays, Faith 228–233; Wallis, Faith 112 f. Entgegen ihrer sonst gepflegten nüchternen Sprache – und entgegen des gerade in Gal 3 konzisen Stils des Paulus – wird von Vertretern

Durch zwei das Prädikat υἱοὶ θεοῦ ἐστε parallel[41] ergänzende adverbiale Bestimmungen wird in 3,26 die Gottessohnschaft doppelt begründet (s. o. zu V. 14): διὰ τῆς πίστεως und ἐν Χριστῷ Ἰησοῦ. Die Frage des Verhältnisses von Glaube und Christus stellt sich hier besonders, sofern Paulus selbst wie in Röm 3,25 in eine traditionelle Formulierung den Hinweis auf den Glauben eingefügt hat[42] (und damit kaum den Glauben Christi gemeint haben wird). Das ἐν Χριστῷ Ἰησοῦ fungiert nicht als Präpositionalattribut zu πίστις (so deuteropaulinisch Eph 1,15; Kol 1,4; 2,5; 1Tim 1,14; 3,13; 2Tim 1,13; 3,15);[43] das wäre durch die Wiederholung des Artikels angezeigt worden.[44] Es mag sich „höchstens" um eine Ergänzung zu πίστις in dem Sinne handeln, dass hier ein Glaube gemeint wäre, der in einer Christus-Sphäre lebt.[45] Gal 3,26 ist insofern kein grammatikalisches Argument für einen genitivus obiectivus bei πίστις Χριστοῦ; wohl aber können andere Indizien für den genitivus obiectivus aus 3,26 erhoben werden.[46] Die Parallele von διὰ τῆς πίστεως und ἐν Χριστῷ Ἰησοῦ zeigt jedenfalls die Leistungsfähigkeit von πίστις Χριστοῦ: das Genitivattribut qualifiziert die πίστις direkt statt dass dies vage durch eine Parallele geschieht. So ist nicht nur die p[46]-Lesart (s. u.), sondern auch der Nestle/Aland-Text ein Kommentar zu πίστις Χριστοῦ. Die Parallele 3,14a.b zeigt die gleiche Doppelung (in umgekehrter Reihenfolge) von ἐν Χριστῷ Ἰησοῦ und διὰ τῆς πίστεως. In 2,16.17 interpretieren sich (mit der anderen Präposition) ἐκ πίστεως Χριστοῦ und ἐν Χριστῷ (vgl. noch 5,5.6). Die Motive des Glaubens und ἐν Χριστῷ Ἰησοῦ entsprechen sich.[47] Beide bezeichnen die durch Jesu Kommen eingetretene und im Glauben erfahrene eschatologi-

---

der genitivus-subiectivus-These wortreich paraphrasiert: „Faith comes in that Christ ... actualizes and exemplifies faith. In his trusting obedience, his complete reliance upon God as trustworthy and true, Christ reveals faith ... faith has now become a genuine possibility for human life" (Wallis, Faith 112 f.) – dazu in Kürze und konkret zu Gal 3: 1. Wo findet sich klar und nicht deutungsbedürftig etwas Konkretes zu dieser Aktualisierung und Exemplifizierung des Glaubens durch Jesus? 2. Subjekt von ἀποκαλύπτειν ist Gott (Gal 1,15 f.; Röm 1,17; vgl. 3,21 f.).

[41] So z. B. Burton, Gal 202 f.; Schlier, Gal 171; Hultgren, Formulation 254 Anm. 28; Williams, Again 433 Anm. 12; Rohde, Gal 163 Anm. 61. Binder, Glaube 62 versteht ἐν räumlich und die πίστις als Glaube in der „Machtsphäre Christi".

[42] Betz, Gal 328; Matlock, ΠΙΣΤΙΣ 435.

[43] So indes Hatch, Idea 46; Deißmann, Paulus 126; Wissmann, Verhältnis 73; Mundle, Glaubensbegriff 74 (mit Anm. 1), 84; Howard, Paul 65; Mußner, Gal 261 f.; Betz, Gal 320, 327, 328 Anm. 33 („daß die Formel in V. 26 den vorausgehenden Begriff aus der propositio [2,16] wieder aufnimmt"); Söding, Trias 148 Anm. 148; Pitta, Gal 158.

[44] S. Hoffmann/von Siebenthal, Grammatik 136.

[45] Martyn, Gal 373, 375, 380.

[46] Matlock, ΠΙΣΤΙΣ.

[47] Vgl. Conzelmann, Grundriß 235.

sche Situation.[48] Das ἐν Χριστῷ wird in V. 28d wiederholt und dann als Χριστοῦ εἶναι in V. 29a weitergeführt.

Textkritisch ist eine für die Syntax interessante Beobachtung zu machen: p[46] u. a. (teils mit Inversion) lesen in 3,26 statt des präpositionalen Dativs den bloßen Genitiv; das ist wohl als Verlesung wegen der Morphemgleichheit von Ἰησοῦς in den ersten beiden obliquen Kasus zu erklären. Oder es liegt eine Angleichung an V. 22 (und 2,16) vor. Bezieht man das ἐν Χριστῷ Ἰησοῦ attributiv auf πίστις, kann diese *varia lectio* im Sinne eines *genitivus obiectivus* als korrekte Interpretation verstanden werden.[49] Und p[42] neben anderen streicht den Artikel vor πίστεως (zur Bedeutung der Artikellosigkeit der πίστις-Χριστοῦ-Formel s. 1.5.2.). Damit läge eine Phil 3,9 vergleichbare Formulierung vor.

Nach der Hagar-Sarah-Allegorese in Kapitel 4 wird in 5,5 f. die πίστις noch zweimal genannt: Die Gerechtigkeit (als Hoffnungsgut) wird πνεύματι und ἐκ πίστεως erwartet; diese Zusammenstellung erklärt sich daraus, dass das πνεῦμα ja ἐξ ἀκοῆς πίστεως empfangen wird (3,2.5), wie überhaupt der Christ ein Leben im (Dienst für den) Geist führt (5,25). 5,6 schließlich charakterisiert die πίστις als δι' ἀγάπης wirkend. Nur dieser (unser) Glaube „gilt etwas" ἐν Χριστῷ Ἰησοῦ – nicht etwa die Beschneidung (als eines der ἔργα νόμου) (wie auch nicht die hier eigens von Paulus genannte Unbeschnittenheit, auf die sich Heidenchristen berufen könnten, um sich ihrerseits von Judenchristen zu distanzieren). Dass das strittige Sytagma πίστις Χριστοῦ in Gal 2,16.20; 3,22 in Konkordanz mit den beiden πίστις-Belegen 5,5 f. zu sehen sei, wird gelegentlich vertreten – von *subjectivists*.[50] In V. 5 bezeichne wie in 2,16c ἐκ πίστεως „the eschatological or apocalyptic soteriological means of final justification"[51] und in V. 6 liege wie in 2,20 die Kombination von Glaube und Liebe (Christi!) vor.[52] Von daher kommt etwa Choi zu der These, dass sämtliche πίστις-Belege im Galaterbrief die „faithfulness of Christ" bezeichnen.[53]

Nach 1,23 (in Zusammenschau mit 1,13b) und der Wendung οἱ ἐκ πίστεως 3,7.9 findet sich mit den οἰκεῖοι τῆς πίστεως in 6,10 eine letzte ekklesiologische Verwendung von πίστις. Glaube wird als die Gemeinschaft begründend und bestimmend verstanden.

Einige Stellen reden eindeutig vom Glauben der Christen; andere dagegen – und gerade hier wird auch auf Christus Bezug genommen – sind

---

[48] Friedrich, Glaube 106.

[49] Neben Howard (!), Paul 65, 97 Anm. 219 (vgl. Mußner, Gal 261 mit Anm. 81; Bruce, Gal 184) v. a. Matlock, ΠΙΣΤΙΣ 437 („commentary on πίστις Χριστοῦ in Paul"). Wallis, Faith 117 Anm. 217 meint dagegen, dass der Genitiv dieser Lesart subjektiv sei.

[50] Etwa Matera, Gal 182; Choi, ΠΙΣΤΙΣ 170, 482.

[51] Choi, ΠΙΣΤΙΣ 481.

[52] Choi, ΠΙΣΤΙΣ 486 f.

[53] Choi, ΠΙΣΤΙΣ 489.

erklärungsbedürftig, was das Verhältnis von Glaube und Christus anbelangt. Dieser absolute Gebrauch von πίστις kann für den Glauben *an* Christus reklamiert,[54] aber auch von Vertretern der *genitivus-subiectivus*-These für Christi eigenen Glauben in Anspruch genommen werden. Letzteres wäre jedoch ohne die so verstandenen πίστις-Χριστοῦ-Belege (und ohne die messianische Interpretation des Habakuk-Zitats in 3,11b) nicht verständlich. Nachdem oben schon das Zitat kurz besprochen wurde, sind jetzt die πίστις-Χριστοῦ-Belege des näheren zu untersuchen. Der als Ausgangspunkt gewählte absolute πίστις-Gebrauch schließt – um ein vorsichtiges Zwischenergebnis zu formulieren – keine der beiden Interpretationen kategorisch aus.

3.2. Kulminationspunkt der philologischen und theologischen Probleme: Gal 2,16

Gal 2,15–21 stellt nach Hans Dieter Betz' Epoche machendem Kommentar die *propositio* des Galaterbriefes dar.[55] Hier begegnen *propositio*-typische Kurzformeln, zu denen πίστις Χριστοῦ zu zählen ist.[56] Mit guten (und den Gesamtaufbau des Galaterbriefes erhellenden) Gründen kann man freilich diese umstrittene Passage auch als ersten Beweisgang der *argumentatio* beschreiben.[57] Die drei πίστις-Belege sind sämtlich mit einem (auf Christus bezüglichen) Attribut versehen; das fällt gemessen am mit 18 zu vier Belegen weit überwiegenden *absoluten* πίστις-Gebrauch im Galaterbrief besonders auf. Man kann argumentieren, dass der *genitivus obiectivus* hier „the most natural sense to expect a reader to take" sei, während ein *genitivus subiectivus* eingeführt, erklärt oder jedenfalls gekennzeichnet hätte werden müssen.[58] Eine gewisse *inclusio* zwischen den die *propositio* begrenzenden Versen 16 und 21 mag man feststellen; aus der Thematisierung von Jesu Tod am Ende der *propositio* indes darauf zu schließen, dass auch der Anfang einen Bezug darauf bieten müsse, was durch πίστις Χριστοῦ geschehe, der folglich ein *genitivus subiectivus* sei,[59] heißt dann doch wohl, den Bogen des *rhetorical criticism* zu überspannen. Wegen des (wie auch immer genauer zu bestimmenden) Zu-

---

[54] Eckstein, Verheißung 18 mit Verweis auch auf Röm 3,28.30; 5,1; 9,30; 10,6.
[55] Betz, Gal 214 f.; zusammengefasst bei Dunn, Gal 132.
[56] Betz, Gal 215 f.
[57] Bachmann, Sünder, s. nur die Zusammenfassung 158.
[58] Dunn, Gal 138.
[59] Martyn, Gal 270 f.; vgl. de Boer, Use 204.

sammenhangs von 2,15–21 zum vorhergehenden Bericht über den antiochenischen Zwischenfall (V. 11–14) ist es angezeigt, die Frage nach der Bedeutung und Triftigkeit von πίστις Χριστοῦ auf den Konflikt zwischen Paulus einerseits und Petrus und den Jakobus-Gesandten (und Barnabas) andererseits zu beziehen.[60] Auch die Paulus-Gegner – weder die Jerusalemer noch die galatischen – bestreiten keineswegs, dass πίστις Χριστοῦ einen Christen auszeichnet – die Frage ist, ob dieser *identity marker* die volle Gemeinschaft zwischen Juden- und Heidenchristen ermöglicht und also das *ausreichende* Merkmal des Christseins ist, dem dann andere Anforderungen wie Beschneidung, Speisevorschriften und Sabbatheiligung nicht an die Seite gestellt werden dürfen.[61] Damit ist das πίστις-Χριστοῦ-Problem eingespannt in die Frage nach Kontinuität und Diskontinuität von jüdischem Leben und christlichem Glauben. Während die Paulus-Gegner hier mit der Möglichkeit, ja Notwendigkeit der Kombination gesetzlicher Bestimmungen und πίστις Χριστοῦ eine Kontinuität sehen, stellt Paulus ἔργα νόμου und πίστις Χριστοῦ in eine Antithese (Gal 2,16), sieht also eine Diskontinuität (s. 3,23 f.).[62] (Nicht ohne Pikanterie ist Dunns Beobachtung, dass sich diese beiden Positionen apostolischer Kontrahenten mit den Interpretationen von πίστις Χριστοῦ in heutiger Forschung verbinden lassen; demnach kommen die Vertreter eines *genitivus subiectivus* auf der Petrus-Seite zu stehen, die Vertreter eines *genitivus obiectivus* auf der des Paulus.[63])

War in 1,23 in einem Zitat von der πίστις als der „Glaubensbotschaft" die Rede und in 2,7 πιστεύειν in einem nichttheologischen Sinne verwendet worden, so begegnet sowohl das Substantiv als auch das Verb im spezifischen Sinne – durch Attribut bzw. Objekt/adverbielle Ergänzung angezeigt – in 2,16 zum ersten Mal im Galaterbrief.[64] Schon das gibt diesem Satz ein besonderes Gewicht, zumal auch die Begriffe νόμος und δικαιοῦσθαι hier eingeführt werden.[65] Sodann liegt in V. 16d das erste Schriftzitat des Galaterbriefs vor. Im Rahmen der *propositio* stellt V. 16 „the essential

---

[60] Den – trotz des Konflikts – bestehenden doktrinalen Konsens legt Gathercole, *Sola Fide* da.

[61] Dunn, Search 286.

[62] Dunn, Search 286–288.

[63] Dunn, Search 288.

[64] Nimmt πίστις Χριστοῦ das bloße πίστις als Inhalt des εὐαγγελίζεσθαι aus 1,23 auf, meint es hier wie dort das Evangelium (so Schenk, Phil 312 und schon Schenk, Gerechtigkeit).

[65] Vgl. Eckstein, Verheißung 12. Merkwürdig der umgekehrte Sachverhalt bei einem anderen zentralen Theologumenon: Bis 2,14 siebenmal belegt begegnet εὐαγγέλιον, dann gar nicht mehr (vergleichbare εὐαγγέλιον-Lücken zwischen Röm 2,16 und 10,16 sowie in Phil 3). Grob gesagt: Wo πίστις Χριστοῦ begegnet, macht sich εὐαγγέλιον rar – weil beides synonym ist? Dann hätte Schenk (s. die vorhergehende Fußnote) Recht mit seiner Gleichsetzung.

doctrinal thesis" dar, die in der *probatio* 3,1–5,12[66] begründet wird.[67] Mit Recht fordert James D. G. Dunn ein, dass bei der Behauptung eines *genitivus subiectivus* und also einer soteriologischen Relevanz von Jesu eigenem Glauben hier in der *propositio* zu erwarten wäre, dass dieser im Folgenden durchgeführt wird. Da aber in den Kapiteln 3 und 4 *Abraham* als Prototyp der Glaubenden angesprochen wird, ist doch auch in der *propositio* der Glaube der Glaubenden thematisch.[68] Alternativ müssen sämtliche folgenden absoluten πίστις-Belege für Jesus reklamiert werden, wie es Richard B. Hays faktisch denn auch tut, sodass im Galaterbrief nur die beiden verbalen Belege 2,16; 3,22 auf den Glauben der Adressaten abhöben.

Auf Gal 2,16 haben die πίστις-Χριστοῦ-Disputanten viel Scharfsinn verwandt. Zu allen Details gibt es divergierende Auffassungen; Konsens besteht wohl nur darin, dass die Passage 2,15 f. „is extremely complicated, not only in terms of syntactical constructions, but also in the meaning of individual words and phrases".[69] Das Engagement und der Dissens der Forschung entspricht der Bedeutung dieses Belegs, scheint er doch mit seiner Plerophorie – insbesondere mit seiner Verwendung des (nicht einmal halb so häufig belegten) Verbs πιστεύειν neben dem Substantiv πίστις – und seinem begrifflichen[70] (v. a. das antonyme ἔργα νόμου) und rhetorisch-argumentativen (*propositio*) Schwergewicht (nicht nur in der Auseinandersetzung des Paulus mit den „unvernünftigen" Galatern, sondern auch) im Streit (mit mutmaßlich ebensolchen Gegnern) um die Bedeutung von πίστις Χριστοῦ entscheidend zu sein. So verweisen die Vertreter der traditionellen Sicht auf die verbal-nominale Parallele in Gal 2,16 als *locus probans*: Wegen des (präpositionalen) Objekts beim *verbum finitum* des Hauptsatzes V. 16b sei der Genitiv des Attributs beim Substantiv πίστις in V. 16a.c ein *genitivus obiectivus*[71] – das sei „gram-

---

[66] Quantitativ anders, nämlich bis 6,17 reichend, wird die *probatio* bestimmt von Bachmann, Sünder 110–151. V. 15–17a behandeln (die Bekehrung von) Judenchristen, was in 3,1–4,7 für Heidenchristen ausgeführt wird: Hinwendung der Galater zu Christus; 2,17b–18 (vgl. noch V. 21) nennt Gefährdungen, wie auch 4,8–5,1 eine Orientierung an rituellen Vorschriften als Bedrohung darstellt; 2,19 f. schließlich beschreibt das Leben im Glauben, wozu 5,2–6,17 die *vita christiana* entfaltet (Bachmann, Sünder 101, 110 f., 153; zusammengefasst bei Bachmann, Kirche 165).

[67] Amadi-Azuogu, Paul 63 nach Betz, Gal 214 f. Vgl. schon Duncan, Gal 64 f.: 2,16 sei „the text on which all that follows in the Epistle is commentary".

[68] Dunn, Theology 381 f.; vgl. Dunn, Once More 68–70.

[69] Kok, Truth 102.

[70] Dazu s. Kok, Truth 23.

[71] Beispielsweise (s. o. 1.5. Ende): Lietzmann, Gal 15; Dodd, Bible 65–70; Burton, Gal 121, 140; Mundle, Glaubensbegriff 76; Bultmann, ThWNT 6 209; Schlier, Gal 92 f.; Mußner, Gal 190; Neugebauer, Christus 168 Anm. 69; Kertelge, Rechtfertigung 172; Lührmann, Glaube 48; Lührmann, RAC 11 69; Friedrich, Glaube 104; Barth, EWNT 3 221; Betz, Gal 220 f.; Bruce, Gal 139; Hultgren, Formulation 254 f., 261; Hansen, Abraham 103; Hansen,

matisch unwiderleglich"[72]! Die Konkordanz von Verb und Substantiv steht indes erst zur Debatte; diese kann nicht mit einer „etymologistischen"[73] Erklärung des Substantivs vom Verb her für erledigt erklärt werden.[74] Die Stärke jenes Arguments liegt darin, dass dem Gefälle vom Hauptsatz zum (auch vorangehenden) Nebensatz entsprochen wird. Für den *genitivus subiectivus* wird umgekehrt geltend gemacht, dass die grammatikalisch unterschiedlichen Konstruktionen eine Bedeutungsdifferenz ausweisen; gerade wenn mit der verbalen Formulierung des Hauptsatzes ein Glauben an Christus gemeint sei, müsse πίστις Χριστοῦ etwas anderes bedeuten, vorzugsweise Jesu „faithfulness".[75] Aber kann tatsächlich von einem derartigen grammatischen Unterschied (Verb/Substantiv) auf unterschiedliche Subjekte und Inhalte geschlossen werden? Und: Wenn ein solcher beträchtlicher Unterschied zwischen dem verbalen und dem nominalen Beleg hier vorläge, hätte Paulus diesen nicht deutlich(er) markieren müssen? – Die Frage nach der Bedeutung des Syntagmas πίστις Χριστοῦ stellt sich hier also konkret so: Wird die verbale Wendung durch die nominale (bzw. umgekehrt[76]) synonym reformuliert oder wird hier zwischen ihnen diffizil unterschieden, und wenn ja, worin genau?

Der Satz als ganzer: Das Verb δικαιοῦσθαι sowie die Antonyme ἔργα νόμου – näherhin mit der Präposition ἐξ – und πιστ- mit Christus begegnen jeweils dreimal. Im Zusammenhang mit ἔργα νόμου liegen zudem stets Negationen vor. Im Hauptsatz V. 16b findet sich davon (bezeichnenderweise) ausschließlich πιστ- mit Christus. Dieser ist mit dem *verbum finitum* in 1.pl. formuliert, mit dem Paulus sich den Judenchristen zuordnet;[77] dem folgt natürlich der Finalsatz V. 16c, während die rahmenden Satzteile V. 16a.d generalisierend in 3.sg. reden (ἄνθρωπος, πᾶσα σάρξ), wobei allerdings im einleitenden Begründungssatz V. 16a die allgemeine Aussagen

---

Gal 69; Fung, Gal 115; Stuhlmacher, Theologie 1, 344; Hong, Law 129 („noun counterparts of the act of believing"); Hofius, Israel 21 Anm. 20; Hofius, Wort 154 f. Anm. 51; Hofius, Auslegung 157 f.; Childs, Theologie 2, 312; Bachmann, Sünder 61; Lindsay, Josephus 106; Eckstein, Verheißung 19; Tarazi, Gal 86; Dunn, Theology 379 ff.; Klaiber, Gerecht 123 Anm. 147. Auch Hays, Faith 141 und ΠΙΣΤΙΣ 716 f. konzediert, dass in Gal 2,16 der *genitivus obiectivus* „a possible construal" sei.

[72] Stuhlmacher, Theologie 1 344.

[73] So die Kritik von Campbell, Presuppositions 715 f.

[74] Darauf weisen schon Lohmeyer, Grundlagen 115 f. und Schenk, Gerechtigkeit 171 (πίστις sei nicht einfach das substantivierte πιστεύειν) und aus semasiologischen Gründen (nach James Barr) Campbell, Presuppositions 716 mit Recht hin: „[T]here is no reason why the noun would precisely recapitulate the verb".

[75] So etwa Howard, Faith 460; Robinson, Faith 79 f.; Hays, Faith 141 f., 175; Hays, Jesus' Faith 264; Williams, Righteousness 274.

[76] Schenk fordert wegen der mehr als doppelt so zahlreichen Belege des Substantivs eine Interpretation des Verbs vom (absolut verwendeten) Substantiv her (Gerechtigkeit 171).

[77] Bachmann, Sünder 137.

von der Rechtfertigung vom Partizip εἰδότες abhängig ist. Die invertierte Stellung des Präpositionalobjekts εἰς Χριστὸν Ἰησοῦν und des *verbum finitum* ἐπιστεύσαμεν ist bemerkenswert.[78] Sie profiliert – kurz nach dem alltagssprachlichen Gebrauch des Verbs in 2,7 – das πιστεύειν christologisch; formal schuldet sie sich dem strengen Aufbau des ganzen Satzes: Mit (οὐ) δικαιοῦται wird eingangs das Thema genannt – es geht um die Rechtfertigung, nicht um nachgeordnete Detailfragen – und diesem werden die Antonyme ἐξ ἔργων νόμου und διὰ πίστεως Ἰησοῦ Χριστοῦ zugeordnet. Das letztgenannte, durch die Litotes οὐ … ἐὰν μή positiv/elativ betonte Syntagma πίστις Ἰησοῦ Χριστοῦ wird im Hauptsatz verbal aufgenommen, und zwar mit einer doppelten Inversion: πιστ- und Christus werden umgestellt und die Titulatur Jesus Christus zu Christus Jesus verändert.[79] Wie die Parallele 3,24b eindeutig zeigt, bezeichnet der Finalsatz den „objektive[n] Sinn … der Bekehrung"[80] – nicht das willentliche Ziel, wie das ζητεῖν aus V. 17 suggerieren könnte –; durch die Prolepse des Verbs (wie V. 16a) führt Paulus δικαιοῦσθαι und πιστεύειν bzw. πιστεῦσαι eng zusammen und invertiert (gemessen an V. 16a) entsprechend die dann folgenden Antonyme: zunächst positiv die πίστις Χριστοῦ,[81] dann negiert die ἔργα νόμου. Die πίστις Χριστοῦ, richtiger: das δικαιοῦσθαι wird nun (doch wohl synonym) mit ἐκ formuliert – anders beim Antonym ἔργα νόμου: dort heißt es stereotyp ἐξ. Die Bezeichnung Christi beschränkt sich nach „Jesu Christus" (V. 16a) und der Inversion (V. 16b) auf das für Paulus (jedenfalls mit Artikel) noch titulare[82] Χριστός, wobei es in V. 17b.19c.20a.21c denn auch bleibt, bevor im Neueinsatz 3,1 zur gewöhnlichen Titulatur Ἰησοῦς Χριστός zurückgekehrt wird. Die zuletzt genannten und verneinten ἔργα νόμου werden wiederum im abschließenden Kausalsatz an erster Stelle aufgegriffen und in den hier (mindestens) alludierten Satz aus Ps 142,2 LXX eingefügt. Die negative Aussage des begründenden εἰδότες-Satzes V. 16a wird so als „von der Schrift bestätigte Erkenntnis"[83] ausgewiesen.

Interessant ist der Vorschlag, V. 16 als Chiasmus zu lesen;[84] dazu bedarf es allerdings einer Einfügung, näherhin einer Wiederholung:

---

[78] Dies gilt unbeschadet dessen, dass sich diese Stellung auch bei den beiden anderen paulinischen Belegen von πιστεύειν εἰς findet; in Röm 10,14 ist sie durch die Relativkonstruktion gefordert, in Phil 1,29 durch die vorgängige Wendung τὸ ὑπὲρ Χριστοῦ nahegelegt.

[79] An Haußleiters waghalsige Argumentation mit der Reihenfolge von Eigennamen und Titel sei erinnert (s. o. 1.6.).

[80] Hofius, Wort 172 Anm. 174; Eckstein, Verheißung 25; Dunn, Gal 140: „God's purpose".

[81] Bachmann, Sünder 61 erkennt nach diffiziler Analyse der Struktur von Gal 2,15–21 (s. das Tableau auf S. 59) „Ringkompositorisches auch im Kleineren", nämlich in den von ihm als Teil B der Sequenz V. 15 f. bezeichneten Satzteilen V. 16αβ.bα.β.

[82] Lührmann, Gal 43; Goppelt, Theologie 393; Karrer, Jesus 142–146; Schnelle, Heilsgegenwart 180 f.

[83] Eckstein, Verheißung 25.

A „ein Mensch wird nicht gerechtfertigt durch Werke des Gesetzes,
B   [ein Mensch wird nicht gerechtfertigt] außer durch Jesus-Christus-Glaube,
C   auch wir sind zum Glauben an Christus Jesus gekommen,
B'   damit wir gerechtfertigt werden aus Christus-Glauben
A' und nicht aus Werken des Gesetzes, denn aus Werken des Gesetzes
                  wird kein Fleisch gerechtfertigt werden"

Inhaltlich mag dieser Vorschlag zutreffen, rhetorisch wird man ihm kaum folgen. Dazu ist einerseits der Eingriff – die Erweiterung bei B – zu groß, andererseits ist das Achtergewicht beträchtlich; A' ist redundant.

Jeder dieser vier so eng aufeinander bezogenen Satzteile weist eine Reihe philologischer und theologischer Probleme auf. Bei deren Besprechung ist der Gewichtung des Satzes zu folgen: Zunächst der Hauptsatz mit dem ἵνα-Satz, dann die Begründung V. 16a und schließlich der diese rekapitulierende Kausalsatz V. 16d.

Zuvor ist jedoch das Verhältnis von V. 16 zum vorher gehenden Vers zu bestimmen. Hatte Paulus in V. 11–14 vom so genannten antiochenischen Zwischenfall berichtet und dabei mit einem Selbstzitat in V. 14 geschlossen, formuliert er in V. 15 grundsätzlich – und (deshalb?) ohne finites Verb: „Wir von Natur Juden und nicht Sünder aus den Heidenvölkern." Gehört ἐξ ἐθνῶν zu ἁμαρτωλοί?[85] Anders, gleichsam radikal-lutherisch, verstehen es manche Ausleger, indem ἁμαρτωλοί als Prädikativum zu ἡμεῖς ist, das antithetisch als „von Natur aus Juden und nicht aus den Heidenvölkern [stammend]" ergänzt wird: „Im Glauben an Christus werden auch Juden zu solchen, von denen sie sich bis dahin gerade als Juden ... unterscheiden: zu ἁμαρτωλοί."[86] Das von den Herausgebern gesetzte Semikolon (Hochpunkt) zeigt jedenfalls die Verlegenheit: Ist V. 15 ein (im Griechischen doch recht ruppiger) Nominalsatz oder liegt – ähnlich dem *casus pendens* im Hebräischen – nur das Subjekt zu V. 16 vor, das mit dem ὑμεῖς in V. 16b aufgegriffen wird?

Für einen eigenständigen Satz V. 15 spricht der durch δέ markierte Neueinsatz in V. 16; findet sich hier ein gegenüber dem vorhergehenden Vers neuer Gedanke?[87] Dagegen ist einzuwenden, dass ein selbstständiger V. 15 inhaltlich völlig unpaulinisch wäre. Das wiederum könnte damit erklärt werden, dass Paulus hier in der Tat eine jüdische/judenchristliche Position – die der Jakobus-Leute?[88] – referiert, nach der Heiden *per defi-*

---

[84] Walker, Translation 520; vgl. Bachmann, Sünder 60–62 (grafische Darstellung S. 59).
[85] So sieht es wohl die Mehrheit (Kok, Truth 107 f.).
[86] Klein, Individualgeschichte 192; vgl. Suhl, Paulus, 23 f.; Suhl, Galaterbrief 3103; Neitzel, Interpretation 18; und ferner Lambrecht, Line 490 f.; dazu Boers, Jews 278–280.
[87] Vgl. Klein, Individualgeschichte 181; Klein, Sündenverständnis 267.
[88] Bruce, Gal 137; Fitzmyer, Gal 47 Anm. 19; Dunn, Gal 133.

nitionem Sünder sind (vgl. Röm 5,6 mit V. 8),[89] oder dass er ironisch redet[90] oder konzessiv[91] formuliert.

Das ἡμεῖς in V. 16b rekurriert auf V. 15;[92] darum sollten V. 15 und 16 als ein Satz gelesen werden.[93] Dieser nennt die religiöse Erfahrung von Judenchristen.[94] Die textkritisch nicht ganz sichere Partikel δέ - in p[46] fehlt sie[95] - ist dann als strikt adversativ zu verstehen, die den Gegensatz/Bruch in der religiösen Erfahrung von Judenchristen markiert.[96] Das Semikolon sollte in ein Komma geändert oder ganz gestrichen werden.[97]

Mit dem vorhergehenden Vers steht V. 16 in einem engen syntaktischen Zusammenhang; daneben gibt es zahllose terminologische Bezüge. Wird mit einer *inclusio* von V. 16 und V. 21 ein rhetorischer Zusammenhang gesehen, wird argumentiert, dass hier wie dort am Ende des Abschnitts Jesu Tod thematisch sein müsse; das geschehe durch die Erwähnung seiner πίστις.[98]

3.2.1. Der Hauptsatz Gal 2,16b

Die Bedeutung des Hauptsatzes V. 16b sollte nicht unterschätzt werden; weder sollte er zu einer bloßen Parenthese degradiert werden,[99] noch kann gesagt werden, Paulus käme nur einmal *en passant* auf den Glauben an Christus zu sprechen[100]. Das wenn auch vorher - nämlich in V. 16a - genannte Substantiv ist (nicht etymologisch, sondern pragmatisch) vom Verb her zu lesen.[101]

---

[89] Ridderbos, Gal 98 f.; Fung, Gal 112 f.; Longenecker, Gal 83; Barcley, Obeying 77 Anm. 7; Eckstein, Verheißung 11; schon Rengstorf ThWNT 1 336 hatte das ἁμαρτωλοί (vgl. Gal 2,17b; Röm 3,7; 5,8.19; 7,13) für nicht genuin paulinisch formuliert befunden; ihm folgen Kümmel, Individualgeschichte 160; Schlier, Gal 89; Matera, Gal 99; Kok, Truth 111 mit Anm. 35; Dunn, Incident 151.

[90] Lightfoot, Gal 115; Lagrange, Gal 46; Longenecker, Gal 83; Kieffer, Foi 37, 39.

[91] So z. B. Burton, Gal 119; Ridderbos, Gal 98.

[92] Schlier, Gal 88; Kümmel, Individualgeschichte 158 f.; Mußner, Gal 167 Anm 2; Bruce, Gal 137; Kieffer, Foi 36 f. mit Anm. 44; Fung, Gal 112; Longenecker, Gal 83; Hansen, Abraham 101; Suhl, Galaterbrief 3098 f.; Kremendahl, Botschaft 189–192.

[93] Bachmann, Sünder 80–82.

[94] So zusammenfassend Kok, Truth 114.

[95] Dunn, Perspective 104 Anm. 25; Dunn, Gal 131 mit Anm. 2 tilgt das δέ.

[96] So z. B. Klein, Individualgeschichte 181–185; Eckstein, Verheißung 6.12. Anders z. B. Kümmel, Individualgeschichte 159; Longenecker, Gal 83: δέ ist kopulativ; die hiermit markierte Weiterführung ist heilsgeschichtlich zu verstehen.

[97] S. als ein Beispiel für viele Witherington, Grace 169, 173.

[98] Martyn, Gal 270 f.

[99] Hultgren, Formulation 254 f.

[100] Hays, Jesus' Faith 267.

[101] Gegen Schenk, Gerechtigkeit 171; Schenk, Phil 312 f.

Subjekt des Hauptsatzes sind – sieht man V. 15 und 16 (und damit V. 11–14 und V. 16–21) eng verbunden[102] – die mit ἡμεῖς zusammengefassten judenchristlichen Paulus und Petrus und darüber hinaus wohl auch – jedenfalls als „Publikum" (V. 14b) – die Jakobus-Anhänger, Barnabas und „die übrigen Juden", d. h. die judenchristlichen Glieder der antiochenischen Gemeinde; sie alle sind φύσει Ἰουδαῖοι (V. 15).[103] Im Galaterbrief findet sich ein dreifacher Gebrauch von ἡμεῖς:[104] 1. Paulus und seine Mitarbeiter (1,8 f.; 2,4 f.9 f.; 2. Paulus und Judenchristen (2,15–17; 3,1–4,7 [außer 3,14b; 4,6b]); 3. auch Heidenchristen einbezogen (1,3 f.; 3,14b; 4,6b; 4,26 u.ö).

Das hier adverbiale καί („auch") stellt die Juden- neben die Heidenchristen (ἔθνη V. 12a). Für sie gilt in gleicher Weise das εἰς Χριστὸν πιστεῦσαι. Strittig und nach Meinung des Paulus vom gemeinsamen Glauben her zu klären ist das Problem der Tischgemeinschaft (V. 12 f.). Deren Aufhebung durch die Judenchristen bewertet Paulus als „Heuchelei" (συνυποκρίνεσθαι V. 13a), weil damit gegen die ἀλήθεια τοῦ εὐαγγελίου verstoßen wird (V. 14a), die auch bei den Galatern gefährdet ist (1,6 f.; 2,5b; 3,1; 4,16 f.). Mit dem Begriff der ἔργα νόμου wird das inkriminierte Verhalten, genauer: die dieses Verhalten bestimmende Instanz der Judenchristen theologisch auf den Punkt gebracht und eingeordnet, nämlich im Zusammenhang des δικαιοῦσθαι der πίστις Χριστοῦ als Gegensatz zugeordnet (V. 16a.c.d). Paulus kann dabei auf ein auch von Petrus und anderen Judenchristen geteiltes Verständnis von Rechtfertigung zurückgreifen;[105] dieses wird in V. 16a genannt.[106]

Wenn das *verbum finitum* mittels des ingressiven Aorists präzise auf die Bekehrung abhebt[107] (anders in V. 17 [s. u.]) – und nicht auf den dauerhaften Glaubensstand, der paulinisch z. B. mit ἐν Χριστῷ εἶναι umschrieben

---

[102] Dazu, dass das ἡμεῖς durch den Zusammenhang mit V. 15 zu bestimmen ist, Bachmann, Frau 146 Anm. 52.

[103] Bachmann, Sünder 136–138 (weitere Autoren mit dieser Sicht bei Kok, Truth 113 Anm. 42). Anders (ἡμεῖς sind Paulus und seine heidenchristlichen Mitarbeiter) Gaston, Paul 68–70; Gager, Origins 232–235; Stowers, Ἐκ πίστεως 670 f.

[104] Bachmann, Sünder 137–139; auch Bachmann, Ermittlungen 120; Bachmann, 4QMMT 94 Anm. 14; vgl. Donaldson, Curse 95–99; Lambrecht, Will 304 f.; Dalton, Meaning; Walker, We.

[105] Kok, Truth 98.

[106] Dunn, Gal 134.

[107] S. etwa Lührmann, Pistis 36 f.; Friedrich, Glaube 104 (nach Hahn, Mitsterben 163 f.: V. 16b konkretisiere V. 16a); Barth, EWNT 3 222; Räisänen, Break 172 f., dem Kok, Truth 102 folgt; Lambrecht, Gesetzesverständnis 105 Anm. 59; anders Dunn, Perspective 106, 121 f.; Ebeling, Wahrheit 168. Dieser Glaubensbeginn sollte nicht auf die Taufe verkürzt werden (gegen Haußleiter, Paulus 173; Schlier, Gal 89 f.; Mußner, Gal 173 f.), denn die δικαιοσύνη wird nicht sakramental vermittelt, sondern im πιστεύειν realisiert (Eckstein, Verheißung 20); dazu kann etwa auf Röm 10,10a verwiesen werden.

wird (s. aber auch πιστεύειν Röm 10,9; 15,13; Phil 1,29) –, liegt hier trotz zweier πίστις-Belege neben πιστεύειν keine Redundanz im Sinne einer bloßen Wiederholung vor, da dem Substantiv diese ingressive Valenz nicht eignet. Da auch der Gegenbegriff ἔργα νόμου dreifach belegt ist, ist hier eine „deliberate triple antithesis" formuliert; der Apostel möchte gerade an diesem Punkt nicht missverstanden werden[108] – was angesichts der Forschungslage als unerfülltes *pium desiderium* belächelt werden kann. Paulus will betonen, dass das als Glaubenswissen akzeptierte Prinzip von Glaube und Rechtfertigung (V. 16a) doch auch als Glaubenserfahrung seine Wahrheit bewiesen habe.[109] Damit ist einerseits das insbesondere zu Gal 2,16 vorgebrachte Argument geschwächt, die vermeintliche Redundanz fordere eine deutliche (darüber hinausgehende) Unterscheidung zwischen den verbalen und nominalen Formulierungen dergestalt, dass mit πίστις Χριστοῦ eben Christi (und nicht der Christen) Glaube gemeint sei.[110] Andererseits kann so auch nicht einfach davon gesprochen werden, dass πίστις Χριστοῦ „parallel in meaning"[111] zu εἰς Χριστὸν πιστεύειν sei, wie Vertreter des traditionellen Verständnisses mit dem Verweis auf Gal 2,16 voraussetzen oder ausdrücklich behaupten.

Die Explikation des Objekts schafft – neben der Häufung von πίστις/πιστεύειν – eine „Redundanz" der *Ergänzungen* zu πιστ-. Warum überhaupt meint Paulus so ausführlich sein zu müssen? An den anderen vermeintlich redundanten, d. h. Verb und Substantiv bietenden Stellen Röm 3,22; Gal 3,22 expliziert er das Verb nicht. Der im Galaterbrief vorhergehende Beleg des Verbs in 2,7 zeigt einen nichttheologischen Gebrauch; soll daher das Objekt in V. 16b für theologische Klarheit sorgen? Oder ist πιστεύειν unscharf, insofern auch die Gegner dieses für ihre Position in Anspruch nehmen konnten?

Das Objekt ist die invertierte Christus-Bezeichnung Χριστὸς Ἰησοῦς, die unmittelbar vorher als Attribut zu διὰ πίστεως noch in regulärer Reihenfolge begegnete. (Die Vertreter des *genitivus subiectivus* haben bisher

---

[108] Dunn, Theology 381. Vgl. Silva, Faith 232: „It is almost as though the apostle sensed the possibility of a misunderstanding and thus proceeded to state the matter in unambiguous terms."

[109] Dunn, Gal 139 paraphrasiert, dass „we do not simply know that justification is by faith in Christ as a matter of principle; we have actually so believed; the principle has been tried and proven in our own experience".

[110] S. nur Hays, Faith 175; Williams, Again 443; Hooker, ΠΙΣΤΙΣ 337 (weitere Autoren s. unter 1.7.). Wallis theologisiert gewissermaßen dieses Redundanzargument: „[I]f all three πιστεύω cognates are understood in this way [*sc.* wie im Hauptsatz als Glaube an Christus], the emphasis within this key verse for Paul's soteriology falls rather awkwardly upon the believer rather than Christ. It seems unlikely, however, that Paul would introduce his understanding of the dispensation of salvation established through Christ on the basis of the relative merits of faith in Christ over works of the law" (Faith 105).

[111] So, repräsentativ für viele, Lindsay, Josephus 106.

versäumt, die Inversion für eine sachliche Diskrepanz von Verb und Substantiv zu reklamieren.) Die Inversion bietet der Galaterbrief außer hier noch in 3,14 (der Segen Abrahams gelangt ἐν Χριστῷ Ἰησοῦ zu den Heidenvölkern), in 3,28d (alle sind εἷς ἐν Χριστῷ Ἰησοῦ), in 4,14 (Paulus aufgenommen wie ein Engel Gottes, ὡς Χριστὸν Ἰησοῦν), 5,6 (ἐν Χριστῷ Ἰησοῦ gilt Beschneidung nichts); 5,24 ist textkritisch unsicher.

Keineswegs selbstverständlich ist die Präposition εἰς, mit der πιστεύειν hier wie auch in Röm 10,14a.b (Attraktion zum Genitiv zu ἀκούειν); Phil 1,29 konstruiert wird.[112], Diese Präposition – so kann ohne Übertreibung gesagt werden – „beinhaltet eine ganze Christologie und Soteriologie".[113] Die wenig beachtete, aber durchgängige *Voranstellung* des präpositionalen Objekts εἰς Χριστόν (Gal 2,16b; Phil 1,29; vgl. Röm 10,14a [Relativsatz]) markiert einen engeren inneren Zusammenhang von Verb und dem zwischen Subjekt ἡμεῖς und Prädikat stehenden Objekt, enger jedenfalls als πιστεύειν mit nachfolgenden konsekutivem/finalem εἴς τι (Röm 4,18; 10,10a; 15,13). Ist εἰς Χριστόν als direktes Objekt zum Verb πιστεύειν oder (auch durch die Prolepse angezeigt) als adverbielle Bestimmung zu verstehen?[114]

Neben dem absoluten Gebrauch und direkten Objekten im Dativ (Röm 4,3 und Gal 3,6 zit. Gen 15,6; Röm 4,17 [Attraktion zum Genitiv nach Präposition]; 10,16c zit. Jes 53,1 LXX) sowie einmal in gebundener Sprache im Akkusativ (1Kor 13,7) gibt es ἐπί τινα (Röm 4,5 [nimmt den Dativ aus dem Zitat V. 3 wieder auf].24), ἐπί τινι (Röm 9,33; 10,11 zit. Jes 28,16 LXX[115]) sowie als älteste Formulierung ὅτι-Sätze (Röm 6,8; 10,9; 1Thess 4,14). Von grundsätzlichen semasiologischen Bedenken noch ganz abgesehen, kann eine allzu forsche Ableitung eines *genitivus obiectivus* bei πίστις Χριστοῦ von der verbalen Formulierung in Gal 2,16 nicht völlig überzeugen;[116] dazu ist das durch das εἰς umschriebene Verhältnis des Patiens zum Verb noch zu wenig präzise bestimmt. Hat die gegenteilige Aufstellung,

---

[112] Röm 10,10a bleibt hier unberücksichtigt, da dort absolutes πιστεύειν vorliegt; das εἰς weist – wohl in Allusion an Gen 15,6 LXX – die δικαιοσύνη (nicht als Objekt, sondern) als das Ziel o. ä. des πιστεύειν aus, wie der parallele zweite Satzteil zeigt. Wichtig ist aber natürlich der Zusammenhang mit δικαι-. Ebenfalls hier nicht zu behandeln sind Röm 4,18; 15,13.

[113] Betz, Gal 221.

[114] Ausdrücklich notiert sei, dass auch Richard B. Hays, der Hauptvertreter des *genitivus subiectivus* bei πίστις Χριστοῦ, εἰς Χριστὸν πιστεύειν als „an Christus glauben" versteht (Faith 142). Dagegen meint Williams, Again 434 f., dass Christus nicht „faith's object" sei; das εἰς Χριστόν beim Verb nimmt er als adverbielle Ergänzung (442–444).

[115] *Codex Vaticanus* lässt ἐπ' αὐτῷ aus; der masoretische Text bietet es auch nicht.

[116] Das gilt erst recht von der Rückführung des Genitivs bei πίστις auf den bloßen Dativ beim Verb (Blass/Debrunner/Rehkopf, Grammatik § 163,2 mit Anm. 5); πιστεύειν Χριστῷ ist genuin paulinisch nicht belegt – bei der Attraktion Röm 10,14b eventuell vorausgesetzt –, sondern findet sich nur in LXX-Zitaten.

das εἰς kennzeichne gar nicht das „Objekt" des Glaubens,[117] mehr Wahrscheinlichkeit für sich?[118] Um hier zu einer Entscheidung zu kommen, bieten sich zwei Schritte an, die Frage nach der Traditionsgeschichte von πιστεύειν (1.) und die nach einem Analogon (2.):

1. Der Beleg von εἰς αὐτὸν [sc. Χριστὸν] πιστεύειν in Röm 10,14a wird von πιστεύειν in V. 9b her gelesen (s. noch V. 11).[119] Dort (wie auch in V. 10a) ist das πιστεύειν nach dem vorhergehenden Zitat von Dtn 30,14 der καρδία zugeordnet (V. 9b); es führt zum σώζεσθαι (V. 9fin.; dieses Gerettetwerden wird sogleich als δικαιοσύνη weitergeführt [V. 10a]). Der Inhalt des Glaubens wird mit einem ὅτι-Satz formuliert, der auch ausweislich von 1Thess 4,14 altes Traditionsgut wiedergibt.[120] Geglaubt wird, dass „Gott ihn [sc. <Herrn> Jesus, vgl. V. 9a] von den Toten auferweckt hat". Dafür scheint das εἰς αὐτὸν [sc. κύριον, vgl. V. 12b.13] πιστεύειν in Röm 10,14a eine Abbreviatur zu sein,[121] was in πίστις πρὸς τὸν θεόν 1Thess 1,8 ähnlich ist (Kurzfassung zu πιστεύειν ὅτι θεός ...).[122] Als Kurzform für πιστεύειν ὅτι Χριστός/-ν bezeichnet εἰς Χριστὸν πιστεύειν zunächst kein persönliches Verhältnis zwischen Glaubenden und Christus;[123] Christus ist hier weder grammatikalisch noch theologisch „Objekt", sondern spezifischer Inhalt. So ist die εἴς-τινα-πιστεύειν-Formulierung ziemlich sicher „distinctively Christian".[124] Wiederum bietet die Aktionsart eine besondere Nuance über die gnomische Formulierung in Röm 10,9b hinaus: Der ingressive Aorist steht in Zusammenhang von „hören" und „verkündigen" und bezeichnet auch hier den Glaubensbeginn in der Bekehrung.[125] Anders als in Gal 2,16b ist Christus hier allerdings – bedingt durch die Homologie Röm 10,9a und das Joel-Zitat in Röm 10,13 – als „[Herr] Jesus" tituliert (vgl. 4,24). Kann aus der Beobachtung, dass Christus hier „Objekt" göttlichen Handelns ist, geschlossen werden, auch εἰς Χριστὸν πιστεύειν bezeichne nicht Christus selbst und direkt, sondern nur mittelbar als „Ge-

---

[117] So z. B. Johnson, Rom 3:21–26 82; Williams, Again 442 mit Verweis auf Bultmann, ThWNT 6 211.

[118] Um ein extremes Beispiel anmerkungsweise zu nennen: Kittel interpretiert das εἰς zu einem κατά τινα um (Πιστις 428 f.); wegen der Stellung des εἰς Χριστὸν Ἰησοῦν vor dem verbum finitum erklärt er dieses zu einem Adverbiale und übersetzt mit „christlich glauben" (429). Vgl. Williams, Again 443, der zu einem „to believe like Christ" gelangt.

[119] Beiden Belegen folgt übrigens ein absolutes πιστεύειν (in V. 14b allerdings durch Attraktion begünstigt).

[120] S. o. zur Pistisformel in 1Thess 4,14.

[121] So beispielsweise Williams, Again 443; das hatte freilich auch schon Bultmann, ThWNT 6 210 f.; Bultmann, Theologie 93 gesehen.

[122] Conzelmann, Grundriß 284.

[123] Bultmann, Theologie 93; Bultmann, ThWNT 6 204.

[124] Dunn, Gal 139.

[125] Vgl. (allerdings für seine These beanspruchend) Williams, Again 443.

genstand" und sei zu paraphrasieren als „to believe the gospel of God's redemptive work in and through Christ"[126]? Daraus kann der weitreichende Schluss gezogen werden, dass eine substantivische Reformulierung dieser so verstandenen verbalen Wendung kein Attribut aufweisen würde, πίστις Χριστοῦ mithin anderes, nämlich Jesu eigenen Glauben, meine.[127] Aber: In der Pistisformel Röm 10,9b wird der Kreuzestod Christi (natürlich vorausgesetzt, indes) nicht genannt. Als Subjekt des Glaubens – seines am Kreuz evidenten Glaubens – ist Christus hier jedenfalls nicht im Blick. Entsprechend wurde diese Pistisformel zur Gottesprädikation ὁ ἐγείρας [τὸν] Ἰησοῦν [ἐκ νεκρῶν] nominalisiert,[128] die mit πιστεύειν verbunden bleibt (vgl. Röm 4,24). Eine Ableitung des εἰς Χριστὸν πιστεύειν von dieser Pistisformel – der so genannten „Auferweckungsformel"[129] – ist aber vor allem wegen des anderen Titels unwahrscheinlich. Es liegen jedoch auch Pistisformeln mit dem artikellosen Christus-Titel vor, wie prominent die „kombinierte Pistisformel" in 1Kor 15,3b–5.

So kann begründet vermutet werden, dass die älteste Formulierung Verb + ὅτι + Χριστός parallel (mit unterschiedlichem Sitz im Leben?) weitergebildet wurde: einerseits verbal verkürzt zu εἰς Χριστὸν πιστεύειν – verwendet im Zusammenhang mit Bekehrung –, andererseits substantivisch zu πίστις Χριστοῦ – verwendet im Zusammenhang mit Rechtfertigung.

Spricht in Gal 2,16 die Stellung von εἰς Χριστόν vor dem Verb für das engere Verhältnis als Objekt oder für das weitere als adverbielle Bestimmung? Paulus prägt diese Formulierung oder übernimmt sie schon (aus Antiochia). Der einfache Dativ – der Akkusativ stand (trotz 1Kor 13,7) wohl nicht zur Verfügung – oder die Verwendung von ἐπί schienen ihm nicht präzise das im πιστεύειν realisierte Verhältnis zwischen Glaubendem und Christus wiedergeben zu können. Daher musste er bei der Nominalisierung das Attribut mit dem Genitiv bilden.

Nun liegt in Phil 1,29 eine hochinteressante Parallele vor. Hier heißt es, „dass euch geschenkt ist ‚das für Christus', nicht nur ‚das an ihn glauben', sondern auch ‚das für ihn leiden'". Beide ὑπέρ-Wendungen stellen adverbielle Bestimmungen dar, die einleitende, ist – wenn nicht durch eine nachfolgende Parenthese erklärt und auf πάσχειν bezogen (s. 5.1.) – etwas kryptisch, die letzte bei πάσχειν ist deutlich: Das Adverbiale ist vorangestellt wie beim vorhergehenden parallelen πιστεύειν, in dem eine präzise Entsprechung zu Gal 2,16b vorliegt. Das ist ein starkes Argument dafür, auch in Gal 2,16 die präpositionale Bestimmung einfach adverbiell zu verstehen und nicht als Objekt. Röm 4,20 kann als weiteres Beispiel für ein voran-

---

[126] Williams, Again 442.
[127] Williams, Again 435 f. mit Anm. 19.
[128] Wengst, Formeln 30 f.; Vielhauer, Geschichte 15; Goppelt, Theologie 457.
[129] Wengst, Formeln 27–48; Vielhauer, Geschichte 15 f.

gestelltes Adverbiale mit εἰς angeführt werden: Hinsichtlich der Verheißung Gottes zweifelte Abraham nicht. Kurz zuvor, nämlich in V. 18, wird πιστεύειν mit der vorangestellten adverbiellen Bestimmung παρ' ἐλπίδα ἐπ' ἐλπίδι ergänzt.

Was ist mit den Erwägungen über εἰς Χριστόν als Objekt oder als adverbielle Bestimmung für die Debatte gewonnen? Jedenfalls dies, dass Rückschlüsse von der verbalen Formulierung in Gal 2,16b auf das nominale πίστις Χριστοῦ nicht in einer *genitivus-obiectivus/subiectivus*-Alternative verharren sollten. Inhaltlich ist festzuhalten, dass Paulus bemüht ist, „glauben" präzise zu fassen als „Glauben hinsichtlich [des] Christus[-Ereignisses]". Dass übrigens diese sprachliche Präzision in Rechtfertigungsformulierungen etwa durch („partizipatorische") Aussagen über ein personales Verhältnis zwischen Glaubendem und Christus ergänzt werden kann, zeigt Paulus nach Gal 2,16 in V. 17 (ἐν Χριστῷ) und V. 20 (ἐν πίστει).

Fazit: Die traditionsgeschichtliche wie synchron-sachliche Beziehung zu πιστεύειν ὅτι Χριστός/Χριστόν legen nahe, in εἰς Χριστὸν πιστεύειν das (nicht grammatikalische) „Objekt", den Bezugspunkt, die Bezugsperson des Glaubens formuliert zu sehen, wobei der Christus-Titel für das Christus-Geschehen steht. Der Verzicht auf eine Nominalisierung, die mit einem mit εἰς konstruierten Attribut ergänzt wäre, unterstützt diese Sicht.

2. Weitere Verben werden bei Paulus mit εἰς Χριστόν konstruiert: βαπτίζειν,[130] näherhin freilich passivisch. Gal 3,27 bietet die einzige weitgehende Entsprechung: voran gestellt findet sich das mit εἰς gebildete Präpositionalpatiens – hier Χριστός – vor dem passivischen Verb im Aorist. Dem folgt die Metapher „Christus anziehen". Röm 6,3 stellt „Christus Jesus" nach und interpretiert es (jetzt wieder vorangestellt) mit „seinem Tod".[131] Auch nach βαπτίζεσθαι εἰς wird der christologische Titel metonym verwendet. Und im folgenden Vers findet sich sogar eine Nominalisierung; sie behält anders als πίστις Χριστοῦ freilich die Präposition bei: τὸ βάπτισμα εἰς τὸν θάνατον. Dieses gewissermaßen starke εἰς birgt die Konnotation von „movement, change, the transfer from one order of existence to another"[132]. Gleiches ist so aber kaum vom εἰς bei πιστεύειν zu sagen.[133] So bestechend der wortspielerische Gedanke auch sein mag, dass „to ‚believe into Christ' is the *means* by which one comes to be ‚in Christ'"[134], es wird

---

[130] Vgl. Williams, Again 442 f., der bedauerlicherweise zu notieren unterlässt, dass schon Haußleiter, Paulus mit dieser Parallele arbeitet und in Gal 2,16b die Taufe angesprochen sieht (162–173). Zu Gerechtigkeitsaussagen in Tauftraditionen s. Horn, Juden 28.

[131] Die Verbindung von Taufe und Jesu Kreuzestod geht mittelbar auch aus 1Kor 1,13 hervor.

[132] Williams, Again 443.

[133] So indes Williams, Again 443.

[134] Williams, Again 443.

damit vernachlässigt, dass Paulus das Verb durchaus auch im durativen Sinn verwendet, wie Phil 1,29 (εἰς), Röm 10,9b (ὅτι) oder Röm 15,13 (absolut) zeigen.

Das εἴς τινα/τι nach βαπτίζεσθαι nennt nicht ein Objekt, sondern ist eine adverbielle Bestimmung. Das zeigt auch die Nominalisierung mit dem unverändert präpositionalen Attribut. Bei εἰς Χριστὸν πιστεύειν liegen die Dinge komplizierter. Von βαπτίζεσθαι εἰς Χριστόν und βάπτισμα εἰς τὸν θάνατον kann wohl kaum – wie Sam K. Williams es vorschlägt – für εἰς Χριστὸν πιστεύειν und πίστις Χριστοῦ geschlossen werden, dass, da das Verb ebenfalls nur eine adverbielle Bestimmung regiert, die Nominalisierung mit folgendem Genitivattribut etwas anderes meinen müsse.

Eine weitere Parallele ist in der Debatte bisher nicht behandelt worden: εἰς Χριστὸν ἁμαρτάνειν 1Kor 8,12.[135] Dieser Beleg ist schon deswegen interessant, weil das Verb einen Gegenbegriff zu πιστεύειν nennt; man übersehe nicht die Voranstellung von εἰς Χριστόν. Das εἴς τινα kennzeichnet hier eine adverbielle Bestimmung; es ist dies eine häufige Ergänzung zu diesem Verb, wie schon der Satz selbst belegt. Zwingende Schlüsse auf εἰς Χριστὸν πιστεύειν scheinen nicht möglich zu sein. Immerhin: Paulus bildet derlei christologische Adverbiale.

Das dem πιστεύειν nahe ἐλπίζειν wird in 2Kor 1,10 mit voranstehendem (auf Gott bezüglichen) εἰς-Objekt konstruiert; vom Verb abhängig ist hier (mit einer gewissen textkritischen Unsicherheit) zugleich ein Nebensatz mit ὅτι – damit rückt die εἰς-Formulierung in die Nähe einer adverbiellen Bestimmung („in Bezug auf ihn hoffen wir, dass er …“).

„Auch wir [Judenchristen] kamen dazu, an Christus Jesus zu glauben" – damit formuliert Paulus das ihn und seine Gegner (sowohl) während des antiochenischen Zwischenfalls (als auch in Galatien) verbindende Moment.[136] Nicht übersehen sollte man, was Paulus hier eben *nicht* nennt, die ἐ,ργα νομοῦ nämlich;[137] für ihn entscheidend ist allein die πίστις, wie er in 5,6 ausdrücklich schreiben wird.[138] Der *finis* dieser Erfahrung wird in V. 16c (vgl. 3,24b) genannt: „sodass wir [Judenchristen] aus πίστις Χριστοῦ gerechtfertigt werden". Auch dies gehört noch zum Konsens zwischen Paulus und seinen Gegnern.[139]

---

[135] Williams, Again 442 Anm. 42 lässt diese Parallele unberücksichtigt, da hier εἰς „against" heiße; das Argument verfängt nicht, da Paulus und seine Sprachgenossen sich kaum an englischen Präpositionen orientiert haben werden. Im Deutschen heißt es denn auch (gleichsam griechischer) „sündigen *an*".

[136] So z.B. de Boer, Use 193, der darum den Hauptsatz als *captatio benevolentiae* bezeichnet.

[137] S. de Boer, Use 193.

[138] Paulus verfolgt hier ein doppeltes Ziel, nämlich – so die These von de Boer, Use (s. besonders 215) – die Dissoziation der Rechtfertigung von den ἔργα νόμου und ihre exklusive Assoziation an die πίστις Χριστοῦ.

3.2.2. Der Finalsatz Gal 2,16c

Der Hauptsatz wird im Finalsatz weiter geführt. Der Aorist des ἐπιστεύσα-μεν dort findet sich hier wieder im δικαιωθῶμεν, während V. 16a das Präsens bietet. Mit *variatio* der Präposition wird V. 16a wieder aufgenom-men (zu den Präpositionen s. 1.5.3.). Nicht inhaltliche, sondern stilistische Gründe haben diesen Wechsel veranlasst.[140] Es ist kaum anzunehmen und zumal für die Adressaten des Galaterbriefes nicht nachzuvollziehen, dass das ἐκ sich dem entfernten Habakuk-Zitat in Gal 3,11 verdankt. Manche vermuten (zudem) eine Parallelbildung zu ἐξ ἔργων νόμου, um die Anti-thetik von ἔργα νόμου und πίστις Χριστοῦ zu verdeutlichen.[141] Eine solche Angleichung hätte sich aber schon in V. 16a*fin.* auswirken können. Jeden-falls setzt die Verwendung der Präpositionen in Gal 2,16a die Stowerssche These (dazu s. 1.5.3.), wonach διά im Zusammenhang mit Heidenchristen steht, ins Unrecht.

Überhaupt stellt V. 16c eine emphatische Wiederholung von V. 16a dar;[142] anders muss man es sehen, wenn in V. 16a eine judenchristliche Position erkannt wird, der Paulus in V. 16c seine Sicht entgegen setzt.

Der einzige adverbielle ἐκ-πίστεως-Beleg im Rechtfertigungszusammen-hang Gal 2,16c steht im deutlichen Gegenüber zum vorgängigen ἐξ ἔργων νόμου, als dessen Antonym ἐκ πίστεως Χριστοῦ gebildet sein mag. Camp-bells These, die paulinische Rede von der πίστις Χριστοῦ verdanke sich ausweislich des ἐκ dem Zitat Hab 2,4, kommt wohl nur geringe Wahr-scheinlichkeit zu. Traditionsgeschichtlich ursprünglich dürfte vielmehr die Formulierung mit διά sein.[143] Diese verwendet Paulus denn auch in Gal 2,16a, wo eine überkommene (antiochenische?) Wendung (εἰδότες) den Konsens formuliert (s. u. 3.2.3.). Strategisch viel sinnvoller wäre es ja ge-wesen, in der Auseinandersetzung mit den *Juden*christen diese mit dem biblischen Zitat aus Hab 2,4 zu behaften; das eben tut Paulus hier nicht.

Reformuliert Paulus mit ἐκ πίστεως Χριστοῦ die Verbalphrase des Hauptsatzes? (Mit Nennung von Subjekt und Objekt beim Verb, aber ohne Attribut beim Substantiv ist dieser Vorgang in Gal 3,6.7 zu sehen.) Was die Vertreter der traditionellen Sicht als selbstverständlich voraussetzen, bestreitet Sam K. Williams mit seinem (nach dem Verweis auf das ambi-valente Antonym ἔργα νόμου [dazu s. 3.2.4.]) zweiten Argument für eine

---

[139] Eckstein, Verheißung 26.

[140] So z. B. Hays, ΠΙΣΤΙΣ 722 Anm. 31.

[141] Z. B. Kieffer, Foi 52; Mußner, Gal 174; Dunn, Röm 1 189; Kok, Truth 136.

[142] So z. B. Ridderbos, Gal 106; Fung, Gal 117; Kieffer, Foi 37; unterschiedliche Akzente macht Ebeling, Wahrheit 169 aus. Gaston, Paul 70 meint, V. 16c formuliere, „what happens to the Gentile believers as a result of Paul's own commissioning and believing".

[143] S. de Boer, Use 195.

inhaltliche Unterscheidung der verbalen und der nominalen Formulierung: Hätte Paulus V. 16b im Finalsatz rekapitulieren wollen, hätte er das strittige Attribut just ausgelassen, also sei ihm ausgesprochen an der Unterscheidung gelegen.[144] Von der Hypothetik dieses Arguments noch abgesehen, ist darauf hinzuweisen, dass ja doch zunächst die nominale Version begegnet (V. 16a); diese ist also offensichtlich auch schon ohne die (vorgeblich) zu unterscheidende und damit profilierende benachbarte verbale Wendung verständlich.

Beim Verb formuliert Paulus mit εἰς, beim Substantiv steht das Attribut im Genitiv, nicht mit der Präposition. Ist damit dasselbe Verhältnis bezeichnet, oder unterscheidet Paulus hier: beim Verb das „Objekt", beim Substantiv das Subjekt? Warum aber muss der (um der Vermeidung von Redundanz willen behauptete) Unterschied zwischen beiden Formulierungen auf der Ebene Subjekt/Objekt liegen? Dieser Trugschluss schuldet sich einem unzureichenden Verständnis des griechischen Genitivs.

Jedenfalls wird ἐκ πίστεως Χριστοῦ im nachfolgenden (und schon wegen der kontinuierlichen 1.pl. in engem Verhältnis zu V. 16 stehenden[145]) V. 17 mit ἐν Χριστῷ wiedergegeben – auch in Verbindung mit dem Aorist von δικαιοῦσθαι (vgl. ἐν ὀνόματι τοῦ κυρίου 1Kor 6,11b).[146] Das kann nicht für das subjektive Verständnis des Genitivs reklamiert werden,[147] da ἐν Χριστῷ nicht den (Glauben oder sonst etwas aus dem Leben des) historischen Jesus bezeichnet, sondern das Christsein, wie 3,26.28 deutlich zeigen.[148] Es trägt ekklesiologische Konnotationen,[149] steht aber wie hier auch bei δικαιοῦσθαι: den Begriff Χριστός konkretisierend durch αἷμα αὐτοῦ in Röm 5,9 (vgl. 2Kor 5,21), verneint mit νόμος in Gal 3,11. Deutlich ist, dass der Aorist hier nicht auf die Bekehrung beschränkt werden kann.[150] Dass in V. 17 (wie auch in V. 16b) der Glaube der Glaubenden thematisch

---

[144] Williams, Again 435 f. Paulus hätte also ein dem Objekt des Verbs entsprechendes Attribut dem Substantiv beigefügt, gerade „to distinguish in some way between believing *eis Christon* and *pistis Christou*" (Williams, Again 436 [mit Anm. 19, wo dann noch das Redundanzargument mit dem Hinweis auf 3,22 nachgereicht wird]). Ein besseres Argument wäre gewesen: Die Rekapitulation wäre durch den bestimmten Artikel anaphorisch angezeigt worden, wie es in Phil 3,9 geschieht. Doch wird dort das gleiche Wort πίστις wiederholt; und ἐκ πίστεως ist paulinisch nie mit dem Artikel versehen.

[145] Bachmann, Sünder 37–40.

[146] Nach Jürgen Becker „kann Paulus in V. 17 sehr gut antiochenische Sprache verwenden haben" (Becker, Paulus 102).

[147] S. etwa Williams, Again 444, der freilich eine gewisse Ambivalenz konzediert: „the preposition *en* can be read simultaneously in a local and an instrumental sense. Christ is both domain and means."

[148] Zu ἐν Χριστῷ s. Kok, Truth 199–204; dieses Motiv bezieht sich auf „the whole of Christian experience, from initial acceptance to the final vindication" (Kok, Truth 203).

[149] Betz, Gal 223 f.

[150] Kok, Truth 204 f.; Dunn, Perspective 208.

ist (mitsamt der christlichen Krisen[selbst]erfahrung als ἁμαρτωλοί)[151], spricht für die traditionelle Sicht von πίστις Χριστοῦ.[152]

Das nachklappende καὶ οὐκ ἐξ ἔργων νόμου in V. 16c dient wohl der Emphase und der Überleitung zum Zitat in V. 16d.[153]

3.2.3. Die Begründung Gal 2,16a

Was der Finalsatz als persönliches Widerfahrnis darstellt, wird schon in V. 16a als Einsicht des Glaubens formuliert. Das Partizip εἰδότες mit ὅτι leitet bei Paulus „das Glaubenswissen betreffende assertorische Aussagen" ein,[154] die in den Gemeinden akzeptierte Lehren wiedergeben und (daher) mit Zustimmung rechnen können.[155] Das ὅτι kommt einem Doppelpunkt nah; es folgt gleichsam ein Zitat.[156] Paulus nimmt hier eine judenchristliche Formel zum Rechtfertigungsgedanken auf.[157] Dieser Grundsatz mag antiochenischer Herkunft sein.[158] Das Partizip ist kausal aufzufassen, freilich nicht in dem Sinn, als nenne der ὅτι-Satz ein dem Glauben vorgängiges Wissen als Motivation zum Glauben.[159] Bemerkenswert ist, dass εἰδότες auch sonst bei mit πιστεύομεν eingeleiteten ὅτι-Sätzen stehen kann (Röm 6,8 f.; 2Kor 4,13 f.). Mit dem artikellosen ἄνθρωπος (vgl. Röm 3,28; 1Kor 4,1; 7,26; 11,28; Gal 6,7) – statt mit der 1. pl. wie V. 16c – wird allgemein gültig formuliert.[160] Wegen der Parallele σάρξ V. 16d mag diese *condition humaine* mitschwingen, eventuell das Gegenüber von Mensch und Gott (vgl. dazu die vorhergehenden ἄνθρωπος-Belege Gal 1,1.10.11 f.).[161] Eine

---

[151] Kok, Truth 211.

[152] Zur Aufnahme von ἐκ πίστεως Χριστοῦ V. 16c durch ἐν Χριστῷ V. 17a s. Bachmann, Sünder 61–63 mit Anm. 176; Bachmann, Keil 98 Anm. 118.

[153] Bruce, Gal 140.

[154] Eckstein, Verheißung 13 mit Anm. 69 (Belege); Hofius, Glaube 156; vgl. Kok, Truth 114–116. Im parallelen Satz Röm 3,28 findet sich λογιζόμεθα mit AcI. Zum εἰδότες-Satz s. ferner Murphy-O'Connor, Ground.

[155] Lambrecht/Thompson, Justification 33, nach denen „all his readers could be expected to agree, that what he is saying is already fixed teaching in the church".

[156] Longenecker, Gal 83.

[157] Dazu ausführlich de Boer, Use 189–197.

[158] Becker, Gal 29, 31, 42; Becker, Paulus 101, 303 f.; Theobald, Kanon 183–189 (vgl. Theobald, Römerbrief 193). Zur Bedeutung Antiochiens für die paulinische Theologie s. (neben den Arbeiten von Becker, Rau, Dauer) Hengel/Schwemer, Paulus 404–461. Eine jerusalemische Herkunft der Rechtfertigungsformel erwägt Burchard, Werken.

[159] Eckstein, Verheißung 14 f.; so aber Schlier, Gal 88; Burton, Gal 119; Matera, Gal 102.

[160] Vgl. Bauer/Aland, Wörterbuch s. v. ἄνθρωπος 3 a; Kümmel, Individualgeschichte 160 f. Bruce, Gal 138 entnimmt hier noch den Hinweis auf den Menschen als solchen, ohne Vor- und Nachteile der Abstammung; vgl. Lindsay, Josephus 106.

[161] Vgl. Kümmel, Individualgeschichte 160 f.; ähnlich Kieffer, Foi 50: der Mensch als solcher („homme"), womit dem partikularistischen φύσει Ἰουδαῖοι widersprochen ist (mit Klein, Individualgeschichte 183).

„dritte Rasse", die die Unterschiede zwischen Juden und Heiden nicht kennt, kann darin nicht gesehen werden.[162] Der Generalisierung dient auch das Präsens. Es fällt auf, dass die drei Belege für δικαιοῦσθαι in Gal 2,16 die Tempora wechseln.[163] Dabei kann das Präsens gnomisch formulieren, der Aorist punktuell die Bekehrung betonen und das Futur eschatologisch zu verstehen sein.

Das hier erstmals (und gleich gehäuft [die Hälfte der δικαιοῦσθαι-Belege im Galaterbrief findet sich in 2,16 f.!]) genannte δικαιοῦσθαι kann als „terminus technicus für das synthetische Urteil Gottes – die Rechtfertigung des Gottlosen aus Gnade im Glauben"[164] gelten. Diese geschieht ἐκ πίστεως Χριστοῦ (V. 16c; vgl. 3,8.24; ferner 5,5) und *folglich* nicht (καὶ οὐκ V. 16c) ἐξ ἔργων νόμου. Diesen Schluss, nämlich den Ausschluss der ἔργα νόμου aus dem Verfahren des δικαιοῦσθαι von der Erfahrung des Glaubens her, will Paulus seinen Kontrahenten vermitteln. Denn wie das δικαιοῦσθαι beruht auch die Gemeinschaft zwischen Juden- und Heidenchristen auf der gemeinsamen πίστις,[165] nicht auf der Beachtung der ἔργα νόμου. Das Gegenüber von νόμος und πίστις bildet Paulus im Konflikt um die ἔργα νόμου, indem er die ἔργα νόμου hypothetisch mit der Rechtfertigung verbindet und damit in einen Gegensatz zur πίστις bringt (dazu ausführlich in 3.2.4.).[166]

Im Finalsatz ist das Verhältnis einer Rechtfertigung ἐκ πίστεως Χριστοῦ und einer ἐξ ἔργων νόμου gewissermaßen empirisch als faktisch alternativ dargestellt (καὶ οὐκ).[167] Entspricht dem V. 16a? Strittig ist das die Antonyme in Beziehung zueinander setzende ἐὰν μή.[168] Die Frage, ob es adversativ („sondern") oder exzeptiv („außer") zu verstehen sei,[169] ist von großem Belang, weil hieran die Verhältnisbestimmung von πίστις Χριστοῦ und ἔργα νόμου (und die der Satzteile V. 16a und V. 16c) hängt.[170] Liegt ein Bruch mit dem Judentum vor oder steht die paulinische Christusbotschaft in

---

[162] So die (mindestens) unglückliche Formulierung von Klein, Individualgeschichte 183 f.; 201; Klein, Sündenverständnis 267 (vgl. Bruce, Gal 138).

[163] Dazu Dunn, Perspective 208.

[164] Eckstein, Verheißung 16 mit Verweis auf Röm 3,24.26.28; 4,5; 5,1.

[165] Vgl. zur Gemeinschaft des Glaubens Gal 6,10 (οἱ οἰκεῖοι τῆς πίστεως); 1Kor 12,13 (εἰς ἓν σῶμα βαπτίζεσθαι).

[166] Auf Tradition kann er hier nicht zurückgreifen (Eckstein, Verheißung 15 gegen Becker, Gal 29, 31; Becker, Paulus 101).

[167] Grundsätzlich kontradiktorisch formuliert erst 3,12a (s. o. unter 3.1.).

[168] Zur Diskussion des ἐὰν μή s. Kok, Truth 149–154; Walker, Translation; Das, Look; mit Goodwin, ἐὰν μή liegt schon eine ältere Miszelle vor.

[169] Es sei der Hinweis erlaubt, dass die deutsche Sprache die adversative und für die exzeptive Bedeutung von ἐὰν μή mit „außer" und „sondern" differenzieren kann, während das Englische beides mit „but" übersetzt. Witherington, Grace 178 nivelliert denn auch beides und behauptet, adversatives und exzeptives δέ seien mit „but only" zu übersetzen.

[170] Walker, Translation 516.

Kontinuität mit jüdischem Glauben? Das ἐὰν μή kann adversativ auf die Aussage, dass man nicht aus ἔργα νόμου gerechtfertigt werde, bezogen werden: „Man wird aus ἔργα νόμου nicht gerechtfertigt, sondern mittels πίστις Ἰησοῦ Χριστοῦ [wird man gerechtfertigt]."[171] Das ἐὰν μή in V. 16a wird so analog zum καὶ οὐκ in V. 16c verstanden, also paulinisch interpretiert. Damit wäre in V. 16a schon der Gegensatz einer (vor- und vergeblichen) Rechtfertigung ἐξ ἔργων νόμου und der διὰ/ἐκ πίστεως formuliert.[172] Klassisch hat ἐὰν μή die exzeptive Bedeutung von „außer".[173] Wird diese auch für Gal 2,16a angenommen und wird die so gemachte Ausnahme auf die ἔργα νόμου bezogen, ist die πίστις nicht als Gegensatz, sondern als Zusatz zu den ἔργα νόμου zu verstehen:[174] „Man wird aus ἔργα νόμου nicht gerechtfertigt, es sei denn [, dies geschieht] mittels πίστις Ἰησοῦ Χριστοῦ." Die Rechtfertigung würde dann ἐξ ἔργων νόμου geschehen, freilich nur dann, wenn die πίστις dazu tritt (der Wechsel der Präposition ist sachlich belanglos); hinsichtlich der Judenchristen hieße das, dass ihr „Christian faith is but an extension of their Jewish faith"[175], ja ihr „traditional Jewish faith" sei mit dem Syntagma πίστις Χριστοῦ lediglich „more precisely defined as faith in Jesus Messiah"[176]. Das wäre deshalb möglich, weil „justification by faith is not a distinctively Christian teaching", sondern fundamentaler Bestandteil des frühjüdischen Bundesnomismus.[177] Das judenchristliche Rechtfertigungsverständnis kann dann so beschrieben werden, dass πίστις Χριστοῦ als „inner boundary within the basic Jewish boundary" fungiert.[178] Ist es denkbar, dass Paulus eine judenchristliche Formel – mit exzeptiver Konjunktion – aufgegriffen und durch sein καὶ οὐκ in V. 16c korrigiert hat?[179]

Die Syntax von V. 16 ist alles andere als luzide. Es ist vorgeschlagen worden, durch Wiederholung der negativen Rechtfertigungsaussage die

---

[171] So z.B. Burton, Gal 121; Schlier, Gal 92 Anm. 6; Kieffer, Foi 51 Anm. 67; Bruce, Gal 101, 138; Becker, Gal 29; Fung, Gal 115 f. Anm. 23; Longenecker, Gal 84; Ziesler, Gal 24.

[172] So z.B. Räisänen, Break 177; vgl. Bachmann, Sünder 61 Anm. 174, ferner Bruce, Paul 125; Bruce, Gal 101, 138.

[173] S. etwa Kühner/Gerth, Grammatik II/2 § 510, 4b; § 577,8.

[174] Blass/Debrunner/Rehkopf, Grammatik § 376 Anm. 2; Dunn, Perspective 112 f.; Dunn, Gal 137 f.; ferner Borse, Gal 112; Reumann, Righteousness 55; Kok, Truth 153 f.; Walker, Translation; Achtemeier, Faith 89: Paulus hätte einen adversativen Sinn durch das eindeutige ἀλλά formuliert.

[175] Dunn, Perspective 106; vgl. Dunn, Gal 137.

[176] Dunn, Perspective 112; vgl. Dunn, Perspective 208: „Justification by faith in Christ is ... the Jewish-Christian refinement of Jewish election theology."

[177] Dunn, Perspective 106; Dunn, Incident 40 („the basis for Judaism"). Aber auch bei einem exzeptiven Verständnis von ἐὰν μή wären die ἔργα νόμου als nicht hinreichende Bedingung qualifiziert; mit dem δικαιοῦσθαι ist indes auch gar nicht das *staying in* angesprochen, sondern das *getting in*.

[178] Kok, Truth 153 f.

[179] So de Boer, Use 196 mit Das, Look 537–539.

beiden präpositionalen Wendungen zu parallelisieren; sie wären dann deutlich adversativ:[180] „Ein Mensch wird nicht gerechtfertigt durch Werke des
Gesetzes, sondern [ein Mensch wird nicht gerechtfertigt außer] durch
Jesus-Christus-Glauben." Aber wie 3,23–25 mit dem Motiv des kommen-
den/gekommenen Glaubens zeigt, liegt in der (streng christologischen verstandenen) πίστις ein *novum* (eben auch im Judentum – unbeschadet des
Glaubensvaters Abraham in 3,6 f. –) vor. Dieses liegt in der Ausrichtung
auf den gekommenen Christus begründet. Und so ist bei Paulus πίστις
Χριστοῦ „an antithetical alternative to covenantal nomism"[181].

Nach Dunn liegt zwischen V. 16a und V. 16b.c.d ein Bruch (zwischen
Judenchristentum und paulinischem Denken): Eine Rechtfertigung ἐξ ἔργων
νόμου wird in V. 16c.d aus der Erfahrung des πιστεῦσαι indes *stricte* verneint. Dunn muss daher „a very crucial development" innerhalb von V. 16
konstruieren: Ausgehend von einer gemeinsamen (judenchristlichen) Basis
V. 16a kommt Paulus in V. 16b.c.d zum eigenen Standpunkt – „a transition
from a basically Jewish self-understanding of Christ's significance to a
distinctively different understanding", also eine (an der Formulierung des
Prinzips in V. 16a und der Erfahrung in V. 16b zu verfolgende)[182] Aufnahme und Überschreitung eines jüdischen Messianismus.[183] Diese „transition"
muss bei den Lesern mangels syntaktischer Anzeigen völlig unverstanden
bleiben.[184] Dieses Unverständnis hätte sich aber bei den gefährdeten Galatern verheerend ausgewirkt. Und schwerlich vorzustellen ist, dass nach
Dunn die sprachliche Unklarheit – schließt die πίστις Χριστοῦ die ἔργα
νόμου aus oder kann/muss beides zusammengehalten werden? – „nicely
calculated" sei, um die Zustimmung des Petrus zu gewinnen, indem hier
dessen inkonsistente Position – einerseits Zugeständnis des Verzichts auf
Beschneidung (in Jerusalem), andererseits Aufhebung der Tischgemeinschaft (in Antiochia) – wiedergegeben sei.[185] Sollte Paulus sich in diesem
zentralen Punkt, wenn auch aus ehrenwerten strategisch-rhetorischen Motiven, eines für die Leser kaum nachvollziehbaren Gedankengangs und
einer Verunklarung seiner eigenen Lehre schuldig gemacht haben? Oder
schuldet sich die gedankliche Wendung der bitteren Antiochia-Erfahrung
des Paulus? Konnte er zuvor die judenchristliche Verhältnisbestimmung
von πίστις Χριστοῦ und ἔργα νόμου („sowohl als auch") noch tolerieren,
radikalisierte er seine Sicht der Dinge nun zu einer strikten Exklusivität
(„entweder oder").[186]

---

[180] Walker, Translation, bes. 517. Damit erweist sich der gesamte V. 16 als Chiasmus (520).
[181] Räisänen, Break 119.
[182] Dunn, Gal 139.
[183] Dunn, Perspective 115; vgl. Dunn, Gal 140.
[184] Vgl. Räisänen, Break 121; vgl. Ziesler, Gal 24.
[185] Dunn, Gal 137 f.
[186] Kok, Truth 154.

So belangreich wie das Verhältnis von V. 16a zu V. 16c ist das zu V. 16d (s. u. 3.2.5.). Schon die Schrift belegt die (unbedingte) Unmöglichkeit einer Rechtfertigung ἐξ ἔργων νόμου.

Dass der εἰδότες-Satz eine torakritische „judenchristliche Konsensformel" wiedergibt,[187] ist weniger wahrscheinlich, liegt doch der Konsens zwischen Paulus und seinen Kontrahenten offensichtlich nur in der positiven Bestimmung des δικαιοῦσθαι ἐκ πίστεως Χριστοῦ, während der Schluss auf die negative Bewertung der ἔργα νόμου (im Zusammenhang mit der Rechtfertigung) strittig ist.[188]

Diesen Streitfall deutet schon das Adversativum δέ an.[189] V. 16a will antithetisch zum im Nominalsatz V. 15 formulierten jüdischen Selbstverständnis verstanden werden.[190] Gegenübergestellt werden sollen hier nicht bloß mit φύσει und εἰδότες die nationale Herkunft und die Glaubenseinsicht der Judenchristen,[191] sondern das judenchristliche Selbstverständnis mit der darin implizierten Abgrenzung gegen die ἐξ ἐθνῶν ἁμαρτωλοί (V. 15) und die Bedeutung der ἔργα νόμου einerseits und das durch die Bekehrung zu Christus (V. 16b) gekennzeichnete Christsein andererseits.

3.2.4. Gesetzeswerke und Christusglaube

Paulus stellt in seinen Passagen zum δικαιοῦσθαι den Begriff der πίστις Χριστοῦ dem der ἔργα νόμου entgegen,[192] ja πίστις Χριστοῦ findet sich überhaupt nur da, wo Paulus eine Antithese zu ἔργα νόμου bildet.[193] In Gal 2,16 findet sich diese Gegenüberstellung weniger als drei Mal, sodann bieten noch 3,2.5.10 ἔργα νόμου. 3,11 verkürzt das ἐξ ἔργων νόμου beim δικαιοῦσθαι zu ἐν νόμῳ; 2,21 verbindet δικαιοσύνη mit διὰ νόμου. Ähnlich finden sich in Phil 3,9 die „Gerechtigkeit" ἐκ νόμου und jene διὰ πίστεως Χριστοῦ gegenübergestellt. Weitere Belege sind Röm 3,20.28 (vgl. ferner τὸ ἔργον τοῦ νόμου in Röm 2,15 ohne Rechtfertigungszusammenhang). Außer Röm 3,28 (χωρίς [vgl. V. 21]) heißt es stets ἐξ ἔργων νόμου. Gut möglich, dass sich die Präposition ἐκ bei πίστις Χριστοῦ dem Gegenüber zu ἐξ ἔργων νόμου verdankt (s. 1.5.3.). Die inhaltliche Antithetik beider Begriffe sowie die grammatikalischen Entsprechungen bieten die Chance, mittels dieser Opposition zur Lösung des πίστις-Χριστοῦ-Problems beizu-

---

[187] Ebeling, Wahrheit 173.
[188] Eckstein, Verheißung 30.
[189] Die Partikel ist textkritisch nicht sicher; so fehlt sie in p[46] A u. a.; s. Kok, Truth 99; vgl. Bachmann, Sünder 60 Anm. 170.
[190] Eckstein, Verheißung 7, 9.
[191] Betz, Gal 217.
[192] Zu dieser Antithese s. jüngst Silva, Faith.
[193] Matlock, Detheologizing 21.

tragen. Allerdings ist just das Verständnis der ἔϱγα νόμου Gegenstand einer heftigen und subtilen Diskussion.[194] Diese kann und muss wegen der besonderen Aufgabenstellung dieser Arbeit hier nicht *en detail* wiedergegeben werden; aufgeführt werden daher neben Grundsätzlichem die Sachverhalte, die das πίστις-Χϱιστοῦ-Problem berühren.

Was ist unter ἔϱγα νόμου zu verstehen? Und kann daraus etwas für das Verständnis von πίστις Χϱιστοῦ gefolgert werden?[195] Und wenn ja, was? – Im Wesentlichen wurden und werden fünf Interpretationen vorgetragen:[196]

1. Epoche machend war die bei Röm 3 ansetzende, lutherische Tradition und Existenzphilosophie verbindende Interpretation Rudolf Bultmanns, der in dem Bestreben, ἐξ ἔϱγων νόμου gerechtfertigt zu werden, (jüdische) Gesetzlichkeit ausmachte, also das (sündhafte) Bestreben, durch rechtes Tun sich *coram deo* ins Recht zu setzen, sich zu „rühmen" (Röm 3,27; 1Kor 1,29).[197] Funktion des Gesetzes ist demnach letztlich, den Menschen als Sünder zu überführen. Diesem Verständnis folgten zahlreiche Exegeten wie beispielsweise Ernst Käsemann oder Hans Dieter Betz. Sind dieses aber die Probleme und Kategorien des Paulus? Und ist hier nicht das antike Judentum als legalistisch missverstanden?[198]

2. Auch gut lutherisch ist das Verständnis, die ἔϱγα νόμου akzentuierten, dass das Gesetz (faktisch) nicht zu erfüllen sei.[199] Dabei meint man sich auch auf Gal 3,10–12 berufen zu können. Das Syntagma ἔϱγα νόμου sei vom Begriff der ἔϱγα (Röm 4) her zu klären – so wie πίστις Χϱιστοῦ von πίστις. Paulus kritisiere die ἔϱγα νόμου nicht, weil sie zum Gesetz gehören, sondern weil sie eben (defizitäre) ἔϱγα seien.[200] – Gal 3,10–12 ist ausgesprochen schwierig (und wohl anders als hier vorgeschlagen) zu verstehen.[201] Ist ἔϱγα nicht (umgekehrt) als Kurzform von ἔϱγα νόμου

---

[194] S. etwa die neuere Arbeit von James D.G. Dunn, Dialogue.

[195] Vgl. dazu in aller Kürze Achtemeier, Faith 87–89; s. Lindsay, Works 87.

[196] S. den luziden Bericht bei Kok, Truth 117–124 (vgl. Schreiner, Works 218–224; Moo, Paul 292–298; Sloan, Paul 35–60).

[197] S. dazu etwa Bultmann, Theologie 264 f.

[198] Kok, Truth 118.

[199] So Schlatter, Glaube 323–333, dann v. a. der lutherische Bischof Wilckens, Werken 107; Wilckens, Röm 1 131–137, 142–146, 173–178, 244–250, aber auch der Katholik Kertelge, Gesetz 112–127. Ferner: Cranfield, Röm 1 197 f.; Cranfield, Works 100 f.; Moo, Law 90–99; Moo, Röm 1 175–177, 212–218; van Dülmen, Theologie 31–35, 173–179; Gundry, Grace 12–23; Lambrecht, Gesetzesverständnis; Thielman, Plight 28–45, 59–72, 115–122; Davies, Faith 115–127.

[200] So z. B. Moo, Law 95, 97; Moo, Röm 1 218; vgl. Cranfield, Works 97.

[201] S. dazu nur den einleuchtenden Vorschlag bei Bachmann, Sünder 91–100, bes. 93–95: Sind mit ἔϱγα νόμου nicht die Taten, sondern die Vorschriften des Gesetzes gemeint, wird der Text verständlich und widerspruchsfrei. Dieses Verständnis von ἔϱγα νόμου ist sogleich unter 5. weiter zu bedenken.

zu verstehen?[202] Sollte Paulus etwa die völlige Erfüllung des Gesetzes gefordert haben – was nicht einmal die Schammaiten taten? Und die Zusage des Heils als Belohnung für Taten passt nicht zum *covenantal nomism* des antiken Judentums, aus dem Paulus stammte.[203] In Gal 2 geht es nicht um moralische Defizite von Menschen, sondern konkret um Beschneidung (V. 1–10) und um Speisegesetze und Tischgemeinschaft (V. 11–14).[204]

3. Eine dritte Position kombiniert die Akzente auf Gesetzlichkeit und Unerfüllbarkeit des Gesetzes.[205]

4. Philologisch interessant, aber interpretatorisch kaum plausibel ist der Vorschlag, ἔργα νόμου als *genitivus subiectivus* zu lesen[206]: Das Gesetz bringt Taten hervor; diese sind insofern schlecht, als die Tora vom Bund separiert wird (s. dazu v. a. Röm 4,15; vgl. 3,19; 5,13.20; 7,1.10.11).[207] Der selbe Genitiv liege bei τὰ ἔργα τῆς σαρκός, bei δικαιοσύνη θεοῦ und bei πίστις Χριστοῦ (!) vor.[208] – Geben die Texte das wirklich her? Ist mit diesem Verständnis die Position der Gegner des Paulus nachvollziehbar? Wie sollten diese vertreten haben können, dass durch derlei (schlechte) Taten δικαιοῦσθαι geschieht?[209]

5. Aufsehen erregt hat die fünfte Interpretation, die im Rahmen der *new perspective on Paul* vorgelegt wurde.[210] Hier wird die soziale Funktion des Gesetzes herausgearbeitet. Diese liegt in der Heiden ausschließenden Selbstdefinition des Judentums (s. o. zu Gal 2,15). Der Begriff der ἔργα νόμου bezeichnet solche identitätssichernden Regelungen wie insbesondere die Beschneidung, die Kaschruth und die Sabbatheiligung, nicht das gottgefällige (aber [nach lutherischem Verständnis] unter der *condition humaine* der ἁμαρτία zur καύχησις degenerierte) Handeln. Diese Regelungen sind Teil des von Ed P. Sanders so genannten Bundesnomismus (*covenantal nomism*). Nicht von ungefähr liegt in 4QMMT (vgl. noch 1QS 5,21.23; 6,18; 4Qflor 1,1–7) eine Parallele vor; den Qumran-Essenern lag sehr daran, ihre religiöse Identität in Abgrenzung zu anderen (insbesondere innerhalb der eigenen Religion) durch religions-

---

[202] Dunn, Röm 1 154; vgl. Kok, Truth 121.

[203] Kok, Truth 120 mit Anm. 30.

[204] Kok, Truth 121.

[205] Bruce, Gal 137, 159; Kim, Origin 282 f.; Fung, Gal 113 f., 142 f.

[206] So schon von Lohmeyer, Gesetzeswerke 178 erwogen – und verworfen.

[207] Gaston, Paul 69 f.; Gaston, Works 100–106.

[208] Gaston, Paul 102–104 mit Anm. 22–28.

[209] Kok, Truth 123; weitere Kritik bei Schreiner, Works 231; Dunn, Röm 1 154.

[210] Zu nennen wären hier neben Sanders, Palestinian Judaism 489; Sanders, Law 17–64, 100–104 und Dunn, Works 216–219 z. B. Räisänen, Paul 162–177, 259; Longenecker, Eschatology 201–213; Wright, Climax 240; Heiligenthal, Soziologische 41–45; Bachmann, Sünder; Bachmann, Rechtfertigung; Bachmann, 4QMMT; ausführlich, umsichtig und zwingend Bachmann, Keil.

gesetzliche Regelungen zu bestimmen. Der Begriff der ἔργα νόμου bezeichnet „die Regelungen des Gesetzes selber"[211] – darum kann auch auf bloßes νόμος verkürzt werden (vgl. Röm 3,28 mit V. 21; s. Röm 3,19.20a.b; Gal 2,16.19.21; 3,10a.11a)[212] –, aber „nicht unmittelbar … individuelle und zu beurteilende Leistungen"[213]. Paulus hat nichts gegen die Beachtung von derlei (von Gott gegebenen) Regeln einzuwenden; er kritisiert aber, dass sie als *identity markers* (oder *boundary markers*) der Judenchristen gegen die Heidenchristen verwendet werden und die Gemeinschaft der Glaubenden zerstören.[214] Dieses Verständnis der ἔργα νόμου fügt sich gut in Gal 2 ein, geht es hier doch um Beschneidung (V. 3–5; vgl. 5,2–6.11 f.; 6,12–16) und Speisegebote und die davon abhängige Frage der Tischgemeinschaft (V. 11–14); in 4,10 ist wohl auch der Sabbat angesprochen. Paulus ist erzürnt darüber, dass Petrus (samt den Jerusalemern) in Bezug auf Beschneidung den ἔργα νόμου Heils- und Gemeinschaftsrelevanz zu bestreiten vermag (Gal 2,3–10), aber in Fragen der Speisegebote hinter diese (antiochenische) Glaubenseinsicht zurück fällt.[215] Überhaupt sind die ἔργα νόμου bei Paulus ein Konfliktbegriff; um die Relevanz des Gesetzes in Glauben und Gemeinde musste grundsätzlich gerungen werden. Paulus bedarf dieses Begriffes in Phil 3, wo er persönlich, autobiografisch von Rechtfertigung handelt, bezeichnender Weise nicht, sondern spricht von ἐμὴ δικαιοσύνη (Phil 3,9; vgl. Röm 10,3 ἰδία).

Worin liegt – im Zusammenhang mit Rechtfertigung – der Gegensatz von ἔργα νόμου und πίστις Χριστοῦ? Denkt Paulus hier an eine bei den Glaubenden selbst angesiedelte Alternative (s. 1.8.2.4.)? Dann ginge der Streit darum, ob sich deren Selbstdefinition (und folglich: die Ausgrenzung anderer) durch die genannten *identity markers* (*boundary markers*) und der(en) Glauben an Christus (*genitivus obiectivus*) als bindendes, identitätsstiften-

---

[211] Bachmann, Rechtfertigung 14; vgl. Dunn, Gal 135: „deeds or actions which the law requires"; zusammenfassend Dunn, Theology 358; Haacker, Röm 83 f. schlägt vor, ἔργα νόμου auf Kultisches beschränkt zu verstehen.

[212] Bachmann, Rechtfertigung 20; Bachmann, Sünder 91.

[213] Bachmann, Rechtfertigung 19. Hofius hat diese in mehreren Veröffentlichungen zur Diskussion gestellte These jüngst einer traditionsgeschichtlichen und theologischen Prüfung unterzogen (Hofius, Werke 272–285 und 285–306): 4QMMT biete nur eine formale Parallele (274–279) wie auch die aus Septuaginta, Pseudepigraphen, Neuem Testament und Josephus herangezogenen Belege für ἔργα nicht die Bedeutung „Gebote"/„Regelungen"/„Vorschriften" erwiesen (279–284). Die paulinischen Kontexte und Argumentationen zeigten entsprechend, dass hier ἔργα νόμου „die Befolgung der Tora in ganz umfassendem Sinn, d. h. den ganzheitlichen Toragehorsam" (293, vgl. 303) bezeichnen.

[214] Dunn, Works 219–2225, 237–241; Dunn, Partings"137; Dunn, Gal 137; Dunn, Röm 1 153–155.

[215] Dunn, Gal 137.

des und religiös-ethnische, soziale und biologische Unterschiede (nicht beseitigendes, aber) überwindendes (Gal 3,28) Fundament widerspre-chen.[216] Oder geht es gut lutherisch-bultmannianisch um die Antithese Tun (vom „Rühmen" kontaminiert [Röm 3,27]) *versus* Glaube? Oder ist es dem Apostel darum zu tun, einen kategorialen, nämlich in verschiedenen Sub-jekten angesiedelten Gegensatz darzulegen? Dann wäre die Frage, ob re-ligiöses Denken und Bemühen der glaubenden Menschen selbst oder Jesu (noch genauer zu bestimmender, aber als Gottes Heilstat zu verstehender) „Glaube" (*genitivus subiectivus*) den Glaubenden das δικαιοῦσθαι vermittelt und Leben *coram deo* ermöglicht/verwirklicht.[217] Oder formulieren schließ-lich (nach der soeben unter 5. dargestellten Position) ἔργα νόμου und πίστις Χριστοῦ zwei *extra nos* liegende Größen?[218]

Welche Opposition trifft (eher) zu und ist damit ein Indiz in der πίστις-Χριστοῦ-Frage? Das kann grammatikalisch und theologisch zu klären ver-sucht werden:

Wie ist erstens der Genitiv in ἔργα νόμου zu bestimmen und legt dieser einen entsprechenden in πίστις Χριστοῦ nahe? Das Attribut bezeichnet die Qualität der ἔργα; diese besteht in dem „Bereich, dem sie angehören: de[m] Bereich des νόμος. Es liegt ... eine recht normale Genitivverbindung vor",[219] nämlich aus der Klasse des *genitivus pertinentiae*. Die von Lloyd Gaston vorgeschlagene Bestimmung als *genitivus subiectivus* führt zu einer Verunklarung der paulinischen wie auch der gegnerischen Position (s. o.). – Die Forderung, der Genitiv in πίστις Χριστοῦ müsse dem in ἔργα νόμου entsprechen,[220] ist offensichtlich unberechtigt. Warum sollten zwei anei-nander gegenüber gestellte Syntagmen ihr Attribut mit demselben Genitiv bilden müssen? Das heißt allerdings nicht, dass der Vergleich der Antony-me nichts für die Klärung der πίστις-Χριστοῦ-Frage austrägt.[221] Philolo-gisch berechtigt kann darauf hingewiesen werden, dass ἔργα νόμου wie auch πίστις Χριστοῦ auf das ἡμεῖς des Hauptsatzes bezogen sind: „[our]

---

[216] Neben Dunn, Röm 1 166 f.; Dunn, Gal 137.139 s. z. B. Hultgren, Formulation 259 f.; Kieffer, Foi 49.

[217] Neben Hooker, ΠΙΣΤΙΣ 336, 341 s. z. B. Martyn, Events 168; Williams, Again 444; Keck, Jesus 454; Matera, Gal 100; vgl. schon Taylor, Function 75.

[218] Bachmann, 4QMMT 55; Bachmann, Keil 98 Anm. 118; vgl. Hooker, ΠΙΣΤΙΣ 336 und Theobald, Paulus 358, der bemerkt, „dass Tora und Christusglauben ... *geschichtlich* bezo-gene Größen sind".

[219] Bachmann, Rechtfertigung 22 f.

[220] Johnson, Rom 3:21–26 83 Anm. 25; Hooker, ΠΙΣΤΙΣ 336, 341, die sich auf Gaston, Paul 102–104 beruft. Unter anderen Vorzeichen argumentiert auch Lindsay, Josephus 107 so: Da in ἔργα νόμου kein *genitivus subiectivus* vorliegt, ist dies bei πίστις Χριστοῦ ebenso; vgl. auch Lindsay, Works 84–87, der ἔργα νόμου und (also auch) πίστις Χριστοῦ als attri-butive Genitive versteht, die die „Qualität" des Glaubens, genauer „the unique point of reference", angibt (87).

[221] So aber Kok, Truth 131 f.

faith in Christ … [our] work of law".[222] Tatsächlich ist das Subjekt des
Hauptsatzes der nächstliegende und – da in der übergeordneten Phrase
stehend – gewichtigste Bezug.

Es kann zweitens inhaltlich gefragt werden: Was ist bei diesen beiden
Alternativen unter dem δικαιοῦσθαι verstanden? Es ist dies ein Geschehen
am Menschen. Sind darum ἔργα νόμου und πίστις Χριστοῦ als „two human
attitudes"[223] zu verstehen? Interessant für den Genitiv bei πίστις Χριστοῦ
ist die von Hofius für ἔργα νόμου angeführte Parallele ποίησις νόμου Sir
19,20, die ihrerseits in einem *parallelismus membrorum* zu φόβος κυρίου
steht – ein eindeutiger *genitivus obiectivus*.[224]

Der Vergleich von ἔργα νόμου und πίστις Χριστοῦ schärft die Sicht auf
den Genitiv: Wie ἔργα νόμου auf νόμος verkürzt werden kann, so kann
auch πίστις Χριστοῦ mit bloßem Χριστός wiedergegeben werden. Beide
Abbreviaturen finden sich im Zusammenhang mit δικαιοῦσθαι (Gal 2,17
δικαιοῦσθαι ἐν Χριστῷ ; 3,11 ἐν νόμῳ δικαιοῦσθαι).

Das Gegenüber zu ἔργα νόμου und damit der Zusammenhang mit den
theologischen Auseinandersetzungen um die Funktion des Gesetzes zeigen
inhaltlich jedenfalls, dass πίστις Χριστοῦ nicht Bekehrung (*getting in*) thematisiert, sondern das christliche Leben (*staying in*). Auch δικαιοῦσθαι ist
demnach nicht ein einmaliger Akt – unbeschadet des ingressiv-punktuellen
πιστεῦσαι –, sondern ein dauerndes Geschehen. Dass Rechtfertigung nicht
Teil einer allgemeinen Lehre über die *salus animae*, sondern vielmehr konkret auf das (galatische) Gemeindeleben bezogen sei,[225] ist freilich eine
falsche Alternative. Immerhin könnten doch Fragen des Seelenheils Folgen
auch für die Gestaltung der Gemeindewirklichkeit haben.

3.2.5. Der Kausalsatz Gal 2,16d

Prima facie etwas ermüdend, wiederholt der Kausalsatz V. 16d die schon
im Finalsatz V. 16c wiederholte negative Aussage des Begründungssatzes
V. 16a. Doch beseitigt der Kausalsatz mögliche Unklarheiten aus den vorhergehenden Satzteilen: Der Finalsatz schließt eine Rechtfertigung ἐξ ἔργων
νόμου nicht kategorisch aus; hier wird lediglich (faktisch) gesagt, dass
„wir" ἐκ πίστεως Χριστοῦ gerechtfertigt worden sind. Auch V. 16a formuliert mit ἐὰν μή missverständlich (s. o. 3.2.3.). Der Kausalsatz nun schließt

---

[222] Lindsay, Josephus 107.
[223] Koperski, *Pistis Christou* 213; vgl. Dunn, Once More 738 f.; vgl. jetzt Hofius, Werke
307: Paulus verwendet die beiden Syntagmen „in sprachlich analoger Weise – ein unüber-
sehbarer Hinweis darauf, dass ihm in beiden Fällen [*sc.* bei πίστις Χριστοῦ so wie nach
Hofius bei ἔργα νόμου] die Gottesbeziehung als ganze vor Augen steht".
[224] Hofius, Werke 309 f.
[225] Hays, Jesus' Faith 267 f.

die *Möglichkeit* einer Rechtfertigung ἐξ ἔργων νόμου überhaupt aus. Dazu bedient sich Paulus eines biblischen Zitats,[226] nämlich aus Ps 142,2 LXX (143) – es ist dies nicht zufällig der erste Schriftbeleg im Galaterbrief; dieses Zitat findet sich auch in Röm 3,20.[227]

Für ein Zitat (oder jedenfalls eine dem Autor und seinen Lesern bewusste Anspielung) spricht schon schlicht die doppelte Verwendung in Gal 2,16; Röm 3,20.[228] Das Konjunktion ὅτι scheint eine Abbreviatur für ὅτι γέγραπται ὅτι zu sein, wie sie etwa auch in 3,11 (vgl. V. 10b) vorliegt.[229]

Die Modifikationen gegenüber dem LXX-Text sprengen nicht den Rahmen eines Zitats: Die Auslassung von ἐνώπιόν σου – Röm 3,20 bietet diese Wendung (allerdings mit αὐτοῦ) – erklärt sich aus dem dezidiert theologischen Begriff des δικαιοῦσθαι; dieser setzt das göttliche Forum schon voraus,[230] wie auch das Futur auf ein endzeitliches Urteil Gottes verweist.[231] Das Futur von δικαιοῦσθαι aus LXX kann nicht einfach als „gnomisch" bagatellisiert werden,[232] steht dafür hier doch sonst das Präsens (V. 16a; 3,11a; vgl. 5,4).[233] Ähnlich verdankt sich die (ohnehin nur eine Textvariante darstellende [vgl. äthHen 81,5])[234] Änderung von πᾶς ζῶν in πᾶσα σάρξ – so auch in Röm 3,20 – wohl der theologischen Terminologie des Paulus, nach der ζῆν das neue Leben der Glaubenden bezeichnet (s. Röm 6,11; Gal 2,19 f.).[235] Doch arg lutherisch scheint die Behauptung zu sein, die Verwendung des Begriffes σάρξ zeige, dass Paulus seine Kritik an ἔργα νόμου anthropologisch begründet wissen will, insofern hier „weakness and corruptibility" konnotiert würden, wozu im Kontext ἁμαρτία (V. 17) und ἁμαρτωλοί (V. 15.17) gehörten.[236]

---

[226] So Schlier, Gal 94; Bruce, Gal 140; Borse, Gal 114; Fitzmyer, Galatians 47; Dunn, Gal 140; Matera, Gal 94; Becker, Gal 30; Walter, Erbarmen 99 Anm. 2. Höchstens eine Allusion vermögen zu sehen Sieffert, Gal 146; Dunn, Perspective 198 Anm. 37; Dunn, Röm 153; Fung, Gal 117; Kieffer, Foi 52; skeptisch auch Koch, Schrift 18. Ausführlich Verhoef, citaten; jüngst Keesmaat, Psalms 158 f. Zu Ps 143 und Röm 3 s. Hays, Psalm 143.

[227] S. Hübner, Vetus Testamentum 56 f., 240 f.; vgl. Ciampa, Presence 182 („allusion/interpretive citation").

[228] Kok, Truth 157. Zu Röm 3,20, etwa auch zur Änderung von der zweiten in die dritte Person, s. Hays, Echoes 51.

[229] Es liegt kein „Mangel einer Anführungsformel" (Sieffert, Gal 146) vor.

[230] Eckstein, Verheißung 27 (mit Schweizer, ThWNT 7 129).

[231] Betz, Gal 222; Fung, Gal 118.

[232] Bultmann, Theologie 274; Lambrecht/Thompson, Justification 40 f.

[233] Verhoef, citaten 39.

[234] Vgl. Wilckens, Werken 90 f. mit Anm. 28; Cosgrove, Justification 655 Anm. 9.

[235] Eckstein, Verheißung 28 (mit Ebeling, Wahrheit 172); vgl. Gaston, Paul 60; Mußner, Gal 227; vgl. Ciampa, Presence 183 f. Zudem ist Einfluss von Gen 6,12 anzunehmen (Schweizer, ThWNT 7 129; Cosgrove, Justification 655 Anm. 9; Walter, Erbarmen).

[236] Thielman, Plight 61–65. Dunn, Gal 140 scheint an Beschneidung zu denken, wenn er „Fleisch" bezeichnet als „the realm where outward and ethnic distinction is most clearly marked".

Die Einfügung gerade des strittigen ἐξ ἔργων νόμου verengt die Aussage von Ps 143,2; liegt dort eine generelle Aussage über die Ungerechtigkeit des Menschen *coram deo* vor, lässt Paulus den Vers nur noch die Unmöglichkeit einer Rechtfertigung „aus Gesetzeswerken" formulieren. Der generellen Bestreitung einer Rechtfertigung ist damit nicht einfach widersprochen, sie ist vielmehr heilsgeschichtlich eingeordnet: Sie gilt nur bis zum Kommen der πίστις (Gal 3,23–25).[237] Damit ist zugleich die Exklusivität des Glaubens als Modus der Rechtfertigung gegeben und den ἔργα νόμου jegliche Funktion hierbei abgesprochen. Ist in diesen diffizilen Gedanken wieder das Bemühen des Apostels zu sehen, seinen antiochenischen Gegner Petrus zur Einsicht in das „Entweder-Oder" von Christusglauben und Gesetzeswerken zu bewegen?[238] Die Einfügung ist gleichwohl als (sinntreue) Auslegung von Ps 143 zu verstehen, da auch dort Heil von Gottes „Zuverlässigkeit" (ἀλήθεια V. 1; MT: מוּנָתֶךָ גּ הַג־דרב־וּ1')) und Gerechtigkeit (δικαιοσύνη V. 1.11) erwartet wird.[239] Der Beter gedenkt nicht eigener Werke, sondern der ἔργα θεοῦ (V. 5). Dass dann auch das ποιεῖν des Willens Gottes erwähnt wird (V. 10), empfindet Paulus nicht als Widerspruch zu seiner Bewertung der ἔργα νόμου; sie bezeichnen kein Tun des Menschen. Und eine ethische Passage bietet Paulus schließlich auch im Galaterbrief (5,13–6,10).

Das Antonym πίστις kann hier (anders als in V. 16a.c) fehlen, weil der Hauptsatz V. 16b es verbal ausführt und als unstrittig konstatiert.

Gal 2,16 enthält dem Leser die Schriftbegründung für die positive Aussage von V. 16a vor. Diese wird allerdings – nach dem Zitat von Gen 15,6 in 3,7 – in 3,11 doch noch geboten; die Entsprechungen zwischen beiden Sätzen sind hinreichend deutlich: Der negativen Aussage von 2,16a.c entspricht 3,11a; die positive von 2,16a.c wird in 3,11b mit dem Zitat aus Hab 2,4 aufgegriffen und begründet.

3.2.6. *Ertrag für die* πίστις-Χριστοῦ-*Debatte*

Die für das „Satzmonstrum"[240] zentrale Frage nach dem Verhältnis von Verb und Substantiv hat sich als komplex erwiesen. Bedenkt man den Zusammenhang mit πιστεύειν-ὅτι-Χριστός/ν-Formulierungen und die Ausdrucksmöglichkeiten (LXX: Dativ, ἐπί τινι; paulinisch: ἐπί τινα; Akkusativ mit nichttheologischem πιστεύειν), ist die Verwendung von εἰς – gleichviel

---

[237] Lührmann, Gal 43; Ebeling, Wahrheit 172; Eckstein, Verheißung 29.
[238] Dunn, Gal 140 f.
[239] Eckstein, Verheißung 28 f. mit Oepke, Gal 91; Lührmann, Gal 43; Ebeling, Wahrheit 172.
[240] Becker, Paulus 101.

ob damit ein Objekt oder eine adverbielle Bestimmung angezeigt wird –
noch ein verhältnismäßig glücklicher Einfall. Ob das für πίστις Χριστοῦ
gelten kann, mag dahin stehen. Man könnte vermuten, dass Paulus den
Versuch, die Beziehung zwischen Glaubenden und Christus mittels πιστεύειν εἰς zu kennzeichnen, selbst für unzulänglich hielt und darum bei
der Nominalisierung das Attribut nicht mit εἰς, sondern (enger noch?) mit
dem Genitiv bildete. Dass dabei in der von ihm aufgenommenen Tradition
die πίστις den ἔργα νόμου gegenübergestellt war, mag ihn auf die Möglichkeit der Genitivverbindung gebracht haben.[241]

Im Zusammenhang mit seiner Kritik am judenchristlichen Insistieren auf
ἔργα νόμου reformuliert Paulus den Bundesnomismus mit dem nach seinem
Verständnis einzigen *identity marker*: πίστις Χριστοῦ. Zu dieser neuen Paulus-Perspektive fügt sich problemlos die traditionelle Sicht vom πίστις
Χριστοῦ als Glaube *an* Christus.

3.3. Im Glauben leben: Gal 2,20

Nur ausnahmsweise wird das πίστις-Χριστοῦ-Problem von Gal 2,20 her
geklärt, und zwar im Sinne eines *genitivus obiectivus*, der hier eindeutig
vorliegen soll.[242] Selbst bei Sympathie für die *genitivus-subiectivus*-These
kann für Gal 2,20 doch der Objektsgenitiv behauptet werden.[243] Andererseits kann aus der ausführlichen Nennung von Jesu Haltung und Verhalten
gefolgert werden, dass es Paulus hier darum zu tun ist, „to emphasize
Christ's agency in shaping Paul's life".[244] In der Tat ist die Aktivität des
Gottessohnes beschrieben, doch ist zu beachten, dass dies im Rahmen
soteriologischer Aussagen geschieht.[245]

Ein Spezifikum von Gal 2,20 ist die Konstruktion des Attributs mit
ausführlichen *participia coniuncta*. Diese Form der inhaltlichen Näherbe-
stimmung ist interessant, weil in Röm 4,24 ebenso verfahren wird – und
zwar abhängig von πιστεύειν ἐπί τινα, also unter Nennung des „Objekts"
des Glaubens.

---

[241] Vgl. Martyn, Gal 141, der auch πίστις Χριστοῦ für eine paulinische Bildung hält; anders
de Boer, der das ganze Syntagma als Teil der übernommenen Formel sieht (de Boer, Use
194–197, 201; vgl. Longenecker, Triumph 105).

[242] Wissmann, Verhältnis 69; Schmitz, Christusgemeinschaft 108.

[243] So z. B. Witherington, World 270; Witherington, Grace 191 f.; Longenecker, Gal 93 f.

[244] Hays, ΠΙΣΤΙΣ 727; vgl. Williams, Gal 75; Shauf, Galatians 2.20 100 Anm. 51 („2.16
makes it clear that faith ‚in' Christ is important, and 2.20 makes it clear that Christ's own
disposition and action are paramount"). Vanhoye, Fede 19 findet „Gal 2,20 è … partico-
larmente interessante, perché il senso più direttamente inteso sembra quello soggettivo e la
frase suggerisce le ragione della perfetta affidabilità di Cristo".

[245] Vgl. Labahn/Labahn, Sohn Gottes 118.

V. 19 f. sind eine *expositio*, die vier Thesen aufstellt, die im Verlauf des Briefes, nämlich in 5,2–6,17, entfaltet werden.[246] Mit etwas anderer Gliederung ergibt sich eine Weiterarbeit an diesen beiden Versen im Abschnitt 5,13–26,[247] dessen Thema die *vita Christiana* ist.[248] Finden sich dort der πίστις-Χριστοῦ-Frage dienliche Hinweise auf den Glauben der Christen oder Christi? Das Verb ζῆν findet sich in 5,25 mit der zu ἐν πίστει parallelen Bestimmung πνεύματι. Die Gemeinschaft mit oder die Partizipation an Christus wird mittels eines Genitivs formuliert, indem die Gemeindeglieder als οἱ τοῦ Χριστοῦ bezeichnet werden (5,24). Spuren dessen, dass Christus als in irgendeiner Weise „glaubend" gedacht ist, finden sich nicht.

Gal 2,20 nimmt in der Reihe der πίστις-Χριστοῦ-Belege eine gewisse Sonderrolle ein, insofern das Attribut nicht mit dem Christus-, sondern mit dem Gottessohn-Titel formuliert ist (dazu ausführlich 3.3.1.), vor allem aber insofern der Satz 2,20 selbst keine direkte Aussage zur Rechtfertigung trifft (jedenfalls nicht im Zusammenhang mit den zwischen Juden- und Heidenchristen strittigen Fragen)[249]; den Zusammenhang mit diesem Thema stellt dann indes der zweite Teil des nachfolgenden Verses her bzw. sicher. Damit hängt zusammen, dass hier weder διά noch ἐκ verwendet ist, sondern ἐν, was sich jeweils mit Artikel bei ἱστάναι in 1Kor 16,13 und bei εἶναι in 2Kor 13,5 findet.[250] Dort ist eindeutig die πίστις der Glaubenden angesprochen. Das dürfte in Gal 2,20 kaum anders sein, zumal die Wendung ἐν πίστει den *dativus commodi* θεῷ aus V. 19b (vgl. Röm 6,11 [ἐν Χριστῷ!]; 14,8 [ὁ κύριος Χριστός]; 2Kor 5,15 [Christus: Tod und Auferstehung, vergleichbar in *participia coniuncta* ausgeführt]; Gal 5,25 [Geist]) ausführt; überhaupt ist ab V. 17b das (andauernde) Leben im Glauben thematisch.[251] Glaube ist also der Modus, in dem das Leben des Christen – diesen repräsentiert hier das „Ich" des Paulus[252] – auf Gott ausgerichtet ist. Mit der ersten Person signalisiert Paulus ein hohes emotionales Niveau (vgl. Gal 1,15 f.; 6,14; Röm 7,24 f.; 2Kor 12,8–10; Phil

---

[246] Betz, Gal 214, vgl. 61. Dass das Verständnis von Gal 2,20 gerade auch aufgrund rhetorischer Gliederungsversuche erschwert werden kann, zeigt Shauf, Galatians 2.20 93–95.

[247] Bachmann, Sünder 118–121.

[248] Bachmann, Sünder, 110 f., 153; Bachmann, Kirche 165.

[249] Nach Shauf, Galatians 2.20 88, 97 bietet Gal 2,20 eine „depiction of the justification apart from any consideration of Christian's Jew or Gentile status".

[250] Im letztgenannten Beleg ist wie in Gal 2,20b der „mystische" Gedanke angesprochen, dass Christus im Glaubenden ist/lebt (vgl. Röm 8,10); vgl. schon V. 19: „Ich bin mit Christus mitgekreuzigt."

[251] Bachmann, Sünder 40.

[252] So z. B. Betz, Gal 227; Bachmann, Sünder 45 („typisches Ich"); Martyn, Gal 258 (Paulus nimmt sich selbst als Beispiel eines „eschatological human being"); ausführlich Farahian, Je; Dodd, Example. Als ein „hortative I" versteht Williams, Gal 73: „Paul is implicitly urging his hearers to follow his example".

1,21; 4,13).[253] War bisher die ἁμαρτία Signatur des Menschen als σάρξ, ist es nun die πίστις. So wie bei δικαιοῦσθαι das Adverbiale ἐκ/διὰ πίστεως (Χριστοῦ) auch als ἐν Χριστῷ formuliert werden kann (V. 17), so auch bei ζῆν ἐν πίστει; dieser Wendung entspricht ζῆν ἐν Χριστῷ Röm 6,11 (substantivisch ἡ ζωὴ ἐν Χριστῷ Ἰησοῦ 8,2 [*en passant*: wie bei βαπτ- Substantivierung also mit Beibehaltung der Präposition!]) (vgl. ferner ἱστάναι ἐν πίστει 1Kor 16,13 mit ἱστάναι ἐν κυρίῳ 1Thess 3,8). Spricht die Austauschbarkeit von πίστις und Christus – wie sie ja auch in Gal 3,23–29 begegnet (dazu s. 3.1. und 3.4.2.) – für einen bestimmten Genitiv bei πίστις Χριστοῦ? Wichtig ist hier – wie bei Röm 3,26 –, die tatsächlich nächste Parallele heranzuziehen; und die stellt der nicht attribuierte ἐν-πίστει-Beleg 2Kor 13,5 dar.[254] Und dort leidet es keinen Zweifel, dass die Glaubenden „Subjekt" ihres Glaubens sind.

Warum glaubt Paulus hier auf das Motiv des Glaubens nicht verzichten zu können? Zum vorhergehenden Vers mit dem *dativus commodi* θεῷ und zu den beiden vorstehenden Versteilen V. 20a.b hätte es doch gut gepasst, hätte er geschrieben: „Was ich nun aber im Fleisch lebe, das [lebe ich] im Sohn Gottes, der ..." Nachdem Paulus sich als Subjekt seines Lebens ganz zurückgenommen hat (V. 20a) und Christus als Lebenskraft in sich benennt, bezeichnet πίστις die Erfahrung eines solchen „selbstlosen" Lebens.

Hays bringt Röm 5,15 als „very illuminating parallel" zu Gal 2,20 vor.[255] Der dort von χάρις abhängige Genitiv ist nun freilich alles andere als unproblematisch zum *genitivus subiectivus* zu erklären; die χάρις wird nur wenige Wörter zuvor (V. 15) Gott zugeschrieben (zu χάρις mehr unter 4.3.7.).

Die christliche Existenz kann Paulus ein Leben ἐν πίστει (Gal 2,20) nennen und ein Leben für/ausgerichtet auf denjenigen, „der für sie [*sc.* alle] gestorben und auferstanden ist" (2Kor 5,15). Die zweitgenannte Stelle nennt Inhalte des Glaubens, wie es wohl auch beim Attribut in Gal 2,20 der Fall sein dürfte.

Gibt es kontextuelle Hinweise für die Klärung des Genitivs? Der Zusammenhang mit V. 16 ist natürlich evident; nur löst der bloße Hinweis darauf noch nicht das aktuelle Genitivproblem.[256] Hays präzisiert seinen Vorschlag eines *genitivus subiectivus* zu Gal 2,20 dahin gehend, dass hier ein *genitivus auctoris* vorliege.[257] Die stilistische Einschätzung, Paulus habe, indem er das umfangreiche und inhaltsschwere Attribut nachstellt, einen „very odd way" gewählt, wollte er das Objekt des Glaubens ausdrü-

---

[253] Bruce, Gal 146; Longenecker, Gal 94; Dunn, Gal 145.
[254] Zu dieser methodischen Frage s. 1.5.
[255] Hays, Faith 168 (vgl. Keck, Jesus 455; Longenecker, Gal 94).
[256] So aber Farahian, Je 238 Anm. 40; vgl. Eckstein, Verheißung 210 Anm. 135.
[257] Hays, Faith 168.

cken,[258] ist naturgemäß subjektiv und gilt genauso für die Formulierung des Subjekts. Das Hyperbaton von *nomen regens* und Attribut nimmt Paulus in Kauf, um in V. 20c.d einen Chiasmus mit dem Verb ζῆν und dem Adverbiale ἐν σαρκί bzw. ἐν πίστει bilden zu können, nachdem er in V. 20a.b parallel formulierte, um am Satzende Χριστός zu pointieren. Die Nebenordnung von ἐν σαρκί und ἐν πίστει wird kaum beachtet; sie scheint auch kaum für ein bestimmtes Verständnis des Genitivs zu πίστις ins Feld geführt werden zu können; aber immerhin dürften mit σάρξ und πίστις zwei Größen auf Seiten der Menschen genannt sein.

Der rückwärtige Kontext in V. 21, die *conclusio*, bietet mit dem Begriff der Gnade eine prägnante Reformulierung von V. 20d. Die χάρις interpretiert hier das als Heilsereignis verstandene Kreuz (vgl. Röm 3,24; 5,15),[259] weniger wahrscheinlich den paulinischen Apostolat (vgl. 1,15; 2,9; 1Kor 15,10).[260] Die χάρις Gottes besteht in Christus (1Kor 1,4; 2Kor 8,9) und kommt im Evangelium zu den Menschen (Gal 1,6 f.), χάρις ist Grund des δικαιοῦσθαι (Röm 3,24) und kann die Gabe des Glaubens umschreiben (1Kor 1,4; 2Kor 6,1; vgl. Röm 4,16: ἐκ πίστεως ist κατὰ χάριν) wie auch das Leben im Glauben (Gal 5,4).

Die Artikellosigkeit von πίστις fällt auf, verdankt sich aber den vorhergehenden πίστις-Belegen in V. 16, die sämtlich ohne Artikel auskommen; ein anaphorischer Artikel wäre freilich schön(er) gewesen. Der nachgestellte Artikel[261] τῇ ist wegen des Hyperbatons notwendig und leistet, dass die lange Genitivphrase – „more cumbersome than usual"[262] – mit den *participia coniuncta* nicht als ein (kausaler) *genitivus absolutus* missverstanden wird.

3.3.1. *Der Sohn-Gottes-Titel*

Die πίστις wird im Attribut mit dem Sohn-Gottes-Titel (Röm 1,3 f.9; 5,10; 8,3.29.32; 1Kor 1,9; 15,28; 2Kor 1,19; 1Thess 1,10) qualifiziert, der Christi „Zugehörigkeit zu Gott"[263] und insbesondere seine Präexistenz (vgl. dazu v. a. Gal 4,4; Röm 8,3) konnotiert. Dieser Titel ist „eine soteriologische Grundkonstante der paulinischen Christologie".[264] Mit dem Sohn-Gottes-

---

[258] Hays, ΠΙΣΤΙΣ 726.

[259] Lambrecht, Transgressor 228; Betz, Gal 234.

[260] Gegen Dunn, Gal 147; beides kombiniert Kok, Truth 281 (mit Kim, Origin 294).

[261] S. Blass/Debrunner/Rehkopf, Grammatik § 270,2.

[262] Dunn, Gal 146. Eine Akzentuierung der πίστις, die dann auch noch etwa einen *genitivus subiectivus* nahe legte (Freed, Apostle 90), kann der Artikel kaum leisten.

[263] Kramer, Christos 185; vgl. Goppelt, Theologie 394, 398; Conzelmann, Grundriß 223; Vielhauer, Geschichte 17 f.

[264] Labahn/Labahn, Sohn Gottes 97 u. ö., gegen Kramer, Christos 189 („von untergeordneter Bedeutung") und Pokorný, Gottessohn 37 („keine entscheidende Rolle").

Titel sind Aussagen als dezidiert soteriologisch ausgewiesen.[265] Der „Sohn Gottes" wird von Gott „offenbart" (1,16a) – und zwar „in mir", wie Paulus sagt – und vom Apostel „in/bei den Heidenvölkern verkündigt" (V. 16b). Der Gottessohn ist Objekt – der göttlichen Offenbarung und der menschlichen Verkündigung. Als Wechselbegriff zum Gottessohn als Inhalt der Verkündigung kann Paulus ἡ πίστις verwenden (1,23).[266] Diese beiden Objekte des εὐαγγελίζεσθαι führt nun 2,20 zusammen, und zwar im Zusammenhang mit der *communio cum Christo* im Glauben. Man ist versucht, den Genitiv für einen *genitivus explicativus* zu halten!

Die Christologoumena des inne wohnenden Christus und des Gottessohnes thematisieren den christologisch-pneumatologischen (s. Röm 8,9.11) Grund des Glaubens und stehen zur Vorstellung von Jesu eigenem Glauben (mindestens) in Spannung, da ja weder der Präexistente noch der Auferstandene als Subjekt des Glaubens in Betracht kommt.[267]

Eine *varia lectio* gibt Aufschluss über das Verständnis des Genitivs: Statt τοῦ υἱοῦ τοῦ θεοῦ bieten p[46] B D* F G (b) und Marius Victorinus τοῦ θεοῦ καὶ Χριστοῦ. Erwägungen zur inneren Textkritik zeigen, dass diese Lesart sekundär ist. Durch den Sprung vom ersten zum zweiten τοῦ fällt τοῦ υἱοῦ aus (Haplographie); die Lesart τοῦ θεοῦ bietet die Minuskel 330. Diese ist dann christologisch korrigiert/ergänzt worden.[268] Die Lesart τοῦ θεοῦ καὶ Χριστοῦ bezeugt jedenfalls das objektive Verständnis dieser Genitive, da πίστις ἡ τοῦ θεοῦ (anders als Röm 3,3) doch wohl den Glauben an Gott bezeichnen soll,[269] auch wenn dies so bei Paulus selbst nicht belegt ist – für den Textkritiker ein Grund, diese Lesart für sekundär zu halten, für die Exegetin ein (weiteres) Indiz für das Vorliegen eines *genitivus subiectivus*.[270]

---

[265] Labahn/Labahn, Sohn Gottes 118.

[266] Zur Gottessohnschaft Christi als Inhalt des paulinischen Evangeliums s. Labahn/Labahn, Sohn Gottes 108–114.

[267] Wenn über das Motiv des im Glaubenden wohnenden Christus dieser als Subjekt des Glaubens konstruiert wird, ohne das Genitivattribut strikt und exklusiv subjektiv zu verstehen (Wallis, Faith 116 Anm. 213), kommt man zum grotesken Gedanken eines an (den [sich] dahin gegebenen) Christus glaubenden (im Glaubenden lebenden) Christus. Dass wegen der „intimacy of the language" in V. 20a der Glaube der Glaubenden und der Christi nicht unterscheidbar seien (Wallis, Faith 116), ist eine Verlegenheitsauskunft.

[268] Metzger, Commentary 524. Ausführlich zur Textkritik dieser Stelle Faharian, Je 234–237.

[269] Witherington, Grace 191.

[270] Hooker, ΠΙΣΤΙΣ 336 Anm. 3.

3.3.2. Liebe und Dahingabe

Als *participia coniuncta* dem Sohn-Gottes-Titel angeschlossen (vgl. für diese Konstruktion Röm 1,3 f.) ist die so genannte Dahingabeformel (vgl. 1,4 mit dem κύριος-Titel [V. 3]).[271] Hier liegt der für diesen πίστις-Χριστοῦ-Beleg entscheidende Punkt.[272] Titulatur und Kreuzestod finden sich auch Röm 5,10 (vgl. 8,32) verbunden, wo auch unsere (zukünftige) Rettung als in Christi Leben, d. h. in seiner Auferstehung beschlossen genannt wird. Vor der Dahingabe wird in Gal 2,20 die Liebe des Gottessohnes zu „mir" (als Begründung) genannt (vgl. Eph 5,2.25).[273] Durch das Partizip wird dem Gottessohn dieses Verhältnis als Eigenschaft beigelegt (Gal 2,20; Röm 8,37); der Aorist akzentuiert einen (punktuellen) Erweis dieser Liebe.[274] Seine Liebe zeichnet Christus als „für alle" Gestorbenen (2Kor 5,14) und als mir verbundenen Erhöhten (Röm 8,35) aus. Seine Dahingabe ist „wegen unserer Sünden" (Gal 1,4; vgl. Röm 4,25) geschehen. Die partizipialen Formen sind gegenüber den (von πιστεύειν ὅτι eingeleiteten) finiten sekundär; echte Prädikationen liegen wohl (noch?) nicht vor.[275] Eine zu Grunde liegende Pistis-Formel kann rekonstruiert werden: πιστεύομεν εἰς Χριστὸν Ἰησοῦν τὸν υἱὸν τοῦ θεοῦ τὸν ἀγαπήσαντα ἡμᾶς καὶ παράδοντα ἑαυτὸν ὑπὲρ ἡμῶν.[276] Wegen Christus (statt Gott) als Subjekt, wegen der partizipialen Konstruktion und wegen der personalen Angabe nach ὑπέρ ist dies eine Spätform der Pistis-Formel, die eventuell schon nicht mehr mit dem Verb πιστεύειν, sondern immer schon mit dem Substantiv πίστις verbunden war[277] – und diesem dann im Genitiv (oder mit εἰς) attribuiert wurde? Die Formulierung mit der 1.sg. ist sicher paulinisch, da veranlasst durch kontextuelles „ich".[278]

Wird mit den Partizipien der *Inhalt* der πίστις oder „act and motivation" Christi, d. h. seines Glaubens benannt?[279] Es kann darauf verwiesen werden,

---

[271] Vgl. Röm 8,32 (seinen [*sc.* Gottes] Sohn; s. Liebe in V. 35.37.39); Gal 1,4 (Herr Jesus Christus) und – wie Gal 2,20 – mit dem Motiv der Liebe Eph 5,2.25 (Christus); vgl. Kramer, Christos 114 f.; Popkes, Christus 202 f., 249; Wengst, Formeln 55–77, bes. 57.61 f.; Hasler, Glaube 243 f.; Vielhauer, Geschichte 17 f. Kritisch dagegen Berenyi, Gal 2.20, 509–523: Wegen des reflexiven παραδιδόναι liege eine genuin paulinische Formulierung vor. Es will indes bedacht sein, dass Paulus sein Material bearbeitet (Kok, Truth 242 Anm. 7).

[272] Vgl. Kok, Truth 131.

[273] Liebe und Dahingabe mögen schon vorpaulinisch miteinander verbunden worden sein (Wengst, Formeln 57; ferner Mußner, Gal 183; Betz, Gal 233; Rohde, Gal 117).

[274] „Die Selbsthingabe Christi ist der Ort, an dem seine Liebe als Sühne zur Wirkung kommt" (Gaukesbrink, Sühnetradition 206).

[275] Vielhauer, Geschichte 17 mit Anm. 18 nach Wengst, Formeln 55–77.

[276] Als Hauptsatz mit finiten Formen bei Wengst, Formeln 58.

[277] Vielhauer, Geschichte 18.

[278] Gaukesbrink, Sühnetradition 203.

[279] Williams, Again 445; vgl. Keck, Jesus 455.

dass Christus hier (wie schon in 1,4) das Subjekt der Hingabe ist – anders als in Röm 4,25; 8,32.[280] Allerdings wird man fragen, warum Christi Liebe und Dahingabe mit Partizipien formuliert werden, sein dadurch explizierter Glaube hingeben mit einem Substantiv. Hätte er den Gottessohn als Glaubenden namhaft machen wollen, hätte Paulus schreiben können: „... das lebe ich im/dem Sohn Gottes, der geglaubt hat/treu gewesen ist und mich geliebt hat und sich für mich dahingegeben hat." Christi Liebe zu „mir" wird hier als Grund für seine Dahingabe (vgl. 2Kor 5,14 f.; 8,11; Röm 14,15) genannt, also eben *Christi Relation zu „mir"* – sie hat göttliche Qualität, insofern Christus in dieser Liebe mit Gott verbunden ist (Röm 8,35.37.39) – und nicht Jesu (menschliche) Relation zu Gott in seinem Glauben. Und „ich" beziehe mich durch „meine" πίστις auf diese von Christus realisierte Beziehung. Die beiden wesentlich verschiedenen Seiten dieser Medaille, der Christus-Christen-Relation, werden durch verschiedene Motive beschrieben. Trotz der Vorstellung vom Mitgekreuzigt-Werden (V. 19c) ist es wenig plausibel, in Jesu Selbstaufopferung „the model, the pattern of life, for all Christian believers" zu sehen.[281] Jene Vorstellung ist ausweislich von V. 19a auf das Problem des νόμος bezogen; daraus wird man kaum das Grundmotiv für das gesamte christliche Leben gewinnen können. Die hier verwendete Dahingabe-Formel hat einzig die Sühne zum Inhalt.[282]

Soeben wurde zudem schon festgehalten, dass die ἐν-πίστει-Wendung auf den Glauben der Christen abhebt. Und nicht einmal die für den Glauben Jesu reklamierte ὑπακοή (s. dazu 4.3.6.) wird mit seiner Liebe und Dahingabe verbunden. So expliziert die ausführliche Konstruktion wohl den Inhalt des Glaubens der Christen. Röm 4,17.24 (vgl. Kol 2,12) bieten vergleichbare Partizipien, allerdings zu Gott und zum Motiv der Auferweckung; auch dort geht es um die *inhaltliche* Ausführung des Glaubens (an Gott). Mit ihrer ausgeführten Inhaltsnennung dürfte diese Wendung eine Metonymie für das Evangelium sein (s. o. die Bemerkung zu 1,16.23).[283]

Ein mögliches Argument ist den Vertretern des *genitivus subiectivus* entgangen: Unter Berufung auf Gal 5,6, wonach die πίστις in der ἀγάπη wirksam ist, könnte behauptet werden, dass sich im Lieben des Gottessohnes seine πίστις zeige. Es wäre (auch) dies freilich ein schwaches Argument.

---

[280] Hays, Faith 167–169 (der Gottessohn als „active agent"), vgl. 153 (Hays sieht in Gal 2,20 sein soteriologisches Modell belegt, nach dem die Glaubenden auf Grund von Jesu Treue/Vertrauen „leben"); Hays, Jesus' Faith 264: „This assertion of the priority of Christ's faithfulness over our willing and acting is the theological heartbeat of the whole letter."

[281] Kok, Truth 270 f. mit Hookers Modell eines *interchange* samt Änderung des *lifestyle* (Hooker, Interchange 65, 69). Daraus dann noch einen *genitivus subiectivus* für πίστις τοῦ υἱοῦ τοῦ θεοῦ abzuleiten (Kok, Truth 271), ist hypothetisch und zirkelschlüssig.

[282] Wengst, Formeln 61.

[283] Cosgrove, Justification 661 Anm. 22.

3.3.3. Partizipation oder Mystik?

Das Motiv des im Glaubenden wohnenden Christus (V. 20b) bezieht sich auf den Auferstandenen (vgl. Röm 8,10 f.; 2Kor 13,4 f.), und zwar wie Gal 4,19 zeigt: in apostolischer Verkündigung. In Röm 1,9 spricht Paulus entsprechend vom εὐαγγέλιον τοῦ υἱοῦ αὐτοῦ [*sc.* τοῦ θεοῦ]; nebenbei: ein eindeutiger *genitivus obiectivus*. Gal 2,20 ist der zentrale Beleg für eine paulinische „Mystik" (vgl. Phil 1,21);[284] ein präziserer Begriff von Mystik als intentionale und präsentische Erfahrung gibt das freilich kaum her.[285] Das ζῆν ἐν πίστει führt diese Christusgemeinschaft reziprok aus; das δέ in V. 20c weist auf diese Explikation hin.[286] Dann aber ist beim ζῆν ἐν πίστει der Auferstandene thematisch, der mittels der Dahingabeformel als Gekreuzigter identifiziert wird. Paulus bezeichnet diese Christusbindung als κοινωνία des Gottessohnes (1Kor 1,9; alle christologischen Titel! Der Genitiv ist sehr interessant!). Eine „Mystik" des Paulus kann (am ehesten) an den mit Christus-Genitiven versehenen Begriffen Liebe, Leiden, Gehorsam und Sinn gezeigt werden.[287]

Mit einem Verständnis des Attributs als *genitivus subiectivus* ist eine gewisse theologische Attitüde verbunden: Glaubende leben (partizipatorisch) durch/in Christus, der in ihnen wohnt, der in seinem Kreuzestod das Vertrauen zu Gott und seine Liebe zu den Menschen zeigte;[288] Glaubende leben aber nicht wegen „the mode of ... reception".[289] Diese gegen reformatorische Theologie gerichtete Äußerung trifft jene nicht; die klare Distinktion von CA IV *propter Christum per fidem* – nicht etwa: *propter fidem* – ist offensichtlich übersehen.

3.3.4. Ertrag für die πίστις-Χριστοῦ-Debatte

Auch an der πίστις-Χριστοῦ-Stelle, die Christus als in Liebe und Dahingabe aktives Subjekt nennt, wird ihm Glaube nicht zugeschrieben. Kontext und epistolarische Beziehungen zeigen, dass der Glaube der Glaubenden thematisch ist. Auch bei „mystischer" oder partizipatorischer Interpretation legt sich keineswegs ein *genitivus subiectivus* nahe.[290] Auch dabei ist die

---

[284] Neugebauer, Christus 183. Deuteropaulinisch ausgeführt findet sich dieser Gedanke in Eph 3,17.

[285] Berger, Theologiegeschichte 44.

[286] Kok, Truth 264; vgl. Hays, Faith 168 f.

[287] Gnilka, Paulus 259.

[288] So z. B. zu Gal 2,20 Williams, Again 445; Wallis, Faith 116.

[289] Johnson, Rom 3:21–26 83.

[290] Janzen, Coleridge 266–268 zeigt, dass schon Samuel Taylor Coleridge – lange vor Hooker – so argumentierte.

Ausrichtung des Glaubens eindeutig: es ist Glaube *an* Christus. Glaube ist eben die Form der Partizipation. Und auch ohne Annahme „mystischer" oder partizipatorischer Motive drückt Gal 2,20 ein enges persönliches Verhältnis des Glaubenden zum Gottessohn aus – eben durch den Begriff der πίστις als menschliche Entsprechung zu Christi Liebe und Opfer.[291]

3.4. Verheißung und Glaube: Gal 3,22

Von zwei prominenten Vertretern der *genitivus-subiectivus*-These (Hays, Hooker)[292] wird Gal 3,22 als Ausgangspunkt ihrer Erwägungen gewählt – wohl nicht zuletzt deshalb, weil die mutmaßliche Konkordanz mit den absoluten πίστις-Belegen in den Versen 7.8.9.11[zit. Hab 2,4].12.24 (mit ἐϰ) sowie in den Versen 14.26 (mit διά) elaborierte Interpretationen zulässt, ja erfordert. Das Verhältnis der absoluten πίστις-Belege zum attribuierten in V. 22 ist zu untersuchen. Es muss gefragt werden, warum (gerade) dieser Beleg mit dem Genitiv versehen wurde. Dabei ist vom absoluten Gebrauch von πίστις auszugehen[293] und das Genitivattribut in V. 22 als dessen wie auch immer zu interpretierende Präzisierung zu verstehen.[294]

Zur Klärung des Genitivs kann auf die vorhergehenden Belege verwiesen werden; dies machen freilich alle Seiten.[295] Der Rückverweis ist zumal deshalb legitim, weil die *propositio* 2,15–21 in 3,1 bis 4,7 bzw. 6,17 ausgeführt wird.

Thematisch bildet der Beleg Gal 3,22 eine gewisse Ausnahme, da πίστις Χριστοῦ hier nicht (vorrangig) mit Rechtfertigung verbunden wird (s. aber V. 21d [zumal mit der Opposition ἐϰ νόμου] und V. 24b). In der Auseinandersetzung mit den vom „Evangelium des Christus" weg- und einem „anderen Evangelium" zugewendeten (1,6 f.) Galatern argumentiert Paulus nun nach einer pneumatologischen Fragestellung (3,1–5) mit Abraham als dem Prototyp des Glaubens, um Aspekte der πίστις darzulegen. Mit den anderen πίστις-Χριστοῦ-Belegen ist Gal 3,22 der Horizont gemein: die ἁμαρτία (V. 22a).[296]

---

[291] Stuhlmacher, Theologie 1 344.

[292] Hays, Faith 139–191; Hays, Jesus' Faith 261–264; Hooker, ΠΙΣΤΙΣ 326–331.

[293] Zu dieser methodischen Frage s. 1.5. Dabei wird man sich schwerlich auf die drei *key passages* V. 2.11.22 beschränken dürfen, wie es Hays, Faith 142 tut.

[294] Vgl. Fung, Gal 165 Anm. 72.

[295] Für *genitivus subiectivus* s. z. B. Hays, Faith 163; Hays, Jesus' Faith 263, für *genitivus obiectivus* Bachmann, Sünder 139 Anm. 214.

[296] Wegen der juridischen Zusammenhänge (s. v. a. V. 15–18: διαθήϰη und ϰληρονομία) schlug Greer M. Taylor vor, πίστις Χριστοῦ auf dem Hintergrund des römischen Rechtsin-

Zentral ist der Begriff der ἐπαγγελία.[297] Die ἐπαγγελία ist in V. 22 nicht als die ursprüngliche(n), also an Abraham gerichtete(n) Verheißung(en) zu verstehen;[298] diese ist/sind hier im Plural formuliert (V. 16.21a; anders Röm 4,13.20). Wäre mit „Verheißung" auf Abraham Bezug genommen, schlösse dies ein Verständnis des Attributs als Glaube an Christus selbstverständlich aus.[299] Hier geht es indes um den Inhalt der Verheißung, den Segen Abrahams (vgl. V. 14a [übrigens: *genitivus obiectivus*], ferner V. 8.9), der sich in der Geistbegabung manifestiert (V. 14b; vgl. V. 2–5: Geist als „Begleiterscheinung" der „Rechtfertigung").[300] Der paulinische Begriff der ἐπαγγελία bezeichnet die „Ankündigung eines künftigen Geschehens durch Gott, der für dessen Verwirklichung einsteht".[301] Der Apostel behauptet nicht eine aktuelle Erfüllung dieser Verheißungen, sondern deren „Bekräftigung bzw. In-Geltung-Setzung".[302] So dient der Begriff dazu, „Gottes gegenwärtiges Handeln, dem sich die Gemeinde verdankt, mit seinem früheren, in der Schrift bezeugten Tun in Beziehung zu setzen".[303] „Verheißung" hat gleichsam Evangeliumsqualität, was etwa auch das Verb προευαγγελίζεσθαι im Zitat von Gen 12,3 in Gal 3,8 zeigt.[304] Der Verheißung an Abraham entspricht die Gabe des Geistes an die Gemeinde (s. auch den *genitivus epexegeticus* in V. 14b); beides evoziert auf Seiten der Menschen πιστεύειν.

Damit die Verheißung den Glaubenden gegeben werde(n kann?), hat „die Schrift" alles ὑπὸ ἁμαρτίαν verschlossen (vgl. Röm 11,32; ferner Röm 3,9–19). Die γραφή ist ein Synonym für νόμος (vgl. V. 19–21.23–25; anders V. 8); an ihrer Stelle steht in Röm 11,32 Gott selbst. Dort wird die ἁμαρτία als ἀπείθεια interpretiert und die Gabe der Verheißung als „Erbarmen". Die Ära des νόμος mit der Existenzform ἁμαρτία steht der der ἐπαγγελία mit der πίστις gegenüber (vgl. Röm 4,14: in der Frage der κληρονομία stehen πίστις und ἐπαγγελία in Opposition zum νόμος). Das ist eine skandalöse (vgl. 1Kor 1,23) Behauptung, ist doch in biblisch-frühjüdischer

---

stituts des *fidei commissum* zu verstehen (Taylor, Function; vgl. dazu jetzt Strecker, Fides 246 Anm. 91).

[297] Ausführlich dazu Neubrand, Abraham 247–250; Söding, Verheißung 152–161.

[298] So indes Hays, Jesus' Faith 262: „the promise to Abraham …, which of course makes no reference to faith in Christ". Dunn, Gal 195 bietet einen unnötigen Kompromiss: „given to Abraham …, but with the fulfilment in Isaac as the prototype of its larger fulfilment in and through Christ also in mind".

[299] So mit Recht Hooker, ΠΙΣΤΙΣ 329.

[300] In Röm 15,8 beschreibt Paulus Christi Funktion der/den ἐπαγγελία/ι gegenüber als ein „festmachen"/„bestätigen" (vgl. 4,16) (dazu Bachmann, ThBLNT 1 444).

[301] Koch, Schrift 309.

[302] Koch, Schrift 309.

[303] Koch, Schrift 311.

[304] Söding, Verheißung 153 f.

Tradition Abrahams Gottesbeziehung gerade in seinem Gesetzesgehorsam gesehen worden (s. nur Sir 44,19 f.).[305]

3.4.1. Redundanz?

Eine Redundanz von πιστ- liegt nicht dergestalt vor, dass sie für eine Unterscheidung von Substantiv und Verb hinsichtlich ihrer (logischen) Subjekte sprechen würde und also für einen *genetivus subiectivus* bei πίστις Χριστοῦ.[306] Das Partizip πιστεύοντες ist hier modal zu verstehen,[307] was dem διὰ τῆς πίστεως in V. 26 entspricht: Darin, dass sie glauben, wird Menschen die (Erfüllung der) Verheißung gegeben, wozu vorrangig die Geistbegabung gehört (V. 14b; vgl. V. 2.5). Darüber hinaus gehende Distinktionen von ἐκ πίστεως und οἱ πιστεύοντες etwa als „das objektive Heilsgut des Glaubens" einerseits und „Aktualisierung des Heilsprinzips im jeweiligen Glaubensakt des Einzelnen" andererseits überfordern freilich den Text oder doch seine ersten Adressaten[308] – nicht jedoch heutige Interpreten. Der Artikel vor dem Partizip ist vielmehr (auch) anaphorisch aufzufassen; er signalisiert den Bezug von οἱ πιστεύοντες auf οἱ ἐκ πίστεως (3,9).[309] – Jedenfalls liegt mit der doppelten Erwähnung von πιστ- deutlich mehr als eine bloße Emphase vor.[310] Es ist dem Apostel um größtmögliche Klarheit zu tun.[311] Im Übrigen wird eine solche Plerophorie als Nachklang von 2,16 verständlich sein.[312] Und wie dort schuldet sich hier die doppelte Erwähnung von πιστ- einem doppelten Gegenüber: Das Adverbiale ἐκ πίστεως steht dem ἐκ νόμου des vorher gehenden Satzes gegenüber, οἱ πιστεύοντες den ὅσοι ἐξ ἔργων νόμου in V. 10.[313]

---

[305] Söding, Verheißung 154.

[306] So aber Hays, Faith 158 mit Anm. 80 (mit zu Recht vorsichtigem Hinweis, dass die Behauptung einer Redundanz das *onus probandi* nicht allein tragen könne [zu Williams, Righteousness 274]); Hays, Jesus' Faith 262 f.; s. schon Schmidt, Röm 66 mit Anm. 2; Williams, Righteousness 274; Williams, Again 436 Anm. 19; Hooker, ΠΙΣΤΙΣ 322, 336. Eine „apparent tautology" meint auch Dunn, Gal 195 konzedieren zu müssen; vgl. de Boer, Use 205 Anm. 49; Strecker, Fides 245 Anm. 87.

[307] Hofius, Wort 172.

[308] So mit Recht Hays, Faith 184 f. (Anm. 80) gegen Schlier, Gal 165.

[309] Eckstein, Verheißung 210 Anm. 136.

[310] Rohde, Gal 160 erklärt diese Plerophorie aus der Auseinandersetzung des Paulus mit den Judenchristen, die das ἐκ πίστεως mittrügen, jedoch auf ein hinzuzukommendes ἐργάζεσθαι beharrten; dem hielte Paulus nochmals das πιστεύειν entgegen (vgl. die Opposition von πιστεύων und ἐργαζόμενος in Röm 4,4 f.). Die Judenchristen werden sich selbst auch als πιστεύοντες bezeichnet haben; Paulus hätte hier also (besser) das ἐργάζεσθαι inkriminiert.

[311] Silva, Faith 233: „The apostle did not want to leave any question about his intent."

[312] Dunn, Theology 383.

[313] Eckstein, Verheißung 210 Anm. 137.

3.4.2. Das Verhältnis zu den nichtattribuierten πίστις-Belegen

Dass nach der Präzisierung der πίστις mittels der Attribute in 2,16.20 in Kap. 3 πίστις zunächst wieder ohne Nennung Christi angeführt wird, schuldet sich dem, dass Paulus hier *Abrahams* Glauben, sein ihn als πιστός (V. 9) qualifizierendes πιστεύειν (V. 6 zit. Gen 15,6) behandelt,[314] um über die Begriffe Segen (V. 9.14), Verheißung (V. 14.16.18*bis.*[19.]21.22.29) und Erbe(n) (V. 18.29) bzw. Kinder (V. 7 [vgl. 26; ferner Abraham als Vater Röm 4,11 f.16]; vgl. σπέρμα V. 29) den Glauben der Galater anzusprechen (V. 26). Dabei gibt das Genesis-Zitat in V. 6 das Thema vor,[315] so wie in Röm 4,3.

In Gal 3 finden sich 13 Belege für πίστις ohne Attribut (V. 3.5.7.8.9.11. 12.14.23*bis.*24.25.26). Wohl wird von Abraham gesagt, dass er glaubt (im Zitat von Gen 15,6 LXX in V. 6) und πιστός ist (V. 9), aber anders als in Röm 4,16 wird ihm das Substantiv nicht beigelegt. Meint πίστις in Gal 3 durchgängig den Glauben an Christus?[316]

Welche syntaktische Funktion kommt ἐκ πίστεως Ἰησοῦ Χριστοῦ in Gal 3,22 zu? Handelt es sich um ein zu ἐπαγγελία gehörendes Attribut[317] oder um eine adverbielle Bestimmung zum *verbum finitum* δοθῇ[318]? Die (nicht attribuierten) Belege von ἐκ πίστεως in V. 8.11.24 sind adverbielle Bestimmungen zu den Verben δικαιοῦν/δικαιοῦσθαι (vgl. 2,16c mit Attribut) und ζῆν. Entsprechend ist V. 22 zu verstehen. Hätte Paulus hier ἐκ πίστεως als Attribut verstanden wissen wollen, hätte er dies mit der Wiederholung des Artikels zweifelsfrei darstellen können – und angesichts der genannten Belege nachgerade müssen. Präpositionale Attribute bei ἐπαγγελία sind übrigens bei Paulus nicht belegt, adverbielle Bestimmungen finden sich zweimal, jeweils mit διά konstruiert in Röm 4,13 – zumal mit der Opposition διὰ δικαιοσύνης πίστεως (vgl. V. 8.11) – und im inhaltlich besonders nahen Vers Gal 3,14 (s. o. 3.1.).[319] Die Sätze 3,22 und V. 14 sind nach Hays „narrative summaries", denen gemein ist, dass sie die πίστις (ohne

---

[314] Bachmann, Sünder 139 Anm. 213.

[315] Dunn, Gal 195; Dunn, Theology 382.

[316] So etwa Beker, Sieg 48.

[317] Entgegen seiner eigenen Übersetzung (Gal 188) erwägt Dunn, dass „the phrasing may be more accurately translated as ‚in order that the promise-from-faith-in-Jesus-Christ might be given to those who believe'" (Gal 196); vgl. schon (und auch gegen die eigene Übersetzung [175]) Bruce, Gal 181.

[318] So z. B. Hays, Faith 158, 167; Hays, Jesus' Faith 262; Hays, ΠΙΣΤΙΣ 727; Hays, Christology 279; Keck, Jesus 455; Hooker, ΠΙΣΤΙΣ 329; aber auch Eckstein, Verheißung 210 Anm. 134

[319] Die Parallele zu V. 14b verwehrt übrigens ein bloß temporales Verständnis von ἐκ, das „seit" bedeuten kann (Bauer/Aland, Wörterbuch s. v. ἐκ 5a). Zu einem solchen Verständnis fügte sich allerdings gut, dass auch die nächste Präposition, die v. a. lokale Bedeutung hat, hier eine zeitliche Richtung anzeigt (εἰς V. 23.24).

oder mit ausdrücklicher Nennung Christi) als „the power or quality which enables Christ to carry out his mission of deliverance" bezeichnen.[320]

Die Frage nach dem Verhältnis des πίστις-Χριστοῦ-Syntagmas zu den absoluten πίστις-Belegen stellt sich im rückwärtigen Kontext nochmals neu und verschärft, insofern hier eine metaphorische Sprache πίστις und Christus (zeitlich und sachlich) koinzidieren lässt. Die Offenbarungsgröße πίστις wird personhaft dargestellt, weil die Begegnung mit ihr den Menschen in „ein personales Verhältnis zu der unmittelbaren Nähe Gottes" versetzt.[321] Die Metonymie oder Hypostasierung von πίστις in V. 23.25 könnte für den *genitivus subiectivus* in πίστις Χριστοῦ herangezogen werden: Christi Glaube liegt „unserem" Glauben zeitlich und sachlich voraus. Der Glaube als eschatologisches Element sei „present in the world first as the faith of Christ himself and then as the faith of those who are ‚in‘ him".[322] In V. 24b kann das auf Christus bezügliche Attribut bei der adverbiellen Bestimmung ἐκ πίστεως zu δικαιοῦσθαι fehlen, weil Christus in der ersten Vershälfte genannt wurde. Wieder gilt, dass ein Verständnis als Jesu Glaube das Pronomen αὐτοῦ erfordert hätte. Ungezwungen ist der Bezug auf das Subjekt des Satzes: „wir" Judenchristen sind das implizite Subjekt der πίστις. In den genannten Belegen von πίστις ist an die (aktuell, auch in der Auseinandersetzung mit den galatischen Gegnern verkündete) Glaubensbotschaft zu denken (s. o. 3.1.). Diese Passage kann man eher (auto)biografisch (vgl. 3,23 mit 1,16a: ἀποκαλύπτεσθαι) als heilsgeschichtlich lesen. Auch für Gal 3,22 kann eine Metonymie von πίστις Χριστοῦ im Sinne von εὐαγγέλιον angenommen werden.[323]

Ein spezielles Problem stellen die beiden absoluten Belege von πίστις im Syntagma ἀκοὴ πίστεως 3,2.5 dar. Ist mit dieser Verbindung in Entsprechung zu Röm 10,16 f. die Glaubensbotschaft gemeint?[324] Aber die Parallele zu διὰ τῆς πίστεως in V. 14 scheint doch nahe zu legen, in ἀκοὴ πίστεως den Aspekt des Hörens nicht aufzugeben.[325] Glaube wird hier als die der Verkündigung adäquate Art des Hörens beschrieben.[326]

---

[320] Hays, Faith 141 (zusammenfassend).
[321] Von Dobbeler, Metaphernkonflikt 33.
[322] Williams, Gal 101; vgl. Longenecker, Triumph 103 f.
[323] Cosgrove, Justification 661 Anm. 22.
[324] Stellvertretend s. Hays, Faith 147 f.: „the message of faith". Wenn Hays, Jesus' Faith 266 sowohl für ἀκοή mit Hinweis auf Röm 10,17; 1Thess 2,13 als auch für πίστις mit Hinweis auf Gal 1,23 die Bedeutung „Botschaft" behauptet, ist erfreulich, dass Hays hier mit (einer selbst verschuldeten) Redundanz einmal keine Probleme hat.
[325] Williams, Hearing 87 f.
[326] Williams, Hearing 90, der mit seiner Paraphrase „hearing which Christians call *faith*" einen *genitivus epexegeticus* vorauszusetzen scheint, den etwa auch Johnson, Rom 3:21–26 84 nennt.

3.4.3. Abraham und der Glaube

In V. 6 wird mit dem Zitat aus Gen 15,6 LXX Abrahams Glauben und das Thema δικαιοσύνη eingeführt.[327] V. 7 weist sodann diejenigen, die ἐκ πίστεως sind, als „Söhne Abrahams" aus. Entsprechend wird Gott die Heidenvölker rechtfertigen (δικαιοῦν) (V. 8a), worin sich die Verheißung an Abraham erfüllen wird (V. 8b): Die ἐκ πίστεως werden mit dem πιστός gesegnet (V. 9). Paulus ist sichtlich daran gelegen, sein Verständnis von Glaube und Rechtfertigung alttestamentlich zu untermauern (vgl. Gal 3,11; Röm 1,17; 3,20; 4,2; 10,5.11).[328]

Das ἐκ πίστεως (V. 7–12) ist das Kennzeichen derer, die Abrahams „Söhne" sind (V. 7) und seinen Glauben (πιστεύειν, πιστός – also Verhalten und Eigenschaft) teilen und „mit ihm" Segen empfangen (V. 9); V. 22 nimmt das auf und präzisiert mittels Attribut.[329] Das ἐκ πίστεως in V. 22 nennt also den Glauben der Abrahamskinder. Ihr Glaube *an* Christus ist „the eschatological equivalent of Abraham's faith", wie auch in Röm 4,17–24 dargelegt wird.[330] Überhaupt zeigt der Vergleich zwischen Röm 4 und Gal 3 den starken christologischen Akzent von Gal 3.[331]

Nach Hays dagegen wäre es bei einer Behandlung des Glaubens an Christus unsinnig, Abraham als Muster darzustellen, da doch sein Glaube keineswegs Christus zum Inhalt gehabt habe.[332] Doch zeigt Röm 4, dass Paulus eine mindestens strukturelle Vergleichbarkeit des Glaubens Abrahams und der Christen denkt (s. insbesondere Röm 4,17.24 f.).[333] Hays' Folgerung von Abrahams Glaube an *Gott* (Gal 3,6 zit. Gen 15,6) auf eine fehlende Notwendigkeit eines Glaubens an *Christus* ist ein Scheinproblem,[334] da ausweislich der ältesten Bekenntnistradition (s. nur Röm 10,9) die Auferstehung als Aktion Gottes und so Gott und Christus als der κύριος in engster Gemeinschaft verstanden werden; Glaube an Christus ist Glaube an den „Gott, der Jesus von den Toten auferweckt hat". Gerade das Bekenntnis zum Auferstandenen als κύριος geschieht εἰς δόξαν θεοῦ πατρός (Phil 2,11) – In seinem *ten-years-after*-Aufsatz nimmt Hays in dieser Frage freilich eine *retractatio* vor: Abraham sei „the prefiguration both of Christ and of those who are in Christ", insofern Christus Abrahams

---

[327] Zum Eigensinn von Gen 15,6, zur Rezeption und insbesondere zur paulinischen Interpretation s. Behrens, Gen 15,6.

[328] Horn, Juden 31.

[329] Dunn, Gal 195; Dunn, New Perspective 39 f. Anm. 164.

[330] Dunn, Gal 196.

[331] Beker, Sieg 46–53.

[332] Hays, Faith 165.

[333] Joh 8,56 behauptet darüber hinaus geradezu eine inhaltliche Antizipation des christlichen Glaubens.

[334] Hays, Faith 165.

σπέρμα ist (3,16), die Christen als Christus gehörend (prädikativer Genitiv Χριστοῦ) ebenso (V. 29). So sei Abraham der „Biblical type to whom the promise was given, Christ the eschatological antitype through whom the promise becomes effectual". Abraham und Jesus seien „paradigms for Christian faith and Christian faith is – properly understood – theocentric".[335] Diese Parallelisierung von Abraham und Jesus[336] könnte sich am ehesten noch auf die Parallele von ἐνευλογεῖσθαι ἐν σοί [sc. Ἀβραάμ] (V. 8) und ἡ εὐλογία τοῦ Ἀβραάμ γενέσθαι ἐν Χριστῷ Ἰησοῦ (V. 14a) berufen; diese wird allerdings durch die Reformulierung des ἐν aus der LXX durch σύν in V. 9 deutlich geschwächt. Wird Abraham als πιστός bezeichnet, vermeidet Paulus dieses oder Vergleichbares in Bezug auf Christus.[337] Einem Mit-Einander derer ἐκ πίστεως mit Abraham steht ein In-Verhältnis zu Christus (V. 14a.26.27 [ἐνδύεσθαι].28d), ja ein Besitzverhältnis (V. 29a) gegenüber. Paulus vermeidet in Gal 3 die (in Röm 4,16 belegte) Wendung (ἡ) πίστις (τοῦ) Ἀβραάμ; sein πιστεύειν τῷ θεῷ (V. 6 zit. Gen 15,6) wird hier (durch ἐκ πίστεως und πιστός weiter-, aber) inhaltlich nicht näher ausgeführt. Jedenfalls liegt der Akzent nicht auf Abrahams Gehorsam, der an der Aqedah zu zeigen gewesen wäre (vgl. Jak 2,21–24); Paulus will vielmehr Glauben als (noch menschliche Hoffnung überschreitendes) Vertrauen darlegen, wie Röm 4,18–21 zeigt. Dieser ist auf Verheißung ausgerichtet, nicht auf Gebot (V. 18).[338] Den Glauben Abrahams und der Christen unterscheidet nur der Status der Verheißung; glaubt Abraham ἐπ' ἐλπίδι (Röm 4,18), ist die Verheißung für Christen in Christus „erfüllt"/„bestätigt" (Röm 15,8).[339]

Von Christus ist schon eingangs von Gal 3 die Rede; er ist als der Gekreuzigte den Galatern dargestellt worden, ist also Inhalt der Verkündigung (V. 1).[340] Das führt V. 13 aus, indem die Folge/der Zweck des Kreuzestodes Christi „für uns" als Herausreißen aus dem Fluch des Gesetzes (vgl. V. 10) benannt wird. Als Gekreuzigter ist er zum Fluch geworden, d. h. zum Verfluchten (s. das Zitat aus Dtn 27,26 in V. 13c: ἐπικατάρατος). Eine Motivation o. ä. dazu wird hier (anders als Gal 2,20) nicht genannt; eine πίστις Jesu steht jedenfalls außerhalb der Diskussion.[341] Dass

---

[335] Hays, ΠΙΣΤΙΣ 726; vgl. Johnson, Rom 3:21–26 84.

[336] S. dazu die Paraphrase durch Williams, Again 446: „Faith comes in that Christ, the single *sperma* of Abraham, actualizes and exemplifies faith. In his trusting obedience, his complete reliance on God as trustworthy and true, Christ *reveals* faith."

[337] Dunn, Gal 167; Dunn, Theology 383 Anm. 199.

[338] Vgl. Neubrand, Abraham 282 ff.

[339] Koperski, *Pistis Christou* 212.

[340] Das übersieht Hays, Faith 142 (vgl. 157 und Howard, Paul 63) mit seiner Behauptung: „Nowhere in Galatians 3 does Paul speak of Jesus Christ as the object towards which human faith is to be directed."

[341] Hays trägt sein Verständnis von 2,20 in 3,1 hinein: Beim Gekreuzigten sei dessen

in Gal 3 (vergleichbar mit dem Hymnus in Phil 2) geradezu die Aktivität des irdischen Jesus thematisiert würde, die in seiner Selbstdahingabe (V. 13 f.) kulminiere,[342] ist schwer nachzuvollziehen; just V. 13 f. haben als Skopus die *Auswirkungen* des Kreuzes für „uns", die Judenchristen. Da ändert auch manches Übersetzungsgeraune nichts, wenn – um einen deutschsprachigen Vertreter des *genitivus subiectivus* zu zitieren – Norbert Baumert ἐϰ πίστεως Ἰησοῦ Χριστοῦ in V. 22 als „aus *Trauen* Jesu Christi" übersetzt,[343] um dieses sodann in der „Lebenshingabe Jesu" praktiziert zu finden.[344] Nachdem der Glaube durch die biblische Figur des Abraham profiliert wurde, soll nun plötzlich das Glauben der Glaubenden (V. 22) sich an Jesu *Trauen* orientieren,[345] das weder vorher noch nachher dargelegt wird.

„In Christus" kommt der *Segen* Abrahams zu den Heidenvölkern, nicht etwa sein Glaube (3,14a). Die Logik von Gal 3 erfordert nicht, dass Christus Abrahams Glauben praktiziert.[346] Dass Christus als das eine σπέρμα Abrahams (V. 16) „shares his faith",[347] steht – um das Mindeste zu sagen – nicht da; zumal wenn man den Kreuzestod als Erweis von Jesu *faith(fulness)* versteht (V. 13 f.), sind doch erhebliche Unterschiede im Glauben Abrahams und Jesu genannt, erheblich größere jedenfalls als – um Paulus selbst heranzuziehen (Röm 4) – bei einem Vergleich von Abrahams Glauben an den Leben schaffenden Gott und den christlichen Glauben an den Gott, der Jesus auferweckt hat. Das für die *genitivus-subiectivus*-These wichtige Kontextargument, die exklusive Abrahamskindschaft Christi lege nahe, dass dieser wie Abraham glaube,[348] ist kaum stichhaltig. Wenn ferner in Gal 3 Abraham als Repräsentant des Glaubens dargetan wird, scheint Jesus als Glaubensheld argumentativ doch entbehrlich zu sein. Er wird denn ja auch mit der Verheißung verbunden, indem er als das σπέρμα Abrahams verstanden wird; Christus ist – wie Paulus, nicht schon Abraham selbst weiß – Inhalt der Verheißung, auf die Abraham mit Vertrauen reagiert. Die Teilhabe der Christen an Abrahams Glauben – ihre Abrahamskindschaft – besteht darin, dass auch sie im Glauben – nur bei Abraham und den Christen

---

Glaube, nämlich der Gehorsam gegen den Willen des Vaters, zu denken (Hays, ΠΙΣΤΙΣ 727). Vgl. Brandos, Cross 29 (mit Verweis auf Röm 5,18 f.): Aufhebung des Fluchs durch Jesu „act of righteousness", seinen Gehorsam und „the giving up or surrender his life in love for others".

[342] Hooker, ΠΙΣΤΙΣ 331.

[343] Baumert, Antifeminismus 23; Baumert, Leben 204.

[344] Baumert, Antifeminismus 24.

[345] Baumert, Antifeminismus 24. So auch schon Williams, Again 445.

[346] Dunn, Once More 71 f.; Dunn, Theology 383 (zu Hooker, ΠΙΣΤΙΣ 328 [vgl. aber 333]; gegen Hays, Faith 202; Williams, Promise 709 f.).

[347] Hooker, ΠΙΣΤΙΣ 329.

[348] Hooker, ΠΙΣΤΙΣ 326–331.

findet sich das Verb (V. 6.22) – δικαιοσύνη, Segen und den Geist empfangen. Die Existenz ἐκ πίστεως (V. 7) ist eine in engster Zugehörigkeit zu Christus (V. 29).

Zeichnet Paulus in Gal 3 Abraham als eine soteriologische Figur? Nicht zuletzt wegen Röm 4,16 wird behauptet, Abrahams Glaube sei soteriologisch relevant im Sinne der rabbinischen Vorstellung von den „Verdiensten der Väter"; dieser sei „faith vicariously efficacious for others and therefore as a foreshadowing and precedent of Christ's faith(fulness)".[349] Insofern das ἐν σοί aus Gen 12,3 LXX (Gal 3,8) von Paulus als σὺν ... ᾿Αβραάμ reformuliert wird (V. 9) und dann im ἐν Χριστῷ ᾿Ιησοῦ in V. 14a eine Entsprechung findet, kann gesagt werden, dass die soteriologische Funktion Abrahams im Galaterbrief christologisch substituiert wird.[350]

3.4.4. Ertrag für die πίστις-Χριστοῦ-Debatte

Der in Gal 3 gegebene Zusammenhang von πίστις Χριστοῦ mit dem theologischen Motiv „Abraham" sollte zu einer stärkeren Berücksichtigung des anderen Abrahamkapitels Röm 4 führen.[351] Interessant sind die pneumatologischen Ausführungen (3,2.3.14), interessanter fast noch, dass das πνεῦμα im Zusammenhang mit dem Empfang der Verheißung in V. 22 und der Gottessohnschaft V. 26 eben nicht erwähnt wird; hier findet sich πιστ-, was ja nach V. 14 mit dem Geist im Zusammenhang steht. Für die These, Paulus denke einen soteriologisch relevanten Glauben Christi, bedürfte es noch einiger Erwägungen zur Integration paulinischer Christologie und Pneumatologie.

---

[349] Hays, Postscript 276; vgl. schon Hays, Faith 205.
[350] Vgl. Berger, TRE 1 378.
[351] Vgl. Kok, Truth 132.

4. Kapitel

Rechtfertigung und Gottesgerechtigkeit:
πίστις Χριστοῦ im Römerbrief

Schon Ernst von Dobschütz nannte im Jahre 1912 Röm 3,21–26 eine „vielumstrittene [...], vielgequälte [...] Stelle"[1]; nach mehreren Generationen von Forschern gilt dieses Urteil heute in noch höherem Maße. Allerdings muss diesen zugute gehalten werden, dass in der Tat diese „notoriously dense passage contains dozens of exegetical difficulties"[2]. Zu diesen zunächst zu besprechenden Problemen treten weitere, die der Kontext des Römerbriefs aufgibt: Zu 3,22 ist der πίστις-Gebrauch und das Zitat von Hab 2,4 in Röm 1,17 zu untersuchen, zu 3,26 muss auf die syntaktische Parallele in 4,16 hingewiesen werden und inhaltlich von Belang ist die Adam-Christus-Typologie in 5,12–21 mit dem Motiv des Gehorsams sowie der Begriff der χάρις (3,24).

Nachdem in der neuesten Runde der πίστις-Χριστοῦ-Debatte zunächst Gal 3 der vorrangig verhandelte und für die *genitivus-subiectivus*-These reklamierte Text war (Hays, Faith, der für Röm 3,21–26 noch mit vier Seiten auskam [170–174]), ist mit der Arbeit von Douglas A. Campbell (Rhetoric) Röm 3 in den Mittelpunkt des Interesses getreten.[3]

Eine Besonderheit des Römerbriefes gegenüber dem Galater- und dem Philipperbrief muss beachtet werden: Paulus kennt die nicht von ihm gegründete Gemeinde in Rom nicht; er kann nichts aus seiner eigenen Verkündigung voraussetzen und muss entsprechend eindeutiger und ausführlicher formulieren.[4] So kann er keine eigene, insbesondere keine singuläre

---

[1] Von Dobschütz, Rechtfertigung 48.

[2] Hays, ΠΙΣΤΙΣ 720; vgl. Davies, Faith 104.

[3] Die Schwerpunktsetzung in der Arbeit von Wallis (Faith 72–102) bestätigt dies.

[4] Vgl. Matlock, Detheologizing 12 Anm. 37. Instruktiv für diese Differenz zwischen Galater- und Römerbrief ist die jeweilige Einführung des Zitats in Gal 3,11 und Röm 1,17: Den Galatern scheint das Zitat und sein paulinisches Verständnis aus der Verkündigung des Apostels schon bekannt zu sein; dieser kann es selbstverständlich in seine überaus schwierige Argumentation in Gal 3 einfügen. Im Römerbrief dagegen zitiert er es als veritables Schriftwort, das ihm und der ihm fremden Gemeinde gemeinsam vorliegt, dieser aber im paulinischen Gedankenzusammenhang fremd ist, und er leitet es daher mit καθὼς γέγραπται ein (dazu Strobel, Verzögerungsproblem 191).

Terminologie verwenden; damit ist das Robinsonsche Argument – bei πίστις ist sonst kein Attribut als *genitivus obiectivus* belegt – von besonderem Gewicht.[5] Allerdings: Paulus hat ja dem *nomen regens* πίστις selbst eine *nova significatio* (Luther; s. 1.4.3.) gegeben. Er annonciert das den Adressaten schon im Präskript, näherhin in 1,5: Das Ziel des Apostolats ist die ὑπακοὴ πίστεως. Damit ist die Möglichkeit gegeben, dass Paulus auch eine eigen(tümlich)e Formulierung des Attributs bietet.

4.1. Glaube(n) im Römerbrief

Zunächst ist wiederum ein Überblick über die Verwendung von πιστ- im Römerbrief zu bieten:[6]

Das *Verb* ist 21 Mal belegt, davon zweimal in untheologischem Sinn (3,2: „anvertrauen" [wie 1Thess 2,4; Gal 2,7; 1Kor 9,17; s. ferner 1Tim 1,11; Tit 1,3] und 14,2: „meinen"); viermal steht πιστεύειν in LXX-Zitaten (4,3 [Gen 15,6]; 9,33 [Jes 28,16]; 10,11 [Jes 28,16].16 [Jes 53,1]). Aus der LXX übernimmt Paulus offensichtlich auch die Präposition ἐπί (τινα: 4,5.24, τινι: 9,33; 10,11). Im Verhältnis zum (etwa ein Drittel an Umfang und viermal πιστεύειν bietenden) Galaterbrief sind die 21 Belege von πιστεύειν im Römerbrief auffallend zahlreich. Mit acht Belegen dominiert dabei das aus dem 1.Thessalonicherbrief bekannte, im Galaterbrief zurücktretende Partizip Präsens: Die gemeindliche Selbstbezeichnung als οἱ πιστεύοντες begegnet in 4,24. 3,22[7]; 4,11 ergänzen das Partizip mit πάντες (vgl. 1Thess 1,7). Neu ist allerdings die singularische Verwendung des Partizips, die im Römerbrief mit fünf Belegen (1,16; 4,5; 9,33; 10,4.11) gegenüber dem Plural überwiegt. Kann dies als eine *Individualisierung der paulinischen Glaubensvorstellung* interpretiert werden?[8] Der Singular ist verschieden bedingt: 4,5 behandelt mit Abraham einen einzelnen Menschen, 9,33 und 10,11 zitieren Jes 28,16 LXX. Die paulinischen Formulierungen 1,16; 10,4 ergänzen mit πᾶς – dem Jesaja-Zitat in 10,11 wird ein πᾶς vorgeschaltet – und weisen sich damit als *generelle* Aussagen aus. So sind

---

[5] Robinson, Faith 71 f.; Howard, Christ 212 f.; vgl. Keck, Jesus 453.

[6] Vgl. Lohse, Röm 156–158; Hays, ΠΙΣΤΙΣ 717–724; Theobald, Römerbrief 203–206.

[7] Davies, Faith 107 versteht diese „generalized notion of ‚believing'" auf das Bundesvolk Israel bezogen.

[8] Auch substantivisch begegnet nicht (mehr wie im Galaterbrief) οἱ ἐκ πίστεως, sondern das singularische ὁ ἐκ πίστεως Ἰησοῦ 3,26, wo Klein, Römer 3,21–28 415 denn auch eine „Individualisierungstendenz" feststellt (vgl. schon Klein, Römer 4 148–150). Anders als bei Conzelmann, Rechtfertigungslehre und Klein, Römer 4 ist hier mit „Individualisierung" kein heilsgeschichtlicher Bruch mit Israel impliziert.

auch die Konstruktion in der 2. sg. (10,9) und die (leicht im Sinne des alltagssprachlichen „anvertrauen" [vgl. 3,2] misszuverstehende) passivische Formulierung 10,10a zu bewerten. Hier werden durch den der biblischen Tradition entnommenen Singular *prinzipielle* Aussagen getroffen. Die Nuancen verbaler Formulierung treten im ingressiven Aorist 10,14; 13,11 (Bekehrung) zu Tage sowie im Infinitiv Präsens 15,13 (vgl. Phil 1,29), der anders als das Substantiv πίστις Durativität konnotiert.

Neben dem Ekklesiologoumenon οἱ πιστεύοντες (vgl. 1Thess) in Röm 3,22a; 4,11.24 (sg. 1,16b; 10,4) (vgl. οἱ ἐκ πίστεως [vgl. Gal] nur in 3,26c, und zwar sg.) verwendet Paulus nun auch etwa οἱ ἐν Χριστῷ Ἰησοῦ in 8,1 (vgl. 16,11b)[9] oder ἅγιοι in 1,7 und κλητοί in 1,6 (vgl. V. 7[10]) mit Nennung des berufenden Jesus Christus als Interpretament der „Geliebten Gottes" und in 8,28 als Interpretament der „Gott Liebenden".[11]

Sechsmal wird das Objekt des πιστεύειν genannt, viermal beim Partizip mit der Präposition ἐπί τινι/τινα (4,5.24 [jeweils Gott]; 9,33 [Jesus als „Eckstein"]; 10,11 [der Auferstandene, s. V. 9]), zweimal bei finiten Formen, und zwar in 10,14 mit εἰς (Jesus als κύριος) und V. 9 mit einem ὅτι-Satz (Auferweckung Jesu). Eine weitere Zuordnung von Christus zur πίστις liegt noch vor, wenn zunächst der Glaube, dann Christus parallel ῥῆμα als Attribut beigegeben werden (10,8.17). Damit wird das Evangelium (s. V. 16) einmal mehr formal oder final, das andere Mal inhaltlich akzentuiert.

Sachliche Zusammenhänge sind die Rechtfertigung (δικαι-: 3,22; 4,3.5; 10,4.10) und das „Heil" (σωτηρία/σῴζεσθαι: 1,16; 10,9; 13,11 [vgl. zur Kombination von πιστεύειν und σῴζεσθαι in der LXX 1Makk 2,59]); ἐλπίς ist eine Gestalt des πιστεύειν (15,13; vgl. 4,18; 5,2). Inhaltlich wird πιστεύειν in traditionellen Formeln näher bestimmt: 4,(5.)17.24; 6,8; 10,9 und auf die Rechtfertigung und die Gabe des Lebens in Schöpfung und Auferweckung Jesu bezogen. In 4,5 wird Abraham als ὁ ... μὴ ἐργαζόμενος πιστεύων δέ bezeichnet (adversatives δέ; vgl. Antithese von ἔργα und πίστις in 3,27).

Hays bringt als das Verb πιστεύειν betreffendes Kontextargument für die *genitivus-subiectivus*-These vor, der Römerbrief sei „from start to finish thoroughly theocentric", eine Formulierung wie Gal 2,16b mit Christus als Objekt des Glaubens sei nicht belegt, im Römerbrief sei Glaube nur auf

---

[9] Vgl. ἐκκλησίαι ἐν Χριστῷ (Ἰησοῦ) 1Thess 2,14; Gal 1,22.

[10] Die Kombination beider Begriffe findet sich auch in 1Kor 1,2 neben ἡγιασμένοι ἐν Χριστῷ Ἰησοῦ und πάντες οἱ ἐπικαλούμενοι τὸ ὄνομα τοῦ κυρίου ἡμῶν Ἰησοῦ Χριστοῦ.

[11] Gegen Campbells pauschale Aussage, dass Paulus im Römerbrief ekklesiologische Begriffe nicht mit dem Motiv des Glaubens bildet (ΔΙΑΘΗΚΗ 99), muss allerdings auf die soeben angeführten Belege des Partizips von πιστεύειν sowie von ὁ ἐκ πίστεως Ἰησοῦ hingewiesen werden.

Gott bezogen (s. 4,5.24), ein Sachverhalt, der gerade im an eine dem Apostel nicht bekannte und den Apostel und seine Theologie nicht kennende Gemeinde gerichteten Römerbrief von Bedeutung ist (s. o.).[12] Nun ist aber der Römerbrief vom selben Autor geschrieben, genauer: diktiert (s. 16,22), der vorher in Gal 2,16b und auch später wieder in Phil 1,29 Christus als „Objekt" von πιστεύειν benennt. Vor allem aber ist doch wohl das Zitat aus Jes 28,16 LXX in Röm 9,33; 10,11 auf Christus zu beziehen: πιστεύειν ἐπ' αὐτῷ [sc. Χριστῷ], ebenso 10,14: εἰς ὃν [sc. Χριστὸν] πιστεύειν. Und 9,5 mit seiner (wahrscheinlichen) Bezeichnung Christi als θεὸς εὐλογητός zeigt,[13] dass „Theozentrismus" nicht gegen eine ausgeführte (und womöglich altkirchliche und reformatorische Kategorien über die *divinitas Christi* vorbereitende) Christologie ausgespielt werden kann.

Mit 39[14] Belegen ist das *Substantiv* im Verhältnis zum 21 Mal verwendeten Verb für den paulinischen Sprachgebrauch eher schwach belegt (zur Erinnerung: im Galaterbrief findet sich viermal das Verb, 22 Mal das Substantiv [s. o. 3.1.]).[15] Das Verhältnis von Verb und Substantiv kann man sich an 4,3.5 gut vor Augen führen: Paulus zitiert zunächst Gen 15,6 LXX mit dem finiten Verb, bezeichnet dann dessen Subjekt Abraham mit dem Partizip und hält schließlich mit dem Substantiv, dem das auf Abraham bezügliche Pronomen αὐτοῦ attribuiert ist, präziser als das Zitat selbst fest, was genau diesem „zur Gerechtigkeit angerechnet wurde": ἡ πίστις αὐτοῦ. Auch mit dem Substantiv kann Paulus also eine menschliche Aktivität bezeichnen; er muss nicht auf den Infinitiv als Verbalsubstantiv wie in 15,13; Phil 1,29 zurückgreifen. Der Beleg Röm 4,5 ist insofern eine Ausnahme, als ansonsten im Zusammenhang mit δικαι- – nämlich bei δικαιοῦσθαι ἐκ/διὰ πίστεως – πίστις absolut steht.[16] Die gelegentlich auffällig objektiv oder abstrakt dargestellte πίστις ist hier entschieden *individualisiert* – und das im Falle des Prototyps des Glaubens.

---

[12] Hays, Faith 170 f.

[13] So bedenkenswert erwogen von Hofius, Einer 179 Anm. 50; ausführlich Kammler, Prädikation.

[14] Hinzu kommt noch ein Beleg aus dem sekundären Briefschluss (16,26). Textkritisch problematisch ist 5,2, wo die Entscheidung der äußeren Textkritik knapp zugunsten der Echtheit von τῇ πίστει ausfällt (allerdings fällt die [tendenzwidrige] *lectio brevior* in D auf!), weil eine Auslassung als Vermeidung einer Doppelung zum ἐκ πίστεως im vorhergehenden Vers erklärt werden kann (Metzger, Commentary 452). Die Auslassung zerstört den chiastischen *parallelismus membrorum* zu V. 1 (ἐκ πίστεως … διὰ τοῦ κυρίου ἡμῶν Ἰησοῦ Χριστοῦ – δι' οὗ … τῇ πίστει).

[15] Gar nicht belegt ist das Adjektiv πιστός und das Adverb πιστῶς. Mit πιστ- wird also weder eine Person(eigenschaft) noch eine Tat(eigenschaft) bezeichnet. Das ist eine schlichte, aber sachlich nicht zu unterschätzende Feststellung.

[16] Vgl. Ota, Use 77, der freilich überspitzt, wenn er feststellt, dass bei πίστις mit Pronomen nie Rechtfertigung thematisiert sei; das ist doch eben in Röm 4,5 (λογίζεσθαι εἰς δικαιοσύνην statt δικαιοῦσθαι) der Fall.

Die aus dem 1.Thessalonicherbrief bekannte, im Galaterbrief völlig vermiedene Attribuierung von πίστις mit ὑμῶν ist im Römerbrief wieder belegt, allerdings nur im Prooemium 1,8.12. Die zweitgenannte Stelle bietet auch den einzigen paulinischen Beleg eines Personalpronomens in erster Person (allerdings sg.: ἐμοῦ, nicht ἡμῶν [dazu s. o. 2.1.]) als eines Attributs zu πίστις. An dieser verständlichen und umständlichen Konstruktion wird die Vermeidung von ἡ πίστις ἡμῶν überdeutlich: Spricht Paulus von ἡ ἐν ἀλλήλοις πίστις ὑμῶν τε καὶ ἐμοῦ nur, um die *mutua consolatio* zu betonen?

Eine *Metonymie* im Sinne von „Glaubensstand" wie im 1.Thessalonicherbrief findet sich in 1,8; ähnlich nennen 4,19.20; 14,1 Schwäche bzw. Stärke in Bezug auf den Glauben, und die Periphrase des Verbs Verbs durch πίστιν ἔχειν 14,22 leistet wohl die Nuancierung „ein gehöriges Maß an Glauben(sstärke) haben" (wie auch „schwach sein hinsichtlich der πίστις" in V. 1). In diesem Sinne sind auch μέτρον πίστεως 12,3 und ἡ ἀναλογία τῆς πίστεως V. 6 zu verstehen. – Wolfgang Schenk sieht πίστις hier anders metonym verwendet, nämlich im Sinne von „Glaubensbotschaft".[17]

An *Präpositionen* vor πίστις (s. o. 1.5.3.) findet sich ἐκ elfmal, διά nur fünfmal (im wichtigen Satz 3,28 ist auffälligerweise statt mit einer Präposition mit dem *dativus instrumentalis* [vgl. 5,2; 11,20] formuliert, was weder der nächststehenden [und zugrunde liegenden?] Formulierung Gal 2,16a [διά] noch der Reformulierung in Röm 5,1 [ἐκ] entspricht). Programmatisch steht ἐκ πίστεως am Ende des Prooemiums (1,17); zunächst in der änigmatischen Wendung ἐκ πίστεως εἰς πίστιν, dann im Zitat aus Hab 2,4 (s. u. den Exkurs 4.2.4.3.). Douglas A. Campbell schloss aus der Beobachtung, dass Paulus nur in den beiden Texten, in denen er Hab 2,4 zitiert (Galater- und Römerbrief), auch die Wendung ἐκ πίστεως verwendet, darauf, dass sich dieser Sprachgebrauch eben jenem LXX-Zitat schulde.[18] Richtig daran ist jedenfalls, dass ἐκ im Zitat selbst (1,17b; wohl auch 4,16) oder doch in Zitatnähe (1,17a; 9,30.32; 10,6) steht. „Aus Glauben" steht inhaltlich in Zusammenhang mit δικαι- (1,17a.b; 3,26.30; 5,1; 9,30; 10,6). Die δικαιοσύνη θεοῦ wird ἐκ πίστεως geoffenbart (1,17a; 3,22 [vgl. V. 25.26]), der Mensch wird ἐκ πίστεως gerechtfertigt (3,30; 5,1; vgl. 3,26), seine Gerechtigkeit ist ἐκ πίστεως (9,30; 10,6), was aufgrund von Gen 15,6 LXX so wiedergegeben werden kann, dass πίστις εἰς δικαιοσύνην „angerechnet" (4,3.5.9.22) wird (bzw. allgemeiner εἰς δικαιοσύνην führt: πιστεύειν 10,10, ὑπακοή [6,16])[19]. Das

---

[17] Schenk, Gerechtigkeit 165 f. mit Hinweis auf ῥῆμα τῆς πίστεως bzw. Χριστοῦ Röm 10,8.17; ferner ἀκοὴ πίστεως Gal 3,2.5. Ähnlich auch Cosgrove, Justification 665.
[18] Campbell, Meaning 101; Campbell, Presuppositions 713; Hays, ΠΙΣΤΙΣ 718.
[19] S. ferner die Konjektur von Paul Wilhelm Schmiedel zu Röm 9,31: Ἰσραὴλ ... εἰς *δικαιοσύνην οὐκ ἔφθασεν.

wird schließlich durch die Genitivkonstruktion (ἡ) δικαιοσύνη (τῆς) πίστεως auf den Begriff gebracht (4,11.13); der Genitiv bezeichnet hier wie die Präposition den Grund der δικαιοσύνη.[20]

Mit den fünf stets adverbiellen und (abgesehen von einer weniger gewichtigen Stelle) auffallender Weise auf zehn Verse konzentrierten διά-Belegen (1,12; 3,22.25.30.31) folgt Paulus wohl antiochenischem Sprachgebrauch, nach dem das δικαιοῦσθαι des Menschen διά πίστεως geschieht (vgl. Gal 2,16a; s. 1.5.3., 3.2.3., 4.2.2.). Die vom Apostel vorgenommene Einfügung von διὰ [τῆς] πίστεως in ein Traditionsstück (3,25) erweist seine (nicht quantitativ [mittels der Anzahl der Belege], sondern qualitativ [Einfügung in eine zentrale, solenne Formulierung] zu vermutende) Präferenz für diese Präposition. 3,30 zeigt die Synonymie der beiden Wendungen,[21] die ja auch sachlich zu erwarten ist: Nach 1,16; 3,22b; 4,11 f.; 10,11–13 gibt es keinen Unterschied von Juden und Heiden hinsichtlich Glauben, Rechtfertigung und Heil. Die Reihenfolge – erst ἐκ, dann διά – ist kaum belangreich, zumal es sich sonst anders verhält (Gal 2,16a.c), wie ja auch in Röm 3 zunächst διά verwendet wird (V. 22). Die Setzung des Artikels in 3,25.30.31 versteht sich wohl von dessen anaphorischen Funktion her. Der sachliche Zusammenhang ist in der Hälfte der Fälle das Motiv δικαι- (3,22.30; vgl. aber auch V. 25, wo es um den „Aufweis seiner [sc. Gottes] Gerechtigkeit" geht); in 4,13 wird dieser mit διὰ δικαιοσύνης πίστεως komprimiert formuliert.

Im Römerbrief springt die weitere begriffliche Arbeit anhand zahlreicher Genitivverbindungen mit πίστις ins Auge. Neben (ἡ) δικαιοσήνη (τῆς) πίστεως (dazu s. o.) ist v. a. ὑπακοὴ πίστεως 1,5; *16,26 zu nennen. Diese erste (und letzte) Erwähnung von πίστις in diesem Text ist für das Glaubenskonzept des Römerbriefes und insbesondere für 1,17 und 3,21–26 nicht zu unterschätzen.[22] Gehorsam wird als eine Gestalt des Glaubens verstanden (*genitivus epexegeticus*: „Gehorsam, der im Glauben besteht"). Zugleich weist der Genitiv den Glauben als Bezugsgröße dieses Gehorsams aus (*genitivus obiectivus*: „Gehorsam gegenüber dem Glauben"); dabei ist unter πίστις metonym die Glaubensbotschaft, das Evangelium, zu verstehen, dem nach 10,16 (vgl. 6,17, auch 15,18) Menschen „gehorchen".

Was die (für das Verständnis des Genitivattributs Χριστοῦ so wichtige) Konstruktion der πίστις-Belege mit folgenden *Präpositionen* betrifft, ist im Römerbrief eine aufschlussreiche Sorglosigkeit zu konstatieren. In 4,5.9

---

[20] Vgl. z. B. Wilckens, Röm 1, 265 („Gerechtigkeit aus Glauben").

[21] Zur These einer traditionsgeschichtlichen Differenz zwischen ἐκ πίστεως und διὰ πίστεως (Stowers, Ἐκ πίστεως) s. o. 1.5.3.

[22] Vgl. Johnson, Rom 3:21–26 86; mit gewissem Recht kritisiert andererseits Strecker, hier „eine Wesensbestimmung der πίστις als Gehorsam im Sinne einer universalen anthropologischen Aussage" finden zu wollen (Fides 224).

folgt dem Wort πίστις die Wendung εἰς δικαιοσύνην; in beiden Fällen ist diese adverbiell auf das *verbum finitum* ἐλογίσθη zu beziehen (wie im Zitat aus Gen 15,6 LXX in V. 3). Ähnlich ist die verbale Wendung πιστεύεται εἰς δικαιοσύνην in Röm 10,10a. Paulus befürchtete weder beim Verb noch beim Substantiv missverstanden zu werden, nicht einmal von der ihm unbekannten und ihn und sein Sprachspiel nicht kennenden Gemeinde in Rom. Seinen (damaligen!) Lesern war völlig klar, dass das Objekt zu πιστεύειν nur Gott (s. 4,5.24) und der Kyrios Jesus Christus (9,33; 10,11.14) sein kann; sollte πιστεύειν εἴς τι/τινα eine andere Größe folgen, ist entsprechend adverbiell konsekutiv oder final zu verstehen. Und das Substantiv wird eben nicht mit einem präpositionalen Attribut mit εἰς konstruiert (auch nicht in 4,5.9) (dazu 1.4.1.).

In 3,3; 4,5.16 begegnen Attribuierungen von πίστις mit dem Genitiv einer Person. In allen drei Fällen liegt ein *genitivus subiectivus* vor: die Treue Gottes, der Glaube des Glaubenden bzw. Abrahams. Kann davon flugs abgeleitet werden, dass es sich bei πίστις Χριστοῦ in 3,22.26 auch so verhält?[23] Wohl kaum, da die erheblichen Unterschiede auf der inhaltlichen Ebene einen Wechsel der Genitivbedeutung wahrscheinlich machen.[24]

Wie in Gal 3 ist das Verhältnis der *absoluten* πίστις-Belege zu den πίστις-Χριστοῦ-Belegen zu beachten. Auch die nichtattribuierten πίστις-Belege 3,28.30; 9,30; 10,6 im Zusammenhang mit δικαι- bezeichnen den Glauben an Christus,[25] wobei insbesondere 3,28 ein „shorthand" für πίστις Ἰησοῦ Χριστοῦ in V. 22 ist.[26]

Für die Bedeutung und den Rang von πίστις im Röm wichtig ist das Gegenüber zu ἔργα/νόμος, das auffälligerweise mit 3,21 f. erstmals benannt und dann unmittelbar nach den beiden πίστις-Χριστοῦ-Belegen ausgeführt wird: Nach 3,27 ist καύχησις ausgeschlossen nicht διὰ νόμου ἔργων, sondern διὰ νόμου πίστεως. 3,28 formuliert die Rechtfertigungsvorstellung grundsätzlich, sowohl positiv (πίστει) als auch negativ (χωρὶς ἔργων νόμου). 3,31 hält indes fest, dass der νόμος nicht διὰ τῆς πίστεως aufgehoben, sondern aufrecht erhalten wird. In 4,4 f. werden ἐργαζόμενος und πιστεύων gegenüber gestellt, dem Zweitgenannten wird der Glaube zur Gerechtigkeit angerechnet. Laut 4,13 wird ἐπαγγελία nicht διὰ νόμου, sondern διὰ δικαιοσύνης πίστεως empfangen und nach V. 14 sind οἱ ἐκ νόμου keine Erben der Verheißung. Im Zusammenhang mit der Israelfrage heißt es in 9,32, Israel habe nach dem νόμος δικαιοσύνης nicht ἐκ πίστεως, sondern ἐξ ἔργων getrachtet. Der umstrittene Nominalsatz 10,4 ordnet (irgendwie)

---

[23] So z. B. Campbell, Rhetoric 66 f. oder – um nur eine neuere deutschsprachige Vertreterin zu nennen – Neubrand, Abraham 118; weitere Autoren werden in 1.5.4. genannt.

[24] Matlock, Detheologizing 16 f.

[25] Vgl. Eckstein, Verheißung 18.

[26] Cosgrove, Justification 665.

Christus, τέλος νόμου und πᾶς πιστεύων zu,[27] während V. 5 f. mit ἡ δικαιοσύνη ἡ ἐκ [τοῦ] νόμου – ἡ ἐκ πίστεως δικαιοσύνη als Grundlagen der δικαιοσύνη νόμος und πίστις einander gegenüberstellen.

An Antonymen zu πιστ- sind zu verzeichnen: Das paulinisch nur im Römerbrief belegte Substantiv ἀπιστία im Sinne von „Ungehorsam" in 3,3 (gegenüber den anvertrauten Verheißungen; in V. 5 als ἀδικία qualifiziert); 11,20.23 (gegenüber dem Christusgeschehen, in V. 20 der πίστις unmittelbar entgegengesetzt), im Sinne von „Zweifel" in 4,20. Das Verb ἀπιστεῖν in 3,3 – ein paulinisches *Hapaxlegomenon* – meint „ungehorsam sein". Wie sein positives Pendant ist ἄπιστος – in der Korintherkorrespondenz häufige Bezeichnung der „Heiden" – im Römerbrief nicht verwendet.

Sachlich wichtig ist 14,23c, wo als *Sünde* alles das qualifiziert ist, was sich nicht dem Glauben verdankt (ἐκ πίστεως).

Für die Interpretation von πίστις Χριστοῦ in 3,22a.26c ist dieser Befund zu „Glaube" im gesamten Römerbrief heranzuziehen, insbesondere Kapitel 3 als nächster Kontext, wobei die Zäsur zwischen V. 20 und 21 zu beachten ist; entsprechend geringer wird man den Beleg in V. 3 werten (dazu ausführlich 4.2.4.1.). In diesem Kapitel, näherhin ab V. 21, ist wegen des *principle of maximal redundancy* der Spitzensatz 3,28 – „das hauptstuck Christlicher lere"[28] – als Ausgangspunkt zu nehmen.

In V. 28 ist grundsätzlich eine Überzeugung (λογιζόμεθα; vgl. εἰδότες Gal 2,16a), die Allgemeingültigkeit beansprucht (ἄνθρωπος), formuliert.[29] Diese allgemeine Aussage einer Universalität dient der Inklusion von Juden und Nichtjuden.[30] Die bloße πίστις ist vom vorhergehenden Abschnitt V. 21–26 her zu lesen und damit als „shorthand" von πίστις Ἰησοῦ (Χριστοῦ).[31] πίστις ist im *dativus instrumentalis* dem Geschehen des δικαιοῦσθαι zugeordnet.[32] Das ist schon in V. 24 mit Gottes χάρις so; χάρις Gottes und πίστις des Menschen sind damit als zwei Seiten des einen Geschehens δικαιοῦσθαι zusammengestellt. Damit ist auch der Zusammenhang von V. 27–31 mit dem Vorhergehenden klar: Nachdem Paulus zu ihr Einiges in Erinnerung gerufen hat (V. 21–26, bes. ab V. 24), ist nun nicht (mehr) die Rechtfertigung strittig; sie dient vielmehr der Begründung dafür, dass ein „Rühmen" als notorische Behauptung einer (vom δικαιοῦσθαι her doch zu leugnenden) διαστολή „ausgeschlossen"

---

[27] Dazu die zwingenden Überlegungen von Burchard, Glaubensgerechtigkeit 254–262; vgl. Haacker, Ende.

[28] Martin Luther, Sendbrief, WA 30/II, 640, 37.

[29] Vgl. Dunn, Röm 1 187: Das Verb λογίζεσθαι ist hier „denoting conviction with practical consequences".

[30] Neubrand, Abraham 137.

[31] Cosgrove, Justification 665.

[32] Blass/Debrunner/Rehkopf, Grammatik § 195, 1e.

ist.[33] Aus dem soteriologischen Grunddatum des δικαιοῦσθαι zieht Paulus hier wie in Gal 2,16 ekklesiologische Konsequenzen.

Eine Nachbemerkung zur Methodologie: Die Breite des paulinischen πιστ-Begriffs gerade auch im Römerbrief nötigt zur Vorsicht bzw. zur genauen Begründung bei Erklärung eines πιστ-Belegs von einem anderen her.[34] Und: Die *semantische* Relevanz des Genitivattributs (dazu 1.4.) ist zu beachten; was jeweils mit πίστις gemeint ist, zeigt sich nicht zuletzt (auch) am Attribut. Die Distinktionen in der πιστ-Terminologie des Paulus sollten freilich andererseits nicht bis zur (uneingestandenen) Behauptung von miss- und unverständlichen Äquivokationen getrieben werden und noch weniger sollte dieser vermeintliche freizügige Umgang des Apostels mit einem zentralen Begriff dann rhetorisch legitimiert werden.[35]

Der Begriff πίστις ist – das ist weniger banal, als es zunächst scheint – im Römerbrief insgesamt, insbesondere im engeren Kontext 3,21–4,25 als „Glaube" aufzufassen.[36] Er mag als vertrauensvolles Verhältnis zu einem Ereignis umschrieben werden; dieses kann in der Vergangenheit liegen oder noch ausstehen (4,17 f.24 f.). Von dieser inhaltlichen Bestimmung kann kaum abgesehen werden; ein Verständnis von πίστις als einer ἀρετή jedenfalls liegt Paulus fern. Im Sinne von „Treue" („faithfulness") ist πίστις nur im (durch das Subjekt Gott sowie die Antonymie von ἀπιστ- kenntlichen) Ausnahmebeleg 3,3 verwendet. In den häufig herangezogenen Parallelen 4,12.16 liegt die Pointe in der inhaltlichen Bestimmung, sodass auch hier „Glaube" („belief") gemeint ist (dazu 4.3.5). Damit ist ein gewichtiges Argument für einen *genitivus obiectivus* bei πίστις Χριστοῦ in 3,22.26 formuliert, insofern Christus Inhalt von πίστις/πιστεύειν ist.

4.2. Gerechtigkeit Gottes durch Glauben: Röm 3,22

Vor der philologischen Analyse des πίστις Χριστοῦ bietenden Verses Röm 3,22 ist es der Komplexität des Kontextes halber erforderlich, den Abschnitt Röm 3,21–26 insgesamt zu besprechen.

---

[33] Vgl. Neubrand, Abraham 137 mit Thompson, Inclusion 543–546 und Lambrecht/Thompson, Justification 33.

[34] So mit Recht Campbell, Rhetoric 66 Anm. 2.

[35] Campbell, Rhetoric 68 Anm. 4: „Such wordplay may be a little confusing or irritating theologically, but it is certainly permissible – and even elegant – from a stylistic perspective."

[36] Vgl. Moo, Röm 225.

4.2.1. „Erratisches Textmassiv" – Der Zusammenhang Röm 3,21–26

In der Passage 3,21–26 kann die „theologische und architektonische Mitte" des Römerbriefes gesehen werden.[37] Dieser Rang zeigt sich auch daran, dass hier an das Prooemium, insbesondere an 1,16 f. angeschlossen wird. Was das Evangelium ist, was es mit der Gottesgerechtigkeit und dem Glauben auf sich hat,[38] wird hier ausgeführt, und das auf dem Hintergrund des Sündenaufweises in 1,18–3,20.

Ungeachtet der komplizierten syntaktischen[39] und traditionsgeschichtlichen Fragen liegt dem Abschnitt ein klarer Aufbau zugrunde:[40]

21:	These: Gottesgerechtigkeit
22a:	Präzisierung der Gottesgerechtigkeit (hinsichtlich des Zugangs/Empfangs) als Glaubensgerechtigkeit, Universalismus
22b–23:	Begründung: Sünde
24:	Präzisierung der Glaubensgerechtigkeit (hinsichtlich ihres Grundes): Gnade Gottes, Erlösung in Christus
25:	Präzisierung der Erlösung (hinsichtlich ihres Ziels): Aufweis der Gerechtigkeit Gottes
26:	Zusammenfassung: Gottesgerechtigkeit als Gottes Sein und Handeln am Menschen

Die syntaktischen Schwierigkeiten versucht man verschiedentlich durch die Annahme einer Parenthese zu lösen: Durch eine eindringende rhetorische Analyse findet Douglas A. Campbell in V. 22b–24 eine Parenthese.[41] Andere gliedern nur V. 22b–23 aus. Diese Parenthese sei durch die Betonung von „alle" in V. 22a motiviert.[42] Sie rekapituliert damit 1,18–3,20. V. 24 schlösse dann mit δικαιούμενοι als *participium coniunctum* an πάντας τοὺς πιστεύοντας an, allerdings mit einer ruppigen Kasusinkongruenz. – δικαιούμενοι führt doch wohl eher das πάντες aus V. 23 fort. V. 23 bietet die inhaltliche negative (Sünde), V. 24 die positive (Rechtfertigung) Begründung für den

---

[37] Kuss, Röm 110; vgl. Campbell, Romans III 39 und ferner die Bewertung durch Dunn, nach dem der Abschnitt „of crucial significance in the development of Paul's argument and exposition of his gospel" sei (Dunn, Röm 1 183).

[38] Johnson, Rom 3:21–26 78 folgert aus dem Rekurs auf 1,17, dass hier die Gabe betont werde, nicht der Modus des Empfangs; freilich muss Johnson dann doch einräumen, dass diese Seite mit dem Partizip πάντες οἱ πιστεύοντες angesprochen wird (79).

[39] „Welch ein erratisches Textmassiv!", ruft Günter Klein angesichts von Röm 3,21–28. (Klein, Römer 3,21–28 409). Lohse, Röm 129 spricht von „schwer befrachteten Sätzen, die unter der dicht gedrängten Fülle ihres Inhalts fast zerbrechen".

[40] Kraus, Tod 14; vgl. Theobald, Gottesbild 134–137. Anders (aber mit gleicher Dreiteilung wie bei Theobald, Gottesbild 136) ordnet Klein die Themen: 21–22a: soteriologisch, 22b–24: anthropologisch, 25 f.: christologisch (Klein, Römer 3,21–28 411).

[41] Campbell, Rhetoric 87–93, 182 f.

[42] Dunn, Röm 1 178; vgl. schon Michel, Röm 149.

Obersatz V. 22b.[43] V. 25 beginnt mit einem relativischen Anschluss.[44] Es scheint also unnötig, eine Parenthese anzunehmen.

Die Bestimmung der *Form* sollte mit diesem Aufbau und dem Bezug auf das Prooemium leicht fallen; doch fordert der hoch verdichtete Inhalt seinen Tribut an Syntax und Form. Die Zuordnung von Röm 3,21–26 zu den „Berichten über das Handeln Gottes"[45] vermag zum Verständnis nichts beizutragen.

Die Intention und den *Inhalt* des Abschnitts zu bestimmen, hängt in hohem Maße von der Einschätzung des gesamten Briefes ab. So nimmt es nicht Wunder, dass in dieser Frage die Forschung erheblich divergiert. Die These V. 21 macht freilich in wünschenswerter Deutlichkeit – und wie nach 1,16 f. kaum anders zu erwarten – die δικαιοσύνη θεοῦ zum Thema; sie wird geoffenbart, damit Gott als δίκαιος und δικαιῶν zu erkennen ist (V. 26). Dabei ist es Paulus insbesondere um das *Verhältnis* der Gottesgerechtigkeit zu den Menschen zu tun; er umschreibt es mit dem Begriff der πίστις (V. 22a.25.26c) und verneint eine Funktion des νόμος (V. 21), was wie beim Sündenaufweis in 2,12 auf die Gleichordnung von Juden und Nichtjuden zielt. Als (ein) Thema des Abschnitts wäre damit die Universalität des Glaubens (für Juden und Nichtjuden) zu bestimmen.[46] Dem entspricht, dass das πάντες in V. 22 (vgl. auch den generalisierenden Singular in V. 26c) betont ist.[47] Deutlich wird diese Intention, wenn Paulus in unmittelbarer Folge auf den Spitzensatz V. 28 in V. 29 Gott als Gott der Juden und dezidiert auch der Heiden bezeichnet.[48]

Hays schließt von seiner Bestimmung von Röm 3 als „a defense of God's justice"[49], ein *genitivus obiectivus* bei πίστις Χριστοῦ sei „virtually unintelligible".[50] Wird er aber damit dem fundamentalen Begriff der πίστις als der einzig angemessenen menschlichen Entsprechung zur δικαιοσύνη θεοῦ gerecht?[51] Gerade weil von der Gottesgerechtigkeit gehandelt wird, ist (auch) der Glaube (zentral) thematisch.[52] Campbell bestimmt dagegen ähn-

---

[43] Theobald, Gottesbild 135.

[44] Vgl. Blass/Debrunner/Rehkopf, Grammatik § 293,3c.

[45] Berger, Formgeschichte 328 f.

[46] Cosgrove, Justification 665.

[47] Vgl. z. B. Dunn, Röm 1 167, 178, 183; Haacker, Röm 87.

[48] Haacker, Röm 86.

[49] Hays, ΠΙΣΤΙΣ 721; vgl. auch Hays, Psalm 143; Hays, Faith 172–174 (Paulus zeigt in Röm 3, „that God's integrity is still intact, that he has not abandoned his promises, because he has overcome humanity's unfaithfulness through the faithfulness of Jesus Christ" [174]); ausführlich Hays, Echoes 36–54.

[50] Hays, ΠΙΣΤΙΣ 721.

[51] Vgl. Dunn, Theology 384 Anm. 205.

[52] Dunn, Röm 1 166 hält – ganz traditionell – fest, dass „the emphasis in the section as a whole (vv 21–31, or indeed 3:21–4:25) is clearly on faith, the faith of those who believe. The central issue is how God's righteousness operates."

lich wie Hays „universality" als Thema des Abschnitts, was ihn zum Ergebnis führt, „that justification and the doctrine of justification by faith are not present at all".[53] Dann aber ist auch jeder Bezug auf den Glauben der Glaubenden entbehrlich, und Jesu „faithfulness" kann als zentrales Ereignis der δικαιοσύνη θεοῦ behauptet werden.

Die als eschatologische Heilstat Gottes genannte ἀπολύτρωσις wird im Sühnetod Jesu Christi gesehen (V. 24 f.). Ein Akzent im Abschnitt 3,21–26 liegt also auf Christi Kreuzestod als dem sühnenden und versöhnenden Geschehen und damit eben auf Christus (und weniger auf den Glaubenden);[54] auch insofern könnte vorderhand eine größere Plausibilität für die *genitivus-subiectivus*-Argumente erwartet werden.[55]

Das ist umso erstaunlicher, als eben diese Passage aus dem Römerbrief mit seinen sieben δικαι- und vier πιστ-Belegen (hinzu kommen noch zweimal δικαιοῦν und fünfmal πίστις in V. 27–31) – und das alles nach dem großen Sündenaufweis 1,18–3,20 – als *locus classicus* der reformatorischen Rechtfertigungslehre und ihrer Emphase des *sola fide* gilt.[56] Doch: So wenig bestritten werden kann, dass hier Christi Tod als Offenbarung der δικαιοσύνη θεοῦ (V. 21) und Sühne (V. 25) verstanden wird, so wenig kann der Abschnitt einfach als biblische Formulierung des reformatorischen Dogmas der Rechtfertigung des Sünders genommen werden. Paulus nimmt hier vielmehr (zunächst) das mit 1,16 f. aufgeworfene Problem des Heils für Juden *und* Nichtjuden auf,[57] das er dann in 3,28–30 anhand des soteriologischen Grundsatzes vom δικαιοῦσθαι des Menschen – gleichviel, ob aus der „Beschneidung" oder aus der „Unbeschnittenheit" – durch (*dativus instrumentalis*, ἐκ, διά) πίστις weiter ausführt und in Kapitel 4 anhand Abrahams, des „Vaters von uns allen" (V. 16e) illustriert. Das durch 3,28–30 mit den Begriffen δικαιοῦσθαι und

---

[53] Campbell, Rhetoric 202.

[54] Dazu muss man sich gar nicht des eigenartigen Arguments bedienen, dass außer dem Partizip von πιστεύειν in V. 22 und unter Streichung der πίστις-Belege V. 22.25.26 das Thema des Abschnitts Gottes Tat in Christus, nicht aber die menschliche Reaktion darauf sei (so Johnson, Rom 3:21–26 79).

[55] Vgl. Dunn, Theology 383. Schon Johnson, Rom 3:21–26 78 Anm. 6 hatte Röm 3,21–26 zum „most compelling case" für den subjektiven Genitiv erklärt. Vgl. ferner z. B. Keck, Jesus 456 f., der dafür hält, dass die Annahme eines *genitivus subiectivus* in V. 22a.26c den gesamten Abschnitt konsistenter erscheinen lässt, insofern der Akzent dann durchgängig auf Christi Funktion und Bedeutung liege.

[56] Es mag nützlich sein, einmal einen intransigenten Verfechter dieser lutherisch-bultmannianischen Sicht zu zitieren (Hübner, Theologie 2 276): „Indem ... der Glaube genannt ist, geht es um den *je individuellen Akt des Glaubens* ... Es geht ... um die individuelle Aneignung der Gerechtigkeit Gottes." Gegen diese Betonung des Individuellen und die Akzentverschiebung von der Offenbarung der Gottesgerechtigkeit auf deren Appropriation s. z. B. Campbell, *Crux* 274, 284.

[57] Vgl. Stowers, Rereading 202–226; Neubrand, Abraham 99; Haacker, Röm 86.

πίστις neu bestimmte Thema – Juden und Nichtjuden haben durch πίστις Anteil an der durch Christus gewirkten σωτηρία – wird in Kapitel 4 *heilsgeschichtlich* ausgeführt. Die Adam-Christus-Typologie in 5,12–21 (bes. 18 f.) fasst das Heilsgeschehen mit anderen, nämlich *mythischen*, Kategorien. Gemeinsam ist den Kapiteln nicht zufällig die Vorstellung von der Gnadenförmigkeit der Rechtfertigung (4,4.16; 5,2.15*bis*. 17.20.21); deren Aufweis ist Ziel der Darlegung[58] und Grundlage für die behauptete Universalität (zur χάρις s. 4.3.8.). In diese Zusammenhänge hinein ist 3,21–26 – das Stichwort χάρις findet sich hier in V. 24 – gestellt und muss aus ihnen heraus interpretiert werden.[59]

Zur *Sprachebene* von 3,21–26: Der im „Proklamationsstil"[60] geschriebene Abschnitt weist zahlreiche theologisch schwergewichtige Termini auf und setzt sie zueinander in Beziehung; dies auch unter Verwendung traditioneller Formulierungen. Dabei handelt es sich v. a. um folgende Begriffe: νόμος (V. 21*bis*), δικαιοσύνη θεοῦ (V. 21.22.25.26b[.c]), πιστ- (V. 22*bis*.25.26c), ἁμαρτ- (V. 23.25), δικαιοῦν (V. 24.26c), χάρις (V. 24), ἀπολύτρωσις (V. 24), ἱλαστήριον (V. 25). Paulus arbeitet hier gerade auch mit komplexen Genitiven: Neben der genannten δικαιοσύνη θεοῦ und unserem Syntagma πίστις Χριστοῦ findet sich noch die subjektiv wie objektiv zu verstehende δόξα θεοῦ (V. 23).[61]

In einem solchen theologischen Gravitationsfeld konnotiert der Begriff „Jesus Christus" dessen soteriologische Relevanz, sodass πίστις Χριστοῦ hier als „eine Kurzform für ‚Glaube an den Gott, der uns in Christi Tod und Auferstehung von der Sünde erlöst hat und uns in das Herrschaftsgebiet seiner Gerechtigkeit versetzt hat'" gelten kann.[62] Für die inhaltliche Bestimmung der πίστις „durch den Bezug auf die Geschichte Jesu, nämlich auf seinen Tod"[63] legt das Syntagma πίστις Χριστοῦ die Fährte, die zum in V. 25 erwähnten Tod Christi (αἷμα) führt.

In unserem Abschnitt liegt – wie soeben mit dem Hinweis auf traditionelle Formulierungen bereits angeklungen – ein traditionsgeschichtliches Problem

---

[58] So Haacker, Röm 89 (zu 3,24–26).

[59] Johnson, Rom 3:21–26 80, vgl. 81.

[60] Michel, Röm 146.

[61] Als *genitivus subiectivus* genommen ist die „Ehre Gottes" gemeint, an der Menschen *qua* Ebenbildlichkeit (vgl. ApkMos 21,6; grApkBar 4,16) oder eschatologisch (vgl. Röm 5,2; 8,18.30) teilhaben, oder die „Anerkennung durch Gott" (vgl. 2,7.10); als *genitivus obiectivus* wäre die „Ehrung Gottes" durch die Menschen bezeichnet (vgl. in nächster Umgebung nur 3,7; 4,20) (vgl. Haacker, Röm 88, der sich für das Letztgenannte entscheidet; weitere Belege bei Dunn, Röm 1 168, der das erste in proto- und eschatologischer Kombination erwägt; vgl. Kraus, Tod 173 [eschatologisch]).

[62] Beker, Sieg 29 mit Anm. 6; zur Metonymie vgl. ausführlicher 5.4.

[63] Haacker, Röm 86.

vor:[64] Für V. 24–26 muss gefragt werden, was Paulus als geprägte Formulierungen übernimmt, warum er das tut und wie er in diese Tradition eingreift.[65]

Anlass für solche Fragen geben einige syntaktische und semantische Befunde: Ist in den ersten Zeilen des Abschnitts nur der Nominalsatz V. 22 ein wenig hart formuliert, so scheint dem Apostel spätestens ab V. 24 die Periode aus dem Ruder zu laufen – „wie türmen sich da immer ungefüger die Sätze!"[66] V. 24 bietet (nach dem negativen V. 23) die positive Aussage des Abschnitts, syntaktisch indes *prima facie* subordiniert als Partizip (vgl. Phil 3,9), dessen syntaktisches und damit inhaltliches Verhältnis zu V. 22 f. nicht ganz klar ist.[67] Wohl liegt ein Anakoluth vor, doch ist die Fortführung eines Hauptsatzes durch ein Partizip paulinisch;[68] damit ist hier also syntaktisch keine Unterordnung angezeigt.[69] Dass sich daran ein solches Relativsatz-Ungetüm wie V. 25 f. anschließt, ist wohl weniger mit dem rhetorischen Ungeschick des Autors (vgl. 2Kor 10,10; 11,6) zu klären als damit, dass die herangezogenen traditionellen Texte nicht in die Syntax zu integrieren waren. Semantisch fallen jedenfalls einige paulinische *verba rara* auf: αἷμα, ἁμάρτημα, ἀνοχή, ἀπολύτρωσις[70], ἔνδειξις, ἱλαστήριον[71], πάρεσις[72], προγίνομαι, προτίθημι.[73]

Die Forschung kommt in den genannten traditionsgeschichtlichen Fragen zu unterschiedlichen Antworten, schon was den Umfang der Tradition(en) betrifft:

---

[64] Bultmann, Theologie 49; Käsemann, Verständnis; Kertelge, Rechtfertigung 48–62. Ausführlich dazu Theobald, Gottesbild 152–157 und Kraus, Tod 2 f. (Forschungsgeschichte), 15–20. Es fehlt natürlich nicht an Stimmen, die diese Probleme anders gewichten und den ganzen Abschnitt für originär paulinisch halten, so z. B. Kuss, Röm 1 160; Schmidt, Röm 65; Schlier, Röm 107 mit Anm. 8; Cranfield, Röm 1 200 f.; Ridderbos, Paulus 123–125; Wonneberger, Syntax 266 f.; Hultgren, Gospel 62–69 (der übrigens in V. 23–26a ein Selbstzitat aus einer Jom-Kippur-Predigt des Apostels in Ephesus zu finden meint); dazu ausführlich Herman, Giustificazione; so auch Campbell, Rhetoric 45–57, 201; Moo, Röm 220 f. und wohl auch Haacker, Röm 89.

[65] Vgl. zu diesen verschiedenen Aspekten die eingehende Analyse von Kraus, Tod 168–193.

[66] Nein, das ist nicht von Schiller, sondern von Günter Klein (Klein, Römer 3,21–28 409).

[67] Käsemann, Röm 89 sieht einen „jähen Abbruch der Satzkonstruktion"; vgl. Dunn, Röm 1 168; Kraus, Tod 15.

[68] Blass/Debrunner/Rehkopf, Grammatik § 468,1; vgl. Kertelge, Rechtfertigung 80; Wengst, Formeln 87; Stuhlmacher, Exegese 319; Cranfield, Röm 1 205; Wolter, Rechtfertigung 30; Theobald, Gottesbild 135; Haacker, Röm 89.

[69] Gegen Wilckens, Röm 1 188 und ihm folgend Kraus, Tod 175.

[70] In 8,23 eschatologisch, in 1Kor 1,30 in vorgegebener Formulierung wie hier auf Christus bezogen (vgl. Käsemann, Röm 90).

[71] In einem jüngst erschienenen Aufsatz wird ἱλαστήριον als „Weihegeschenk" verstanden und damit eine Bedeutung der Sühnevorstellung für Paulus überhaupt bestritten (Schreiber, Weihegeschenk).

[72] Auf die einleuchtende These (aufgrund einer hellenistischen Parallele und nach Erwägungen zur Argumentation in Röm 3,21–26), mit πάρεσις sei nicht „Geduld", sondern (eine rechtfertigungstheologische) „Vergebung" bezeichnet, sei wenigstens hingewiesen (Penna, Meaning 253–266).

[73] Skeptisch zum Wert des Befundes zur Terminologie (insbesondere αἷμα [statt σταυρός]) Haacker, Röm 89 mit Anm. 25.

Halten manche V. 24–26a für vorpaulinisch,[74] schreibt die Mehrheit V. 24 noch Paulus zu und hält nur V. 25–26a für traditionell.[75] Hinzu kommen noch die verschiedenen Bestimmungen paulinischer Einfügungen (und von V. 26b.c) zur Korrektur (Käsemann), zur Überbietung in Anknüpfung (Stuhlmacher) oder zur Akzentuierung bei grundsätzlicher Kontinuität (Schnelle).[76]

In unserem Zusammenhang reicht die Feststellung, dass in V. 25–26a eine überkommene Formulierung vorliegt; sie beginnt mit dem hymnentypischen Relativpronomen und endet vor der Wiederaufnahme von ἔνδειξις durch Paulus. Das Kreuz Christi wird als Sühnort, als Epiphanie und Präsenz Gottes gesehen.[77]

Paulus qualifiziert in V. 24 das δικαιοῦσθαι als eschatologische „Erlösung" (ἀπολύτρωσις), eine dem Apostel schon vorgegebene Vorstellung.[78] In V. 25 fügt er das Traditionsstück an, um die „Erlösung" näher zu bestimmen als kultische Sühne und als Offenbarung der Gottesgerechtigkeit. Dem fügt Paulus in V. 26b.c den für die Argumentation von Röm 1,18–8,39(–11,36) wichtigen Gedanken hinzu, dass die an Jesus Glaubenden als eschatologische Gemeinde „im Nun-Zeitpunkt" geschaffen werden.[79]

Für diese Arbeit wichtig ist insbesondere διὰ τῆς πίστεως in V. 25, dessen Problematik noch in der Textüberlieferung Spuren hinterlassen hat. A bietet diese Wendung nicht. Anders als p[40] B u. a. lassen die Majuskeln ℵ C* D* F G u. a. den Artikel aus – wohl in Parallele zu V. 22, wo πίστις ebenfalls artikellos ist. Oder sollten Schreiber den Artikel hinzugesetzt haben, um den Bezug auf πίστις in V. 22 zu verdeutlichen (und um analog zu διὰ τὴν πάρεσιν zu formulieren), sodass – regelgerecht – die *lectio brevior* ursprünglich ist? Für die textkritische Echtheit des Artikels spricht aber, dass es auch in V. 30.31 διὰ τῆς πίστεως heißt.[80] Dem Apostel sollte nicht abge-

---

[74] So als erster Bultmann, Theologie 49, der in V. 25 eine unpaulinische Verwendung von δικαιοσύνη θεοῦ als göttliche Eigenschaft feststellen zu können meinte; dann Käsemann, Verständnis; Käsemann, Röm 88 f.; vgl. ferner z. B. Kertelge, Rechtfertigung 48–53.

[75] Z. B. Wengst, Formeln 82–87; Wilckens Röm 1 183 f.; Dunn, Röm 1 163 f., 182 f.; Meyer, Formula; Stuhlmacher, Exegese; Kraus, Tod 16 f.; Williams, Death 17–19: auch V. 26c ist vorpaulinisch. Genau gegenteilig Talbert, Fragment 292 ff.: V. 25–26a seien eine postpaulinische Interpolation; Fitzer, Ort 163–166: Erst ab εἰς ἔνδειξιν von späterer Hand (dazu Koch, Römer 3,21–31 107–134).

[76] Dazu Kraus, Tod 7, 16–20 (Kraus selbst wohl wie Schnelle, s. Kraus, Tod 184–189).

[77] Dies nach Kraus, dessen Bestimmung des Vorstellungshintergrunds (Jom Kippur und Weihe des ezechielischen Tempels) man folgen mag, sodass der Tod Jesu hier in den Metaphern von kultischer Sühne und Heiligtumsweihe verstanden wird (zu dem allen Kraus, Tod 92–167).

[78] Kraus, Tod 177 (vgl. schon Kertelge, Rechtfertigung 53–55; Wilckens, Röm 1 189).

[79] Kraus, Tod 188.

[80] Metzger, Commentary 449. Dieses Argument wiegt allerdings m. E. nicht schwer, da bei diesen beiden Belegen deutlich eine Anapher zum vorhergehenden ἐκ πίστεως vorliegt. Im Übrigen könnte das Argument ja auch umgekehrt werden: Die Setzung des Artikels in V. 25 ist eine Angleichung an V. 30.31.

sprochen werden, was den Schreibern zugestanden wird, nämlich das stilistische Empfinden, das den anaphorischen Artikel in V. 25 nahelegt;[81] die Streichung erklärt sich dann als mechanische Parallelisierung.

Gehört die Erwähnung der πίστις zur Tradition, ist als deren Subjekt Gott[82] (das Subjekt des finiten Verbs) oder Christus[83] (dessen Objekt) impliziert. Für das zweitgenannte Verständnis spricht, dass so beide Ergänzungen zu ἱλαστήριον oder zum Verb parallel gelesen werden können.[84]

Sollte Paulus διὰ τῆς πίστεως in eine traditionelle Formulierung eingefügt haben[85] – wozu Gal 3,26 eine schlagende Parallele ist[86] – kann man fragen, warum er dies dermaßen ungeschickt getan hat.[87] Sollte es sich um eine Parenthese handeln, mit der Paulus nicht einen weiteren Aspekt des ἱλαστήριον ergänzt, sondern (gleichsam gut protestantisch) die Reaktion der Menschen auf die Versöhnung bzw. deren Appropriation?[88] Die zweite Ergänzung ἐν τῷ αὐτοῦ αἵματι ist doch wohl auf ἱλαστήριον zu beziehen (in 5,9 ergänzt sie δικαιωθέντες, was sich auch auf ein vergangenes Ereignis wie das προτιθέναι ἱλαστήριον in 3,25 bezieht; andererseits steht in 5,9 auch das *adverbiale temporis* νῦν, das eher der [gegenwärtigen] πίστις in 3,25 entspräche);[89] diesen Zusammenhang stört διὰ τῆς πίστεως.

Ein Bezug der zweiten Ergänzung zur ersten als präpositionales Attribut – also: „durch den Glauben an sein Blut" (vgl. Ign Sm 6,1: πιστεύειν εἰς τὸ αἷμα Χριστοῦ) – ist wenig wahrscheinlich; das hätte durch die Wiederholung des Artikels deutlich markiert werden können/müssen (wie in V. 24 bei der vorhergehenden διά-Wendung διὰ τῆς ἀπολυτρώσεως τῆς ἐν Χριστῷ

---

[81] Vgl. Moo, Röm 218 f. Anm. 3.

[82] So z. B. Pluta, Bundestreue 45 f.

[83] Williams, Death 45–51 und ihm folgend Hays, Faith 173; Hays, Psalm 143 110 f.; Johnson, Rom 3:21–26 79 f.; Keck, Jesus 457; Campbell, Rhetoric 62–69; Longenecker, Triumph 97 f.

[84] Vgl. Johnson, Rom 3:21–26 80 sieht ein Hendiadyoin, was erhebliche soteriologische Konsequenzen hat: „The faith of Jesus and the pouring out of his blood, together, form the act of expiation."

[85] So z. B. Kertelge, Rechtfertigung 51–53; Käsemann, Röm 92; Wilckens, Röm 1 193 f. („gewaltsame paulinische Einfügung"); Meyer, Formula 204; Dunn, Röm 1 172; Kraus, Tod 20, 184, 187; Knöppler, Sühne 119.

[86] Matlock, ΠΙΣΤΙΣ 435.

[87] Williams, Death 41–45; Keck, Jesus 457; Longenecker, ΠΙΣΤΙΣ 479.

[88] Repräsentativ für dieses Verständnis wieder Hübner, Theologie 2 285: Die Einfügung akzentuiere die „unzertrennbare Zusammengehörigkeit des damals auf Golgatha Geschehenen und der glaubenden Annahme dieses Geschehens", vgl. Käsemann, Röm 92; Dunn, Röm 1 172, vgl. 181: πίστις gegen eine „overconfidence" in den (vermeintlich fortzusetzenden) Kult. Aber der Tempelkult selbst ist ja gar nicht thematisch, sondern dient als Metapher für das Christusereignis. Nach Kraus, Tod 187 geht es darum, „daß das durch Jesus manifestierte eschatologische Heiligtum dem Glauben aller zugänglich ist und kein neuer Kult damit inauguriert wird".

[89] Knöppler, Sühne 117 f.

Ἰησοῦ). Und πίστις ἔν τινι ist unpaulinisch; auch Röm 1,12; 1Kor 2,5; Gal 3,26 bieten diese Wendung nicht.[90]

Wird διὰ [τῆς] πίστεως als Jesu Glaube verstanden, scheint die Zuordnung von ἐν τῷ αὐτοῦ αἵματι zu διὰ [τῆς] πίστεως inhaltlich möglich zu sein, insofern es dann heißt, dass Gott Christus zum ἱλαστήριον gesetzt hat durch dessen (Pflicht-)Treue in den Tod. Das sei „an eminently Pauline idea".[91] Von der problematischen Bewertung dieser Vorstellung als paulinisch noch ganz abgesehen, muss gefragt werden, wie denn das zu verstehen sei, dass Gott Jesus einen Rang/eine Funktion verleiht, dies jedoch durch ein Verhalten Jesu? Reagiert Gott damit etwa auf Jesu Haltung? Dann wären Gott und Christus (satisfaktorisch?) wieder auseinander dividiert.[92] Und verunklart wird, was denn nun genau Versöhnung schafft: Jesu Haltung (Gott gegenüber) oder sein Tod am Kreuz. Sollte Paulus schreiben wollen, dass (erst) Jesu Haltung seinem Tod versöhnende Qualität verleiht?[93]

Dass διὰ [τῆς] πίστεως als Jesu Glaube verstanden wird, kann mit der syntaktischen Parallelität mit ἐν τῷ αὐτοῦ αἵματι gestützt werden. Demnach ist Jesus das ἱλαστήριον durch seinen Glauben, in seinem Tod, in dem sich der Glaube bewährte.[94] Gegen einen Bezug von διὰ [τῆς] πίστεως auf Jesus spricht – nach Zahn –, dass dafür ein αὐτοῦ nötig gewesen wäre.[95] In der Tat ist es merkwürdig, dass das Pronomen erst bei der folgenden Wendung – gleichviel, ob Ergänzung oder Parallele zu διὰ [τῆς] πίστεως (s. o.) – gesetzt wird.

Der Konnex von ἱλαστήριον und πίστις ist bei Annahme eines *genitivus obiectivus* sachlich anstößig: Welche Funktion kann dem (unserem!/?) Glauben beim Versöhnungsgeschehen selbst zukommen? Dasselbe Problem lag ja auch bei V. 22 vor, wird das *verbum finitum* aus V. 21 wiederholt. Ist hier wie dort daraus zu folgern, dass Jesu Glaube gemeint sein muss?[96]

---

[90] Vgl. z. B. Käsemann, Röm 91 f.; Dunn, Röm 1 172, gegen Davies, Faith 110 Anm. 2; Hay [*sic*], Pistis 472; Campbell, Rhetoric 64, vgl. 186: der inhaltlichen Bestimmung der πίστις Jesu: „the faithfulness displayed as Christ accepted and endured the cross" liegt offensichtlich ein temporales Verständnis von ἐν zugrunde; Haacker, Röm 92, der auch diesen attributiven Bezug von ἐν τῷ αὐτοῦ αἵματι vertritt und dazu neben den beiden genannten paulinischen Stellen nur noch auf die deuteropaulinischen Belege Eph 1,15; Kol 1,14; 1Tim 3,13; 2Tim 3,15 hinweisen kann.

[91] Campbell, Rhetoric 64 f.; vgl. schon Davies, Faith 110 mit Anm. 2; auch Wallis, Faith 72; Longenecker, Triumph 97 f.

[92] Vgl. Cranfield, Question 89 f.

[93] Vgl. Cranfield, Question 89.

[94] Schmidt, Röm 68 f.; Williams, Death 47, 51; Johnson, Rom 3:21–26 79 f.; Longenecker, ΠΙΣΤΙΣ 479.

[95] Zahn, Röm 199 Anm. 92.

[96] So Campbell, Rhetoric 65; vgl. schon Barth, Faith 366 Anm. 4 und Haußleiter, Glaube 131 f.

Nun sind V. 25–26a sichtlich parallel konstruiert: dem ἱλαστήριον werden mit διὰ τῆς πίστεως und ἐν τῷ αὐτοῦ αἵματι zwei Ergänzungen beigegeben wie auch der δικαιοσύνη αὐτοῦ mit διὰ τὴν πάρεσιν und ἐν τῇ ἀνοχῇ τοῦ θεοῦ. Legt diese Parallelität nahe, διὰ τῆς πίστεως auch für die vorpaulinische Tradition zu reklamieren?[97] Die zweite Aussagenreihe (δικαιοσύνη, διὰ τὴν πάρεσιν, ἐν τῇ ἀνοχῇ) bezieht sich auf Gott; ist die erste ebenso durchgängig auf Jesus zu beziehen, d. h. bezeichnet die πίστις Jesu eigenen Glauben?[98] Damit könnte die merkwürdige Reihenfolge auch geklärt werden: Jesu πίστις als Voraussetzung seines Todes. Dass dies kein Zählen traditionsgeschichtlicher und syntaktisch-stilistischer Fliegenbeine ist, zeigt sich, wenn Johnson die beiden Ergänzungen zu ἱλαστήριον als ein Hendiadyoin zusammenfasst und dahingehend interpretiert, dass (erst) Jesu Glaube und sein Selbstopfer *zusammen* den Sühneakt darstellen, dass erst Jesu Glaubenstreue seinem Tod soteriologische Relevanz verleiht.[99]

Aber warum werden πίστις und αἷμα in dieser Reihenfolge genannt? Wäre es nicht sinnvoller, zuerst das Lebensopfer Jesu und dann den Glauben zu erwähnen? In 5,1.9 findet sich dieselbe Anordnung; auch dort wird δικαιωθέντες zuerst mit ἐκ πίστεως ergänzt (V. 1), dann erst mit ἐν τῷ αἵματι αὐτοῦ (V. 9). Wird dies dadurch erklärlich, dass Paulus (noëtisch) von der Rechtfertigung her auf das Sühnegeschehen am Kreuz hin denkt – wie in 3,24 und 25? Die sachliche Reihenfolge ist dagegen: Am Kreuz Christi (ἐν τῷ αὐτοῦ αἵματι) wird die Gottesgerechtigkeit (geschichtliches) Ereignis; im Leben der Menschen wird sie wirksam durch/im Glaube/n.[100]

Nur scheinbar einfacher ist der Vorschlag, διὰ τῆς πίστεως auf das *verbum finitum* zu beziehen.[101] Doch ist – von der Wortstellung noch ganz abgesehen! – auch das nicht unproblematisch: Was soll das heißen, dass Gott durch den Glauben (der πάντες οἱ πιστεύοντες V. 22) Christus zum ἱλαστήριον eingesetzt hat?

Schließlich kann der Begriff πίστις selbst anders gedeutet werden; er bezeichne nicht Jesu Glaube, sondern wie in 3,3 die (Bundes-)Treue Got-

---

[97] Diesen πίστις-Beleg halten für Teil der Tradition z. B. Pluta, Bundestreue 34 ff., 42 ff.; Williams, Death 42–45; Wilckens, Röm 1 190; Keck, Jesus 457; ferner Kok, Truth 131.

[98] Williams, Death 47–51; Keck, Jesus 457; Williams, Righteousness 277 Anm. 113; Hays, Faith 173; Johnson, Rom 3:21–26 79 f.; Davies, Faith 110; Kok, Truth 131.

[99] Johnson, Rom 3:21–26 80; so schon Haußleiter, Glaube 132. Ja, bisweilen wird tendenziell sogar die Glaubenstreue Jesu allein als Opfer verstanden (so Davies, Faith 110 Anm. 2). – Berechtigte Kritik an entmythologisierenden und tendenziell antijudaistischen Interpretationen aufgrund traditionsgeschichtlicher Hypothesen übt Haacker, Röm 89 Anm. 24.

[100] Vgl. Dunn, Röm 1 166: „it [*sc.* God's righteousness] works through faith"; vgl. Wilckens, Röm 1 194.

[101] So z. B. Käsemann, Röm 91; Howard, Inclusion 231.

tes.[102] Das wäre nicht eben verständlich, da doch derselbe Begriff dann vorher (V. 22) wie nachher (V. 26) anders bezogen wäre.[103]

So erklärt man insgesamt das διὰ [τῆς] πίστεως am besten als paulinische Einfügung zu ἱλαστήριον oder zu προτιθέναι, um dahin gehend zu akzentuieren, „daß der Glaube die gottgewollte Art und Weise ist, an der Gerechtigkeit Gottes teilzubekommen";[104] damit liegt dann auch V. 26c auf einer Linie.

Festzuhalten bleibt, dass die πίστις-Χριστοῦ-Frage in Röm 3,22 kontextuell von V. 24–26 her zu beantworten ist. Gleichwohl ist damit das Problem nicht eindeutig – erst recht nicht im *genitivus-obiectivus/subiectivus*-Schema – gelöst. Gerade die Beachtung des Kontextes führt etwa Francis Watson zu einem Verständnis des Glaubens als „two-way movement from Christ's death and back to it again"[105]; πίστις Χριστοῦ sei demnach zu verstehen „in the dual sense that Jesus Christ, the embodiment of God's saving action, is as such both the origin and the object of faith"[106].

4.2.2. Philologische Analyse von Röm 3,22

Befürworter des *genitivus subiectivus* beanspruchen drei Vorteile ihrer These gegenüber der traditionellen Sicht: Neben dem wiederkehrenden Redundanzargument (dazu ausführlich 4.2.3.) machen sie ein Kausalitätsproblem aus, insofern das in der herkömmlichen Interpretation zweimal auf die Glaubenden bezogene πιστ- sowohl das Mittel der Offenbarung der Gottesgerechtigkeit als auch deren Ziel sei. Mit dem subjektiven Genitiv dagegen liege eine „smooth progression" des Gedankens vor: Die Gottesgerechtigkeit werde durch Christi πίστις offenbart mit dem Ziel, dass alle glauben.[107] Und schließlich sei dem vergangenheitlichen Tempus des *verbum finitum* in V. 21 Rechnung getragen.[108] Hier sind wichtige Punkte genannt, an denen in der Tat sich die Frage nach dem Genitiv von πίστις Ἰησοῦ Χριστοῦ mit entscheidet.

---

[102] Hebert, Faithfulness 376; Pluta, Bundestreue 52 (wie in der LXX [45–52]), 104–108; Williams, Righteousness 268–271, 289; aber auch Dunn, Röm 1 172 f.; Dunn, Once More 742 mit Anm. 64; Dunn, Theology 383 Anm. 203.

[103] Vgl. Wilckens, Röm 1 194.

[104] Kraus, Tod 187; vgl. neben anderen Theobald, Gottesbild 147; Knöppler, Sühne 119: διὰ τῆς πίστεως ist modal zu verstehen als „Art und Weise der Heilszueignung".

[105] Watson, Paul 75.

[106] Watson, Paul 76.

[107] Campbell, Rhetoric 63.

[108] Schmidt, Röm 66; Robinson, Faith 80; Hays, Faith 172; Campbell, Rhetoric 63. Davies, Faith 108 versteht das νυνί als auf das Kommen Christi bezogen (s. dagegen Gal 3,23–25).

Rhetorisch soll die so verstandene doppelte Verwendung von πιστ- - Jesu Vertrauen hier, der bekenntnishafte Glaube der Glaubenden da - ein „elegant wordplay" darstellen.[109] Doch wäre ein solcher Gebrauch von πιστ- inhaltlich eher als Äquivokation zu bewerten.[110] Welchen Anhalt, insbesondere im Folgenden, nämlich in V. 22-31, hat der behauptete Gedanke(nfortschritt) am Text? Und rhetorisch ist terminologische Ungenauigkeit alles andere als elegant, zumal wenn die (den Paulus nicht kennenden und dem Paulus unbekannten) Adressaten diese kaum hätten erschließen können.

Röm 3,22 ist ohne *verbum finitum* konstruiert. Stellte dies eine Apposition zum vorhergehenden Vers dar, wäre das *verbum finitum* πεφανέρωται virtuell zu wiederholen,[111] und διὰ πίστεως Ἰησοῦ Χριστοῦ wäre adverbial darauf zu beziehen. Löst man das syntaktische Problem von V. 22 so, wäre allerdings der Verbalaspekt des eingetragenen Verbs genauer zu beachten: Das Perfekt dient der Bezeichnung eines resultativen Phänomens, eines bleibenden Zustands.[112] Damit liegt der Akzent auf der Gegenwart, was ohnehin durch das in V. 21 betont vorangestellte νυνί nahe liegt[113] (und durch durch ἐν τῷ νῦν καιρῷ in V. 26 wieder aufgenommen wird) und auch dem präsentischen Partizip πάντες οἱ πιστεύοντες entspricht. Wie aber ist die zu lesende Aussage, dass die Gerechtigkeit Gottes sich durch den Glauben an Christus offenbart, zu verstehen? Hays sieht mit Recht die theologische Problematik - Offenbarung geschähe in Gestalt des Glaubens der Glaubenden, wäre aber nicht dessen Grund und Gegenstand, „God's covenant faithfulness" würde den Menschen zugeordnet -: so verstanden wäre der *genitivus obiectivus* nahezu blasphemisch. Folglich kennzeichne das Attribut das Subjekt des Glaubens. Gottes Gerechtigkeit sei in Jesu Vertrauen offenbart worden.[114] Ist eine Manifestation der Gottesgerechtig-

---

[109] Campbell, Rhetoric 63, vgl. 68 Anm. 4.

[110] Allerdings: Auch der Begriff νόμος wird gerade in Röm 3,21-31 different gebraucht, nämlich im engeren Sinne als Tora wie auch im weiteren als Maßstab (V. 27) (Haacker, Röm 93 mit Hofius, Gesetz 68).

[111] So Campbell, Rhetoric 63 f.; Hays, ΠΙΣΤΙΣ 721; Davies, Faith 107; Hays, Faith 172 wie schon Schenk, Gerechtigkeit 170; Robinson, Faith 80; Schmidt, Röm 66; Kittel, πίστις 425; Haußleiter, Glaube 137; Williams, Righteousness 272.

[112] Blass/Debrunner/Rehkopf, Grammatik § 318,4, § 340; Porter, Aspect 245-270; vgl. Dunn, Röm 1 176: „a decisive act in the past whose effect still remains in force".

[113] Vgl. Moo, Röm 222 Anm. 14.

[114] Robinson, Faith 80; Hays, Faith 172 f.; Hays, ΠΙΣΤΙΣ 721 mit Anm. 24; Davies, Faith 107 f.; Keck, Jesus 456; Campbell, Rhetoric 62-64. Neubrand, Abraham 118 f. bringt dieses für sie entscheidende Argument vor, ohne Hays dafür anzuführen. Für den *genitivus subiectivus* schon Kittel, πίστις 424 f.; Goodenough, Hellenization 44; Schmidt, Röm 66; Johnson, Rom 3:21-26; Williams, Righteousness 272-276; und in neuester Zeit ausführlich Campbell, Rhetoric 58-69, 214-218; Campbell, *Crux*; Campbell, Presuppositions. Neubrand, Abraham 119 versteht Röm 3,21-26 so, dass „Gott durch Jesus Christus und dessen

keit durch Jesu Standhaftigkeit ein erschwinglicher(er) Gedanke, wenn Jesus ansonsten als *purus homo* gesehen wird?

Für diese den *genitivus subiectivus* fordernde Interpretation wird ferner geltend gemacht, dass in V. 25 von der ἔνδειξις der Gerechtigkeit Gottes geredet wird, die διὰ πίστεως geschieht; damit müsse Jesu Vertrauen (etwa nach dem Muster der Märtyrervorstellung von 4Makk 17 [dazu mehr unter 4.2.5.]) gemeint sein. Gott setze Jesus dazu ein (προέθετο V. 25).[115] Und schließlich ist der Begriff der χάρις in V. 24 wichtig, denn nach 5,15 ist Gottes χάρις in Jesus wirksam.[116] Damit sind Kontextargumente von Belang genannt. Der Schluss auf einen *genitivus subiectivus* ist indes alles andere als zwingend. Die ἔνδειξις geschieht nämlich nach V. 26b ἐν τῷ νῦν καιρῷ in der Rechtfertigung (V. 26c*fin.*). „Eingesetzt" wird Christus als ἱλαστήριον; dies ist das vor der adverbialen Ergänzung διὰ [τῆς] πίστεως zu interpretierende Prädikativum. Und die χάρις Gottes wird in V. 24 auf die ἀπολύτρωσις ἐν Χριστῷ Ἰησοῦ bezogen. So geht es ganz um den Tod Christi und dessen (objektive) Bedeutung für uns, nicht jedoch um dessen (subjektive) Motivation. Dem allen würde ein Glaube Jesu einen neuen, vom Kontext weder vorbereiteten noch später wieder aufgenommenen Gedanken hinzufügen, während ein *genitivus obiectivus* sich dem ohne weiteres einpasst. Also: Erst der Eintrag des Verbs aus V. 21 in V. 22 schafft das doppelte Problem, dass die Offenbarung der Gerechtigkeit Gottes (erstens) durch den Glauben an Christus (und zweitens: [vermeintlich] in der Vergangenheit) geschah, ein Problem, das dann mit der Interpretation der πίστις Χριστοῦ als auf Jesus selbst bezüglich „gelöst" wird;[117] das ist nicht eben überzeugend.

Noch abgesehen davon, dass der Schluss von einem vermeintlich unmöglichen objektiven auf den subjektiven Genitiv nicht Stich hält (s. 1.4.), legt der inkriminierte Inhalt des so von V. 21 verstandenen Satzes gleichsam umgekehrt nahe, das *verbum finitum* eben nicht zu wiederholen,[118] zumal da φανεροῦν paulinisch noch mit bloßem Dativ konstruiert wird (Röm 1,19). V. 22 ist dann ein Nominalsatz, dem durch den einen subjektiven bzw. auktorialen Genitiv[119] bietenden Begriff der δικαιοσύνη θεοῦ eine „own verbal dynamic" eignet.[120] Diese verbale Valenz von V. 22 kann an dem

---

Treue/dessen Glauben durch den Tod hindurch (3,25) ‚nun' seine Gerechtigkeit *allen* Glaubenden als eschatologisches Geschehen offenbart hat".

[115] Hays, Faith 173.

[116] Hays, Faith 173 f.

[117] Hays, Faith 172 (mit Schmidt, Röm 66; Williams, Righteousness 276; Kittel, πίστις 424 f.); Campbell, Rhetoric 63, 68 Anm. 2, 206 Anm. 1, 207; auch Robinson, Faith 80; Davies, Faith 107.

[118] Bailey, Rez. Campbell 281 mit Schlatter, Gerechtigkeit 139; Wilckens, Röm 1 187 Anm. 504.

[119] Dunn, Röm 166.

[120] Bailey, Rez. Campbell 281; vgl. Schenk, Gerechtigkeit 167; Dunn, Röm 1 166: „The

AcI von V. 28 gezeigt werden: Mit χωρὶς ἔργων νόμου rekurriert dieser Satz auf V. 21, mit πίστει auf V. 22 (διὰ πίστεως [so auch V. 30 [mit anaphorischem Artikel]) ebenso mit dem generalisierenden (vorbereitet durch den Singular ὁ ἐκ πίστεως Ἰησοῦ V. 26c), dem πάντες οἱ πιστεύοντες entsprechenden ἄνθρωπος. Dem Subjekt δικαιοσύνη von V. 22 entspricht dann das δικαιοῦσθαι (V. 28), das dem Menschen geschieht, wie die δι-καιοσύνη eben allen glaubenden Menschen zukommt (V. 22). Röm 3,22 handelt also wohl von der Rechtfertigung, führt also die Feststellung von der Offenbarung der Gerechtigkeit Gottes (V. 21) weiter *ad hominem.* Darin liegt die mit δέ angezeigte Präzisierung.[121]

Ein (auch inhaltlich) vergleichbarer Nominalsatz mit dem Subjekt δι-καιοσύνη erweitert durch eine adverbielle Bestimmung mit διά τινος liegt in der Protasis Gal 2,21b vor.[122] Die adverbielle Ergänzung in 3,22 ist auf die δικαιοσύνη θεοῦ zu beziehen.[123] V. 22 führt den Gedanken des vorher-gehenden Satzes weiter: Offenbarte Gott (*passivum divinum*) in Christus, näherhin am Kreuz, seine Gerechtigkeit χωρὶς νόμου, so kommt sie ent-sprechend nicht durch Orientierung an ἔργα νόμου (vgl. V. 20.28), sondern durch Glauben (als Erfahrung) zu den Glaubenden.[124] Das (vergangene) Kreuzesgeschehen führt „im Jetzt-Zeitpunkt" zum „Aufweis" (ἔνδειξις [V. 26b]) – nicht zur „Offenbarung" – der göttlichen Gerechtigkeit (vgl. aber noch 1,16 f., wo das Evangelium/die Evangeliumsverkündung als der Ort der Offenbarung der Gottesgerechtigkeit genannt wird, also selbst als eine eschatologische und soteriologische Größe gilt). Die Gottesgerechtig-keit wird also nicht durch den Glauben der Glaubenden offenbar – was in der Tat eine unsinnige Aussage wäre –; vielmehr: sie „comes to expres-sion *through* faith in Christ".[125] Offenbart wird sie im εὐαγγέλιον (1,17a), das zur σωτηρία führt (V. 16), erfahrbar so, dass es im Glauben an die

---

absence of a verb ... confirms the dynamic force of the concept [*sc.* δικαιοσύνη θεοῦ] itself." Schlatter, Gerechtigkeit 139 sieht wegen des relationalen Charakters der δικαιοσύνη θεοῦ in πίστις Χριστοῦ „das Verhalten des Menschen ..., das Gott durch seine Gerechtigkeit her-stellt, damit es den Menschen mit Gott verbinde"; vgl. dazu auch die Bestimmung von Glaube bei Hofius, Taufe 140: „Diese Relation von uns [*sc.* Glaubenden] zu ihm [*sc.* Chris-tus], die in seiner Liebe als der Relation von ihm zu uns entspricht und in dieser ihren Grund hat, ist der *Glaube.*"

[121] Vgl. Wolter, Rechtfertigung 29, ferner Hübner, Theologie 2 277: V. 21 universalge-schichtlich, V. 22 individualgeschichtlich.

[122] S. noch den Nominalsatz Röm 4,13 mit dem Subjekt ἡ ἐπαγγελία und der adverbiellen Bestimmung διὰ δικαιοσύνης πίστεως.

[123] Vgl. z. B. Wilckens, Röm 1 187. Warum nur soll διὰ πίστεως Ἰησοῦ Χριστοῦ wie die beiden anderen πίστις-Belege „awkwardly placed" (Johnson, Rom 3:21–26 78) sein?

[124] Vgl. Wilckens, Röm 1 187: Die Offenbarung der Gerechtigkeit Gottes (V. 21) ist von deren Wirksamwerdung/-keit (V. 22) zu unterscheiden; so auch wohl Dunn, Röm 1 166 f.; Haacker, Röm 85 ergänzt mit „(wirksam wird)".

[125] Dunn, Röm 1 167.

Auferweckung Christi und im Bekennen des Herrn Jesus aufgenommen wird (10,9 f.). Die Parallele von ἐν αὐτῷ [*sc.* εὐαγγελίῳ] (1,17a) und διὰ πίστεως Ἰησοῦ Χριστοῦ (3,22) unterstützt jedenfalls das von Schenk und Cosgrove vorgetragene mehr objektive Verständnis von πίστις Χριστοῦ als Glaubensbotschaft/Evangelium.

Die Frage nach der Wendung πίστις Χριστοῦ kann nur im Zusammenhang mit dem gerade für Röm 3,21–26 zentralen Begriff der δικαιοσύνη θεοῦ geklärt werden.[126] Dieser Begriff kann hier nicht ausführlich besprochen werden.[127] Grob können drei Verständnisweisen unterschieden werden: Die δικαιοσύνη θεοῦ als Gottes Gabe an die Menschen; Gottes eigene Macht, die in der Rechtfertigung der Menschen erfahrbare Gestalt gewinnt; Gottes Macht als eine absolute Größe. Mir leuchtet, nicht zuletzt von Röm 3,21–26 her, die zweite, von Ernst Käsemann[128] vertretene Deutung wegen der Integration des Zusammenhangs von Gottes Gerechtigkeit und der Rechtfertigung – so ausschließlich betont von der erstgenannten Position[129] – und dem Insistieren auf Gott als den Urheber (vgl. Phil 3,9, dazu gleich) am meisten ein. Die δικαιοσύνη θεοῦ ist Subjekt der Sätze V. 21.22; es heißt von ihr, dass sie (schon) vom „Gesetz und den Propheten" bezeugt werde bzw. worden sei (Partizip Präsens gleichzeitig zum *verbum finitum* im Perfekt), also von der Hebräischen Bibel her zu verstehen ist – wie dann in Kapitel 4 an Abraham gezeigt wird –,[130] nun aber ohne Gesetz (von Gott) geoffenbart worden sei (V. 21). Durch Glaube Jesu Christi/an Jesus Christus gelange[131] sie zu allen Glaubenden (V. 22). Ohne auf den Begriff der δικαιοσύνη θεοῦ ausführlich einzugehen, ist für paulinische Theologie festzuhalten: In 1,17a; 3,5.21.22 wird er ohne jede Erklärung verwendet; Paulus setzt ihn also als bekannt voraus. Die Artikellosigkeit weist den Begriff wohl als geprägte Wendung aus. An den genannten Stellen wie auch in 10,3a.b begegnet πᾶς ὁ πιστεύων (1,16b; 3,22a [pl.]; 10,4; dazu s. o. 4.1.) im Zusammenhang mit der Gerechtigkeit Gottes; offensichtlich ist es die charakteristische Wirkung der δικαιοσύνη θεοῦ, dass sie zu jedem/allen Glaubenden, d. h. zu Juden wie Nichtjuden gelangt (vgl. dazu mit dem

---

[126] Lohse, Röm 130; entsprechend bietet auch Campbell einschlägige Ausführungen (Rhetoric 138–176).

[127] Für die ältere Diskussion s. Klein, Gerechtigkeit; vgl. Wilckens, Röm 1 202–233; Haacker, Röm 39–42.

[128] S. z. B. Käsemann, Röm 87.

[129] S. z. B. Klein, Gerechtigkeit; auch Wolter, Rechtfertigung 26.

[130] Neubrand, Abraham 105; zum biblischen Hintergrund der δικαιοσύνη θεοῦ vgl. nur LXX: Ps 97(98),2 f.; Jes 46,13; vgl. ferner zu δικαιοῦσθαι Ps 142(143),2.11 (Röm 3,20; Gal 2,16d). – In der Hebräischen Bibel wird von der „Gerechtigkeit" Gottes im Zusammenhang mit Theophanie gesprochen (Stuhlmacher, Gerechtigkeit 113–115).

[131] Vgl. Kraus, Tod 189, der mit „erscheint zur Rechtfertigung" umschreibt.

Verb Röm 3,30).[132] Über den Genitiv von δικαιοσύνη θεοῦ ist bekanntlich heftig gestritten worden, doch legt sich von dem in dieser Arbeit noch genauer zu untersuchenden Beleg Phil 3,9 (Kapitel 5) her nahe, mit dem Genitiv des Attributs (neben demjenigen, dem sie eignet) auch den Ursprung oder der Urheber von δικαιοσύνη bezeichnet zu sehen.[133] Beides – die Verbindung mit πᾶς ὁ πιστεύων und der Genitiv – zusammen genommen zeigt, dass die δικαιοσύνη wesentlich „eine von Gott auf den Menschen *übergehende*" ist.[134] Auf den Punkt wird dieser Gedanke in 2Kor 5,21 gebracht: Menschen „werden Gerechtigkeit Gottes" in Christus.[135]

Die Gerechtigkeit Gottes wird in unserem Abschnitt in V. 25 f. entfaltet, insbesondere in V. 26c. Dabei nennen die beiden ἔνδειξις-Belege zwei Aspekte: Während nämlich die erste ἔνδειξις mit ihrem Bezug auf die Geschichte Israels Gottes Gerechtigkeit als seine Treue ausweist, zeigt der zweite ἔνδειξις-Beleg mit dem Rückbezug auf V. 21 f. den Universalismus der δικαιοσύνη θεοῦ.[136]

Der Gegenbegriff zur Gottesgerechtigkeit ist „Zorn Gottes" (vgl. Röm 1,17 mit V. 18; vgl. 1Thess 5,9).[137] Nach 4,15 wirkt der νόμος Gottes Zorn; damit ist der νόμος in Gegensatz zum εὐαγγέλιον gebracht, in dem sich ja nach 1,17 die Gerechtigkeit Gottes offenbart. Das wird in 5,9 bestätigt: Hier ist die ὀργὴ θεοῦ – durch (διά) Christus werden wir aus ihr gerettet (vgl. 1Thess 1,10c) – die schreckliche Alternative zur σωτηρία, die nach 1,16 Ziel des Evangeliums ist. Wie beim Antonym Gottesgerechtigkeit liegt also beim Zorn Gottes eine gewisse Ambivalenz von eschatologischen und historischen bzw. auf die Glaubensgegenwart bezogenen Aussagen vor.

> Um die These, die δικαιοσύνη θεοῦ gehe von Gott zum Menschen über bzw. sie werde von Gott dem Menschen übereignet, zu verifizieren, ist ein Blick auf das Verb δικαιοῦν in seiner paulinischen Verwendung angebracht (für den Zusammenhang von Gottes δικαιοῦν und der δικαιοσύνη s. Röm 4,5). Von zwei Belegen im 1Kor abgesehen (4,4; 6,11), findet sich δικαιοῦν nur im Gal (8x) und im Röm (15x). Aktivische Formen (mit Gott als Subjekt) sind erheblich weniger belegt als passivische (*passivum divinum*, bzw. mediale wie Gal 5,4); das Verhältnis beträgt 7:18. Mit dem aktivischen Partizip kann das δικαιοῦν geradezu als eine Eigenschaft Gottes verstanden werden (Röm 3,26c; 4,5; 8,33), wie auch das passivische Partizip die Menschen in ihrer grundsätzlichen

---

[132] Vgl. Neubrand 107.
[133] Vgl. Bultmann, ΔΙΚΑΙΟΣΥΝΗ 470–475.
[134] Jüngel, Evangelium 54.
[135] Vgl. noch 1Kor 1,30: Christus „wurde für uns von Gott zur Gerechtigkeit gemacht"; hier auch der Begriff der ἀπολύτρωσις wie Röm 3,24.
[136] Theobald, Gottesbild 143–152, bes. 144, 150.
[137] Dazu in systematisch-theologischer Kürze und Klarheit Jüngel, Rechtfertigung 55 f.

Verfassung vor Gott bezeichnet[138] (Röm 3,24 [Präsens]; 5,1.9 [Aorist]). Das Objekt des δικαιοῦν ist der Mensch (Röm 3,28; Gal 2,16a), und zwar näherhin als ἀσεβής (Röm 4,5; vgl. ψευστής Röm 3,4c; σάρξ 3,20a; Gal 2,16d; τὰ ἔθνη Gal 3,8b; [vgl. Röm 3,24: δικαιούμενοι teilt sich das Subjekt πάντες mit den finiten Formen von ἁμαρτάνειν und dem dies explizierenden „der Ehre Gottes entbehren"]; dann aber auch ὁ ἐκ πίστεως Ἰησοῦ Röm 3,26c; [ὁ ...] πιστεύων 4,5). Die erste Person Plural (Röm 5,1.9; Gal 2,16c; 3,24b; ferner Gal 2,17) zeigt, dass das δικαιοῦσθαι eine subjekte Einsicht ist (erste Person), die zur Gemeinschaft führt (Plural).

Nicht anders als das Substantiv δικαιοσύνη ist das Verb δικαιοῦν/δι- καιοῦσθαι mit dem Begriff der πίστις verbunden (Röm 3,26c.28.30bis; 5,1; Gal 2,16a.c; 3,8.24b; vgl. Röm 4,5 πιστεύων); häufig wird diesem ein verneintes ἐξ ἔργων νόμου gegenübergestellt (Röm 3,20a.28; Gal 2,16a.c.d; vgl. Röm 4,2 [ἐξ ἔργων]. 6 [χωρὶς ἔργων]; ἐν νόμῳ Gal 3,11a; 5,4b; vgl. noch Röm 4,5 ἐργαζόμε- νος).[139]

Aussagekräftig für unser Problem der πίστις Χριστοῦ ist, wie Christus mit dem Geschehen des δικαιοῦν/δικαιοῦσθαι verbunden ist: Er ist der Ort dieses Geschehens, wie die verwendete Präposition ἐν (Gal 2,17) zeigt. Näherhin geschieht die Rechtfertigung durch sein Blut (ἐν τῷ αἵματι αὐτοῦ [Röm 5,9; vgl. 3,25]) und wird als ἀπολύτρωσις „in ihm" verstanden (Röm 3,24). Jeweils nach einem Partizip von δικαιοῦσθαι mit einer präpositionellen Ergänzung finden sich διὰ-Χριστοῦ-Aussagen in Röm 5,1 (Frieden haben vor Gott) und V. 9 (gerettet werden vor dem Zorn[esgericht]). Also: Bei δικαιοῦσθαι werden mehrere Aspekte mit präpositionalen Ergänzungen genannt: Gottes χάρις als Realgrund, Christus als Ort oder Gestalt des Geschehens und schließlich πίστις als Wirkursache.

In 1Kor 6,11 klingt Taufe mit an („in dem Namen des Herrn Jesus Chris- tus"); die Getauften sind „in Christus" (vgl. auch Gal 2,17 [s. 3.2.2.]) und können entsprechend „von Christus abfallen", aus dieser soteriologischen Sphä- re herausfallen (5,4a). Die Verbindung mit πίστις Χριστοῦ Gal 2,16a.c fügt sich dem im Sinne des Glaubens an Christus ohne Probleme ein. Christi Tod ist unter dem Aspekt seiner soteriologischen Relevanz (als ἀπολύτρωσις, ἱλα- στήριον) thematisch, nicht jedoch als Begebenheit in der Biografie eines Men- schen, dessen Motiv dazu im Mittelpunkt des Interesses stünde. Ein Glaube Jesu käme in den paulinischen Darlegungen – um zurückhaltend zu formulieren: – unerwartet.[140]

---

[138] Es sei dazu die 32. These von Luthers *disputatio de homine* (1536) wiederholt (WA 39/I, 176, 33–35): *„Paulus ... breviter hominis definitionem colligit, dicens, Hominem iustificari fide."*

[139] Nicht in unmittelbarem Zusammenhang mit δικαι- stehen die ἔργα-νόμου-Belege Gal 3,2.4; vgl. ferner διὰ νόμου Röm 4,13.

[140] Im Zusammenhang mit dem doppelten δικαιοῦν-Beleg Röm 8,30 ist auch vom „Sohn Gottes" die Rede, und zwar als „Erstgeborenem vieler Brüder", von denen gesagt wird, Gott habe sie „zum voraus ersehen", „vorherbestimmt", „berufen", „gerechtfertigt" und „verherr- licht" (V. 29 f.). Ist Christus in genau all diesen Akten der „Erstgeborene", sodass all dies auch für ihn gilt? Dann wäre dies ein wichtiger Beleg für die Christologie und Soteriologie

Das δικαιοῦσθαι kann einerseits als eschatologisches Geschehen verstanden werden, so in Röm 2,13b; 3,4 (zit. Ps 51 [50],6).20.30 (vgl. Gal 2,16d). Andererseits findet sich wiederholt die Zeitbestimmung νῦν (Röm 3,21.26b; 5,9) und das präsentische Partizip in 3,24[141], das in 5,1.9 eine Entsprechung findet.

Ein Zusammenhang mit der Taufe wird in 1Kor 6,11 hergestellt; doch sollte man diesen einen (eine Stellungnahme zu einem ethischen Problem vorbereitenden) Beleg nicht zu hoch veranschlagen.

Von größerem Belang ist dagegen der Zusammenhang mit dem Theologoumenon der χάρις[142] (Röm 3,24; 4,4; [5,15.17.21;] Gal 5,4c): Gottes Gnade ist der Grund des δικαιοῦσθαι, dessen Wirkursache (διά τινος) die „Erlösung in Christus Jesus" ist (3,24; ähnlich, beinahe als Hendiadyoin 5,15). „Gemäß der Gnade" erfolgt die Anrechnung des Glaubens zur Gerechtigkeit (4,4; vgl. V. 16: ἐκ πίστεως aus 1,17 [zit. Hab 2,4] mit κατὰ χάριν erläutert).

Diese Beobachtungen zu δικαιοῦσθαι bei Paulus zeigen für διὰ πίστεως Ἰησοῦ Χριστοῦ in Röm 3,22: Christus ist wesentlich beim δικαιοῦσθαι des Menschen durch Gott und also beim Aufweis der Gerechtigkeit Gottes beteiligt (Gal 2,17). Präzise wird sein Tod für dieses Geschehen namhaft gemacht (z. B. Röm 3,25); hierin liegt unsere Erlösung (V. 24). Die Vorstellung eines in diesem Tod sich bewährenden Glaubens Jesu ist nicht expliziert. Wo aber πίστις mit dem Geschehen der Rechtfertigung verbunden ist, handelt es sich offensichtlich um unseren Glauben (s. nur V. 28.30*bis*; 4,5; 5,1).

Ferner: Die Artikellosigkeit von πίστις Ἰησοῦ Χριστοῦ fällt auf; sie entspricht der in 1,17a.c. Die Auslassung des Artikels ist hier wohl nur möglich, weil ein allgemeines/(als) bekannt(vorausgesetzt)es Verständnis von Glauben vorliegt; andernfalls, also falls der spezielle Glaube Jesu gemeint sei, wäre die Artikellosigkeit wohl „[u]nerträglich".[143]

Es liegt nahe, die Wendung διὰ πίστεως Ἰησοῦ Χριστοῦ mit den beiden weiteren διά-Wendungen zu parallelisieren.[144] Bei διὰ [τῆς] πίστεως in V. 25 ist das evident, da man den Artikel anaphorisch verstehen muss. Auch in

---

der *genitivus-subiectivus*-Befürworter, der ihnen selbst freilich entgangen wäre. Allerdings ist das alles hier auch gar nicht explizit gesagt.

[141] Nach Dunn, Röm 1 179 verstehen die Leser auch δικαιούμενοι als „a reference to God's final verdict in the day of judgment". Das Präsens hat zudem eine gnomische Tendenz: Paulus formuliert hier grundsätzlich, dass Menschen das δικαιοῦσθαι geschieht; genauso grundsätzlich ist dann das aktivische Partizip in V. 26c zu verstehen.

[142] S. dazu schon die Einleitung 1.8.3. sowie ausführlich unter 4.3.8.

[143] Zahn, Röm 177 Anm. 42.

[144] So auch ein Ergebnis der rhetorischen Analyse von Campbell, Rhetoric 94 f. Aus der Parallelität von διὰ πίστεως Ἰησοῦ Χριστοῦ V. 22 und διὰ τῆς ἀπολυτρώσεως τῆς ἐν Χριστῷ Ἰησοῦ V. 24 – beides bezeichne mit διά das „vehicle" der Offenbarung der Gottesgerechtigkeit bzw. der Rechtfertigung – folgert Witherington, World 268, πίστις Χριστοῦ müsse als *genitivus subiectivus* verstanden werden, der Glaube Jesu bewirke die ἀπολύτρωσις.

der διά-Wendung in V. 24 kann eine solche Parallele gesehen werden, kann doch das Partizip δικαιούμενοι das Substantiv δικαιοσύνη wie auch οἱ πάντες πιστεύοντες aus V. 22 wieder aufnehmen. Inwiefern wird πίστις Ἰησοῦ Χριστοῦ durch ἀπολύτρωσις ... ἐν Χριστῷ Ἰησοῦ ausgeführt? Ist der Glaube Jesu als Grund, Motivation o. ä. für sein Kreuz und die damit bewirkte ἀπολύτρωσις gemeint? Noch davon abgesehen, ob Paulus das (einfacher, ja überhaupt) hätte formulieren können, muss festgehalten werden, dass V. 24 für die ἀπολύτρωσις einen Grund nennt: Gottes χάρις. Die Ergänzung ἐν Χριστῷ Ἰησοῦ präzisiert: Die Erlösung hat ihre „Umstandsbeschreibung" in Christi Tod.[145] Und ἀπολύτρωσις kann durchaus auch als Zustand der Erlöstheit verstanden werden[146] und damit auf einer Linie mit der πίστις von V. 22 liegen.

Als Ergebnis der philologischen Analyse kann mit aller gebotenen Vorsicht formuliert werden: Weder syntaktische Gründe noch paulinische Terminologie (δικαιοσύνη, δικαιοῦσθαι) machen einen *genitivus subiectivus* bei πίστις Χριστοῦ wahrscheinlich; sie (v. a. die Artikellosigkeit) sprechen eher gegen dieses Verständnis. Die traditionelle Lesart eines *genitivus obiectivus* ist nicht als unmöglich überführt.

4.2.3. Redundanz?

Das der πίστις-Χριστοῦ-Wendung folgende εἰς πάντας τοὺς πιστεύοντας bezeichnet die Christen als Glaubende; das führt (wie bei Gal 3,22) zum Argument, dass mit πίστις Χριστοῦ nicht auf den Glauben der Christen, sondern auf den Jesu abgehoben werde; anderenfalls machte sich Paulus einer unschönen Redundanz schuldig.[147] Wiederum wird eine (eben nicht gegebene) *genitivus-obiectivus/subiectivus*-Dichotomie vorausgesetzt (s. o. 1.4.); mit dem Redundanzargument (gegen einen objektiven) spricht noch nichts für einen subjektiven Genitiv.[148] Vor allem aber ist hier keineswegs

---

[145] Neugebauer, Christus 83; vgl. Kraus, Tod 176: χάρις ist der „Realgrund", ἀπολύτρωσις der „Materialgrund" des δικαιοῦσθαι.

[146] Bauer/Aland, Wörterbuch s. v. ἀπολύτρωσις 2a.

[147] Haußleiter, Glaube 141; Schmidt, Röm 66 mit Anm. 2, vgl. 72; Barth, Faith 368; Robinson, Faith 72; Johnson, Rom 3:21–26 79; Cosgrove, Justification 665 Anm. 32; Williams, Again 443; Davies, Faith 107; Hays, Faith 171 f.; Hays, ΠΙΣΤΙΣ 721; Keck, Jesus 456; Campbell, Rhetoric 35 („almost amusingly redundant"), 62 f.; Neubrand, Abraham 118 f.; Tamez, Sünde 149; vgl. Strecker, Fides 245 Anm. 87.

[148] Vgl. ähnlich Schenk, Gerechtigkeit 170, der im Gefolge Ernst Lohmeyers einen *genitivus epexegeticus* folgert: „Die verbale Fortsetzung ... [wäre dann] nicht eine überflüssige Tautologie, sondern beschriebe eine sinnvolle Folge: Aus der πίστις folgt das πιστεύειν." Diesen Gedanken variieren manche *genitivus-subiectivus*-Vertreter (aus *Jesu* πίστις folgt das christliche πιστεύειν); vgl. z. B. Hooker, ΠΙΣΤΙΣ 341.

tautologisch formuliert, insofern Paulus πίστις und οἱ πιστεύοντες als genau definierte Begriffe verwendet, die nicht einfach wegen des gemeinsamen Stammes πιστ- nivelliert werden können.[149] Das Partizip hebt den *Glaubensvollzug* hervor und hat als *ekklesiologischer* Terminus auch pragmatische Funktion, nämlich die Adressaten in das „erratische Textmassiv" hinein zu nehmen. Zudem steht ja dem Partizip das betonte (als Pendant zu πᾶν στόμα und πᾶς ὁ κόσμος V. 19, πᾶσα σάρξ V. 20 und πάντες V. 23 wichtige) Epitheton πάντες voran;[150] wie beim Singular in 1,16 wird hier betont, dass die Offenbarung der Gerechtigkeit Gottes *allen*, nämlich Juden (zuerst) und Heiden gilt.[151] Auch ist der hier fortgeführte Satz 1,17 redundant formuliert (s. dazu 4.2.4.); das ist hier (in 3,21–26[-31]) aus Gründen der Emphase nicht anders.[152] Dann aber kann – besser: muss – umgekehrt das den Glauben der Glaubenden bezeichnende Partizip als wichtigstes Kontextargument – wie das *verbum finitum* in Gal 2,16b – zur Erklärung von πίστις Χριστοῦ herangezogen werden.[153] Damit wird dem *principle of maximal redundancy* (s. 1.7.) Genüge getan.

Auch der den Belegen 3,22.25.26 vorhergehende πίστις-Beleg in V. 3 weist eine ausgesprochene Redundanz auf. Hier sind Verb (unmittelbar davor in V. 2b) und Substantiv und zu beiden jeweils das Antonym zu lesen. Die rhetorische Gestaltung zeigt sich darüber hinaus in der chiastischen Anordnung der Begriffe; im Übrigen liegt in V. 1–3 eine gewisse π-Alliteration vor. Warum sollten vergleichbare Befunde in V. 22.26 zu umgekehrten – nämlich die Verteilung von πιστ- auf zwei Subjekte behauptenden – weit reichenden interpretatorischen Schlüssen führen?[154]

Nur bei einem Verständnis als *genitivus obiectivus* ist ausgeschlossen, dass das folgende εἰς πάντας τοὺς πιστεύοντας attributiv (und sinnwidrig) auf πίστις zu beziehen ist (dazu sogleich unter 4.2.4.1. mehr).

Zu dieser Wendung liegt eine wichtige klärende Entsprechung vor: In 10,12 – ein Satz, der durch das Stichwort διαστολή deutlich auf 3,22 zurückweist – heißt es, Gott sei reich εἰς πάντας τοὺς ἐπικαλουμένους

---

[149] Das geschieht übrigens auch auf Seiten des traditionellen Verständnisses, wenn die πιστ-Doppelung als Betonung des Glaubens als des Empfangs der Verkündigung verstanden wird (so z. B. Lohse, Röm 131). Das Redundanzproblem wird auch wieder virulent, wenn man das Partizip modal versteht im Sinne des *per fidem* in der *Confessio Augustana* (so Hofius, Wort 172).

[150] Trotz der Emphase von πάντες befindet Campbell, Rhetoric 62: „The construction is clumsy." *De gustibus non est disputandum.*

[151] Vgl. Moo, Röm 226.

[152] Vgl. z. B. Dunn, Röm 1 166.

[153] Vgl. Haacker, Röm 87; Lohse, Röm 131 Anm. 6 schließt mit dem Hinweis auf εἰς πάντας τοὺς πιστεύοντας und dem darin thematischen Glauben der Glauben ein *genitivus-subiectivus*-Verständnis bei πίστις Χριστοῦ aus.

[154] Ebenso redundant, nämlich auch mit dem Partizip von πιστεύειν und dem Substantiv πίστις, ist 4,5 formuliert.

αὐτόν. Das gebetliche „Anrufen" ist eine Äußerung des Glaubens (V. 14a); es steht parallel zu „Bekennen" (V. 9 f.) und führt zur σωτηρία (V. 9*fin.*10*fin.*13). Paulus folgert hier wie in 3,22 aus dem „Glauben", näherhin dem πᾶς ὁ πιστεύων (V. 11b zit. Jes 28,16 LXX mit von Paulus vorangestelltem πᾶς), dass es keine διαστολή zwischen einem Juden und einem „Griechen" gebe.[155] Dieses πιστεύειν wird vorher und nachher *inhaltlich* bestimmt, in V. 9 durch einen traditionellen ὅτι-Satz über die Auferweckung Christi, in V. 14 mit εἰς ὄν (*sc.* τὸν κύριον [V. 13]).

Die als störend empfundene Redundanz behebt Cosgrove so, dass er den Begriff πίστις anders, d. h. unter einem anderen Aspekt versteht: Mit πίστις Ἰησοῦ Χριστοῦ sei nicht der (mit dem folgenden Partizip ja schon genannten) Glaubensvollzug der Glaubenden gemeint, sondern metonym das Evangelium als die Glaubensbotschaft.[156] Freilich schränkt Cosgrove seine These ein: In πίστις klinge πιστεύειν mit an, wie Paulus denn auch (in V. 27–31) „believing ... as a dimension of the gospel" betone.

Eine Redundanz kann nur dann Anlass für weitreichende Operationen sein, wenn sie als den Gedankengang störend oder unsinnig aufgewiesen wird. Das gelingt hier nicht. Im Gegenteil: Mit der Plerophorie der πιστ-Terminologie berücksichtigt Paulus verschiedene Aspekte seines komplexen Glaubenskonzepts. Wenn die Frage der Redundanz nicht vom Substantiv aus angegangen wird – wie es die Vertreter des *genitivus subiectivus* tun[157] –, sondern von der verbalen Form aus, kommt man zu weniger aufgeregten, textnäheren Lösungen.

4.2.4. Der vorangehende Kontext

Wegen der semantischen Breite von πιστ- (s. o. 4.1.) ist es methodologisch problematisch, die πίστις-Belege von 3,21–26 ohne weiteres von 3,3 und 4,16 her zu bestimmen. Zudem ist die Begründung, diese Stellen umklammerten unsere Passage,[158] willkürlich. 3,3 (dazu sogleich ausführlich in 4.2.4.1.) und 4,16 (dazu ausführlich 4.3.5.) sind inhaltlich völlig unter-

---

[155] Vgl. Kraus, Tod 172 Anm. 33.
[156] Cosgrove, Justification 665; vgl. ähnlich schon Schenk, Gerechtigkeit 165 f., 168; vgl. Theobald, Gottesbild 159: διὰ πίστεως nenne die „‚mittlere' Größe in dem proklamierten Offenbarungsgeschehen" und sei „objektiv" zu interpretieren als „die objektive Größe des Evangeliums".
[157] Aber etwa auch Meyer, Glaube 639, der in πίστις Χριστοῦ präzisiert sieht, „welcher Art der Glaube [*sc.* der Glaubenden] sein muß".
[158] So z. B. Davies, Faith 107; Hays, Faith 171 mit Kittel, πίστις 424. Howard, Paul 58 sieht mit 3,3; 4,16 gleich eine ganze „sphere of thought" für πίστις Χριστοῦ in 3,22.26 konstituiert.

schiedliche Belege,[159] die sich zudem im Genitiv nicht so ohne weiteres mit πίστις Χριστοῦ vergleichen lassen.

4.2.4.1. Das Verhältnis zu Röm 3,3: Die Treue Gottes

In 3,3 ist mit ἡ πίστις τοῦ θεοῦ ein *genitivus subiectivus* zu πίστις belegt. An dieser Bestimmung des Genitivs kann angesichts des Antonyms ἀπιστία mit subjektivem Genitivattribut sowie angesichts der Parallele ἡ ἀλήθεια τοῦ θεοῦ V. 7 kein Zweifel bestehen. Lenkt das die Leser in solchem Maße, dass für πίστις Χριστοῦ in V. 22.26 gesagt werden kann, „der Apostel würde sich für den Leser geradezu unverständlich ausgedrückt haben, wenn er den Glauben an Jesum gemeint hätte".[160] Umgekehrt – und nach meinem Empfinden mit größerem Recht – kann argumentiert werden: „Da bis dahin im Rm [*sc.* Römerbrief] überhaupt vom Verhalten Christi noch mit keiner Silbe die Rede war, konnte kein Leser erraten, daß hier das gläubige Verhalten Jesu als Mittel zur Herstellung seiner eigenen und damit aller gleich ihm Glaubenden Gerechtigkeit gemeint sei."[161] Zudem ist darauf hinzuweisen, dass „das gläubige Verhalten Jesu" auch im Folgenden nicht thematisiert wird, obwohl es durchaus nahe gelegen hätte, so etwa in Kapitel 4 – hier ist Abraham der Prototyp aller Glaubenden, nicht Jesu (dazu 4.3.5.) – oder in 5,15–19 – hier formuliert Paulus aber eben nicht mit πίστις/ἀπιστία, sondern mit dem Motiv des Gehorsams (dazu 4.3.6.).[162]

Wird in Röm 3 von V. 3 her thematisiert, dass die Treue Gottes und die Gerechtigkeit Gottes durch Jesu „faithfulness" gezeigt würden?[163] – Mehrere Textbeobachtungen lassen davon abraten, in der Wendung ἡ πίστις θεοῦ V. 3 ein Indiz für die Interpretation von V. 22.26 zu sehen. Zunächst steht die Verwendung des Artikels in V. 3 der beredten (dazu oben in 4.2.2. und 1.5.2.) Artikellosigkeit von πίστις Χριστοῦ in 3,22.26 gegenüber. Mittels des Artikels wird die πίστις als eine (dreifach) spezifische annonciert, nämlich als auf Gott selbst bezügliche (1.), die der ἀπιστία von Menschen kontrastiert ist (2.) und die sich nach V. 2b in der Gabe und Bewahr(heit)ung von Worten (der Verheißung) zeigt (3.).

Wie der untheologische Gebrauch des Verbs πιστεύειν (*passive* im Sinne von „anvertrauen" [mit Gott als logischem Subjekt] wie in Gal 2,7; 1 Thess

---

[159] Williams, Righteousness 275.

[160] Kittel, πίστις 424; neben den in den beiden vorhergehenden Anmerkungen genannten Autoren vgl. jetzt auch Wengst, Gerechtigkeit 145 Anm. 17.

[161] Zahn, Röm 177 Anm. 42.

[162] Dunn, Röm 1 166.

[163] Hays, Faith 173. Schon Barth, Röm 66 übersetzt Röm 3,22 mit „durch seine [*sc.* Gottes] Treue in Jesus Christus" (dazu 70–72) und V. 26 „Treue, die in Jesus sich bewährt" (79).

2,4) und der allgemeine Begriff des Antonyms ἀπιστία (als eines *habitus*?) und des Verbs ἀπιστεῖν zeigt, wird πίστις in V. 3 nicht im üblichen paulinischen Sinne verstanden; hier liegt Septuaginta-Terminologie vor: Gottes „Treue" erweist ihn als ἀληθής (V. 4b; vgl. ἡ ἀλήθεια τοῦ θεοῦ V. 7a).[164] Das ist in V. 21–26 im Zusammenhang mit δικαι- ganz anders; hier liegt eine präzise Begrifflichkeit vor. Der πίστις-Beleg in 3,3 reflektiert nicht wie sonst bei Paulus das zugrunde liegende Verb, sondern das Adjektiv πιστός,[165] unbeschadet dessen, dass Gott im Römerbrief selbst nicht als πιστός qualifiziert wird (s. aber 1Kor 1,9; 10,13; 2Kor 1,18; 1Thess 5,24); dieses Verhältnis des Substantivs zum Adjektiv wird für Röm 3,1 ff. durch das (syntaktische und semantische) Pendant ἀλήθεια (V. 7a) mit ἀληθής (V. 4b) nahe gelegt.

Die Zäsur nach 3,20 legt – wie schon gesagt – ohnehin nahe, den Bezug auf V. 3 nicht zu stark zu gewichten.[166]

Die soeben (unter 4.2.2.) genannte Gefahr eines Missverständnisses des εἰς πάντας τοὺς πιστεύοντας als eines Attributs zu πίστις (V. 22) ist insbesondere dann groß, wenn 3,3 als Parallele für den subjektiven Genitiv herangezogen wird; dort ist ja mit ἡ πίστις τοῦ θεοῦ Gottes Treue *gegenüber den treulosen Menschen* gemeint. Da εἰς nach πίστις durchaus zu erwarten wäre, müsste dann die als Jesu Treue verstandene πίστις Χριστοῦ sich ebenso auf die Glaubenden richten[167] – statt auf Gott, worauf gerade die Vertreter der *genitivus-subiectivus*-These größten Wert legen, um Jesus als Urbild des Glaubens zeichnen zu können. So „bedürfte es noch d.[es] Beweises, dass π.[ίστις] in diesem Falle d.[ie] Treue Jesu gegen Gott u.[nd] nicht gegen uns bez.[eichne]" – ein nicht zu erbringender Beweis –, wie schon Hermann Cremer hellsichtig notierte.[168/169]

---

[164] Zur πίστις Gottes in der LXX s. z. B. Ps 32(33),4 (πίστις als Qualität aller ἔργα Gottes); Hos 2,22 (Gottes Treue führt dazu, dass „du den Herrn erkennst"). Das hebr. אֱמוּנָה wird in der LXX jeweils 20 Mal mit πίστις und ἀλήθεια übersetzt (van Daalen, emunah 525). Für Paulus s. Röm 15,8: Christus wird „Diener der Beschneidung wegen der Wahrh(aftigk)eit Gottes". Die LXX gibt אֱמוּנָה sowohl mit πίστις als auch mit ἀλήθεια wieder. Von Gottes πίστις ist in der LXX in 1Reg (1Sam) 21,2 (3), Sir 46,15; PsSal 8,28; Hos 2,20; Hab 3,23; Thr 3,23 die Rede; dazu kommen noch folgende *variae lectiones* (πίστις statt ἀλήθεια) Ps 88 (89),6 th und V. 34 a s th; Ps 118 (119),75 a; Ps 142 (143),1 s. Wohl ist Hos 2,22 ohne Attribut formuliert, doch ist πίστις hier die (δικαιοσύνη, κρίμα, ἔλεος, οἰκτιρμοί aus V. 21 zusammenfassende) Form der von Gott gestifteten Beziehung, die zur Erkenntnis Gottes führt (vgl. Phil 3,9!).

[165] Winger, Grace 157 Anm. 39.

[166] Hays, Psalm 143 versucht allerdings zu zeigen, dass Röm 3,10–20 einerseits und V. 21–26 andererseits durch die Beschäftigung mit Ps 143 verbunden sind, beide Abschnitte behandeln mit V. 5 „the issue of God's integrity" (115).

[167] Ist das der Sinn der *variae lectiones* mit ἐπί an Stelle von und nach εἰς?

[168] Cremer, Wörterbuch 891.

[169] Der subjektive Genitiv in Röm 3,3 führt bei Wolfgang Schenk gleichsam zum umge-

Genau dies ist indes die Schlussfolgerung von Shuji Ota: Von seinem (Gott, Evangelium, Mensch) umfassenden πίστις-Verständnis (s. 1.8.2.) frage sich, ob Paulus Christus der göttlichen oder der menschlichen Seite zuschlägt: Ist Christus *believed* oder *believing*? Christus sei bei Paulus nicht Subjekt eines auf Gott gerichteten πιστεύειν, sodass er auf die geglaubte Seite gehöre. Und wegen der Parallele in V. 3 ἡ πίστις τοῦ θεοῦ, die den Menschen erwiesen wird, sei auch πίστις Χριστοῦ in V. 22.26 als Jesu den Menschen erwiesene Treue aufzufassen.[170] – Dazu ist dreierlei zu sagen: So wie Jesu Beziehung zu Gott wird auch sein Verhältnis/Verhalten zu den Menschen eben nicht mit πιστεύειν beschrieben, sondern z. B. mit ἀγαπᾶν (s. nur Gal 2,20). Dann aber wird πίστις Χριστοῦ kaum diese Beziehung bezeichnen können. Wenn nach Ota selbst das strittige Syntagma gerade den *geglaubten* Christus betont,[171] wäre doch ohnehin ein *genitivus obiectivus* geboten. Und schließlich ist Röm 3,3 eine grammatikalische Ausnahme, die zudem nur für die beiden πίστις-Χριστοῦ-Belege im Römerbrief Bedeutung haben könnte.

4.2.4.2. Der Bezug auf das Prooemium (1,16 f.)

Der Bezug von 3,21–26 auf den Schluss des Prooemiums, die *propositio*,[172] ist offensichtlich. Schon die begrifflichen Verbindungen zeigen dies: Die δικαιοσύνη θεοῦ (1,17) wird in 3,21.22a.25.26b aufgegriffen (vgl. das Gott qualifizierende δίκαιος V. 26c und das Verb δικαιοῦν *passive* V. 24, *active* V. 26c), ἐκ πίστεως 1,17a.c in 3,26c, das Partizip von πιστεύειν (1,16b) in 3,22a und zwar (bei Wechsel des Numerus) mit vorangehendem πᾶς/πάντες. Der Akzent in 1,16 f. liegt auf πᾶς, es umfasst Juden und

---

kehrten Schluss: Paulus bietet/bildet nicht das eindeutig objektive Analogon πίστις θεοῦ (wie es sich etwa in Mk 11,22 findet; vgl. deuteropaulinisch Kol 2,12 ἡ πίστις τῆς ἐνεργείας τοῦ θεοῦ), sondern verwendet zur Kennzeichnung des Objekts des Glaubens die Präposition πρός (1Thess 1,8; Phlm 5). Entsprechend liege auch bei πίστις Χριστοῦ kein *genitivus obiectivus* vor. Ob ein solcher Analogieschluss überhaupt zulässig ist, sei dahingestellt; die diesem zugrunde liegenden Daten sind allerdings so eindeutig nicht: Paulus fügt dem Verb nur im Zusammenhang mit Abraham das Objekt Gott bei (Röm 4,3 [zit. Gen 15,6].5.17.24; Gal 3,6 [zit. Gen 15,6]; vgl. ferner noch den von πιστεύειν abhängigen ὅτι-Satz mit Gott als Subjekt Röm 10,9) und ist hierin wohl der alttestamentlichen und frühjüdischen Formulierung verpflichtet; paulinisch überwiegt das absolute πιστεύειν weit. Ein schlichter objektiver Genitiv Gott beim Substantiv πίστις liegt also gar nicht nahe. Und die Präposition πρός in 1Thess 1,8 schuldet sich wie in Phlm 5 dem Pronomen. Auf diesem Wege kann Röm 3,3 nicht für das πίστις-Χριστοῦ-Problem herangezogen werden.

[170] Ota, Use 79 f.; ähnlich schon Barth, Faith.

[171] Ota, Use 80, 82.

[172] Zur rhetorischen Funktion von 1,16 f. (über 3,21–26 hinaus für Kapitel 9–11) s. Theobald, Punkt.

Nichtjuden.[173] Das dürfte in 3,22 auch so sein (vgl. auch 10,4.11), wird doch sogleich festgestellt, es gebe keine διαστολή – im Negativen nicht (Sünde, V. 23) wie auch nicht im Positiven (Rechtfertigung, V. 24–26, vgl. V. 29 f.).[174] Schließlich entspricht antithetisch dem (τὸ εὐαγγέλιον 1,16a aufnehmenden) ἐν αὐτῷ V. 17a das χωρὶς νόμου 3,21. Deshalb wurde 1,17 zur *„crux interpretum* for the ΠΙΣΤΙΣ-ΧΡΙΣΤΟΥ-Debate" ausgerufen.[175]

Das Nomen πίστις ist in 1,16 f. dreimal belegt,[176] davon zweimal – zum dritten Beleg, nämlich im Habakkuk-Zitat in V. 17c, sogleich ausführlich im Exkurs 4.2.4.3. – in einer schwierigen adverbiellen Ergänzung zu ἀπο-καλύπτεται in V. 17a: ἐκ πίστεως εἰς πίστιν.[177] Diese umstrittene Wendung zeigt an der πίστις jedenfalls dies auf, dass sie ein ausgesprochen dynami-sches Geschehen ist.[178] Es mag sein, dass hier eine doppelte Breviloquenz vorliegt, insofern ἐκ πίστεως aus ἐξ ἀκοῆς πίστεως (vgl. Gal 3,2.5) und εἰς πίστιν aus εἰς ὑπακοὴν πίστεως (vgl. Röm 1,5; *16,26; vgl. ferner 15,18; 2Kor 10,2) verkürzt ist.[179] Die Doppelung scheint in 3,22 widergespiegelt: Dem ἐκ πίστεως entspricht das διὰ πίστεως Ἰησοῦ Χριστοῦ, dem εἰς πίστιν das εἰς πάντας τοὺς πιστεύοντας.[180] Ist die Doppelung Anlass genug, die πίστις-Belege auf zwei (implizite) Subjekte zu verteilen, dergestalt, dass die (Offenbarung der) Gerechtigkeit Gottes aus der Treue *Gottes* (ἐκ πίστεως) heraus geschieht und auf (der Juden zuerst und der Nichtjuden) Glauben (εἰς πίστιν) zielt?[181] Nun ist – um vom Bedeutungswechsel („Treue"/„Glau-

---

[173] Neubrand, Abraham 100 (mit Gaston, Abraham 57 f., Gaston, Inclusion 116–123); s. ferner Hwang, Verwendung.

[174] Vgl. Haacker, Röm 87.

[175] Campbell, *Crux*; dazu Dodd, Romans 1:17 und die Replik von Campbell, Presuppo-sitions.

[176] Ota, Use 81 fordert, dass diese drei Belege „should be read in the same way as far as possible"; aufgrund seines (Gott, Evangelium, Mensch) umfassenden πίστις-Begriffs als „the superindividual collective-communal *pistis*" (s. 1.8.2.) ist das ihm selbst denn auch möglich.

[177] Schon die Wortstellung macht einen attributiven Bezug auf δικαιοσύνη θεοῦ (so Wil-ckens, Röm 1 [88,] 204 f.) unwahrscheinlich. S. ferner Dunn, Röm 1 43 f.; weitere Verständ-nismöglichkeiten bei Cranfield, Röm 1 99; Quarles, Faith; Taylor, Faith.

[178] Vgl. Ota, Use 81. Nicht unähnlich schon Hofius, Wort 159 Anm. 78: Die Wendung zeige, „daß die im Evangelium ergehende Heilskundgabe ein Glauben wirkendes Geschehen ist".

[179] Michel, Röm 54 und ihm folgend Wilckens, Röm 1 88; vgl. ähnlich Schenk, Gerech-tigkeit 168.

[180] Vgl. Johnson, Rom 3:21–26 79.

[181] So neben anderen Hebert, Faithfulness 375: „from God's faithfulness to man's faith"; auch von Dunn, Röm 1 44, 48 erwogen; Hays, ΠΙΣΤΙΣ 718 (mit Dunn); Hays, Righteous 208; Neubrand, Abraham 109; s. dazu Campbell, *Crux* 277. Als erster verstand wohl Ambrosiaster so (Cranfield, Röm 1 99 Anm. 7); klassisch Barth, Röm 16. Jüngst sieht auch Strecker in der πιστ-Redundanz von Röm 1,17 (auch in 3,22 und Gal 3,22) eine „Gegen-seitigkeits- bzw. Antwortstruktur" des paulinischen Glaubensverständnisses (Fides 245 Anm. 87).

be") zu schweigen! – bei ἐκ πίστεως εἰς πίστιν kein Subjektswechsel markiert (in den analogen Formulierungen ἐκ θανάτου εἰς θάνατον und ἐκ ζωῆς εἰς ζωήν 2Kor 2,16 ebenfalls nicht [vgl. ferner ἀπὸ δόξης εἰς δόξαν 3,18]); ein solcher kann allenfalls hergeleitet werden: Die Wendung fungiert adverbiell zu ἀποκαλύπτεται, dessen Subjekt Gott ist, sodass Gottes πίστις hier gemeint sei;[182] das findet in Röm 3,3 eine gute Fortsetzung: Gottes πίστις und die ἀπιστία der Menschen stehen einander gegenüber. Und dass der ἀποκάλυψις die πίστις folgt, zeigt Gal 1,16.22, sodass εἰς πίστιν den Glauben der Glaubenden meint.[183] So kann 1,18–3,20 als Entfaltung des ἐκ πίστεως, des Problems der Bundestreue Gottes, und 3,21–4,25 als Entfaltung des εἰς πίστιν verstanden werden.[184] Dann aber ist Thema von 3,21 ff. der Glaube der Glaubenden als „man's proper response to the faithfulness of God".[185] Gleichwohl ist ein implizi(er)ter Subjektswechsel zwischen ἐκ πίστεως und εἰς πίστιν in 1,17 unwahrscheinlich.[186]

Gegen ein Verständnis der erstgenannten πίστις als Gottes Treue, das sich in gewissem Maß auf das folgende Zitat aus Hab 2,4 berufen könnte, spricht allerdings, dass ἐκ πίστεως sonst anders, nämlich auf den Glauben der Glaubenden bezogen, zu verstehen ist.[187] In V. 17a wie auch im Habakuk-Zitat in V. 17c ist ἐκ πίστεως dann auf den Glauben des einzelnen Christen bezogen.[188] Für die dann gegebene redundante formelhafte Wendung ἔκ τινος εἴς τι gibt es Parallelen bei Paulus selbst (s. o.) wie auch in der LXX; das zweite Glied scheint hier den Inhalt des ersten zu *betonen*,[189] oder – wie jüngst anhand von Parallelen wahrscheinlich gemacht: Die Wendung bezeichnet einen Wachstum des Glaubens im Sinne einer Ausbreitung des Evangeliums.[190]

Campbell sieht in 1,17 ein Kausalitätsproblem wie in 3,22:[191] Glaube könne unmöglich zugleich als Mittel und Ziel der Offenbarung der Got-

---

[182] Für viele s. Gaston, Paul 118 f., 170; Davies, Faith 43; Dunn, Röm 1 43; vgl. Haackers Übersetzung: „Denn Gottes ‚Gerechtigkeit' offenbart sich in ihm glaubwürdig [= ἐκ πίστεως] und Glauben weckend [= εἰς πίστιν]" (Haacker, Röm 30). Die eschatologische Offenbarung fügt sich auch gut in den Kontext von Röm 1 ein (Campbell, *Crux* 274, 277).

[183] Das bestreitet nicht einmal Campbell (*Crux* 277 Anm. 39).

[184] Vgl. Dunn Röm 1 177.

[185] Dunn, Röm 1 177.

[186] So z. B. Taylor, Faith 341.

[187] Vgl. Campbell, *Crux* 280 mit Anm. 43; Eskola, Theodicy 107.

[188] *Nota bene:* ἐκ πίστεως bezeichnet den christlichen Glauben. Daher ist es unwahrscheinlich, dass – wie Freed, Apostle 102 f. vorschlägt – ἐκ πίστεως εἰς πίστιν „from one faith to another", nämlich von paganer Frömmigkeit zu christlichem Glauben, meine. Paulus kennt keinen allgemeinen Begriff von πίστις.

[189] Eskola, Theodicy 107 f. u. a. mit Fitzmyer, Röm 263; Moo, Röm 76; Lohse, Röm 78: „Diese rhetorische Figur unterstreicht das ‚sola fide'."

[190] Taylor Faith 343 („growth or advance"), 346 („progress of the gospel").

[191] Campbell, Rhetoric 206–209 (vgl. zu 3,22 Campbell, Rhetoric 63).

tesgerechtigkeit dienen. Dieses Problem sei so zu lösen, dass das Mittel (ἐκ πίστεως) in *Jesu* Treue zu finden sei: „the faithfulness of Christ is the means by which God's righteousness is revealed in the gospel", ja: nach V. 17 sei Jesu Treue sogar „at the centre of the gospel"![192] Wie denn auch nach Campbell das ἐκ πίστεως im folgenden Schriftzitat auf Jesus selbst zu beziehen ist.[193] Dagegen muss freilich schon der semantische Einwand erhoben, dass ἐκ kaum „by means" bedeutet; Campbells Problem liegt damit gar nicht vor, seine Lösung ist hinfällig.[194]

4.2.4.3. Exkurs: Habakuk 2,4 bei Paulus

Der Schlusssatz des Prooemiums (Röm 1,17)[195] mit dem Zitat von Hab 2,4 LXX ist von besonderer Bedeutung für Röm 3,21–26; Campbell hat diesen Vers zu einem Schibboleth in der πίστις-Χριστοῦ-Debatte ausgerufen (s. o.). Das paulinische Zitat (V. 17c) lautet: ὁ δὲ δίκαιος ἐκ πίστεως ζήσεται.[196] Paulus zitiert diesen Satz auch in Gal 3,11b, wo er freilich im Vergleich zum Römerbrief von geringerer Bedeutung ist (dazu auch 3.1.).[197] Das Fehlen des δέ ist ohne Belang. Herkömmlicherweise wird dieses Zitat so verstanden, als lese Paulus hieraus eine Verheißung für den (an Christus) Glaubenden. In der πίστις-Χριστοῦ-Debatte ist dagegen vorgeschlagen worden, hier eine *messianische* Interpretation durch Paulus zu sehen: Der Gerechte, dem Hab 2,4 aufgrund von πίστις Leben verheißt, sei nach Paulus Christus.[198] Diese *interpretatio messianica* ist für die *genitivus-subiectivus*-These von großer Bedeutung, weil so das δικαι-Motiv, ein unentbehrliches Implikat des paulinischen Glaubensbegriffs (s. dazu 1.8.1.), auf Christus bezogen wäre,[199] was bei ihm als dem – dieser Hypothese nach – Glaubenden *par excellence*

---

[192] Campbell, Rhetoric 208; vgl. Campbell, *Crux* 273. Hays, Righteous 208 f. verweist dazu auf Röm 3,25 f.: Gott stellt Christus hin zum Erweis seiner [*sc.* Gottes] Gerechtigkeit.

[193] Campbell, *Crux* 280 f. (also auch mit implizitem Subjektswechsel); so schon Haußleiter, Glaube 145, 206–208: „aus Glauben (Jesu) zu Glauben (der Gemeinde)" und Ebeling, Frage 317.

[194] Vgl. Eskola, Theodicy 110 Anm. 58.

[195] Ausführlich dazu Davies, Faith 39–46; Eskola, Theodicy 101–116.

[196] S. dazu Hübner, Vetus Testamentum 2 14–20.

[197] Vgl. Beker, Sieg 47 f. nach Koch, Schrift 276, 290.

[198] So schon Haußleiter, Glaube 212 f. und dann nach ersten, nicht konsequenten Überlegungen von Charles Harold Dodd [dazu Hays, Faith 152] z. B. Hanson, Understanding 6–9; Hanson, Studies 39–51, bes. 42–45; Johnson, Rom 3:21–26 90; Hays, Faith 151–157; Hays, Righteous; Hays, ΠΙΣΤΙΣ 42–44; Wallis, Faith 111 f.; zu Röm 1,17 s. bes. Campbell, Rhetoric 203–214; Campbell, *Crux*; Stowers, Rereading 200; Wallis, Faith 81 f.; vgl. ferner Ljungmann, Pistis 39; Bligh, Jesus 414–419; Barth, Faith 363–370.

[199] Allerdings findet sich ὁ δίκαιος als messianischer Titel im Neuen Testament: Mt 27,19.24 *v. l*; Lk 23,47; Apg 3,14; 7,52; 1Petr 3,18; ferner Apg 22,14; 1Joh 2,1.29; 3,7.

zu erwarten ist.[200] Mit Richard B. Hays findet der wichtigste *genitivus-sub-iectivus*-Vertreter mit dem Habakuk-Zitat die Basis des paulinischen Evangeliums in „the story of a Messiah who is vindicated [= ‚justified'] by God through faith"[201]. Ohne das christologisch verstandene Habakuk-Zitat wäre dieser Gedanke ohne jeden Anhalt in paulinischen Texten.

Die Wendung ἐκ πίστεως findet sich bei Paulus nur in den beiden Briefen, die Hab 2,4 zitieren, hier – im Galater- und Römerbrief – dann allerdings 21mal; daraus meint Campbell folgern zu können, „that it is Paul's use of Hab. 2.4 that underlies his use of ἐκ πίστεως elsewhere",[202] nämlich im Sinne von Jesu Glauben, da das paulinische Zitat von Hab 2,4 messianisch-christologisch zu verstehen sei.

Für das paulinische Verständnis von Hab 2,4 bietet die Modifikation des LXX-Habakuk-Textes durch Paulus[203] einen wichtigen Hinweis: Der Text der LXX lautet ὁ δὲ δίκαιος ἐκ πίστεως μου ζήσεται[204] und ist in dem Sinne zu verstehen, dass „der Gerechte durch Gottes Treue leben wird".[205] (Das hätte zum [oben diskutierten und abgelehnten] auf Gott bezogenen ἐκ πίστεως von V. 17a gut gepasst.) Allerdings kann das Pronomen auch so verstanden werden, dass das „Objekt" des Glaubens genannt wird: „Der Gerechte wird durch (seinen) Glauben an mich [*sc.* Gott] leben."[206] An beiden Stellen, in Röm 1,17 wie in Gal 3,11, lässt Paulus hinter πίστεως das auf Gott als den vorgestellten Sprecher (Hab 2,2) bezügliche Possessivpronomen μου aus.[207] Er hätte das ohne Zusammenhang un-, ja miss-

---

[200] Dieser Zusammenhang mit δικαι- wird allerdings kaum beachtet; vgl. immerhin Hanson, Studies 51.

[201] Hays, Faith 156.

[202] Campbell, Rhetoric 67; vgl. Campbell, Romans 1:17 268, 278.

[203] Die Abweichung vom LXX-Text erklärt sich nicht dadurch, dass Paulus einen anderen Text gehabt habe; umgekehrt: Die textkritische Variante in Hab 2,4 LXX (und ebenso in Hebr 10,38) verdankt sich der paulinischen Version (Eskola, Theodicy 104).

[204] Zur Textkritik des LXX-Textes, zum Verhältnis zum masoretischen Text und zur neutestamentlichen Rezeption vgl. Eskola, Theodicy 101–104.

[205] Vgl. van Daalen, emunah 526; Koch, Text; Dunn, Theology 374, nach dem „the LXX understood the text to speak of *God's* covenant faithfulness", hier liege damit „a variation … on the theme of God's righteousness" vor.

[206] Muraoka, Lexicon 192 gibt Hab 2,4 mit „faith put in me" wieder, auch Bodendorfer, Gerechte 20 erwägt ohne weitere Ausführungen einen *genitivus obiectivus*: Treue *zu* Gott. Vgl. noch Spicq, Lexicographie 697–703, der für Hab 2,4 LXX auf das Verb in 1,5 hinweist.

[207] Der *auctor ad Hebraeos* zitiert in Hebr 10,38 auch Hab 2,4, ordnet dabei das Possessivpronomen dem Subjekt ὁ δίκαιος zu; damit ist zugleich klar, wie πίστις hier verstanden wird, nämlich als die πίστις des Gerechten, der sichtlich als messianische Gestalt (V. 37 zit. Hab 2,3) wie auch als Vorbild für die Christen (1.pers. pl.) gesehen wird (V. 39). Das entspricht genau dem auch für Paulus vorgebrachten soteriologischen Modell mit einem *genitivus subiectivus* bei πίστις Χριστοῦ. Nicht zufällig verweisen Vertreter des *genitivus subiectivus* auf den Hebr (so z. B. Campbell, *Crux* 283 mit dem unvermeidlichen Hinweis auf Hebr 12,2).

verständliche Pronomen durch (τοῦ) θεοῦ ausführen können, zumal da er in Röm 3,3 eben dieses Syntagma „Treue Gottes" bildet.[208] Unterlässt Paulus dies, weil das Genitivattribut hier eine Undeutlichkeit eintrüge: *genitivus subiectivus* oder *obiectivus*?[209] Die Auslassung durch Paulus stellt wohl keine Korrektur des LXX-Textes aufgrund des masoretischen Textes dar (deren beider Abweichen erklärt sich einfach aus dem Verlesen von ˙ und ı als Suffixe der 1.sg. bzw. 3.sg.masc.[210]); dieser bietet nämlich explizit בֶּאֱמוּנָתוֹ, sodass es heißt: Der Gerechte wird aus seiner (eigenen!) אֱמוּנָה leben.[211] Paulus hätte das hebräische Suffix durch αὐτοῦ wiedergeben können. Doch leistet inhaltlich die Auslassung dasselbe: Da nämlich keine weitere als implizites Subjekt der πίστις in Frage kommende Person genannt ist, kann hier – anders als in der LXX – nur der δίκαιος gemeint sein: der Glaube des Gerechten.[212]

Durch die Auslassung des Possessivpronomens erhebt sich die Frage: Wie ist ἐκ πίστεως syntaktisch zu fassen?[213] Ist es ein Attribut zum Subjekt[214] – also: „Der aus Glauben Gerechte wird leben." – oder (eben mit Possessivpronomen bzw. Suffix) wie in der LXX und im MT eine adverbielle Ergänzung zum Prädikat[215] – also: „Der Gerechte wird aus Glauben leben."? Sachlich kann sich das attributive Verständnis auf die paulinische Verbindung von δικαιοῦν mit ἐκ πίστεως stützen; das Adjektiv δίκαιος wäre

---

[208] Vgl. mit etwas anderem Akzent Hays, Faith 155–157, der selbst einen dreifachen Bezug auf Gott, näherhin in erster Linie auf Christus, annimmt, was m. R. als „an excessively kaleidoscopic reading" kritisiert wurde (Campbell, *Crux* 284 Anm. 57).

[209] Aus dem Verzicht auf αὐτοῦ folgert Ota, Use 74 einen weiten, nämlich unsere und Christi πίστις integrierenden Begriff von πίστις (dazu s. Ota, Use 68).

[210] Cavallin, Righteous 35; Fitzmyer, Röm 264. Eskola, Theodicy 103 Anm. 30 nimmt eine intentionale Änderung an.

[211] Nach van Daalens Einschätzung kann das Suffix 3. masc. sg. allerdings auch auf den vorgestellten Sprecher Gott bezogen werden, da solcherart Wechsel von direkter Rede in indirekter (mit den entsprechenden Konsequenzen für Pronomen, Suffixe usw.) nicht unüblich seien (van Daalen, emunah 524). Nach Oh, Gerechte 107 ff. ist nur in Hab 2,4 אֱמוּנָה im religiös-theologischen Sinne als „Glaube" zu verstehen; vgl. dazu die Paraphrase bei Bodendorfer, Gerechte 19 f., 31 f., 37, der auf den (in der rabbinischen Tradition allerdings isolierten) Beleg bMak 23b–24a als gewisse Parallele zur paulinischen Lektüre von Hab 2,4 hinweist: Auch „[d]em Bavli geht es … um die Bedeutung des Glaubens als Grundprinzip, das zum Leben führt" (Bodendorfer, Gerechte 37).

[212] Ähnlich Campbell, *Crux* 279 f., 284 Anm. 57, der dann allerdings δίκαιος als Bezeichnung Christi versteht.

[213] Ausführlich dazu Smith, ΔΙΚΑΙΟΣ und Cavallin, Righteous.

[214] So z. B. Kuss, Röm 22 f.; Schmidt, Röm 28; Käsemann, Röm 27 f.; Hahn, Gesetzesverständnis 54 f.; Wilckens, Röm 1 89 f.; Moo, Röm 78; Einheitsübersetzung.

[215] So neben den Spezialstudien von Smith, ΔΙΚΑΙΟΣ; Cavallin, Righteous; van Daalen, emunah 526 z. B. auch Oepke, Gal 105 f.; Mußner, Gal 211, 230 f.; Betz, Gal 147; Borse, Gal 128; Rohde, Gal 143; Michel, Röm 90 f.; Schlier, Röm 45; Hays, Faith 150 f.; Davies, Faith 39–46; Seifrid, Justification 218; Campbell, *Crux* 281 Anm. 46; Eskola, Theodicy 109; Haacker, Röm 44.

dann im Sinne des Partizips δικαιωθείς (5,1) oder δικαιούμενος (3,24 pl.) verstanden. Die adverbielle Verwendung von ἐκ πίστεως überwiegt mit elf zu acht Belegen (s. o. 1.5.3.). Da beides von der Syntax des Zitats her möglich und annähernd gleich wahrscheinlich ist,[216] geben Kontextargumente den Ausschlag, wobei die oben vorgeführte Auslassung von μου wohl eine Zuordnung der πίστις zum δίκαιος als implizitem Subjekt leistet,[217] die syntaktische Frage aber nicht (etwa im Sinne eines Attributs) entscheidet.

Für Röm 1,17b ist zu beachten, dass sich im vorhergehenden Satz V. 17a adverbielles ἐκ πίστεως findet. Für Gal 3,11b ist dazu zunächst darauf zu verweisen, dass das Zitat auf οἱ ἐκ πίστεως in V. 7.9 rekurriert; hier fungiert ἐκ πίστεως als Attribut. In V. 8 wird allerdings ἐκ πίστεως adverbiell zu δικαιοῦν, das auch in V. 11a begegnet, verwendet; ist aber daraus zu schließen, dass ἐκ πίστεως im Habakuk-Zitat in V. 11b auch auf δικαι- zu beziehen ist, hier nämlich attributiv?[218] V. 11 als der nächste Kontext legt nahe, das zitierte ἐκ πίστεως als adverbielle Bestimmung zu nehmen: Die Verben ζῆν (V. 11b) und δικαιοῦσθαι (V. 11a) stehen (syntaktisch wie auch sachlich) parallel, sodass der adverbiellen Ergänzung ἐν νόμῳ in V. 11a das ἐκ πίστεως in V. 11b in derselben syntaktischen Funktion entsprechen könnte.[219] Auch der rückwärtige Kontext unterstützt dies, insofern im sogleich folgenden Zitat von Lev 18,5 in Gal 3,12b wiederum zu ζῆν mit ἐν αὐτοῖς [sc. τοῖς προστάγμασίν μου καὶ τοῖς κρίμασίν μου] eine adverbielle Bestimmung tritt (so auch 5,5 zu ἀποδέχεσθαι).[220]

Dieser Befund zur Syntax und zum Kontext ist nicht eben dazu angetan, eine klare Entscheidung zu treffen. Dieses Problem ist in zwei Weisen bewältigt worden: Einerseits hat man diesem Punkt jede inhaltliche Relevanz abgestritten.[221] Und andererseits ist verschiedentlich vorgeschlagen

---

[216] Es hätte bei einem attributiven Verständnis allerdings die Möglichkeit (wenn nicht gar die stilistische Nötigung) gegeben, den Artikel vor dem Attribut zu wiederholen (darauf weist [wie auch schon Meyer, Glaube 638] Lambrecht, Gesetzesverständnis 116 f. hin und entscheidet sich für die adverbielle Lesart; Neubrand, Abraham 110 Anm. 48 übernimmt die Lambrechtsche Beobachtung, schließt daraus allerdings eine gewollte Zweideutigkeit). Andererseits hätte Paulus durch Umstellung von ἐκ πίστεως und ζήσεται auch einen adverbiellen Bezug unmissverständlich herstellen können; das unterbleibt ebenfalls.

[217] Vgl. Taylor, Faith 348: Die Streichung des μου dient der syntaktischen Vereinfachung und eventuell auch der Akzentuierung von πίστις, sodass ἐκ πίστεως als adverbielle Bestimmung zu nehmen ist.

[218] Mit diesem Zusammenhang von δικαι- und πίστις argumentiert Williams, Righteousness 257 Anm. 49. Auch Koch, Text 83 sieht einen „unlöslichen und exklusiven Zusammenhang von δικαιοσύνη und πίστις Ἰησοῦ Χριστοῦ" (vgl. Koch, Schrift 127 f.).

[219] Vgl. Hays, Faith 150.

[220] Diese Parallele zwischen V. 11b und 12b wird von Smith, ΔΙΚΑΙΟΣ und Cavallin, Righteous betont; vgl. auch Hays, Faith 150.

[221] So z. B. Hays, Faith 150 f. mit dem nicht von der Hand zu weisenden Argument, Paulus

worden, aus dieser Not eine Tugend zu machen und eine von Paulus intendierte Ambivalenz anzunehmen.[222] In der Tat verzichtet Paulus – wie gesehen – nach beiden Seiten hin auf Klarheit.[223] Doch was leistet eine solche Ambivalenz? Funktioniert der Satz wie ein Vexierbild? Zunächst ordnet der Leser – und zumal der gottesdienstliche Hörer in Galatien und Rom! – das ἐκ πίστεως analog dem eben gelesenen bzw. gehörten adverbiellen Beleg in Röm 1,17a bzw. Gal 3,8 (und auch aufgrund der Bibelkunde zu Hab 2,4) dem Verb zu. Sodann wird man wegen des vom Apostel gepredigten engen Konnexes von δικαι- und πίστις (Röm 1,17a) eben auch anders/neu verstehen und den Satz auf sich selbst als einen ὁ ἐκ πίστεως (vgl. Röm 3,26, mit Attribut Ἰησοῦ) beziehen.[224]

Damit ist aber danach zu fragen, wer der δίκαιος ist. Bezeichnet er eine konkrete Person oder ist er generisch zu verstehen? Für den Bezug auf eine konkrete Person geben die Kontexte keinen eindeutigen Hinweis (doch zu Gal 3,11 s. o. 3.1.). Ebensowenig aufschlussreich ist die Christologie des Römerbriefs; jedenfalls werden Christus die Attribute δίκαιος und πιστός nicht zugelegt.[225] Doch könnte hier die Diachronie helfen: Hab 2 selbst ist ja schon ein messianischer Text.[226] Und [ὁ] δίκαιος ist als messianischer Titel belegt (s. neben Jes 53,11 v. a. äthHen 38,2; 53,6; PsSal 17,32; vgl. zum Motiv des „leidenden Gerechten" Weish 2,12–20; 5,1–7)[227] und als christologische Bezeichnung im Neuen Testament aufgenommen

---

würde nicht einen Menschen als gerecht „*apart from* faith" denken (können) (150); s. dazu etwa Röm 14,23c; vgl. Hays, Jesus' Faith 265: „a distinction without a difference". Dass indes eine inhaltliche Differenz zwischen Adverb und Attribut „lies in a realm of theological nuances far subtler than Paul could have imagined" (Hays, Faith 151) ist wohl eine Unterschätzung des Apostels. Übrigens versteht Hays die Wendung schließlich doch als adverbielle Bestimmung: „[T]he phrase ἐκ πίστεως specifies the manner in which ὁ δίκαιος shall find life" (151).

[222] So (Davies, Faith 41 folgend) Neubrand, Abraham 110 mit Anm. 48, die wohl mit Hays (s. vorhergehende Anm.) darin übereinstimmt: „Der aufgrund von Glauben Gerechte wird eben auch aufgrund von Glauben leben." Dunn, Gal 168 Anm. 2 vertritt eine Ambivalenz mit der Begründung (174), dass „the identity of ‚the righteous man' per se derives from and is determined by faith. And that includes his ‚living' as ‚one who is righteous'; ‚from faith' characterizes and constitutes his relationship with God from beginning to end."

[223] Vgl. Dunn, Theology 374.

[224] Haacker, Röm 44 meint freilich, dass der um den Begriff δικαιοσύνη ringende Paulus „an einer Neubestimmung des Adjektivs δίκαιος nicht interessiert" sei.

[225] Diesen Befund sollte man nicht verunklaren durch allgemeine oder entfernte Aussagen wie die, dass Christus im Römerbrief als „the faithful one whose obedience to God confers righteousness upon God's people" verstanden werde, um daraus flugs zu folgern, unter dem δίκαιος des Habakuk-Zitats habe Paulus Christus verstanden (so Hays, Postscript 275 f.).

[226] Strobel, Verzögerungsproblem 47–56; Hays, Faith 151–156; Koch, Text 73. Messianisches verrät auch die Umstellung des μου zu δίκαιος durch einige LXX-Zeugen (A C), denen Hebr 10,38 folgt (so auch die *v. l.* von C* in Röm 1,17).

[227] Dazu s. Hays, ΠΙΣΤΙΣ 719 f.; Penna, giusto. Weiteres Rabbinisches bei Billerbeck, Kommentar 2 289 f.

worden (s. Apg 3,14; 7,52; 22,14; Hebr 10,37 f.; Jak 5,6; 1Petr 3,18; 1Joh 2,1).[228] So könnte mit dem δίκαιος im Habakuk-Zitat von Paulus Jesus als Messias gemeint sein.[229] Der Begriff πίστις ist hier dann ganz im Sinne von „obedience and perseverance to the will of God" zu verstehen (wie in Qumran; dazu sogleich mehr), keineswegs aber als „belief"; das aber hat zur Folge, dass dann nicht gefordert werden könne, dass Paulus das Thema eines Glaubens Jesu im Sinne von „belief" auch noch mit dem Verb oder dem Adjektiv ausdrücke.[230] Damit entfiele ein wichtiges Argument der Verteidiger der traditionellen Lektüre von πίστις Χριστοῦ. Nur liegt hier bei Campbell offensichtlich eine *petitio principii* vor. So muss für Röm 1,17 wohl konstatiert werden, was für Gal 3,11 gilt: „[H]ere is no clear indication that Paul understood or meant ὁ δίκαιος to be pointing to Christ."[231]

Doch gibt es auch für die generische Auffassung eine wichtige Tradition; sie ist in 1QpHab 8,1–3 greifbar. Hier wird (der masoretische Text von) Hab 2,4 (zitiert in 7,17) auf „alle Täter des Gesetzes im Hause Juda" bezogen (8,1); diese wird Gott „erretten" (8,2) wegen „ihrer Treue zum Lehrer der Gerechtigkeit" (אֱמוּנָתָם בְּמוֹרֵה הַצֶּדֶק) (8,2 f.). Der „Anweiser der Gerechtigkeit" ist insofern Instanz der „Treue", als er eine autoritative Auslegung der Gebote beansprucht. Damit liegt hier mit „Glaube" nahezu ein Äquivalent von Gehorsam gegenüber einer Person und ihrer Lehre vor.[232] Das steht in deutlichem Gegensatz zum paulinischen Konzept der ὑπακοὴ πίστεως.[233]

In Hab 2,4 ist mit dem צַדִּיק/δίκαιος (generisch) ein Gerechter gemeint. Ein Wechsel im Verständnis bei Paulus gegenüber dieser originären Auffassung ist in keiner Weise angezeigt.[234] Da Paulus im nächsten Kontext πᾶς ὁ πιστεύων erwähnt (V. 16b) – das πᾶς zeigt explizit die generische Bedeutung –, dürfte der δίκαιος in V. 17c den Glaubenden als (in dieser Hinsicht) gerechten Menschen meinen.[235] Gegen dieses Verständnis spricht nicht, dass im Folgenden die Menschheit gerade als ἄδικος und in der ἀδικία stehend bezeichnet wird.[236] Röm 1,17 wird nämlich erst ab 3,21 ff. weiter geführt, wo sich das Partizip δικαιούμενοι findet (V. 24).

---

[228] Vgl. dazu Hays, Righteous 193–206.

[229] Longenecker, Christology 46 f.; Johnson, Rom 3:21–26 90; Williams, Death 47, 51; Williams, Righteousness 277 Anm. 113 und ihm folgend Hays, Faith 151–157 (mit Hanson, Studies 42); Hays, Righteous 206–209; Hays, ΠΙΣΤΙΣ 179; Campbell, Rhetoric 67 f., 204–213; Campbell, *Crux* 282, 284 (Campbell sieht übrigens Habakuk bei den in 3,21 genannten Propheten mitgemeint.); Campbell, Presuppositions.

[230] Campbell, *Crux* 280 f. Anm. 45.

[231] Ota, Use 73.

[232] Gunther, Opponents 257.

[233] Garlington, Obedience 258 Anm. 22.

[234] Eskola, Theodicy 112 Anm. 66.

[235] Vgl. Eskola, Theodicy 112.

Die messianische Interpretation und die syntaktische Unklarheit zu ἐκ πίστεως kann dann zu einer elaborierten partizipatorischen Soteriologie kombiniert werden.[237] Im paulinischen Habakuk-Zitat erkennt Hays nicht weniger als drei Aspekte: 1. Der Messias (= der Gerechte) wird aufgrund seines Glaubens leben. 2. Der Gerechte (= der Christ) wird aufgrund des Glaubens des Messias leben. 3. Der Gerechte (= der Christ) wird aufgrund seines (eigenen) Glaubens an den Messias leben.[238] Und zu Röm 1,17b befindet Hays wenigstens eine „double valence: it is both a messianic prophecy and a characterization of the way a person who trusts in Jesus as Messiah will live".[239] – Hat das als Interpretation eines antiken Brieftextes an eine dem Absender unbekannte Adressatengruppe noch Wahrscheinlichkeit für sich?

Stutzig gegenüber einer auf Christus bezüglichen messianischen Interpretation macht, dass im unmittelbaren Kontext von einer (grammatikalischen, sachlich generisch-allgemeinen) Einzelperson gesprochen wird, und zwar näherhin mit der Signatur des πιστεύειν (s. πᾶς ὁ πιστεύων V. 16b). Darauf wird jeder unbefangene Leser/Hörer den δίκαιος ἐκ πίστεως aus dem Zitat beziehen (so wie in Gal 3,11 vielleicht auf Abraham bezogen werden kann [s. o. 3.1.]). Wodurch genau wird diese generische Gestalt des δίκαιος ἐκ πίστεως in 3,21–26 aufgenommen? Da sie selbst auf πᾶς ὁ πιστεύων in 1,16b zu beziehen ist, dieses in 3,22 im Plural πάντες οἱ πιστεύοντες seine Entsprechung findet, das über πάντες (V. 23) mit δικαιούμενοι (V. 24) weitergeführt wird, bietet sich an, das δίκαιος von 1,17c im δικαιούμενοι von 3,24 aufgenommen zu sehen. Also: Mit dem δίκαιος wird jeder δικαιούμενος, der Christ, gemeint sein.

Schließlich muss nach der Funktion des Schriftzitats im engeren Kontext von Röm 1,16 f. gefragt werden. Wie καθὼς γέγραπται anzeigt, soll Hab 2,4 den Inhalt von V. 17a als biblischen Gedanken legitimieren. Campbell macht für ein Verständnis von ἐκ πίστεως in V. 17a im Sinne von Gottes Treue geltend, dass eine Spannung zum Zitat vorliege, würde dieses auf den Glaubenden bezogen werden.[240] Dazu kommt noch ein Argument vom Inhalt des weiteren Kontextes her: Das Thema sei hier nicht die Annahme des Evangeliums, sondern dessen Inhalt, der Kontext sei mehr christologisch als anthropologisch.[241] So verhalte es sich auch in 3,21–26(–31), sodass auch dort die um das Genitivattribut erweiterte Wendung ἐκ πίστεως

---

[236] So indes Campbell, *Crux* 282.

[237] Hays, *Faith* 156, der damit wenigstens eine „simultaneous secondary application to believers" zugesteht (183 Anm. 68); Hays, *Postscript* 276.

[238] Hays, *Faith* 156.

[239] Hays, *Postscript* 276.

[240] Campbell, *Crux* 279 f.

[241] Campbell, *Crux* 284 („christocentric rather than anthropocentric"); das messianisch zu verstehende Zitat diene dazu, „to support a christological point" (283 mit Anm. 52).

Χριστοῦ christologisch, d. h. auf Jesu eigene πίστις bezogen, zu verstehen sei: Gottes Gerechtigkeit werde durch Jesu Treue offenbar. Das Habakuk-Zitat zeige damit nicht das Rechtfertigungsthema an, sondern dient als „messianic witness".[242] Dieses Argument impliziert das Postulat, die beiden ἐκ-πίστεως-Belege einsinnig zu verstehen.[243] Aber sind ἐκ πίστεως im Zitat und in der paulinischen Formulierung ἐκ πίστεως εἰς πίστιν völlig äquivalent?

Die beigebrachten Belege für ein messianisches Verständnis von Hab 2,4 können nicht darüber hinwegtäuschen, dass Paulus eine solche Interpretation eben nicht vorlegt. In Röm 1,17 käme ein Bezug auf Christus völlig unerwartet, ja unerwartbar, in Gal 3,11 würde ein solcher Bezug aus dem Zitat einen Fremdkörper in seinem paulinischen Kontext machen, in dem *Abraham* als Typus des Glaubens dargetan wird (s. o. 3.1.). Sieht man dagegen (mit John W. Taylor) in der Wendung ἐκ πίστεως εἰς πίστιν die Ausbreitung des Evangeliums bezeichnet, dient das Zitat aus Hab 2,4 dazu, die πίστις als einzig angemessene Reaktion auf das Evangelium darzutun.[244]

4.2.5. Sühne, Rechtfertigung, Glaube

Es liegt nah, den inhaltlichen Schwerpunkt im Zusammenhang mit dem πίστις-Χριστοῦ-Beleg Röm 3,22 in einem der schwergewichtigen Begriffe des Abschnitts zu finden, also etwa in δικαιοσύνη θεοῦ (V. 21.22.25.26), ἀπολύτρωσις (V. 24) oder ἱλαστήριον (V. 25).

Die δικαιοσύνη θεοῦ behandelt Paulus außer in 2Kor 5,21 nur im Römerbrief.[245] Hier legt er eine dezidiert theo-logische Vertiefung der Rechtfertigungslehre des Galater- und des Philipperbriefes vor:[246] Die Rechtfertigungsaussagen werden unter dem Aspekt des Gottesgedankens reformuliert. Paulus versucht hier, „Gottes Freiheit, seinen universalen Heilswillen allein an den Christusglauben zu binden", indem er „Gottes Identität nicht von der Erwählung Israels, sondern vom Kreuz Jesu her" bestimmt, was zu einer Dialektik von Freiheit und Treue gegenüber dem Bund führt. Durch den Begriff der δικαιοσύνη θεοῦ wird markiert: Der Gott Jesu ist Israels Gott.[247] Dabei geht es konkret um die Einheit von Juden und Heiden

---

[242] Campbell, *Crux* 282.

[243] Campbell, *Crux* 278, 281.

[244] Taylor, Faith 348.

[245] Zusammenfassende Darstellungen beispielsweise bei Wilckens, Röm 1 202–208; Haacker, Röm 39–42; Lohse, Röm 78–81; Dunn, Theology 340–346.

[246] Theobald, Gottesbild 160; dort auch die folgenden Zitate.

[247] Theobald, Gottesbild 161 f.

in der Gemeinde und grundsätzlich auch um Anthropologisch-Soteriologisches (3,20.24.28).[248]

Mit ἀπολύτρωσις (V. 24) wird der *Inhalt* des Glaubens an Christus ausgeführt: Deuteropaulinisch steht dieser Begriff im Zusammenhang mit Sündenvergebung (vgl. Kol 1,14; Eph 1,7); in Hebr 9,15 wird Christi Tod genannt. Dass mit ἀπολύτρωσις auch Sklavenfreilassung bezeichnet werden kann, ist gut verständlich gerade für die Römer.[249] Indes ist der Gedanke der ἀπολύτρωσις auf dem alttestamentlichen Hintergrund der Befreiung Israels aus ägyptischer Sklaverei zu verstehen.[250]

Das theologische, aber auch traditionsgeschichtliche (und forschungsgeschichtliche) Gravitationszentrum von Röm 3,21–26 ist ohne Zweifel der in V. 25 begegnende kultische Terminus ἱλαστήριον.[251] Als „Lebensopfer zur Rettung des Volkes" mag er aus jüdischer Märtyrertradition stammen (Lohse), ist indes auch römisch gut verständlich als Weihehandlung.[252]

Gibt die Traditionsgeschichte Hinweise für die paulinische Soteriologie und für eine Entscheidung in der πίστις-Χριστοῦ-Debatte? Welche traditionsgeschichtliche Herleitung und Interpretation passt zum *genitivus obiectivus* bzw. *subiectivus* bei πίστις Χριστοῦ? Eduard Lohse versteht ἱλαστήριον als „Sühnopfer" auf dem Hintergrund der Lebenshingabe von Märtyrern (s. dazu v. a. 4Makk 17,21 f.).[253] Peter Stuhlmacher dagegen sieht hier den Sühnort bezeichnet, die כַּפֹּרֶת, und vermutet die Tradition des Jom Kippur aus Lev 16 im Hintergrund.[254] Beide Thesen bieten Richtiges, sie schließen einander auch nicht aus, da gerade in 4Makk 17,21 f. das Martyrium in kultischen Kategorien bewältigt wird.[255]

Das ἱλαστήριον als Sühnort verstanden, hieße für V. 25 und die paulinische Soteriologie: Das Kreuz (allein) ist heilsrelevant, Jesu „Glaube" als seine Bereitschaft oder Motivation dazu wäre bedeutungslos. (Als Motivation wird denn ja auch Jesu Liebe zu „mir" genannt [Gal 2,20].) Wichtig ist, „daß Paulus im Tod Jesu den Ort von Gottes Gegenwart

---

[248] Theobald, Gottesbild 166 f.

[249] Dunn, Röm 1 169 (mit Deissmann).

[250] Dunn, Röm 1 169; Kraus, Tod 179; Haacker, Röm 90 (hier weitere Deutungen kurz referiert); anders Zahn, Röm 184 f., der auf das Jobeljahr bezieht.

[251] Dazu s. v. a. Kraus, Tod 4–6 (Forschungsgeschichte), 21–32, 150–157; Lohse, Röm 134 f.

[252] Haacker, Röm 91.

[253] Lohse, Märtyrer 150–152; Lohse, Gerechtigkeit 209–227; vgl. Lohse, Röm 134 f.; ihm folgen z. B. Williams, Death 165–202, 230–254 und dadurch Hays, Faith 173; Wolter, Rechtfertigung (dazu Kraus, Tod 33–44).

[254] Stuhlmacher, Exegese; Stuhlmacher, Röm 54–58; Stuhlmacher, Theologie 1 193 f.; ihm folgen z. B. Wilckens, Röm 1 190–194, 236–239; Dunn, Röm 1 171 f.,180 f.; Merklein, Sühnetod 69, 71 f.; Merklein, Bedeutung 33 f.; Meyer, Formula 203, 206 (dazu Kraus, Tod 45–70); ausführlich jetzt auch Stökl Ben Ezra, Impact 197–205.

[255] So mit Recht Dunn, Röm 1 171, 179.

sieht"[256] Der Fokus hier ist Christi Tod, in dem Gottes χάρις Ereignis wird (3,24; 5,15). Allerdings dient der Blutritus an Jom Kippur nicht der Sündenvergebung, sondern der Reinigung des Heiligtums.[257]

Befürworter der *genitivus-subiectivus*-Interpretation von πίστις Χριστοῦ finden sich in der Regel auf der Seite des Lohseschen Verständnisses. In der Tat passt dieses besser zum subjektiven Genitiv samt der Betonung der Treue/Standhaftigkeit Jesu.[258] Allerdings ist in der Märtyrertradition von einer πίστις der Märtyrer nicht die Rede (s. etwa 4Makk 17; 2Makk 7 [V. 30: ὑπακούειν; V. 40 πείθω)]; TestMos 9). Und man wird fragen müssen: Gilt für die Märtyrer, was Hays für Jesus behauptet: „Jesus' faithful endurance and obedience even to an undeserved death on the cross ... has saving significance for all humanity ... The unfaithful of fallen humanity is counteracted and overcome by the representative faithfulness of Christ"[259]? Ist hier der Gedanke von Repräsentation oder Stellvertretung belegt? Dass mit αἷμα in V. 25 Jesu Kreuzestod gemeint ist, ist unstrittig.[260] Wie aber wird dieser genau verstanden?

4.2.6. Ertrag für die πίστις-Χριστοῦ-Debatte

Was gibt der Abschnitt Röm 3,21–26 her für die Frage nach πίστις Χριστοῦ? Es ist dies vor allem ein Lehrstück für theologische – *Fragen.*

Was, welches Ereignis, welche Tat, welche Haltung genau ist das Heilsgeschehen? Oder: Wie verhalten sich Jesu (behaupteter) Glaube und sein Tod am Kreuz zueinander? Wohl betone Paulus – so der vehemente *genitivus-subiectivus*-Vertreter Douglas A. Campbell – das Kreuz Christi als Versöhnung, aber Jesu πίστις als „the obedience of Christ in accepting and going to the Cross" (V. 25a.b.d in angeblicher Analogie zu Phil 2,5–11) offenbare darüber hinaus auch als Haltung in seinem ganzen Leben Gottes Heilswillen („his entire life also functions as a revelation of God's saving purpose and activity").[261] Die drei διά-Wendungen in Röm 3,21–26 nennen die Mittel, mit denen Gott seinen Heilswillen offenbart: den Kreuzestod Christi zur Sündenvergebung, in der Passion „Christ's steadfast obedience is also a singular testimony to God's desire to save humanity" und schließlich: Jesu Treue oder Gehorsam während seines ganzen Lebens „seems

---

[256] Neubrand, Abraham 122.

[257] Kraus, Tod 45–70; vgl. 161.

[258] Vgl. schon Haußleiter, Glaube 130 nimmt ἱλαστήριον als maskulinen Akkusativ: Christus wird zum „Sühner" eingesetzt, dessen Signatur/Motivation seine „Treue" sei.

[259] Hays, Faith 173.

[260] S. z. B. Kraus, Tod 159–163; Campbell, Rhetoric 113–115.

[261] Campbell, Rhetoric 187.

implicit as a secondary and supporting revelation of God's salvation".[262]
Eigenartig, dass Paulus von dieser dreifaltigen Offenbarung nichts schreibt.
Man fällt nicht ungestraft hinter die schlichte, oben wiedergegebene Er-
kenntnis zurück, dass das Kreuz Jesu Ort und Ereignis der „Sühne", der
Gottesgegenwart, des Heils ist. Dieses umkreist und umschreibt Paulus.
Die von Campbell und anderen angedeutete Soteriologie ist ein Beleg für
die (dem Apostel schmerzlich bewusste [1Kor 1,23]) Anstößigkeit des
Kreuzes, die durch allerlei Nebengedanken behoben werden soll.

Das in V. 25 „zwischenhineingekommene" διὰ [τῆς] πίστεως führt auf
soteriologische Abwege: „Die höchste Aktivität im Leiden wird durch den
Zusatz διὰ πίστεως unserem Herrn Christus zugeschrieben, und dadurch
erst erhält sein am Kreuz verströmendes Blut sühnende Kraft in den Augen
Gottes."[263] Das ist offensichtlich eine problematische Satisfaktionsvorstel-
lung, die ähnlich auch in der neueren Debatte vertreten wird: Christus sei
durch den eigenen Glauben „trustworthy" – glaub(ens)würdig.[264]

Zum soteriologischen Modell im Zusammenhang des *genitivus subiectivus* erheben sich Fragen: „The faith(fulness) of Jesus was manifested in his
death on the cross, which, as a representative action of human faith,
brought about redemption and which at the same time manifested the
faithfulness of God."[265] Ist Jesu Kreuz ein Exempel für „Glauben" oder ist
es das Ereignis der Sühne? Oder anders gefragt: Ist nun Jesu Motivation
zum Erleiden des Kreuzestodes das heilsrelevante Geschehen oder ist es
Jesu Christi Sterben ὑπὲρ ἡμῶν? Ist überhaupt Jesu Motivation irgendwie
relevant und damit möglicherweise ein Problem für Paulus (und seine
Adressaten)?

Wie kann *beim Glauben repräsentativ („stellvertretend")* agiert werden?
Wie ist dieser Gedanke traditionsgeschichtlich vorbereitet? Dagegen hat
die Repräsentation im Sterben eine gute traditionsgeschichtliche Basis im
Alten Testament.

Wie kann eines *Menschen* Aktion eine eschatologische und selbstdefini-
torische Handlung *Gottes* manifestieren?[266] Zeigt nicht etwa Röm 5,8, dass
dazu Gottes besondere Teilhabe am Leben und an der Person dieses
Menschen gedacht werden muss (vgl. 2Kor 5, 19)? Dazu wird auf Röm
5,15 verwiesen,[267] wonach Gottes χάρις in Christi χάρις geschieht; damit
wird ein in der Tat wichtiger Begriff ins Spiel, nämlich ins Spiel der

---

[262] Campbell, Rhetoric 187 f.
[263] Haußleiter, Glaube 132; vgl. 133 f.: am Kreuz erweist Jesus den sühnenden Gehorsam,
mit Verweis auf Hebr 5,8; 12,2.
[264] Vgl. etwa Wallace, Grammar 116.
[265] Hays, Faith 174.
[266] So formuliert z. B. Campbell, Rhetoric 64, dass in Jesu faithfulness „God's final salvation
becomes objectively apparent in history".
[267] Hays, Faith 173 f.

πίστις-Χριστοῦ-Debatte, gebracht. Doch über einen schlichten Verweis auf den Beleg 5,15 hinaus muss genauer hingesehen werden. Denn der Text legt gerade nicht nahe, das Geschehen, das Jesus in einzigartiger Verbindung zu Gott sein lässt, auf seinen Glauben zu beziehen. Vielmehr: Die χάρις Gottes gewinnt Gestalt in der ἀπολύτρωσις in Christus (3,24), denn: Gottes Liebe zeigt sich in Christi Tod (Röm 5,8; vgl. Gal 2,20).

4.3. „Der aus Glauben": Röm 3,26

Zu Beginn der πίστις-Χριστοῦ-Debatte diente Röm 3,26 bei Haußleiter als Ausgangspunkt der Überlegungen wie als Hauptbeleg;[268] wichtigstes Argument war dabei die Form des Attributs, das bloße *nomen proprium* (dazu ausführlich 4.3.4.). In der Tat ist dies ein Signum dieser Stelle. Hinzu kommt eine syntaktische Besonderheit: ἐκ πίστεως Ἰησοῦ ist hier attributiv verwendet (s. u.).

Eine doppelte Vorbemerkung zur Textkritik ist unerlässlich: Die Auslassung von Ἰησοῦ durch F G und wenige weitere Handschriften erklärt sich als Fehler bei Auflösung des abgekürzten *nomen sacrum* bei *scriptio continua:*[269] 3,26*fin.*27*inc.* hat folgenden Buchstabenbestand: ΙΥΠΟΥΟΥΝ. Das überstrichene ΙΥ ist wohl als ΠΟΥ fehlgelesen worden und damit ausgefallen (Haplographie). Bei der vom *Codex Bezae* und anderen, auch von Clemens Alexandrinus[270] gebotenen *varia lectio* Ἰησοῦν – Jesus ist damit Objekt des δικαιοῦν Gottes und wird als ἐκ πίστεως qualifiziert – liegt der Schreiberfehler zutage: ΙΥ wird zu ΙΗΣΟΥΝ aufgelöst; der Schreiber wurde wohl durch das bald folgende ΟΥΝ irritiert.

Zu beiden Varianten können freilich auch theologische Motive namhaft gemacht werden: Die Auslassung mag markionitischen Einfluss verraten.[271] Die Setzung des Objektakkusativs ist auch wohl nicht bloß „ein alter Schreibfehler"[272], sondern mag sich der in nachpaulinischer Tradition belegten Vorstellung von der „Rechtfertigung" Jesu durch seine Auferweckung (vgl. 1Tim 3,16) schulden.[273] Ein Vertreter des subjektiven Genitivs in πίστις Χριστοῦ muss mit Bedauern konjunktivisch feststellen, dass diese Lesart „would fit nicely with some aspects of my [*sc.* Hays']

---

[268] Haußleiter, Glaube 110–127; vgl. Hays, Faith 191 Anm. 144.
[269] Vgl. Zahn, Röm 199 Anm. 92; Metzger, Commentary 449.
[270] Clemens Alexandrinus *Paed.* 1,73.
[271] Lietzmann, Röm 51; Käsemann, Röm 95.
[272] So Wilckens, Röm 1 198 Anm. 569.
[273] Vgl. Hays, Faith 191 Anm. 144; s. dazu Hanson, Studies 13–51.

interpretation".[274] Nicht von der Hand zu weisen ist der Hinweis, dass der Gedanke von einer Rechtfertigung des ἐκ πίστεως lebenden Jesus in der Alten Kirche offensichtlich nicht anstößig war.[275] Freilich besagt das noch nichts für Paulus.

4.3.1. Philologisches

Die Formulierung τὸν ἐκ πίστεως Ἰησοῦ gibt einige Probleme auf: Liegt hier (wie auch in den anderen Belegen von ὁ ἐκ πίστεως 4,16; Gal 3,7.9) eine Ellipse vor? Und ist dann entsprechend 1,17 δίκαιον – ein attributives Verständnis des ἐκ πίστεως im Habakuk-Zitat vorausgesetzt (dazu aber 4.2.4.2.) – zu ergänzen?[276] Dafür scheint zu sprechen, dass δικαιοῦσθαι mit ἐκ πίστεως konstruiert wird.[277] Und der Vorgang des δικαιοῦσθαι wird auch sonst mit dem Motiv des (eschatologischen) Lebens verbunden (s. Gal 2,20; vgl. *e contrario* 3,21). Doch widerraten dem inhaltliche Argumente: Warum nämlich sollte Gott den δίκαιος rechtfertigen? In 4,5 ist denn auch ausdrücklich der ἀσεβής Objekt des δικαιοῦν Gottes (dort ebenfalls als Partizip). Der Artikel nennt das Subjekt des Verhaltens ἐκ πίστεως (*darin* ist 4,16 eine instruktive Parallele!). Und auch sonst findet sich bei Paulus die Wendung οἱ ἔκ τινος (z. B. 4,12: οἱ ... ἐκ περιτομῆς; 4,14.16: οἱ ἐκ [τοῦ] νόμου); hier ist jeweils am besten ὤν zu ergänzen.[278] Dieses Syntagma steht geradezu für das entsprechende Partizip (die Beschnittenen, die Glaubenden), bietet allerdings eine Nuance, insofern der Akzent auf Beschnittenheit, Gesetz, Glaube als transpersonalen Realitäten liegt,[279] sodass ἐκ πίστεως εἶναι also anderes als bloßes πιστεύειν ist.

Die Frage, ob und was ggf. zu ergänzen ist, ist von einigem Belang, denn: ὁ ἐκ πίστεως Ἰησοῦ bezeichnet den Glaubenden, dieser lebt ἐκ πίστεως (vgl. Gal 3,7.9 [pl.]).[280] Damit ist von vornherein ein *genitivus*

---

[274] Hays, Faith 191 Anm. 144.

[275] Hays, ΠΙΣΤΙΣ 722. Allerdings: Vieles war irgendwann irgendwo nicht anstößig, ohne dass daraus ein theologischer Schluss gezogen werden könnte. Vinzenz von Lerin hat denn auch bekanntermaßen einen nicht unerheblich strengeren, weil positiv formulierten Maßstab: *ubique, semper, ab omnibus.*

[276] So Wilckens, Röm 1 198; dazu Kraus, Tod 186.

[277] Das kann indes keineswegs begründen, ἐκ πίστεως in V. 26 als adverbielle Bestimmung zum Partizip δικαιοῦν zu verstehen (so Wright, Justification 128: Gott „might justify people by Jesus' faithfulness").

[278] Kraus, Tod 186 gegen Wilckens, Röm 1 198 mit Anm. 571.

[279] Kraus, Tod 186.

[280] Vgl. Witherington, World 269, ferner Dunn, Röm 1 176: ὁ ἐκ πίστεως Ἰησοῦ sei „the one whose life has been determined by an act of faith (commitment) to Jesus (as Lord) and continues to be characterized by the attitude of trust in Jesus".

subiectivus problematisch – wie sogar Campbell konzediert[281] –, denn wie soll der Glaubende aus Jesu Glauben leben? Campbell rettet sich mit der Behauptung, „that this statement is functioning metonymically to denote the basis of the believer's life in the atonement of Calvary, or, that the believer exists on the basis of, and within, the perfect obedience of Christ that led to and through death".[282] Oder man liest hier den Gedanken eines Vorbilds im Glauben heraus/herein: Die Glaubenden leben aus Jesu Glauben, weil sie wie er glauben.[283]

Zu beachten ist die *aktivische* Formulierung des Rechtfertigungsvorgangs (so auch in V. 30; 4,5; ferner Gal 3,8), während in V. 24.28 passivisch formuliert wird. Der Akzent liegt damit wohl auf Gott(es Tun).

Der ἐκ-πίστεως-Beleg in Röm 3,26 unterscheidet sich von anderen absoluten und attribuierten Belege dadurch, dass er nicht als Adverb zu δικαιοῦσθαι (s. z. B. 3,30; 5,1) o. a., sondern als Attribut zum generalisierenden Artikel ὁ fungiert.

4.3.2. Zusammenhänge

4.3.2.1. Der Zusammenhang mit Röm 3,21–26

Wie der gesamte Abschnitt steht auch V. 26c in Zusammenhang mit 1,16 f. Befürworter des *genitivus subiectivus* finden hier darum eine Anspielung auf Hab 2,4 in Röm 1,17 in messianischer Interpretation (dazu 4.2.4.2. und 4.2.4.3.).[284] Doch fehlt hier ja das Nomen ὁ δίκαιος (s. o. zur Ellipse 4.3.1.).

V. 26c ist das Ziel der Argumentation von 3,21–26.[285] Insbesondere stellt V. 26b.c die „pointierte Auswertung" des Traditionsstücks durch Paulus dar (dazu 4.2.1.).[286] Noch genauer: V. 26c ist das Resümee der beiden

---

[281] Campbell, Rhetoric 186.

[282] Campbell, Rhetoric 187; vgl. Hays, Faith 173: ὁ ἐκ πίστεως Ἰησοῦ sei „the beneficiary of Jesus' faithfulness"; vgl. 191: „the person who lives on the basis of Jesus' faith".

[283] Johnson, Rom 3:21–26 80, 88: ὁ ἐκ πίστεως Ἰησοῦ sei „the one who shares the faith of Jesus", „who has faith as Jesus had faith"; so schon Williams, Death 54 und so auch Hays, ΠΙΣΤΙΣ 722; ferner Cousar, Theology 58. Allerdings wird hier das ἐκ nicht stark genug beachtet (so mit Recht Witherington, World 268 f.). Bemerkenswert die Wiedergabe bei Haacker, Röm 85 mit „der den Glauben an Jesus teilt", da hier die ekklesiologische Valenz der Wendung bewahrt ist.

[284] Hays, Faith 191 Anm. 144; Campbell, Rhetoric 67, 212 f.; Campbell, Meaning.

[285] Kertelge, Rechtfertigung 84; Wilckens, Röm 1 198; Theobald, Gottesbild 140 f., 150; Wolter, Rechtfertigung 31; Kraus, Tod 185: hier kommt „seine [*sc.* des Paulus] Aussageabsicht konzentriert zur Sprache".

[286] Wilckens, Röm 1 198. Die beiden πίστις-Χριστοῦ-Belege gehören zu „Paul's interpretative framework for the tradition" (Keck, Jesus 452); damit legt sich nahe, in πίστις Χριστοῦ eine paulinische Bildung zu sehen.

Zielangaben zu V. 25a, nämlich von V. 25b.26a.[287] Die beiden Gott beige-
legten Aspekte δίκαιος und δικαιῶν entsprechen dabei den beiden ἔνδει-
ξις-Belegen: Gott erweist seine Gerechtigkeit erstens in seinem eigenen
Gerechtsein, seiner Treue zum Bund(esvolk), sodann darin, dass er „nun"
rechtfertigt.[288]

Allerdings fügt Paulus mit V. 26c dem Thema des Abschnitts einen neuen
Aspekt hinzu: War bisher von der Offenbarung der Gottesgerechtig-
keit/des eschatologischen Heilsereignisses in Christus die Rede, geht es
jetzt um die Zuwendung Gottes zum Individuum in diesem Christus-Ereignis.[289] Auch das Verhältnis von V. 26b.c zum Traditionsstück kann als
Weiterführung verstanden werden: Es ist (vielleicht allzu) fein gesehen,
dass der übernommene Sühnegedanke nur die Taten berührt, während
Paulus das Sein des Menschen vom Heilsgeschehen betroffen sein lässt.[290]

V. 26c schlägt jedenfalls deutlich den Bogen zurück zu V. 21.22, indem
die Qualifizierung Gottes als δίκαιος die δικαιοσύνη θεοῦ (V. 21.22) und
das Gott beigelegte δικαιοῦν das „Erscheinen" der Gottesgerechtigkeit
(πεφανέρωται V. 21) wieder aufgreifen, das zudem mit der ἔνδειξις wieder
anklingt. Mit ὁ ἐκ πίστεως ist *generell* formuliert (wie mit ἄνθρωπος in
V. 28), nicht individuell-konkret, sodass etwa auch hierin eine Korrektur
der Tradition zu sehen wäre, nach der das Heilsgeschehen auf den Einzelnen zu beziehen sei;[291] diese Wendung nimmt vielmehr πάντες οἱ πιστεύοντες aus V. 22 wieder auf und bezeichnet also den Glauben der Glaubenden. Und selbstverständlich rekurriert schließlich πίστις Ἰησοῦ V. 26
auf V. 22,[292] sodass die ganze Passage durch eine *inclusio* mit dem Begriff
der πίστις gerahmt ist.[293]

Dass in diesem hoch konzentriert und konsistent formulierten Abschnitt
das ὁ ἐκ πίστεως in V. 26c analog zu den beiden vorhergehenden πίστις-
Belegen zu interpretieren ist, ist selbstverständlich.[294] Die beiden vorher-

---

[287] Theobald, Gottesbild 141.

[288] Theobald, Gottesbild 147, 150.

[289] Campbell, Rhetoric 197 f. Campbell zieht daraus dann weitreichende Schlüsse: das
Kreuz sei nicht die endgültige Größe, sondern nur ein Mittel für „the broader goal of the
salvation of humanity" (198).

[290] Klein, Römer 3,21–31 414.

[291] So Klein, Römer 3,21–31 415.

[292] Kraus, Tod 172 hält wegen dieses Bezugs auf V. 22 in V. 26 den objektiven Genitiv für
„unzweideutig". Und umgekehrt argumentieren *genitivus-subiectivus*-Vertreter mit dem vorgeblichen subjektiven Genitiv in V. 22, dass V. 26c entsprechend zu verstehen sei (Keck,
Jesus 456).

[293] Vgl. Theobald, Gottesbild 141.

[294] Vgl. Campbell, Rhetoric 67, 212. Allerdings dürfen die drei πίστις-Belege kaum von
hinten, nämlich von der Schlusswendung V. 26c her gelesen werden, die zuvor noch als
Bezug auf die vermeintlich messianisch zu interpretierende Formulierung aus dem Habakuk-
Zitat in 1,17 deklariert wird.

gehenden πίστις-Belege in V. 22.25 werfen ihr Licht auf ὁ ἐκ πίστεως Ἰησοῦ in V. 26c.

Paulus zieht in V. 26c also das Fazit des Abschnitts ab V. 21; sprachlich wird das markiert durch das konsekutiv zu verstehende εἰς: Gottes Gerechtigkeit ist erschienen ..., *sodass gilt*: ... (vgl. Röm 4,11b.16).[295]

Vom vorgeblichen Skopus des Abschnitts 3,21–26 her – „Christ being the means of rightstanding by his offering a propitiatory sacrifice" (dazu s. jedoch 4.2.1.) – möchte Witherington einen *genitivus subiectivus* wahrscheinlich machen.[296]

4.3.2.2. Die Fortsetzung Röm 3,27–31

Noch vor Kapitel 4 sind die gewichtigen Verse 3,27–31 zu berücksichtigen, bieten diese doch nicht einfach die eine oder andere Konsequenz zu Detailfragen, sondern vielmehr „eine umfassende Definition des Glaubens"[297]. V. 21–26 einer- und V. 27–31 andererseits sind eng aufeinander bezogen und daher wechselseitig zu interpretieren.[298]

Laut V. 27 ist καύχησις als „Haltung dessen, der sich auf das Gesetz verlässt" ausgeschlossen, denn πίστις ist „von ihrem mit Χριστός angegebenen Inhalt her wie die Rechtfertigung Gabe Gottes"; und Glaube ist die dieser Gabe entsprechende Haltung.[299] Ein „Rühmen" impliziert die Behauptung einer διαστολή, die Paulus doch soeben mit dem πίστις-Begriff verneint hatte (V. 22b).[300]

Zudem bietet V. 27 die umstrittene[301] Formulierung νόμος πίστεως. Für das πίστις-Χριστοῦ-Problem interessant ist schon der Umstand, dass Paulus selbst hier mit einer eigenen Genitivkonstruktion formuliert.[302] Wie ist hier πίστις verstanden? Eine gewisse Entsprechung findet sich in νόμος τοῦ πνεύματος τῆς ζωῆς ἐν Χριστῷ Ἰησοῦ in 8,2, sodass das Genitivattribut πίστις in 3,27 wohl auch die christliche Existenz (ἡ ζωὴ ἐν Χριστῷ Ἰησοῦ) bezeichnet. Ota dagegen sieht hier durch die Qualifizierung der πίστις als νόμος seine Bestimmung von πίστις bestätigt: πίστις sei ein „superindividual

---

[295] Wilckens, Röm 1 198; Theobald, Gottesbild 140. Final dagegen bestimmt das εἰς τὸ εἶναι Lohse, Röm 136.

[296] Witherington, World 269.

[297] Klein, Römer 3,21–31 411.

[298] Vgl. Theobald, Gottesbild 134.

[299] Lührmann, RAC 11 70.

[300] Vgl. Neubrand, Abraham 137 (mit Thompson, Inclusion 543–546 und Lambrecht/ Thompson, Justification 33).

[301] Vgl. dazu z. B. Haacker, Röm 93.

[302] Vos, Kunst 71: Die beiden zu νόμος gebildeten Genitivattribute sind „Sprachschöpfungen des Paulus".

phenomenon", eine kollektiv erfahrene Wirklichkeit der Gnade Gottes, die
Gottes Treue, die menschliche Reaktion darauf und das proklamierte Evangelium (Schenk!) integriert.[303]

V. 28 ist der Spitzensatz des Abschnitts 3,21–31 und des Gedankengangs
seit 1,16: Das δικαιοῦσθαι des Menschen (vgl. Gal 2,16a [dazu s. o. 3.2.3.]),
also von Juden und Nichtjuden, zeigt die Heillosigkeit von Juden und
Nichtjuden; Ziel ist die Rechtfertigung von Juden und Nichtjuden; sie
geschieht πίστει. *Ohne Artikel* kann πίστις hier nur dem unmittelbar folgenden ἄνθρωπος zugeschrieben sein (vgl V. 30). Hier ist πίστις damit
eindeutig der Glaube der Glaubenden. Da ein Subjektswechsel nicht angezeigt ist – etwa durch ein auf ἄνθρωπος bezügliches αὐτοῦ –, ist zu
schließen, dass auch die vorhergehenden πίστις-Belege so zu verstehen
sind. Das gilt insbesondere für V. 22, auf den V. 28 mit δικαι- Bezug nimmt
wie mit χωρὶς ἔργων νόμου auf V. 21 (χωρὶς νόμου). Die attributlosen
πίστις-Belege in V. 28.30 sind gleichsam Kurzformen der beiden vorangehenden πίστις-Χριστοῦ-Belege.[304]

In V. 30 folgert Paulus in Anspielung auf das Schᵉma Jisrael aus dem
monotheistischen Bekenntnis die Rechtfertigung sowohl von Juden als auch
von Nichtjuden durch/in Glaube.[305] Der Rückbezug auf 1,16 anhand der
Stichworte Juden, Völker, Glaube ist deutlich.

Der Konnex der Verse 28 und 30 mit dem vorhergehenden Abschnitt
V. 21–26 legt nahe, die attributlosen ἐκ-/διὰ-πίστεως-Belege als Kurzformen der πίστις-Χριστοῦ-Belege in V. 22.26 zu verstehen.[306] Das Attribut ist
damit als inhaltliche Präzisierung dieses Glaubens zu verstehen.

4.3.3. Inhaltliches

Der Erweis der Gerechtigkeit Gottes im „Nun-Zeitpunkt" zielt darauf,
dass gilt: Gott ist δίκαιος. Gott ist δίκαιος, insofern er treu/verlässlich zu
seinem Bund steht.[307] Ähnlich ist in V. 4b im Zusammenhang mit Bundes-
terminologie Gott als ἀληθής (im Gegensatz zum Menschen als einem
ψευστής) bezeichnet. Wie ἡ πίστις τοῦ θεοῦ (V. 3) und ἡ ἀλήθεια τοῦ θεοῦ
(V. 7) sind auch wohl die ([in der LXX] das hebr. צֶדֶק wiedergebenden)
Adjektive (annähernd) synonym.

---

[303] Ota, Use 76, vgl. 70; Ota schließt dabei insbesondere an Ernst Lohmeyer und Peter
Stuhlmacher an (68 f. Anm. 11).

[304] Vgl. Moo, Röm 225.

[305] Vgl. Neubrand, Abraham 141; Grässer, Gott.

[306] Moo, Röm 225.

[307] Vgl. z. B. Dunn, Röm 1 175.

Als zweites Ziel des Aufweises der Gottesgerechtigkeit wird genannt, dass Gott „den aus Glauben (an) Jesu(s)" rechtfertigt. Wichtig ist dabei offensichtlich der Zusammenhang, ja die Koinzidenz der Bundestreue Gottes und seines Gerechtmachens, d. h. unserer Rechtfertigung.[308] Zu fragen ist, ob das καί konsekutiv[309] – also: Gott ist gerecht und *folglich* rechtfertigt er den aus Glauben an Jesus Lebenden – oder explikativ[310] ist – also: Gott ist gerecht, *indem* er den aus Glauben an Jesus Lebenden rechtfertigt.[311] Die Auslassung der Kopula durch F G it Ambst ist ein Reflex sowohl des engen Zusammenhangs als auch der interpretatorischen Problematik. Da auch das Partizip modal verstanden werden kann – dann hieße es: Gott ist treu, gerade auch indem er gerecht macht –, fügt ein καί *explicativum* dem Kontext weniger Gedanken oder Motive hinzu; man sollte nach dem *principle of maximal redundancy* also das καί explikativ verstehen. Inhaltlich ist die Frage nach dem καί insofern wichtig, als bei explikativem καί die Rechtfertigung betont ist und die Gottesgerechtigkeit als wesentlich sich mitteilend und schöpferisch verstanden wird.[312]

Gegen das Argument mit dem (modalen) Partizip kann eingewandt werden, dass das Partizip hier ein Substitut für das *nomen agentis* ist; dieses steht parallel zum Adjektiv und ist dann nicht untergeordnet.[313] Mit diesem Hinweis ist zugleich die Frage positiv geklärt, ob das Partizip als *coniugatio periphrastica* mit εἶναι aufzufassen ist. Möglich wäre doch auch einfach der Infinitiv δικαιοῦν parallel zu εἶναι gewesen. Doch unterstreicht das Partizip, dass das δικαιοῦν nicht akzidenziell, sondern wesentlich ein Tun Gottes ist.

4.3.4. Das Attribut: bloßes nomen proprium

Der Verzicht auf einen christologischen Titel, die Beschränkung auf den Eigennamen „Jesus" wird von Vertretern der *genitivus-subiectivus*-These als Hinweis darauf genommen, dass hier Jesus in seiner *menschlichen Natur* – um eine dogmengeschichtliche Anleihe zu machen – gemeint sei und folglich πίστις hier seinen eigenen Glauben bezeichne;[314] dazu wird etwa auf Röm 8,11; 2Kor 4,10–14; 1Thess 1,10 verwiesen.

---

[308] Kraus, Tod 185 u. ö. betont diese Einheit von Gottes Sein und Handeln.

[309] Piper, Demonstration 30; Campbell, Romans III 27 f.; Theobald, Gottesbild 145, 150 f.; Kraus, Tod 186.

[310] Jüngel, Paulus 44; Käsemann, Röm 93; Wilckens, Röm 1 198; so auch Hays, ΠΙΣΤΙΣ 722 Anm. 28; vgl. Blackman, Question.

[311] S. dazu Blass/Debrunner/Rehkopf, Grammatik § 442,2 und 6.

[312] Stuhlmacher, Gerechtigkeitsanschauung 104.

[313] Kraus, Tod 186 (mit Blass/Debrunner/Rehkopf, Grammatik § 413,1 mit Anm. 2).

[314] So Haußleiter, Glaube 113, 118 (übrigens: auch für die Reihenfolge „Jesus Christus" macht Haußleiter geltend, dass der Mensch Jesus gemeint sei [119, 127]); Neelsen, Herr

Die Beschränkung auf das *nomen proprium* ist kontextuell gut erklärlich. Zum einen nämlich hatte Paulus im vorhergehenden Vers πίστις nicht mit einem Attribut versehen (können) (s. dazu 4.2.1.), was er nun nachholt, nachdem auf „Christus Jesus" (V. 24*fin.*) mit einem Relativpronomen (V. 25*inc.*) und mit einem Personalpronomen (V. 25: ἐν τῷ αὐτοῦ αἵματι) verwiesen wurde, dann aber das Personalpronomen αὐτός dreimal auf Gott bezogen ist (V. 25 τῆς δικαιοσύνης αὐτοῦ; V. 26b τῆς δικαιοσύνης αὐτοῦ; V. 26c τὸ εἶναι αὐτόν). Mit dem Attribut in V. 26c wird damit – über die komplexe Periode V. 25 f. hinweg – das διὰ [τῆς] πίστεως in V. 25 präzisiert; und es wird auf V. 22 zurückgegriffen, um einen Abschluss zu schaffen. Inhaltlich steht Christi Eigenname in V. 26 noch ganz im Wirkungsfeld von V. 25, nach dem Gott ihn durch sein Sterben zum ἱλαστήριον eingesetzt hat.[315] „Jesus" ist als Abbreviatur von „Jesus Christus" (V. 22) und der Inversion (V. 24) zu werten. In 2Kor 4,5 findet sich „Jesus" als Kurzform für „Jesus Christus" im selben Vers, in Röm 8,11 ist „Jesus" Synonym für den Christus-Titel im nächsten Kontext, insbesondere gestaltet Paulus hier eine rhetorische *variatio* beim im Übrigen wörtlich wiederholten ὁ ἐγείρας … ἐκ νεκρῶν: ὁ Ἰησοῦς ist Χριστός. Zum anderen bietet der folgende V. 27 zu Beginn mit ποῦ οὖν nach dem Ἰησοῦ zwei weitere u-Silben, die mit einem Χριστοῦ in V. 26c unnötig und phonetisch unschön weiter vermehrt worden wären.

Die vergleichsweise seltene Verwendung nur des Eigennamens ist bei Paulus v. a. im Zusammenhang mit Jesu Tod (2Kor 4,10; Gal 6,17b [übrigens mit interessantem Genitiv: ähnlich wie Röm 4,16 [s. dazu 4.3.5.] bezeichnet er die Qualität/Eigenart) oder Auferstehung (Röm 4,24c; 8,11; 2Kor 4,11b.14; 1Thess 1,10) oder mit beidem (2Kor 4,10; 1Thess 4,14) belegt (dazu Weiteres in 1.6.),[316] sodass das bloße „Jesus" als „umfassende Benennung der Heilsperson"[317] fungieren kann. „Jesus" ist es auch, der sich offenbart (1Kor 9,1c). Dieser „Jesus" soll verkündigt werden (2Kor 11,4). Und entsprechend genießt „Jesus" auch gottesdienstliche Verehrung (Phil 2,10[318]). Einen festen Sitz im Leben hat das bloße *nomen proprium* in der gottesdienstlichen Akklamation als κύριος (s. nur Röm 10,9; 1Kor

---

675; Pryor, Use; Williams, Death 54 (neben einem *genitivus subiectivus* im engeren Sinne ist es auch möglich, Jesus als „source" zu verstehen); Williams, Again 445 f., 447 Anm. 48; Johnson, Rom 3:21–26 80; Davies, Faith 110 Anm. 5. Hays, Faith 173, 191 Anm. 144; Hays, ΠΙΣΤΙΣ 722; Campbell, Rhetoric 65–67 bemühen dies Argument nicht (mehr).

[315] Vgl. Zahn, Röm 199 Anm. 92.

[316] Vgl. Dunn, Röm 1 176. S. schon Zahn, Röm 199 Anm. 92.

[317] Holtz, 1Thess 191.

[318] Nach Pryor, Use 38 verweist hier das bloße „Jesus" auf „the human and obedient *doulos*" der vorhergehenden Verse; andere argumentieren ähnlich (dazu s. 4.3.6.). In V. 10 selbst jedoch geht es um die Verehrung Jesu durch die gesamte Menschheit, ja die gesamte Kreatur; diese aber kann sich wohl kaum auf jenen Mann aus Galiläa beziehen.

7,10.12.25; 9,5.14; 11,23; 12,3; 14,37; 1Thess 4,15; vgl. mit Christus-Titel Phil 2,11). Und nicht zuletzt verbindet sich mit „Jesus" als dem Sohn Gottes (!) eschatologische Hoffnung: Er wird „aus den Himmeln" erwartet und „uns aus dem kommenden Zorn reißen" (1Thess 1,10).

Wie der Eigenname bei solchen Inhalten und Äußerungen des Glaubens genannt ist, so wird er an drei Stellen auch explizit mit dem Verb πιστεύειν verbunden: Im unserer Stelle 3,26 nächstgelegenen Beleg 4,24 werden die Adressaten in 1.pl. mit bezeichnet als „Glaubende an denjenigen, der Jesus, unseren Herrn, aus den Toten auferweckt hat"; diese partizipiale Formulierung spiegelt sichtlich eine finite Fassung mit πιστεύομεν ὅτι wieder. In Röm 10,9a findet sich die Akklamation „Herr ist Jesus!" (vgl. 1Kor 12,3e; 2Kor 4,5b; Phil 2,11). Von diesem „Herrn Jesus" wird dann gesagt, dass Inhalt des Glaubens ist (ὅτι-Satz), „dass Gott ihn auferweckt hat aus den Toten" (V. 9b).[319] Dieses πιστεύειν mit einem „Jesus" als Objekt nennenden ὅτι-Satz wird dann mittels des Zitats aus Jes 28,16 auf den Begriff gebracht: an (ἐπί τινι) ihn wird geglaubt (V. 11b). Er ist der Herr aller (nämlich von Juden und Nichtjuden [V. 12a]) (V. 12b), der reich ist für diejenigen, die ihn (im Gebet) anrufen (V. 12c); und Voraussetzung dafür, ihn anzurufen, ist es, an den „Herrn Jesus" zu glauben (V. 14a). Auch im frühesten Paulus-Brief, und zudem unter Aufnahme traditioneller Formulierung (kombinierte Pistis-Formel), ist „Jesus" Inhalt von πιστεύειν: Nach 1Thess 4,14 „glauben wir, dass Jesus gestorben und auferstanden ist"; hier ist „Jesus" Subjekt des das Heilsereignis ausführenden ὅτι-Satzes. Paulus und die ihm vorliegende Tradition setzen also „Jesus" und das Glauben zueinander in Bezug, so nämlich, dass „Jesus" auf der Inhaltsseite zu stehen kommt und das „Objekt" des πιστεύειν ist.[320] Entsprechend ist es Jesus als der Herr, der sich offenbart und den Apostolat begründet (1Kor 9,1c[321]; vgl. 15,1–11). Die Beziehung zwischen Apostel und seiner Gemeinde kann als Dienstverhältnis „wegen [des soeben als Verkündigungsinhalt genannten] Jesus" bezeichnet werden (2Kor 4,5b); hier ist wohl auf die Akklamation Jesu als den grundlegenden Akt der Gemeinde angespielt.

---

[319] Der „historical act of God in the resurrection" liegt als Grund der Gegenwart Jesu zwar sachlich zugrunde, ist aber nicht selbst Gegenstand der Akklamation (zu/gegen Pryor, Use 33).

[320] Das *nomen proprium* als Genitivattribut zu πίστις findet sich noch in Apk 14,12: Trotz des Nebeneinander von αἱ ἐντολαὶ τοῦ θεοῦ und ἡ πίστις Ἰησοῦ liegen verschiedene Genitive vor; zudem kennt die Apokalypse einen anderen πίστις-Begriff als Paulus, wie allein schon die Verwendung des Verbs τηρεῖν zeigt; vgl. 2,13 ἡ πίστις μου („die Treue zu mir"), entsprechend wird der Märtyrer Antipas als πιστός qualifiziert (s. 1.9.).

[321] Nach Pryor, Use 32 liegt der Akzent bei „Jesus, unser Herr" auf dem ersten Wort, womit der Mensch Jesus hervor gehoben werde. Das erste ist jedoch eine unbegründete Behauptung und die Schlussfolgerung eine *petitio principii.* Zudem scheint die Verbindung von Auferstehung und dem irdischen Jesus nicht unproblematisch.

Ein Akzent auf Jesu Menschlichkeit kann aus der Verwendung nur des Eigennamens „Jesus“ in Röm 3,26c also nicht abgeleitet werden.[322] „Jesus“ und „Jesus Christus“ können nicht unterschieden werden.[323] Noch weniger kann aus einer Menschlichkeit Jesu wiederum die Thematisierung seines Glaubens abgeleitet werden,[324] zeigt sich laut den paulinischen Texten diese doch nicht in seinem Glauben, sondern darin, dass er von einer Frau geboren und unter das Gesetz getan ist (Gal 4,4).

Schließlich ist „Jesus“ jedenfalls für die Römer kein (häufiger und von daher) beliebiger und indifferenter Eigenname, sondern ausschließlich mit dem Gekreuzigten und Auferstandenen verbunden.[325] In ihrem Gottesdienst – auch in dem, in dem der Brief des Apostels vorgelesen wurde – wurde auch die Akklamation laut: „Jesus ist der Herr!“

Die Beachtung des Attributs ist berechtigt, ja geboten (s. dazu 1.6.). Leider legen die *genitivus-subiectivus*-Vertreter nicht die gleiche Findigkeit in der Interpretation der konkreten Formulierung des Attributs bei πίστις Χριστοῦ an den Tag, wenn sich dort „Christus“ oder gar „Sohn Gottes“ findet.

4.3.5. *Der nachfolgende Kontext I: Abrahams Glaube nach Röm 4*

Für die Wendung ὁ ἐκ πίστεως Ἰησοῦ in 3,26c wird auf τὸ ἐκ πίστεως Ἀβραάμ in 4,16 als eine genaue Parallele verwiesen;[326] in diesen beiden Fällen einer mit einem Genitivattribut ergänzten ὁ/τὸ-ἐκ-πίστεως-Formulierung liege ein *genitivus subiectivus* vor: Christen lebten „aus Jesu Glau-

---

[322] Cremer, Rechtfertigungslehre 891 sieht zwar einen solchen Akzent, bezieht ihn ganz auf das Kreuz (ἐν τῷ αὐτοῦ αἵματι V. 25) mit der Pointe, dass Christi Heilsbedeutung für uns ganz und allein in seinem menschlichen Geschick bestehe (nicht in seinem Sein als Sohn Gottes; πίστις Ἰησοῦ also gleichsam antidoketisch); vgl. Cranfield, Röm 1 390: Der Eigenname betont Geschichtlichkeit. Für den paulinischen Gebrauch von „Jesus“ überhaupt stellt Pryor, Use 40 f. als Fazit fest, dem Eigennamen eigne eine „clear reference to the events of his life, chiefly to his death and resurrection, and often in a kerygmatic or confessional framework“.

[323] Anders Goppelt, Theologie 394: „,Jesus‘ ist überwiegend der Irdische, nur vereinzelt der Auferstandene und der Kommende.“ Auch der *genitivus-subiectivus*-Befürworter Keck meint, dass zwischen πίστις Ἰησοῦ Χριστοῦ und πίστις Ἰησοῦ nicht unterschieden werden kann (Keck, Jesus 452 Anm. 29; in gewissem Sinn so auch Pryor, Use 40). Nach Kramer, Christos 200 ist zwischen dem Jesus-Namen mit oder ohne Christus-Titel „ein Bedeutungsunterschied … nicht zu konstatieren“.

[324] So z. B. Morris, Faith 288.

[325] Keck, Jesus 449–452 rekonstruiert die von Paulus bei den römischen Christen vorausgesetzten Kenntnisse über „Jesus“.

[326] Hays, Faith 164, 171 (mit Goodenough, Hellenization 45; vgl. Hanson, Studies 42–45); Hays, Jesus’ Faith 262; vgl. Keck, Jesus 456; Johnson, Rom 3:21–26 80; O’Brien, Phil 399; Kok, Truth 128; Campbell, Rhetoric 66 f.; Bockmuehl, Phil 211 und schon Kittel, πίστις 424 und Ebeling, Wahrheit 316 Anm 26.

ben" bzw. „aus Abrahams Glauben". In 4,16 hier wird die in 1,17 zitierte und in 3,30 im Wechsel mit διά benutzte Wendung ἐκ πίστεως aus Hab 2,4 aufgenommen und mit dem Genitivattribut ᾿Αβραάμ ergänzt – so wie in 3,26 mit ᾿Ιησοῦ. Wohl entsprechen sich beide Stellen in der Verwendung des *nomen proprium*, sie unterscheiden sich jedoch darin, dass der als *nomen regens* fungierende Artikel in 3,26 indefinitiv ist (vgl. dazu mit ἐκ νόμου 4,14),[327] während in 4,16 eine Apposition oder ein elliptischer Relativsatz zu σπέρμα vorliegt. Kann von ἐκ πίστεως ᾿Αβραάμ auf einen (ebenfalls) subjektiven Genitiv in 3,26 geschlossen werden?[328]

Den Konnex von 3,21–26(-31) mit dem (von Vertretern der *new perspective* wenig beachteten[329]) Kapitel 4[330] markiert Paulus sehr deutlich: Der Spitzensatz 3,28 wird in 4,6 mit dem Stichwörtern ἄνθρωπος und χωρὶς ἔργων [νόμου] aufgegriffen,[331] so auch die Ausführung von 3,30 dann im sogleich besonders interessierenden Vers 4,16 mit ἐκ πίστεως, einem Selbstzitat aus 1,7.

Schon formal entsprechen sich indes die Wendungen aus 3,26c und 4,16 nicht präzise: Bildet im ersten Beleg der Artikel selbst das Bezugswort zum präpositionalen Attribut ἐκ πίστεως, wird mit dem Artikel in 4,16 das Bezugswort τὸ σπέρμα wieder aufgenommen. Eine erhebliche Schwierigkeit liegt in 4,16 darin, dass πᾶν τὸ σπέρμα aufgegliedert wird in τὸ ἐκ τοῦ νόμου und τὸ ἐκ πίστεως ᾿Αβραάμ: Sind damit Juden und Christen nebeneinander gestellt?[332] Oder Judenchristen und Heidenchristen?[333] Da in V. 11 f. Abrahams „Vaterschaft" differenziert wird anhand des Kriteriums Beschneidung, wird wohl auch in V. 16 anhand des Merkmals Gesetz unterschieden: Juden und Judenchristen mit Signatur νόμος hier, Heidenchristen mit der Signatur πίστις da.[334] Aber: Laut 3,30 geschieht die Rechtfertigung auch der ᾿Ιουδαῖοι (ausschließlich) ἐκ πίστεως, und 4,12 zeigt, dass es bei denen ἐκ περιτομῆς gerade darauf ankommt, dass sie in den Fußstapfen des Glaubens des (seinerzeit noch) unbeschnittenen (gleichsam ungesetzlichen) Abrahams gehen.[335] So wird Paulus kaum Judenchristen unter den ἐκ τοῦ νόμου subsummieren.

---

[327] Dazu Blass/Debrunner/Rehkopf, Grammatik § 266, 1b.
[328] So z. B. Haußleiter, Glaube 110 f.; Kittel, πίστις 424; Hays, Faith 164, 171 (mit Hinweis auf Kittel); Hooker, ΠΙΣΤΙΣ 325 f.; Hays, ΠΙΣΤΙΣ 722; Campbell, Rhetoric 66 f.; Stowers, Rereading 201; Hays, Christology 47.
[329] S. dazu nur Silva, Faith 245 f. mit Anm. 68.
[330] S. hierzu die eindringliche und ausgewogene Darstellung von Gathercole, Faith.
[331] Neubrand, Abraham 213.
[332] So z. B. Mußner, Samen 162; von Dobbeler, Glaube 137.
[333] So z. B. Zahn, Röm 230–232; Käsemann, Röm 113–115 (vgl. schon Käsemann, Glaube 156 f.); Wilckens, Röm 1 271 f.; Schmithals, Röm 144.
[334] Neubrand, Abraham 275 (vgl. schon Schlier, Röm 131).
[335] Dazu Bachmann, Kirche 170 f.

Zu 4,16 scheint tatsächlich die grammatikalische Frage des Genitivs rasch geklärt werden zu können, ist doch vorher und nachher davon die Rede, dass Abraham glaubt (verbal formulierte Entsprechung: V. 3b [zit. Gen 15,6].5.17c.18); entsprechend kann von „seinem Glauben" (V. 5), vom „Glauben unseres Vaters Abraham" (V. 12*fin.*) und absolut, aber auf Abraham bezogen von πίστις (V. 9c.19.20b; vgl. διὰ δικαιοσύνης πίστεως V. 13c und ferner V. 14b) und ἀπιστία (V. 20a) gesprochen werden. Liegt es so nicht nahe, auch [τὸ σπέρμα] τὸ ἐκ πίστεως Ἀβραάμ in V. 16 als *genitivus subiectivus* aufzufassen? Also: Die Verheißung ist fest/verlässlich für die Nachkommenschaft, die aus dem Glauben Abrahams lebt.

Was aber bedeutet genau eine Existenz „aus Glaube Abrahams"? Oder: Wie verhalten sich nach Röm 4 die Größen „Abraham" und „wir" zueinander? Abraham wird als „unser Stammvater nach dem Fleisch" (V. 1), als „unser Vater" (V. 12*fin.*, vgl. V. 11b), ja als „Vater aller", nämlich der Nachkommenschaft „aus dem Gesetz" und der „aus dem Glauben Abrahams" (V. 16e) verstanden (vgl. V. 17b zit. Gen 17,5 LXX und V. 18b). Diese Beziehung wird vermittelt durch das Motiv πιστ-. Abraham wird mit einem Partizip wesentlich als [ὁ] ... πιστεύων qualifiziert (V. 5); auch „wir" zählen zu οἱ πιστεύοντες (V. 11b[vgl. V. 16e].24c). Abraham ist „unser Vater", insofern wir glauben (V. 11b). Wir gehen in seinen „Fußstapfen (in der Unbeschnittenheit)" (V. 12).[336]

Der Glaube Abrahams ist dem unseren, was die Bezugsgröße und den Inhalt betrifft, analog: Beide richten sich auf Gott.[337] Abraham glaubt an Gott, der „die Toten lebendig macht" (V. 17c), wobei das Totenmotiv hier übertragen verwendet wird im Hinblick auf den eigenen, im hohen Alter „erstorbenen Leib" und die νέκρωσις Saras (V. 19). Der christliche Glaube ist bezogen auf „den, der unseren Herrn Jesus aus den Toten auferweckt hat" (V. 24c).[338] Eine gewisse Unausgeglichenheit ist nicht zu übersehen: Das Objekt des geglaubten Lebendigmachens im Falle Abrahams ist mit

---

[336] Allerdings wird das ἐκ-πίστεως-Motiv nicht auf Abraham angewendet (bei Johnson, Rom 3:21–26 84 liegt wohl ein Flüchtigkeitsfehler vor, indem Ἀβραάμ in V. 16d als Dativ [statt als Genitiv] genommen wird).

[337] Hierin sei Abraham ein „model" für Christen (Johnson, Rom 3:21–26 84); dafür aber bedarf es Abrahams gar nicht (s. etwa 3,30).

[338] Diese Analogie (Gott, lebendig machen) sollte nicht weg diskutiert werden; so etwa Hays, Faith 165, der große Probleme wegen des vermeintlich unterschiedlichen Glaubensinhaltes bei Abraham und den Christen ausmacht: „If we are justified by believing in Jesus Christ, in what sense is Abraham's theocentric faith a precedent for ours, or in what sense is our Christocentric faith analogous to his? If Abraham could be justified by trusting God, why should we believe in *Christ* to be justified? Why not simply put our trust in God, as Abraham did?" (Zustimmung von Keck, Jesus 454 Anm. 37); vgl. schon Kittel, πίστις 419 ff.: da Abraham nicht durch Glaube an Christus gerechtfertigt worden sein könne, liege in 3,22.26 ein *genitivus subiectivus* vor.

der ἐπαγγελία (vgl. V. 13a.14b.16c.20a) der großen Nachkommenschaft (V. 17b.18c) Abraham selbst (und Sarah) (s. V. 19 τὸ ἑαυτοῦ σῶμα [ἤδη] νενεκρωμένον, ἡ νέκρωσις τῆς μήτρας Σάρρας) – dazu wäre eine bessere Parallele, dass auch Christus an eine solche ihn selbst betreffende Neuschöpfungstat Gottes glaubte.[339] So ist Abrahams Glaube ganz von seinem *Inhalt* her bestimmt. Das heißt aber: Abrahams πίστις wird hier nicht mehr formal als *faithfulness* verstanden, sodass aus inhaltlichen Gründen in der πίστις-Χριστοῦ-Debatte nicht mit Röm 4 als Parallele zu einer postulierten *faithfulness* Jesu argumentiert werden kann.[340] Die beobachtete inhaltliche Bestimmung von „Glaube Abrahams" fügt sich ein in den paulinischen πίστις-Begriff überhaupt; auch dessen Signum ist sein Verständnis vom Inhalt her.[341] Das legt für πίστις Χριστοῦ eher einen Objektgenitiv zur gut paulinischen Akzentuierung des Glaubensinhalts nahe.

Und Unbehagen gegen die behauptete Parallele, nach der Christen „aus Glauben Jesu/Abrahams" leben, bereitet auch eine formale Beobachtung: Während in Röm 4 Paulus die inhaltliche und funktionale (dazu der nächste Absatz) Analogie zwischen Abrahams und unserem Glauben darlegt, geschieht dies in Röm 3 zu πίστις Χριστοῦ just nicht. Überhaupt wird Abraham ausführlich und in sprachlicher Vielfalt als Glaubender beschrieben, während das bei „Jesus" unterbleibt. Die Darlegungen zu „Jesus" und zu Abraham sind in einem solchen Maße unterschiedlich, dass man fragen kann, ob es überhaupt eine Nötigung oder doch wenigstens eine Legitimation dafür gibt, πίστις Ἰησοῦ und πίστις Ἀβραάμ zu vergleichen.[342]

Abraham glaubt an den Gott, „der den Gottlosen rechtfertigt" (V. 5). Entsprechend sieht der christliche Glaube in „unserer Gerechtsprechung" das Ziel von Christi Tod und Auferstehung (V. 25).[343] Unserem Glauben wie dem Abrahams gilt denn auch das λογίζεσθαι εἰς δικαιοσύνην (V. 23.24a.b, vgl. V. 11c und ferner V. 13c: Abraham und seine Nachkommen empfangen die Verheißung durch δικαιοσύνη πίστεως);[344] schon V. 5 hatte, wohl auf Abraham bezogen, aber mit Partizipien generell, also andere Glaubende einschließend, formuliert,[345] wie denn jedenfalls das δικαιοῦν von 3,21–26 her zu lesen ist.[346] Daher kann auch Abraham nicht

---

[339] Diese mögliche (inhaltliche) Ausführung eines Glaubens Jesu wird von Vertretern des *genitivus subiectivus* bei πίστις Χριστοῦ allerdings nicht erwogen.

[340] Vgl. Moo, Röm 225 Anm. 28.

[341] Lührmann, Glaube 47.

[342] Vgl. Achtemeier, Faith 89.

[343] Von einer bloß formalen Parallelisierung durch den gemeinsamen Bezug auf ἐπαγγελία kann daher nicht die Rede sein (gegen Neubrand, Abraham 285).

[344] Abraham ist „der erste Gottlose, den Gott zum Glauben erwählt und gerechtfertigt hat" (Stuhlmacher, Theologie 1 345).

[345] Ota, Use 79 sieht hier nur „the faith of any believer" angesprochen.

[346] Mundle, Glaubensbegriff 97.

als Vorbild Jesu im Glauben genannt werden.[347] Im Falle Jesu fehlt ja das δικαι-Motiv (s. 1.8.3.). Wie ist dann das Verhältnis Abraham-Christus in Röm 4 zu bestimmen? Anders als in Gal 3,16 gilt Christus hier nicht als Abrahams σπέρμα.[348] Wird dieses Motiv aus Gal 3 hier in Röm 4 hinein gelesen, führt das zu einer vermeintlichen Parallele von Abrahams und Jesu Glauben und damit zu einer *inhaltlichen* Bestimmung des Glaubens Jesu: „[A]s the parallels between the faith of Abraham and the faith of Christ ... will make clear, the faith of Christ is simply his trusting that the cross would not be the end"[349]. Dafür hätte indes die Verwendung der Aqedah-Tradition näher gelegen.[350] Und mit den neueren inhaltlichen Bestimmungen eines Glaubens Jesu (Akzeptanz des Kreuzes) passt dies auch nicht zusammen. Das Verhältnis von Abraham und Christus in Röm 4 ist so zu beschreiben, dass schon in der Geschichte Abrahams (der Verheißung der Nachkommenschaft) aufscheint, was in der Geschichte Christi (in Kreuz und Auferstehung) für alle Menschen Leben/Gerechtigkeit bewirkt: Gottes Leben spendende Macht (vgl. V. 17c).

Also: Eine Existenz „aus Glaube Abrahams" heißt, wie Abraham zu glauben. Dass (als Subjekte des Glaubens) Abraham und die Glaubenden hier koordiniert werden, zeigt auch der Schluss in V. 23 f., wonach die zentrale Aussage von der Zurechnung der Gerechtigkeit sich nicht nur auf Abraham, sondern gleichermaßen auch auf „uns" bezieht. Wie Abraham zu glauben, ist möglich, weil der Glaube Geschichten über Abraham erzählt; könnte hier – wie ja bei πίστις Χριστοῦ vorgeschlagen – πίστις Ἀβραάμ metonym die „Glaubensgeschichte über Abraham" bedeuten?

Auf inhaltlicher Ebene (gleichsam als Objekte des Glaubens) entsprechen sich die ἐπαγγελία (V. 13a.14b.16c.20a) bei Abraham und Tod und Auferweckung Christi bei uns; vergleichbar heißt es in Gal 3,29, dass „wir" σπέρμα Ἀβραάμ seien (vgl. ἐπαγγελίας τέκνα 4,28), indem wir Christus angehören.

Der Glaubensinhalt bei Abraham ist auch sein eigenes Verhältnis zu uns als „Vater vieler Völker" (V. 18b), wie auch umgekehrt an der Geschichte Abrahams der Inhalt christlichen Glaubens expliziert werden kann (der Galaterbrief geht darüber hinaus, insofern dort der Verheißungsbegriff Abraham und Christus verbindet [s. nur und nochmals Gal 3,29]).

---

[347] Vgl. Dunn, Röm 1 166; Dunn, Once More 741 f.

[348] So indes Johnson, Rom 3:21–26 87: Abraham glaubt, seine jüdische Nachkommenschaft glaubt (V. 11 f.) – und Jesus als einziger sollte nicht glauben? – *Sophisticated.*

[349] Goodenough, Hellenization 45; eine eigenartige Aussage – impliziert sie ein von sühnetheologischen und anderen soteriologischen Gedanken unbelastetes Verständnis des Kreuzes als – Tod?

[350] Darauf weist schon Dunn, Once More 741 hin. Dass Abraham, da prototypisch für alle Juden, auch Prototyp für den (eben jüdischen) Messias sei, ist ein verzweifeltes Argument Campbells, eine Reihung Abraham-Jesus-Christen auch für Röm 4 zu behaupten (Rhetoric 66 Anm. 3).

Gegen das Argument, ein *genitivus subiectivus* in 3,26c ließe sich durch die Parallele 4,16 erschließen, ist zweierlei vorzubringen:

Schon die Bestimmung des Genitivs in 4,16 als *genitivus subiectivus* ist so einfach nicht. *Inhaltlich* wird in 4,16 gar nicht Abrahams eigener Glaube besprochen, sondern der „abrahamitische" Glaube der Abrahamsnachkommenschaft (σπέρμα) (s. 1.5.3.); der Genitiv benennt gleichsam eine Qualität des Glaubens (s. 1.4.).[351] Sachlich korrekt lautet darum die aktuelle Luther-Übersetzung (Revision 1984): „die wie Abraham aus dem Glauben leben". Die Eigenart dieses Glaubens wird dann in V. 17–21 ausgeführt.[352] Gal 3,7 sagt denn auch, dass οἱ ἐκ πίστεως Abrahamskinder sind. Die πίστις ist die Signatur Abrahams und seiner Nachkommenschaft. Abrahams eigener Glaube ist also (für andere Menschen) keine soteriologische Größe (anders steht es mit der ἐπαγγελία). So ist zu Röm 3,26 nicht zunächst Röm 4,16 heranzuziehen, sondern vielmehr ὁ/οἱ ἐκ πίστεως *ohne Attribut*.[353] Diese Wendung (Gal 3,7.9 [V. 8 stellt den Rechtfertigungszusammenhang her]; sächlich Röm 14,23c; vgl. mit δικαιοσύνη Röm 9,30; 10,6) freilich meint den Glauben der Glaubenden,[354] so auch in Röm 3,26.[355] Hinzu kommen noch die adverbiellen Belege von ἐκ πίστεως in Röm 1,17 (zit. Hab 2,4); 3,30; 4,16a (da Bezug auf 1,17 = Hab 2,4); 5,1; Gal 3,8.11 (zit. Hab 2,4).12 (ἔστιν).24; 5,5. Anders als Röm 4,16 teilen die meisten dieser nichtattribuierten Belege den (unmittelbaren) Rechtfertigungszusammenhang mit Röm 3,26.

Methodologisch scheint es kurzschlüssig zu sein, ὁ ἐκ πίστεως Ἰησοῦ einfach mit τὸ σπέρμα τὸ ἐκ πίστεως Ἀβραάμ gleichzusetzen. Diese Parallele scheint schlagend zu sein, berücksichtigt man nur die grammatikalische Form (Artikel + ἐκ πίστεώς τινος). Ist aber grundsätzlich der Schluss von einem Syntagma mit einer bestimmten Genitivvalenz zu einer anderen formal entsprechenden Wendung wirklich zwingend? Liegt denn etwa eine semantisch fixe Einheit ὁ ἐκ πίστεώς τινος zugrunde, deren Attribut beliebig besetzt werden kann? Der unterschiedliche Rang – gerade in Bezug auf

---

[351] Vgl. Hultgren, Formulation 256 f. (Dazu fügt sich *nolens* die Sicht Hookers, dass Abraham in Röm 4 nicht typologisch, sondern paradigmatisch zu verstehen sei [ΠΙΣΤΙΣ 325 f.].)

[352] Keck, Jesus 456.

[353] Bailey, Rez. Campbell 282, der (ungenannt) wohl Hultgren, Formulation 255 f. folgt. – Völlig abwegig ist Schlägers Einschätzung der πίστις-Χριστοῦ-Belege als Interpolationen; paulinisch sei eben nur der absolute πίστις-Gebrauch (Bemerkungen 356–358). – Selbst Williams, Again 437 konzediert, dass „several times *pistis Christou* seems to function … exactly as does *pistis* when *pistis* is used absolutely to designate the believer's faith".

[354] So auch bei διά (Röm 3,25.30.31; 2Kor 5,7; Gal 3,14.26) und ἐν (1Kor 16,13; 2Kor 13,5) (vgl. Hultgren, Formulation 255 f.). Konsequenterweise verstehen etwa Howard, Paul 57 und Hays, Faith 201 οἱ ἐκ πίστεως Gal 3,7.9 als „those who are given life on the basis of (Christ's) faith" (Hays).

[355] Bailey, Rez. Campbell 282.

den als *nomen regens* angeführten Glauben – der beiden als Attribute genannten Personen kann aber doch nicht unberücksichtigt bleiben.[356] Bei Abraham ist von vornherein klar, wie diese Gestalt zu πιστ- steht, nämlich als exemplarisches Subjekt; bei Jesus ist dies nicht so.[357] Und da das Ziel des πιστεύειν, nämlich das δικαιοῦσθαι/λογίζεσθαι εἰς δικαιοσύνην bei Jesus nicht genannt wird, wird er hier kaum als Subjekt des Glaubens in Betracht kommen.

Sucht man methodisch korrekt nach Parallelen, so ist vor allem auf die Wendung Artikel + ἐκ πίστεως (also: ohne Attribut) zu verweisen.[358] (Entsprechend ist übrigens auch das Antonym nicht attribuiert: οἱ ἐκ νόμου V. 14.16). Da der Singular in 3,26c generell gemeint ist (s. o. 4.3.2.1.), können die pluralischen Belege Gal 3,7.9 verglichen werden.

Hinzu kommt noch ein Weiteres: Ist ein solcher (an sich schon problematischer) Schluss von einem *späteren* auf einen *vorhergehenden* Beleg bei einem Brieftext überhaupt wahrscheinlich?[359] Sollte Paulus sich zumal im Gespräch mit der ihm unbekannten Gemeinde in Rom unterstanden haben, zunächst möglicherweise unverständlich zu formulieren – und das ausgerechnet im wichtigen Abschnitt 3,21–26? So ist nicht V. 26 (und dann [auch noch mit einem Wechsel der Präposition] V. 22) von 4,16 zu erläutern, sondern umgekehrt. 4,16(–23) ist umklammert von 3,21–26(–31) und 4,24 f.: Der christliche Glaube hat die Offenbarung der Gerechtigkeit Gottes im Sühnetod Christi zum Inhalt (3,21–26), und er entspricht dem Abraham-Glauben, insofern er sich mit dem Bekenntnis zur Auferweckung Christi auf den (im Tod Christi) rechtfertigenden und (durch die Auferweckung Christi) Leben schaffenden Gott ausrichtet und damit in der Verheißungsgeschichte des Gottes Abrahams steht (Röm 4).

Die Parallelformulierung τὸ ἐκ πίστεως Ἀβραάμ 4,16 kann gar für die mit der *genitivus-subiectivus*-These verbundene Soteriologie herangezogen werden: Dort gehe es um einen Glauben wie den Abrahams; entsprechend sei ὁ ἐκ πίστεως Ἰησοῦ 3,26 als „one who has faith like the faith of Jesus" zu verstehen. Der Glaube der Glaubenden sei vom Glauben Jesu nicht zu trennen, partizipiere vielmehr daran.[360] Damit wird die Basis der Soteriologie anders als traditionell gedacht. Radikaler noch führte das schon Haußleiter durch, indem er ὁ ἐκ πίστεως Ἰησοῦ als denjenigen bestimmte, der „in πίστις Ἰησοῦ den objektiven Grund seiner eigenen Rechtfertigung erblickt, der also den Heilsglauben des Mittlers ... als das von Gott

---

[356] Die semantische Relevanz des Attributs spielt Keck, Jesus 456 herunter.

[357] Vgl. Pryor, Use 41.

[358] So mit Recht Bailey, Rez. Campbell 282.

[359] Auf diesen einfachen, aber zumal für die Gattung des Briefs wichtigen Sachverhalt weist in anderem Zusammenhang hin Bachmann, Sünder 137.

[360] Williams, Again 446 f. mit Anm. 48.

geordnete Mittel ansieht, gerecht zu werden".[361] Also: Jesu (am Kreuz sich bewährender) Glaube ist die entscheidende soteriologische Größe, nicht das Kreuz selbst. Das freilich steht nicht da.[362]

Der Hinweis auf Röm 4,16 löst also nicht das Problem des Genitivs in 3,26 im Besonderen und bei πίστις Χριστοῦ im Allgemeinen, insbesondere nicht im Sinne eines *genitivus subiectivus*. Die attributlosen Belege dagegen legen einen *genitivus obiectivus* durchaus nahe. Im Übrigen ist πίστις Ἀβραάμ ein instruktiver Vergleich für πίστις Χριστοῦ, was das synchrone Verhältnis von Verb und Substantiv betrifft.

4.3.6. Der nachfolgende Kontext II: Der Gehorsam Christi Röm 5,19

Zur Interpretation von πίστις Χριστοῦ im Sinne eines *genitivus subiectivus* wird eine analoge Formulierung namhaft gemacht: die Rede von Jesu ὑπακοή in Röm 5,19 (dazu auch 1.8.3.).[363] Jesu Gehorsam wird dabei meistens v. a. als Einverständnis mit seinem Todesschicksal verstanden,[364] jedoch auch auf sein gesamtes Leben bezogen.[365]

Zunächst einige Bemerkungen zu Röm 5: Dieses Kapitel verbindet Röm 1–4 (Thema: Zusammenhang von πίστις und δικαιοσύνη) und Röm 6 (Thema: Zusammenhang von ὑπακοή und δικαιοσύνη V. 16d).[366] Die Verbindung von 3,21–26 zu Röm 5 liegt mit den Stichworten δικαιούμενοι/δικαιωθέντες, χάρις und δωρεά- zutage (vgl. v. a. 3,24 mit 5,15d.17b).[367] Insbesondere 5,9.19 können als Kommentar zu 3,25 gelesen werden,[368]

---

[361] Haußleiter, Glaube 143 f.; vgl. 144: „[A]uf diesem Glaubensgrunde [*sc.* dem Glauben Jesu] erbaut sich dann des Einzelnen Glaube."

[362] Vgl. Moo, Röm 225: Bei dem genannten soteriologischen Modell „it is necessary to introduce some very dubious theology in order to speak meaningfully about ‚the faith exercised by Jesus Christ". Zur Soteriologie s. 1.8.3.

[363] So vehement v. a. Hooker, ΠΙΣΤΙΣ 337; Keck, Jesus 457; Johnson, Rom 3:21–26 85–90 („by this obedience of Jesus ... Paul means, simply, Jesus' *faith*" [89]); Hays, Faith 167; Hays, Jesus' Faith 261, 263; Hays, ΠΙΣΤΙΣ 723 f.; vgl. schon Barth, Faith 366; auch Longenecker, Obedience 142–152.

[364] Man ist bei diesem Gedanken doch stark an die synoptische Gethsemane-Perikope (Mk 14,32–42 parr.) wie auch an Hebr 5,7–10 erinnert.

[365] So z. B. Longenecker, Obedience 142–145.

[366] Vgl. Johnson, Rom 3:21–26 87, der aus diesem Überblick zum Aufbau weitreichende Schlüsse zieht: Jesu Glaube müsse in Röm 5 thematisiert sein, denn alle Menschen verhalten sich Gott gegenüber in Sünde oder Glaube (1,18–3,31) – so auch Abraham (Rechtfertigung) (Röm 4) –, sonst wäre Jesus unter allen Abrahamskindern alleine ohne Glaube an Gott. Indes: Christus wird hier überhaupt nicht als Abrahamskind bedacht, obwohl mit dem σπέρμα-Begriff die Möglichkeit dazu gegeben wäre (vgl. Gal 3,16).

[367] Dazu Wolter, Rechtfertigung 7, 11; vgl. Johnson, Rom 3:21–26 88.

[368] Haußleiter, Glaube 133.

mancher findet in 5,19 gar „the plain explication" von 3,21–26.[369] 3,23 *inc.* wird in 5,12c wörtlich rekapituliert.

Der Aufbau von Röm 5 ist gegeben durch das Nebeneinander von 1–11 (Stichworte „Friede" und „Versöhnung") und 12–21 (Stichworte „Gnade" und „Gnadengabe").

Die Bezeichnung Christi als ὁ εἷς ἄνθρωπος (V. 15d) bzw. in der Abbreviatur als εἷς (17 *fin.*; im Gegenüber zum εἷς ἄνθρωπος Adam V. 19a) kann nicht als Hinweis auf den Menschen Jesus verstanden werden,[370] woraus dann noch auf seinen Glauben gefolgert werden dürfte; vielmehr ist hier mythisch von zwei Personen als dem Menschen die Rede.

In Röm 5,19b wird die ὑπακοή τοῦ ἑνός dem Ungehorsam des einen Menschen Adam (V. 19a) gegenübergestellt (vgl. V. 15: παράπτωμα *versus* χάρισμα und χάρις).[371] Führt jene dazu, dass „die Vielen als Sünder hingestellt wurden", so diese dazu, dass „die Vielen als Gerechte hingestellt werden (werden)". Diese etwas schwerfällige (semitisierende?) Wendung nimmt εἰς δικαίωσιν ζωῆς V. 18 *fin.* auf und entspricht dem Verb δικαιοῦσθαι; der Gehorsam Jesu als die Wirkursache wird wie πίστις bei δικαιοῦσθαι mit διά konstruiert. Festzuhalten ist (auch), dass das παράπτωμα Adams konkret seine Tat des Ungehorsams bezeichnet – so auch auf der anderen Seite das δικαίωμα: nicht Jesu Gehorsam als solcher ist gemeint, sondern sein Kreuzestod selbst.[372]

Für die Interpretation der ὑπακοή Christi ist wichtig, dass im vorhergehenden, parallel formulierten V. 18 an ihrer Stelle von einem δικαίωμα die Rede ist; wir bewegen uns hier also im δικαι-Zusammenhang wie in Röm 3,21–26.

Auch ein weiteres wichtiges Stichwort aus jenem Abschnitt begegnet hier wieder: War zunächst in 5,15a mit χάρισμα Jesu Gehorsam im Gegenüber zu Adams παράπτωμα erstmals angeklungen, werden in V. 15d Gott und „der eine Mensch Jesus Christus" mit dem Begriff der χάρις einander als Subjekte der χάρις zugeordnet. Die δικαιοσύνη wird in V. 17b in einem *genitivus epexegeticus* zum Hendiadyoin ἡ χάρις καὶ ἡ δωρεά qualifiziert. V. 20.21 stellen die göttliche χάρις der menschlichen ἁμαρτία gegenüber; als ihre erfahrbare Gestalt wird die (zum ewigen Leben führende) δικαιοσύνη (*vs.* Tod) genannt; das ist vermittelt durch Christus. „In dieser Gnade stehen" Christen, heißt es schon im programmatisch formulierten Anfang des Kapitels (5,2).

---

[369] Johnson, Rom 3:21–26 89, vgl. 81.
[370] Ist die Konstruktion ὁ εἷς ... ὁ εἷς einfach als ὁ ἕτερος ... ὁ ἕτερος zu verstehen (vgl. dazu Blass/Debrunner/Rehkopf, Grammatik § 247,3)?
[371] S. zum Ganzen von Röm 5,12–21 Hofius, Adam-Christus-Antithese.
[372] Vgl. Hofius, Adam-Christus-Antithese 84 f.

Was wird hier mit Jesu ὑπακοή angesprochen?[373] Worauf bezieht sich diese, welcher Instanz gegenüber ist Jesus womit gehorsam? – Wohl liegt keine einschränkende Ausführung zur ὑπακοή vor wie der Bezug des Adjektivs ὑπήκοος auf Jesu Kreuzestod in Phil 2,8,[374] doch wird Jesu Gehorsam hier genau qualifiziert durch seine Folge: dass „wir als Gerechte hingestellt werden", und durch sein Gegenüber: den Ungehorsam Adams, der Sünde und Tod bringt. Jesu Gehorsam bringt Sündenvergebung/Rechtfertigung und Leben (δικαίωσις ζωῆς, δίκαιοι καθιστάναι).

Wie der Ungehorsam Adams kein dauerhaftes Defizit meint, wird auch der Gehorsam Jesu keinen Habitus bezeichnen, sondern ein konkretes Ereignis; dieses kann nur in seinem Tod bestehen (s. V. 8; zum Zusammenhang von Jesu Gehorsam und Tod s. Phil 2,8). Dessen Umstände werden in 15,3 mit einem Zitat aus Ps 68 (69),10 LXX angerissen.[375] Also: „Der eine Mensch Jesus Christus" leistet seinen Gehorsam nicht einem Gebot Gottes, sondern indem er seinem eigenen Wesen als Gestalt der Liebe Gottes zu den Menschen (V. 8a) entspricht und „für uns gestorben ist" (V. 8b); der Gehorsam Jesu ist hier nicht als sein *Gottesverhältnis* verstanden. Ein Glaube Jesu – im Sinne von „belief" oder „trust" – kann davon kaum hergeleitet werden, und zwar zumal deshalb nicht, weil der Gehorsam Jesu nicht mit einer Rechtfertigung Jesu selbst als seinem von Gott gestifteten Gottesverhältnis verbunden wird, wie dies beim paulinischen Glaubensbegriff sonst stets geschieht. Jesu δικαίωμα führt für alle Menschen zur δικαίωσις ζωῆς (V. 19b). Freilich ist dies auch bei Adam so: Seine Übertretung führt nicht zu *seiner* Verurteilung – diese ist hier einfach nicht im Blick –, sondern für alle Menschen zum κατάκριμα (V. 19a).

In Ermangelung einer in Röm 5 tatsächlich durchgeführten Gleichsetzung von Gehorsam und Glaube werden zwei Operationen vorgenommen: Zum einen versucht Johnson, dem Apostel die genannte Gleichsetzung mit einem Dreisatz unterzuschieben: Wenn Ungehorsam Sünde ist, dann gelte auch im Gegensätzlichen: Gehorsam ist Glaube.[376] Der Schluss ist nicht plausibel und keinesfalls mit der negativen Formulierung von Röm 14,23 zu begründen. Das hier angesprochene (übrigens: nicht identifizierende,

---

[373] Eine methodologische Nebenbemerkung: Zur Klärung von πίστις Χριστοῦ wird auf das Fehlen einer verbalen und adjektivischen Entsprechung verwiesen; zu Jesu ὑπακοή liegt ebenfalls keine verbale Entsprechung vor, in Phil 2,8 immerhin das Adjektiv ὑπήκοος. Das Vorliegen eines Adjektivs zum Gehorsam Jesu zeigt das Recht einer solchen Nachfrage bei πίστις Χριστοῦ. Analoges gilt für das Verhältnis des Verbs mit den Adressaten als Subjekt und des Substantivs mit dem Attribut ὑμῶν.

[374] Käsemann, Röm 149; Garlington, Faith 104 Anm. 145 versteht das μέχρι so, dass mit dem Tod die Klimax des Gehorsams erreicht sei und Jesus damit auch vor Golgatha gehorsam gelebt habe.

[375] Darauf weist Keck, Jesus 457 hin.

[376] Johnson, Rom 3:21–26 85.

sondern qualifizierende) Verhältnis von Ungehorsam (bzw. Übertretung) und Sünde (genauer: sündigen [V. 16a]) evoziert vielmehr und gleichsam umgekehrt die Frage, warum Paulus nicht auch zur Bewertung des Gehorsams Jesu das entsprechende Verb πιστεύειν oder εἶναι πιστός verwendet. Offensichtlich vermeidet Paulus in seinem christologischen Konzept tunlichst das Motiv πιστ-.

Zum anderen wird ein Syllogismus durchgeführt: Wird Jesus Gehorsam zugeschrieben und ist Gehorsam (ein Aspekt von) Glaube, dann muss Glaube auch für Jesus angenommen werden.[377] Der Begriff der ὑπακοή wird in 1,5 der πίστις zugeordnet: ὑπακοὴ πίστεως (vgl. *16,26[378]).[379] Wie ist der Genitiv zu bestimmen? Für die von der *genitivus-subiectivus*-These benötigte Nivellierung von πίστις und ὑπακοή[380] – nur so ist der Hinweis auf Röm 5,19 ja überhaupt stichhaltig – muss er als *genitivus epexegeticus* verstanden werden.[381]

Vor aller Detailüberlegung muss festgehalten werden, dass die (angestrebten) Subjekte der ὑπακοὴ πίστεως in 1,5 die Glaubenden unter „allen Völkern" (und implizit: Judenchristen ohnehin) sind; ein Transfer auf den Gehorsam und (dann) auf einen Glauben Christi müsste also eigens legitimiert werden.

Ausweislich u. a. von Röm 15,18 (vgl. 1,5 mit 15,18; vgl. 1,8 mit 16,19); 2Kor 10,5.15; 1Thess 1,8 können die beiden Begriffe πίστις und ὑπακοή (in bestimmten Aspekten) als Synonyme gelten.[382] Die entsprechenden Verben scheinen vollends austauschbar zu sein, wie die Schriftbegründung für ὑπακούειν τῷ εὐαγγελίῳ durch die jesajanische Formulierung πιστεύειν τῇ ἀκοῇ ἡμῶν (Röm 10,16a.c) zeigt. Dem Evangelium wird gehorcht (Röm 10,16), wie auch der Glaube sich auf das Evangelium richtet (Phil 1,27*fin.*). Doch sollte die Epexegese in ὑπακοὴ πίστεως nicht überzogen werden;

---

[377] Hays, Faith 167.

[378] Wegen der textkritischen Problematik von *16,26 kann hier kaum eine den gesamten Römerbrief rahmende *inclusio* gesehen werden (so indes Johnson, Rom 3:21–26 86).

[379] Ausführlich zu Röm 1,5 Davies, Faith 25–30; Garlington, Obedience 233–253; Garlington, Faith 11–31.

[380] Johnson, Rom 3:21–26 85–87 erreicht diese Gleichsetzung durch die Behauptung einer wesentlich Übereinstimmung von Gehorsam und Glaube insofern, als beide „the fundamental responsive ‚yes' to God" seien (86 f.). Eine solche globale Bestimmung ist wenig weiter führend; hier ist weder die Gehorsam bzw. Glaube hervorrufende Aktion Gottes noch mögliche Gestaltungen von Gehorsam bzw. Glaube im Blick.

[381] So schon Haußleiter, Glaube 133; s. zum *genitivus epexegeticus* z. B. auch Hays, Faith 167; Hays, ΠΙΣΤΙΣ 717; ferner Zahn, Röm 45–47; Lohmeyer, Grundlagen 127; Bultmann, Theologie 315 f.; Bultmann, ThWNT 6 206, 219; Käsemann, Röm 12; Schlier, Röm 29; Wilckens, Röm 1 67; vgl. mit der Bezeichnung „genitive of apposition" Miller, Obedience 42–46.

[382] Vgl. auch die Auflistung bei Garlington, Faith 16. In Röm 6,16*fin.* erwartet man (als Antonym zu ἁμαρτία und als Instanz des ὑπακούειν) statt ὑπακοή eher πίστις.

Epexegese wiederholt nicht, sondern führt aus, spezifiziert, konkretisiert.[383] Schon der viel häufigere Gebrauch von πίστις legt nahe, das Verhältnis beider Begriffe so zu verstehen, dass „obedience ... results from faith"[384]. Dabei sollte allerdings noch berücksichtigt werden, dass die πίστις nicht bloß initial auf die ὑπακοή wirkt, sondern deren dauerndes Charakteristikum ist; dann ist das Genitivattribut am besten adjektivisch verstanden.[385]

Beiden Begriffen ist der gedankliche Zusammenhang gemeinsam: die δικαιοσύνη (vgl. z. B. Röm 4,5.9 mit 6,16*fin.*).[386] Auch zwei (beredte?) Einzelheiten teilt ὑπακοή mit πίστις, nämlich dass ἡμῶν nicht als Attribut erscheint (doch s. 1Kor 15,14 *v. l.*), sowie (eingeschränkt) die auffällige Artikellosigkeit.[387]

Die Verbindung von πίστις und ὑπακοή in Röm 1,5 bezieht sich auf das *Evangelium* (vgl. εἰς ὑπακοὴν πίστεως [V. 5] mit εἰς εὐαγγέλιον τοῦ θεοῦ [V. 1]). Insofern die ὑπακοή πίστεως unter „allen Völker" als Ziel des Apostolats verstanden wird (1,5, vgl. 15,18), „gehorchen" die Glaubenden gleichsam dem Apostel (2Kor 2,9; Phil 2,12; Phlm 21; ferner 2Kor 7,15). So meint der „Glaubensgehorsam" die Annahme[388] des apostolischen Evangeliums (vgl. Röm 10,16 [2Thess 1,8]; ferner Röm 6,17 [15,18.19]) bzw. auch die dauerhafte Orientierung daran.[389]

In ὑπακοὴ πίστεως Röm 1,5 könnte auch der mehr objektive Begriff von πίστις als Glaubensbotschaft vorliegen (s. nochmals die Parallelität zu εὐαγγέλιον V. 1), sodass die Wendung als *genitivus obiectivus* aufzufassen wäre.[390]

Zur Instanz, der gegenüber Gehorsam geleistet wird: *Christus* gegenüber ist der Glaubende gehorsam (s. den *genitivus obiectivus* ἡ ὑπακοὴ τοῦ

---

[383] Vgl. Hoffmann/von Siebenthal, Grammatik § 165.

[384] Koperski, Meaning 205. Dem entspricht die grammatikalische Bestimmung als *genitivus subiectivus* bei Bartsch, Situation 289 f. und bei Davies, Faith 30 (*genitivus subiectivus* oder *originis*). Dem kommt wohl die Qualifikation als *genitivus qualitatis* bei Neugebauer, In Christus 158 Anm. 13 nahe.

[385] Garlington, Faith 15 (vgl. 30 f.): „believing faith"; vgl. die Mixtur von *genitivus epexegeticus* und *qualitatis* bei du Toit, Faith 67: „the obedience which belongs to, is characterized by and goes together with faith".

[386] Das führt Johnson, Rom 3:21–26 86 sogleich zu einer Gleichsetzung von ὑπακοή und πίστις.

[387] ὑπακοή ohne Artikel: Röm 1,5; 6,16*bis*; 15,18; der Artikel in Röm 5,19; 16,19; 2Kor 7,15; 10,5.6; Phlm 21 ist kontextuell bedingt (Attribut).

[388] Bultmann, Theologie 91 und ihm folgend Käsemann, Röm 12; vgl. Wilckens, Röm 1 66: „die Bekehrung als Unterwerfung unter das Evangelium ... bzw. unter Christus als den Herrn"; Haacker, Röm 28: „die positive Reaktion auf das Evangelium".

[389] Vgl. Schenk, Gerechtigkeit 165: „das Annehmen und Festhalten der christlichen Botschaft"; ferner Stuhlmacher, Theologie 1 346.

[390] Z. B. Schenk, Gerechtigkeit 165; dagegen nachdrücklich Zahn, Röm 45 f.; Wilckens, Röm 1 66 f.; Miller, Obedience 42. Für ὑπακούειν + πίστις als *fides quae creditur* s. Apg 6,7.

Χριστοῦ 2Kor 10,5[391]).[392] Das macht eine Übertragung auf einen Gehorsam/Glauben Jesu – Gehorsam der Christen ist (Teil/Aspekt) ihr(es) Glaube(ns), dann ist auch der Gehorsam Christi Teil oder Ausweis seines Glaubens – problematisch, wird doch dieser geleistet, indem Jesus dem Heilsplan Gottes zustimmt. Die gesamte Argumentation mit dem Gehorsamsmotiv in der πίστις-Χριστοῦ-Debatte scheitert m. E. an dieser bisher nicht bedachten Differenz zwischen dem „Gehorsam" Christi und der Christen. Das ist weiter auszuführen:

Was oder wer die „Instanz" des Glaubensgehorsams von Röm 1,5 ist, ist grammatikalisch nicht ganz klar: Ist es „der Name" (V. 5*fin.*) „Jesu Christi, unseres Herrn" (V. 4*fin.*), sodass hier πίστις (genauer natürlich: ὑπακοή) mit ὑπέρ konstruiert wäre?[393] Ist also ὑπὲρ τοῦ ὀνόματος αὐτοῦ parallel zu ἐν πᾶσιν τοῖς ἔθνεσιν zu verstehen? Es wird wohl keine adverbielle Ergänzung zum *verbum finitum* ἐλάβομεν sein und damit parallel zu den vorher gehenden präpositionalen Wendungen εἰς ὑπακοὴν πίστεως und ἐν πᾶσιν τοῖς ἔθνεσιν stehen; denn diese syntaktische Funktion hat schon δι' οὗ [*sc.* Ἰησοῦ Χριστοῦ τοῦ κυρίου ἡμῶν] inne. Die fraglichen drei Präpositionalwendungen qualifizieren also (das Hendiadyoin) χάρις καὶ ἀποστολή.[394] Wenn sie parallel stehen,[395] wäre auffällig, dass der *finis* voran stände. Dieser Anstoß ist dann beseitigt, wenn nach εἰς ὑπακοὴν πίστεως – dies mag dann adverbiell zu ἐλάβομεν genommen werden – die beiden folgenden präpositionalen Angaben parallel davon abhängig verstanden werden. Allerdings passt die Angabe ἐν πᾶσιν τοῖς ἔθνεσιν gut zu χάρις καὶ ἀποστολή; in 15,15 f. wird die dem Apostel gegebene χάρις final mittels eines AcI nach εἰς ausgeführt: „damit ich [*sc.* Paulus] ein Diener Christi Jesu bin für die Heiden [εἰς τὰ ἔθνη], heiligen Dienst verrichtend am Evangelium Gottes". Dann aber werden in 15,18 dem Gehorsam als dem

---

[391] Der *genitivus-subiectivus*-Vertreter Williams versteht auch ἡ ὑπακοὴ τοῦ Χριστοῦ als subjektiven Genitiv; hier sei „Christ's own obedience … as the standard against which the Corinthian Christians should judge their own" gemeint (Williams, Again 435 Anm. 16). Doch legen die Parallele ἡ γνῶσις τοῦ θεοῦ V. 5a und der Beleg von ὑμῶν ἡ ὑπακοή – Subjekte sind also die Adressaten – einen *genitivus obiectivus* nahe. Wegen der besonderen Nähe von ὑπακοή und πίστις mag ein Transfer vom Genitiv zu ὑπακοή auf den zu πίστις erlaubt sein; demnach ist auch bei πίστις in Christus das „Objekt" zu sehen.

[392] Käsemann, Röm 12 weist auf den Zusammenhang des Verständnisses des Glaubens als eines Gehorsams und der Kyrios-Christologie hin; hinzu tritt auf der anderen Seite noch das Verständnis des Glaubenden als eines „Sklaven" (s. Röm 6,16 f.; 1Kor 7,22*fin.*; auf den Apostel bezogen Röm 1,1; Gal 1,10; Phil 1,1).

[393] So z. B. Schlier, Röm 17 (Übersetzung, anders, nämlich auf den Apostolat bezogen, der Kommentar [30]) und wohl auch Garlington, Obedience 242–253 u. ö.

[394] In der Parallele *16,26 ist das εἰς ὑπακοὴν πίστεως ebenfalls Attribut, nämlich zu ἐπιταγὴ τοῦ αἰωνίου θεοῦ; dazu steht das unmittelbar folgende εἰς πάντα τὰ ἔθνη (= ἐν πᾶσιν τοῖς ἔθνεσιν 1,5) parallel oder aber adverbiell zu γνωρισθέντος.

[395] So beispielsweise Moo, Röm 51.

Ziel des von Christus gewirkten apostolischen Dienstes die Heiden als Subjekt beigefügt (εἰς ὑπακοὴν ἐθνῶν), was hinsichtlich 1,5 dann doch wiederum dafür spräche, ἐν πᾶσιν τοῖς ἔθνεσιν der ὑπακοὴ πίστεως unterzuordnen. Fazit: Die wenigsten Schwierigkeiten – aber auch den am wenigsten dichten Text – hat man so, wenn man die drei präpositionalen Bestimmungen als asyndetische Attributreihung zu χάρις καὶ ἀποστολή nimmt. Paulus hat demnach als Gnade(ngabe) den Apostolat empfangen, der 1. auf einen gehorsamen Glauben aus ist, sich 2. an alle Völker gerichtet weiß und 3. für[396] den Namen Jesu Christi – genauer: für dessen Akklamation? – ausgeübt wird.

Für die Frage nach einem (wenigstens impliziten) Objekt der ὑπακοὴ πίστεως ergibt sich aus dieser Parallelstellung immerhin, dass der Glauben(sgehorsam) als Ziel des Apostolats in „Jesu Christi Namen" begründet ist. An vergleichbarer Stelle, nämlich ebenfalls im Präskript, ist „der Name unseres Herrn Jesus Christus" im 1Kor genannt (1,2), und zwar bezeichnenderweise als Objekt des ἐπικαλεῖσθαι der Christen (vgl. Röm 10,12 f.). Selbst wenn Christus nicht unmittelbar als Instanz für den Glaubensgehorsam erhoben werden kann (s. aber immerhin 2Kor 10,5), kann traditionsgeschichtlich argumentiert werden, dass das von Gen 49,10 nahe liegen kann.[397]

Die Wendung ὑπὲρ τοῦ ὀνόματος darf jedenfalls nicht unterschätzt werden; hier liegt nämlich das Interesse des Paulus.[398] Nicht die ὑπακοή (πίστεως) als solche betont Paulus – dessen bedarf es auch gar nicht –, sondern die von Jesus Christus her zu bestimmende ὑπακοή (πίστεως).[399]

Wieder muss eine folgenreiche Akzentverschiebung in der Soteriologie festgestellt werden: Jesu eigener, nun als Gehorsam bestimmter Glaube – mit Gehorsam „Paul means simply Jesus' faith"[400] (dazu s. o.) – gilt als „basis for the Christian gospel: that its objective basis is the perfect response of obedience that Jesus rendered to God the Father, both actively in his life and passively in his death"[401]. Jesu Glaube sei „not a virtue, nor … a matter of trust and fidelity"[402], sondern wesentlich Gehorsam, wie er

---

[396] Blass/Debrunner/Rehkopf, Grammatik § 231. Dort wird unter 1. noch auf die Möglichkeit verwiesen, dass ὑπέρ für περί („hinsichtlich" o. Ä.) steht wie 2Kor 8,23. Nach Röm 15,20 bedeutet das apostolische εὐαγγελίζεσθαι, dass „Christus genannt wird" (Χριστὸς ὀνομάζεσθαι); dann schwingt wohl auch ein finaler Sinn bei ὑπὲρ τοῦ ὀνόματος 1,5 mit.

[397] Garlington, Obedience 234 (dazu vgl. noch Hebr 7,14; Apk 5,5!).

[398] Garlington, Obedience 255 („concern").

[399] Garlington, Obedience 256 Anm. 5: Entsprechend ist nicht der Glaube selbst, sondern der Glaube an Christus strittig (so mit Wilckens, Röm 1 89; Dunn, Perspective 111); die Wendung πίστις Χριστοῦ lasse ein „polemical setting" erkennen, was für einen genitivus obiectivus spräche.

[400] Johnson, Rom 3:21–26 89.

[401] Longenecker, Gal 87.

[402] Johnson, Rom 3:21–26 89.

am Kreuz zum Ausdruck kommt. Das δικαίωμα Röm 5,18 sei Jesu Gehorsam (nicht sein Kreuz selbst, dazu s. o.).[403] Seine soteriologische Relevanz gewinnt Jesu Gehorsam dadurch, dass in ihm „the expression of God's gift of grace to humans and, therefore, the way in which ... God's way of making humans righteous is revealed" gesehen werden kann.[404]

Um das soteriologische Modell der *genitivus-subiectivus*-These, nach dem der Glaube Jesu unseren Glauben präfiguriert, inauguriert o. ä., zu stützen, wird Ähnliches beim Motiv der ὑπακοή behauptet: Jesu Gehorsam ermögliche als „model" und „ground" unseren Gehorsam, wie Phil 2,8.12 zeige.[405] Aber: Aus dem Gehorsam des Gottessohnes V. 8 wird kein Gehorsam der Glaubenden gefolgert (trotz der Einleitung mit dem Motiv des „in euch" und „in Christus Jesus" gleichen φρονεῖν),[406] sondern das *Bekenntnis* zum „Herrn Jesus Christus" (V. 11). Und der in V. 12 genannte Gehorsam der Gemeinde wird dem Apostel geleistet, nicht Gott. In Röm 5 ist dasselbe festzustellen: Jesu Gehorsam gegen Gott initiiert nicht unseren Gehorsam, der wiederum anders bezogen ist, wie 6,17 zeigt.

War seitens der *genitivus-subiectivus*-Vertreter mit Röm 4 noch Abrahams und von daher Jesu Glaube zum soteriologischen Zentrum erhoben worden, soll nun dieser durch das Gehorsamsmotiv profiliert werden.[407] Diese Kombination bedürfte freilich einer guten Begründung. Denn Röm 4 handelt von Abrahams *Vertrauen* auf Gottes Verheißung, nicht von seinem *Gehorsam*, wozu auf Gen 12,4–9 oder Gen 22 hätte zurückgegriffen werden können. Dann wäre auch zu erwarten gewesen, dass Abraham als Typos des gehorsamen Jesus namhaft gemacht worden wäre.

Paulus stelle im Römerbrief Jesus als „faithful and obedient to God"[408] dar. Aber bezeichnenderweise sind die beiden in diesem Zitat verwendeten Adjektive πιστός und ὑπήκοος im Römerbrief gar nicht belegt. Dieses konstruierte Jesus-Bild erklärt auch die sonst unerklärliche Betonung des

---

[403] So z. B. Hays, Faith 173.

[404] Johnson, Rom 3:21–26 89; vgl. Hays, Jesus' Faith 263.

[405] Johnson, Rom 3:21–26 88; vgl. Schmidt, Röm 72 Anm. 25.

[406] Gegen z. B. Garlington, Faith 150, der sich auf Hookers Entwurf einer paulinischen Adam-Christologie beruft. Paulus verzichtet auf einen Transfer von Christus auf die Christen hier nicht nur deshalb, weil das gesetzlich wäre (so Keck, Jesus 459 f.), sondern weil Christi Gehorsam und unser Glaubensgehorsam eben gar nicht gut verglichen werden können (s. o.). Johnson, Rom 3:21–26 89 muss daher das Modell einer *imitatio in fide* verkomplizieren: Jesu Glaube ist sein Gehorsam, unser Glaube ist bekenntnishaft; aber durch Wirkung des Geistes kann unser Glaube dem Glauben Jesu ähnlich werden. – Wo mag das alles bei Paulus stehen?

[407] Robinson, Faith 80 f. beispielsweise kombiniert beide Motive: „the *pistis* of Christ, seen in his unflinching obedience to the will of the Father, and in his faithfulness to the promise of blessing through the seed of Abraham and to the loving purposes of salvation even in suffering and death".

[408] Keck, Jesus 458 für viele.

Gehorsams/der Treue Jesu.[409] In der Tat: unerklärlich ist dieses soteriologische Modell: Jesu Glaube/Gehorsam – „the Godward shape of his life"[410] – sei die „basis for our emancipation from sin", seine Auferstehung sei der Grund für unsere Todesüberwindung.[411]

An Röm 5 kann man sich den bedachten Verzicht des Paulus auf eine Zuschreibung von πιστ- an Christus vor Augen führen:

Adam	Christus
παράπτωμα 15a.c	τὸ χάρισμα 15b ἡ χάρις τοῦ θεοῦ 15d ἡ δωρεὰ ἐν χάριτι 15d τὸ δικαίωμα 18b
Ungehorsam 19a	Gehorsam 19b
Tod 12.15c	Leben 17, δικαίωσις ζωῆς 18

An der Stelle, wo auf Seiten Christi πίστις hätte stehen können, finden sich χάρις-Terminologie und der Begriff δικαίωμα.[412] Wenn Röm 5 also etwas für die πίστις-Χριστοῦ-Debatte austrägt, dann dies, dass der Apostel beim Entwurf seiner Soteriologie dem εἷς ἄνθρωπος Christus eben keinen „Glauben" zuschreibt.

Gegen alle feinen und waghalsigen Argumente für eine Ableitung eines Glaubens Jesu aus seinem in Röm 5,19 genannten Gehorsam erhebt sich ein schlichtes Hauptargument: Hier wird eben nicht von Jesu πίστις, sondern von seiner ὑπακοή gesprochen.[413]

4.3.7. Dogmengeschichtlicher Exkurs: oboedientia activa et passiva Christi als Grund der Rechtfertigung – Johannes Piscator und der Heidelberger Katechismus

Im Zusammenhang mit der These eines subjektiven Genitivs in πίστις Χριστοῦ wird der behauptete Glaube Jesu mit dem in Röm 5 verwendeten Motiv des Gehorsams Christi identifiziert. Dabei wird ein doppelter Gehorsamsbegriff etabliert: Jesus sei „both actively in his life and passively in his death" Gott gegenüber gehorsam gewesen.[414] Diese Distinktion hat eine instruktive Vor-

---

[409] Keck, Jesus 459.
[410] Keck, Jesus 458.
[411] Keck, Jesus 459 mit Hays, Faith 250 f.
[412] Vgl. Johnson, Rom 3:21–26 85.
[413] So z. B. Dunn, Röm 1 166; Dunn, Once More 743.
[414] Longenecker, Gal 87; Longenecker, Obedience 143–148 (vgl. dazu Jervis, Messiah 31 f.). Schon Haußleiter wird (aus dogmatischen Gründen) dafür gescholten, dass bei ihm

gängerthese in der reformierten Theologiegeschichte des konfessionellen Zeitalters.[415] Im Bestreben, das Christus-Ereignis – gut ramistisch – durch gedankliche Aufgliederungen besser zu verstehen, hatte der an der Hohen Schule Herborn lehrende Johannes Piscator[416] die *oboedientia Christi* unterschieden in eine *oboedientia activa* einerseits und *passiva* andererseits. In seinem Handeln und Reden zeige sich Jesu aktiver Gehorsam, in seinem Tod am Kreuz sei er passiv gehorsam gewesen. Nur die *oboedientia passiva* sei soteriologisch relevant, sie allein sei *causa iustificationis.* Der aktive Gehorsam Christi ist lediglich eine notwendige Voraussetzung für seinen (für uns dann so belangreichen) passiven Gehorsam.[417] (Übrigens: Zum πίστις-Χριστοῦ-Beleg Gal 2,20 plädiert Piscator für einen *genitivus obiectivus.*[418])

Dagegen ordnet der Calvin-Nachfolger Theodor Beza vier *partes iustificationis,* von denen die ersten beiden die Sündenvergebung, die letzten beiden die Heiligung betreffen, verschiedenen Christus-Ereignissen mit wiederum verschiedenen soteriologischen Funktionen zu: Die *oboedientia activa* Jesu der *lex Dei* gegenüber wird in der Rechtfertigung den Glaubenden zugerechnet zur Tilgung der Erbsünde. Die *oboedientia passiva* Jesu in seinem Kreuzestod wird den Glaubenden zur Vergebung der Aktualsünden zugerechnet.[419]

Übrigens steht der Heidelberger Katechismus eigenartig in der Mitte beider genannter Positionen, wenn auf seine Frage 36 hin formuliert wird, dass der Jungfrauensohn „mit seiner Unschuld und vollkommenen Heiligkeit meine Sünde, darin ich geboren bin, vor Gottes Angesicht bedeckt". Hier wird also die (vor Kontamination mit der Erbsünde bewahrende) Jungfrauengeburt als Bedingung der (am Kreuz dann verwirklichten) Möglichkeit der Aufhebung der Erbsünde gesehen.

Auf die Frage nach dem Begriff „gelitten" (HK 37) wird geantwortet, „[d]ass er an Leib und Seele die ganze Zeit seines Lebens auf Erden, sonderlich aber am Ende desselben, den Zorn Gottes wider die Sünde des ganzen menschlichen Geschlechts getragen hat", damit Leib und Seele der Glaubenden erlöst werden. Wohl wird hier mit Jesu „ganze[r] Zeit seines Lebens auf Erden" einem aktiven Gehorsam Entsprechendes namhaft gemacht und für soteriologisch relevant gehalten (mit Beza), doch wird (gegen Beza) schon Jesu jungfräuliche Geburt mit der Aufhebung der Erbsünde verbunden. Das „sonderlich" liegt zwar eher auf Piscators Linie einer Zuordnung von aktivem und passivem Gehorsam, aber

---

„ähnlich wie bei Schleiermacher die *obedientia activa* so in den Vordergrund gestellt [ist], daß die ob[edientia]. *passiva* darvor [*sic*] zurücktritt" (Meyer, Glaube 642).

[415] Zum Folgenden s. die knappe Darstellung bei Neuser, Dogma 330–332; s. auch Rohls, Theologie 115 f. Für Belege aus der reformierten Orthodoxie s. Heppe, Dogmatik 357 f., 369–374.

[416] Zu ihm s. Bos, Piscator.

[417] Die Dordrechter *Canones* 2,3 f. (BSRK 849, 8–16) folgen weitgehend Piscator.

[418] Berlage, *Formulae* 9.

[419] Schon die *Confessio Helvetica posterior* 11 (BSRK 185, 8–13) hatte dem aktiven Gehorsam Jesu satisfaktorische Kraft zugeschrieben; vgl. später die Westminster Confession 11,1 („Christs active obedience unto the whole Law, and passive obedience in his death for their [*sc.* those whom God effectually calleth] whole and sole righteousness". So schon Calvin selbst: in der Confession de la Foy 6 (1536) (BSRK 112, 26 f.).

auch schon durch seinen aktiven Gehorsam „trägt Christus Gottes Zorn";[420] auch die *oboedientia activa* ist demnach eine soteriologische Größe.

Für diese Arbeit interessant ist, dass für die These vom aktiven Gehorsam Christi kaum ein schlagender neutestamentlicher und jedenfalls kein paulinischer Beleg beigebracht werden konnte. Beza verweist in seinen *Annotationes maiores NT* v. a. auf den Hebräerbrief – notorisch so auch die Befürworter eines *genitivus subiectivus* bei πίστις Χριστοῦ heute (v. a. Williams, Hays, Hooker, Campbell). Schon im Heidelberger Katechismus ist die Erwähnung der „ganze[n] Zeit seines Lebens auf Erden" bezeichnenderweise eine der weniger Zeilen, zu denen kein *locus probans* notiert ist.

4.3.8. Die Gnade Gottes als Realgrund des Glaubens

Die „Gnade" ist hier zu thematisieren,[421] da χάρις und πίστις einander grundsätzlich zugeordnet sind (Röm 4,16): ἐκ πίστεως als Erfahrungsseite wird mit κατὰ χάριν begründet. Die χάρις ist dezidiert und ausschließlich eine göttliche (in Christus wirksame [Röm 5,15.17; vgl. Gal 1,6 mit 2,21]) Größe – πίστις steht dagegen auf Seiten der Menschen (mit Ausnahme des deutlich anderssinnigen Belegs Röm 3,3). In der πίστις haben Menschen „Zugang" zur χάρις (Röm 5,2). Bezeichnend ist die Parallelität zwischen beidem sowohl bei der Rechtfertigung als auch beim christlichen Leben: δικαιοῦσθαι χάριτι (Röm 3,24) / δικαιοῦσθαι πίστει (V. 28); Menschen „stehen" in der χάρις (Röm 5,2) und in der πίστις (1Kor 16,13; 2Kor 1,24c; ohne Präposition: Röm 11,20c; vgl. 1Kor 15,1 [„im Evangelium stehen"]; 1Thess 3,8 [„im Herrn stehen"]). In Röm 3,24 wird das „Prinzip" des δικαιοῦσθαι formuliert (s. o. 4.2.1.), dessen „Realgrund" die χάρις ist.[422] Χάρις ist der zentrale und klarste Begriff für das paulinische Verständnis des Heilsgeschehens,[423] der mit seiner Dynamik der δικαιοσύνη gleichkommt „denoting God's outreach in gracious power".[424] Entsprechend der Verbindung zur πίστις wird χάρις in einem Gegenüber zum νόμος gesehen: Röm 6,14; Gal 2,21; 5,4); auch wird χάρις den ἔργα kontrastiert (Röm 11,6; vgl. 4,4). Mit der πίστις teilt die χάρις den Horizont: Die χάρις löst die zum Tode führende ἁμαρτία durch δικαιοσύνη ab und bringt das ewige Leben (Röm 5,21).

---

[420] Vgl. Helvetische Konsensusformel 15 (BSRK 866, 4–19).
[421] Zu paulinischen Begriff der χάρις s. etwa Dunn, Theology 319–323.
[422] Kraus, Tod 176.
[423] Conzelmann, ThWNT 9 383 mit Bultmann, Theologie 281–291.
[424] Dunn, Röm 1 168.

4.3.9. Ertrag für die πίστις-Χριστοῦ-Debatte

Die Beachtung des Kontextes zeigt, welche Funktionen Christus bei Paulus einnimmt. Christus begegnet im Kontext von Röm 3,21–26 als Objekt des προτιθέναι ἱλαστήριον.[425] Als Subjekt einer Handlung oder eines Gestus ist er hier – anders als in Gal 2,20 – nicht beschrieben.

Im Zusammenhang mit dem *nomen proprium* in Röm 3,26 zeigt die Frage nach der Formulierung des Attributs, dass Indizien für einen glaubenden Jesus erforderlich sind. Sie sind indes nicht nachweisbar.

Paulus exemplifiziert die πίστις, besser: das πιστεύειν an Abraham (Röm 4; vgl. Gal 3). Warum führt er nicht Jesus als *exemplar fidei* aus, wenn für ihn der Glaube Jesu von Belang ist? Angenommen, Paulus täte dies eben (und nur) mittels des Syntagmas πίστις Χριστοῦ – in welchem Verhältnis stände diese Wendung zu den Passagen über Abraham? Abrahams Glaube und Christus werden durch Paulus zu einander in Beziehung gesetzt, so allerdings, dass die Auferweckung Christi von den Toten und die Mehrungsverheißung mit der Verlebendigung der „erstorbenen" Körper des Patriarchen und seiner Frau nebeneinander geordnet werden (Röm 4,16–25). Hier scheint noch durch, dass πιστ- anfänglich (vgl. die Pistisformeln 1Thess 4,14; Röm 4,24) und prinzipiell an der in Jesu Auferweckung wirksamen Lebensmacht Gottes orientiert ist.

---

[425] Darauf weist Zahn, Röm 199 Anm. 92 hin.

5. Kapitel
Gerechtigkeit durch Glauben an Christus: Philipper 3,9

Wie in Gal 2,16 findet sich in Phil 3,9 ein πίστις-Χριστοῦ-Beleg in einem autobiografischen Abschnitt. Die mögliche weitere, rhetorisch-kritische Parallele zwischen den πίστις-Χριστοῦ-Belegen in Gal 2 und Phil 3, dass sie nämlich in der *propositio* stehen,[1] setzt literarkritische Operationen voraus, auf die hier verzichtet wird (dazu unten Anm. 11). Das strittige Syntagma wird wie in Gal 2,15–21 so auch in Phil 3,(2–)7–11 in einem polemischen Zusammenhang verwendet,[2] näherhin in einer „forensischen Apologie", in der V. 8–11 als erster Teil der *argumentatio* eine „gültige Selbstanpreisung" des Apostels ist.[3] Man sollte trotz der Polemik das Syntagma πίστις Χριστοῦ nicht eine „antijüdische Kampfesformel" nennen;[4] Paulus wendet sich ja gegen innergemeindliche Gegner. Auch hier ist die δικαιοσύνη thematisch, und zwar in einem solchen Maß, dass diese Stelle als Erklärung des zentralen paulinischen Theologoumenons der δικαιοσύνη θεοῦ herangezogen werden kann.[5] Paulus legt zudem ähnlich wie in Gal 3 das Gegenüber von Gesetz und Glaube und das Sein in Christus als christliche Existenzform dar.[6] Interessant ist Phil 3,9 nicht zuletzt deshalb, weil hier „mystische" und rechtfertigungstheologische Soteriologie kombiniert sind (ἐν Χριστῷ V. 9a; πίστις, δικαιοσύνη V. 9b.c).[7]

---

[1] Schenk, Phil 277–280: Phil 3,7–11 bilden die *propositio* eines in 3,2–4,1 vorliegenden Briefes. Zur rhetorischen Analyse des Philipperbriefes s. z. B. Wick, Philipperbrief; Garland, Composition; Watson, Analysis; Bloomquist, Function 119–138, bes. 129–135, vgl. 178–183: 3,1–16 ist eine *reprehensio*, der vierte von fünf Teilen der *argumentatio* 1,18b–4,7); speziell zu Phil 3 Harnisch, Selbstempfehlung.

[2] Müller, Phil 14; anders Hotze, Paradoxien 250: paränetisch.

[3] Harnisch, Selbstempfehlung 137.

[4] Schenk, Phil 310 mit Anm. 375 (unter Berufung auf Wrede, Schweitzer, Stendahl, Käsemann und Sanders).

[5] So z. B. Zahn, Röm 81; Bultmann, Theologie 280; Conzelmann, Grundriß 244, vgl. 284; ferner Walter, Phil 80.

[6] Vgl. Hooker, ΠΙΣΤΙΣ 331.

[7] Zur Kombination dieser beiden soteriologischen Motive s. Penna, Meaning 273.

In der πίστις-Χριστοῦ-Debatte ist der Beleg Phil 3,9 wenig beachtet worden:[8] Hays sieht sich nicht zu einer Besprechung genötigt,[9] und auch Vanhoye erlaubt es sich in einem der neuesten Aufsätze zu πίστις Χριστοῦ, diesen Vers zu übergehen.[10] Koperski widmet dieser Stelle wohl einen umfangreichen Aufsatz, aber die Darlegungen zur Stelle selbst beschränken sich auf nur etwa drei Seiten.[11]

Für unsere Aufgabenstellung sind literarkritische Operationen entbehrlich.[12] Es wird sich zeigen, dass das Wortfeld πιστ- im Phil konsistent verwendet ist und keine signifikanten Differenzen zu den anderen Paulinen vorliegen.

5.1. Glaube(n) im Philipperbrief

Ein einziges Mal findet sich das Verb πιστεύειν im Phil: In 1,29 führt es als Infinitiv mit Artikel und dem vorangehenden (vgl. Gal 2,16b; Röm 10,14) Präpositionalobjekt – oder liegt eine adverbielle Ergänzung vor (dazu gleich mehr)? – εἰς αὐτόν [sc. Χριστόν] zusammen mit dem folgenden τὸ ὑπὲρ αὐτοῦ [sc. Χριστοῦ] πάσχειν (vgl. 2Kor 1,6e; 1Thess 2,14b; ferner 2Thess 1,5) das τὸ ὑπὲρ Χριστοῦ aus. Der Artikel bei den Infinitiven fungiert anaphorisch:[13] τὸ εἰς αὐτὸν πιστεύειν rekurriert dabei auf das in V. 27d genannte Substantiv πίστις (dazu gleich mehr), τὸ ὑπὲρ αὐτοῦ πάσχειν auf die in V. 18d-26 als Vorbild dargestellte apostolische Existenz. Das τὸ ὑπὲρ Χριστοῦ ist wohl nicht als Obergriff zu den beiden folgenden Infinitiven zu verstehen,[14] etwa indem εἶναι ergänzt wird[15]; vielmehr liegt

---

[8] Hooker, ΠΙΣΤΙΣ 331; Hooker selbst bespricht Phil 3,9 verhältnismäßig umfänglich (331–333).

[9] Hays, ΠΙΣΤΙΣ 724. Phil 3,9 ist schon in Hays, Faith 167–170 ignoriert worden.

[10] Vanhoye, Fede 2.

[11] Koperski, *Pistis Christou* 213–216.

[12] Dabei ist von der Problematik literarkritischer Hypothesen (vgl. Beier, Briefe) noch ganz abgesehen; s. nur Schnelle, Einleitung 164–167 und Mengel, Studien 297–316; Müller, Phil 4–14; Schoon-Janßen, Apologien 119–136; Bloomquist, Function 97–103; ferner Wick, Philipperbrief, 16–32; Bormann, Philippi 108–118. Die nicht zu bestreitenden Veränderungen in der Stimmung des Verfassers und hinsichtlich der vorausgesetzten Situation in Philippi nötigen nicht zu literarischen, sondern (nur) zu „temporalen Teilungshypothesen" dergestalt, dass zwischen 3,1 und V. 2 eine eventuell mehrwöchige Diktierpause nach (oder nur: mit) dem Empfang von Nachrichten über die Gegner angenommen werden kann (vgl. Müller, Phil 11).

[13] Blass/Debrunner/Rehkopf, Grammatik § 399, 1; im Philipperbrief vgl. 1,22 τὸ ζῆν ἐν σαρκί und 4,10 τὸ ὑπὲρ ἐμοῦ φρονεῖν.

[14] So etwa Walter, Phil 45: „das Für-Christus". Schenk, Phil 172 paraphrasiert mit „Christusnachricht", versteht also – wie bei πίστις – wohl im Sinne von τὸ εὐαγγέλιον.

[15] So wohl Egger, Phil 58 f.: „für Christus dazusein".

hier eine hart konstruierte Parenthese vor, die den Eindruck eines Ana-
koluths hervorruft: Nach τὸ ὑπὲρ Χριστοῦ setzt Paulus nicht mit dem
dazugehörenden πάσχειν fort, sondern unterbricht sich parenthetisch mit
οὐ μόνον τὸ εἰς αὐτὸν πιστεύειν, ἀλλὰ καί und wiederholt dann mit dem
Personalpronomen das τὸ ὑπὲρ αὐτοῦ, das er nun mit πάσχειν vervollstän-
digt.[16] Dahinter verbirgt sich eine Bewältigungsstrategie des gefangenen
Apostels und seiner bedrückten Gemeinde: Paulus ordnet die Erfahrung
des πάσχειν dem πιστεύειν zu, näherhin: nach.[17] Bemerkenswert ist die
Substantivierung des Verbs durch den *Infinitiv*. Warum verwendet Paulus
nicht das Substantiv selbst?[18] Offensichtlich ist es ihm hier in besonderer
Weise um den Glaubens*vorgang* bei den Glaubenden zu tun, was dem
Leiden – hier hätten mehrere Substantive (z. B. παθήματα wie 2Kor 1,6d;
s. auch Phil 3,10: auf Christus bezogen, Christen haben aber κοινωνία
daran) zur Verfügung gestanden – entspricht. Beides sind indes keine
willentlich entschiedenen Aktivitäten der Glaubenden, vielmehr von Gott
gegebene Erfahrungen: die Philipper sind damit „beschenkt", ja „begnadet"
(ἐχαρίσθη V. 29a).[19] Das εἰς αὐτόν [*sc.* Χριστόν] ist als Objekt oder als
adverbielle Bestimmung (parallel zu den anderen adverbiellen Bestimmungen mit ὑπέρ) zu verstehen; πιστεύειν ist dadurch qualifiziert als ein auf
Christus ausgerichtetes Leben.

Das Substantiv πίστις begegnet im Philipperbrief fünfmal (1,25.27; 2,17;
3,9 *bis*) und damit fünfmal häufiger als das Verb – ein gut paulinisches
Verhältnis. In 1,25 findet sich ein instruktiver Beleg für die Komplexität
paulinischer Genitive, und dies im Zusammenhang mit dem Begriff der
πίστις. Paulus nennt die „Freude des Glaubens" ([ἡ ὑμῶν] χαρὰ τῆς
πίστεως) (zusammen mit der „Förderung" [προκοπή] der Adressaten
[ὑμῶν]) als Zweck seiner durch Freilassung und Überleben (1,22; 2,24)
möglichen weiteren Gemeinschaft mit der Gemeinde in Philippi. Das Pronomen ὑμῶν ist ἀπὸ κοινοῦ auf die beiden von εἰς abhängigen Begriffe zu
beziehen, da sonst der Artikel vor χαρά nicht fehlen dürfte. Ein und
dasselbe Pronomen stellt für das erste Bezugswort einen *genitivus obiectivus*
(„eure Förderung"), für das zweite einen *genitivus subiectivus* („eure Freu-

---

[16] Gnilka, Phil 100 f. Es ist aber schwer erklärlich, wie Paulus diese sich dem Diktat
schuldende problematische Syntax bei einer (schon wegen jener Diktierpause) anzunehmen-
den Überarbeitung seines Briefes hat durchgehen lassen können.

[17] Das Motiv des *Christus prolongatus* (vgl. Kol 1,24 f.) liegt also nicht vor (gegen Hawthorne, Phil 61).

[18] Vgl. 4,15, wo statt des Infinitivs (τὸ) εὐαγγελίζεσθαι das Substantiv τὸ εὐαγγέλιον steht.

[19] Die Vertreter der *genitivus-subiectivus*-These verzichten nicht grundlos darauf, diese
Stelle als *argumentum pro* vorzubringen: Christen glauben und leiden – so wie Christus
glaubte und litt. So argumentiert Paulus nämlich nicht: Die Leidensaussagen zu Christus
werden nicht mit πιστ- verbunden, und als Orientierungspunkt für die Philipper nennt der
Apostel sich selbst (1,7.30; 3,17; 4,9).

de" [diese ist nach Röm 15,13 freilich von Gott bewirkt]) dar. Entsprechend qualifiziert auch das nachstehende Genitivattribut τῆς πίστεως beide genannten Zwecke. Wiederum wirkt der Genitiv changierend: In Bezug auf die προκοπή ist τῆς πίστεως als zweiter *genitivus obiectivus* („Förderung des Glaubens") zu verstehen – dafür spricht der eindeutig objektive Genitiv in 1,12: Ausbreitung des Evangeliums – oder als (allerdings adnominaler) *genitivus respectus* („Förderung hinsichtlich des Glaubens"), in Bezug auf die χαρά als *genitivus obiectivus* („Freude am Glauben/an der Glaubensbotschaft"), als *genitivus auctoris* („die Freude aus dem/wegen des Glauben/-s") oder als *genitivus epexegeticus* („die Freude, die im Glauben besteht", „Glaubensfreude"). Deutlich ist jedenfalls, dass πίστις hier als erfahrbarer, emotionaler Vorgang verstanden wird. Auch wenn das Pronomen ὑμῶν syntaktisch den beiden *nomina regentia* προκοπή und χαρά zugeordnet ist, werden die Adressaten als logische Subjekte der πίστις vorausgesetzt. Allerdings erscheint durch diese Zuordnung des Pronomens die πίστις als eine ihnen vorgegebene Größe. Die „Förderung" und die „Glaubensfreude" werden im nachfolgenden Finalsatz V. 26 aufgenommen durch den gedanken, dass das „Rühmen" der Philipper „in Christus Jesus" größer werde durch (ἐν) Paulus. „Glaube" ist demnach eine selbstbewusste Existenz „in Christus".

Dem Beleg des Verbs (1,29) unmittelbar vorangehend spricht Paulus in 1,27 von ἡ πίστις τοῦ εὐαγγελίου. Der Artikel beim *nomen regens* πίστις erklärt sich vom anaphorischen, auf τοῦ εὐαγγελίου τοῦ Χριστοῦ rekurrierenden Artikel beim *nomen rectum* εὐαγγέλιον her (vgl. 1.4.1.). Meint πίστις hier (das) Glauben, wird ein *genitivus obiectivus* vorliegen.[20] In V. 27a wird als Maßstab des gemeindlichen Miteinanders (πολιτεύεσθαι) τὸ εὐαγγέλιον τοῦ Χριστοῦ genannt, V. 27d führt dies als ein einmütiges Kämpfen für den Glauben an das Evangelium weiter. Insofern beim Evangelium, dem Objekt des Glaubens (V. 27d; *genitivus obiectivus* wegen des zugrunde liegenden transitiven εὐαγγελίζεσθαι), Christus als dessen Inhalt (V. 27a) mitzudenken ist, liegt hier ein mittelbarer Beleg für Christus als „Objekt" des Glaubens vor. Das Verb mit seinem Präpositionalobjekt (oder: seiner adverbiellen Ergänzung?) in V. 29 (s. o.) bestätigt dies. Allerdings kann der Genitiv auch subjektiv im Sinne des Hervorbringens verstanden werden; dann geht es hier um den Glauben, den das Evangelium hervorruft oder wirkt.[21] Jedenfalls werden die Adressaten als logische Subjekte vorausge-

---

[20] Vgl. Schenk, Phil 167. Wallace, Grammar 116 Anm. 121 bezeichnet diesen Beleg in der Alternative zwischen den beiden Genitivvalenzen als zweideutig.

[21] Hawthorne, Phil 61: „the faith brought about by the gospel"; Walter, Phil 46; ähnlich schon Gnilka, Phil 99 mit Anm. 22: „Glauben, den das Evangelium gewährt", indes mit der merkwürdigen Bestimmung als *genitivus commodi* und der eher an Gal 3,23.25 gemahnenden Beschreibung „fast wie eine personifizierte Größe". Lohmeyer, Phil 76 nimmt πίστις hier „eigentümlich objektiviert" als Christenheit/-tum.

setzt. Fasst man die πίστις hier mehr objektiv als Botschaft (*fides quae*) – das läge mehr auf der Linie des von den Adressaten etwas abgehobenen Gebrauchs von πίστις in V. 25 (s. o.) –, kann der Genitiv als epexegetisch eingeordnet werden: die Glaubensbotschaft, nämlich das Evangelium.[22]

In 2,17 bedient sich Paulus kultischer Terminologie zur Beschreibung seines Apostolats und seines möglichen Todes: Neben der priesterlichen Darbringung der Opfergabe in Gestalt des Glaubens der Philipper durch den Apostel wird er als weitere Opfergabe sein Leben geben. Dies ist Anlass zur Freude und zur Gemeinschaft in Freude (V. 17b.18). Die Qualifizierung des Hendiadyoin ἡ θυσία καὶ λειτουργία durch das Attribut τῆς πίστεως ὑμῶν ist nicht eben leicht präzis zu bestimmen, doch dürfte die soeben gebotene, einem *genitivus epexegeticus* nahekommende Paraphrase am ehesten zutreffen und die meisten Aspekte berücksichtigen. Der Glaube der Gemeinde hat gottesdienstliche Qualität. Den „Glaubensstand" seiner Gemeinde kann der Apostel vor Gott bringen; die Philipper sind sein „Ruhm am Tage Christi" (2,16) und seine „Freude und Siegeskranz" (4,1) (vgl. 1Thess 2,19 f.; 3,9). Wie im 1.Thessalonicher- und im Römerbrief konstruiert Paulus hier πίστις mit dem Pronomen ὑμῶν; das hat semantische Folgen: πίστις tendiert dann zur Bedeutung „Glaubensstand".

Das Adjektiv πιστός oder α-*privativum*-Formen von πιστ- sind im Philipperbrief nicht belegt. Ekklesiologische *termini technici* wie οἱ πιστεύοντες oder οἱ ἐκ πίστεως finden sich nicht. Paulus verwendet dazu hier eher Formen mit ἐν Χριστῷ. Das nicht weniger als 21mal belegte ἐν-Χριστῷ-Motiv kann überhaupt als zentral für den Philipperbrief gehalten werden.[23] Eine Schlüsselstelle ist 2,5, wo ἐν Χριστῷ „the Philippians' union with Christ Jesus" bezeichnet. Der Ausdruck kann schlicht „als Christ" meinen (1,13; 4,4.10), allgemein „the present situation of believers" (2,1.5; 3,3.9) bezeichnen, aber auch spezieller die Berufung (3,14) – eher hierhin gehört auch 3,9 – oder die Hoffnung (1,26; 4,7.19) mit umschreiben.[24] Im Zusammenhang mit dem in 5.2. näher zu untersuchenden Vers 3,9, näherhin V. 9a, kann zum εὑρίσκεσθαι ἐν Χριστῷ von einer partizipatorischen (oder ontologischen) Soteriologie gesprochen werden.[25]

Damit ist als Zwischenergebnis festzuhalten: Zum einzigen Beleg des Verbs πιστεύειν mit den Adressaten als logischen Subjekten in 1,29 passt ein *genitivus obiectivus* bei πίστις Χριστοῦ in 3,9 ohne weiteres. Was das Substantiv πίστις anlangt, setzen dessen Belege – hier noch abgesehen von den strittigen Belegen in 3,9b – (nicht Jesus, sondern) die Glaubenden als

---

[22] Silva, Phil 94; so auch Matlock, Detheologizing 15 Anm. 45.
[23] Reumann, Christology 135 f.; Marshall, Theology 138–144.
[24] Reumann, Christology 135.
[25] Müller, Phil 155.

Subjekte voraus; zudem liegt in 1,27 wohl ein *genitivus obiectivus* vor. Argumente für die *genitivus-subiectivus*-These lassen sich vom Wortfeld πιστ- im Philipperbrief her nicht beibringen.

Der für den Philipperbrief insgesamt wichtige, ja zentrale Gedanke des *Leidens* als Signatur des christlichen Lebens[26] findet sich in Verbindung mit πιστ- ausschließlich beim Verb in 1,29, nicht dagegen beim Substantiv in 1,25.27; 2,17 – eine für die Belege des Substantivs in 3,9 aufschlussreiche Beobachtung, wie sich im Abschnitt 5.2. zeigen wird.

Schließlich ist noch das Motiv des *Gehorsams* als einer (in der πίστις-Χριστοῦ-Debatte vertretenen) möglichen Akzentuierung des Wortfeldes πιστ- zu besprechen: Im Philipperbrief findet sich nur das Adjektiv ὑπήκοος, und dies auch nur einmal (2,8). Im vorpaulinischen Hymnus Phil 2,6–11 wird der gottgleichgestaltige, sich seiner göttlichen Würde entäußernde und Menschsein annehmende Christus als ὑπήκοος bezeichnet, weil er den Tod auf sich nimmt. Im Anschluss an den Hymnus verwendet Paulus das Verb ὑπακούειν, um das Verhalten der Gemeinde zu bezeichnen – *ihm* (2,12), nicht Gott oder dem Evangelium gegenüber. Die ὑπακ-Verbindung zwischen 2,8 und 3,9 ist dadurch gestört. Und es legt sich eine deutliche Unterscheidung (nicht notwendig: Trennung) zwischen dem gehorsamen Christus und den gehorchenden Christen nahe. Paulus arbeitet diese vermeintliche ὑπακ-Parallele eben nicht deutlich heraus, wenn er im Hymnus zu Christus das Adjektiv verwendet, in Bezug auf die Gemeinde aber das Verb; er kann es auch kaum, da Christus Gott bzw. seinem Auftrag gegenüber gehorsam ist, während die Philipper nach V. 12 doch wohl dem Apostel gehorcht haben. Vom „gehorsamen" Christus führt bei Paulus kein Gedankenweg zum „Gehorsam" der Christen, wie Vertreter des *genitivus subiectivus* bei πίστις Χριστοῦ es annehmen.[27]

Zudem ist festzuhalten, dass Christi Leiden (παθήματα) in Phil 3,10 weder mit πιστεύειν noch ὑπακούειν motiviert werden, sodass jedenfalls begrifflich kein Konnex hergestellt wird. Morna Hooker konstruiert allerdings zwischen dem Hymnus 2,6–11 und 3,5–11 einen engen sachlichen Zusammenhang: Paulus leiste eine *imitatio* der Kenosis Christi; wie Christus halte auch Paulus nicht an Privilegien fest. So hört sie in 3,9 ein „echo of Philippians 2", das „suggests that this phrase [*sc.* ἐπὶ τῇ πίστει] ought to refer to the obedient self-surrender of Christ, that is, to his faithfulness".[28] Der in 3,9 zweifach verwendete Begriff πίστις –

---

[26] Vgl. dazu monografisch Bloomquist, Function oder knapper beispielsweise Walter, Phil 23 f., 47–50; vgl. als paulinische Parallelen etwa 1Thess 1,6; 2,2.14.

[27] So z. B. Johnson, Rom 3:21–26 88; Bockmuehl, Phil 211.

[28] Hooker, ΠΙΣΤΙΣ 332; so schon Hooker, Interchange 47 f. Überzeugender führt Schnelle, Einleitung 167 die terminologischen Beziehungen von 3,20 f. zum Hymnus 2,6–11 auf; vgl. zum Thema Schnelle, Transformation.

so Hooker[29] – „sums up exactly [!] Paul's description of Christ's self-emptying in Phil. 2, since in exchanging the form of God for the form of a slave, Christ was relying totally on God". Damit liege der Gedanke eines „interchange" zwischen Christus und den Glaubenden vor (vgl. 2Kor 5,21; 8,9), ein Gedanke, den Hooker – nach Dunns lapidarer Feststellung – „finds elsewhere in Paul".[30] Als Indiz für diese Verbindung kann (nur) ein begrifflicher Verweis angeführt werden: das Verb ἡγεῖσθαι, das das Aufgeben der Gottgleichgestaltigkeit durch den Präexistenten bezeichnet (2,6b) wie auch die Neubewertung der eigenen Existenzgrundlagen durch den Apostel (3,7.8a.c).[31] Allerdings wird dieses (im Philipperbrief auffallend häufige[32]) Verb vor dem Hymnus für das demütige Miteinander der Gemeindeglieder verwendet (2,3; vgl. 1Thess 5,13), zwischen dem Hymnus und den Belegen in Kapitel 3 dann noch einmal alltagssprachlich mit dem Subjekt Paulus (V. 25; vgl. 2Kor 9,5). Paulus kennzeichnet die Verbindung der ἡγεῖσθαι-Belege 2,6b und 3,7 f. allerdings nicht eindeutig. Jedenfalls führt die Annahme einer solchen Verbindung zu fragwürdigen Parallelisierungen: Sollten hier denn tatsächlich die vergangene πεποίθησις … ἐν σαρκί des Paulus und das εἶναι ἴσα θεῷ des präexistenten Christus als (aufgegebene) Privilegien nebeneinander zu stehen kommen? Sollte die Kenosis Christi ein Akt des Glaubens (als des Gehorsams oder des Vertrauens) sein, dem das Zum-Glauben-Kommen des Paulus (und aller Christen) entspräche? Das Adjektiv ὑπήκοος findet sich im Hymnus hinsichtlich des Kreuzestodes, was denn auch sonst von den Vertretern der *genitivus-subiectivus*-These vorgebracht wird.[33] Zudem liegt der Akzent im Hymnus bis einschließlich V. 8 darauf, dass Christus alles *verliert*, während der Apostel in 3,7–11 alles neu bewertet wegen des überragenden Wertes der Erkenntnis Christi, indem er Christus *gewinnt* (3,8). Und schließlich leitet (den Skopus vorgebend) Paulus den Hymnus ein mit dem Motiv des gemeindlichen Ethos (V. 5), nicht aber des Gehorsams oder des Glaubens.

Mit dem Motiv des Gehorsams Jesu und dem Hymnus in Phil 2 ist – zumal unter Absehung von der πιστ-Terminologie – die Frage nach πίστις

---

[29] Hooker, Interchange 48.

[30] Dunn, Once More 743.

[31] Hooker, Interchange 48.

[32] Im Philipperbrief finden sich sechs von acht paulinischen Belegen (s. noch 2Kor 9,5; 1Thess 5,13).

[33] Auch von Hooker, ΠΙΣΤΙΣ 332 selbst: Die Gleichgestaltung mit Christi Tod V. 10 sei eine „conformity to those attitudes which led Christ to submit the death", ein „interchange of experience", der erste Akt einer eschatologischen Verwandlung, die mit V. 21 ihr Ziel erreicht (333). Gleichwohl sei noch einmal festgehalten: Hooker bestimmt hier Inhalt und Art der subjektiv verstandenen πίστις Χριστοῦ anders, nicht auf Jesu Kreuz bezogen, sondern auf die Erniedrigung des präexistenten Christus.

Χριστοῦ in 3,9 schwerlich im Sinne eines *genitivus subiectivus* zu beantworten. Die Verbindung zwischen dem πίστις-Χριστοῦ-Beleg und dem
Hymnus ist gleichwohl offensichtlich: Der Kyrios-Titel, auf dessen Bekenntnis der Hymnus in 2,11 zuläuft, begegnet wieder in 3,8. Im Kontext
unserer Stelle 3,9 wird keineswegs eine (in seinem als Glaubensakt zu
interpretierenden Gehorsam bestehende) Aktivität des irdischen Jesus thematisiert,[34] die vorgeblich die Erwähnung eines Glaubens Jesu in 3,9 wahrscheinlich macht.

5.2. Philologische Analyse von Phil 3,9

Im das strittige Syntagma πίστις Χριστοῦ bietenden Satz 3,9 findet sich
das Substantiv πίστις gleich zweimal, zunächst mit dem bloßen Christus-
Titel attribuiert, dann absolut, aber mit anaphorischem Artikel. Mit πίστις
Χριστοῦ scheint die verbale Wendung τὸ εἰς αὐτὸν [*sc.* Χριστὸν] πιστεύειν
aus 1,29 wieder aufgenommen zu werden. Zudem entspricht das ἐκ θεοῦ
bei „Gerechtigkeit ... durch Glaube an Christus" in 3,9 insofern dem Satz
1,29, als auch dort das πιστεύειν als von Gott geschenkt qualifiziert wird.[35]
Die Formulierung „Christus *gewinnen*" weist ebenfalls auf die Unverfüg-
barkeit des Glaubens. Und schließlich findet sich auch das Leidensmotiv
aus 1,29 in 3,10 wieder.[36] Insofern in 1,29 anders als beim Substantiv in
1,25.27; 2,17 (s. o. 5.1.) der Leidensgedanke begegnet, hebt sich der Gebrauch von πίστις in 3,9 von den anderen mehr objektiven Belegen ab. Da
hier aber in erster Linie das Leiden des Apostels und der Christen überhaupt angesprochen ist, ist dies kaum ein hinreichendes Argument dafür,
πίστις Χριστοῦ im Sinne eines *genitivus subiectivus* von den anderen, absoluten πίστις-Belegen zu unterscheiden.

V.9 findet sich in einem ausgesprochen schwierigen, zumal polemischen
Kontext.[37] Es liegt ein „religiöses Selbstzeugnis" vor, in dem der Autor „sein

---

[34] So sähe es Hooker, ΠΙΣΤΙΣ 331–333 gern.

[35] Vgl. Koperski, *Pistis Christou* 214, 216. Zum durch ἐκ θεοῦ bezeichneten Gabencha-
rakter der Gerechtigkeit s. Röm 4; 5,17; 8,10; 9,30; 10,4.10; 14,17 (O'Brien, Phil 397).

[36] Wick, Philipperbrief fasst 3,1–16 und 1,12–26 als eine Einheit mit dem Thema „Paulus,
ein Nachahmer Christi" zusammen; insbesondere 1,19.21 ff. und 3,7 ff. entsprächen sich
darin, dass Selbsterniedrigung und Leiden als „Erhöhung zu Christus" verstanden würden
(99).

[37] „Auf engstem Raum sind hier [*sc.* V. 7–11] paulinische Autobiographie, Anthropologie,
Christologie, Soteriologie (Rechtfertigungslehre) und Eschatologie vereint und in ihrer gan-
zen, der paulinischen Theologie eigenen Paradoxalität vorgeführt." (Hotze, Paradoxien 249).
Eine eindringliche Analyse von Phil 3,9 auch unter Berücksichtigung des Kontextes bietet
Theobald, Paulus 351–369.

ganz persönliches Hoffen und Sehnen" äußert.[38] Ab V. 7 beschreibt Paulus in einem durchgehenden Satz bis V. 11 seine[39] in der Bekehrung erfahrene Lebenswende, wobei V. 7–9a das Christwerden, V. 9b–10 das Christsein und V. 11 die christliche Hoffnung ausführt. Alles vormals Wertvolle – hierauf bezieht sich das in V. 5 f. beschriebene „Vertrauen auf das Fleisch" (V. 3 *fin.*4) – ist ihm nun διὰ τὸν Χριστόν ein „Schaden". Der mit der διά-Wendung angegebene Grund für diese Umwertung wird im Folgenden ausgeführt: Dieser ist Maßstab für alles. Gemessen an der (διά) „einen überragenden Wert darstellenden Erkenntnis Christi Jesu, meines Herrn" ist alles Schaden (V. 8a). Für (διά) Christus hat Paulus alles eingebüßt und hält alles für Unrat (V. 7.8b.c); διά τι(να) hat hier finalen Sinn, wie der Finalsatz V. 8d zeigt.[40]

Paulus wechselt hier in der Beschreibung der existenziellen Bedeutung Christi für ihn zwischen dem bloßen „Christus" und einem Vollzug auf seiner Seite, der Erkenntnis Christi. In ἡ γνῶσις Χριστοῦ Ἰησοῦ liegt ausweislich der verbalen Entsprechung γνῶναι αὐτόν [*sc.* Χριστόν] in V. 10a ein *genitivus obiectivus* vor (vgl. 2Kor 2,14; 4,6; vgl. 5,16).[41] Da Paulus das Motiv der γνῶσις sonst auf Gott bezieht (Röm 11,33; 2Kor 2,14; 4,6; 10,5; [nicht zuletzt, da die Bekehrung bezeichnend:] Gal 4,8 f.; vgl. ferner *e contrario* Röm 10,3: „Gottes Gerechtigkeit nicht kennen" [ἀγνοεῖν]) – dabei nimmt er die alttestamentliche Vorstellung vom (Er)Kennen Gottes auf (s. z. B. Jer 31,34; Hos 2,22; 6,6) – und durch Christus vermittelt sieht (s. dazu die soeben aufgeführten Stellen aus dem 2.Korintherbrief, wobei nach 4,6 ein Akzent auf dem Christ*werden* liegt[42]), dürfte die solenne Titulierung Jesu Christi mit der Inversion Χριστὸς Ἰησοῦς (vgl. v. a. 2,5)[43]

---

[38] Berger, Formgeschichte 272. Die „Reflexion des Rechtfertigungsgeschehens im Blick auf die eigene Person" ist kennzeichnend für die (späte) Rechtfertigungslehre des Paulus (Horn, Juden 31).

[39] Die biografische erste Person der V. 4b–6 wird in V. 7–11 – insbesondere ab V. 9a – transparent für allgemeinchristliche Erfahrung und damit „exemplarisch" (Gnilka, Phil 193; Müller, Phil 150). Dieses „ich" wird in V. 12–14 fortgesetzt und dann in V. 15–21 mit dem die Adressaten inkludierenden „wir" aufgenommen.

[40] Blass/Debrunner/Rehkopf, Grammatik § 222, 2a; vgl. z. B. Silva, Phil 182. Kausaler Sinn ist zwar möglich (s. V.7), aber weniger wahrscheinlich (gegen Hotze, Paradoxien 235).

[41] Anders (und abwegig) Vallotton, Christ 85–91: *genitivus subiectivus.*

[42] Müller, Phil 152.

[43] Von den 37 Χριστός-Belegen im Philipperbrief sind 17 ohne *nomen proprium*, 13mal findet sich die Voranstellung Χριστὸς Ἰησοῦς – der textkritisch nicht ganz klare Beleg 3,12 ist als Inversion gezählt – und nur siebenmal die Stellung Ἰησοῦς Χριστός. Die auffällig häufige Verwendung der Inversion schränkt die oben gemachte Bewertung etwas ein; Normalstellung und Inversion sind im Philipperbrief inhaltlich schwerlich zu unterscheiden (Reumann, Christology 134). Verstärkt wird indes der besondere Gebrauch des κύριος-Titels; dieser wird in der Regel bei „Jesus Christus" verwendet (1,2; 2,11; 3,20; 4,23), kaum bei der Inversion (nämlich 3,8), beim absoluten Χριστός gar nicht (vielmehr statt des absoluten Christus-Titels selbst absolut: 1,14; 2,24.29; 3,1; 4,1.2.4.5.10) sowie beim Namen Jesus (2,19).

und dem prädikativen Epitheton ὁ κύριος (vgl. 1,2; 2,11b) nicht zufällig sein. Christus wird hier vielmehr in göttlichen Kategorien gedacht.[44] Im Possessivpronomen μου beim κύριος in V. 8 (statt des pluralischen ἡμῶν) spiegelt sich wohl noch das eigene Erleben des Apostels vor Damaskus:[45] die „Erkenntnis" Christi als des „Sohnes Gottes" (Gal 1,16), als des „Christus" (1Kor 15,8) und als des „Herrn" (vgl. 1Kor 9,1c). Zur vorher beschriebenen Wende des Paulus fügt sich das besser, als wenn diese „Erkenntnis Christi" eschatologisch[46] oder weisheitlich[47] gefasst wird; es ist die Erkenntnis des Herrseins Christi (τοῦ κυρίου prädikativ [s. o.]). Sachlich wie auch hinsichtlich der gewissermaßen intimen Atmosphäre ist (nicht zufällig?) Gal 2,20 zu vergleichen (s. dazu 3.3.).[48] Das Possessivpronomen (Phil 3,8) ist wie das Personalpronomen (Gal 2,20) exemplarisch zu verstehen, zumal mit dem κύριος-Titel auf die Christus-Beziehung der Glaubenden als *Bekenntnis* (s. Phil 2,11 und ferner z. B. Röm 10,9) angespielt ist. – So zeigt Phil 3 mit den Reminiszenzen an das Damaskus-Erlebnis unmittelbar, dass die „Rechtfertigungslehre" des Paulus (samt partizipatorischen Motiven) sich seiner Christus-Erkenntnis verdankt;[49] Soteriologie ist in diesem Sinne ausgeführte Christologie.

Nach einem geradezu explikativ zu verstehenden καί[50] setzt V. 9a den Finalsatz V. 8d ebenso fort wie den (s)o(e)ben beschriebenen Wechsel. „Christus gewinnen" hat die reziproke Begleiterscheinung „in ihm erfunden werden" (V.9a). Dieses ἐν Χριστῷ (εἶναι [?])[51] ist wohl trotz eschatologischer Motive in V. 14.20 f. (und trotz des Eschatologisches konnotierenden *passivum divinum*, vgl. 1Kor 4,2; 2Kor 5,3)[52] nicht eschatologisch[53] zu

---

[44] Vgl. Marshall, Theology 147 und ausführlich Koperski, Knowledge 321–325.

[45] Müller, Phil 152.

[46] Lohmeyer, Phil 134 f., 138 (dazu Koperski, Knowledge 33 f.).

[47] Koperski, Knowledge 293–321; vgl. 21–59 (weitere Interpretationen).

[48] Vgl. Gnilka, Phil 192.

[49] Eckstein, Gott 43; vgl. Kraus, Gerechtigkeit 346.

[50] So z. B. Schenk, Phil 307; Silva, Phil 184.

[51] So zu ergänzen nach Schenk, Phil 308, der indes vorher schon das εὑρεθῆναι zu einem schlichten εἶναι hinunter deutet (307; vgl so vorher schon Tannehill, Dying 118 und nachher Koperski, Knowledge 165); gegen die εἶναι-Ergänzung Silva, Phil 188, da eschatologisch zu verstehen wie V. 3 καυχᾶσθαι ἐν Χριστῷ Ἰησοῦ. Die erwogene Einfügung von εἶναι ist von einigem Belang: Das Verb signalisiert eine gewisse Dauer, sodass dann das Motiv auf den gegenwärtigen Glauben der Christen zu beziehen ist, ohne εἶναι wäre eher ein Zeitpunkt im Blick, nämlich wohl das eschatologische Gericht. Zum ἐν-Χριστῷ-Motiv s. o. 5.1.

[52] Vgl. Schenk, Phil 307. Auch Hawthorne, Phil 140 verweist auf 2Kor 5,3 und paraphrasiert für Phil 3,9: „to be found when surprised by death" (so auch Koperski, Knowledge 166 [„at the moment of death or the παρουσία"], vgl. 228). Dies gibt der Kontext kaum her.

[53] So indes z. B. Lohmeyer, Phil 136; Bonnard, Phil 65; Stuhlmacher, Gerechtigkeit 99; Hawthorne, Phil 140; Seifrid, Justification 175; Silva, Phil 188. Dagegen mit dem richtigen Hinweis auf die folgenden präsentischen Partizipien ἔχων (V. 9b) und συμμορφιζόμενος

verstehen. Vielmehr ist dieses Motiv in aller Regel auf die Gemeinde mit ihrem Glauben als gegenwärtiger Christusrelation[54] bezogen, während eine eschatologische Christusrelation mit σύν (1,23; vgl. 1Thess 4,17; 5,10; ferner συμμορφ- Phil 3,10 [präsentisch].21) formuliert wird;[55] hier nennt es mit der „Christusgemeinschaft, die für alle Glaubenden und Getauften gilt"[56] die Signatur des Christseins.[57]

Das Christsein war eingangs unserer Passage pneumatologisch und christologisch als „(in) dem Geist Gottes dienen" und „sich Christi Jesu rühmen" (ἐν Χριστῷ Ἰησοῦ) qualifiziert worden (V. 3). Für das πίστις-Χριστοῦ-Problem ist das Motiv des καυχᾶσθαι aufschlussreich: Paulus christologisiert dieses Motiv, an Jer 9,22 f. alludierend, in 1Kor 1,31b; 2Kor 10,17. Als Gottesverhältnis ist das Rühmen christologisch vermittelt (Röm 5,11: διὰ τοῦ κυρίου ἡμῶν Ἰησοῦ Χριστοῦ). Dabei ist vor allem an das Kreuz Christi zu denken, dessen Christen sich „rühmen" (Gal 6,14). Substantivisch wird direkt auf Christus Bezug genommen (Phil 1,26 καύχημα; Röm 15,17 καύχησις). Im angesprochenen Vers Phil 3,3 findet sich eine mit V. 9b–d vergleichbare Dreierkonstellation:

V.3:   Geist Gottes – sich Christi rühmen – (nicht) Fleisch
V.9:   (aus) Gott – πίστις Χριστοῦ – Gesetz

Nach dieser Parallele und nach dem soeben über das καυχ-Motiv bei Paulus Gesagten scheinen καυχᾶσθαι ἐν Χριστῷ Ἰησοῦ und πίστις Χριστοῦ zueinander in Verbindung zu stehen (wie die „Glaubensfreude" und das „Rühmen in Christus Jesus" in 1,25 f.) – allerdings nur, wenn πίστις Χριστοῦ im Sinne eines *genitivus obiectivus* verstanden wird.

(V. 10b) Michaelis, Phil 57; Müller, Phil 154 mit Anm. 76 f. Nach Walter, Phil 79 ist zu berücksichtigen, dass Christus *jetzt* – an Stelle des νόμος – die orientierende Größe im Leben des Paulus ist. Gnilka, Phil 194 sieht beides, gegenwärtige christliche Existenz und eschatologisches Gericht, integriert.

[54] Silva, Phil 188: *unio cum Christo*.

[55] Kramer, Christos 142 f. und ihm folgend Schenk, Phil 308; vgl. ferner Wedderburn, Observations.

[56] Gnilka, Phil 193.

[57] Nach Hooker, Interchange 47 Ziel des „interchange". Hierdurch haben Christen teil an Christi Gerechtigkeit (vgl. Marshall, Theology 142). Aber kann wirklich davon gesprochen werden, dass „participation" das Thema des ganzen Abschnitts ist (Hooker, Interchange 47 f.)? (Von V. 9a.10b ist das natürlich zu konzedieren [vgl. Müller, Phil 159]. Nach Schenk, Phil liegt in V. 8d.9a.10 die „Kategorie der Teilhabe [Partizipation]" zugrunde [307], in V. 9b–d die „Kategorie der Zurechtbringung" [309].) Warum genau soll die subjektiv verstandene πίστις Χριστοῦ gut in diese Melange von Partizipations- und Rechtfertigungsmotiven passen (Hooker, Interchange 47 f.; vgl. Longenecker, Triumph 99: „To be in Christ is to have his ... faithfulness.")?

Der Aufbau von V. 9b–d kann als Chiasmus dargestellt werden:[58]

9b		μὴ ἔχων
	A	ἐμὴν
	B	δικαιοσύνην
	C	τὴν ἐκ νόμου
9c	D	ἀλλὰ τὴν διὰ πίστεως Χριστοῦ
9d	C'	τὴν ἐκ θεοῦ
	B'	δικαιοσύνην
	A'	ἐπὶ τῇ πίστει

Die Antithetik der beiden δικαιοσύνη-Vorstellungen und ihrer jeweiligen Herkunft (ἐκ νόμου *versus* ἐκ θεοῦ) und die zentrale Stellung der πίστις-Χριστοῦ-Formulierung sind damit gut dargestellt. Gleichwohl ist dieses Schema nicht hinreichend,[59] insofern das ἐμήν hier keine Entsprechung findet; diese liegt aber deutlich im ἐκ θεοῦ vor,[60] sodass das Possessivpronomen den Urheber kennzeichnet (vgl. Röm 10,3). Ebensowenig ist die Gleichordnung von ἐκ θεοῦ und ἐπὶ τῇ πίστει zu erkennen. Die Schlussformulierung ἐπὶ τῇ πίστει kann zudem nicht dem ἐμήν (antithetisch) oder dem Partizip ἔχων zugeordnet werden.[61] Auch die Wiederaufnahme (Redundanz) von πίστις wird nicht deutlich. Das Schema ist also zu modifizieren:

μὴ ἔχων
    ἐμὴν δικαιοσύνην
        τὴν ἐκ νόμου
ἀλλὰ   τὴν διὰ **πίστεως Χριστοῦ**
        τὴν *ἐκ θεοῦ*
      δικαιοσύνην
        ἐπὶ **τῇ πίστει**

Dass die Bestimmung ἐκ θεοῦ sowohl parallel zu ἐκ νόμου, διὰ πίστεως Χριστοῦ und ἐπὶ τῇ πίστει steht, ist durch Einrücken der Zeilen dargestellt,

---

[58] Vgl. Schenk, Phil 250 f., 310 (allerdings wird hier das negierte Partizip mit zu A gezogen) und ihm folgend O'Brien, Phil 394; Silva, Phil 185. Die Strukturierung bei Koperski, Knowledge 142 leistet kaum Klärung.

[59] S. die Kritik durch Theobald, Paulus 361.

[60] Vgl. Theobald, Paulus 360.

[61] Gegen Schenk, Phil 313: *nomen actionis* πίστις als Realität *versus* Illusion des ἐμή. (Oder ist ἐπὶ τῇ πίστει adverbielle Bestimmung zum [nach ἀλλά virtuell zu wiederholenden, vielleicht ans Ende zu denkende] ἔχων?) Eine rückwärtige Zuordnung zum Infinitiv τοῦ γνῶναι, wie sie Collange, Phil 115 f. erwägt, scheitert an der Wortstellung (vgl. Schenk, Phil 313 mit Anm. 389).

dass es zugleich die Antithese zum Possessivpronomen ἐμήν bildet, ist durch Kursive markiert, die Wiederaufnahme von πίστις durch Fettdruck. Das ἐν-Χριστῷ-Motiv aus V. 9a wird durch πίστις Χριστοῦ aufgenommen, womit es als *raison d'être* des Christen qualifiziert ist. Paulus umschreibt das Christsein in seinem Verhältnis zu Christus in drei Begriffen, die ihrerseits in πίστις Χριστοῦ auf *einen* Begriff gebracht sind: Der Glaubende erkennt Christus, er gewinnt Christus und er wird in Christus erfunden. Das *principle of maximal redundancy* legt nahe, hier das *genus verbi* und die syntaktische Funktion Christi zu beachten: In zwei Fällen ist Christus das Objekt – zu einem Verb findet sich kurz zuvor das Substantiv mit Attribut im *genitivus obiectivus* –, im dritten ist jedenfalls keine Aktivität von ihm ausgesagt; zu diesem Befund fügt sich πίστις Χριστοῦ als *genitivus obiectivus* gut,[62] insofern das strittige Syntagma nicht die Bürde völlig neuer Gedanken zu tragen hat. Andererseits sollten die vier Begriffe „Christus gewinnen" (8d), „in ihm erfunden werden" (9a), „Gerechtigkeit haben" (9b–d) und „ihn erkennen" (10a) auch nicht einfach nivelliert werden als „verschiedene Ausdrücke für dieselbe Sache"[63]. Es sind verschieden akzentuierte Umschreibungen einer Sache; entsprechend sollte diese Sache auch nicht (vollständig) in einem dieser Begriffe allein gesucht werden – das kann mit einem gewissen Recht gegen die traditionelle, rechtfertigungstheologische Interpretation eingewandt werden.[64] Beachtet man schließlich

---

[62] Für einen *genitivus obiectivus* plädieren hier z. B. Collange, Phil 115; Gnilka, Phil 194 (mit Kertelge, Rechtfertigung 170–178); Fee, Phil 324 f. mit Anm. 44. Mit Walter, Phil 79 f. vertritt ein neuerer deutschsprachiger Kommentar zum Philipperbrief eine weniger eindeutige Sicht: Wichtig sei der Gegensatz von eigener und von Gott geschenkter Gerechtigkeit; πίστις Χριστοῦ könne als Grund der zweiten auch als „Treue (*Gottes!*), die sich in Jesus Christus der Welt dargeboten hat", verstanden werden, es sei – heißt es dann einige Zeilen weiter eindeutiger und mit der selben eloquenten Ausführlichkeit, wie man sie etwa auch bei manchen amerikanischen *subjectivists* findet – „mit ‚Christus-Glauben‘ nicht unsere ‚Gläubigkeit‘ (als ein religiöses Vermögen) gemeint, sondern ... das von Gott her auf uns zukommende Geschehen der ‚Treue‘ Gottes, die in dem ‚Sohn‘ Jesus Christus leibhaftig auf uns zu- und bei uns angekommen ist (vgl. Röm 8,2–4; Gal 3,23+25)". Dazu ist beschränkt auf unsere Stelle zu sagen: Sollte hier ein von den Adressaten kaum zu verstehender *genitivus epexegeticus* vorliegen, der zudem erst durch eine Metonymie (Christus statt des Christusgeschehens) möglich ist? Die einzige paulinische Stelle, an der πίστις auf Gott bezogen ist, bezeichnet das auch explizit (Röm 3,3), und Paulus greift so in den von ihm zitierten Text von Hab 2,4 ein, dass er der πίστις das Genitivattribut nimmt und das absolute πίστις auf den „Gerechten" als das implizite Subjekt bezogen sein lässt (dazu s. o. den Exkurs 4.2.4.3.). In Röm 3 steht dieser Gedanke im Zusammenhang der Verheißungen Gottes; davon ist hier in Phil 3 nicht die Rede. Und schließlich wird das Ineinander Gottes und Christi in der Regel hier sogleich in V. 14.

[63] Friedrich, Phil 162.

[64] Denselben Bedenken setzt sich auch Koperski aus, wenn sie den Gedanken der „Erkenntnis Christi" hervorhebt (Knowledge 320): „All of the different expressions in vv. 8–11, which have elements of ‚participationist‘, ‚forensic‘, and ‚pattern‘ terminology, are different ways of describing Christian existence, but knowledge is not only the most specific, but also

die Aktionsart der drei Verben in V. 8d.9a.10a, nämlich den ingressiven Aorist,[65] passt auch dies (besser als ein Glaube Jesu) zur beschriebenen Wende des Paulus und zum neuen Glauben der Philipper.

Wie in den vorhergehenden Versen die Wende des Paulus thematisiert wird, so bezeichnen wohl auch „Christus gewinnen" und „in ihm erfunden werden" (zur Verbindung von δικαι- und ἐν Χριστῷ vgl. 2Kor 5,21; Gal 2,17) das hier selbst nicht genannte δικαιοῦσθαι,[66] das der Sache nach auch im weiteren Textverlauf behandelt sein dürfte („von Christus ergriffen worden sein" V. 12c, vielleicht sogar die eschatologisch anmutende Wendung „der Kampfpreis der Berufung nach oben durch Gott in Christus Jesus" V. 14).[67] Allerdings könnte „Christus gewinnen" (wie auch „Christus erkennen") näherhin den Akzent auf den punktuellen Anfang, „in Christus erfunden werden" dagegen auf die dauernde Folge dieser Wende legen.[68] Nimmt nun das πίστις-Χριστοῦ-Syntagma nur einen oder besonders einen dieser Aspekte auf oder aber integriert es beides? Der Kontext mit der Wende des Paulus scheint einen Akzent auch von πίστις Χριστοῦ auf das Christ*werden* nahezulegen.[69] Im V. 9 selbst indes wird die etwas schwerfällige (und gänzlich singuläre[70]) Formulierung δικαιοσύνην ἔχων mit dem Partizip Präsens (anders als das auch mögliche [in Röm 5,1 belegte] direkt vom einschlägigen Verb δικαιοῦσθαι gebildete Partizip Aorist δικαιωθείς) den Aspekt der Dauer bezeichnen. Dies ist auch bei der Gottessohnschaft-Metapher in Gal 3,26 der Fall, wo ebenfalls das ἐν-Χριστῷ-Motiv und διὰ πίστεως verbunden sind.

V.9b-d, also μὴ ἔχων ... πίστει, ist eine Parenthese[71] zum Zweck einer Verhältnisbestimmung von δικαιοσύνη und πίστις durch Paulus. Der Infinitiv V. 10 schließt damit (nicht seinerseits final, sondern:) parallel[72] an den

---

the most inclusive, since it is described as both the ongoing motivation in the present and the goal toward which Paul yearns, and it is identified as an *allsurpassingness*, for which everything else is gladly surrendered."

[65] Schenk, Phil 307.

[66] Bonnard, Phil 65 und ihm folgend Martin, Phil 148 verstehen „in ihm erfunden werden" synonym zu „gerechtfertigt sein". Der Hinweis auf Gal 2,17a (δικαιωθῆναι ἐν Χριστῷ εὑρέθημεν) ist nicht unproblematisch, da das Prädikativum zum *verbum finitum* εὑρέθημεν das folgende καὶ αὐτοὶ ἁμαρτωλοί ist, und ἐν Χριστῷ also wohl nicht εὑρεθῆναι, sondern δικαιωθῆναι ergänzt.

[67] Diese durchgängig rechtfertigungstheologische, nichteschatologische Interpretation vertritt Schenk, Phil 308 f.

[68] Michaelis, Phil 57; Müller, Phil 154; auch nach Hooker, Interchange 48 indiziert das Partizip Präsens συμμορφιζόμενος in V. 10b einen dauernden Prozess.

[69] So z.B. Müller, Phil 156 f.

[70] Theobald, Paulus 357 Anm. 22.

[71] So z.B. Michaelis, Phil 57; Lohmeyer, Phil 131; Gnilka, Phil 192, 194; Schenk, Phil 309; Barth, Phil 60; Müller, Phil 155; Hotze, Paradoxien 244; Walter, Phil 80; Harnisch, Selbstempfehlung 144; Theobald, Paulus 354.

[72] So als Beispiel unter vielen Kommentatoren Silva, Phil 189; s. ausführlich Koperski, Knowledge 171–177. Meyer, Phil 140 f. sieht den finalen Infinitiv von ἔχων abhängig.

Finalsatz V. 8d.9a an (vgl. Röm 6,6): Gestalt des „Christus-Gewinnens" und „In-ihm-erfunden-Werdens" ist „ihn zu erkennen", was den Begriff der „Erkenntnis Christi" V. 8a aufnimmt, der seinerseits durch die beiden Verben „gewinnen" und „erfunden werden" im Finalsatz V. 8d.9a aufgegliedert wird: so stehen γνῶσις Χριστοῦ und πίστις Χριστοῦ in engstem Zusammenhang – und das Ganze macht den Eindruck, Paulus habe den ersten, nicht ganz klaren Begriff nach der Aufgliederung im Finalsatz durch das ihm wichtige πίστις Χριστοῦ in der Parenthese und schließlich durch den finalen Infinitiv erläutern wollen. Man mag erwägen, dass Paulus die Parenthese im Diktat nachgetragen hat. Die Parenthese ist syntaktisch subordiniert, doch gedanklich zentral für den Abschnitt V. 7–11,[73] was denn auch der Qualifizierung der (der πίστις parallelen[74]) γνῶσις Χριστοῦ als eines „überragenden Wertes" in V. 8a entspricht. Gleichwohl ist die Parenthese merkwürdig wenig ausgeführt, lehrhaft formuliert, als erinnere sie die Adressaten an ihnen durch die Predigt des Paulus selbst Bekanntes.[75]

Die beiden dramatisch an der eigenen Person als eine Lossage vom eigenen Ich[76] exemplifizierten Aspekte der Rechtfertigung („Christus gewinnen" und „in ihm erfunden werden") – vielleicht insbesondere das ἐν Χριστῷ –[77] werden nun in paulinischer theologischer Terminologie (in juridischen Kategorien, nämlich:)[78] anhand des Zentralbegriffs der δικαιοσύνη und mit einem modalen Partizip (ἔχων)[79] expliziert – nota bene: nicht umgekehrt! Die δικαι-Vorstellung samt πίστις Χριστοῦ erläutert das ἐν-Χριστῷ-Motiv.[80] ἔχων ist ein participium coniunctum zum impliziten Subjekt des Finalsatzes 8d.9a (parallel dazu das Partizip in V. 10b zum finalen Infinitiv in V. 10a).[81]

Von einer δικαιοσύνη ἡ ἐν νόμῳ war in V. 6b die Rede gewesen; das nimmt Paulus negierend und mit der Präposition ἐκ auf, um dann ein neues Verständnis der δικαιοσύνη zu etablieren. Der negierte Gerechtigkeitsbegriff steht gleichsam im Irrealis;[82] die vermeintliche δικαιοσύνη ist eine bloße πεποίθησις (vgl. V. 4 [ebenfalls mit ἔχων!; vgl. das ἔχειν bei καύχημα

---

[73] Vgl. z. B. Barth, Phil 60.

[74] Vgl. z. B. Hofius, Wort 155 Anm. 51.

[75] Nach Kertelge, Rechtfertigung 290 und ihm folgend Gnilka, Phil 195 kann der Verfasser eingehende Kenntnisse seitens der Adressaten voraussetzen.

[76] Harnisch, Selbstempfehlung 144.

[77] So z. B. Friedrich, Phil 161 und ihm folgend Hotze, Paradoxien 244.

[78] Müller, Phil 155 mit Anm. 81.

[79] O'Brien, Phil 393.

[80] Vgl. Friedrich, Phil 161. Witherington, World 269 meint die oben genannte Korrespondenz übersehend, dass διά hier (wie in Röm 3,22) meine „something that happened in and through Jesus' life, not in and through believers".

[81] Unmittelbar auf εὑρηθῆναι bezieht Walter, Phil 79: „sich als in Christus [seiend] und als Gerechtigkeit habend erweisen".

[82] Müller, Phil 156.

in Röm 4,2b, bei ζῆλος θεοῦ in Röm 10,2]). Das artikellose adjektivische Possessivpronomen ἐμήν steht hier prädikativ:[83] „nicht habend eine Gerechtigkeit als meine, die aus dem Gesetz [kommt]" (vgl. ἰδία Röm 10,3). Das ἐμήν führt dabei das ἐν σαρκί aus V. 3 f. weiter,[84] das schon im ἐν νόμῳ (V. 6b) angeklungen war; damit ist wohl nicht gut bultmannianisch selbstgerechter Stolz *coram Deo* gemeint, sondern das Vertrauen auf Gottes Erwählung im Gefüge des jüdischen Bundesnomismus.[85] Das ἐκ νόμου (vgl. ebenfalls bei/gegen πίστις Χριστοῦ Gal 3,21) ist wohl eine Abbreviatur von ἐξ ἔργων νόμου. Deutlich ist es Paulus hier darum zu tun, mehr objektive Größen einander gegenüber zu stellen: νόμος im Gegensatz zum ebenfalls artikellosen θεός hat annähernd personalen Charakter. Beide Größen setzen eine (vermeintliche bzw. tatsächliche) δικαιοσύνη frei. Während bei der δικαιοσύνη ἐκ θεοῦ die Vermittlung mit διὰ πίστεως Χριστοῦ genannt wird, scheint sie bei der δικαιοσύνη ἐκ νόμου zu fehlen; doch steht hier das possessive Adjektiv ἐμήν.

In, mit und unter der Erkenntnis und dem Gewinn Christi wird Gerechtigkeit διὰ πίστεως Χριστοῦ empfangen/besessen; statt des geläufigeren ἐκ (vgl. z. B. Röm 9,30; 10,6; zu den Präpositionen s. 1.5.3.) verwendet Paulus hier διά (wie Röm 3,22; Gal 2,16a), was wohl nicht bloß als *variatio* dem ἐκ νόμου geschuldet ist. Wiederum sind als nächste Parallelen jene ohne Attribut heranzuziehen, also δικαιοσύνη ἡ ἐκ πίστεως Röm 9,30 und ἡ ἐκ πίστεως δικαιοσύνη 10,6; an beiden Stellen kann kein Zweifel bestehen, dass unser Glaube gemeint ist (vgl. die Genitivvariante Röm 4,11.13 und das verbale δικαιοῦσθαι ἐκ πίστεως). Das Attribut leistet als *genitivus obiectivus* die inhaltliche Bestimmung des zentralen Begriffs der πίστις;[86] die weiteren inhaltlichen Präzisierungen in V. 10 bestätigen das. Diese Festlegung der πίστις ist nötig, um die πίστις aus dem Bezug auf den νόμος herauszunehmen.

Das διὰ πίστεως Χριστοῦ wird nach zwei Seiten zergliedert:[87] ἐκ θεοῦ und ἐπὶ τῇ πίστει. Das ἐκ θεοῦ zeigt die Gabequalität der δικαιοσύνη (s. o.) und den Urheber (vgl. z. B. 1Kor 1,30 [ἐξ αὐτοῦ <sc. θεοῦ> εἶναι ἐν Χριστῷ Ἰησοῦ]; 7,8 [χάρισμα ἐκ θεοῦ]); anders als im Römerbrief mit der unmittelbaren Genitivverbindung δικαιοσύνη θεοῦ (δικαιοσύνη als Attribut Gottes) wird hier die δικαιοσύνη dem Menschen, der sie „hat" (ἔχων) zugeschrieben und Gott als ihre Quelle o. Ä. namhaft gemacht.[88] Wie indes Röm 3,26c zeigt, gehören Gottes Gerechtigkeit und seine Gerechtmachung

---

[83] Blass/Debrunner/Rehkopf, Grammatik § 285,2.
[84] Silva, Phil 186.
[85] Theobald, Paulus 368.
[86] Müller, Phil 156.
[87] Lohmeyer, Phil 137 Anm. 2 nach Schmitz, Christusgemeinschaft 125.
[88] Vgl. Walter, Phil 80.

des Menschen eng zusammen. Gott und Gesetz stehen sich hier gegenüber
(!). Kontrastiert werden nicht „meine Gerechtigkeit" und Christi Glaube
(die [seine und] meine Gerechtigkeit zeitigt). Nur bei diesem Kontrast
wäre ein *genitivus subiectivus* bei πίστις Χριστοῦ verständlich.

Ein subjektiv verstandenes διὰ πίστεως Χριστοῦ zur Bezeichnung Christi
als des Urhebers/Inaugurators unseres Glaubens würde eine unschöne
Doppelung schaffen, insofern das *extra nos* des Glaubens schon mit dem
ἐκ θεοῦ festgestellt ist, während auf Seiten der Glaubenden eine im Zusammenhang des Abschnitts V. 7–11 unverständliche Lücke entstünde, insofern „the vital means by which the righteousness actually comes to the
individual is left unexplained".[89]

Das ἐπὶ τῇ πίστει ist ebenfalls adnominal auf die Gerechtigkeit zu beziehen, nicht adverbial auf das Partizip ἔχων; es bezeichnet die Erfahrungsseite der Glaubensgerechtigkeit, indem es διὰ πίστεως Χριστοῦ aufnimmt.[90] Der attribuierte πίστις-Beleg ist so (konkordant) mit der absoluten
πίστις zu erklären (s. 1.5.4.).[91] Darauf weist schon der anaphorische Artikel
vor dem absoluten Beleg (dazu s. 5.3.). Die beiden Präpositionen akzentuieren dabei unterschiedlich: Bezeichnet διὰ τινος die „wirkende[...] Ursache" oder den „begleitenden Umstand[...]",[92] nennt ἐπί τινι den „Grund,
auf dem e.[in] Zustand ... beruht",[93] ohne indes die beiden πίστις-Belege
derart auseinander zu dividieren, dass sie auf zwei verschiedene logische
Subjekte – Christus hier, Glaubende dort – zu verteilen wären.

Der nachfolgende finale Infinitiv[94] τοῦ γνῶναι αὐτόν (V. 10) definiert –
unbeschadet dessen, dass er über die Parenthese an den Finalsatz V. 8d.9a
anschließt – die beiden πίστις-Belege in V. 9.[95] Liegt hier (wie bei γνῶσις

---

[89] Dunn, Once More 744.

[90] Koperski, Meaning 214: V. 9c ist „explanatory" zu δικαιοσύνην τὴν ... διὰ πίστεως
Χριστοῦ; vgl. Seifrid, Justification 175 Anm. 154.

[91] Vgl. Reumann, Christology 140.

[92] Bauer/Aland, Wörterbuch *s. v.* διά A III 1 d bzw. c; vgl. Blass/Debrunner/Rehkopf,
Grammatik § 223, 4: „Art, Weise, Umstand".

[93] Bauer/Aland, Wörterbuch *s. v.* ἐπί II 1 b γ; Blass/Debrunner/Rehkopf, Grammatik §
235, 2; so z. B. Silva, Phil 184 („based on faith"). Möglich ist freilich noch die Bezeichnung
von „Zweck, Ziel, Folge" (Bauer/Aland, Wörterbuch *s. v.* ἐπί, II 1 b ε; Blass/Debrunner/
Rehkopf, Grammatik § 235, 4; danach Ramaroson, Justification 82 [„pour la foi"] und
Dunn, Once More 743 [„to that faith"]?) und die Bezeichnung eines Adverbs (auch eines
Partizips?) entsprechend „Art u.[nd] Weise" (Bauer/Aland, Wörterbuch *s. v.* ἐπί, II 1 b ζ).
Für Schenk, Phil 313 ist „eine final-konsekutive Fassung naheliegender [*sic!* statt: näherlie-
gend]" (vgl. ἐπί, in 1Thess 4,7; Gal 5,13), die dem εἰς πίστιν in Röm 1,17 entspräche.
O'Brien, Phil 396: διά τινος als „basis or ground", ἐπί τινι als „the means by which it [*sc.*
righteousness] is received".

[94] Blass/Debrunner/Rehkopf, Grammatik § 400.

[95] Collange, Phil 116; vgl. Reumann, Christology 139 f. und zusammenfassend und mit
starker Hervorhebung des Infinitivs Koperski, Knowledge 319 f. („it is *to know him* which
further defines and specifies all these other expressions" [320]).

V. 8) der Akzent auf der Bekehrung? Die Motive der „Kraft seiner Auferstehung" und der „Gemeinschaft seiner Leiden" stehen mit der Taufe in Verbindung (s. Röm 6,3 f.). Freilich kann daher nicht die Bedeutung von πίστις Χριστοῦ auf das Christwerden und näherhin die Taufe beschränkt werden.⁹⁶ Da die beiden Ausführungen parallel zum Personalpronomen Objekte von γνῶναι sind, liegt es nahe, γνῶναι hier nicht als bloß kognitiv zu fassen, sondern mit „erfahren" o. Ä. zu übersetzen.

Ein *genitivus subiectivus* wäre in der konzentrierten Argumentation von Phil 3 mindestens überraschend, wenn nicht gar unverständlich; denn ἐπὶ τῇ πίστει müsste dann den Gedanken einer *imitatio Christi* in Bezug auf das Glauben voraussetzen oder selbst mit ausdrücken. Auch die weichere Variante des subjektiven, näherhin auktorialen Genitivs im Sinne von „durch Christus gewirkt", die sich mit einem gewissen Recht auf V. 12 („von Christus ergriffen ergriffen sein") berufen könnte,⁹⁷ ist kaum wahrscheinlich; Paulus formuliert diesen Sachverhalt unmissverständlich mit einer Präposition (außer V. 12 ὑπὸ Χριστοῦ s. 1,11 διὰ Ἰησοῦ Χριστοῦ).

Beim objektiven Verständnis von διὰ πίστεως Χριστοῦ ergibt sich dagegen ein klarer Gedankengang: Zwei menschliche Möglichkeiten stehen sich gegenüber (vgl. Gal 2,16), deren zweite Gott zum Urheber hat (ἐκ θεοῦ).⁹⁸ Vertreter der *genitivus-subiectivus*-These könnten das Attribut bei πίστις in V. 9b freilich genau dem zuordnen, so, als bezeichne es mit dem (gehorsamen) Glauben Jesu die Urheberseite des Glaubens der Glaubenden. Doch fügt sich eine so konstruierte Christus-Glaubende-Relation nicht eben gut in den Kontext, in dem mit καυχᾶσθαι ἐν Χριστῷ (V. 3b) und εὑρεθῆναι ἐν Χριστῷ (V. 9a) eine Glaubende-Christus-Relation thematisch ist.

Auch wenn man den Gedankengang von Phil 3,9–11 nicht in Kategorien der altprotestantischen Orthodoxie beschreibt und wie Silva mit *iustificatio* V. 9, *sanctificatio* V. 10, *glorificatio* V. 11 einen *ordo salutis* entwirft,⁹⁹ scheint doch Phil 3,9 „a basic consistency between Paul's teaching and the classical soteriological formulations" nahezulegen.¹⁰⁰ Paulus fügt in der Parenthese betont den bisher im Abschnitt 3,(2-)7–11 mit dem Thema der δικαιοσύνη noch nicht genannten und überhaupt in ganzen Brief eher wenig und in einem mehr objektiven Sinne verwendeten Begriff der πίστις ein.

Das Verständnis von Glaube ist hier nicht eben einfach zu bestimmen. Trotz des näheren Kontextes mit der Wende des Paulus auf der einen Seite und trotz des sonst mehr objektiven Gebrauchs von πίστις im Philipperbrief

---

⁹⁶ So aber Mundle, Glaubensbegriff 90.
⁹⁷ Vgl. Michaelis, Phil 57.
⁹⁸ Vgl. Koperski, *Pistis Christou* 214; Koperski, Knowledge 236 f.
⁹⁹ Silva, Phil 184.
¹⁰⁰ Silva, Phil 185.

auf der anderen Seite legt sich für πίστις Χριστοῦ hier nahe, dass damit ein andauerndes Geschehen gemeint sei, steht es doch damit in Zusammenhang, dass der Glaubende „Gerechtigkeit *hat*".

5.3. Redundanz?

Die Frage nach einer Redundanz stellt sich in Phil 3,9 anders als in Röm 3,22; Gal 2,16; 3,22, insofern hier *zweimal das Substantiv* begegnet und damit die Differenzierungsmöglichkeiten des Verbs (Aspekte; Gal 2,16) und das Vorliegen eines ekklesiologischen *terminus technicus* (Partizip; Röm 3,22; Gal 3,22) nicht gegeben sind. Sind die beiden Belege von πίστις also zu unterscheiden, und zwar näherhin hinsichtlich ihrer Subjekte dergestalt, dass πίστις Χριστοῦ (V. 9b) einen *genitivus subiectivus* darstellt, während bei ἡ πίστις V. 9c (der exemplarische Christ) Paulus als logisches Subjekt mitzudenken sei?[101]

Nein: Es liegt – noch ganz abgesehen vom (in 1.7. abgewiesenen) negativen Verständnis von Redundanz – eine „curious redundancy"[102] gar nicht vor. Der Artikel vor dem zweiten πίστις-Beleg fungiert anaphorisch (s. o.): Die nicht näher bestimmte (und damit deutlicher als *nomen actionis* zu verstehende) πίστις greift die ihrerseits artikellose explizite πίστις Χριστοῦ auf;[103] das Attribut kann fehlen, weil der Artikel verwendet wird. Eine Differenzierung der beiden πίστις-Belege hinsichtlich ihrer impliziten Subjekte stellte eine *petitio principii* dar, insofern gegen die Evidenz der Anapher ein Unterschied behauptet und dann im Attribut gefunden wird, das dazu im Sinne eines *genitivus subiectivus* interpretiert werden muss. Paulus-Interpreten können hier nun feine Distinktionen vornehmen, etwa so, dass wohl vom gleichen Glauben die Rede ist, der nun eben im ersten Fall der Glaube Jesu, im zweiten dagegen der der Christen sei, der durch Jesu exemplarisches Glauben ermöglicht oder initiiert sei.[104] Doch stellt der

---

[101] So z. B. Kittel, πίστις 434; Martin, Phil 133; Keck, Jesus 455 f.; Hooker, Interchange 47 („tautology"); Bockmuehl, Phil 211 f. und O'Brien, Phil 400, der zudem ein theologisches Argument für die Aufteilung auf zwei Subjekte – folglich für die These eines *genitivus subiectivus* bei πίστις Χριστοῦ – vorbringt: Paulus hätte sonst „the objective ground of God's action unspecified" gelassen (vgl. ähnlich die theologische Variante des Redundanzarguments bei Wallis, Faith 105 [dazu hier 1.7.]).

[102] Keck, Jesus 455.

[103] So z. B. auch Dunn, Once More 744.

[104] Vallotton, Christ 88 f.; ähnlich Williams, Again 445 der beide πίστις-Belege auf Christen bezieht und einen Glauben Christi vorausgesetzt sieht: Die πίστις Χριστοῦ sei „a given which is available as the means by which righteousness is effected. Yet one avails oneself of this

anaphorische Artikel gerade auch den Bezug zum (doch nicht beliebigen) Attribut her. Versteht man πίστις Χριστοῦ als Jesu eigenen Glauben, muss man auch den zweiten πίστις-Beleg auf Jesus beziehen; nur wäre damit das Problem der Redundanz, das gelöst werden sollte, wieder virulent.

Auch die Verwendung zweier verschiedener Präpositionen zeigt, dass beide πίστις-Belege einen jeweils eigenen Akzent setzen, einmal mehr auf der objektiven, dann auf der subjektiven Seite der πίστις (s. o.).[105] Erwogen werden kann, ob nicht das ἐπί τινι hier ein den Partizipien in Röm 3,22; Gal 3,22 entsprechendes πιστεύων (vgl. so auch Röm 4,5) substituiert.[106]

Schließlich weist der engste Kontext weitere „Redundanzen" auf: ζημ- (V. 7b.8a.b), κερδ- (V. 7a.8d) und insbesondere δικαιοσύνη im gleichen Satzteil wie die beiden πίστις-Belege (V. 9b.d). Paulus formuliert in diesem polemischen Abschnitt sichtlich redundant mit dem Ziel der „conviction".[107] Gerade im Gegenüber zum vorchristlichen Leben des Apostels ist hier die πίστις durch die Wiederholung bewusst betont: Die δικαιοσύνη wird eben durch πίστις realisiert.[108]

Das für die *genitivus-subiectivus*-These vorgebrachte Redundanz-argument scheitert in Phil 3,9 an den drei genannten Kontextbefunden. Ein positives Verständnis der Redundanz – im Sinne einer Emphase[109] – legt dagegen einen *genitivus obiectivus* nahe.

---

means by adopting Christ's stance as one's own"; der zweite πίστις-Beleg sei „nothing other than Jesus' own mode of being, now through the gospel made available to all"; Williams übersetzt entsprechend πίστις Χριστοῦ mit vagem „Christ-faith" (Again 445). Anders differenziert Schenk, Phil 313: Mit πίστις Χριστοῦ sei mehr objektiv das Evangelium gemeint, während πίστις in V. 9c als *nomen actionis* einem Partizip wie in Röm 3,22; Gal 3,22 entspreche. Ganz ähnlich sieht Cosgrove in πίστις Χριστοῦ im Sinne von „gospel" (Cosgrove, Justification 665), sodass mit διὰ πίστεως Χριστοῦ in Phil 3,9 „the ‚instrument' of this transfer [*sc.* into the body of Christ through reconciliation]" gemeint sei, „while the ‚evidential basis' of righteousness is believing" (Cosgrove, Justification 667 Anm. 34).

[105] Schenk, Phil 313 (mit Lohmeyer, Phil 137 Anm. 2: der erste Beleg nennt eine mehr objektive Größe, der zweite ist eher subjektiv [freilich ist gerade ἐπὶ τῇ πίστει durch ἐκ θεοῦ bestimmt]); vgl. Williams, Death 49; Bockmuehl, Phil 211.

[106] Vgl Schenk, Phil 313.

[107] Lightfoot, Phil 149; vgl. Dunn, Philippians 3.2–14 476 Anm. 53: Wiederholungen sind ein „feature" dieses Textes.

[108] Vgl. Dunn, Once More 743; Müller, Phil 158. – Doch sollte da nicht allzuviel theologisch hineingeheimnisst werden. So meint Koperski, *Pistis Christou* 215 (mit Verweis auf 1,28–30) die Redundanz damit begründen zu müssen, dass die Rechtfertigung „does not come automatically through the obedience of Christ"; vielmehr müsse der von Gott als Geschenk angebotene Glaube auch angenommen werden. Sollte unser Glaube eine soteriologische Qualität haben, die dem Kreuz Christi gleichsam als ὑστέρημα – um (deutero)paulinisch zu reden – hinzuzufügen wäre?

[109] S. beispielsweise Hawthorne, Phil 142.

5.4. „Christus" als Metonymie für Kreuz und Auferstehung

V.7b bietet einen metonymen Gebrauch von Χριστός, insofern nicht die mit „Christus" bezeichnete *Person*, sondern (in erster Linie) das mit dieser verbundene *Geschehen* die Wertewandlung von κέρδη zu ζημία begründet. Auch die Inversion der Christus-Bezeichnung des Attributs bei γνῶσις in V. 8a weist eine gewisse metonyme Tendenz auf; beim Verb γνῶναι in V. 10a wird diese christologische Bezeichnung – durch das Personalpronomen αὐτόν aufgenommen, gefolgt von epexegetischem καί[110] – ausgeführt als „(Macht) seine(r) Auferstehung" und „(Gemeinschaft an) seine(n) Leiden"[111]. In V. 9a bezeichnet das ἐν-Χριστῷ-Motiv metonym das „Einbezogensein in das Heil des Christusgeschehens".[112] Für die Passage Phil 3,7–11 gilt damit durchgängig: Paulus „depersonalizes ‚Christ'", insofern der Christus-Titel nicht die Person Christi bezeichnet, sondern „a salvific commodity".[113] Das wird vorbereitet in V. 3, indem (καυχώμενοι) ἐν Χριστῷ und ἐν σαρκί (πεποιθότες) zwei gegensätzliche Existenzweisen vor Gott benennen, deren erste nur (wahre) „Beschneidung" – also nicht weniger als Zugehörigkeit zum Bund Gottes – und „Dienen" und „Gerechtigkeit aus Gott" (V. 9d) ist.

Eine solche Metonymie findet sich bei Paulus auch in anderen Zusammenhängen, nämlich bei Versöhnung und Taufe: Wird in 2Kor 5,18 das καταλλάσσειν mit διὰ Χριστοῦ näher bestimmt, wird dies in Röm 5,10 präziser auf Christi Tod bezogen: διὰ τοῦ θανάτου τοῦ υἱοῦ αὐτοῦ [sc. θεοῦ] καταλλαγῆναι. Diese Metonymie des Christus-Titels für den Kreuzestod löst Paulus selbst in Röm 6,3 auf: „Auf Christus Jesus getauft werden" heißt, „auf seinen Tod getauft werden".

Interessant ist auch in der Frage der Metonymie die Stelle zu Hab 2,4 aus dem Habakuk-Pescher 1QpHab 8,3: Die dort als „Treue zum Anweiser der Gerechtigkeit" interpretierte אֱמוּנָה meint ja genauer das Festhalten an seiner Gesetzesauslegung, nicht an seiner *Person*.

---

[110] So z. B. Tannehill, Dying 119 f.; Gnilka, Phil 195; Schenk, Phil 320; Silva, Phil 189; Müller, Phil 158.

[111] Zum *genitivus obiectivus* von ἡ ... κοινωνία (τῶν) παθημάτων αὐτοῦ vgl. 1Kor 1,9 und s. ausführlich Koperski, Knowledge 253–256.

[112] Müller, Phil 155.

[113] Seifrid, Justification 176 Anm. 155, der zum theologischen Recht dieses Vorgehens auf Melanchthons Sentenz „Hoc est Christum cognoscere, beneficia eius cognoscere" (Melanchthon, Loci communes 2,1,6) verweist. Zu „Gemeinschaft seiner [sc. Christi] Leiden" V. 10 gibt es die metonyme Parallele κοινωνία ... Ἰησοῦ Χριστοῦ τοῦ κυρίου ἡμῶν 1Kor 1,9, wo übrigens – was Vertreter des *genitivus subiectivus* bei πίστις Χριστοῦ hätten vorbringen können – die Berufung in die Gemeinschaft mit Christus als Akt der Treue Gottes verstanden wird: Gott erweist sich darin als πιστός.

So wird auch in V. 9c der (gewiss nicht zufällig ausdrücklich genannte, statt durch einfaches auf Χριστόν V. 8e Bezug nehmendes αὐτοῦ ersetzte [so V. 9a ἐν αὐτῷ])[114] Christus-Titel bei πίστις das Heilsgeschehen als Inhalt des Glaubens konnotieren lassen. Die *nomina regentia* δύναμις und κοινωνία in V. 10 zeigen den Bezug von Christi Auferstehung und seinen Leiden zum Glaubenden bzw. umgekehrt. Dabei kommt insbesondere κοινωνία [τῶν] παθημάτων αὐτοῦ als *genitivus obiectivus* parallel zu πίστις Χριστοῦ zu stehen und führt sowohl das *nomen regens* als auch das *nomen rectum* weiter aus: die πίστις in der partizipatorischen Kategorie als Gemeinschaft/Teilhabe, Christus mit seinen soteriologisch und existenziell bedeutsamen Leiden. Auf dieser Ebene der Glaubende-Christus-Relation dürfte damit auch die πίστις in V. 9c.d liegen.[115]

Für den πίστις-Χριστοῦ-Beleg in V. 9 ist von großem Belang, dass er in einem eine sozusagen starke Christologie vertretenden Kontext (V. 7–11) steht: Die „Erkenntnis Christi" wird als höchster Wert bezeichnet (ὑπερέχον, V. 8), Christus selbst als κύριος, und seiner Auferstehung eignet eine lebenschaffende Macht (δύναμις, V. 10 f.). Zur Christologie kann argumentiert werden, dass „if Paul does not consider Christ to be divine, than Paul must be considered guilty of blasphemy"[116].

Dass gemäß der *genitivus-subiectivus*-These in diese hohe Christologie hinein unvermittelt ein Argument zum (Glauben des) irdischen Jesus vorgetragen werden sollte – und noch dazu im gedanklichen Zentrum –, muss wenigstens als unwahrscheinlich angesehen werden – unbeschadet dessen, dass Vertreter der *genitivus-subiectivus*-These ihre Interpretation (nicht als eine schwache Christologie, sondern) pointiert christologisch verstehen, indem mit dem Glauben Jesu seine Relevanz auch für den Glauben der Glaubenden – und nicht nur für ihr Seelenheil – benannt wird.

Wichtig ist, dass Christus hier durchweg unter dem Aspekt der *Beziehung* zu den Glaubenden gedacht wird: Diese *erkennen* ihn, was sich wie im Falle des Paulus selbst (s)einer ἀποκάλυψις verdankt (vgl. Gal 1,12.16). Er ist ihr *Herr* (V. 8a). Ihr Leben wird von der *Macht* des Auferstandenen bestimmt, sie haben *Gemeinschaft* an seinen Leiden und sind seinem Tode *gleichgestaltet* (V. 10 f.). Zu diesem Beziehungsaspekt – negativ wird er als

---

[114] Theobald, Paulus 356 nimmt diese Beobachtung als Indiz für die formelhafte Prägung der Parenthese.

[115] Den Gedanken der Metonymie treibt – im Gefolge Lohmeyers – Schenk, Phil 312 (vgl. schon Schenk, Gerechtigkeit 168; so auch Cosgrove, Justification 665) auf die Spitze: Mit πίστις Χριστοῦ sei weder der Glaube Jesu noch der der Glaubenden gemeint, sondern das Evangelium selbst; in diesem Sinne sei πίστις Objekt des εὐαγγελίζεσθαι in Gal 1,23. Schon im bloßen Christus-Titel sieht Schenk, Phil 312 das Evangelium bezeichnet, sodass das Syntagma πίστις Χριστοῦ der Wendung ἡ πίστις τοῦ εὐαγγελίου in 1,27d entspricht.

[116] Koperski, *Pistis Christou* 216; zur hohen Christologie von Phil 3,7–11 insgesamt s. Koperski, Knowledge, bes. 321–325.

Feindschaft verstanden (3,18) – passt es kaum, wenn zentral Jesu gehorsame Beziehung zu Gott angesprochen würde. Eher dürfte wie im Kontext so auch in der zentralen Aussage (V. 9b–d) die in der πίστις realisierte Beziehung zwischen Christus und den Glaubenden thematisiert sein. In ihr „dienen wir (in) dem Geist Gottes und rühmen uns Christi" (V. 3b). (Diese Beziehung kann übrigens noch in einem weiteren Syntagma mit dem ebenfalls ambivalenten Genitivattribut Χριστοῦ beschrieben werden: τὸ ἔργον Χριστοῦ in 2,30. Als *genitivus subiectivus* genommen, kann hier die Gemeinde, ihr Glaubensstand o. Ä. [vgl. 1,6] bezeichnet sein; als *genitivus obiectivus* [oder *respectus*] hieße es „Arbeit für [die] Christus[botschaft]" [vgl. 1,22; zur Sache vgl. ferner 2,22; 1Kor 9,1d] mit Epaphroditus als implizitem Subjekt.)

5.5. πίστις und δικαιοσύνη

Die beiden zentralen theologischen Begriffe der δικαιοσύνη und der πίστις werden in Phil 3,9 einander zugeordnet: Die (negativ durch „nicht [als] meine" qualifizierte) δικαιοσύνη ist διὰ πίστεως Χριστοῦ und ἐπὶ τῇ πίστει. Dieser rechtfertigungstheologische Zusammenhang ist von großem Belang für das Verständnis von πίστις Χριστοῦ.

Die negative Qualifikation bezeichnet als Antithese zum ἐκ θεοῦ den Urheber dieser vermeintlichen Gerechtigkeit: den Menschen selbst. Wie wird diese Antithese im Begriff der πίστις abgebildet? Etwa so, dass Christen sich nicht an eigenem verdienstlichen Tun des Gesetzes orientieren, sondern an Christi Verdiensten, die er im Gehorsam/Glauben erworben hat?[117] Indes wird hier schwerlich ein Gegenüber von Verdienst und (durch Christus verdienter) Gnade gebildet, sondern vielmehr ein *heilsgeschichtlicher* Fortschritt in der δικαιοσύνη-Vorstellung durch Christus bzw. durch auf ihn bezügliche πίστις, was zur Abwertung der alten Ideale führt. Mit dem Kommen der πίστις (Gal 3,23.25) ist für Paulus deutlich geworden, dass δικαιοσύνη (objektiv) durch Christus vermittelt und (subjektiv) im Glauben erfahren wird. Das Problem der ἐμὴ δικαιοσύνη ist also nicht anthropologischer Art, sondern besteht in seinem christologischen Defizit.[118] Nicht weil das Subjekt von πίστις Χριστοῦ (nicht ich bin, sondern) Christus ist, wird die δικαιοσύνη διὰ πίστεως Χριστοῦ der als ἐμή verstandenen δικαιοσύνη ἐκ νόμου gegenüber gestellt; der Gegensatz besteht viel-

---

[117] Ramaroson, Justification 90: „les mérites du Christ obéissant, donc la foi *du* Christ et non la foi *en* Christ".
[118] Sanders, Law 140.

mehr darin, dass das εἰς Χριστὸν πιστεύειν eine Gabe Gottes (Phil 1,29) und damit die „Gerechtigkeit" ἐκ θεοῦ ist (3,9d).

Der autobiografische Kontext in Phil 3 mit der „Bekehrung" des Paulus zeigt, dass δικαιοσύνη wie δικαιοῦσθαι ein „transfer term" ist.[119]

Für die im Philipperbrief vorgenommene Zuordnung von πίστις und δικαιοσύνη liegen im Römerbrief verwandte Formulierungen vor: In Röm 10 wird der ἰδία δικαιοσύνη (V. 3), die ἐκ [τοῦ] νόμου ist (V. 5), die ἐκ πίστεως δικαιοσύνη (V. 6, vgl. 9, 33) gegenüber gestellt. Diese Zuordnung bringt Paulus schließlich in Röm 4,11.13 mit einer (subjektiven) Genitiv-verbindung auf den Punkt: ἡ δικαιοσύνη τῆς πίστεως.

5.6. Ertrag für die πίστις-Χριστοῦ-Debatte

Wie Paulus im Römerbrief der ihm unbekannten römischen Gemeinde gerade auch im 3,21–26 Fundamentales zu seiner Theologie schreibt, so erinnert er in Phil 3,9b–d seine Gemeinde in Philippi an seine Bekehrungs-predigt als an das Fundament ihres Glaubens. Während Röm 3,21–26 als *textus probans* der reformatorischen forensischen Rechtfertigungslehre gel-ten kann, beschreibt Paulus die σωτηρία in Phil 3,7–11 (auch) in Katego-rien der *Partizipation* (ἐν Χριστῷ, κοινωνία) – allerdings nicht ohne mit der Parenthese V. 9b–d die rechtfertigungstheologische Soteriologie zu er-wähnen. Und πίστις Χριστοῦ steht zunächst im gedanklichen Zusammen-hang mit den rechtfertigungstheologischen Aussagen der Parenthese, dann diese als ganze im Zusammenhang mit der übergeordneten Periode V. 7–11. Daher sollte πίστις Χριστοῦ nicht allzu kurz(schlüssig) den partizipatori-schen Motiven von V. 8d.9a.10 zugeordnet und von ihnen her (als *genitivus subiectivus*) interpretiert werden. Im übrigen zeigt gerade Phil 3,9 das Recht der schon etwas älteren Einsicht, dass man „juridische und mystische Erlösungslehre bei Paulus nicht trennen" kann.[120]

Was die partizipatorischen Soteriologoumena neben den beiden soeben genannten betrifft, ist festzuhalten: Das von den *genitivus-subiectivus*-Ver-tretern vorgebrachte Motiv der Nachahmung Christi bezieht sich auf den Gekreuzigten und Auferstandenen – bei Hooker auf den präexistenten Christus – nicht jedoch auf den irdischen Jesus, dem einzig ja ein mit unserem Glauben vergleichbarer Glaube zugeschrieben werden könnte. Nach 3,10 („Macht seiner Auferstehung und Gemeinschaft seiner Leiden")

---

[119] Sanders, Judaism 501 (Judentum 478; vgl. 505 zu δικαιοῦσθαι).

[120] Stuhlmacher, Gerechtigkeit 101; vgl. z. B. als älteren Kommentar Michaelis, Phil 57, als neueren Friedrich, Phil 161.

wird die Partizipation der Glaubenden an Christus freilich durch den Erhöhten und Wiederkommenden selbst verwirklicht (V. 21), nicht aber durch unseren Gehorsam und unsere Leidensbereitschaft.[121]

Deutlich jedenfalls ist, dass Christi in 2,8 angesprochener Gehorsam sich kategorial vom Gehorsam der Glaubenden unterscheidet. Er ist Heil schaffend, und dies wegen Christi einzigartiger Beziehung zu Gott,[122] die sich insbesondere im Hymnus 2,6–11, näherhin in V. 6a.c.9, zeigt sowie in 3,20 f., wo der Erhöhte als göttlicher „Retter" agiert.

Dem Abschnitt Phil 3,7–11 ist für die Konstruktion einer Christologie zu entnehmen, dass Inhalt der Glaubenserkenntnis Christi Auferstehung und seine Leiden sind (V. 10a) und Christus als (gegenwärtiger) „Herr" bekannt wird (V 8a), der auch als eschatologischer Retter erhofft wird (V. 20b). Das geht mit einen *genitivus-obiectivus*-Verständnis von πίστις Χριστοῦ gut zusammen, insofern dieser eine *unio cum Christo*, Bekenntnis und Hoffnung integriert. Ein mit dem subjektiven Genitiv behaupteter Glaube Jesu findet dagegen in V. 7–11 (wie auch darüber hinaus) keinen Beleg, weder was Jesu eigenen Glauben noch was dessen Bedeutung für den Glauben der Glaubenden betrifft. Grundsätzlich theologisch wird hier deutlich, dass die „Soteriologie und Anthropologie … Konsequenzen der Christologie [sind], die ihrerseits den Grund zu den soteriologischen Aussagen bildet".[123]

Nun liegt in V. 10 f. durchaus eine Zusammenschau von Christus und Christen vor:[124] Christi Leiden/Tod und seine Auferstehung helfen zur Bewältigung von Leidenserfahrungen im christlichen, insbesondere apostolischen Leben und geben Hoffnung auf die eigene Auferstehung (vgl. Röm 6,3–5; 2Kor 4,7–12; 13,3 f.). Doch muss strikt beachtet werden, was dazu ausgeführt wird und was nicht. Beim Leidensmotiv werden die bedrängenden Erfahrungen der Glaubenden mit den Leiden Christi verständlich zu machen gesucht; das eigene πάσχειν wird als ὑπὲρ Χριστοῦ verstanden und als Gabe Gottes qualifiziert (1,29), Christen stehen in κοινωνία mit Christi Leiden (3,10). Obwohl das πάσχειν mit dem πιστεύειν (als Grund) in Verbindung gebracht wird (1,29), findet sich beim Glauben kein entsprechender Gedanke. Um dieser Verlegenheit abzuhelfen, reicht

---

[121] Ein Problem der Nachahmungsvorstellung liegt in 3,17a. Ist hier gemeint, dass die Philipper miteinander und mit anderen Nachahmer des Paulus werden sollen – dann ist das μου als *genitivus obiectivus* zu verstehen, gestützt durch V. 17b: τύπος – oder aber, dass sie gemeinsam mit Paulus Nachahmer Christi werden sollen (dazu Hooker, ΠΙΣΤΙΣ 333 mit Anm. 1).

[122] Koperski, *Pistis Christou* 215.

[123] Barth, Phil 60 f.

[124] Unter kulturanthropologischem Aspekten und Begriffen stellt Strecker, Liminale Theologie 175–177 die Bezüge zwischen dem Hymnus 2,6–11 und 3,6–10 dar und konstatiert eine „Konformität der Transformationsprozesse".

die Betonung des Gehorsamsmoments bei der πίστις Christi und der Christen jedenfalls nicht hin; dazu sind die Differenzen zu erheblich (dazu s. o. 5.1.).

Die These vom *genitivus subiectivus* bei πίστις Χριστοῦ kann sich weder auf Phil 3,9, auf die Passage 3,7–11, noch auf den gesamten Philipperbrief stützen. Ein *genitivus-obiectivus*-Verständnis steht mit der Verwendung von πιστ-, mit der Soteriologie und mit der Christologie des Philipperbriefes dagegen im Einklang. Es sei angemerkt, dass sich selbst Karl Barth, der im Zusammenhang mit Röm 3 einen *genitivus subiectivus* erwogen hatte, vom Paulus des Philipperbriefes[125] hat belehren lassen: Zu Phil 3,9 verficht er – Barth, Paulus ohnehin – einen *genitivus obiectivus*.[126]

---

[125] Ein interessanter Genitiv, ist es nicht?
[126] Barth, Phil 97.

6. Kapitel

Theologische Auswertung und Perspektiven:
πίστις Χριστοῦ und partizipatorische Soteriologie

6.1. Zur paulinischen Soteriologie

War traditionell, d. h. in reformatorischer Tradition bis zur Bultmann-Schule, paulinische Soteriologie v. a. in der Kategorie der „Rechtfertigung" erfasst worden – freilich gab es auch Plädoyers für „Mystisches" bei Paulus (Schweitzer, Deissmann, Lohmeyer) –, versucht man seit den 1970er Jahren (z. B. Hooker mit dem *interchange*-Modell) und dann im Zusammenhang mit der *new perspective* die Soteriologie des Paulus aus dieser Engführung herauszubringen: In drei Motivkreisen denke Paulus das Heil bzw. die Heilsübereignung: als Rechtfertigung, als Partizipation, als Geistbegabung.[1] Insbesondere die ersten beiden Motive, die mehr juridische Rechtfertigung und die mystische Partizipation, sind keineswegs Alternativen, sondern ergänzen einander (s. Phil 3,9).[2] Auch Rechtfertigung und pneumatologische Soteriologie finden sich zusammen (Gal 3,1–5).[3] Im Galaterbrief, nämlich in 2,16 (Rechtfertigung), 2,20 (Partizipation) und 3,22 (Geistbegabung) kann Paulus die drei Modelle eng zusammenführen. Paulus wird in der neuen Paulus-Perspektive als Denker einer *participatory soteriology* profiliert. Wie Christus durch Kreuz und Auferstehung einem transitorischen Prozess unterworfen ist,[4] so auch diejenigen, die „in Christus" sind. Eine „Konformität der Transformationsprozesse" sei bei Paulus beschrieben.[5]

Paulus verarbeitet verschiedene soteriologische Motive, die er nicht über einen Leisten zu schlagen, wohl aber zu integrieren sich genötigt sah: Neben den Verbindungen der Stellvertretungsvorstellung mit dem Sühnop-

---

[1] So Dunn in seiner monumentalen Paulus-Theologie 317–333, dann ausgeführt: Rechtfertigung (334–389), Partizipation (390–412), Geistbegabung (413–441).

[2] S. Penna, Meaning 266–273.

[3] S. Kraus, Gerechtigkeit 340.

[4] S. dazu auch Schnelle, Transformation; Powers, Salvation.

[5] Strecker, Liminale Theologie 175–177.

fermotiv (Röm 3,25; Gal 3,13) sowie mit dem Gesetzesfluchgedanken (Gal 3,13) und neben der Vorstellung vom Gericht über die Sünde und der Befreiung von ihr (Röm 8,3) heißt es in Phil 3,10, dass Glaubende an Christi Leiden teilhaben, ja seinem Tod gleichgestaltet werden und dass sie von der erkannten Macht seiner Auferstehung bestimmt sind.[6] Diese traditionsgeschichtlich zu unterscheidenden Vorstellungen verbindet Paulus außer in Phil 3,9b–d und V. 9a.10 auch etwa in 2Kor 5,14c.15a.c und V. 14d.15b.

Das Syntagma πίστις Χριστοῦ findet sich im Zusammenhang aller dieser soteriologischen Aussagen: Röm 3,22.26 bei Stellvertretung und Sühnopfer (V. 25), Gal 3,22 beim Gesetzesfluch (V. 13), Gal 2,16 im Zusammenhang mit Sünde (V. 15.17) und Phil 3,9 neben partizipatorischen Aussagen (V. 9a.10; vgl. Gal 2,20). Der paulinische πίστις-Begriff leistet damit eine Integration der verschiedenen soteriologischen Versuche, weil er einerseits, nämlich in den ersten drei Zusammenhängen, den *Inhalt* des Evangeliums und des Glaubens (christologisch) akzentuieren kann, andererseits auch neben partizipatorischen Kategorien für den Vollzug der Teilhabe mit πίστις eine *extra nos* begründete Größe und Erfahrung und mit dem Attribut deren Bezugspunkt nennt. Diese Integrationsleistung kommt πίστις Χριστοῦ nur zu, wird das Syntagma im Sinne eines *genitivus obiectivus* verstanden.

Vertreter der konkurrierenden Genitivverständnisse konvergieren darin, dass sie in Phil 3 das *sola gratia* betont sehen, indem sie die πίστις als göttliche Gabe verstehen (s. 1,29 [χαρίζεσθαι]; 3,9d ἐκ θεοῦ]). Bei den Vertretern des traditionellen Verständnisses von πίστις Χριστοῦ mag das selbstverständlich sein; indes ist es auch Vertretern der *genitivus-subiectivus*-These darum zu tun: So paraphrasiert O'Brien, dass „the apostle is asserting that the righteousness he possesses is based on Christ's faithful obedience to the Father – clear proof that Paul's right relationship with God comes through sheer grace".[7] Man sollte also Vorsicht walten lassen bei dem Vorwurf, die jeweils andere Seite missachte hier diesen wichtigen paulinischen (und reformatorischen) Aspekt (s. dazu 1.3). Ob man mit Morna D. Hooker den beiden Parteien, den *objectivists* und den *subjectivists*, jeweils einen Akzent auf eine *particula exclusiva* zuordnen kann, nämlich so, dass die These des *genitivus subiectivus* das *sola gratia* betone, die These des *genitivus obiectivus* das *sola fide*, mag dahingestellt sein.[8] Die

---

[6] Barth, Phil 61 f. gibt einen knappen Abriss der verschiedenen soteriologischen Gedankenkreise, wobei er die drei ersten Motive als alttestamentliche Traditionen dem vierten, in Phil 3 verwendeten partizipatorischen Motiv als hellenistischem Erbe gegenüberstellt.

[7] O'Brien, Phil 399 f. Auf katholischer Seite ist ähnlich schon vor längerem argumentiert worden (Rahner/Thüsing, Christologie 218–221).

[8] Hooker, RGG⁴ 3 951.

Vertreter der traditionellen Sicht werden für den „Glauben an Christus"
beanspruchen, dass hier – und nur hier – die Gnadenförmigkeit des Glaubens formuliert sei (zum Konnex von Glaube und Gnade s. 4.3.8.).

Der Streit scheint in seinem Kern um eine der beiden *particulae exclusivae*
zu gehen, um das *sola fide*, näherhin darum, wie Glaube zu verstehen sei
und wie er das Christusgeschehen an die Glaubenden vermittelt.[9] Und hier
konkurrieren dann reformatorische Soteriologie und andere Entwürfe um
eine authentische Paulus-Interpretation. Gegen eine *theologia crucis* mit der
Betonung der Versöhnung am Kreuz wird eingewandt, dass zwar in der
Tat das Christusgeschehen der Grund der Rechtfertigung sei, aber eben
unser „Sterben" im Glauben nicht überflüssig mache: „To say ‚Christ died
for us in order that we might live' is only half the story: we need to die
with him in order to live with him."[10] Vermeintlich unbeschadet der zentralen soteriologischen Funktion des Kreuzes wird behauptet, dass „there
is a sense in which ... the Christian community must work out its own
salvation (Phil. 2.12). Christ dies as man's representative, not his substitute
– and this means not only that Christ's death embodies the death of others,
but that they must share his dying".[11] Heil und Hoffnung kommen den
Glaubenden zu „by adopting Christ's stance as one's own"[12], wobei als
Signatur des Lebens und Sterbens Jesu sein Glaube ausgemacht wird. Man
wüsste gern, wo Paulus das (nicht nur bruchstückhaft, sondern ausgeführt
in soteriologischen Aussagen) schreibt. Zudem müsste die (Ermöglichung
der) Nachahmung eines solchen Christus-Glaubens pneumatologisch abgesichert werden; das aber unterbleibt in Phil 3,7–11 (vgl. allerdings, aber
auch nur V. 3b). Eine von Vertretern des *genitivus subiectivus* bei πίστις
Χριστοῦ entworfene Soteriologie birgt die Gefahr eines christologischen
Defizits, insofern Christus zwar als Bringer des Glaubens gedacht wird,
der aber entbehrlich wird, sobald wir seinen „Glauben" erreicht haben.
Bei Paulus dagegen ist Glaube als eine kontinuierliche ἐν-Χριστῷ-Bezie-
hung gedacht.[13]

Ein weiteres Monitum gegenüber dem Transformations- und Partizipa-
tionsmodell liegt darin, dass hier eine Vereinseitigung der Christologie auf
das Kreuz vorliegt – gewiss ein Vorwurf, den man zunächst gegenüber der
traditionellen Paulusdeutung erwartet hätte! Wird Christi „Glaube" als sein
Gehorsam oder sein Vertrauen (faithfulness) identifiziert und zur entschei-

---

[9] Diese Stoßrichtung hat insbesondere der Diskussionsbeitrag von Hooker (ΠΙΣΤΙΣ 322).
Dass zwischen Hays und Dunn letztlich um ein angemessenes Verständnis von „Glauben"
(„faith" oder „faithfulness") gestritten wird, zeigt Matlock, Demons 315 f.

[10] Hooker, Interchange 48 f.

[11] Hooker, Interchange 49.

[12] Williams, Again 445.

[13] So die scharfsinnige Kritik von Achtemeier, Faith 91.

denden soteriologischen Größe erklärt, wird man der (etwa aus Phil 3,10 f. ersichtlichen) Bedeutung der *Auferstehung* für die paulinische Christologie und Soteriologie – gerade auch als Partizipation – nicht wirklich gerecht.[14] Insofern die *genitivus-subiectivus*-These den Zusammenhang zwischen Glaube und Auferstehung nicht plausibel darstellen kann, leistet sie nicht, was sie für sich proklamiert:[15] eine (bessere) Integration von Christologie und Soteriologie.

Beide Interpretationen von πίστις Χριστοῦ konvergieren darin und konkurrieren darum, dass sie pointiert christologisch argumentieren (wollen). Das nimmt die traditionelle Sicht als *genitivus obiectivus* selbstverständlich für sich in Anspruch,[16] doch auch die *genitivus-subiectivus*-Vertreter sehen ihre Interpretation als christologisch. Strittig ist auch hier – wie beim Glaubensverständnis – nicht der Rang der Christologie, sondern deren Inhalt.

Es legt sich nahe, im Syntagma πίστις Χριστοῦ ein integrierendes Moment zwischen den verschiedenen soteriologischen Modellen zu sehen: Mit πίστις Χριστοῦ versucht Paulus in Rechtfertigungskontexten die partizipatorisch gedachte Gemeinschaft mit Christus zu formulieren. Die in dieser Arbeit untersuchte paulinische Formulierung ist also nicht gegen die These einer partizipatorischen Soteriologie vorzubringen. Und umgekehrt: Eine partizipatorisch entworfene Soteriologie kann nicht gegen einen starken, christologischen Glaubensbegriff gerichtet sein. Schon der paulinische rechtfertigungstheologisch profilierte Glaubensbegriff kann partizipatorisch verwendet werden: Das Verb πιστεύειν wird als „im Glauben stehen" (1Kor 16,13) und dieses als „im Herrn stehen" (1Thess 3,8) reformuliert. Dem häufigen Motiv des ἐν Χριστῷ entspricht die Wendung „im Glauben sein" (2Kor 13,5). Wenn Paulus einmal die Christusbeziehung der Glaubenden als eine Existenz ἐν Χριστῷ umschreibt, die Zugehörigkeit zu Christus mit dem einfachen Genitiv benennt (τοῦ Χριστοῦ εἶναι)[17] und dann die πιστ-Terminologie entwickelt, ist verständlich, dass er in wichtigen Passagen mit πίστις Χριστοῦ konzentriert und komplex formulieren wollte. Ausschließlich durch Christus ist Glaube qualifiziert. Mag eine Interpretation als bloßer *genitivus obiectivus* bisweilen kurz greifen, so kommt jedenfalls dem Verständnis als subjektiver Genitiv im Sinne eines von Jesus selbst praktizierten „Glaubens" im Horizont paulinischer Christologie und

---

[14] So mit Recht Achtemeier, Faith 91.

[15] S. Hays, ΠΙΣΤΙΣ 727; Hooker, ΠΙΣΤΙΣ 342.

[16] So findet z. B. Koperski, Knowledge 229, dass „the fact that righteousness comes through faith in Christ accents the importance of the christological perspective in Paul's teaching on righteousness".

[17] Es ist erstaunlich, dass der Heidelberger Katechismus in seiner berühmten Frage 1 gerade dieses Motiv (und nicht etwa den Glauben) verwendet, um das Christsein zu definieren.

Soteriologie kaum Wahrscheinlichkeit zu. Philologisch wie theologisch ist der Beweis dafür schwerlich zu erbringen.

6.2. Perspektiven

Weil die πίστις-Χριστοῦ-Belege in wichtigen sachlichen und argumentativen Passagen begegnen, sind weitere Themen berührt. Wie etwa ist die Frage nach *Israel*, Verheißung, Christus und Glaube in Röm 9–11 (insbes. 9,30–10,21) betroffen?[18] Diese Frage ist schon seit vielen Jahren „a project for another day"[19].

Interessant sind auch die Konsequenzen für die (Begründung einer) paulinische(n) *Ethik*.[20] Richard B. Hays nimmt für seine These in Anspruch, dass „this approach helps to account for the way in which Paul's frequent appeals to the pattern of Christ's death and resurrection function in Pauline ethics".[21] Jesus diene als Vorbild, insofern Glaubende ihren „Gehorsam" – ist das ein ethischer Begriff bei Paulus? – entwerfen „on the shape of Christ's obedience". Begrifflich wenig präzise konkretisiert Hays, dass „our faith will recapitulate the faithfulness of Christ"[22], wofür der (heikle) Begriff νόμος Χριστοῦ Gal 6,2 als Beleg dient.[23] „Glaube" scheint hier ganz als Verhalten verstanden zu sein.[24] Und dies ist eine wichtige Anfrage an einige Partizipationsoteriologen: Was ist genau unter Glaube verstanden? Und wie bezieht sich Glaube, wenn er ganz als Teilhabe an Jesu „Glauben" verstanden wird,[25] auf das Evangelium?

Gewiss lohnend wäre es, die bei Paulus begonnenen soteriologischen Linien weiter zu verfolgen in der Rezeption durch die Apostolischen Väter – hier ist vor allen an Ignatius von Antiochien zu denken – und durch die Apologeten – man denke an Justin mit seinem exklusiv christologischen Glaubensbegriff.

---

[18] Hays, ΠΙΣΤΙΣ 724 Anm. 37.

[19] Hays, ΠΙΣΤΙΣ 724 Anm. 37; vgl. 728 δικαιοσύνη θεοῦ als Bundestreue mit Hinweis auf Röm 3,3.

[20] Hays, Faith 258–264; Hays, Jesus' Faith 258 f., 268; Hays, Postscript 279 f.; Hays, Vision 27 ff.; vgl. Hooker, ΠΙΣΤΙΣ 342. Zum Zusammenhang von Christologie und Ethik s. z. B. Backhaus, Evangelium.

[21] Hays, ΠΙΣΤΙΣ 725, vgl. 728 mit Hinweis auf den Philipperbrief.

[22] Hays, Jesus' Faith 268.

[23] S. Hays, Christology.

[24] Dass Glaube grundsätzlich nicht „a form of human works" ist, gibt Hays' Mitstreiterin gerade als Pointe der *genitivus-subiectivus*-These aus (Hooker, ΠΙΣΤΙΣ 341).

[25] So etwa Hooker, PISTIS 323 f.

Summary

Paul uses the πίστις Χριστοῦ formula a total of seven (or eight) times: Rom 3:22,26, Gal 2:16 *bis,* Gal 2:20, 3:22, Phil 3:9, and – as this book argues – 1Thess 1:3. The issue is the type of Greek genitive the apostle is speaking about when he uses πίστις Χριστοῦ. Exegetes usually suggest either the objective genitive (traditional) or the subjective genitive (especially Richard B. Hays in his 1984 Yale dissertation). This is, however, not only an issue of grammar, but is important to Pauline soteriology in general.

1. *History of research:* Research on the question of how Paul's syntagma πίστις Χριστοῦ is to be understood demands, first, placing a restriction on the philological questions. Choosing as a starting point one's own exegetic thesis (Hays) or some randomly selected biblical reference has thus far not yielded any plausible results.
2. *The grammatical problem:* Scholars who have studied πίστις Χριστοῦ have directed considerable attention to Gal 2:16 – "O, there has been much throwing about of brains!" (Shakespeare, Hamlet II, 2). This verse, often claimed as shibboleth (even by representatives of various interpretations), with its verbal correspondence "to believe in Christ," constitutes a pitfall for the discussion inasmuch as it leads us to assume a philologically insufficient alternative between *genitivus obiectivus* and *genitivus subiectivus.* But the genitive, particularly the Greek one, has many facets. I would like to suggest that the issue of πίστις Χριστοῦ goes beyond the alternative of being either the subjective or the objective genitive.
3. *The linguistic problem and in particular the evaluation of the context:* The principle of maximal redundancy used by Moisès Silva is more valid than the claim that redundancies are stylistic faux pas and have therefore been avoided by Paul. The consequence of this negative understanding of redundancy – that there is a difference between two neighboring references and that these are located on the level of subject/object – is hardly conclusive. If we consider the vicinity of verbal and nominal references of πιστ- in Rom 3:22 and Gal 2:16 (with its own accents), we can reach an understanding within a framework of concrete synonymity.
4. The earliest πίστις Χριστοῦ reference in Paul is found in 1Thess 1,3 in a construction that is difficult to clarify with regard to both the syntax and the history of tradition. Although πίστις in this case is complement-

ed by a Christological genitive, this reference has not been taken suf-
ficiently into consideration in the πίστις Χριστοῦ debate. Yet it provides
an instructive look into the apostle's theological workshop.

5. The mentioning of the "obedience" of Christ in Rom 5:19 is presented
as evidence for Christ's presumed "belief." This is a *petitio principii*,
inasmuch as both terms cannot be simply equated.

6. With the use of the syntagma πίστις Χριστοῦ Paul achieves a certain
integration of the various soteriological models of justification, participation, and gift of spirit.

Literaturverzeichnis

1. Quellen

Die griechische Baruch-Apokalypse, hg. von Wolfgang Hage, JSHRZ 5,1, Gütersloh 1979, 15–44

Berger, Klaus/Nord, Christiane, Das Neue Testament und frühchristliche Schriften, Frankfurt am Main ⁵2001

Biblia Hebraica Stuttgartensia, hg. von Karl Elliger/Wilhelm Rudolph, Stuttgart 1983

Chrysostomus, Johannes, *In epistulam primam ad Thessalonicenses commentarius.* MPG 62, 391–468

Clemens Alexandrinus, *Paedagogus*, hg. von Miroslav Marcovich unter Mithilfe von J. C. M. van Winden, VigChr. S 61, Leiden/Boston 2002

Das äthiopische Henochbuch, hg. von Siegbert Uhlig, JSHRZ 5,6, Gütersloh 1984

Flavius Josephus, Les Antiquités juives. Texte, traduction et notes par Étienne Nodet, 2 Bde., Paris ²1992

–, Judean Antiquities 1–4, übers. und komm. von Louis H. Feldman, Leiden/Boston 2000

Kautzsch, Emil (Hg.), Die Apokryphen und Pseudepigraphen des Alten Testaments, 2 Bde., Tübingen 1900

Lohse, Eduard, Die Texte aus Qumran. Hebräisch und Deutsch, Darmstadt ⁴1986

Neusner, Jacob, The Mishnah. A New Translation, New Haven/London 1988

Novum Testamentum Graece, hg. von Barbara Aland, Kurt Aland, Johannes Karavidopoulos, Carlo M. Martini, Bruce M. Metzger, Stuttgart²⁷1993

Philo Alexandrinus, *De virtutibus.* Philonis Alexandrini Opera 5, hg. von Leopold Cohn, Berlin 1906, ND 1962

–, *De Abrahamo.* Philonis Alexandrini Opera 4, hg. von Leopold Cohn, Berlin 1902, ND 1962

Plutarch, *Moralia* 1, hg. von W. R. Paton und I. Wegehaupt (und H. Gärtner), Leipzig 1974

Die Psalmen Salomos, hg. von Svend Holm-Nielsen, JSHRZ 4,2, Gütersloh 1977, 49–112

Septuaginta, id est Vetus Testamentum graece iuxta LXX interpretes. Duo volumina in uno, hg. von Alfred Rahlfs, Stuttgart 1979

Der Babylonische Talmud mit Einschluß der vollständigen Misnah, hg. von Lazarus Goldschmidt, den Haag 1933

Thukydides, *Historiae*, 2 Bde., hg. von Otto Luschnat, Leipzig ²1960

Die Apostolischen Väter. Griechisch-deutsche Parallelausgabe auf der Grundlage der Ausgaben von Franz Xaver Funk/Karl Bihlmeyer und Molly Whittacker mit Übersetzung von Martin Dibelius und Dietrich-Alex Koch, neu übersetzt und hg. von Andreas Lindemann/Henning Paulsen, Tübingen 1992

2. Hilfsmittel

Bauer, Walter, Griechisch-deutsches Wörterbuch zu den Schriften des Neuen Testaments und der frühchristlichen Literatur, bearb. und hg. von Kurt Aland und Barbara Aland, Berlin/New York ⁶1988

(Strack, Hermann L.)/Billerbeck, Paul, Kommentar zum Neuen Testament aus Talmud und Midrasch 2, München 1923

Blass, Friedrich/Debrunner, Albert/Rehkopf, Friedrich, Grammatik des neutestamentlichen Griechisch, Göttingen ¹⁷1990

Cremer, Hermann, Biblisch-theologisches Wörterbuch des neutestamentlichen Griechisch, hg. von Julius Kögel, Gotha ¹¹1923

Denise, Albert-Marie (unter Mithilfe von Yvonne Janssens), Concordance grecque des pseudépigraphes d'Ancien Testament, Louvain 1987

Goodspeed, Edgar J., *Index Patristicus sive clavis patrum operum*, Leipzig 1907

Hatch, Edwin/Redpath. Henry A., A Concordance to the Septuagint and the Other Greek Versions of the Old Testament (including the Apocryphal Books) Bd. 2, Graz 1954

Hoffmann, Ernst G./Siebenthal, Heinrich von, Griechische Grammatik zum Neuen Testament, Riehen/CH ²1990

Hübner, Hans, *Vetus Testamentum in Novo* Bd. 2. *Corpus Paulinum*, Göttingen 1997

Konkordanz zum Novum Testamentum Graece von Nestle-Aland, 26. Auflage, und zum Greek New Testament, 3ʳᵈ edition, hg. vom Institut für Neutestamentliche Textforschung und vom Rechenzentrum der Universität Münster unter bes. Mitwirkung von H. Bachmann und W. A. Slaby, Berlin/New York ³1987

Kühner, Raphael/Gerth, Bernhard, Ausführliche Grammatik der griechischen Sprache 2 Bde., Hannover/Leipzig ³1898, ND Hannover 1955, Darmstadt 1983

Liddell,Henry George/Scott, Robert/Jones, Henry Stuart, A Greek-English Lexicon, Oxford 1968

Louw, J. P./Nida, E. A., Greek-English Lexicon of the New Testament Based on Semantic Domains, New York ²1988

Mayer, Günter, *Index Philoneus*, Berlin u. a. 1974

Metzger, Bruce M., A Textual Commentary on the Greek New Testament. A Companion Volume to the United Bible Societies' Greek New Testament (Fourth Revised Edition), Stuttgart ²1994

Moulton, James Hope, A Grammar of New Testament Greek Bd. 1: Prolegomena, Edinburgh 1908

Muraoka, T., A Greek-English Lexicon of the Septuagint (Twelve Prophets), Louvain 1993

Schwyzer, Eduard, Griechische Grammatik, 3 Bde., HAW II/1.1-3, München ²1953, ²1959, ²1953

Smyth, Herbert Weir, Greek Grammar, Cambridge 1920, ND 1956

Vollständige Konkordanz zum griechischen Neuen Testament unter Zugrundelegung aller modernen kritischen Textausgaben und des *Textus receptus*, 2 Bde., hg. von Kurt Aland, Berlin/New York 1983

Wallace, Daniel B., Greek Grammar Beyond the Basics. Exegetical Syntax of the New Testament, Grand Rapids 1996

Neuer Wettstein. Texte zum Neuen Testament aus Griechentum und Hellenismus
2,1, hg. von Georg Strecker und Udo Schnelle unter Mitarbeit von Gerald
Seelig, Berlin/New York 1996

Winer, Georg Benedict, Grammatik des neutestamentlichen Sprachidioms Bd. 1.
Einleitung in die Formenlehre, bearb. von Paul W. Schmiedel, Göttingen [8]1894

Zerwick, Max, A Grammatical Analysis of the Greek New Testament, übers. von
Mary Grosvenor, Rom [5]1996

3. Sekundärliteratur

Achtemeier, Paul J., Apropos the Faith of/in Christ: A Response to Hays and
Dunn: Hay/Johnson, Pauline Theology 4, 82–92

Adams, Edward, Abraham's Faith and Gentile Disobedience. Textual Links between
Romans 1 and 4: JSNT 65, 1997, 47–66

Adinolfi, M., La prima lettera ai Tessalonicesi nel mondo greco-romano, BPAA
31, Rom 1990

Amadi-Azuogu, Chinedu Adolphus, Paul and the law in the argument of Galatians.
A rhetorical and exegetical analysis of Galatians 2,14–6,2, BBB 104, Weinheim
1996

Anderson, R. Dean, Ancient Rhetorical Theory and Paul, Contributions to Biblical
Exegesis and Theology 17, Kampen/NL 1996

Arzt-Grabner, Peter, Philemon, Papyrologische Kommentare zum Neuen Testament 1, Göttingen 2003

Augustinus, Aurelius, Geist und Buchstabe. *De spiritu et littera liber unus,* übers.
von Anselm Forster, Paderborn 1968

Bachmann, Michael, Sünder oder Übertreter. Studien zur Argumentation in Gal
2,15 ff., WUNT 59, Tübingen 1992

–, Rechtfertigung und Gesetzeswerke bei Paulus: ThZ(B) 49, 1993, 1–33; Bachmann, Antijudaismus 1–31

–, Jüdischer Bundesnomismus und paulinisches Gesetzesverständnis, das Fußbo-
denmosaik von Bet Alfa und das Textsegment Gal 3,15–29: KuI 9, 1994,
168–191; Bachmann, Antijudaismus 57–80 (mit einem Nachtrag)

–, Ermittlungen zum Mittler: Gal 3,20 und der Charakter des mosaischen Gesetzes:
Amt und Gemeinde [Wien] 48, 1997, 78–85; Bachmann, Antijudaismus 81–126

–, Art. βέβαιος κτλ: ThBLNT 1, 1997, 442–446

–, 4QMMT und Galaterbrief. מעשׂי־התורה und ΕΡΓΑ ΝΟΜΟΥ: ZNW 89, 1998,
91–113; Bachmann, Antijudaismus, 33–56

–, Kirche und Israel Gottes. Zur Bedeutung und ekklesiologischen Relevanz des
Segenswortes am Schluß des Galaterbriefs: Bachmann, Antijudaismus 159–189

–, Die andere Frau. Synchrone und diachrone Beobachtungen zu Gal 4,21–5,1:
Jud. 54, 1998, 144–164; Bachmann, Antijudaismus 127–158

–, Antijudaismus im Galaterbrief? Exegetische Studien zu einem polemischen

Schreiben und zur Theologie des Apostels Paulus, NTOA 40, Fribourg und Göttingen 1999

–, Keil oder Mikroskop? Zur jüngeren Diskussion um den Ausdruck „‚Werke' des Gesetzes": Bachmann, Paulusperspektive 69–134

– (Hg.): Lutherische und Neue Paulusperspektive. Beiträge zu einem Schlüsselproblem der gegenwärtigen exegetischen Diskussion, WUNT 182, Tübingen 2005

Backhaus, Knut, Evangelium als Lebensraum: Schnelle/Söding/Labahn, Christologie 9–31

Bailey, Daniel P., Rez. D. A. Campbell, The Rhetoric of Righteousness in Romans 3.21–26, JSNT.S 65, Sheffield 1992: JThS 44, 1993, 279–283

Bammel, Ernst, Gal 1,23: Ernst Bammel, Judaica et Paulina. Kleine Schriften II, WUNT 91, Tübingen 1997, 222–226

Barcley, J., Obeying the Truth. A Study of Paul's Ethics in Galatians, Edinburgh 1988

Barr, James, The Semantics of Biblical Language, Oxford ²1962; dt. u. d. T. Biblische Semantik, München 1968

Barth, Gerhard, Art. πίστις, πιστεύω: EWNT² 3, 1992, 216–231

–, Der Brief an die Philipper, ZBK 9, Zürich 1979

Barth, Karl, Der Römerbrief 1922, Zürich ¹³1984

–, Erklärung des Philipperbriefes, München 1928

Barth, Markus, The Kerygma of Galatians: Interp. 21, 1967, 131–146

–, The Faith of the Messiah: HeyJ 10, 1969, 363–370

Bartsch, H. W., Die historische Situation des Römerbriefes: StEv 4, TU 102, Berlin 1968, 281–291

Bassler, Jouette M. (Hg.), Pauline Theology 1. Thessalonians, Philippians, Galatians, Philemon, Minneapolis 1991

Baumert, Norbert, Brautwerbung – das einheitliche Thema von 1Thess 4,3–8: Collins, Correspondence 316–339

–, Antifeminismus bei Paulus? Einzelstudien, fzb 68, Würzburg 1992

–, Leben im Geist in paulinischer Sicht: IKZ 23, 1994, 202–216

Baur, Jörg, Frei durch Rechtfertigung. Vorträge anläßlich der römisch-katholisch/lutherischen „Gemeinsamen Erklärung", Tübingen 1999

Becker, Jürgen, Paulus. Der Apostel der Völker, Tübingen 1989

–, Die Erwählung der Völker durch das Evangelium. Theologiegeschichtliche Erwägungen zum 1Thess: Jürgen Becker, Annäherungen. Zur urchristlichen Theologiegeschichte und zum Umgang mit ihren Quellen, hg. von Ulrich Mell, BZNW 76, Berlin/New York 1995, 79–98

–, Der Völkerapostel Paulus im Spiegel seiner neuesten Interpreten: ThLZ 122, 1997, 977–990

–, Der Brief an die Galater: Jürgen Becker/Ulrich Luz, Die Briefe an die Galater, Epheser und Kolosser, NTD 8/1, Göttingen 1998

Behrens, Achim, Gen 15,6 und das Vorverständnis des Paulus: ZAW 109, 1997, 327–341

Beier, Peter, Geteilte Briefe? Eine kritische Untersuchung der neuen Teilungshypothesen zu den paulinischen Briefen, diss. theol. Halle 1984

Beintker, Michael, Rechtfertigung in der neuzeitlichen Lebenswelt. Theologische Erkundungen, Tübingen 1998

Die Bekenntnisschriften der evangelisch-lutherischen Kirche, Göttingen [12]1998

Die Bekenntnisschriften der evangelisch-reformierten Kirche, hg. von. E. F. Karl Müller, Leipzig 1903

Beker, Johan Christiaan, Paul the Apostle: The Triumph of God in Life and Thought, Philadelphia 1980, dt. u. d. T. Der Sieg Gottes. Eine Untersuchung zur Struktur des paulinischen Denkens, SBS 132, Stuttgart 1988

Bengel, Johann Albrecht, *Gnomon Novi Testamenti*, Stuttgart [8]1887 (= Berlin [3]1773)

Berenyi, Gabriella, Gal 2.20: A Pre-Pauline or a Pauline Text?: Bib. 65, 1984, 490–537

Berger, Klaus, Art. Abraham II: TRE 1, 1977, 372–382

–, Formgeschichte des Neuen Testaments, Heidelberg 1984

–, Theologiegeschichte des Urchristentums, Tübingen/Basel 1994

Berlage, Henricus Petrus, *Disquisitio exegetico-theologica de formulae Paulinae* ΠΙΣΤΙΣ ΙΗΣΟΥ ΧΡΙΣΤΟΥ *significatione*, Leiden 1856

–, Rez. Johannes Haußleiter, Der Glaube Jesu Christi und der christliche Glaube: ThT 26, 1892, 79–95

Best, Ernest, A Commentary on the First and Second Epistles to the Thessalonians, BNTC, London 1972

Betz, Hans Dieter, Nachfolge und Nachahmung Jesu Christi im Neuen Testament, BHTh 37, Tübingen 1967

–, The Literary Composition and Function of Paul's Letter to the Galatians: NTS 21, 1975, 353–379

–, Der Galaterbrief. Ein Kommentar zum Brief des Apostels Paulus an die Gemeinden in Galatien, München 1988

Betz, Otto, Rechtfertigung in Qumran: Johannes Friedrich/Wolfgang Pöhlmann/Peter Stuhlmacher (Hgg.), Rechtfertigung, FS Ernst Käsemann, Tübingen 1976, 17–36

Beza, Theodor von, *Annotationes maiores in Novum Dn. Nostri Jesu Christi Testamentum*, o. O. [Genf] 1594

Bickmann, Jutta, Kommunikation gegen den Tod. Studien zur paulinischen Briefpragmatik am Beispiel des Ersten Thessalonicherbriefes, fzb 86, Würzburg 1998

Bicknell, Edward J., The First and Second Epistles to the Thessalonians, Westminster Commentaries, London 1932

Binder, Hermann, Der Glaube bei Paulus, Berlin 1968

Black, Matthew, Romans, NCBC, Grand Rapids [2]1989

Blackman, Cyril, Romans 3,26b: A Question of Translation: JBL 87, 1968, 203 f.

Blank, Joseph, Warum sagt Paulus: „Aus Worten des Gesetzes wird niemand gerecht"?: EKK.V 1, Neukirchen-Vluyn 1969, 79–95

Bligh, John, Did Jesus Live by Faith?: HeyJ 9, 1968, 414–419

Bloomquist, L. Gregory, The Function of Suffering in Philippians, JSNT.S 78, Sheffield 1993

Bluhm, Heinz, Luther Translator of Paul. Studies in Romans and Galatians, New York u. a. 1984

Bockmuehl, Markus, The Epistle to the Philippians, BNTC, London 1998

Bodendorfer, Gerhard, „Der Gerechte wird aus Glauben leben" – Hab 2,4b und eine kanonisch-dialogische Bibeltheologie im jüdisch-christlichen Gespräch: Gerhard Bodendorfer/Matthias Millard (Hgg.), Bibel und Midrasch. Zur Bedeutung der rabbinischen Exegese für die Bibelwissenschaft, FAT 22, Tübingen 1998, 13–41

Boer, Martinus C. de, Paul's Use and Interpretation of a Justification Tradition in Galatians 2.15–21: JSNT 28, 2005, 189–216

Boers, Hendricus, The Problem of Jews and Gentiles in the Macro-Structure of Romans: Neotest. 15, 1981, 1–11

–, We Who Are by Inheritance Jews; Not from the Gentile Sinners: JBL 111, 1992, 273–281

Boers, Hendrik, Antwort auf Hans-Joachim Ecksteins „Rechtfertigungstheologie": ZNT 14, 2004, 49–54

Böttger, Paul C., Paulus und Petrus in Antiochien. Zum Verständnis von Gal 2.11–21: NTS 37, 1991, 77–100

Bonnard, Pierre, L' épître de Saint Paul aux Philippiens: Pierre Bonnard/Charles Masson, L' épître de Saint Paul aux Philippiens. L' épître des Saint Paul aux Colossiens, CNT(N) 10, Neuchâtel/Paris 1950, 7–82

Bormann, Lukas, Philippi. Stadt und Christusgemeinde zur Zeit des Paulus, NT.S 78, Leiden 1995

Borse, Udo, Der Brief an die Galater, RNT, Regensburg 1984

Bos, Frans L., Johannes Piscator. Ein Beitrag zur Geschichte der reformierten Theologie, Kampen/NL 1932

Botha, J. E., The meanings of pisteúo in the Greek New Testament. A semantic-lexicographical study: Neotest. 21, 1987, 225–240

Branson, Mark Lau/Padilla, C. René (Hgg.), Conflict and Context. Hermeneutics in the Americas, Grand Rapids 1986

Breytenbach, Cilliers, „Christus starb für uns". Zur Tradition und paulinischen Rezeption der sogenannten „Sterbeformeln": NTS 49, 2003, 447–475

Bring, Ragnar, Der Brief des Paulus an die Galater, Berlin/Hamburg 1968

Brinsmead, Bernard H., Galatians – Dialogical Response to Opponents, SBL.DS 65, Chico 1982

Brondos, David, The Cross and the Curse. Galatians 3.13 and Paul's Doctrine of Redemption: JSNT 81, 2001, 3–32

Bruce, Frederick F., Paul, Apostle of the Free Spirit, London 1977

–, The Epistle of Paul to the Galatians, NIGTC, Exeter 1982

–, 1 and 2 Thessalonians, WBC 45, Waco 1995

Bultmann, Rudolf, Theologie des Neuen Testaments, hg. von Otto Merk, Tübingen ⁹1984

–, Art. πιστεύω κτλ: ThWNT 6, 1959, 174–230

–, ΔΙΚΑΙΩΣΥΝΗ ΘΕΟΥ: Bultmann, Exegetica 470–475

–, Zur Auslegung von Galater 2,15–18: Bultmann, Exegetica 394–399

–, Exegetica. Aufsätze zur Erforschung des Neuen Testaments, hg. von Erich Dinkler, Tübingen 1967

Burchard, Christoph, Nicht aus Werken des Gesetzes gerecht, sondern aus Glauben an Jesus Christus – seit wann?: Hermann Lichtenberger (Hg.), Geschichte – Tradition – Reflexion Bd. 3, FS Martin Hengel, Tübingen 1996, 405–415

-, Glaubensgerechtigkeit als Weisung der Tora bei Paulus: Christof Landmesser/Hans-Joachim Eckstein/Hermann Lichtenberger (Hgg.), Jesus Christus als die Mitte der Schrift. Studien zur Hermeneutik des Evangeliums, FS Otfried Hofius, BZNW 86, Berlin/New York 1997, 341–362

Burton, Ernest de Wett, A critical and exegetical commentary on the epistle to the Galatians, ICC, Edinburgh 1921, ND London 1964

Bussmann, Claus, Themen der paulinischen Missionspredigt auf dem Hintergrund der spätjüdischhellenistischen Missionsliteratur, EHS 23,3, Bern/Frankfurt am Main 1971

Byrne, Bryan, Romans, Sacra Pagina Series 6, Collegeville 1996

Caird, G. B., Paul's Letters from Prison, London ²1981

Callan, Terrence Dennis, The Law and the Mediator: Ga 3,19b–20, Ph.D. Yale University 1976

Calvin, Johannes, *Commentarius in epistola ad Thessalonicienses prima*: Calvini Opera 52, CR 80, 133–180 (dt. Übers. u. d. T. Der erste Brief an die Thessalonicher, Auslegung der Heiligen Schrift, übers. von Friedrich Bröckermann, hg. von E. F. Karl Müller, Neukirchen o. J.)

Campbell, Douglas A., The Rhetoric of Righteousness in Romans 3.21–26, JSNT.S 65, Sheffield 1992

-, The Meaning of ΠΙΣΤΙΣ and ΝΟΜΟΣ in Paul. A Linguistic and Structural Perspective: JBL 111, 1992, 91–103

-, Romans 1:17. A *Crux Interpretum* for the ΠΙΣΤΙΣ ΧΡΙΣΤΟΥ Debate: JBL 113, 1994, 265–285

-, False Presuppositions in the ΠΙΣΤΙΣ ΧΡΙΣΤΟΥ Debate. A Response to Brian Dodd: JBL 116, 1997, 713–719

-, The ΔΙΑΘΗΚΗ from Durham: Professor Dunn's *The Theology of Paul the Apostel*: JSNT 72, 1998, 91–111

Campbell, Jeremy, Grammatical Man: Information Entropy, Language, and Life, New York 1982

Campbell, William S., Romans III as a Key to the Structure and Thought of the Letter: NT 23, 1981, 22–40; William S. Campbell, Paul's Gospel in an Intercultural Context. Jew and Gentile in the Letter to the Romans, SIGC 69, Frankfurt am Main u. a. 1992, 25–42

Carson, Donald. A./O'Brien, Peter T./Seifrid, Mark A. (Hgg.), Justification and Variegated Nomism Volume II. The Paradoxes of Paul, WUNT 2, 181, Tübingen (und Grand Rapids) 2004

Cavallin, H. C. C., The Righteous Shall Live by Faith. A Decisive Argument for the Traditional Interpretation: StTh 32, 1978, 33–43

Chamberlain, William Douglas, An Exegetical Grammar of the Greek New Testament, New York 1961

Childs, Brevard S., Die Theologie der einen Bibel, 2 Bde., Freiburg i. Br./Basel/Wien 1994/96 (zuerst engl. u. d. T. Biblical Theology of the Old and New Testament, London 1992)

Choi, Hung-Sik, ΠΙΣΤΙΣ in Galatians 5:5–6: Neglected Evidence for the Faithfulness of Christ: JBL 124, 2005, 467–490

Ciampa, Roy E., The Presence and Function of Scripture in Galatians 1 and 2, WUNT 2, 102, Tübingen 1998

Collange, Jean-François, L'épître de Saint Paul aux Philippiens, CNT(N) 10a, Neuchâtel/Paris 1973

Collins, Raymond F., Studies on the First Letter to the Thessalonians, BEThL 66, Leuven 1984

-, The Faith of the Thessalonians: Collins, Studies 209–229

-, The Theology of Paul's First Letter to the Thessalonians: Collins, Studies 230–252

-, Paul's Early Christology: Collins, Studies 253–284

-, „The Church of the Thessalonians": Collins, Studies 285–298

-, Paul's First Reflections on Love: Collins, Studies 346–355

- (Hg.): The Thessalonian Correspondence, BEThL 87, Leuven 1990

Conzelmann, Hans, Art. χαίρω κτλ: ThWNT 9, 1973, 350–405

-, Der erste Brief an die Korinther, KEK 5, ²⁼¹²1981

-, Grundriß der Theologie des Neuen Testaments, bearb. von Andreas Lindemann, Tübingen ⁵1992

Corsani, Bruno, ΕΚ ΠΙΣΤΕΩΣ in the Letters of Paul: C. Weinrich (Hg.), The New Testament Age, FS Bo Reicke Bd. 1, Macon 1984, 87–93

Cosgrove, Charles H., The Mosaic Law Preaches Faith. A Study in Galatians 3: WThJ 41, 1978, 146–164

-, Justification in Paul. A Linguistic and Theological Reflection: JBL 106, 1987, 653–670

-, The Cross and the Spirit. A Study in the Argument and Theology of Galatians, Macon 1988

-, The Justification of the Other. An Interpretation of Rom 1:18–4:25: SBL.SP 31, 1992, 613–634

Cousar, Charles B., Galatians, Interpretation, Atlanta 1982

-, A Theology of the Cross. The Death of Jesus in the Pauline Letters, Overtures to Biblical Theology 24, Minneapolis 1990

Cranfield, C. E. B., Romans Bd. 1, ICC, Edinburgh 1975

-, „The Works of the Law" in the Epistle to the Romans: JSNT 43, 1991, 89–101

-, On the πίστις Χριστοῦ Question: C. E. B. Cranfield, On Romans and Other New Testament Essays, Edinburgh 1998, 81–97

Cranford, Michael, Abraham in Romans 4: The Father of All who Believe: NTS 41, 1995, 71–88

Cremer, Hermann, Die paulinische Rechtfertigungslehre im Zusammenhang ihrer geschichtlichen Voraussetzungen, Gütersloh 1899

Cruse, D. A., Lexical Semantics, Cambridge 1986

Daalen, D. H. van, The emunah/πίστις of Habakuk 2.4 and Romans 1.17: E. A. Livingstone (Hg.), StEv 7, Berlin 1982, 523–527

Dahl, Nils A, Jesus the Christ. The historical origins of Christological doctrine, Minneapolis 1991

Dalton, W. J., The Meaning of „We" in Galatians: ABR 38, 1990, 33–44

Das, A. Andrew, Another Look at ἐὰν μή in Galatians 2:16: JBL 119, 2000, 529–539

Dauer, Anton, Paulus und die christliche Gemeinde im griechischen Antiochia. Kritische Bestandsaufnahme der modernen Forschung mit einigen weiterführenden Überlegungen, BBB 106, Weinheim 1996

Davies, G. N., Faith and Obedience in Romans. A Study in Romans 1–4, JSNT.S 39, Sheffield 1990

Deissmann, Adolf, Paulus. Eine kultur- und religionsgeschichtliche Skizze, Tübingen ²1925

Dibelius, Martin, An die Thessalonicher I.II, an die Philipper, HNT 11, Tübingen ²1925

Dobbeler, Axel von, Glaube als Teilhabe. Historische und semantische Grundlagen der paulinischen Theologie und Ekklesiologie des Glaubens, WUNT 2/22, Tübingen 1987

–, Metaphernkonflikt und Missionsstrategie. Beobachtungen zur personifizierenden Rede vom Glauben in Gal 3,23–25: ThZ(B) 54, 1998, 14–35

Dobschütz, Ernst von, Die Thessalonicher-Briefe, KEK 10, Göttingen 1909, ND 1974

–, Die Rechtfertigung bei Paulus. Eine Rechtfertigung des Paulus: ThStKr 85, 1912, 38–67

Dodd, Brian, Romans 1:17 – A *Crux Interpretum* for the πίστις Χριστοῦ Debate?: JBL 114, 1995, 470–473

–, Paul's Paradigmatic „I". Personal Example as Literary Strategy, JSNT.S 177, Sheffield 1999

Dodd, Charles H., The Bible and the Greeks, London 1935

Donaldson, T. L., The Curse of the Law and the Inclusion of the Gentiles: Galatians 3.13–14: NTS 32, 1986, 94–112

Donfried, Karl P., Justification and Last Judgment in Paul: ZNW 67, 1976, 90–110

–, The Cults of Thessalonica and the Thessalonia Correspondence: NTS 31, 1985, 336–356

–, The Theology of 1 Thessalonians as a Reflection of its Purpose: M. P. Hargam/P. J. Kobelski (Hgg.), To Touch the Text. FS Joseph A. Fitzmyer SJ, New York 1989, 243–260

–, 1 Thessalonians, Acts and the Early Paul: Collins, Correspondence, 3–26

–, The Theology of 1 Thessalonians: Karl P. Donfried/Ian Howard Marshall, Theology of the Shorter Pauline Letters, New Testament Theology, Cambridge 1993, 1–79

Doughty, D. J., The Priority of CHARIS: NTS 19, 1972/73, 163–180

Dülmen, Andrea von, Die Theologie des Gesetzes bei Paulus, SBM 5, Stuttgart 1968

Duncan, G. S., The Epistle of Paul to the Galatians, MNTC, London 1934

Dunn, James D. G., The New Perspective on Paul: BJRL 65, 1983, 95–122; Dunn, Jesus 183–214; Dunn, Perspective 89–110

–, The Incident at Antioch (Gal. 2.11–13): JSNT 18,1983, 3–57; Dunn, Jesus 129–174

–, Works of the Law and the Curse of the Law (Galatians 3.10–14): NTS 31, 1985, 523–542; Dunn, Jesus 215–241; Dunn, Perspective 111–130

–, Romans 1–8, WBC 38A, Dallas 1988

–, Jesus, Paul and the Law. Studies in Mark and Galatians, London und Louisville 1990

–, Once more, ΠΙΣΤΙΣ ΧΡΙΣΤΟΥ: SBL.SP 30, 1991, 730–744; Hay/Johnson, Pauline Theology 4, 61–81

-, The Justice of God. A Renewed Perspective on Justification by Faith: JThS 43, 1992, 1–22; Dunn, Perspective 187–206

-, The Theology of Paul's Letter to the Galatians, New Testament Theology, Cambridge 1993

-, The Epistle to the Galatians, Black's New Testament Commentary, Peabody 1993

-, In Quest of Paul's Theology. Retrospect and Prospect: SBL.SP 34, 1995, 704–721; Hay/Johnson, Pauline Theology 4, 95–115

-, The Partings of the Ways. Between Christianity and Judaism and their Significance for the Character of Christianity, London und Valley Forge ²1996

-, Die neue Paulus-Perspektive. Paulus und das Gesetz: KuI 11, 1996, 34–45

-, In Search of Common Ground: James D.G. Dunn (Hg.), Paul and the Mosaic Law. The Third Durham-Tübingen Research Symposium on Earliest Christianity and Judaism (Durham, September, 1994), WUNT 89, Tübingen 1996, 309–334; Dunn, Perspective 279–305

-, The Epistles to the Colossians and to Philemon, NIGTC, Grand Rapids und Carlisle 1996

-, 4QMMT and Galatians: NTS 43, 1997, 147–153; Dunn, Perspective 333–340

-, Whatever Happened to Exegesis? In Response to the Reviews by R.B. Matlock and D.A. Campbell: JSNT 72, 1998, 113–120

-, Philippians 3.2–14 and the New Perspective on Paul: Dunn, Perspective 463–484

-, The New Perspective: whence, what and whither?: Dunn, Perspective 1–88

-, The New Perspective on Paul. Collected Essays, WUNT 185, Tübingen 2005

-, The Dialogue Progresses: Bachmann, Paulusperspektive 389–430

Dunnhill, John, Saved by Whose Faith? The Function of πίστις Χριστοῦ in Pauline Theology: Colloquium 30, 1998, 3–25

Ebeling, Gerhard, Jesus und Glaube: Ebeling, Wort und Glaube 203–223

-, Die Frage nach dem historischen Jesus und das Problem der Christologie: Ebeling, Wort und Glaube 300–318

-, Wort und Glaube, Tübingen ³1967

-, Die Wahrheit des Evangeliums. Eine Lesehilfe zum Galaterbrief, Tübingen 1981

-, *Disputatio de homine*: Gerhard Ebeling, Lutherstudien Bd. 2, Tübingen ²1982, 1 ff.

Eckert, Josef, Zur Erstverkündigung des Paulus: Josef Hainz (Hg.), Theologie im Werden. Studien zur theologischen Konzeption im Neuen Testament, Paderborn 1992, 279–299

Eckstein, Hans-Joachim, Verheißung und Gesetz. Eine exegetische Untersuchung zu Galater 2,15–4,7, WUNT 86, Tübingen 1996

-, „Gott ist es, der rechtfertigt". Rechtfertigungslehre als Zentrum paulinischer Theologie?: ZNT 14, 1004, 41–48

Egger, Wilhelm, Galaterbrief, Philipperbrief, Philemonbrief, NEB 11, 14, 16; Würzburg 1985

Eichholz, Georg, Die Theologie des Paulus im Umriß, Neukirchen-Vluyn ⁷1991

Ellicott, Charles John, A Critical and Grammatical Commentary on St. Paul's Epistles to the Thessalonians, Grand Rapids 1957

Ellingworth, Paul/Nida, Eugene A., A Translator's Handbook on Paul's Letters to the Thessalonians, HeTr 17, o.O. [New York] 1975

Elliott, N., The Rhetoric of Romans. Argumentative Constraint and Strategy and Paul's Dialogue with Judaism, JSNT.S 45, Sheffield 1990

Eskola, Timo, Theodicy and Predestination in Pauline Soteriology, WUNT 2, 100, Tübingen 1998

Farahian, Edmond, Le „je" Paulinien. Etude pour mieux comprendre Gal. 2,19–21, AnGr 253, *Series Facultatis Theologiae* A 30, Rom 1988

Fee, Gordon, Paul's Letter to the Philippians, NIC, Grand Rapids 1995

Fenske, Wolfgang, Paulus lesen und verstehen. Ein Leitfaden zur Biographie und Theologie des Apostels, Stuttgart u. a. 2003

Fitzer, G., Der Ort der Versöhnung. Zur Frage des Sühnopfers Jesu: ThZ(B) 22, 1966, 161–183

Fitzmyer, Joseph A., According to Paul. Studies in the Theology of the Apostle, New York 1993

–, Romans, AncB 33, London 1993

Foerster, Werner, Herr ist Jesus. Herkunft und Bedeutung des urchristlichen Kyrios-Bekenntnisses, NTF 2/1, Gütersloh 1924

Foster, Paul, The First Contribution to the πίστις Χριστοῦ Debate: A Study of Ephesians 3.12: JSNT 85, 2002, 75–96

Frame, James Everett, A Critical and Exegetical Commentary on the Epistles of St. Paul to the Thessalonians, ICC, Edinburgh 1912, ND 1979

Freed, Edwin D., The Apostle Paul, Christian Jew. Faithfulness and Law, Lanham und London 1993

Frey, Jörg, Das Judentum des Paulus: Oda Wischmeyer (Hg.), Paulus. Leben – Umwelt – Werk – Briefe, Tübingen/Basel 2006, 5–43

Friedrich, Gerhard, Der erste Brief an die Thessalonicher. Der zweite Brief an die Thessalonicher: NTD 8, Göttingen [14]1976, 203–276

–, Der Brief an die Philipper: Jürgen Becker/Hans Conzelmann/Gerhard Friedrich, Die Briefe an die Galater, Epheser, Philipper, Kolosser, Thessalonicher und Philemon, NTD 8, [2]1981, 125–175

–, Glaube und Verkündigung bei Paulus: Ferdinand Hahn/Hans Klein (Hgg.), Glaube im Neuen Testament, BThSt 7, Neukirchen-Vluyn 1982, 93–113

Fung, Ronald Y.-K., The Epistle to the Galatians, NIC [8], Grand Rapids 1988

Funk, Robert W., Jesus befreien. Die US-Debatte um den Mann aus Nazareth: EK 29,1996, 512–515

Gager, John, The Origins of Anti-Semitism. Attitudes Toward Judaism in Pagan and Christian Antiquity, Oxford/New York 1983

Garland, David E., The Composition and Unity of Philippians. Some neglected Literary Factors: NT 27, 1985, 141–173

Garlington, D., Faith, Obedience, and Perseverance. Aspects of Paul's Letter to the Romans, WUNT 79, Tübingen 1994

Garrington, Don B., „The Obedience of Faith". A Pauline Phrase in Historical Context, WUNT 2, 38, Tübingen 1991

–, Role Reversal and Paul's Use of Scripture in Galatians 3.10–13: JSNT 65, 1997, 85–121

Gaston, Lloyd, Paul and the Torah, Vancouver 1987

Gathercole, Simon J., Justified by Faith, Justified by his Blood; The Evidence of Romans 3:21–4:25: Carson/O'Brien/Seifrid, Justification 147–184

–, The Petrine and Pauline *Sola Fide* in Galatians 2: Bachmann, Paulusperspektive 309–327

Gaukesbrink, Martin, Die Sühnetradition bei Paulus. Rezeption und theologischer Stellenwert, fzb 82, Würzburg 1999

Gaventa, Beverly Roberts, The Singularity of the Gospel. A reading of Galatians: Bassler, Pauline Theology 1, 147–159

George, Timothy, Modernizing Luther, Domesticating Paul: Another Perspective: Carson/O'Brien/Seifrid, Justification 437–464

Giblin, C. H., The Threat to Faith, Rom 1967

Giesen, Heinz, Naherwartung des Paulus im 1 Thess 4,13–18?: SNTU 10, 1985, 123–149

Gleason, Henry Allen Jr., An Introduction to Descriptive Linguistics, New York ²1961, ND London u. a. 1970

Gnilka, Joachim, Der Philipperbrief, HThK 10,3, Freiburg i. Br./Basel/Wien ²1976
–, Der Philemonbrief, HThK 18, Freiburg i. Br. 1982
–, Paulus von Tarsus. Apostel und Zeuge, Freiburg i. Br. 1997

Goodenough, Erwin R., Paul and the Hellenization of Christianity, bearb. von A. Th. Kraabel: Jacob Neusner (Hg.), Religions in Antiquity. Essays in Memory of Erwin Ramsdell Goodenough, SHR 15, Leiden 1967, 35–80

Goodwin, G. R., ἐὰν μή, Gal ii. 16: JBL 6, 1886, 122–127

Goppelt, Leonhard, Theologie des Neuen Testaments, hg. von Jürgen Roloff, Göttingen ³1978, ND 1991

Gräßer, Erich, „Ein einziger Gott" (Röm 3,30). Zum christologischen Gottesverständnis bei Paulus: Helmut Merklein/Erich Zenger (Hgg.), „Ich will euer Gott werden". Beispiele biblischen Redens von Gott, SBS 100, Stuttgart 1981, 177–205

–, An die Hebräer (Hebr 10,19–13,25), EKK 17/3, Zürich und Neukirchen-Vluyn 1997

–, Der ruhmlose Abraham (Röm 4,2). Nachdenkliches zu Gesetz und Sünde bei Paulus; Michael Trowitzsch (Hg.), Paulus, Apostel Jesu Christi, FS Günter Klein, Tübingen 1998, 3–22

Grayston, K., The Letters to the Philippians and Thessalonians, Cambridge 1967

Greene, J. T., Christ in Paul's Thought. Romans 1–8: JRT 49, 1992, 44–58

Gundry, R. H., Grace, Works, and Staying Saved in Paul: Bib. 66, 1985, 1–38

Gunther, John J., St. Paul's Opponents and Their Background. A Study of Apocalyptic and Jewish Sectarian Teachings, Leiden 1973

Haacker, Klaus, Was meint die Bibel mit Glauben?: ThBeitr 1, 1970, 133–152; Klaus Haacker, Biblische Theologie als engagierte Exegese. Theologische Grundfragen und thematische Studien, Wuppertal/Zürich 1993, 102–121

–, „Ende des Gesetzes" und kein Ende? (Röm 10,4). Zur Diskussion über τέλος νόμου in Röm 10,4: Klaus Wengst/Gerhard Sax (Hgg.), Ja und Nein. Christliche Theologie im Angesicht Israels, FS Wolfgang Schrage, Neukirchen-Vluyn 1998, 127–138

–, Der Brief des Paulus an die Römer, ThHK 6, Leipzig 1999

–, Verdienste und Grenzen der „neuen Perspektive" der Paulus-Auslegung: Bachmann, Paulusperspektive 1–15

Hahn, Ferdinand, Christologische Hoheitstitel. Ihre Geschichte im frühen Christentum, Göttingen [5]1995

–, Gen 15,6 im Neuen Testament: Hans Walter Wolff (Hg.), Probleme biblischer Theologie, FS Gerhard von Rad, München 1971, 90–107

–, Das Gesetzesverständnis im Römer- und Galaterbrief: ZNW 67, 1976, 29–63

–, Gibt es eine Entwicklung in den Aussagen über die Rechtfertigung bei Paulus?: EvTh 53, 1993, 342–366

–, Gerechtigkeit Gottes und die Rechtfertigung des Menschen nach dem Zeugnis des Neuen Testaments: EvTh 59, 1999, 335–346

Hamerton-Kelly, Robert G., Sacred Violence and the Curse of the Law (Gal 3.13). The Death of Christ as a Sacrificial Travesty: NTS 36, 1990, 98–118

Hansen, G. Walter, Galatians, The IVP New Testament Commentary Series, Downers Grove und Leicester 1994

–, Abraham in Galatians. Epistolary and Rhetorical Contexts, JSNT.S 29, Sheffield 1989

Hanson, A. T., Paul's Understanding of Jesus, Hull 1963

–, Jesus Christ and the Old Testament, London 1965

–, Studies in Paul's Technique and Theology, London 1974

Harnack, Adolf von, Κόπος (Κοπιᾶν, οἱ Κοπιῶντες) in frühchristlichem Sprachgebrauch: ZNW 27, 1928, 1–10

Harnisch, Wolfgang, Die paulinische Selbstempfehlung als Plädoyer für den Gekreuzigten. Rhetorisch-hermeneutische Erwägungen zu Phil 3: Ulrich Mell/Ulrich B. Müller (Hgg.), Das Urchristentum in seiner literarischen Geschichte, FS Jürgen Becker, BZNW 100, Berlin/New York 1999, 133–154

Harrisville III, Roy A., ΠΙΣΤΙΣ ΧΡΙΣΤΟΥ. Witness of the Fathers: NT 36, 1994, 233–241

Hasler, Viktor, Glaube und Existenz. Hermeneutische Erwägungen zu Gal 2,15–21: ThZ(B) 25, 1969, 241–251

Hatch, W. H. P., The Pauline Idea of Faith in its Relation to Jewish and Hellenistic Religion, HThSt 2, Cambridge 1926

Haufe, Günter, Der erste Brief des Paulus an die Thessalonicher, ThHK 12/1, Leipzig 1999

Haußleiter, Johannes, Der Glaube Jesu Christi und der christliche Glaube. Ein Beitrag zur Erklärung des Römerbriefes: NKZ 2, 1891, 109–145.205–230; auch separat erschienen Erlangen/Leipzig 1891

–, Eine theologische Disputation über den Glauben Jesu: NKZ 2, 1892, 507–520

–, Was versteht Paulus unter christlichem Glauben?: Greifswalder Studien, FS Hermann Cremer, Gütersloh 1895, 159–182

Havener, Ivan, The Pre-Pauline Christological Credal Formulae of 1 Thessalonians: SBL.SP 1981, 105–128

Hawthorne, Gerald F., Philippians, WBC 43, Waco 1983

–/Martin, Ralph P (Hgg.), Dictionary of Paul and His Letters, Downers Grove und Leicester 1993

Hay, David M., Pistis as „Ground for Faith" in Hellenized Judaism and Paul: JBL 108, 1989, 461–476

–/Johnson, E. Elizabeth (Hgg.), Pauline Theology 4, Atlanta 1997

Hays, Richard B., Psalm 143 and the Logic of Romans 3: JBL 99, 1980, 107–115

–, The Faith of Jesus Christ. An Investigation of the Narrative Substructure of Galatians 3:1–4:11, SBL.DS 56, Chico 1983, ²2002

–, Jesus' Faith and Ours: A Rereading of Galatians 3: Branson/Padilla, Conflict 257–268

–, Postscript: Further Reflections on Galatians 3: Branson/Padilla, Conflict 274–280

–, Christology and Ethics in Galatians. The Law of Christ: CBQ 49, 1987, 268–290

–, „Have we found Abraham to be our Forefather according to the Flesh?" A Consideration of Rom. 4:1: NT 27, 1988, 76–98

–, Echoes of Scripture in the Letters of Paul, New Haven/London 1989

–, „The Righteous One" as eschatological Deliverer. A Case Study in Paul's Apocalyptic Hermeneutics: Joel Markus/Marion L. Soards (Hgg.), Apocalyptic and the New Testament, FS James Louis Martyn, JSNT.S 24, Sheffield 1989, 191–215

–, ΠΙΣΤΙΣ and Pauline Christology: What Is at Stake?: SBL.SP 30, 1991, 714–729; Hay/Johnson, Pauline Theology 4 35–60; Hays, Faith² 272–297

–, Crucified with Christ. A Synthesis of the Theology of 1 and 2 Thessalonians, Philemon, Philippians, and Galatians: Jeanette Bassler (Hg.), Pauline Theology 1. Thessalonians, Philippians, Galatians, Philemon, Minneapolis 1991, 227–246

–, Art. Justification: AncB Dictionary 3, 1992, 1129–1133

–, The Moral Vision of the New Testament, San Francisco 1996

Hebert, A. Gabriel, „Faithfulness" and „Faith": Theol. 58, 1955, 373–379

Heiligenthal, Roman, Soziologische Implikationen der paulinischen Rechtfertigungslehre im Galaterbrief am Beispiel der „Werke des Gesetzes". Beobachtungen zur Identitätsfindung einer frühchristlichen Gemeinde: Kairos 26, 1984, 38–53

Hendriksen, William, Exposition of I and II Thessalonians, NTC, I and II Thessalonians, Grand Rapids 1955

Hengel, Martin, Erwägungen zum Sprachgebrauch von Christos bei Paulus und in der „vorpaulinischen" Überlieferung: Morna D. Hooker/S.G. Wilson (Hgg.), Paul and Paulinism, FS Charles K. Barrett, London 1982, 135–158

–/ Schwemer, Anna Maria, Paulus zwischen Damaskus und Antiochien. Die unbekannten Jahre des Apostels, mit einem Beitrag von Ernst-Axel Knauf, WUNT 108, Tübingen 1998

Heppe, Heinrich, Die Dogmatik der evangelisch-reformierten Kirche, hg. von Ernst Bizer, Neukirchen 1935

Herman, Z.J., Giustificazione e Perdono in Romani 3,21–26: Anton. 60, 1985, 240–278

Hilgenfeld, Adolf, Der Brief des Paulus an die Römer. Zweiter Artikel: ZWTh 35, 1892, 385–407

Hösselbarth, Lutz, Zur Beschreibung semantischer Verhältnisse beim attributiven Genitiv im Deutschen: Sprachpflege 33, 1984, 1–4

Hofius, Otfried, „Rechtfertigung des Gottlosen" als Thema biblischer Theologie: Hofius, Paulusstudien 121–147

–, All Israel will be saved. Devine Salvation and Israel's Deliverance in Romans 9–11: PSB.SI 1, Princeton 1990, 19–39

–, Das Gesetz des Mose und das Gesetz Christi: Hofius, Paulusstudien 50–74

–, Wort Gottes und Glaube bei Paulus: Hofius, Paulusstudien, 148–174

–, Paulusstudien, WUNT 51, Tübingen 1989

–, Glaube und Taufe nach dem Zeugnis des Neuen Testaments: ZThK 91, 1994, 134–156

–, Die Adam-Christus-Antithese und das Gesetz. Erwägungen zu Röm 5,12–21: Hofius, Paulusstudien II, 62–103

–, Zur Auslegung von Römer 9,30–33: Hofius, Paulusstudien II, 155–166

–, „Einer ist Gott – Einer ist Herr". Erwägungen zu Struktur und Aussage des Bekenntnisses 1Kor 8,6: Hofius, Paulusstudien II, 167–180

–, Paulusstudien II, WUNT 143, Tübingen 2001

–, „Werke des Gesetzes". Untersuchungen zu der paulinischen Rede von den ἔργα νόμου: Dieter Sänger/Ulrich Mell (Hgg.), Paulus und Johannes. Exegetische Studien zur paulinischen und johanneischen Theologie und Literatur, WUNT 198, Tübingen 2006, 271–310

Hofmann, J. Chr. K., Die heilige Schrift neuen Testaments zusammenhängend erklärt Bd. 1, Nördlingen ²1969

Holland, Glenn S., The Tradition that You Received from Us: 2 Thessalonians in the Pauline Tradition, HUTh 24, Tübingen 1988

Holmstrand, Jonas, Markers and Meaning in Paul. An Analysis of 1 Thessalonians, Philippians and Galatians, CB.NT 28, Stockholm 1997

Holtz, Traugott, Der erste Brief an die Thessalonicher, EKK 13, Zürich/Einsiedeln/Köln und Neukirchen-Vluyn 1986

–, Traditionen im 1. Thessalonicherbrief: Holtz, Geschichte 246–269

–, „Euer Glaube an Gott". Zu Form und Inhalt von 1Thess 1,9 f.: Holtz, Geschichte 270–296

–, Geschichte und Theologie des Urchristentums, hg. von Eckart Reinmuth und Christian Wolff, WUNT 57, Tübingen 1991

Hong, In-Gyu, The Law in Galatians, JSNT.S 81, Sheffield 1993

Hooker, Morna D., Interchange and Suffering: Hooker, Adam 42–55

–, Interchange in Christ and Ethics: Hooker, Adam 56–69

–, ΠΙΣΤΙΣ ΧΡΙΣΤΟΥ: NTS 35, 1989, 321–342; Hooker, Adam 165–186

–, From Adam to Christ. Essays on Paul, Cambridge 1990

–, Art. Glaube III. Neues Testament: RGG⁴ 3, 2000, 947–953

–, Paul. A Short Introduction, Oxford 2003

Hoppe, Rudolph, Der erste Thessalonicherbrief und die antike Rhetorik. Eine Problemskizze: BZ 41, 1997, 229–237

Horn, Friedrich Wilhelm, Paulusforschung: Friedrich Wilhelm Horn (Hg.), Bilanz und Perspektiven gegenwärtiger Auslegung des Neuen Testaments. Symposion zum 65. Geburtstag von Georg Strecker, BZNW 75, Berlin/New York 1995, 30–59

–, Juden und Heiden. Aspekte der Verhältnisbestimmung in den paulinischen Briefen. Ein Gespräch mit Krister Stendahl: Bachmann, Paulusperspektiven 17–39

Hotze, Gerhard, Paradoxien bei Paulus. Untersuchungen zu einer elementaren Denkform in seiner Theologie, NTA 33, Münster 1997

Howard, George, On the „Faith of Christ": HThR 60, 1967, 459–465

–, Romans 3:21–31 and the Inclusion of the Gentiles: HThR 64, 1970, 223–233

–, The „Faith of Christ": ET 85, 1974, 212–214

–, Paul. Crisis in Galatia. A Study in Early Christian Theology, SNTS.MS 35, Cambridge 1979

–, Faith of Christ: AncB Dictionary 2, 758–760

Hübner, Hans, *Pauli theologiae proprium*: NTS 26, 1979/80, 445–473; Hans Hübner, Biblische Theologie als Hermeneutik. Gesammelte Aufsätze, hg. von Antje Labahn und Michael Labahn, Göttingen 1995, 40–68

–, Biblische Theologie des Neuen Testaments Bd. 2. Die Theologie des Paulus und ihre neutestamentliche Wirkungsgeschichte, Göttingen 1993

–, An Philemon. An die Kolosser. An die Epheser, HNT 12, Tübingen 1997

Hughes, Frank Witt, The Rhetoric of 1 Thessalonians: Collins, Correspondence, 94–116

Hultgren, Arland J., The *Pistis Christou* Formulation in Paul: NT 22, 1980, 248–263

–, Paul's Gospel and Mission. The Outlook from his Letter to the Romans, Philadelphia 1985

Hwang, H. S., Die Verwendung des Wortes πᾶς in den paulinischen Briefen, diss. theol. Erlangen 1985

In-Gyu Hong, The Law in Galatians, JSNT.S 81, Sheffield 1993

Ito, Akio, ΝΟΜΟΣ (ΤΩΝ) ᾿ΕΡΓΩΝ and ΝΟΜΟΣ ΠΙΣΤΕΩΣ. The Pauline Rhetoric and Theology of ΝΟΜΟΣ: NT 45, 2003, 237–259

Janssen, Christina/Schottroff, Luise/Wehn, Beate (Hgg.innen), Paulus. Umstrittene Traditionen – lebendige Theologie. Eine feministische Lektüre, Gütersloh 2001

Janzen, J. Gerald, Coleridge and *Pistis Christou*: ET 107, 1996, 265–268

Jegher-Bucher, Vreni, Formgeschichtliche Betrachtung zu Galater 2,11–16. Antwort an James D. Hester: ThZ(B) 46, 1990, 305–321

Jervis, L. Ann, God's Obedient Messiah and the End of the Law. Richard N. Longenecker's Understanding of Paul's Gospel: Jervis, L. Ann/Richardson, Peter (Hgg.), Gospel in Paul. Studies on Corinthians, Galatians and Romans for Richard N. Longenecker, JSNT.S 108, Sheffield 1994, 21–35

Jewett, Robert, The Thessalonian Correspondence. Pauline Rhetoric and Millenarian Piety, Foundations and Facets. New Testament [7], Philadelphia 1986

Johanson, Bruce C., To All the Brethren. A Text-linguistic and Rhetorical Approach to 1 Thessalonians, CB.NTS 16, Stockholm 1987

Johnson, Luke Timothy, Rom 3:21–26 and the Faith of Jesus: CBQ 44, 1982, 77–90

Johnstone, W., Justification by Faith Revisited: ET 104, 1992, 67–71

Jüngel, Eberhard, Paulus und Jesus. Eine Untersuchung zur Präzisierung der Frage nach dem Ursprung der Christologie, HUTh 2, Tübingen 1962

–, Das Evangelium von der Rechtfertigung des Gottlosen als Zentrum des christlichen Glaubens. Eine theologische Studie in ökumenischer Absicht, Tübingen ³1999

Kammler, Hans-Christian, Die Prädikation Jesu Christi als „Gott" und die paulinische Christologie. Erwägungen zur Exegese von Röm 9,5b: ZNW 94, 2003, 164–180

Käsemann, Ernst, Zum Verständnis von Röm. 3,24–26: Ernst Käsemann, Exegetische Versuche und Besinnungen Bd. 1, Göttingen ⁶1970, 96–100

-, Der Glaube Abrahams in Römer 4: Ernst Käsemann, Paulinische Perspektiven, Tübingen ²1972, 140–177
-, An die Römer, HNT 8a, Tübingen ⁴1980
Karrer, Martin, Der Gesalbte. Die Grundlagen des Christustitels, FRLANT 151, Göttingen 1991
-, Jesus Christus im Neuen Testament, NTD.E/GNT 11, Göttingen 1998
-, Rechtfertigung bei Paulus. Eine Reflexion angesichts der aktuellen Diskussion: KuD 46, 2000, 126–155
Keck, Leander E., „Jesus" in Romans: JBL 108, 1989, 443–460
Keesmaat, Sylvia C., The Psalms in Romans and Galatians: Steve Moyise/Maarten J.J. Menken (Hgg.), The Psalms in the New Testament, London/New York 2004, 139–161
Kelcy, Raymond C., A Grammatical and Syntactical Analysis of I Thessalonians, Diss. Southern Baptist Theological Seminary, Fort Worth 1964
Kertelge, Karl, Rechtfertigung bei Paulus, NTA 3, Münster ²1971
Kieffer, René, Foi et justification à Antioche. Interprétation d'un conflit (Ga 2,14–21), Paris 1982
-, L'eschatologie en 1 Thessaloniciens dans une perspective rhétorique: Collins, Correspondence, 206–219
Kim, Seyoon, The Origin of Paul's Gospel, WUNT 2,4, Tübingen 1981
-, Paul and the New Perspective. Second Thoughts of the Origin of Paul's Gospel, WUNT 140, Tübingen 2002
Kittel, Gerhard, πίστις Ἰησοῦ Χριστοῦ bei Paulus: ThStKr 79, 1906, 419–436
Klaiber, Walter, Gerecht vor Gott. Rechtfertigung in der Bibel und heute, Göttingen 2000
Klein, Günter, Individualgeschichte und Weltgeschichte bei Paulus. Eine Interpretation ihres Verhältnisses im Galaterbrief: Klein, Rekonstruktion 180–224
-, Römer 4 und die Idee der Heilsgeschichte: Klein, Rekonstruktion 145–169
-, Gottes Gerechtigkeit als Thema der neuesten Paulusforschung: Klein, Rekonstruktion 225–236
-, Rekonstruktion und Interpretation. Gesammelte Aufsätze zum Neuen Testament, BEvTh 50, München 1969
-, Sündenverständnis und theologia crucis bei Paulus: Carl Andresen/Günter Klein (Hgg.), *Theologia Crucis – Signum Crucis*, FS Erich Dinkler, Tübingen 1979, 249–282
-, Römer 3,21–28: GPM 34, 1980, 409–419
Klumbies, Paul-Gerhard, Der eine Gott des Paulus, Röm 3,21–31 als Brennpunkt paulinischer Theologie: ZNW 85, 1994, 192–206
Knöppler, Thomas, Sühne im Neuen Testament. Studien zum urchristlichen Verständnis der Heilsbedeutung des Todes Jesu, WMANT 88, Neukirchen-Vluyn 2001
Koch, Dietrich-Alex, Der Text von Hab 24b in der Septuaginta und im Neuen Testament: ZNW 76, 1985, 68–85
-, Die Schrift als Zeuge des Evangeliums. Untersuchungen zur Verwendung und zum Verständnis der Schrift bei Paulus, BHTh 69, Tübingen 1986
Koch, H., Römer 3,21–31 in der Paulusinterpretation der letzten 150 Jahre, diss. theol. Göttingen 1971

Koester, Helmut, From Paul's Eschatology to the Apocalyptic Schemata of 2 Thessalonians: Collins, Correspondence, 441–458

Kok, Ezra Hon-Seng, „The Truth of the Gospel". A Study in Galatians 2.15–21. Ph.D. Durham 1993

Koperski, Veronica, The Knowledge of Christ Jesus my Lord. The High Christology of Philippians 3:7–11, Contributions to Biblical Exegesis and Theology 16, Kampen/NL 1996

–, The Meaning of *Pistis Christou* in Philippians 3:9: LouvSt 18, 1993, 198–216

Kramer, Werner, Christos Kyrios Gottessohn. Untersuchungen zu Gebrauch und Bedeutung der christologischen Bezeichnungen bei Paulus und den vorpaulinischen Gemeinden, AThANT 44, Zürich 1963

Kraus, Wolfgang, Der Tod Jesu als Heiligtumsweihe. Eine Untersuchung zum Umfeld der Sühnevorstellung in Römer 3,25–26a, WMANT 66, Neukirchen-Vluyn 1991

–, Gottes Gerechtigkeit und Gottes Volk. Ökumenisch-ekklesiologische Aspekte der New Perspektive on Paul: Bachmann, Paulusperspektive 329–347

Kremendahl, Dieter, Die Botschaft der Form. Zum Verhältnis von antiker Epistolographie und Rhetorik im Galaterbrief, NTOA 46, Freiburg/CH und Göttingen 2000

Kreutz, Edgar, Traditions Held Fast: Theology and Fidelity in 2 Thessalonians: Collins, Correspondence, 505–515

Kümmel, Werner Georg, „Individualgeschichte" und „Weltgeschichte" in Gal 2,15–21: Werner Georg Kümmel, Heilsgeschehen und Geschichte Bd. 2. Gesammelte Aufsätze 1965–1977, hg. von Erich Grässer und Otto Merk, MThSt 16, Marburg 1978, 130–142

Kuhn, Heinz Wolfgang, Die Bedeutung der Qumrantexte für das Verständnis des Ersten Thessalonicherbriefes; J. T. Barrera/L. V. Montaner (Hgg.), The Madrid Qumran Congress I, StTDJ 9,1, Leiden 1992, 339–353

Kundert, Lukas, Die Opferung/Bindung Isaaks Bd. 1. Gen 22,1–19 im Alten Testament, im Frühjudentum und im Neuen Testament, WMANT 78, Neukirchen-Vluyn 1998

Kuss, Otto, Der Römerbrief Bd. 1. Röm 1,1–6,11, RNT 5, Regensburg 1957

Labahn, Antje/Labahn, Michael, Jesus als Sohn Gottes bei Paulus. Eine soteriologische Grundkonstante der paulinischen Christologie: Schnelle/Söding/Labahn, Christologie 97–120

Lagrange, Marie-Jean, Saint Paul Épître aux Galates, Paris ²1925

Lambrecht, Jan, Pauline Studies, BEThL 115, Leuven 1994

–, The Line of Thought in Galatians 2.14b–21: Lambrecht, Studies, 193–204

–, Transgressor by Nullifying God's Grace: A Study of Galatians 2, 18–21: Lambrecht, Studies, 211–230

–, Unity and Diversity in Galatians 1–2: Lambrecht, Studies, 177–192

–, Once Again 2, 17–18 and 3, 21: Lambrecht, Studies, 205–209

–, Gesetzesverständnis bei Paulus: Lambrecht, Studies, 231–270

–, The Universalistic Will of God. The True Gospel in Galatians: Lambrecht, Studies 299–306

–, Paul's Reasoning in Galatians 2:11–21: Dunn, Paul, 53–74

-/ Thompson, R. W., Justification by Faith. The Implications of Romans 3:27-31: Zacchaeus Studies: New Testament, Wilmington 1989

Lampe, Peter, Der Brief an Philemon: Nikolaus Walter/Eckart Reinmuth/Peter Lampe, Die Briefe an die Philipper, Thessalonicher und an Philemon, NTD 8/2, Göttingen 1998

Larsson, Edvin, Christus als Vorbild. Eine Untersuchung zu den paulinischen Tauf- und Eikontexten, Uppsala 1962

Laub, Franz, 1. und 2. Thessalonicherbrief, NEB 13, Würzburg 1985

Lausberg, Heinrich, Handbuch der literarischen Rhetorik. Eine Grundlegung der Literaturwissenschaft, München ²1973

Lautenschlager, Markus, Εἴτε γρηγορῶμεν εἴτε καθεύδωμεν. Zum Verhältnis von Heiligung und Heil in 1.Thess. 5,10: ZNW 81, 1990, 39-59

Lauterbach, Stefan, Genitiv, Komposition und Präpositionalattribut - zum System nominaler Relationen, Studien Deutsch 15, München 1993

Lee, Carolyn/Lee, Robert. An Analysis of the Larger Semantic Units of I Thessalonians: Notes on Translation 56, 1975, 28-42

Leivestad, Ragnar, Art. μνημονεύω: EWNT² II, 1992, 1070-1072

Lietzmann, Hans, An die Römer, HNT 8, Tübingen ⁵1971

-, An die Galater, HNT 10, Tübingen ³1932

Lightfood, J. B., The Epistle of St. Paul to the Galatians, London 1865

-, Saint Paul's Epistle to the Philippians, London/New York 1903

Lindauer, Thomas, Genitivattribute. Eine morphosyntaktische Untersuchung zum deutschen DP/NP-System, Reihe Germanistische Linguistik 155, Tübingen 1995

Lindsay, Dennis R., Josephus and Faith. Pistis and Pisteuein as Faith Terminology in the Writings of Flavius Josephus and in the New Testament, AGJU 19, Leiden/New York/Köln 1993

-, Works of Law, Hearing of Faith and πίστις Χριστοῦ in Galatians 2:16-3:5: Stone-Campbell Journal 3, 2000, 79-88

Lips, Hermann von, Der Gedanke des Vorbilds im Neuen Testament: EvTh 58, 1998, 295-309

Ljungman, Henrik, Pistis. A Study of its Presuppositions and its Meaning in Pauline Use, Lund 1964

Lohmeyer, Ernst, Grundlagen paulinischer Theologie, BHTh 1, Tübingen 1929

-, „Gesetzeswerke": Ernst Lohmeyer, Probleme paulinischer Theologie, Darmstadt 1954, 33-74

-, ΣΥΝ ΧΡΙΣΤΩ: Festgabe für Adolf Deißmann zum 60. Geburtstag, Tübingen 1927, 218-257

-, Der Brief an die Philipper, KEK 9/1, Göttingen ⁷1974

Lohse, Eduard, Märtyrer und Gottesknecht. Untersuchungen zur urchristlichen Verkündigung vom Sühnetod Jesu Christi, FRLANT 64, Göttingen ²1963

-, Die Gerechtigkeit Gottes in der paulinischen Theologie: Eduard Lohse, Die Einheit des Neuen Testaments. Exegetische Studien zur Theologie des Neuen Testaments, Göttingen 1973, 209-227

-, Paulus. Eine Biographie, München 1996

-, Der Brief an die Römer, KEK 4, Göttingen 2003

–, Martin Luther und der Römerbrief des Apostels Paulus. Biblische Entdeckungen: KuD 52, 2006, 106–125

Longenecker, Bruce W., Eschatology and the Covenant. A Comparison of 4 Ezra and Romans 1–11, JSNT.S 57, Sheffield 1991

–, ΠΙΣΤΙΣ in Romans 3.25: Neglected Evidence for the „Faithfulness of Christ"?: NTS 39, 1993, 478–480

–, Defining the Faithful Character of the Covenant Community. Galatians 2.15–21 and Beyond. A Response to Jan Lambrecht: Dunn, Paul, 75–97

–, The Triumph of Abraham's God: The Transformation of Identity in Galatians, Edinburgh 1998

Longenecker, Richard N., Paul, Apostle of Liberty, New York 1964

–, The Obedience of Christ in the Theology of the Early Church: Robert Banks (Hg.), Reconciliation and Hope, New Testament Essays on Atonement and Eschatology, FS L. Morris, Grand Rapids 1974, 142–152

–, Galatians, WBC 41, Dallas 1990

–, The Foundational Conviction of New Testament Christology: The Obedience/Faithfulness/Sonship of Christ: Joel B. Green/Max Turner (Hgg.), Jesus of Nazareth: Lord and Christ. Essays on the Historical Jesus and New Testament Christology, Grand Rapids und Carlisle 1994, 473–484

Lüdemann, Gerd, Paulus, der Heidenapostel Bd. 1. Studien zur Chronologie, FRLANT 123, Göttingen 1980

Lührmann, Dieter, Pistis im Judentum: ZNW 64, 1973, 19–38

–, Glaube im frühen Christentum, Gütersloh 1976

–, Art. Glaube: RAC 11, 1981, 48–122

–, Der Brief an die Galater, ZBK 7, Zürich ²1988

–, Glaube, Bekenntnis, Erfahrung: MJTh 4, MThSt 33, Marburg 1992, 13–36

–, Art. Faith. New Testament: AncB Dictionary 2, 1992, 749–758

Luther, Martin, Sendbrief vom Dolmetschen: WA 30 II, 632–646

–, Von der Freiheit eines Christenmenschen, übers. von Manfred Jacobs: Martin Luther, Ausgewählte Werke, hg. von Karin Bornkamm und Gerhard Ebeling, Frankfurt am Main ²1983, 239–263

–, Der kleine Galaterkommentar 1519: WA 57 II, 5–108

–, *De servo arbitrio*: WA 18, 551–787

–, Der große Galaterkommentar 1535: WA 40 I u. II

–, Die Disputation *de homine* 1536: WA 39 I, 175–177

–, Die Disputation *de divinitate et humanitate Christi* 1540: WA 39 II, 92–121

Luz, Ulrich, Wirkungsgeschichtliche Exegese. Ein programmatischer Arbeitsbericht mit Beispielen aus der Bergpredigtexegese: BThZ 2, 1985, 18–32

–, Der Brief an die Epheser: Jürgen Becker/Ulrich Luz, Die Briefe an die Galater, Epheser und Kolosser, NTD 8/1, Göttingen 1998

Malherbe, Abraham J., Paul and the Thessalonians. The Philosophic Tradition of Pastoral Care, Philadelphia 1987

Mannermaa, Tuomo, Der im Glauben gegenwärtige Christus. Rechtfertigung und Vergottung, AGTL N. F. 8, Hannover 1989

Manson, Charles, Les deux épîtres de Saint Paul aux Thessaloniciens, CNT(N) 11a, Neuchâtel/Paris 1957

Marshall, Ian Howard, 1 and 2 Thessalonians, NCeB, London 1983

-, The Theology of Philippians: Karl P. Donfried/Jan Howard Marshall, The Theology of the Shorter Pauline Letters, Cambridge 1993, 115–174

Martin, Brice L., Christ and the Law in Paul, NT.S 62, Leiden 1989

Martin, Ralph P., The Epistle of Paul to the Philippians, TNTC, Grand Rapids ⁷1977

Martinet, A., Grundzüge der Allgemeinen Sprachwissenschaft, Stuttgart u. a. ⁴1970

Martyn, James Louis, Events in Galatia: Modified Covenantal Nomism versus God's Invasion of the Cosmos in the Singular Gospel. A Response to J.D.G. Dunn and B.R. Gaventa: Bassler, Pauline Theology 1, 160–179

-, Galatians, AncB 33A, New York u. a. 1997 [1998]

Marxsen, Willi, Der erste Brief an die Thessalonicher, ZBK.NT 11/1, Zürich 1979

Matera, Frank J., Galatians, Sacra Pagina Series 9, Collegeville 1992

-, The death of Christ and the Cross in Paul's Letter to the Galatians: LouvSt 18, 1993, 283–296

Matlock, R. Barry, Sins of the Flesh and Suspicious Minds: Dunn's New Theology of Paul: JSNT 72, 1998, 67–90

-, Detheologizing the ΠΙΣΤΙΣ ΧΡΙΣΤΟΥ Debate: Cautionary Remarks from a Lexical Semantic Perspective: NT 42, 2000, 1–23

-, „Even the Demons Believe": Paul and πίστις Χριστοῦ: CBQ 64, 2002, 300–318

-, ΠΙΣΤΙΣ in Galatians 3.26: Neglected Evidence for „Faith of Christ"?: NTS 49, 2003, 433–439

Mayer, Günter, Aspekte des Abrahambildes in der hellenistisch-jüdischen Literatur: EvTh 32, 1972, 118–127

McLean, B. Hudson, The Cursed Christ. Mediterranean Expulsion Rituals and Pauline Soteriology, JSNT.S 126, Sheffield 1996

Melanchthon, Philipp, Loci Comunes 1521. Lateinisch-Deutsch, übers. von Horst Georg Pöhlmann, Gütersloh ²2002

Mell, Ulrich, Die Entstehungsgeschichte der Trias „Glaube Hoffnung Liebe" (1.Kor 13,13): Mell/Müller, Urchristentum 197–226

-/ Müller, Ulrich B. (Hgg.), Das Urchristentum in seiner literarischen Geschichte, FS Jürgen Becker, BZNW 100, Berlin/New York 1999

Mengel, Bernhard, Studien zum Philipperbrief, WUNT 2,8, Tübingen 1982

Mercadante, Linda/Hays, Richard B., Report by Linda Mercadante and Richard B. Hays and Discussion: Branson/Padilla, Conflict 269–273

Merk, Otto, Handeln aus Glauben. Die Motivierung der paulinischen Ethik, MThSt 5, Marburg 1968

-, Paulus-Forschung 1936–1985: ThR 53, 1988,1–81

-, Zu Rudolf Bultmanns Auslegung des 1. Thessalonicherbriefes: Erich Grässer/Otto Merk (Hgg.), Glaube und Eschatologie, FS Werner Georg Kümmel, Tübingen 1985, 189–198

-, Nachahmung Christi. Zu ethischen Perspektiven in der paulinischen Theologie: Helmut Merklein (Hg.), Neues Testament und Ethik, FS Rudolf Schnackenburg, Freiburg i. Br./Basel/Wien 1989, 172–206

-, Zur Christologie im Ersten Thessalonicherbrief: Cilliers Breytenbach/Henning Paulsen (Hgg.), Anfänge der Christologie, FS Ferdinand Hahn, Göttingen 1991, 97–110

-, 1.Thessalonicher 4,13–18 im Lichte des gegenwärtigen Forschungsstandes: Mar-

tin Evang/Michael Wolter (Hgg.), Eschatologie und Schöpfung, FS Erich Grässer, BZNW 89, Berlin/New York 1997, 213–230

Merklein, Helmut, Die Bedeutung des Kreuzestodes Christi für die paulinische
Gerechtigkeits- und Gesetzesthematik: Merklein, 1–106

–, „Nicht aus den Werken des Gesetzes ….". Eine Auslegung von Gal 2,15–21:
Helmut Merklein/Karlheinz Müller/Günther Stemberger (Hgg.), Bibel in jü-
discher und christlicher Tradition, FS Johann Maier, BBB 88, Frankfurt am
Main 1993, 121–136; Merklein, Studien 303–315

–, Paulus und die Sünde: Merklein, Studien 2 316–356

–, Der Sühnetod Jesu nach dem Zeugnis des neuen Testaments: Merklein, Studien
31–59

–, Studien zu Jesus und Paulus, WUNT 43, Tübingen 1987

–, Studien zu Jesus und Paulus Bd. 2, WUNT 105, Tübingen 1998

Meyer, August, Der Glaube Jesu und der Glaube an Jesum: NKZ 11, 1900, 621–644

Meyer, Ben F., The Pre-Pauline Formula in Rom 3.25–26a: NTS 29, 1983, 198–208

Meyer, H. A. W., Die Briefe Pauli an die Philipper, Kolosser und an Philemon,
KEK 9, Göttingen [4]1874

Michaelis, Cornelia, Formale Bestimmung und Interpretation einer synthetischen
Relation: Das Genitivattribut im Deutschen, diss. phil. FU Berlin 1980

Michaelis, Wilhelm, Der Brief des Paulus an die Philipper, ThHK 11, Leipzig
1935

–, Rechtfertigung aus Glauben bei Paulus. Festgabe für Adolf Deißmann zum
60. Geburtstag, Tübingen 1927, 116–138

Michel, Otto, Der Brief an die Römer, KEK 4, Göttingen [5]1978

Miller, James C., The Obedience of Faith, the Eschatological People of God, and
the Purpose of Romans, SBL.DS 117, Atlanta 2000

Milligan, George, Sanct Paul's Epistles to the Thessalonians. The Greek Testament
with Introduction and Notes, London 1908

Minear, P. S., The Obedience of Faith, London 1971

Moo, Douglas J., „Law", „Works of the Law", and Legalism in Paul: WThJ 45,
1983, 73–100

–, The Epistle to the Romans, NIC, Grand Rapids/Cambridge 1996

Moore, A. L., 1 and 2 Thessalonians, CeB, London 1969

Morland, Kjell Arne, The Rhetoric of Curse in Galatians. Paul Conford Another
Gospel, Emory Studies in Early Christianity 5, Atlanta 1995

Morris, L., The Epistles of Paul to the Thessalonians, London 1956, [2]1991

–, The First and Second Epistles to the Thessalonians, Grand Rapids 1959

–, Art. Faith: Hawthorne/Martin, Dictionary 285–291

Mosher, Steve, God's Power, Jesus' Faith, and World Mission. A Study in Romans,
Scottdale/Waterloo 1996

Moule, Charles F. D., The Biblical Conception of „Faith": ET 68, 1957, 157

–, The Biblical Conception of „Faith": ET 68, 1957, 222

Müller, Ulrich B., Der Brief des Paulus an die Philipper, ThHK 11,1, Leipzig
1993

–, Der Brief aus Ephesus. Zeitliche Plazierung und theologische Einordnung des
Philipperbriefes im Rahmen der Paulusbriefe: Mell/Müller, Urchristentum
155–171

Mundle, Wilhelm, Der Glaubensbegriff des Paulus. Eine Untersuchung zur Dogmengeschichte des ältesten Christentums, Leipzig 1932, ND Darmstadt 1977

Murphy-O'Connor, Jerome, Gal 2:15–16a: Whose Common Ground?: RB 108, 2001, 376–385

Murray, John B., The Epistle to the Romans Chapters 1–8, London ²1974

Mußner, Franz, Der Galaterbrief, HThK 9, Freiburg i. Br./Basel/Wien 1974

Nebe, Gottfried, „Hoffnung" bei Paulus. Elpis und ihre Synonyme im Zusammenhang der Eschatologie, StUNT 16, Göttingen 1983

Neelsen, Friedrich, Hat der Herr Jesus geglaubet?: NKZ 5, 1894, 668–676

Neitzel, H., Zur Interpretation von Galater 2,11–22: ThQ 163, 1983, 15–39. 131–149

Neubrand, Maria, Abraham – Vater von Juden und Nichtjuden. Eine exegetische Studie zu Röm 4, fzb 85, Würzburg 1997

Neugebauer, Fritz, In Christus. Eine Untersuchung zum Paulinischen Glaubensverständnis, Göttingen 1961

Neuser, Wilhelm, Dogma und Bekenntnis in der Reformation: Von Zwingli und Calvin bis zur Synode von Westminster: Carl Andresen (Hg.), Handbuch der Dogmen- und Theologiegeschichte Bd. 2. Die Lehrentwicklung im Rahmen der Konfessionalität, Göttingen 1980, ND 1989, 165–352

Nida, E. A./Louw, J. P., Lexical Semantics of the Greek New Testament. A Supplement to the „Greek-English Lexicon of the New Testament Based on Semantic Domains", SBL.RBS 25, Atlanta 1992

O'Brien, Peter T., Introductory Thanksgivings in the Letters of Paul, NT.S 49, Leiden 1977

–, The Epistle to the Philippians, NIGNTC, Grand Rapids 1991

O'Collins, G., Christology. A Biblical and Systematic Study of Jesus, London 1995

Oeming, Manfred, Der Glaube Abrahams. Zur Rezeptionsgeschichte von Gen 15,6 in der Zeit des zweiten Tempels: ZAW 110, 1998, 16–33

Oepke, Albrecht, Der Brief des Paulus an die Galater, ThHK 9, Berlin ²1964

–, Die Briefe an die Thessalonicher: Hermann Wolfgang Beyer u. a., Die kleineren Briefe des Apostels Paulus, NTD 8, Göttingen ¹³1972, 157–179

Oh, S.-J., „Der Gerechte wird durch den Glauben leben". Eine exegetische und traditionsgeschichtliche Untersuchung zum Zitat Hab 2,4b bei Paulus als ein Beitrag zum Verständnis des Ursprungs des neutestamentlichen Glaubensbegriffes in biblisch-theologischer Betrachtung, diss. theol. Tübingen 1992

Olbricht, Thomas H., An Aristotelian Rhetorical Analysis of 1 Thessalonians: Thomas H. Olbricht u. a. (Hgg.), Greeks, Romans and Christians, FS Abraham J. Malherbe, Minneapolis 1990, 216–236

O'Rourke, John J., Pistis in Romans: CBQ 34, 1973, 188–194

Ota, Shuji, Absolute Use of ΠΙΣΤΙΣ and ΠΙΣΤΙΣ ΧΡΙΣΤΟΥ in Paul: AJBI 23, 1997, 64–82

Palmer, E. F., 1 and 2 Thessalonians. A Good News Commentary, San Francisco 1983

Patte, Daniel, Paul's Faith and the Power of the Gospel. A Structural Introduction to the Pauline Letters, Philadelphia 1983

Pax, E., Beobachtung zur Konvertitensprache des ersten Thessalonicherbriefes, SBFLA 21, 1971, 220–261

Penna, Romano, Il giusto e la fede. Abacuc 2,4b e le sue antiche riletture giudaiche e cristiane: Rinaldo Fabris (Hg.), La parola di Dio cresceva (At 12,24), FS Carlo Maria Martini, Bologna 1998, 359–380

–, The Meaning of πάρεσις in Romans 3:25c and the Pauline Thought on the Divine Acquittal: Bachmann, Paulusperspektive 251–274

Piper, John, The Demonstration of Righteousness of God in Romans 3.25,26: JSNT 18, 1980, 2–32; Stanley E. Porter/Craig A. Evans (Hgg.), The Pauline Writings, The Biblical Seminar 34, Sheffield 1995, 175–202

Pitta, Antonio, Lettera ai Galati, SOCr 9, Bologna 1996

Plevnik, Joseph, Pauline Presuppositions: Collins, Correspondence, 50–61

Pluta, Anton, Gottes Bundestreue. Ein Schlüsselbegriff in Röm 3,25a, SBS 34, Stuttgart 1969

Pokorný, Petr, Der Gottessohn. Literarische Übersicht und Fragestellung, ThSt 109, Zürich 1971

Pollard, Paul, The „Faith of Christ“ in Current Discussion: Concordia 23, 1997, 213–228

Popkes, Wiard, Christus Traditus. Eine Untersuchung zum Begriff der Dahingabe im Neuen Testament, AThANT 49, Zürich 1967

Porter, Stanley E., Verbal aspect in the Greek of the New Testament, with reference to tense and mood, Studies in Biblical Greek 1, New York u. a. 1989

Powers, Daniel G., Salvation through Participation. An Examination of the Notion of the Believers' Corporate Unity with Christ in Early Christian Soteriology, Contributions to Biblical Exegesis and Theology 29, Leuven/Paris/Sterling 2001

Pritzke, Frank, Rechtfertigungslehre und Christologie. Eine Untersuchung zu ihrem Zusammenhang in der dogmatischen und homiletischen Arbeit und in den Predigten des jungen Iwand, NThDH 19, Neukirchen-Vluyn 2001

Pryor, John W., Paul's Use of Jesus – A Clue for the Translation of Romans 3.26?: Colloquium 16, 1983, 31–42

Quarles, Charles L., From Faith to Faith. A Fresh Examination of the Prepositional Series in Romans 1.17: NT 45, 2003, 1–21

Radl, Walter, Ankunft des Herrn. Zur Bedeutung und Funktion der Parusieaussagen bei Paulus, BET 15, Frankfurt/Bern/Cirencester 1981

Räisänen, Heikki, Paul and the Law, WUNT 29, Tübingen 1983

–, Die Wirkungsgeschichte der Bibel. Eine Herausforderung für die exegetische Forschung: EvTh 52, 1992, 337–347

–, Galatians 2,16 and Paul's Break with Judaism: Heikki Räisänen, Jesus, Paul and Torah. Collected Essays, JSNT.S 43, Sheffield 1992, 112–126

Rahner, Karl/Thüsing, Wilhelm, Christologie – systematisch und exegetisch, QD 55, Freiburg i. Br. 1972

Ramaroson, Léonard, Trois études récentes sur „la foi de Jésus“ dans Saint Paul: ScEs 40, 1988, 365–377

–, La justification par la foi *du* Christ Jésus: ScEs 39, 1987, 81–92

Rau, Eckhard, Von Jesus zu Paulus. Entwicklung und Rezeption der antiochenischen Theologie im Urchristentum, Stuttgart 1994

Reinmuth, Eckart, Der erste Brief an die Thessalonicher: Nikolaus Walter/Eckart Reinmuth/Peter Lampe, Die Briefe an die Philipper, an die Thessalonicher und an Philemon, NTD 8/2, Göttingen 1998, 103–156

Rengstorf, Karl Heinrich, Art. ἁμαρτωλός: ThWNT 1, 1933, ND 1953, 320–337

Reumann, John, „Righteousness" in the New Testament. „Justification" in the United States Lutheran-Roman Catholic dialogue, Philadelphia 1982

–, Christology in Philippians, especially Chapter 3: Cilliers Breytenbach/Henning Paulsen (Hgg.), Anfänge der Christologie, FS Ferdinand Hahn, Göttingen 1991, 131–140

Ridderbos, Herman N., The Epistle of Paul to the Churches of Galatia, NIC, Grand Rapids 1953, ³1961, ND 1976

–, Paulus. Ein Entwurf seiner Theologie, Wuppertal 1970; original u. d. T. Paulus. Ontwerp van zijn theologie, Kampen/NL 1966

Riesenfeld, Harald, Faith and Love Promoting Hope, An Interpretation of Philemon v.6: Morna D. Hooker (Hg.), Paul and Paulinism, FS Charles Kingsley Barrett, London 1982, 251–257

Riesner, Rainer, Die Frühzeit des Apostels Paulus. Studien zur Chronologie, Missionsstrategie und Theologie, WUNT 71, Tübingen 1994

Rigaux, Béda, Saint Paul. Lés épîtres aux Thessaloniciens, Paris 1956

–, Vocabulaire chrétien antérieur à la première épître aux Thessaloniciens: J. Coppens u. a. (Hgg.), Sacra Pagina II, BEThL 13, Louvain 1959, 380–389

–, Paulus und seine Briefe, BiHB 2, München 1964

–, Tradition et rédaction dans 1.Th. V.1–10: NTS 21, 1975, 318–340

Ringleben, Joachim, Heilsgewissheit. Eine systematische Betrachtung: ZThK.B 10, 1998, 65–100

Robertson, Archibald Thomas, A Grammar of the Greek New Testament in the Light of Historical Research, New York ⁵1923

Robinson, D. W. B., „Faith of Jesus Christ" – a New Testament Debate: RTR 29, 1970, 71–81

Rohde, Joachim, Der Brief des Paulus an die Galater, ThHK 9, Berlin 1989

Rohls, Jan, Theologie reformierter Bekenntnisschriften. Von Zürich bis Barmen, Göttingen 1987

Roloff, Jürgen, Die lutherische Rechtfertigungslehre und ihre biblische Grundlage: Wolfgang Kraus/Karl-Wilhelm Niebuhr (Hgg.), Frühjudentum und Neues Testament im Horizont Biblischer Theologie. Mit einem Anhang zum *Corpus Judaeo-Hellenisticum Novi Testamenti*, WUNT 162, Tübingen 2003, 275–300

Roosen, Antoon, Kerk-Apostolaat-Christelijk Leven. De Tessalonicenzenbrieven, Van Exegese tot Verkondiging 28, Leuven 1976

–, Das Zeugnis des Glaubens in 1 Thessalonicher 1,6–10: H. Boelaars (Hg.), *In libertatem vocati estis* (Gal 5,13), FS Bernhard Häring, StMor 15, Rom 1977, 359–383

Rusam, Dietrich, Was versteht Paulus unter der πίστις (Ἰησοῦ) Χριστοῦ (Röm 3,22.26; Gal 2,16.20; 3,22; Phil 3,9)?: Protokolle zur Bibel 11, 2002, 47–70

Sanchez Bosch, J., La chronologie de la première épitre aux Thessaloniciens et les relations de Paul avec d'autres églises: NTS 37, 1991, 336–347

Sanders, Ed Parish, Paulus und das palästinische Judentum. Ein Vergleich zweier Religionsstrukturen, StUNT 17, Göttingen 1985; original u. d. T. Paul and Palestinian Judaism. A Comparison of Patterns of Religion, Philadelphia/London 1977

–, Paul, Law, and the Jewish People, Philadelphia 1983

–, Paulus. Eine Einführung, Stuttgart 1995 (original u. d. T. Paul, Oxford 1991)
–, Habakuk in Qumran, Paul and the Old Testament: Craig A. Evans/James A. Sanders (Hgg.), Paul and the Scriptures of Israel, JSNT.S 83, Sheffield 1993, 98–117
Schade, Hans-Heinrich, Apokalyptische Christologie bei Paulus. Studien zum Zusammenhang von Christologie und Eschatologie in den Paulusbriefen, GTA 18, Göttingen ²1984
Schenk, Wolfgang, Die Gerechtigkeit Gottes und der Glaube Christi: ThLZ 97, 1972, 161–174
–, Die Philipperbriefe des Paulus. Kommentar, Stuttgart u. a. 1984
Schläger, Gerhard, Bemerkungen zu πίστις Ἰησοῦ Χριστοῦ: ZNW 7, 1906, 356–358
Schlatter, Adolf, Der Glaube im Neuen Testament, Stuttgart ⁵1963
–, Gottes Gerechtigkeit. Ein Kommentar zum Römerbrief. Mit einem Vorwort von Peter Stuhlmacher, Stuttgart ⁶1991
Schleiermacher, Friedrich Daniel Ernst, Der christliche Glaube nach den Grundsätzen der evangelischen Kirche im Zusammenhange dargestellt, Berlin ²1830/31, hg. von Martin Redeker, Berlin ⁷1960
Schlier, Heinrich, Der Brief an die Galater, KEK 7, Göttingen ¹³ = ⁴1965
–, Nun aber bleiben diese Drei. Grundriß des christlichen Lebensvollzuges, Einsiedeln 1971
–, Der Apostel und seine Gemeinde. Auslegung der ersten Briefes an die Thessalonicher, Freiburg i. Br. 1972
–, Der Römerbrief, HThK 6, Freiburg i. Br./Basel/Wien ²1979
Schmidt, Hans Wilhelm, Der Brief des Paulus und die Römer, ThHK 6, Berlin ²1966
Schmidt, Jürgen Erich, Die deutsche Substantivgruppe und die Attribuierungskomplikation, Reihe Germanistik Linguistik 138, Tübingen 1993
Schmiedel, Paul Wilhelm, Die Briefe an die Thessalonicher und an die Korinther, HC 2/1, Freiburg i. Br. ²1892
Schmithals, Walter, Der Römerbrief. Ein Kommentar, Gütersloh 1988
Schmitz, Otto, Die Christus-Gemeinschaft des Paulus im Lichte seines Genetivgebrauchs, NTF 1/2, Gütersloh 1924
Schnelle, Udo, Gerechtigkeit und Christusgegenwart. Vorpaulinische und paulinische Tauftheologie, GTA 24, Göttingen ²1986
–, Wandlungen im paulinischen Denken, SBS 137, Stuttgart 1989
–, Die Ethik des 1. Thessalonicherbriefes: Collins, Correspondence, 293–305
–, Einleitung in das Neue Testament, Göttingen ²1996
–, Heilsgegenwart. Christologische Hoheitstitel bei Paulus: Schnelle/Söding/Labahn, Christologie 178–193
–, Transformation und Partizipation als Grundgedanken paulinischer Theologie: NTS 47, 2001, 58–75
–, Paulus. Leben und Denken, Berlin 2003
–/Söding, Thomas/Labahn, Michael (Hgg.), Paulinische Christologie. Exegetische Beiträge, FS Hans Hübner, Göttingen 2000
Schoedel, William R., Die Briefe des Ignatius von Antiochien. Ein Kommentar, München 1990
Scholtissek, Klaus, „Geboren aus einer Frau, getan unter das Gesetz" (Gal 4,4).

Die christologisch-soteriologische Bedeutung des irdischen Jesus bei Paulus: Schnelle/Söding/Labahn, Christologie 194–219

Schoon-Janßen, Johannes, Umstrittene „Apologien" in den Paulus-Briefen. Studien zur rhetorischen Situation des 1.Thessalonicherbriefes, des Galaterbriefes und des Philipperbriefes, GTA 45, Göttingen 1991

Schrage, Wolfgang, Der erste Brief an die Korinther (1Kor 1,1–6,11), EKK 7/1, Zürich/Braunschweig und Neukirchen-Vluyn 1991

Schreiber, Stefan, Gesalbter und König. Titel und Konzeptionen der königlichen Gesalbtenerwartung in frühjüdischen und urchristlichen Schriften, BZNW 105, Berlin/New York 2000

–, Das Weihegeschenk Gottes. Eine Deutung des Todes Jesu in Röm 3,25: ZNW 97, 2006, 88–110

Schreiner, Thomas R., „Works of the Law" in Paul: NT 33, 1991, 217–244

Schulz, Siegfried, Der frühe und der späte Paulus. Überlegungen zur Entwicklung seiner Theologie und Ethik: ThZ(B) 41, 1985, 228–236

Schunack, Gerd, Glaube in griechischer Religiosität: Bernd Kollmann/Wolfgang Reinbold/Annette Steudel (Hgg.), Antikes Judentum und Frühes Christentum, FS Hartmut Stegemann, BZNW 97, Berlin/New York 1999, 296–326

Schweizer, Eduard, Artikel σάρξ κτλ: ThWNT 7, 1964, 98–104. 108 f. 118–151

Scott, J. M., For as Many as Are of Works of the Law Are under a Curse (Galatians 3.10): Craig E. Evans/J. A. Sanders (Hgg.), Paul and the Scriptures of Israels, JSNT.S 83, Sheffield 1993, 187–221

Scroggs, Robin, Rom 6:7 ὁ γὰρ ἀποθανὼν δεδικαίωται ἀπὸ τῆς ἁμαρτίας: NTS 10, 1963, 104–108

Seeberg, Alfred, Der Tod Christi in seiner Bedeutung für die Erlösung, Leipzig 1898

–, Der Katechismus der Urchristenheit, Leipzig 1903, ND München 1966

Seifrid, Mark A., Justification by Faith. The Origin and Development of a Central Pauline Theme, NT.S 68, Leiden/New York/Köln 1992

–, Paul's Use of Righteousness Language Against Its Hellenistic Background: Carson/O'Brien/Seifrid, Justification 39–74

–, Unrighteous by Faith: Apostolic Proclamation in Romans 1:18–3:20: Carson/O'Brien/Seifrid, Justification 105–146

Shauf, Scott, Galatians 2.20 in Context: NTS 52, 2006, 86–101

Sieffert, Friedrich, Der Brief an die Galater, KEK 7, Göttingen ⁹1899

Silva, Moisès, Biblical Words and Their Meaning. An Introduction to Lexical Semantics, Grand Rapids ²1994

–, Philippians, Wycliffe Exegetical Commentary, Chicago 1988

–, God, Language and Scripture. Reading the Bible in the light of general linguistics, Foundations of Contemporary Interpretation 4, Grand Rapids 1990

–, Explorations in Exegetical Method: Galatians as a test Case, Grand Rapids 1996, ²2001 u. d. T. Interpreting Galatians: Explorations in Exegetical Method

–, Faith versus Work of Law in Galatians: Carson/O'Brien/Seifrid, Justification 217–248

Slenczka, Notker, 11.Sonntag nach Trinitatis – 3.9.2000. Galater 2,16–21: GPM 89, 2000, 365–371

Sloan, R. B., Paul and the Law: Why the Law Cannot Save: NT 33,1991, 35–60

Smith, D. Moody, Ὁ ΔΕ ΔΙΚΑΙΟΣ ΕΚ ΠΙΣΤΕΩΣ ΖΗΣΕΤΑΙ: B. L. Daniels/M. J. Suggs (Hgg.), Studies in the History and Text of the New Testament, FS Kenneth Willis Clark, Salt Lake City 1967, 13–25

Snodgrass, Klyne R., Justification by Grace – to the Doers. An Analysis of the Place of Romans 2 in the Theology of Paul: NTS 32, 1986, 72–93

Snyder, Graydon F., A Summary of Faith in an Epistolary Context: SBL.SP 1972, 19–35

Söding, Thomas, Gottesliebe bei Paulus: ThGl 79, 1989, 219–242; Söding, Wort, 303–326

–, Der Erste Thessalonicherbrief und die frühe paulinische Evangeliumsverkündigung. Zur Frage einer Entwicklung der paulinischen Theologie: BZ 35, 1991, 180–203; Söding, Wort 31–56

–, Zur Chronologie der paulinischen Briefe. Ein Diskussionsvorschlag: BN 56, 1991, 31–59; Söding, Wort 3–30

–, Die Trias Glaube, Hoffnung, Liebe bei Paulus. Eine exegetische Studie, SBS 150, Stuttgart 1992

–, Das Liebesgebot bei Paulus. Die Mahnung zur Agape im Rahmen der paulinischen Ethik, NTA 26, Münster 1995

–, Das Wort vom Kreuz. Studien zur paulinischen Theologie, WUNT 93, Tübingen 1997

–, Christologie und Rechtfertigungslehre. Zur Hermeneutik der paulinischen Soteriologie: Schnelle/Söding/Labahn, Christologie 220–245

–, Verheißung und Erfüllung im Lichte paulinischer Theologie: NTS 46, 2001, 146–170

–, Nicht aus Werken des Gesetzes, sondern aus Glauben. Zur exegetischen Deutung der paulinischen Rechtfertigungslehre: Siegfried Kreuzer/Johannes von Lüpke (Hgg.), Gerechtigkeit glauben und erfahren. Beiträge zur Rechtfertigungslehre, VKHW N. F. 7, Wuppertal und Neukirchen-Vluyn 2002, 145–178

Spicq, Ceslas, Notes de Lexicographie néo-testamentaire 2, OBO 22,2, Fribourg und Göttingen 1978

Stanley, C. D., „Under a Curse". A Fresh Reading of Galatians 3.10–14: NTS 36, 1990, 481–511

Stendahl, Krister, Paul among Jews and Gentiles, Philadelphia 1976

–, Das Vermächtnis des Paulus. Eine neue Sicht auf den Römerbrief, Zürich 2001 (original u. d. T. Final Account. Paul's Letter to the Romans, Minneapolis 1995)

–, Der Apostel Paulus und das „Introspektive" Gewissen des Westens: KuI 11, 1996, 19–33

Stökl Ben Ezra, Daniel, The Impact of Yom Kippur on Early Christianity. The Day of Atonement from Second Temple Judaism to the Fifth Century, WUNT 163, Tübingen 2002

Stolle, Volker, Luther und Paulus. Die exegetischen und hermeneutischen Grundlagen der lutherischen Rechtfertigungslehre im Paulinismus Luthers, Arbeiten zur Bibel und ihrer Geschichte 10, Leipzig 2002

Stowers, Stanley, Ἐκ πίστεως and διὰ τῆς πίστεως in Romans 3.30: JBL 108, 1989, 665–674

–, A Rereading of Romans: Justice, Jews and Gentiles, New Haven/London 1994

Strecker, Christian, Paulus aus einer „neuen Perspektive": KuI 11, 1996, 3–18

–, Die liminale Theologie des Paulus. Zugänge zur paulinischen Theologie aus kulturanthropologischer Perspektive, FRLANT 185, Göttingen 1999

–, Fides – Pistis – Glaube. Kontexte und Konturen einer Theologie der „Annahme" bei Paulus: Bachmann, Paulusperspektive 223–249

Strobel, August, Untersuchungen zum eschatologischen Verzögerungsproblem auf Grund der spätjüdisch-urchristlichen Geschichte von Habakuk 2,2 ff., NT.S 2, Leiden 1961

Stuhlmacher, Peter, Gerechtigkeit Gottes bei Paulus, FRLANT 87, Göttingen ²1966

–, Das paulinische Evangelium Bd. 1. Vorgeschichte, FRLANT 95, Göttingen 1968

–, Zur neueren Exegese von Röm 3,24–26: E. Earle Ellis/Erich Grässer (Hgg.), Jesus und Paulus, FS Werner Georg Kümmel, Göttingen 1975, 315–333

–, Die Gerechtigkeitsanschauung des Apostels Paulus: Peter Stuhlmacher, Versöhnung, Gesetz und Gerechtigkeit. Aufsätze zur biblischen Theologie, Göttingen 1981, 43–65

–, Der Brief an Philemon, EKK 18, Zürich/Einsiedeln/Köln und Neukirchen-Vluyn ²1981

–, Der Brief an die Römer, NTD 6, Göttingen 1989

–, Biblische Theologie des Neuen Testaments Bd. 1. Grundlegung. Von Jesus zu Paulus, Göttingen 1992

–, Zum Thema Rechtfertigung: Peter Stuhlmacher, Biblische Theologie und Evangelium. Gesammelte Aufsätze, WUNT 146, Tübingen 2002, 23–65

Suhl, Alfred, Paulus und seine Briefe. Ein Beitrag zur paulinischen Chronologie, StNT 11, Gütersloh 1975

–, Der Galaterbrief – Situation und Argumentation: ANRW II,25,4, 1987, 3067–3134

Swetnam, J., The Curious Crux at Romans 4,12: Bib. 61, 1980, 110–115

Taatz, Irene, Frühjüdische Briefe. Die paulinischen Briefe im Rahmen der offiziellen Briefe des Frühjudentums, NTOA 16, Freiburg/CH und Göttingen 1991

Talbert, C.H., A Non-Pauline Fragment at Romans 3.24–26: JBL 85, 1966, 287–296

Tamez, Elsa, Gegen die Verurteilung zum Tod. Paulus oder die Rechtfertigung durch den Glauben aus der Perspektive der Unterdrückten und Ausgeschlossenen, Luzern 1998

–, Die Sünde der Ungerechtigkeit und die Rechtfertigung durch den Glauben: BiKi 57, 2002, 145–151

Tannehill, R.C., Dying and Rising with Christ. A Study in Pauline Theology, BZNW 32, Berlin 1967

Tarazi, Paul Nadim, Galatians. A Commentary, Orthodox Biblical Studies, Crestwood 1994

Taylor, Greer M., The Function of PISTIS CHRISTOU in Galatians: JBL 85, 1966, 58–76

Taylor, John W., From Faith to Faith. Romans 1.17 in the Light of Greek Idiom: NTS 50, 2004, 337–348

Theissen, Gerd, Die Religion der ersten Christen. Eine Theorie des Urchristentums, Gütersloh 2000

Theobald, Michael, Der Römerbrief, EdF 294, Darmstadt 2000

-, „Sohn Gottes" als christologische Grundmetapher bei Paulus: ThQ 174, 1994, 185-207; Theobald, Studien 119-141

-, Das Gottesbild des Paulus nach Röm 3,21-31: Theobald, Studien, 30-67

-, Der Kanon von der Rechtfertigung (Gal 2,16; Röm 3,28). Eigentum des Paulus oder Gemeingut der Kirche?: Theobald, Studien 162-225

-, Der „strittige Punkt" (Rh.a.Her. I,26) im Diskurs des Römerbriefs. Die propositio 1,16 f. und das Mysterium der Errettung ganz Israels: Theobald, Studien 278-323

-, Studien zum Römerbrief, WUNT 136, Tübingen 2001

-, Paulus und Polykarp an die Philipper. Schlaglichter auf die frühe Rezeption des Basissatzes von der Rechtfertigung: Bachmann, Paulusperspektive 349-388

Thielman, Frank, From Plight to Solution. A Jewish Framework for Understanding Paul's View of the Law in Galatians and Romans, NT.S 61, Leiden 1989

Thompson, R.W., The Inclusion of the Gentiles in Rom 3,27-31: Bib. 69, 1988, 543-546

Thomson, I.H., Chiasmus in the Pauline Letters, JSNT.S 111, Sheffield 1995

Thüsing, Wilhelm, *Per Christum in Deum.* Studien zum Verhältnis von Christozentrik und Theozentrik in den paulinischen Hauptbriefen, NTA 1, Münster ²1969

Toit, A.B. du, Faith and Obedience in Paul: Neotest. 25, 19991, 65-74

Torrance, Thomas F., One Aspect of the Biblical Conception of Faith: ET 68, 1957, 111 f.

-, The Biblical Conception of „Faith": ET 68, 1957, 221 f.

-, Conflict and Agreement in the Church 2. The Ministry and the Sacraments of the Gospel, London 1960

Trilling, Wolfgang, Die beiden Briefe des Apostels Paulus an die Thessalonicher. Eine Forschungsübersicht: ANRW II,25.4, 3365-3403

Udoh, Fabian E., Paul's View on the Law: Questions about Origin (Gal. 1:6-2:21; Phil. 3:2-11): NT 42, 2000, 214-237

Ullmann, S., Grundzüge der Semantik, Frankfurt ³1973

Vallotton, Pierre, Le Christ et la Foi. Etude de theologie biblique, NSTh 10, Genf 1960

Vanhoye, Albert, I Tessalonicesi 1, Rom 1983

-, La composition de 1 Thessaloniciens: Collins, Correspondence, 73-86

-, πίστις Χριστοῦ: fede in Cristo o affidilibità di Cristo?: Bib. 8, 1999, 1-21

Verhoef, Eduard, Er staat geschreven ... De oud testamentische citaten in de brief aan de Galaten, diss. theol. VU Amsterdam 1979

Vielhauer, Philipp, Geschichte der urchristlichen Literatur. Einleitung in das Neue Testament, die Apokryphen und apostolischen Väter, Berlin/New York 1975, ND 1978

Vos, Johan S., Die Kunst der Argumentation bei Paulus. Studien zur antiken Rhetorik, WUNT 149, Tübingen 2002

Vouga, François, An die Galater, HNT 10, Tübingen 1998

Walker, William O. Jr., Translation and Interpretation of ἐὰν μή in Galatians 2:16: JBL 116, 1997, 515-520

-, Does the „We" in Gal 2.15-17 Include Paul's Opponents?: NTS 49, 2003, 560-565

Wallis, I. G., The Faith of Jesus Christ in Early Christian Traditions, Cambridge 1995

Walter, Nikolaus, Gottes Erbarmen mit „allem Fleisch" (Röm 3,20/Gal 2,16) – ein „femininer" Zug im paulinischen Gottesbild?: BZ 35, 1991, 99–102

–, Der Brief an die Philipper: Nikolaus Walter/Eckart Reinmuth/Peter Lampe, Die Briefe an die Philipper, Thessalonicher und an Philemon, NTD 8,2, Göttingen 1998, 11–101

Wanamaker, Charles A., The Epistles to the Thessalonians, NIGTC, Grand Rapids und Exeter 1990

Watson, D. F., A Rhetorical Analysis of Philippians and its Implications for the Unity Question: NT 30, 1988, 57–88

Watson, Francis, Paul and the Hermeneutics of Faith, London 2004

Wedderburn, A. J. M., Some Observations on Paul's Use of the Phrases „in Christ" and „with Christ": JSNT 25, 1985, 83–97

Weder, Hans, Gesetz und Sünde. Gedanken zu einem qualitativen Sprung im Denken des Paulus: Hans Weder, Einblicke ins Evangelium. Exegetische Beiträge zur neutestamentlichen Hermeneutik. Gesammelte Aufsätze aus den Jahren 1980–1991, Göttingen 1992, 323–346

Weiß, Johannes, Das Urchristentum, Göttingen 1914

Weiß, Wolfgang, Glaube – Liebe – Hoffnung. Zu der Trias bei Paulus: ZNW 84, 1993, 196–217

Wengst, Klaus, Christologische Formeln und Lieder des Urchristentums, StNT 7, Gütersloh 1972

–, „Gerechtigkeit Gottes" für die Völker. Ein Versuch, Röm 3,21–31 anders zu lesen: Klaus Wengst/Gerhard Sass (Hgg.), Ja und nein. Christliche Theologie im Angesicht Israels, FS Wolfgang Schrage, Neukirchen-Vluyn 1998, 139–151

Wenham, David, Paul. Follower of Jesus or Founder of Christianity?, Grand Rapids/Cambridge 1995

Westerholm, Stephen, Israel's Law and the Church's Faith. Paul and his Recent Interpreters, Grand Rapids 1988, ND 1990

–, The „New Perspective" at Twenty-Five: Carson/O'Brien/Seifrid, Justification 1–38

–, Perspectives Old and New on Paul. The „Lutheran" Paul and His Critics, Grand Rapids und Cambridge, 2004

Wette, Wilhelm Martin Leberecht de, Kurze Erklärung des Briefes an die Galater und der Brief an die Thessalonicher, KEH II, 3, Leipzig ³1864

–, Kurze Erklärung des Briefes an die Römer, KEH II, 1, Leipzig ⁴1847

–, Das Neue Testament griechisch, mit kurzem Commentar. Teil II enthaltend die Briefe und die Apokalypse, Halle 1885

Whiteley, D. E. H., Thessalonians, NCB, Oxford 1969

Wick, Peter, Der Philipperbrief. Der formale Aufbau des Briefs als Schlüssel zum Verständnis seines Inhalts, BWANT 135, Stuttgart/Berlin/Köln 1994

Wilckens, Ulrich, Art. ὑστερός κτλ: ThWNT 8, 1969, 590–600

–, Die Rechtfertigung Abrahams nach Römer 4: Wilckens, Rechtfertigung, 33–49

–, Zu Römer 3,21–4,25. Antwort an Günter Klein: Wilckens, Rechtfertigung 50–76

–, Was heißt bei Paulus: „Aus Werken des Gesetzes wird kein Mensch gerecht"?: Wilckens, Rechtfertigung 77–109

–, Rechtfertigung als Freiheit. Paulusstudien, Neukirchen-Vluyn 1974

–, Glaube nach urchristlichem und frühjüdischem Verständnis: Pinchas Lapide/ Franz Mussner/Ulrich Wilckens (Hgg.), Was Juden und Christen voneinander denken. Bausteine zum Brückenschlag, Freiburg i. Br./Basel/Wien 1978, 72–96

–, Der Brief an die Römer (Römer 1–5), EKK 6,1, Zürich/Einsiedeln/Köln und Neukirchen-Vluyn 1978

Wiles, Gordon, Paul's Intercessory Prayers. The Significance of the Intercessory Prayer Passages in the Letters of St. Paul, SNTS.MS 24, Cambridge 1974

Williams, D.J., 1 and 2 Thessalonians, NIBC 12, Peabody 1992

Williams, Sam K., Jesus' Death as Saving Event. The Background and Origin of a Concept, HDR 2, Missoula 1975

–, The „Righteousness of God" in Romans: JBL 99, 1980, 241–290

–, Again *Pistis Christou*: CBQ 49, 1987, 431–447

–, Promise in Galatians. A Reading of Paul's Reading of the Scripture: JBL 107, 1988, 709–720

–, The Hearing of the Faith: ΑΚΟΗ ΠΙΣΤΕΩΣ in Galatians 3: NTS 35, 1989, 82–93

–, Galatians, Abingdon New Testament Commentaries, Nashville 1997

Winger, Michael, From Grace to Sin. Names and Abstractions in Paul's Letters: NT 41, 1999, 145–175

Winninge, Mikael, Sinners and the Righteous. A Comparative Study of the Psalms of Solomon and Paul's Letters, CB.NT 26, Stockholm 1995

Wischmeyer, Oda, Der höchste Weg. Das 13. Kapitel des 1. Korintherbriefes, StNT 13, Gütersloh 1981

–, Traditionsgeschichtliche Untersuchung der paulinischen Aussagen über die Liebe (ἀγάπη): ZNW 74, 1983, 222–236

–, Art. Liebe IV. Neues Testament: TRE 21, 1991, 138–146

Wissmann, Erwin, Das Verhältnis von ΠΙΣΤΙΣ und Christusfrömmigkeit bei Paulus, FRLANT 23, Göttingen 1926

Witherington, Ben III., Paul's Narrative Thought World. The Tapestry of Tragedy and Triumph, Louisville 1994

–, Grace in Galatia. A Commentary on St. Paul's Letter to the Galatians, Edinburgh 1998

Wohlenberg, Gustav, Der erste und zweite Thessalonicherbrief, KNT 12, Leipzig ²1909

Wolter, Michael, Rechtfertigung und zukünftiges Heil. Untersuchungen zu Röm 5,1–11, BZNW 43, Berlin/New York 1978

–, Der Brief an die Kolosser. Der Brief an Philemon, ÖTK 12, Gütersloh und Würzburg 1993

–, Eine neue paulinische Perspektive: ZNT 7, 2004, 2–9

Wonneberger, Reinhard, Syntax und Exegese. Eine generative Theorie der griechischen Syntax und ihr Beitrag zur Auslegung des Neuen Testamentes, dargestellt an 2.Korinther 5,2 f. und Römer 3,21–26, BEvTh 13, Frankfurt am Main 1979

Wrede, William, Paulus, RV 1,5–6, Halle 1904

Wright, Nicholas T., The Climax of the Covenant. Christ and the Law in Pauline Theology, Edinburgh 1991

-, Romans and the Theology of Paul: SBL.SP 31, 1992, 184–213

-, Justification and the Church: Nicholas T. Wright, What St. Paul Really Said. Was Paul of Tarsus the Real Founder of Christianity?, Grand Rapids 1997, 113–133

-, The Epistle to the Romans, NIB 10, Grand Rapids 2002

Wuellner, Wilhelm, The Argumentative Structure of 1 Thessalonians as Paradoxical Encomium: Collins, Correspondence, 117–136

Young, Norman H., Who's Cursed – and Why? (Galatians 3:10–14): JBL 117, 1998, 79–92

Zahn, Theodor, Der Brief des Paulus an die Römer, KNT 6, Leipzig/Erlangen ³1925

-, Der Brief des Paulus an die Galater, KNT 9, Leipzig/Erlangen ³1922, ND Wuppertal/Zürich 1990

Zeller, Dieter, Sühne und Langmut. Zur Traditionsgeschichte von Röm 3,24–26: ThPh 43, 1968, 51–75

-, Der Brief an die Römer, RNT 6, Regensburg 1985

Ziesler, J.A., The Meaning of Righteousness in Paul, Cambridge 1972

-, Paul's Letter to the Romans, NTC, London ²1990

-, The Epistle to the Galatians, Epworth Commentaries, London 1992

Bibelstellenregister

Altes Testament

Masoretischer Kanon

Gen 6,12 130
Gen 12,3 141, 148
Gen 15,6 15, 16, 20, 40, 44, 45, 46,
  48, 51, 95, 96, 97, 98, 113, 131,
  143, 145, 146, 150, 152, 153, 155,
  179, 205
Gen 17,5 205
Gen 22 49
Gen 49,10 216

Lev 16 191
Lev 18,5 98, 186

Dtn 27,26 51, 146
Dtn 30,14 114

1Sam (1Reg) 21,2 179

2Kön 16,2 14

Jes 28,16 15, 17, 37, 48, 113, 150,
  152, 177, 202
Jes 46,13 171
Jes 53,1 15, 113, 150
Jes 53,11 187
Jes 59 75, 78
Jes 59,17 78
Jer 9,22 232
Jer 31,34 230

Hos 2,20 179

Hos 2,22 179, 230
Hos 6,6 230

Joel 3,5 114

Hab 2,2 184
Hab 2,3 184
Hab 2,4 30, 31, 32, 43, 53, 98, 99,
  100, 118, 131, 140, 149, 153, 182,
  183, 184, 185, 187, 188, 189, 190,
  195, 196, 197, 204, 208, 234, 242
Hab 3,23 179

Ps 32(33),4 179
Ps 51(50),6 174
Ps 68(69),10 212
Ps 88(89),34 179
Ps 88(89),6 179
Ps 97(98),2 171
Ps 115,1 47
Ps 115,10 14
Ps 118(119),75 179
Ps 142(143),1 131, 179
Ps 142(143),2 108, 130, 131, 171
Ps 142(143),5 131
Ps 142(143),10 131
Ps 142(143),11 131, 171

Klgl 3,23 179

Weitere Schriften des Alten Testaments (Septuaginta)

1Makk 10,27 16
1Makk 2,59 151

2Makk 7,30 192
2Makk 7,40 192

3Makk 3,3 16

4Makk 1,11 86
4Makk 15,24 16, 73
4Makk 16,22 16, 73

4Makk 17 192
4Makk 17,4 84, 86
4Makk 17,21 191

Weish 2,12 187
Weish 2,20 187
Weish 5,1 187

Weish 5,7 187

Sir 19,20 129
Sir 44,19 142
Sir 46,15 179
Sir 49,10 84

Pseudepigraphen des Alten Testaments

aethHen 38,2 187
aethHen 46,8 72
aethHen 53,6 187
aethHen 81,5 130

ApkEliae 82

ApkMos 21,6 161

grApkBar 4,16 161

Jub 17,18 80

PsSal 4,25 82
PsSal 8,28 179
PsSal 17,32 187

TestMos 9 192

Neues Testament

Mt 27,19 183
Mt 27,24 183

Mk 11,22 16, 22, 70, 179
Mk 14,32 55, 56, 210
Mk 14,42 55, 56, 210

Lk 4,22 23
Lk 6,12 14
Lk 23,47 183

Joh 5,42 14
Joh 8,56 145
Joh 9,18 96
Joh 16,27 80

Apg 3,13 66
Apg 3,14 183, 188
Apg 3,14a 66
Apg 3,15 66
Apg 3,15b 66
Apg 3,16 66, 70
Apg 6,7 214
Apg 7,52 183, 188
Apg 9,21 97
Apg 10,4 90
Apg 10,43 16

Apg 11,26 72
Apg 14,23 16
Apg 19,2 39
Apg 19,4 16
Apg 20,21 16, 35, 49
Apg 22,14 183, 188
Apg 24,24 16
Apg 26,18 16

Röm 1,1 21
Röm 1,3 21, 60, 135, 137
Röm 1,4 138
Röm 1,5 28, 40, 57, 58, 150, 154,
    181, 213, 214, 215, 216
Röm 1,6 151
Röm 1,7 82, 151
Röm 1,8 25, 72, 153
Röm 1,9 7, 21, 35, 135, 139
Röm 1,12 18, 25, 30, 72, 153, 154,
    165
Röm 1,15 135
Röm 1,16 15, 37, 38, 39, 52, 72, 150,
    151, 158, 159, 160, 170, 171, 172,
    176, 180, 181, 188, 189, 196, 199
Röm 1,17 30, 39, 40, 43, 53, 98, 99,

101, 145, 149, 153, 154, 158, 171,
172, 174, 176, 181, 182, 183, 184,
186, 187, 188, 189, 190, 195, 197,
204, 208
Röm 1,18 158, 172, 182
Röm 1,19 169
Röm 2,7 85, 86, 161
Röm 2,9 135
Röm 2,10 161
Röm 2,12 159
Röm 2,13b 174
Röm 2,15 85, 86, 124
Röm 2,16 21
Röm 3,2 46, 72, 75, 96, 150, 151, 176
Röm 3,3 6, 24, 25, 46, 48, 49, 59,
83, 99, 136, 155, 156, 157, 166,
176, 177, 178, 179, 180, 182, 185,
199, 220, 234, 252
Röm 3,4 173, 174, 179, 199
Röm 3,5 83, 156, 171
Röm 3,7 110, 161, 178, 179, 199
Röm 3,9 141
Röm 3,16 99
Röm 3,19 126, 127, 141, 176
Röm 3,20 51, 124, 130, 145, 156,
158, 174, 176, 182
Röm 3,20a 127, 173
Röm 3,20b 127
Röm 3,21 42, 68, 69, 149, 154, 155,
156, 157, 158, 159, 160, 161, 167,
168, 169, 170, 171, 172, 174, 181,
182, 188, 196, 197, 198, 199, 209
Röm 3,23 176, 181, 189
Röm 3,24 35, 37, 61, 121, 135, 156,
158, 160, 162, 163, 164, 166, 169,
172, 173, 174, 175, 186, 188, 189,
192, 194, 196, 201, 210, 220
Röm 3,25 18, 28, 30, 102, 154, 159,
160, 161, 163, 164, 166, 169, 172,
173, 174, 191, 192, 193, 197, 201,
208, 210, 249
Röm 3,27 51, 125, 128, 151, 155,
156, 177, 198, 201
Röm 3,28 29, 32, 49, 51, 61, 67, 120,
121, 124, 127, 153, 155, 156, 158,
159, 160, 170, 173, 174, 196, 197,
199, 204

Röm 3,29 159, 181
Röm 3,30 27, 29, 30, 32, 49, 153,
154, 155, 160, 163, 170, 172, 173,
174, 196, 199, 204, 205, 208
Röm 3,31 30, 154, 155, 156, 163,
168, 177, 198, 208, 209
Röm 4 125
Röm 4,2 145, 173
Röm 4,3 15, 16, 20, 40, 45, 46, 48,
49, 95, 113, 143, 150, 151, 152,
153, 155, 179, 205
Röm 4,4 142, 155, 161, 174
Röm 4,5 7, 15, 16, 18, 20, 25, 37,
38, 40, 46, 47, 49, 51, 72, 95, 113,
121, 150, 151, 152, 153, 154, 155,
172, 173, 174, 176, 179, 195, 196,
205, 206, 214, 241
Röm 4,6 20, 173, 204
Röm 4,8 143
Röm 4,9 7, 18, 20, 40, 49, 95, 153,
154, 155, 205, 214
Röm 4,11 15, 20, 28, 37, 51, 72, 143,
150, 151, 154, 198, 204, 205, 206,
237, 245
Röm 4,12 6, 20, 25, 27, 32, 157, 195,
204, 205
Röm 4,13 20, 28, 30, 31, 33, 51, 98,
141, 143, 154, 155, 170, 206, 207,
237, 245
Röm 4,14 20, 141, 155, 195, 204,
205, 206, 207
Röm 4,15 126, 172
Röm 4,16 6, 20, 23, 27, 30, 37, 46,
48, 51, 61, 135, 141, 143, 146,
148, 149, 153, 155, 157, 161, 174,
177, 195, 198, 201, 203, 204, 205,
206, 207, 208, 209, 210, 220, 221
Röm 4,17 15, 20, 43, 46, 51, 113,
138, 145, 151, 157, 179, 205, 206,
207, 208
Röm 4,18 14, 15, 20, 39, 55, 83, 113,
116, 146, 151, 205, 206, 207
Röm 4,19 20, 153, 205, 206
Röm 4,20 20, 48, 49, 115, 141, 153,
156, 161, 205, 206, 207
Röm 4,21 146, 208
Röm 4,22 153

Röm 4,23 49, 51, 206, 207
Röm 4,24 15, 17, 20, 32, 46, 48, 54,
    72, 113, 114, 115, 132, 138, 145,
    150, 151, 152, 155, 157, 179, 201,
    202, 205, 206, 209, 221
Röm 4,25 51, 62, 137, 138, 157, 182,
    206, 221
Röm 5,1 30, 32, 62, 73, 90, 121, 153,
    166, 173, 174, 186, 196, 208, 235
Röm 5,2 75, 83, 89, 151, 152, 153,
    161, 211, 220
Röm 5,3 86
Röm 5,5 14, 55, 61
Röm 5,6 61, 88, 110
Röm 5,8 15, 54, 55, 61, 81, 110, 193,
    194
Röm 5,9 62, 119, 164, 166, 172, 173,
    174, 210
Röm 5,10 35, 135, 137, 242
Röm 5,11 232
Röm 5,12 56, 149, 161
Röm 5,13 126
Röm 5,14 58
Röm 5,15 7, 26, 55, 56, 58, 61, 134,
    135, 161, 169, 174, 178, 192, 193,
    210, 211, 220
Röm 5,16 56, 61, 213
Röm 5,17 58, 161, 174, 210, 211, 220
Röm 5,18 39, 53, 56, 58, 60, 61, 62,
    146, 211, 217
Röm 5,19 26, 54, 56, 57, 62, 110,
    178, 210, 211, 212, 213, 214, 218
Röm 5,20 56, 126, 161, 211
Röm 5,21 56, 61, 62, 149, 161, 174,
    211, 220
Röm 6,2 54
Röm 6,3 14, 35, 36, 60, 116, 239,
    242, 246
Röm 6,4 14, 99
Röm 6,5 246
Röm 6,6 100, 236
Röm 6,7 53
Röm 6,8 15, 74, 99, 100, 113, 120,
    151
Röm 6,10 55, 99
Röm 6,11 90, 130, 133, 134
Röm 6,12 57, 58

Röm 6,14 220
Röm 6,16 57, 58, 153, 213, 214
Röm 6,17 56, 154, 214, 217
Röm 6,18 52, 54
Röm 6,19 58
Röm 7,1 126
Röm 7,10 126
Röm 7,11 126
Röm 7,13 110
Röm 7,24 133
Röm 8,1 47, 100, 151
Röm 8,2 54, 100, 134, 198
Röm 8,3 35, 54, 55, 60, 135, 249
Röm 8,4 54
Röm 8,9 54, 136
Röm 8,10 133, 139
Röm 8,11 36, 54, 136, 200, 201
Röm 8,14 54
Röm 8,15 55, 59
Röm 8,17 47, 59
Röm 8,18 161
Röm 8,19 26
Röm 8,20 83
Röm 8,23 162
Röm 8,24 83, 84
Röm 8,25 86
Röm 8,26 55
Röm 8,28 82
Röm 8,29 53, 63, 135, 173
Röm 8,30 161, 173
Röm 8,32 55, 61, 62, 135, 137, 138
Röm 8,33 172
Röm 8,34 53
Röm 8,35 7, 14, 55, 61, 82, 90, 137,
    138
Röm 8,37 55, 61, 81, 137, 138
Röm 8,39 14, 55, 61, 82, 90, 137, 138
Röm 9,5 50, 152
Röm 9,11 91
Röm 9,30 30, 153, 155, 208, 237, 252
Röm 9,31 153
Röm 9,32 30, 153, 155
Röm 9,33 15, 17, 37, 48, 72, 113,
    150, 151, 152, 155, 245
Röm 10 27
Röm 10,3 127, 171, 233, 237, 245

Röm 10,4 15, 37, 38, 72, 150, 151, 155, 171, 181
Röm 10,5 145, 156, 245
Röm 10,6 30, 32, 153, 155, 208, 237, 245
Röm 10,8 27, 62, 151, 153
Röm 10,9 13, 15, 26, 46, 48, 49, 51, 52, 54, 112, 113, 114, 115, 117, 145, 151, 171, 177, 179, 201, 202, 231
Röm 10,10 14, 15, 58, 111, 113, 151, 153, 155
Röm 10,11 15, 17, 48, 72, 113, 145, 150, 151, 152, 155, 177, 181, 202
Röm 10,12 176, 202
Röm 10,13 55, 57, 114
Röm 10,14 17, 39, 48, 108, 113, 151, 152, 155, 177
Röm 10,14a 15, 48, 114, 202
Röm 10,14b 113
Röm 10,16 15, 56, 57, 113, 144, 150, 151, 154, 213, 214
Röm 10,17 7, 27, 35, 62, 73, 144, 151, 153
Röm 10,21 252
Röm 11,5 91
Röm 11,6 220
Röm 11,7 91
Röm 11,20 75, 153, 156, 220
Röm 11,23 156
Röm 11,25 43
Röm 11,28 91
Röm 11,32 43, 141
Röm 11,33 14, 230
Röm 12,3 153
Röm 12,10 81
Röm 12,12 83
Röm 13,3 85
Röm 13,8 81
Röm 13,11 14, 39, 52, 151
Röm 13,14 63
Röm 14,1 153
Röm 14,2 150
Röm 14,4 75
Röm 14,8 89, 133
Röm 14,10 90
Röm 14,15 61, 88, 138

Röm 14,20 86
Röm 14,22 95, 153
Röm 14,23 30, 43, 50, 54, 156, 186, 208, 212
Röm 15,1 63
Röm 15,3 63
Röm 15,5 83
Röm 15,7 63
Röm 15,8 55, 141, 146, 179
Röm 15,13 14, 15, 46, 83, 95, 112, 113, 117, 151, 152
Röm 15,15 215
Röm 15,16 21
Röm 15,17 232
Röm 15,18 57, 154, 181, 213, 214, 215
Röm 15,19 7, 21, 35, 75
Röm 15,20 57, 216
Röm 15,29 26
Röm 15,30 55, 81, 82
Röm 16,8 82
Röm 16,11b 151
Röm 16,19 214
Röm 16,20 7, 26, 35
Röm 16,24 7, 26, 35
Röm 16,25 7, 21
Röm 16,26 28, 57, 152, 154, 181, 213, 215

1Kor 1,2 57, 151
1Kor 1,4 135
1Kor 1,6 7, 26, 35
1Kor 1,7 26, 89
1Kor 1,9 20, 36, 46, 48, 96, 135, 179, 242
1Kor 1,10 57
1Kor 1,12 16
1Kor 1,13 116
1Kor 1,17 35
1Kor 1,21 15, 37, 72
1Kor 1,22 60
1Kor 1,23 35
1Kor 1,29 125
1Kor 1,30 53, 62, 162, 172, 237
1Kor 1,31b 232
1Kor 2,2 35, 60
1Kor 2,5 7, 18, 25, 72, 165
1Kor 2,9 82

1Kor 3,5 14, 39, 74
1Kor 3,8 86
1Kor 3,9 74
1Kor 3,11 41
1Kor 3,13 28
1Kor 3,14 86
1Kor 4,1 120
1Kor 4,2 96
1Kor 4,17 49, 82, 96
1Kor 5,4 57
1Kor 6,6 72
1Kor 6,11 57, 119, 173, 174
1Kor 6,14 63
1Kor 7,8 237
1Kor 7,10 202
1Kor 7,12 72, 202
1Kor 7,25 96, 202
1Kor 7,26 120
1Kor 8,3 82
1Kor 8,11 61, 88
1Kor 8,12 117
1Kor 9,1 201, 202, 231
1Kor 9,5 202
1Kor 9,12 7, 21, 35, 75
1Kor 9,14 202
1Kor 9,17 72, 75, 96, 150
1Kor 10,12 75
1Kor 10,13 48, 96, 179
1Kor 10,23 46
1Kor 10,27 72
1Kor 11,1 63
1Kor 11,23 202
1Kor 11,28 120
1Kor 12,2 73
1Kor 12,3 26, 202
1Kor 12,6 80, 86
1Kor 12,11 80, 86
1Kor 12,13 121
1Kor 13,2 80
1Kor 13,7 15, 76, 79, 83, 86, 96, 113
1Kor 13,13 28, 55, 76, 78, 79, 80,
   83, 90
1Kor 14,15 55
1Kor 14,22 15, 37, 72
1Kor 14,24 72
1Kor 14,37 202
1Kor 15,1 75, 220

1Kor 15,2 14, 38, 39
1Kor 15,3b 61, 115
1Kor 15,5 115
1Kor 15,8 231
1Kor 15,10 135
1Kor 15,11 14, 38
1Kor 15,12 73
1Kor 15,14 25, 72, 73
1Kor 15,17 25, 43, 62, 72
1Kor 15,19 83, 89
1Kor 15,28 135
1Kor 15,58 85, 86
1Kor 16,10 86
1Kor 16,13 62, 75, 79, 95, 133, 134,
   208, 220, 251
1Kor 16,24 82, 87

2Kor 1,5 35
2Kor 1,6 80, 86
2Kor 1,7 72, 87
2Kor 1,10 14, 89, 117
2Kor 1,17 59
2Kor 1,18 46, 48, 96, 179
2Kor 1,19 135
2Kor 1,22 59
2Kor 1,24 25, 72, 75, 220
2Kor 2,9 57, 214
2Kor 2,12 7, 21, 35, 75
2Kor 2,14 230
2Kor 2,16 182
2Kor 3,12 83
2Kor 3,17 60
2Kor 3,18 182
2Kor 4,3 21
2Kor 4,4 7, 21, 72
2Kor 4,5 26, 36, 201, 202
2Kor 4,6 230
2Kor 4,7 246
2Kor 5,7 30, 84, 208
2Kor 4,10 36, 200, 201
2Kor 4,11 36, 201
2Kor 4,12 246
2Kor 4,13 14, 47, 53, 120
2Kor 4,14 36, 47, 63, 200, 201
2Kor 4,18 84
2Kor 5,10 90
2Kor 5,14 7, 14, 20, 55, 61, 82, 137,
   138, 249

2Kor 5,15 61, 62, 133, 134, 249
2Kor 5,16 230
2Kor 5,18 39, 242
2Kor 5,19 193
2Kor 5,21 43, 54, 62, 119, 172, 190, 228, 235
2Kor 6,1 135
2Kor 6,4 86
2Kor 6,11 47
2Kor 6,14 72
2Kor 6,15 96
2Kor 7,4 47
2Kor 7,15 214
2Kor 8,7 81
2Kor 8,8 87
2Kor 8,9 7, 26, 35, 135, 228
2Kor 8,11 138
2Kor 8,24 87
2Kor 9,5 228
2Kor 9,7 81
2Kor 9,13 7, 21, 35, 75
2Kor 10,2 181
2Kor 10,5 18, 26, 35, 57, 213, 214, 215, 216, 230
2Kor 10,6 214
2Kor 10,11 86
2Kor 10,14 7, 21, 35, 75
2Kor 10,15 25, 72, 74, 213
2Kor 10,17 232
2Kor 11,3 17
2Kor 11,4 36, 201
2Kor 11,7 21
2Kor 12,8 133
2Kor 12,10 133
2Kor 12,15b 81
2Kor 13,3 246
2Kor 13,4 139
2Kor 13,5 75, 95, 133, 134, 208, 251
2Kor 13,11 81
2Kor 13,13 7, 14, 26, 35, 55

Gal 1,1 120
Gal 1,4 62, 137
Gal 1,6 7, 26, 61, 111, 135, 140, 220
Gal 1,7 7, 21, 35, 75
Gal 1,10 120
Gal 1,11 94, 120
Gal 1,12 14, 22, 26, 101, 243

Gal 1,13b 97
Gal 1,15 61, 101, 133
Gal 1,16 14, 21, 22, 26, 62, 97, 101, 136, 138, 144, 182, 231, 243
Gal 1,22 151, 182
Gal 1,23 49, 62, 96, 97, 103, 105, 136, 138, 144, 243
Gal 2,1 126
Gal 2,3 127
Gal 2,5 111, 127
Gal 2,7 21, 72, 75, 96, 105, 112, 150, 178
Gal 2,8 80
Gal 2,10 87, 126, 127
Gal 2,11 105, 109, 111, 126, 127
Gal 2,12 111
Gal 2,14 105, 109, 111, 126, 127
Gal 2,15 28, 32, 69, 94, 104, 105, 108, 109, 110, 111, 124, 126, 140
Gal 2,17 62, 63, 108, 110, 116, 119, 129, 134, 173, 174, 235
Gal 2,19 99, 127, 130, 133
Gal 2,19a 62, 138
Gal 2,19b 133
Gal 2,19c 100, 108, 138
Gal 2,21 28, 32, 61, 62, 69, 88, 94, 104, 105, 108, 110, 111, 124, 127, 135, 140, 170, 220
Gal 3,1 35, 60, 98, 108, 111, 140, 146, 248
Gal 3,2 28, 51, 54, 73, 96, 97, 98, 100, 101, 103, 124, 140, 141, 142, 144, 148, 153, 181
Gal 3,3 148
Gal 3,5 28, 51, 54, 73, 80, 96, 97, 98, 103, 124, 140, 141, 142, 144, 153, 181, 248
Gal 3,6 15, 20, 23, 48, 96, 97, 113, 118, 123, 143, 145, 146, 179
Gal 3,7 30, 31, 37, 39, 49, 96, 97, 98, 99, 103, 118, 131, 140, 143, 145, 186, 195, 208, 209
Gal 3,7 16
Gal 3,8 30, 31, 32, 51, 96, 98, 121, 140, 141, 143, 145, 146, 148, 173, 186, 187, 196, 208
Gal 3,9 16, 20, 23, 30, 31, 37, 39,

48, 49, 51, 96, 97, 98, 99, 103, 140, 141, 143, 145, 146, 148, 186, 195, 208, 209

Gal 3,10 51, 98, 124, 125, 127, 142, 146

Gal 3,11 30, 43, 53, 62, 96, 98, 99, 100, 118, 119, 124, 127, 129, 130, 131, 140, 143, 145, 149, 183, 184, 186, 188, 189, 190, 208

Gal 3,12 30, 43, 45, 96, 98, 99, 121, 125, 140, 145, 186, 208

Gal 3,13 54, 62, 99, 146, 147, 249

Gal 3,14 29, 30, 51, 96, 98, 101, 113, 140, 143, 144, 148, 208

Gal 3,14a 100, 102, 146, 147, 148

Gal 3,14b 100, 102, 141, 142, 143

Gal 3,16 141, 143, 146, 147, 207

Gal 3,18 30, 143

Gal 3,19 62, 141, 143

Gal 3,21 43, 98, 140, 141, 143, 195

Gal 3,23 19, 28, 37, 38, 49, 62, 96, 97, 98, 101, 105, 123, 131, 134, 141, 143, 144, 167, 225, 244

Gal 3,24 28, 30, 32, 96, 101, 108, 117, 121, 140, 143, 144, 173, 208

Gal 3,25 28, 37, 38, 49, 62, 96, 101, 123, 131, 141, 144, 167, 225, 244

Gal 3,26 18, 30, 62, 63, 96, 97, 100, 102, 103, 119, 140, 142, 143, 148, 164, 165, 208, 235

Gal 3,27 63, 116

Gal 3,28 32, 103, 113, 119, 128

Gal 3,29 97, 103, 134, 143, 146, 148, 207

Gal 4,4 35, 54, 55, 60, 98, 101, 135, 203

Gal 4,5 62, 98, 100

Gal 4,6 47, 54, 55, 63, 100

Gal 4,7 140

Gal 4,8 230

Gal 4,10 127

Gal 4,14 113

Gal 4,16 111

Gal 4,21 98

Gal 4,28 207

Gal 5,1 39, 52, 75

Gal 5,2 127, 133

Gal 5,4 61, 135, 173, 174, 220

Gal 5,5 30, 51, 76, 77, 79, 83, 84, 102, 103, 121, 186, 208

Gal 5,6 55, 79, 80, 86, 102, 113, 117, 138

Gal 5,13 81, 131, 133

Gal 5,18 98

Gal 5,22 90, 97

Gal 5,24 98, 113, 133

Gal 5,25 103, 133

Gal 5,26 133

Gal 6,2 252

Gal 6,4 85

Gal 6,7 120

Gal 6,10 103, 121, 131

Gal 6,11 127

Gal 6,12 35, 127

Gal 6,14 35, 133, 232

Gal 6,16 127

Gal 6,17 133, 140, 201

Gal 6,18 7, 26, 35

Eph 1,7 191

Eph 1,15 18, 35, 49, 77, 102

Eph 1,18 77

Eph 3,12 65, 70

Eph 3,17 139

Eph 5,2 137

Eph 5,25 137

Phil 1,2 231

Phil 1,5 17

Phil 1,6 244

Phil 1,9 87

Phil 1,11 239

Phil 1,12 225, 229

Phil 1,13 226

Phil 1,19 229

Phil 1,20 72, 83, 87

Phil 1,21 134, 139, 229

Phil 1,22 86, 244

Phil 1,23 232

Phil 1,25 224, 227, 232

Phil 1,26 225, 226, 229, 232

Phil 1,27 6, 7, 21, 26, 35, 57, 75, 213, 223, 225, 227, 243

Phil 1,29 15, 16, 17, 46, 48, 95, 108, 112, 113, 115, 117, 151, 152, 223,

224, 225, 226, 227, 229, 245, 246,
  249
Phil 2,1 226
Phil 2,3 228
Phil 2,5 192, 226, 228, 230
Phil 2,6 227, 228, 246
Phil 2,7 60
Phil 2,8 56, 57, 59, 212, 217, 227, 246
Phil 2,9 57, 246
Phil 2,10 57, 201
Phil 2,11 26, 145, 192, 202, 217, 227,
  229, 231
Phil 2,12 57, 214, 217, 227
Phil 2,13 57, 80
Phil 2,16 226
Phil 2,17 25, 226, 227
Phil 2,21 228
Phil 2,25 228
Phil 2,30 86, 244
Phil 3,1 229
Phil 3,3 226, 232, 237, 239, 242, 244
Phil 3,4 236
Phil 3,5 227, 230
Phil 3,6 236, 246
Phil 3,7 228, 229, 230, 236, 238, 241,
  242, 243, 245, 250
Phil 3,8 38, 222, 228, 229, 231, 243
Phil 3,8a 14, 228, 236, 241, 242, 243
Phil 3,8b 241
Phil 3,8c 228
Phil 3,8d 234, 235, 236, 241
Phil 3,10 14, 38, 224, 227, 229, 230,
  232, 234, 235, 237, 242, 243, 245,
  246, 249, 251
Phil 3,11 222, 227, 229, 230, 236,
  238, 239, 242, 243, 245, 250
Phil 3,12 235, 239
Phil 3,14 226, 231, 234, 235
Phil 3,16 229
Phil 3,17 63, 246
Phil 3,18 35, 244
Phil 3,20 89, 231, 246
Phil 3,21 63, 232, 246
Phil 4,1 75, 226
Phil 4,4 226
Phil 4,7 226
Phil 4,10 226

Phil 4,13 134
Phil 4,15 224
Phil 4,19 226
Phil 4,23 7, 26, 35

Kol 1,4 18, 49, 72, 77, 102
Kol 1,14 191
Kol 1,27 83
Kol 2,5 14, 16, 49, 72, 102
Kol 2,11 64
Kol 2,12 6, 138, 179
Kol 4,18 87

1Thess 1,1 90
1Thess 1,2 91
1Thess 1,3 6, 14, 15, 55, 72, 73, 76,
  79, 83, 88
1Thess 1,4 91
1Thess 1,5 21, 73, 75
1Thess 1,5f 74, 86
1Thess 1,6 63, 84, 227
1Thess 1,7 15, 47, 72, 74, 96, 150
1Thess 1,8 6, 15, 16, 25, 29, 46, 50,
  72, 73, 74, 89, 114, 179, 213
1Thess 1,9 73, 74, 86, 89, 90, 92
1Thess 1,10 36, 62, 73, 74, 82, 84,
  89, 90, 135, 172, 200, 201, 202
1Thess 2,2 21, 75, 77, 227
1Thess 2,3 74
1Thess 2,4 72, 75, 96, 150, 179
1Thess 2,8 21, 75, 77
1Thess 2,9 21, 75, 77, 87
1Thess 2,10 15, 47, 72, 96
1Thess 2,12 91
1Thess 2,13 15, 47, 72, 73, 74, 86,
  91, 96, 144
1Thess 2,14 84, 90, 151, 227
1Thess 2,19 82, 87, 90, 226
1Thess 3,2 7, 21, 25, 35, 72, 74, 75, 90
1Thess 3,3 84
1Thess 3,5 25, 72, 74
1Thess 3,6 25, 72, 74, 76, 78, 79, 80,
  87
1Thess 3,7 25, 30, 72, 73, 74
1Thess 3,8 62, 73, 75, 134, 220, 251
1Thess 3,9 78, 90, 226
1Thess 3,10 25, 72, 74, 78, 87
1Thess 3,11 90

1Thess 3,12 81
1Thess 3,13 73, 74, 76, 78, 87, 90
1Thess 4,13 74, 78, 83
1Thess 4,7 91
1Thess 4,9 80
1Thess 4,14 13, 15, 16, 17, 36, 46,
    48, 49, 52, 54, 72, 73, 74, 82, 83,
    90, 92, 113, 114, 201, 202, 221
1Thess 4,15 202
1Thess 4,17 89, 232
1Thess 4,18 74
1Thess 5,1 74
1Thess 5,8 72, 75, 76, 78, 79, 80, 83,
    87, 88
1Thess 5,9 62, 74, 79, 90, 91, 172
1Thess 5,10 61, 84, 88, 232
1Thess 5,11 74
1Thess 5,12 74, 81
1Thess 5,13 81, 85, 86, 228
1Thess 5,22 74
1Thess 5,23 90
1Thess 5,24 46, 48, 75, 76, 91, 92,
    96, 179
1Thess 5,28 7, 26, 35

2Thess 1,3 74, 81, 92
2Thess 1,4 70, 92
2Thess 1,8 214
2Thess 1,10 92
2Thess 1,11 86, 92
2Thess 2,10 92
2Thess 2,11 92, 95
2Thess 2,12 92
2Thess 2,13 6, 92
2Thess 2,15 75
2Thess 2,16 83
2Thess 3,2 92
2Thess 3,3 19, 47, 92
2Thess 3,5 14, 76, 84

1Tim 1,1 87
1Tim 1,11 72, 75, 96, 150
1Tim 1,14 102
1Tim 3,13 18, 102
1Tim 3,16 14, 53, 194

2Tim 1,13 18, 102
2Tim 2,13 19, 48, 49
2Tim 3,15 18, 102

Tit 1,2 83
Tit 1,3 72, 75, 96, 150
Tit 3,7 83

Phlm 5 6, 15, 16, 17, 29, 35, 46, 49,
    73, 76, 79, 80, 87, 179
Phlm 6 17, 25, 81, 86
Phlm 7 81
Phlm 16 82
Phlm 21 214
Phlm 25 7, 26, 35

Hebr 1,5 184
Hebr 2,17 48
Hebr 3,2 48
Hebr 5,7 56, 210
Hebr 5,8 193
Hebr 5,10 56, 210
Hebr 7,14 216
Hebr 9,15 191
Hebr 10,37 184, 188
Hebr 10,38 184, 187
Hebr 10,39 184
Hebr 11,17 99
Hebr 11,19 99
Hebr 12,2 48, 66, 184, 193

Jak 2,1 66, 70
Jak 2,14 16, 66
Jak 2,18 16
Jak 2,21 49, 99, 146
Jak 2,23 99
Jak 2,24 49, 146
Jak 2,26 66
Jak 5,6 188

1Petr 1,8 80
1Petr 3,18 183, 188

1Joh 2,1 183, 188
1Joh 2,29 183
1Joh 3,7 183

Apk 1,5 48
Apk 2,2 71
Apk 2,13 66, 70, 202
Apk 3,14 48
Apk 5,5 216
Apk 14,12 66, 70, 202
Apk 19,11 48

Frühchristliche Schriften

1Klem 35,5 14

Barn 9,7 87, 90

Diog 7,2 14

Ign Eph 12,2 66, 87, 90
Ign Eph 14,1 67, 79, 80
Ign Eph 20,1 67
Ign Eph 20,2 67
Ign Eph 21,1 87

Ign Mag 14,1 87

Ign Röm 9,1 87, 90

Ign Sm 5,3 87, 90
Ign Sm 6,1 67, 80, 164

Ign Trall 13,1 87, 90

Pol 2Phil 1,3 67
Pol 2Phil 2,3 87, 90

Schriften aus Qumran

1QpHab 7,17 188
1QpHab 8,1 188
1QpHab 8,2 188
1QpHab 8,3 188, 242

1QS 4,13 75
1QS 4,26 75
1QS 5,21 126

1QS 5,23 126
1QS 6,18 126

4Qflor 1,1 126
4Qflor 1,7 126

4QMMT 126, 127

Weitere Schriften des antiken Judentums

Philo Abr 268 73
Philo Abr 271 73
Philo Abr 273 73

Philo rer. div. 95 86

Jos. Ant. 19,16 22

Rabbinische Literatur

bMak 23b 185

bMak 24a 185

Weitere antike Literatur

Plut. Mor. 94 90

Thuk. Hist. 4,92,7 22

Thuk. Hist. 5,30,3 22

Autorenregister

Achtemeier, P.J. 8, 11, 122, 125, 206, 250, 251
Amadi-Azuogu, C.A. 54, 106
Anderson, R.D. 38
Aquin, T. von 11, 67
Arzt-Grabner, P. 80
Augustinus, A. 29, 32

Bachmann, M. 33, 37, 51, 52, 66, 69, 98, 100, 104, 106, 107, 108, 110, 111, 119, 120, 122, 124, 125, 126, 127, 128, 133, 140, 141, 143, 204, 209
Backhaus, K. 252
Bailey, D.P. 23, 42, 169, 208, 209
Barcley, J. 110
Barr, J. 10, 24, 107
Barth, G. 24, 106, 111, 235, 236, 246, 249
Barth, K. 4, 59, 178, 181, 247
Barth, M. 11, 38, 56, 59, 65, 165, 175, 180, 183, 210
Bartsch, H.W. 214
Bauer, W. 87, 90, 120, 143, 175, 238
Baumert, N. 11, 147
Baur, J. 2
Becker, J. 75, 94, 119, 120, 121, 122, 130, 131
Behrens, A. 145
Beier, P. 223
Beintker, M. 1
Beker, J.C. 143, 145, 161, 183
Bengel, J.A. 67, 68, 85, 87
Berenyi, G. 137
Berger, K. 67, 79, 139, 148, 159, 230
Berlage, H.P. 11, 18, 19, 65, 67, 68, 219
Best, E. 73, 75, 76, 87, 88
Betz, H.D. 2, 3, 28, 50, 63, 94, 99, 102, 104, 106, 113, 119, 124, 125, 130, 133, 135, 137, 185

Beza, Th. von 219, 220
Bickmann, J. 84, 88
Bicknell, E.J. 71, 84, 85, 86, 88, 89
Billerbeck, P. 187
Binder, H. 19, 38, 101, 102
Blackman, C. 200
Bligh, J. 183
Bloomquist, L.G. 222, 223, 227
Bluhm, H. 2
Bockmuehl, M. 203, 227, 240, 241
Bodendorfer, G. 184, 185
Boer, M.C. de 104, 117, 118, 120, 122, 132, 142
Boers, H. 32, 97, 109
Bonnard, P. 231, 235
Bormann, L. 223
Borse, U. 99, 122, 130, 185
Bos, F.L. 219
Bruce, F.F. 8, 103, 106, 109, 110, 120, 121, 122, 126, 130, 134, 143
Bultmann, R. 3, 15, 51, 74, 106, 114, 125, 130, 162, 163, 172, 213, 214, 220, 222, 248
Burchard, C. 86, 120, 156
Burton, E. de W. 21, 25, 102, 106, 110, 120, 122
Bussmann 73
Byrne, B. 3

Calvin, J. 76, 219
Campbell, D.A. 3, 8, 13, 24, 26, 27, 31, 32, 38, 42, 50, 53, 59, 69, 70, 107, 118, 149, 151, 153, 155, 157, 158, 159, 160, 162, 164, 165, 167, 168, 169, 171, 174, 175, 176, 181, 182, 183, 184, 185, 188, 189, 190, 192, 193, 196, 197, 200, 203, 204, 207, 220
Campbell, J. 40
Campbell, W.S. 158, 200
Cavallin, H.C.C. 185, 186

Childs, B.S. 106
Choi, H.-S. 103
Chrysostomus, J. 16, 67
Ciampa, R.E. 130
Clemens Alexandrinus 194
Coleridge, S.T. 139
Collange, J.-F. 233, 234, 238
Collins, R.F. 72, 73, 74, 75, 76, 78, 79, 80, 82, 84, 85, 86, 88, 90, 92
Conzelmann, H. 28, 35, 41, 78, 79, 83, 102, 114, 135, 150, 220, 222
Cosgrove, C.H. 13, 33, 49, 56, 130, 138, 144, 153, 155, 156, 159, 171, 175, 177, 240, 243
Cousar, C.B. 8, 196
Cranfield, C.E.B. 125, 162, 165, 181, 203
Cremer, H. 22, 179, 203
Cruse, D.A. 24

Daalen, D.H. van 179, 184, 185
Dahl, N.A. 28
Dalton, W.J. 111
Das, A.A. 121, 122
Dauer, A. 120
Davies, G.N. 8, 10, 38, 125, 149, 150, 165, 166, 167, 168, 169, 175, 177, 182, 183, 185, 187, 200, 213, 214
Deißmann, A. 9, 63, 88, 102, 191, 248
Dibelius, M. 76, 86, 87, 88, 89, 90, 91
Dobbeler, A. von 24, 62, 71, 76, 79, 82, 83, 85, 86, 92, 144, 204
Dobschütz, E. von 74, 84, 86, 87, 88, 89, 149
Dodd, B. 50, 133, 181
Dodd, C.H. 106, 183
Donaldson, T.L. 98, 111
Donfried, K.P. 72, 78, 88, 91
Dülmen, A. von 125
Duncan, G.S. 106
Dunn, J.D.G. 3, 8, 9, 11, 17, 19, 21, 27, 28, 29, 33, 34, 39, 42, 43, 47, 48, 49, 50, 51, 52, 59, 60, 61, 64, 65, 66, 72, 80, 98, 104, 105, 106, 108, 109, 110, 111, 112, 114, 118, 119, 121, 122, 123, 125, 126, 127, 128, 129, 130, 131, 134, 135, 141, 142, 143, 145, 146, 147, 156, 158, 159, 160, 161, 162, 163, 164, 165, 166, 167, 168, 169, 170, 174, 176, 178, 181, 182, 184, 187, 190, 191, 195, 199, 201, 207, 216, 218, 220, 228, 238, 240, 241, 248, 250
Dunnhill, J. 41

Ebeling, G. 1, 5, 19, 20, 99, 111, 118, 124, 130, 131, 183, 203
Eckstein, H.-J. 30, 34, 69, 99, 104, 105, 106, 108, 110, 111, 117, 120, 121, 124, 130, 131, 134, 142, 143, 155, 231
Egger, W. 223
Ellicott, C.J. 84
Ellingworth, P. 78, 79, 84, 90
Eskola, T. 182, 183, 184, 185, 188

Farahian, E. 133, 134, 136
Fee, G. 234
Fitzer, G. 163
Fitzmyer, J.A. 19, 109, 130, 182, 185
Foster, P. 25, 65
Frame, J.E. 84
Freed, E.D. 50, 65, 66, 135, 182
Frey, J. 43
Friedrich, G. 62, 73, 75, 103, 106, 111, 234, 236, 245
Fung, R.Y.-K. 106, 110, 118, 122, 126, 130, 140

Gager, J. 32, 111
Garland, D.E. 222
Garlington, D. 188, 212, 213, 214, 215, 216, 217
Gaston, L. 3, 32, 111, 118, 126, 128, 130, 181, 182
Gathercole, S.J. 105, 204
Gaukesbrink, M. 137
George, T. 2
Gleason, H.A. 40
Gnilka, J. 26, 80, 139, 224, 225, 230, 231, 232, 234, 235, 236, 242
Goodenough, E.R. 59, 168, 203, 207
Goodwin, G.R. 121
Goppelt, L. 26, 33, 35, 36, 108, 115, 135, 203
Gräßer, E. 66, 199

Gundry, R.H. 125
Gunther, J.J. 188

Haacker, K. 47, 74, 93, 95, 127, 156, 159, 160, 161, 162, 165, 166, 168, 170, 171, 176, 181, 182, 185, 187, 190, 191, 196, 198, 214
Hahn, F. 2, 111, 185
Hamerton-Kelly, R.G. 98
Hansen, G.W. 98, 106, 110
Hanson, A.T. 47, 53, 183, 184, 188, 194, 203
Harnack, A. von 86
Harnisch, W. 222, 235, 236
Harrisville, R.A. 67
Hasler, V. 29, 137
Hatch, W.H.P. 24, 102
Haufe, G. 84, 88, 90
Haußleiter, J. 8, 10, 11, 14, 17, 18, 19, 22, 24, 34, 36, 39, 68, 108, 111, 116, 165, 166, 168, 175, 183, 192, 193, 194, 200, 204, 209, 210, 213, 218
Hawthorne, G.F. 224, 225, 231, 241
Hay, D.M. 47, 165
Hays, R.B. 2, 3, 4, 5, 6, 7, 8, 9, 10, 11, 12, 14, 17, 18, 20, 21, 22, 23, 24, 28, 29, 31, 32, 33, 34, 38, 47, 48, 51, 52, 53, 56, 57, 58, 59, 60, 61, 63, 64, 68, 70, 94, 98, 99, 100, 101, 106, 107, 110, 112, 113, 118, 129, 130, 132, 134, 135, 138, 139, 140, 141, 142, 143, 144, 145, 146, 147, 148, 149, 150, 151, 152, 153, 159, 160, 164, 166, 167, 168, 169, 175, 177, 178, 179, 181, 183, 184, 185, 186, 187, 188, 189, 191, 192, 193, 194, 195, 196, 200, 203, 204, 205, 208, 210, 213, 217, 218, 220, 223, 250, 251, 252
Hebert, A.G. 24, 167, 181
Heiligenthal, R. 126
Hengel, M. 72, 84, 91, 120
Heppe, H. 219
Herman, Z.J. 162
Hilgenfeld, A. 10
Hofius, O. 26, 33, 34, 106, 108, 120,

127, 129, 142, 152, 168, 169, 176, 181, 211, 236
Hofmann, J.C.K. 85
Holland, G.S. 92
Holtz, T. 73, 74, 75, 77, 84, 87, 88, 90, 91, 201
Hong, I.-G. 106
Hooker, M.D. 3, 7, 8, 9, 10, 20, 23, 25, 33, 38, 39, 47, 50, 51, 52, 54, 56, 58, 59, 62, 63, 65, 67, 112, 128, 136, 138, 139, 140, 141, 142, 143, 147, 175, 204, 208, 210, 217, 220, 222, 223, 227, 228, 229, 232, 235, 240, 245, 246, 248, 249, 250, 251, 252
Hoppe, R. 72
Horn, F.W. 43, 116, 145, 230
Hotze, G. 222, 229, 230, 235, 236
Howard, G. 7, 8, 11, 12, 17, 22, 24, 38, 58, 59, 65, 67, 98, 99, 102, 103, 107, 146, 150, 166, 177, 208
Hübner, H. 80, 130, 160, 164, 170, 183
Hughes, F.W. 72, 87, 88, 89
Hultgren, A.J. 8, 13, 15, 16, 17, 18, 19, 23, 25, 26, 27, 39, 57, 65, 66, 102, 106, 110, 128, 162, 208
Hwang, H.S. 181

Janzen, J.G. 139
Jervis, L.A. 218
Jewett, R. 72
Johanson, B.C. 72, 77, 89
Johnson, L.T. 6, 17, 18, 22, 23, 48, 50, 51, 56, 57, 58, 60, 63, 114, 128, 139, 146, 154, 158, 160, 161, 164, 165, 166, 168, 170, 175, 181, 183, 188, 196, 200, 203, 205, 207, 210, 211, 212, 213, 214, 216, 217, 218, 227
Joos, M. 40
Jüngel, E. 1, 5, 172, 200

Kammler, H.-C. 152
Karrer, M. 2, 10, 35, 108
Käsemann, E. 3, 125, 162, 163, 164, 165, 166, 171, 185, 194, 200, 204, 212, 213, 214, 215, 222

Keck, L.E. 4, 5, 8, 17, 22, 36, 38, 39, 59, 63, 64, 128, 134, 137, 143, 150, 160, 164, 166, 168, 175, 196, 197, 203, 205, 208, 209, 210, 212, 217, 218, 240

Keesmaat, S.C. 130

Kertelge, K. 8, 11, 29, 106, 125, 162, 163, 164, 196, 234, 236

Kieffer, R. 31, 110, 118, 120, 122, 128, 130

Kim, S. 3, 72, 126, 135

Kittel, G. 17, 20, 24, 50, 114, 168, 169, 177, 178, 203, 204, 205, 240

Klaiber, W. 2, 34, 106

Klein, G. 2, 109, 110, 120, 121, 150, 158, 162, 171, 197, 198

Knöppler, T. 164, 167

Koch, D.-A. 99, 130, 141, 183, 184, 186, 187

Koch, H. 163

Koester, H. 88

Kok, E.H.-S. 3, 8, 31, 32, 34, 41, 69, 95, 106, 109, 110, 111, 118, 119, 120, 121, 122, 123, 124, 125, 126, 128, 130, 135, 137, 138, 139, 148, 166, 203

Koperski, V. 8, 10, 18, 38, 39, 42, 43, 47, 57, 58, 68, 69, 129, 146, 214, 223, 229, 231, 233, 234, 235, 238, 239, 241, 242, 243, 246, 251

Kramer, W. 21, 35, 36, 74, 135, 137, 203, 232

Kraus, W. 158, 161, 162, 163, 164, 167, 171, 175, 177, 191, 192, 195, 196, 197, 200, 220, 231, 248

Kremendahl, D. 95, 110

Kuhn, H.W. 75

Kümmel, W.G. 110, 120

Kundert, L. 99

Kuss, O. 158, 162, 185

Labahn, A. 132, 135, 136

Labahn, M. 132, 135, 136

Lagrange, M.-J. 110

Lambrecht, J. 29, 109, 111, 120, 125, 130, 135, 157, 186, 198

Laub, F. 88

Lee, C. 72

Lee, R. 72

Leivestad, R. 87

Lietzmann, H. 106, 194

Lightfoot, J.B. 29, 110, 241

Lindsay, D.R. 22, 26, 52, 70, 98, 106, 112, 120, 125, 128, 129

Lips, H. von 63

Ljungmann, H. 20, 183

Lohmeyer, E. 19, 37, 38, 39, 40, 45, 107, 126, 175, 199, 213, 225, 231, 235, 237, 241, 243, 248

Lohse, E. 2, 24, 43, 150, 158, 171, 176, 182, 190, 191, 192, 198

Longenecker, B.W. 60, 64, 126, 132, 144, 164, 165, 232

Longenecker, R.N. 8, 24, 38, 56, 110, 120, 122, 132, 134, 188, 210, 216, 218

Louw, J.P. 24, 50

Lüdemann, G. 78

Lührmann, D. 24, 25, 35, 36, 37, 78, 84, 106, 108, 111, 131, 198, 206

Luther, M. 1, 2, 3, 13, 22, 51, 65, 67, 81, 94, 150, 156, 173

Luz, U. 65

Marshall, I.H. 84, 88, 226, 231, 232

Martin, R.P. 39, 235, 240

Martinet, A. 40

Martyn, J.L. 14, 19, 102, 104, 110, 128, 132, 133

Marxsen, W. 70, 74, 76, 78, 83, 87, 89, 90, 91

Masson, C. 87, 88

Matera, F.J. 8, 98, 103, 110, 120, 128, 130

Matlock, R.B. 4, 11, 12, 14, 15, 17, 22, 23, 24, 25, 34, 40, 42, 51, 67, 69, 70, 102, 103, 124, 149, 155, 164, 226, 250

Melanchthon, P. 242

Mell, U. 78

Mengel, B. 223

Mercadante, L. 14, 47

Merk, O. 63, 88

Merklein, H. 43, 191

Metzger, B.M. 136, 152, 163, 194

Meyer, A. 177, 186, 218

Meyer, B.F. 163, 164, 191
Meyer, H.A.W. 235
Michaelis, W. 231, 235, 239, 245
Michel, O. 93, 158, 161, 181, 185
Miller, J.C. 213, 214
Milligan, G. 84, 87, 88
Moo, D.J. 125, 157, 162, 164, 168, 176, 182, 185, 199, 206, 210, 215
Moore, A.L. 75, 85, 88
Morris, L. 29, 203
Moule, C.F.D. 29, 37
Moulton, J.H. 4, 14, 33
Müller, U.B. 69, 222, 223, 226, 230, 231, 232, 235, 236, 237, 241, 242
Mundle, W. 19, 102, 106, 206, 239
Muraoka, T. 184
Murphy-O'Connor, J. 120
Murray, J.B. 38, 69
Mußner, F. 99, 100, 102, 103, 106, 110, 111, 118, 130, 137, 185, 204

Nebe, G. 82
Neelsen, F. 200
Neitzel, H. 109
Neubrand, M. 8, 9, 32, 141, 146, 155, 156, 157, 160, 168, 171, 172, 175, 181, 186, 187, 192, 198, 199, 204, 206
Neugebauer, F. 8, 37, 38, 106, 139, 175, 214
Neuser, W. 219
Nida, E.A. 24, 50, 78, 79, 84, 90
Nord, C. 67, 79

O'Brien, P.T. 7, 10, 20, 39, 58, 59, 84, 87, 88, 203, 229, 233, 236, 238, 240, 249
O'Collins, G. 42
Oeming, M. 97
Oepke, A. 71, 99, 131, 185
Oh, S.-J. 185
Olbricht, T.H. 72
Ota, S. 20, 59, 152, 180, 181, 185, 188, 198, 199, 206

Penna, R. 162, 187, 222, 248
Piper, J. 200
Piscator, J. 219
Pitta, A. 102

Pluta, A. 164, 166, 167
Pokorný, P. 135
Pollard, P. 8
Popkes, W. 137
Porter, S.E. 168
Powers, D.G. 248
Pritzke, F. 5
Pryor, J.W. 36, 200, 201, 202, 203, 209

Quarles, C.L. 181

Rahner, K. 249
Räisänen, H. 3, 22, 65, 111, 122, 123, 126
Ramaroson, L. 11, 238, 244
Rau, E. 120
Reinmuth, E. 85, 88
Rengstorf, K.H. 110
Reumann, J. 122, 226, 230, 238
Ridderbos, H.N. 110, 118, 162
Riesner, R. 68, 72, 75, 78
Rigaux, B. 75, 78, 85, 87, 88, 91
Ringleben, J. 1
Robertson, A.T. 85
Robinson, D.W.B. 8, 21, 22, 23, 24, 28, 59, 107, 150, 167, 168, 169, 175, 217
Rohde, J. 99, 102, 137, 142, 185
Rohls, J. 219
Roloff, J. 2
Rusam, D. 18

Sanders, E.P. 3, 45, 126, 222, 244, 245
Schade 69
Schenk, W. 3, 13, 19, 22, 37, 38, 39, 40, 46, 49, 57, 96, 105, 107, 110, 153, 168, 169, 171, 175, 177, 179, 181, 199, 214, 222, 223, 225, 231, 232, 233, 235, 238, 240, 241, 242, 243
Schläger, G. 208
Schlatter, A. 18, 96, 125, 169
Schleiermacher, F.D.E. 41, 42, 218
Schlier, H. 29, 79, 88, 102, 106, 110, 111, 120, 122, 130, 142, 162, 185, 204, 213, 215

Schmidt, H.W. 60, 63, 142, 162, 165, 167, 168, 169, 175, 185, 217
Schmiedel, P.W. 153
Schmithals, W. 204
Schmitz, O. 9, 13, 18, 21, 34, 88, 91, 132, 237
Schnelle, U. 34, 63, 68, 69, 108, 163, 223, 227, 248
Schoon-Janßen, J. 72, 223
Schrage, W. 26
Schreiber, S. 35, 162
Schreiner, T.R. 125, 126
Schunack,G. 24
Schweitzer, A. 5
Schweizer, E. 130, 222, 248
Schwemer, A.M. 72, 84, 91, 120
Scott, J.M. 98
Scott, R. 10, 22
Scroggs, R. 53
Seeberg, A. 18
Seifrid, M.A. 185, 231, 238, 242
Shauf, S. 132, 133
Sieffert, F. 130
Silva, M. 2, 3, 12, 13, 14, 16, 18, 20, 21, 22, 23, 24, 25, 26, 33, 38, 40, 47, 51, 65, 67, 70, 97, 112, 124, 142, 204, 226, 230, 231, 232, 233, 235, 237, 238, 239, 242
Slenczka, N. 2
Sloan, R.B. 125
Smith, D.M. 185, 186
Smyth, H.W. 14, 21
Söding, T. 5, 34, 71, 72, 74, 75, 76, 77, 79, 80, 81, 82, 84, 86, 88, 89, 91, 102, 141, 142
Spicq, C. 184
Stanley, C.D. 98
Stendahl, K. 3, 5, 8, 19, 43, 222
Stökl Ben Ezra, D. 191
Stowers, S. 8, 25, 32, 33, 111, 118, 154, 160, 183, 204
Strecker, C. 3, 25, 56, 84, 140, 142, 154, 175, 181, 246, 248
Strobel, A. 149, 187
Stuhlmacher, P. 2, 3, 34, 80, 96, 106, 107, 140, 162, 163, 171, 191, 199, 200, 206, 214, 231, 245

Suhl, A. 109, 110

Taatz, I. 77
Talbert, C.H. 163
Tamez, E. 11, 59, 175
Tannehill, R.C. 231, 242
Tarazi, P.N. 106
Taylor, G.M. 8, 10, 128, 140
Taylor, J.W. 4, 181, 182, 186, 190
Theobald, M. 67, 120, 128, 150, 158, 159, 162, 167, 172, 177, 180, 190, 191, 196, 197, 198, 200, 229, 233, 235, 237, 243
Thielman, F. 98, 125, 130
Thompson, R.W. 29, 120, 130, 157, 198
Thomson, I.H. 80
Thüsing, W. 11, 88, 249
Toit, A.B. du 214
Torrance, T.F. 7, 11, 24

Vallotton, P. 230, 240
Vanhoye, A. 10, 11, 22, 72, 85, 132, 223
Verhoef, E. 130
Vielhauer, P. 35, 74, 88, 115, 135, 137
Vos, J.S. 198
Vouga, F. 4

Walker, W.O. Jr. 108, 111, 121, 122, 123
Wallace, D.B. 10, 12, 14, 18, 20, 25, 26, 27, 33, 34, 193, 225
Wallis, I.G. 15, 38, 41, 101, 103, 112, 136, 139, 149, 165, 183, 240
Walter, N. 4, 59, 130, 222, 223, 225, 227, 231, 234, 235, 236, 237
Wanamaker, C.A. 84, 86, 87, 88, 89
Watson, D.F. 222
Watson, F. 167
Wedderburn, A.J.M. 232
Weiß, W. 71, 75, 76, 77, 78, 79, 80, 83, 84, 85, 86, 88, 89, 90
Wengst, K. 4, 16, 74, 88, 115, 137, 138, 162, 163, 178
Westerholm, S. 3
Westermann, C. 95
Wick, P. 222, 223, 229
Wilckens, U. 29, 125, 130, 154, 162,

163, 164, 166, 167, 169, 170, 171,
181, 185, 190, 191, 194, 195, 196,
198, 200, 204, 213, 214, 216
Wiles, G. 90
Williams, S.K. 6, 7, 8, 11, 12, 13, 17,
18, 20, 23, 27, 36, 38, 59, 60, 63,
64, 100, 102, 107, 112, 113, 114,
115, 116, 117, 118, 119, 128, 132,
133, 137, 139, 142, 144, 146, 147,
163, 164, 165, 166, 167, 168, 169,
175, 178, 186, 188, 191, 196, 200,
208, 209, 215, 220, 240, 241, 250
Winer, G.B. 14
Winger, M. 179
Wischmeyer, O. 71, 77, 79, 80, 86
Wissmann, E. 102, 132

Witherington, B. 10, 63, 110, 121,
132, 136, 174, 195, 196, 198, 236
Wohlenberg, G. 88
Wolter, M. 3, 80, 81, 162, 170, 171,
191, 196, 210
Wonneberger, R. 162
Wrede, W. 5, 222
Wright, N.T. 8, 98, 126, 195
Wuellner, W. 72, 88

Young, N.H. 98

Zahn, T. 28, 32, 34, 36, 47, 54, 165,
174, 178, 191, 194, 201, 204, 213,
214, 221, 222
Zerwick, M. 20
Ziesler, J.A. 29, 122, 123

Sachregister

ἁμαρτία 50, 54, 64, 134, 140, 141, 211, 213, 220
ἀγάπη 7, 14, 20, 21, 27, 28, 55, 76, 79, 80, 91
ἀποκάλυψις 26
δικαιοῦν 30, 44, 172, 180
δικαιοσύνη 8, 30, 43, 44, 51, 53, 56, 58, 61, 62, 79, 83, 84, 99, 111, 113, 114, 124, 127, 131, 143, 145, 154, 159, 160, 161, 169, 170, 171, 172, 175, 180, 187, 190, 197, 208, 211, 220, 222, 233, 235, 236, 239, 241, 244, 245
δικαιοῦσθαι 7, 30, 31, 32, 33, 43, 49, 53, 98, 99, 105, 107, 108, 111, 119, 121, 122, 124, 126, 128, 129, 130, 134, 135, 144, 152, 154, 156, 157, 160, 163, 170, 173, 174, 195, 196, 199, 209, 211, 220, 235, 245
ἐλπίς 14, 21, 55, 72, 76, 151
ἐπαγγελία 141, 143, 155, 170, 206, 207, 208
ἔργα 61
ἔργα νόμου 8, 17, 33, 39, 45, 51, 52, 62, 64, 66, 98, 99, 103, 105, 106, 107, 108, 111, 112, 117, 118, 121, 122, 123, 124, 125, 126, 127, 128, 129, 130, 131, 132, 170, 173
εὐαγγέλιον 7, 21, 26, 35, 57, 75, 105, 144, 170, 172, 224
εὐλογία 26
κύριος 35, 36, 41, 230, 231, 243
κοινωνία 20
μαρτύριον 35
νόμος 98, 105, 141
πνεῦμα 148
ῥῆμα 35
σωτηρία 52, 88, 151, 170, 172, 177, 245

ὑπακοή 26, 54, 56, 57, 138, 210, 211, 212, 214, 216, 217, 218
ὑπακούειν 56, 57
χάρις 7, 26, 35, 55, 61, 134, 135, 156, 161, 169, 173, 174, 175, 192, 193, 211, 215, 218, 220
Χριστός 35, 36, 39, 108, 119

Abraham 20, 32, 37, 42, 48, 49, 51, 53, 54, 55, 80, 97, 98, 99, 106, 116, 123, 140, 141, 142, 143, 145, 146, 147, 148, 151, 152, 160, 178, 179, 189, 190, 204, 205, 206, 207, 208, 209, 217, 221
Adam 56, 57, 58, 149, 161, 211
Aktionsart 38
ambiguity 24
Anthropologie 229
Artikel 15, 25, 26, 27, 28, 30, 31, 32, 57, 135, 142, 154, 163, 164, 171, 174, 178, 186, 199, 214, 223, 225, 238, 240
Auferstehung 35, 36, 42, 46, 51, 53, 54, 61, 67, 73, 98, 99, 101, 133, 137, 145, 201, 202, 206, 207, 239, 242, 243, 245, 246, 248, 249, 251
Auferweckung 9, 47, 54, 138, 151, 171, 194, 207, 209, 221

basic meaning 24
Bekehrung 38, 39, 56, 73, 80, 92, 93, 111, 114, 115, 119, 121, 124, 129, 151, 230, 239, 245
Bekennen 177
Bekenntnis 50, 52, 73, 217, 229, 231, 246
Beschneidung 51, 103, 105, 123, 126, 127, 130, 204
Beschnittenheit 195
boundary markers 127
Bund 126

Bundesnomismus 122, 126, 132

Christologie 5, 6, 58, 61, 64, 69, 113,
135, 148, 152, 173, 187, 215, 229,
231, 243, 246, 247, 250, 251
Christus 1, 4, 5, 9, 10, 17, 18, 19,
34, 35, 36, 40, 41, 48, 115, 116,
133, 134, 137, 146, 151, 173, 174,
180, 187, 201, 207, 229, 230, 231,
234, 242, 243, 252
Confessio Helvetica posterior 219
Confession de la Foy 219
covenantal nomism 126

Dahingabe 137, 138, 139

Ekklesiologie 157
Erlösung 174, 175
Erwählung 79, 91, 93, 190
Eschatologie 63, 229, 231, 246
Ethik 252
Evangelium 35, 56, 75, 101, 105, 135,
138, 141, 151, 154, 158, 170, 171,
177, 189, 190, 199, 213, 214, 225,
240, 243, 249, 252

Freiheit 52

Gebet 52, 55, 57, 63, 87, 90, 177
Gehorsam 20, 35, 42, 49, 52, 54, 56,
57, 58, 146, 149, 154, 178, 188,
192, 210, 211, 212, 213, 215, 216,
217, 219, 227, 228, 246, 247, 250,
252
Geist 47, 54, 59, 60, 97, 98, 100,
101, 103, 133, 141, 142, 148
Geistbegabung 42, 248
Genitiv 12, 13, 14, 15, 18, 19, 20, 21,
22, 26, 31, 33, 36
Gerechtigkeit 44, 53, 62, 116, 124,
131, 154, 158, 168, 170, 171, 172,
174, 176, 178, 181, 188, 197, 198,
199, 207
Gesetz 8, 98, 101, 125, 126, 127,
129, 146, 195, 222
getting in 45, 122, 129
Glaube 2, 4, 5, 6, 9, 10, 12, 17, 18,
19, 20, 24, 28, 33, 36, 37, 38, 39,
40, 41, 42, 43, 45, 46, 47, 48, 49,
50, 51, 52, 53, 54, 55, 56, 57, 58,
59, 60, 61, 62, 66, 72, 73, 74, 75,
77, 78, 79, 92, 96, 97, 98, 99, 100,
101, 102, 103, 112, 120, 121, 128,
131, 133, 135, 136, 137, 138, 139,
143, 144, 145, 147, 148, 151, 154,
155, 156, 158, 159, 160, 165, 167,
168, 170, 173, 175, 182, 185, 188,
192, 193, 195, 197, 198, 199, 202,
205, 206, 208, 212, 213, 216, 221,
222, 225, 226, 228, 229, 231, 232,
238, 239, 240, 241, 246, 249, 250,
251, 252
glosses 24
Gnade 2, 10, 55, 61, 91, 121, 135,
158, 161, 199, 220, 250

Heidelberger Katechismus 72, 219,
220, 251
Heil 151, 154
Helvetische Konsensusformel 220
Herr 231, 246
Hoffnung 55, 73, 77, 78, 79, 84, 86,
230, 246

identity marker 51, 105, 127, 132
imitatio (Christi) 63, 239
interchange 9, 54, 62, 63, 138, 228,
232, 248
Israel 252

Jobeljahr 191
Jom Kippur 162, 163, 191, 192

Kenosis 227, 228
Koine 17, 23
Kontext 12, 23, 26, 40, 52, 69, 79,
95, 134, 137, 144, 147, 149, 151,
156, 157, 167, 169, 176, 182, 186,
187, 189, 190, 221, 229, 235, 239,
241, 244, 245
Kreuz 36, 46, 51, 54, 56, 60, 61, 62,
99, 100, 101, 115, 116, 135, 137,
139, 146, 147, 160, 163, 165, 166,
170, 175, 190, 191, 192, 193, 197,
203, 207, 210, 211, 212, 217, 228,
232, 241, 242, 248, 250

Leiden 227, 229, 239, 242, 243, 245,
246, 249

Liebe 55, 61, 67, 77, 78, 79, 92, 103, 137, 138, 139, 140

Messias 188, 189
Metonymie 62, 144, 153, 154, 234, 242, 243
Mimesis 63
Mystik 139

new perspective on Paul 2, 3, 8, 25, 52, 126, 248

Oxymoron 39

Paradoxon 39
participatory soteriology 100, 248
Partizipation 100, 133, 139, 140, 232, 245, 246, 248, 250, 251, 252
partizipatorisch 226, 231, 243, 245, 249, 251
Parusie 73, 74, 78, 84, 89, 90, 93
Pneumatologie 148
Polysemie 24
Präexistenz 35, 135
Präposition 29
Präpositionen 29
principle of maximal redundancy 40, 69, 156, 176, 200, 234
probatio 106
propositio 105, 106

Rechtfertigung 1, 2, 3, 4, 5, 6, 7, 10, 11, 24, 31, 32, 33, 39, 41, 42, 43, 51, 52, 53, 54, 56, 57, 58, 60, 61, 62, 64, 67, 95, 98, 101, 108, 111, 112, 115, 116, 117, 118, 120, 121, 122, 123, 124, 127, 129, 130, 131, 133, 140, 141, 145, 151, 152, 154, 155, 156, 160, 161, 166, 169, 170, 171, 173, 174, 181, 190, 195, 196, 198, 199, 200, 208, 209, 212, 218, 219, 220, 229, 231, 232, 236, 241, 244, 245, 248, 250, 251
Redundanz 8, 38, 39, 40, 41, 112, 119, 142, 144, 175, 176, 177, 181, 233, 240, 241
rhetorical criticism 94, 95, 104

Sabbat 51, 105, 126, 127

Satisfaktion 193
Segen 100, 143, 145, 147, 148
Sohn Gottes 35, 36, 54, 60, 62, 63, 84, 97, 101, 133, 135, 136, 137, 138, 173, 202, 203, 231
Soteriologie 5, 6, 8, 10, 41, 42, 43, 46, 50, 54, 58, 60, 61, 63, 64, 112, 113, 148, 157, 173, 189, 191, 193, 209, 216, 218, 222, 226, 229, 231, 245, 246, 247, 248, 250, 251, 252
Speisegebote (Kaschruth) 51, 105, 126, 127
staying in 45, 122, 129
Stellvertretung 192, 248, 249
Sühne 60, 61, 137, 138, 160, 162, 163, 166, 193, 197
Sühnopfer 249
Sünde 8, 41, 42, 43, 54, 56, 57, 58, 62, 64, 82, 156, 158, 181, 192, 213, 219, 249
Sündenvergebung 2, 62

Taufe 36, 72, 97, 111, 116, 174, 239, 242
Teilhabe 42
Tischgemeinschaft 123, 126, 127
Tod 73, 88, 98, 100, 104, 116, 133, 161, 163, 165, 174, 175, 192, 201, 206, 207, 209, 212, 227, 228, 242, 246, 249

Unbeschnittenheit 205
Ungehorsam 43, 58
Unglaube 58
unmarked meaning 24

Vergebung 162
Verheißung 45, 48, 100, 141, 142, 143, 145, 146, 147, 148, 155, 156, 205, 206, 207, 252
Verkündigung 144, 146
Versöhnung 60, 164, 165, 192, 242, 250

Westminster Confession 219

Zorn 172, 220

Wissenschaftliche Untersuchungen zum Neuen Testament

Alphabetische Übersicht der ersten und zweiten Reihe

Ådna, Jostein: Jesu Stellung zum Tempel. 2000. *Bd. II/119.*

Ådna, Jostein (Hrsg.): The Formation of the Early Church. 2005. *Bd. 183.*

– und *Hans Kvalbein* (Hrsg.): The Mission of the Early Church to Jews and Gentiles. 2000. *Bd. 127.*

Alkier, Stefan: Wunder und Wirklichkeit in den Briefen des Apostels Paulus. 2001. *Bd. 134.*

Anderson, Paul N.: The Christology of the Fourth Gospel. 1996. *Bd. II/78.*

Appold, Mark L.: The Oneness Motif in the Fourth Gospel. 1976. *Bd. II/1.*

Arnold, Clinton E.: The Colossian Syncretism. 1995. *Bd. II/77.*

Ascough, Richard S.: Paul's Macedonian Associations. 2003. *Bd. II/161.*

Asiedu-Peprah, Martin: Johannine Sabbath Conflicts As Juridical Controversy. 2001. *Bd. II/132.*

Aune, David E.: Apocalypticism, Prophecy and Magic in Early Christianity. 2006. *Bd. 199.*

Avemarie, Friedrich: Die Tauferzählungen der Apostelgeschichte. 2002. *Bd. 139.*

Avemarie, Friedrich und *Hermann Lichtenberger* (Hrsg.): Auferstehung – Ressurection. 2001. *Bd. 135.*

– Bund und Tora. 1996. *Bd. 92.*

Baarlink, Heinrich: Verkündigtes Heil. 2004. *Bd. 168.*

Bachmann, Michael: Sünder oder Übertreter. 1992. *Bd. 59.*

Bachmann, Michael (Hrsg.): Lutherische und Neue Paulusperspektive. 2005. *Bd. 182.*

Back, Frances: Verwandlung durch Offenbarung bei Paulus. 2002. *Bd. II/153.*

Baker, William R.: Personal Speech-Ethics in the Epistle of James. 1995. *Bd. II/68.*

Bakke, Odd Magne: 'Concord and Peace'. 2001. *Bd. II/143.*

Baldwin, Matthew C.: Whose *Acts of Peter*? 2005. *Bd. II/196.*

Balla, Peter: Challenges to New Testament Theology. 1997. *Bd. II/95.*

– The Child-Parent Relationship in the New Testament and its Environment. 2003. *Bd. 155.*

Bammel, Ernst: Judaica. Bd. I 1986. *Bd. 37.*

– Bd. II 1997. *Bd. 91.*

Bash, Anthony: Ambassadors for Christ. 1997. *Bd. II/92.*

Bauernfeind, Otto: Kommentar und Studien zur Apostelgeschichte. 1980. *Bd. 22.*

Baum, Armin Daniel: Pseudepigraphie und literarische Fälschung im frühen Christentum. 2001. *Bd. II/138.*

Bayer, Hans Friedrich: Jesus' Predictions of Vindication and Resurrection. 1986. *Bd. II/20.*

Becker, Eve-Marie: Das Markus-Evangelium im Rahmen antiker Historiographie. 2006. *Bd. 194.*

Becker, Eve-Marie und *Peter Pilhofer* (Hrsg.): Biographie und Persönlichkeit des Paulus. 2005. *Bd. 187.*

Becker, Michael: Wunder und Wundertäter im frührabbinischen Judentum. 2002. *Bd. II/144.*

Becker, Michael und *Markus Öhler* (Hrsg.): Apokalyptik als Herausforderung neutestamentlicher Theologie. 2006. *Bd. II/214.*

Bell, Richard H.: The Irrevocable Call of God. 2005. *Bd. 184.*

– No One Seeks for God. 1998. *Bd. 106.*

– Provoked to Jealousy. 1994. *Bd. II/63.*

Bennema, Cornelis: The Power of Saving Wisdom. 2002. *Bd. II/148.*

Bergman, Jan: siehe *Kieffer, René*

Bergmeier, Roland: Das Gesetz im Römerbrief und andere Studien zum Neuen Testament. 2000. *Bd. 121.*

Betz, Otto: Jesus, der Messias Israels. 1987. *Bd. 42.*

– Jesus, der Herr der Kirche. 1990. *Bd. 52.*

Beyschlag, Karlmann: Simon Magus und die christliche Gnosis. 1974. *Bd. 16.*

Bittner, Wolfgang J.: Jesu Zeichen im Johannesevangelium. 1987. *Bd. II/26.*

Bjerkelund, Carl J.: Tauta Egeneto. 1987. *Bd. 40.*

Blackburn, Barry Lee: Theios Ane-r and the Markan Miracle Traditions. 1991. *Bd. II/40.*

Bock, Darrell L.: Blasphemy and Exaltation in Judaism and the Final Examination of Jesus. 1998. *Bd. II/106.*

Bockmuehl, Markus N.A.: Revelation and Mystery in Ancient Judaism and Pauline Christianity. 1990. *Bd. II/36.*

Bøe, Sverre: Gog and Magog. 2001. *Bd. II/135.*

Böhlig, Alexander: Gnosis und Synkretismus. Teil 1 1989. *Bd. 47* – Teil 2 1989. *Bd. 48.*

Böhm, Martina: Samarien und die Samaritai bei Lukas. 1999. *Bd. II/111.*

Böttrich, Christfried: Weltweisheit – Menschheitsethik – Urkult. 1992. *Bd. II/50.*

Bolyki, János: Jesu Tischgemeinschaften. 1997. *Bd. II/96.*

Bosman, Philip: Conscience in Philo and Paul. 2003. *Bd. II/166.*

Bovon, François: Studies in Early Christianity. 2003. *Bd. 161.*

Brändl, Martin: Der Agon bei Paulus. 2006. *Bd. II/222.*

Brocke, Christoph vom: Thessaloniki – Stadt des Kassander und Gemeinde des Paulus. 2001. *Bd. II/125.*

Brunson, Andrew: Psalm 118 in the Gospel of John. 2003. *Bd. II/158.*

Büchli, Jörg: Der Poimandres – ein paganisiertes Evangelium. 1987. *Bd. II/27.*

Bühner, Jan A.: Der Gesandte und sein Weg im 4. Evangelium. 1977. *Bd. II/2.*

Burchard, Christoph: Untersuchungen zu Joseph und Aseneth. 1965. *Bd. 8.*

– Studien zur Theologie, Sprache und Umwelt des Neuen Testaments. Hrsg. von D. Sänger. 1998. *Bd. 107.*

Burnett, Richard: Karl Barth's Theological Exegesis. 2001. *Bd. II/145.*

Byron, John: Slavery Metaphors in Early Judaism and Pauline Christianity. 2003. *Bd. II/162.*

Byrskog, Samuel: Story as History – History as Story. 2000. *Bd. 123.*

Cancik, Hubert (Hrsg.): Markus-Philologie. 1984. *Bd. 33.*

Capes, David B.: Old Testament Yaweh Texts in Paul's Christology. 1992. *Bd. II/47.*

Caragounis, Chrys C.: The Development of Greek and the New Testament. 2004. *Bd. 167.*

– The Son of Man. 1986. *Bd. 38.*

– siehe *Fridrichsen, Anton.*

Carleton Paget, James: The Epistle of Barnabas. 1994. *Bd. II/64.*

Carson, D.A., Peter T. O'Brien und *Mark Seifrid* (Hrsg.): Justification and Variegated Nomism.
Bd. 1: The Complexities of Second Temple Judaism. 2001. *Bd. II/140.*
Bd. 2: The Paradoxes of Paul. 2004. *Bd. II/181.*

Chae, Young Sam: Jesus as the Eschatological Davidic Shepherd. 2006. *Bd. II/216.*

Ciampa, Roy E.: The Presence and Function of Scripture in Galatians 1 and 2. 1998. *Bd. II/102.*

Classen, Carl Joachim: Rhetorical Criticism of the New Testament. 2000. *Bd. 128.*

Colpe, Carsten: Iranier – Aramäer – Hebräer – Hellenen. 2003. *Bd. 154.*

Crump, David: Jesus the Intercessor. 1992. *Bd. II/49.*

Dahl, Nils Alstrup: Studies in Ephesians. 2000. *Bd. 131.*

Deines, Roland: Die Gerechtigkeit der Tora im Reich des Messias. 2004. *Bd. 177.*

– Jüdische Steingefäße und pharisäische Frömmigkeit. 1993. *Bd. II/52.*

– Die Pharisäer. 1997. *Bd. 101.*

Deines, Roland und *Karl-Wilhelm Niebuhr* (Hrsg.): Philo und das Neue Testament. 2004. *Bd. 172.*

Dennis, John A.: Jesus' Death and the Gathering of True Israel. 2006. *Bd. 217.*

Dettwiler, Andreas und *Jean Zumstein* (Hrsg.): Kreuzestheologie im Neuen Testament. 2002. *Bd. 151.*

Dickson, John P.: Mission-Commitment in Ancient Judaism and in the Pauline Communities. 2003. *Bd. II/159.*

Dietzfelbinger, Christian: Der Abschied des Kommenden. 1997. *Bd. 95.*

Dimitrov, Ivan Z., James D.G. Dunn, Ulrich Luz und *Karl-Wilhelm Niebuhr* (Hrsg.): Das Alte Testament als christliche Bibel in orthodoxer und westlicher Sicht. 2004. *Bd. 174.*

Dobbeler, Axel von: Glaube als Teilhabe. 1987. *Bd. II/22.*

Dryden, J. de Waal: Theology and Ethics in 1 Peter. 2006. *Bd. II/209.*

Du Toit, David S.: Theios Anthropos. 1997. *Bd. II/91.*

Dübbers, Michael: Christologie und Existenz im Kolosserbrief. 2005. *Bd. II/191.*

Dunn, James D.G.: The New Perspective on Paul. 2005. *Bd. 185.*

Dunn, James D.G. (Hrsg.): Jews and Christians. 1992. *Bd. 66.*
- Paul and the Mosaic Law. 1996. *Bd. 89.*
- siehe *Dimitrov, Ivan Z.*
Dunn, James D.G., Hans Klein, Ulrich Luz und *Vasile Mihoc* (Hrsg.): Auslegung der Bibel in orthodoxer und westlicher Perspektive. 2000. *Bd. 130.*
Ebel, Eva: Die Attraktivität früher christlicher Gemeinden. 2004. *Bd. II/178.*
Ebertz, Michael N.: Das Charisma des Gekreuzigten. 1987. *Bd. 45.*
Eckstein, Hans-Joachim: Der Begriff Syneidesis bei Paulus. 1983. *Bd. II/10.*
- Verheißung und Gesetz. 1996. *Bd. 86.*
Ego, Beate: Im Himmel wie auf Erden. 1989. *Bd. II/34.*
Ego, Beate, Armin Lange und *Peter Pilhofer* (Hrsg.): Gemeinde ohne Tempel – Community without Temple. 1999. *Bd. 118.*
- und *Helmut Merkel* (Hrsg.): Religiöses Lernen in der biblischen, frühjüdischen und frühchristlichen Überlieferung. 2005. *Bd. 180.*
Eisen, Ute E.: siehe *Paulsen, Henning.*
Elledge, C.D.: Life after Death in Early Judaism. 2006. *Bd. II/208.*
Ellis, E. Earle: Prophecy and Hermeneutic in Early Christianity. 1978. *Bd. 18.*
- The Old Testament in Early Christianity. 1991. *Bd. 54.*
Endo, Masanobu: Creation and Christology. 2002. *Bd. 149.*
Ennulat, Andreas: Die 'Minor Agreements'. 1994. *Bd. II/62.*
Ensor, Peter W.: Jesus and His 'Works'. 1996. *Bd. II/85.*
Eskola, Timo: Messiah and the Throne. 2001. *Bd. II/142.*
- Theodicy and Predestination in Pauline Soteriology. 1998. *Bd. II/100.*
Fatehi, Mehrdad: The Spirit's Relation to the Risen Lord in Paul. 2000. *Bd. II/128.*
Feldmeier, Reinhard: Die Krisis des Gottessohnes. 1987. *Bd. II/21.*
- Die Christen als Fremde. 1992. *Bd. 64.*
Feldmeier, Reinhard und *Ulrich Heckel* (Hrsg.): Die Heiden. 1994. *Bd. 70.*
Fletcher-Louis, Crispin H.T.: Luke-Acts: Angels, Christology and Soteriology. 1997. *Bd. II/94.*
Förster, Niclas: Marcus Magus. 1999. *Bd. 114.*
Forbes, Christopher Brian: Prophecy and Inspired Speech in Early Christianity and its Hellenistic Environment. 1995. *Bd. II/75.*

Fornberg, Tord: siehe *Fridrichsen, Anton.*
Fossum, Jarl E.: The Name of God and the Angel of the Lord. 1985. *Bd. 36.*
Foster, Paul: Community, Law and Mission in Matthew's Gospel. *Bd. II/177.*
Fotopoulos, John: Food Offered to Idols in Roman Corinth. 2003. *Bd. II/151.*
Frenschkowski, Marco: Offenbarung und Epiphanie. Bd. 1 1995. *Bd. II/79* – Bd. 2 1997. *Bd. II/80.*
Frey, Jörg: Eugen Drewermann und die biblische Exegese. 1995. *Bd. II/71.*
- Die johanneische Eschatologie. Bd. I. 1997. *Bd. 96.* – Bd. II. 1998. *Bd. 110.*
- Bd. III. 2000. *Bd. 117.*
Frey, Jörg und *Udo Schnelle* (Hrsg.): Kontexte des Johannesevangeliums. 2004. *Bd. 175.*
- und *Jens Schröter* (Hrsg.): Deutungen des Todes Jesu im Neuen Testament. 2005. *Bd. 181.*
-, *Jan G. van der Watt,* and *Ruben Zimmermann* (Ed.): Imagery in the Gospel of John. 2006. *Bd. 200.*
Freyne, Sean: Galilee and Gospel. 2000. *Bd. 125.*
Fridrichsen, Anton: Exegetical Writings. Hrsg. von C.C. Caragounis und T. Fornberg. 1994. *Bd. 76.*
Gäbel, Georg: Die Kulttheologie des Hebräerbriefes. 2006. *Bd. II/212.*
Gäckle, Volker: Die Starken und die Schwachen in Korinth und in Rom. 2005. *Bd. 200.*
Garlington, Don B.: 'The Obedience of Faith'. 1991. *Bd. II/38.*
- Faith, Obedience, and Perseverance. 1994. *Bd. 79.*
Garnet, Paul: Salvation and Atonement in the Qumran Scrolls. 1977. *Bd. II/3.*
Gemünden, Petra von (Hrsg.): siehe *Weisenrieder, Annette.*
Gese, Michael: Das Vermächtnis des Apostels. 1997. *Bd. II/99.*
Gheorghita, Radu: The Role of the Septuagint in Hebrews. 2003. *Bd. II/160.*
Gräbe, Petrus J.: The Power of God in Paul's Letters. 2000. *Bd. II/123.*
Gräßer, Erich: Der Alte Bund im Neuen. 1985. *Bd. 35.*
- Forschungen zur Apostelgeschichte. 2001. *Bd. 137.*
Grappe, Christian (Ed.): Le Repas de Dieu – Das Mahl Gottes. 2004. *Bd. 169.*
Green, Joel B.: The Death of Jesus. 1988. *Bd. II/33.*

Gregg, Brian Han: The Historical Jesus and the Final Judgment Sayings in Q. 2005. *Bd. II/207.*

Gregory, Andrew: The Reception of Luke and Acts in the Period before Irenaeus. 2003. *Bd. II/169.*

Grindheim, Sigurd: The Crux of Election. 2005. *Bd. II/202.*

Gundry, Robert H.: The Old is Better. 2005. *Bd. 178.*

Gundry Volf, Judith M.: Paul and Perseverance. 1990. *Bd. II/37.*

Häußer, Detlef: Christusbekenntnis und Jesusüberlieferung bei Paulus. 2006. *Bd. 210.*

Hafemann, Scott J.: Suffering and the Spirit. 1986. *Bd. II/19.*

– Paul, Moses, and the History of Israel. 1995. *Bd. 81.*

Hahn, Ferdinand: Studien zum Neuen Testament.
Bd. I: Grundsatzfragen, Jesusforschung, Evangelien. 2006. *Bd. 191.*
Bd. II: Bekenntnisbildung und Theologie in urchristlicher Zeit. 2006. *Bd. 192.*

Hahn, Johannes (Hrsg.): Zerstörungen des Jerusalemer Tempels. 2002. *Bd. 147.*

Hamid-Khani, Saeed: Relevation and Concealment of Christ. 2000. *Bd. II/120.*

Hannah, Darrel D.: Michael and Christ. 1999. *Bd. II/109.*

Harrison; James R.: Paul's Language of Grace in Its Graeco-Roman Context. 2003. *Bd. II/172.*

Hartman, Lars: Text-Centered New Testament Studies. Hrsg. von D. Hellholm. 1997. *Bd. 102.*

Hartog, Paul: Polycarp and the New Testament. 2001. *Bd. II/134.*

Heckel, Theo K.: Der Innere Mensch. 1993. *Bd. II/53.*

– Vom Evangelium des Markus zum viergestaltigen Evangelium. 1999. *Bd. 120.*

Heckel, Ulrich: Kraft in Schwachheit. 1993. *Bd. II/56.*

– Der Segen im Neuen Testament. 2002. *Bd. 150.*

– siehe *Feldmeier, Reinhard.*

– siehe *Hengel, Martin.*

Heiligenthal, Roman: Werke als Zeichen. 1983. *Bd. II/9.*

Hellholm, D.: siehe *Hartman, Lars.*

Hemer, Colin J.: The Book of Acts in the Setting of Hellenistic History. 1989. *Bd. 49.*

Hengel, Martin: Judentum und Hellenismus. 1969, ³1988. *Bd. 10.*

– Die johanneische Frage. 1993. *Bd. 67.*

– Judaica et Hellenistica . Kleine Schriften I. 1996. *Bd. 90.*

– Judaica, Hellenistica et Christiana. Kleine Schriften II. 1999. *Bd. 109.*

– Paulus und Jakobus. Kleine Schriften III. 2002. *Bd. 141.*

– Studien zur Christologie. Kleine Schriften IV. 2006. *Bd. 201.*

– und *Anna Maria Schwemer:* Paulus zwischen Damaskus und Antiochien. 1998. *Bd. 108.*

– Der messianische Anspruch Jesu und die Anfänge der Christologie. 2001. *Bd. 138.*

Hengel, Martin und *Ulrich Heckel* (Hrsg.): Paulus und das antike Judentum. 1991. *Bd. 58.*

– und *Hermut Löhr* (Hrsg.): Schriftauslegung im antiken Judentum und im Urchristentum. 1994. *Bd. 73.*

– und *Anna Maria Schwemer* (Hrsg.): Königsherrschaft Gottes und himmlischer Kult. 1991. *Bd. 55.*

– Die Septuaginta. 1994. *Bd. 72.*

–, *Siegfried Mittmann* und *Anna Maria Schwemer* (Hrsg.): La Cité de Dieu / Die Stadt Gottes. 2000. *Bd. 129.*

Hernández Jr., Juan: Scribal Habits and Theological Influence in the Apocalypse. 2006. *Bd. II/218.*

Herrenbrück, Fritz: Jesus und die Zöllner. 1990. *Bd. II/41.*

Herzer, Jens: Paulus oder Petrus? 1998. *Bd. 103.*

Hill, Charles E.: From the Lost Teaching of Polycarp. 2005. *Bd. 186.*

Hoegen-Rohls, Christina: Der nachösterliche Johannes. 1996. *Bd. II/84.*

Hoffmann, Matthias Reinhard: The Destroyer and the Lamb. 2005. *Bd. II/203.*

Hofius, Otfried: Katapausis. 1970. *Bd. 11.*

– Der Vorhang vor dem Thron Gottes. 1972. *Bd. 14.*

– Der Christushymnus Philipper 2,6-11. 1976, ²1991. *Bd. 17.*

– Paulusstudien. 1989, ²1994. *Bd. 51.*

– Neutestamentliche Studien. 2000. *Bd. 132.*

– Paulusstudien II. 2002. *Bd. 143.*

– und *Hans-Christian Kammler:* Johannesstudien. 1996. *Bd. 88.*

Holtz, Traugott: Geschichte und Theologie des Urchristentums. 1991. *Bd. 57.*

Hommel, Hildebrecht: Sebasmata. Bd. 1 1983. *Bd. 31* – Bd. 2 1984. *Bd. 32.*

Horbury, William: Herodian Judaism and New Testament Study. 2006. *Bd. 193.*

Horst, Pieter W. van der: Jews and Christians in Their Graeco-Roman Context. 2006. *Bd. 196.*

Hvalvik, Reidar: The Struggle for Scripture and Covenant. 1996. *Bd. II/82.*

Jauhiainen, Marko: The Use of Zechariah in Revelation. 2005. *Bd. II/199.*

Jensen, Morten H.: Herod Antipas in Galilee. 2006. *Bd. II/215.*

Johns, Loren L.: The Lamb Christology of the Apocalypse of John. 2003. *Bd. II/167.*

Jossa, Giorgio: Jews or Christians? 2006. *Bd. 202.*

Joubert, Stephan: Paul as Benefactor. 2000. *Bd. II/124.*

Jungbauer, Harry: „Ehre Vater und Mutter". 2002. *Bd. II/146.*

Kähler, Christoph: Jesu Gleichnisse als Poesie und Therapie. 1995. *Bd. 78.*

Kamlah, Ehrhard: Die Form der katalogischen Paränese im Neuen Testament. 1964. *Bd. 7.*

Kammler, Hans-Christian: Christologie und Eschatologie. 2000. *Bd. 126.*

– Kreuz und Weisheit. 2003. *Bd. 159.*

– siehe *Hofius, Otfried.*

Kelhoffer, James A.: The Diet of John the Baptist. 2005. *Bd. 176.*

– Miracle and Mission. 1999. *Bd. II/112.*

Kelley, Nicole: Knowledge and Religious Authority in the Pseudo-Clementines. 2006. *Volume II/213.*

Kieffer, René und *Jan Bergman* (Hrsg.): La Main de Dieu / Die Hand Gottes. 1997. *Bd. 94.*

Kierspel, Lars: The Jews and the World in the Fourth Gospel. 2006. *Bd. 220.*

Kim, Seyoon: The Origin of Paul's Gospel. 1981, ²1984. *Bd. II/4.*

– Paul and the New Perspective. 2002. *Bd. 140.*

– "The 'Son of Man'" as the Son of God. 1983. *Bd. 30.*

Klauck, Hans-Josef: Religion und Gesellschaft im frühen Christentum. 2003. *Bd. 152.*

Klein, Hans: siehe *Dunn, James D.G.*

Kleinknecht, Karl Th.: Der leidende Gerechtfertigte. 1984, ²1988. *Bd. II/13.*

Klinghardt, Matthias: Gesetz und Volk Gottes. 1988. *Bd. II/32.*

Kloppenborg, John S.: The Tenants in the Vineyard. 2006. *Bd. 195.*

Koch, Michael: Drachenkampf und Sonnenfrau. 2004. *Bd. II/184.*

Koch, Stefan: Rechtliche Regelung von Konflikten im frühen Christentum. 2004. *Bd. II/174.*

Köhler, Wolf-Dietrich: Rezeption des Matthäusevangeliums in der Zeit vor Irenäus. 1987. *Bd. II/24.*

Köhn, Andreas: Der Neutestamentler Ernst Lohmeyer. 2004. *Bd. II/180.*

Kooten, George H. van: Cosmic Christology in Paul and the Pauline School. 2003. *Bd. II/171.*

Korn, Manfred: Die Geschichte Jesu in veränderter Zeit. 1993. *Bd. II/51.*

Koskenniemi, Erkki: Apollonios von Tyana in der neutestamentlichen Exegese. 1994. *Bd. II/61.*

– The Old Testament Miracle-Workers in Early Judaism. 2005. *Bd. II/206.*

Kraus, Thomas J.: Sprache, Stil und historischer Ort des zweiten Petrusbriefes. 2001. *Bd. II/136.*

Kraus, Wolfgang: Das Volk Gottes. 1996. *Bd. 85.*

Kraus, Wolfgang und *Karl-Wilhelm Niebuhr* (Hrsg.): Früh-judentum und Neues Testament im Hori-zont Biblischer Theologie. 2003. *Bd. 162.*

– siehe *Walter, Nikolaus.*

Kreplin, Matthias: Das Selbstverständnis Jesu. 2001. *Bd. II/141.*

Kuhn, Karl G.: Achtzehngebet und Vaterunser und der Reim. 1950. *Bd. 1.*

Kvalbein, Hans: siehe *Ådna, Jostein.*

Kwon, Yon-Gyong: Eschatology in Galatians. 2004. *Bd. II/183.*

Laansma, Jon: I Will Give You Rest. 1997. *Bd. II/98.*

Labahn, Michael: Offenbarung in Zeichen und Wort. 2000. *Bd. II/117.*

Lambers-Petry, Doris: siehe *Tomson, Peter J.*

Lange, Armin: siehe *Ego, Beate.*

Lampe, Peter: Die stadtrömischen Christen in den ersten beiden Jahrhunderten. 1987, ²1989. *Bd. II/18.*

Landmesser, Christof: Wahrheit als Grundbegriff neutestamentlicher Wissenschaft. 1999. *Bd. 113.*

– Jüngerberufung und Zuwendung zu Gott. 2000. *Bd. 133.*

Lau, Andrew: Manifest in Flesh. 1996. *Bd. II/86.*

Lawrence, Louise: An Ethnography of the Gospel of Matthew. 2003. *Bd. II/165.*

Lee, Aquila H.I.: From Messiah to Preexistent Son. 2005. *Bd. II/192.*

Lee, Pilchan: The New Jerusalem in the Book of Relevation. 2000. *Bd. II/129.*

Lichtenberger, Hermann: Das Ich Adams
und das Ich der Menschheit. 2004.
Bd. 164.
- siehe *Avemarie, Friedrich.*
Lierman, John: The New Testament Moses.
2004. *Bd. II/173.*
- (Hrsg.): Challenging Perspectives on the
Gospel of John. 2006. *Bd. II/219.*
Lieu, Samuel N.C.: Manichaeism in the
Later Roman Empire and Medieval Chi-
na. ²1992. *Bd. 63.*
Lindgård, Fredrik: Paul's Line of Thought in
2 Corinthians 4:16-5:10. 2004.
Bd. II/189.
Loader, William R.G.: Jesus' Attitude
Towards the Law. 1997. *Bd. II/97.*
Löhr, Gebhard: Verherrlichung Gottes durch
Philosophie. 1997. *Bd. 97.*
Löhr, Hermut: Studien zum frühchristlichen
und frühjüdischen Gebet. 2003. *Bd. 160.*
- siehe *Hengel, Martin.*
Löhr, Winrich Alfried: Basilides und seine
Schule. 1995. *Bd. 83.*
Luomanen, Petri: Entering the Kingdom of
Heaven. 1998. *Bd. II/101.*
Luz, Ulrich: siehe *Dunn, James D.G.*
Mackay, Ian D.: John's Raltionship with
Mark. 2004. *Bd. II/182.*
Mackie, Scott D.: Eschatology and Exhorta-
tion in the Epistle to the Hebrews. 2006.
Bd. II/223.
Maier, Gerhard: Mensch und freier Wille.
1971. *Bd. 12.*
- Die Johannesoffenbarung und die Kir-
che. 1981. *Bd. 25.*
Markschies, Christoph: Valentinus
Gnosticus? 1992. *Bd. 65.*
Marshall, Peter: Enmity in Corinth: Social
Conventions in Paul's Relations with the
Corinthians. 1987. *Bd. II/23.*
Mayer, Annemarie: Sprache der Einheit im
Epheserbrief und in der Ökumene. 2002.
Bd. II/150.
Mayordomo, Moisés: Argumentiert Paulus
logisch? 2005. *Bd. 188.*
McDonough, Sean M.: YHWH at Patmos:
Rev. 1:4 in its Hellenistic and Early
Jewish Setting. 1999. *Bd. II/107.*
McDowell, Markus: Prayers of Jewish
Women. 1996. *Bd. II/211.*
McGlynn, Moyna: Divine Judgement and
Divine Benevolence in the Book of
Wisdom. 2001. *Bd. II/139.*
Meade, David G.: Pseudonymity and
Canon. 1986. *Bd. 39.*
Meadors, Edward P.: Jesus the Messianic
Herald of Salvation. 1995. *Bd. II/72.*

Meißner, Stefan: Die Heimholung des Ket-
zers. 1996. *Bd. II/87.*
Mell, Ulrich: Die „anderen" Winzer. 1994.
Bd. 77.
- siehe *Sänger, Dieter.*
Mengel, Berthold: Studien zum Philipper-
brief. 1982. *Bd. II/8.*
Merkel, Helmut: Die Widersprüche zwi-
schen den Evangelien. 1971. *Bd. 13.*
- siehe *Ego, Beate.*
Merklein, Helmut: Studien zu Jesus und
Paulus. Bd. 1 1987. *Bd. 43.* – Bd. 2 1998.
Bd. 105.
Metzdorf, Christina: Die Tempelaktion
Jesu. 2003. *Bd. II/168.*
Metzler, Karin: Der griechische Begriff des
Verzeihens. 1991. *Bd. II/44.*
Metzner, Rainer: Die Rezeption des
Matthäusevangeliums im 1. Petrusbrief.
1995. *Bd. II/74.*
- Das Verständnis der Sünde im Johannes-
evangelium. 2000. *Bd. 122.*
Mihoc, Vasile: siehe *Dunn, James D.G..*
Mineshige, Kiyoshi: Besitzverzicht und Al-
mosen bei Lukas. 2003. *Bd. II/163.*
Mittmann, Siegfried: siehe *Hengel, Martin.*
Mittmann-Richert, Ulrike: Magnifikat und
Benediktus. *1996. Bd. II/90.*
Mournet, Terence C.: Oral Tradition and
Literary Dependency. 2005. *Bd. II/195.*
Mußner, Franz: Jesus von Nazareth im Um-
feld Israels und der Urkirche. Hrsg. von
M. Theobald. 1998. *Bd. 111.*
Mutschler, Bernhard: Das Corpus
Johanneum bei Irenäus von Lyon. 2005.
Bd. 189.
Niebuhr, Karl-Wilhelm: Gesetz und
Paränese. 1987. *Bd. II/28.*
- Heidenapostel aus Israel. 1992. *Bd. 62.*
- siehe *Deines, Roland*
- siehe *Dimitrov, Ivan Z.*
- siehe *Kraus, Wolfgang*
Nielsen, Anders E.: "Until it is Fullfilled".
2000. *Bd. II/126.*
Nissen, Andreas: Gott und der Nächste im
antiken Judentum. 1974. *Bd. 15.*
Noack, Christian: Gottesbewußtsein. 2000.
Bd. II/116.
Noormann, Rolf: Irenäus als Paulus-
interpret. 1994. *Bd. II/66.*
Novakovic, Lidija: Messiah, the Healer of
the Sick. 2003. *Bd. II/170.*
Obermann, Andreas: Die christologische
Erfüllung der Schrift im Johannesevange-
lium. 1996. *Bd. II/83.*
Öhler, Markus: Barnabas. 2003. *Bd. 156.*
- siehe *Becker, Michael*

Okure, Teresa: The Johannine Approach to Mission. 1988. *Bd. II/31.*

Onuki, Takashi: Heil und Erlösung. 2004. *Bd. 165.*

Oropeza, B. J.: Paul and Apostasy. 2000. *Bd. II/115.*

Ostmeyer, Karl-Heinrich: Kommunikation mit Gott und Christus. 2006. *Bd. 197.*

– Taufe und Typos. 2000. *Bd. II/118.*

Paulsen, Henning: Studien zur Literatur und Geschichte des frühen Christentums. Hrsg. von Ute E. Eisen. 1997. *Bd. 99.*

Pao, David W.: Acts and the Isaianic New Exodus. 2000. *Bd. II/130.*

Park, Eung Chun: The Mission Discourse in Matthew's Interpretation. 1995. *Bd. II/81.*

Park, Joseph S.: Conceptions of Afterlife in Jewish Insriptions. 2000. *Bd. II/121.*

Pate, C. Marvin: The Reverse of the Curse. 2000. *Bd. II/114.*

Peres, Imre: Griechische Grabinschriften und neutestamentliche Eschatologie. 2003. *Bd. 157.*

Philip, Finny: The Origins of Pauline Pneumatology. 2005. *Bd. II/194.*

Philonenko, Marc (Hrsg.): Le Trône de Dieu. 1993. *Bd. 69.*

Pilhofer, Peter: Presbyteron Kreitton. 1990. *Bd. II/39.*

– Philippi. Bd. 1 1995. *Bd. 87.* – Bd. 2 2000. *Bd. 119.*

– Die frühen Christen und ihre Welt. 2002. *Bd. 145.*

– siehe *Becker, Eve-Marie.*

– siehe *Ego, Beate.*

Pitre, Brant: Jesus, the Tribulation, and the End of the Exile. 2005. *Bd. II/204.*

Plümacher, Eckhard: Geschichte und Geschichten. 2004. *Bd. 170.*

Pöhlmann, Wolfgang: Der Verlorene Sohn und das Haus. 1993. *Bd. 68.*

Pokorný, Petr und *Josef B. Souèek:* Bibelauslegung als Theologie. 1997. *Bd. 100.*

Pokorný, Petr und *Jan Roskovec* (Hrsg.): Philosophical Hermeneutics and Biblical Exegesis. 2002. *Bd. 153.*

Popkes, Enno Edzard: Die Theologie der Liebe Gottes in den johanneischen Schriften. 2005. *Bd. II/197.*

Porter, Stanley E.: The Paul of Acts. 1999. *Bd. 115.*

Prieur, Alexander: Die Verkündigung der Gottesherrschaft. 1996. *Bd. II/89.*

Probst, Hermann: Paulus und der Brief. 1991. *Bd. II/45.*

Räisänen, Heikki: Paul and the Law. 1983, ²1987. *Bd. 29.*

Rehkopf, Friedrich: Die lukanische Sonderquelle. 1959. *Bd. 5.*

Rein, Matthias: Die Heilung des Blindgeborenen (Joh 9). 1995. *Bd. II/73.*

Reinmuth, Eckart: Pseudo-Philo und Lukas. 1994. *Bd. 74.*

Reiser, Marius: Syntax und Stil des Markusevangeliums. 1984. *Bd. II/11.*

Rhodes, James N.: The Epistle of Barnabas and the Deuteronomic Tradition. 2004. *Bd. II/188.*

Richards, E. Randolph: The Secretary in the Letters of Paul. 1991. *Bd. II/42.*

Riesner, Rainer: Jesus als Lehrer. 1981, ³1988. *Bd. II/7.*

– Die Frühzeit des Apostels Paulus. 1994. *Bd. 71.*

Rissi, Mathias: Die Theologie des Hebräerbriefs. 1987. *Bd. 41.*

Röhser, Günter: Metaphorik und Personifikation der Sünde. 1987. *Bd. II/25.*

Roskovec, Jan: siehe *Pokorný, Petr.*

Rose, Christian: Die Wolke der Zeugen. 1994. *Bd. II/60.*

Rothschild, Clare K.: Baptist Traditions and Q. 2005. *Bd. 190.*

– Luke Acts and the Rhetoric of History. 2004. *Bd. II/175.*

Rüegger, Hans-Ulrich: Verstehen, was Markus erzählt. 2002. *Bd. II/155.*

Rüger, Hans Peter: Die Weisheitsschrift aus der Kairoer Geniza. 1991. *Bd. 53.*

Sänger, Dieter: Antikes Judentum und die Mysterien. 1980. *Bd. II/5.*

– Die Verkündigung des Gekreuzigten und Israel. 1994. *Bd. 75.*

– siehe *Burchard, Christoph.*

– und *Ulrich Mell* (Hrsg.): Paulus und Johannes. 2006. *Bd. 198.*

Salier, Willis Hedley: The Rhetorical Impact of the Se-meia in the Gospel of John. 2004. *Bd. II/186.*

Salzmann, Jorg Christian: Lehren und Ermahnen. 1994. *Bd. II/59.*

Sandnes, Karl Olav: Paul – One of the Prophets? 1991. *Bd. II/43.*

Sato, Migaku: Q und Prophetie. 1988. *Bd. II/29.*

Schäfer, Ruth: Paulus bis zum Apostelkonzil. 2004. *Bd. II/179.*

Schaper, Joachim: Eschatology in the Greek Psalter. 1995. *Bd. II/76.*

Schimanowski, Gottfried: Die himmlische Liturgie in der Apokalypse des Johannes. 2002. *Bd. II/154.*

– Weisheit und Messias. 1985. *Bd. II/17.*

Schlichting, Günter: Ein jüdisches Leben Jesu. 1982. *Bd. 24.*

Schnabel, Eckhard J.: Law and Wisdom from Ben Sira to Paul. 1985. *Bd. II/16.*

Schnelle, Udo: siehe *Frey, Jörg.*

Schröter, Jens: siehe *Frey, Jörg.*

Schutter, William L.: Hermeneutic and Composition in I Peter. 1989. *Bd. II/30.*

Schwartz, Daniel R.: Studies in the Jewish Background of Christianity. 1992. *Bd. 60.*

Schwemer, Anna Maria: siehe *Hengel, Martin*

Schwindt, Rainer: Das Weltbild des Epheserbriefes. 2002. *Bd. 148.*

Scott, Ian W.: Implicit Epistemology in the Letters of Paul. 2005. *Bd. II/205.*

Scott, James M.: Adoption as Sons of God. 1992. *Bd. II/48.*

– Paul and the Nations. 1995. *Bd. 84.*

Shum, Shiu-Lun: Paul's Use of Isaiah in Romans. 2002. *Bd. II/156.*

Siegert, Folker: Drei hellenistisch-jüdische Predigten. Teil I 1980. *Bd. 20* – Teil II 1992. *Bd. 61.*

– Nag-Hammadi-Register. 1982. *Bd. 26.*

– Argumentation bei Paulus. 1985. *Bd. 34.*

– Philon von Alexandrien. 1988. *Bd. 46.*

Simon, Marcel: Le christianisme antique et son contexte religieux I/II. 1981. *Bd. 23.*

Snodgrass, Klyne: The Parable of the Wicked Tenants. 1983. *Bd. 27.*

Söding, Thomas: Das Wort vom Kreuz. 1997. *Bd. 93.*

– siehe *Thüsing, Wilhelm.*

Sommer, Urs: Die Passionsgeschichte des Markusevangeliums. 1993. *Bd. II/58.*

Souček, Josef B.: siehe *Pokorný, Petr.*

Spangenberg, Volker: Herrlichkeit des Neuen Bundes. 1993. *Bd. II/55.*

Spanje, T.E. van: Inconsistency in Paul? 1999. *Bd. II/110.*

Speyer, Wolfgang: Frühes Christentum im antiken Strahlungsfeld. Bd. I: 1989. *Bd. 50.*

– Bd. II: 1999. *Bd. 116.*

Stadelmann, Helge: Ben Sira als Schriftgelehrter. 1980. *Bd. II/6.*

Stenschke, Christoph W.: Luke's Portrait of Gentiles Prior to Their Coming to Faith. *Bd. II/108.*

Sterck-Degueldre, Jean-Pierre: Eine Frau namens Lydia. 2004. *Bd. II/176.*

Stettler, Christian: Der Kolosserhymnus. 2000. *Bd. II/131.*

Stettler, Hanna: Die Christologie der Pastoralbriefe. 1998. *Bd. II/105.*

Stökl Ben Ezra, Daniel: The Impact of Yom Kippur on Early Christianity. 2003. *Bd. 163.*

Strobel, August: Die Stunde der Wahrheit. 1980. *Bd. 21.*

Stroumsa, Guy G.: Barbarian Philosophy. 1999. *Bd. 112.*

Stuckenbruck, Loren T.: Angel Veneration and Christology. 1995. *Bd. II/70.*

Stuhlmacher, Peter (Hrsg.): Das Evangelium und die Evangelien. 1983. *Bd. 28.*

– Biblische Theologie und Evangelium. 2002. *Bd. 146.*

Sung, Chong-Hyon: Vergebung der Sünden. 1993. *Bd. II/57.*

Tajra, Harry W.: The Trial of St. Paul. 1989. *Bd. II/35.*

– The Martyrdom of St.Paul. 1994. *Bd. II/67.*

Theißen, Gerd: Studien zur Soziologie des Urchristentums. 1979, ³1989. *Bd. 19.*

Theobald, Michael: Studien zum Römerbrief. 2001. *Bd. 136.*

Theobald, Michael: siehe *Mußner, Franz.*

Thornton, Claus-Jürgen: Der Zeuge des Zeugen. 1991. *Bd. 56.*

Thüsing, Wilhelm: Studien zur neutestamentlichen Theologie. Hrsg. von Thomas Söding. 1995. *Bd. 82.*

Thurén, Lauri: Derhethorizing Paul. 2000. *Bd. 124.*

Tomson, Peter J. und *Doris Lambers-Petry* (Hrsg.): The Image of the Judaeo-Christians in Ancient Jewish and Christian Literature. 2003. *Bd. 158.*

Tolmie, D. Francois: Persuading the Galatians. 2005. *Bd. II/190.*

Trebilco, Paul: The Early Christians in Ephesus from Paul to Ignatius. 2004. *Bd. 166.*

Treloar, Geoffrey R.: Lightfoot the Historian. 1998. *Bd. II/103.*

Tsuji, Manabu: Glaube zwischen Vollkommenheit und Verweltlichung. 1997. *Bd. II/93*

Twelftree, Graham H.: Jesus the Exorcist. 1993. *Bd. II/54.*

Ulrichs, Karl Friedrich: Christusglaube. 2007. *Bd. II/227.*

Urban, Christina: Das Menschenbild nach dem Johannesevangelium. 2001. *Bd. II/137.*

Visotzky, Burton L.: Fathers of the World. 1995. *Bd. 80.*

Vollenweider, Samuel: Horizonte neutestamentlicher Christologie. 2002. *Bd. 144.*

Vos, Johan S.: Die Kunst der Argumentation bei Paulus. 2002. *Bd. 149.*

Wagener, Ulrike: Die Ordnung des „Hauses Gottes". 1994. *Bd. II/65.*

Wahlen, Clinton: Jesus and the Impurity of Spirits in the Synoptic Gospels. 2004. *Bd. II/185.*

Walker, Donald D.: Paul's Offer of Leniency (2 Cor 10:1). 2002. *Bd. II/152.*

Walter, Nikolaus: Praeparatio Evangelica. Hrsg. von Wolfgang Kraus und Florian Wilk. 1997. *Bd. 98.*

Wander, Bernd: Gottesfürchtige und Sympathisanten. 1998. *Bd. 104.*

Waters, Guy: The End of Deuteronomy in the Epistles of Paul. 2006. *Bd. 221.*

Watt, Jan G. van der: siehe *Frey, Jörg.*

Watts, Rikki: Isaiah's New Exodus and Mark. 1997. *Bd. II/88.*

Wedderburn, A.J.M.: Baptism and Resurrection. 1987. *Bd. 44.*

Wegner, Uwe: Der Hauptmann von Kafarnaum. 1985. *Bd. II/14.*

Weissenrieder, Annette: Images of Illness in the Gospel of Luke. 2003. *Bd. II/164.*

–, *Friederike Wendt* und *Petra von Gemünden* (Hrsg.): Picturing the New Testament. 2005. *Bd. II/193.*

Welck, Christian: Erzählte ‚Zeichen'. 1994. *Bd. II/69.*

Wendt, Friederike (Hrsg.): siehe *Weissenrieder, Annette.*

Wiarda, Timothy: Peter in the Gospels. 2000. *Bd. II/127.*

Wifstrand, Albert: Epochs and Styles. 2005. *Bd. 179.*

Wilk, Florian: siehe *Walter, Nikolaus.*

Williams, Catrin H.: I am He. 2000. *Bd. II/113.*

Wilson, Todd A.: The Curse of the Law and the Crisis in Galatia. 2007. *Bd. II/225.*

Wilson, Walter T.: Love without Pretense. 1991. *Bd. II/46.*

Wischmeyer, Oda: Von Ben Sira zu Paulus. 2004. *Bd. 173.*

Wisdom, Jeffrey: Blessing for the Nations and the Curse of the Law. 2001. *Bd. II/133.*

Wold, Benjamin G.: Women, Men, and Angels. 2005. *Bd. II/2001.*

Wright, Archie T.: The Origin of Evil Spirits. 2005. *Bd. II/198.*

Wucherpfennig, Ansgar: Heracleon Philologus. 2002. *Bd. 142.*

Yeung, Maureen: Faith in Jesus and Paul. 2002. *Bd. II/147.*

Zimmermann, Alfred E.: Die urchristlichen Lehrer. 1984, ²1988. *Bd. II/12.*

Zimmermann, Johannes: Messianische Texte aus Qumran. 1998. *Bd. II/104.*

Zimmermann, Ruben: Christologie der Bilder im Johannesevangelium. 2004. *Bd. 171.*

– Geschlechtermetaphorik und Gottesverhältnis. 2001. *Bd. II/122.*

– siehe *Frey, Jörg.*

Zumstein, Jean: siehe *Dettwiler, Andreas*

Zwiep, Arie W.: Judas and the Choice of Matthias. 2004. *Bd. II/187.*

*Einen Gesamtkatalog erhalten Sie gerne vom Verlag
Mohr Siebeck – Postfach 2040 – D–72010 Tübingen
Neueste Informationen im Internet unter www.mohr.de*